La Bretagne

POUR LES NULS

La Bretagne POUR LES NULS

Jean-Yves Paumier

Ouvrage dirigé par Jean-Joseph Julaud

FIRST Editions

60, rue Mazarine
75006 Paris – France
Tél. 01 45 49 60 00
Fax 01 45 49 60 01
Courriel : firstinfo@efirst.com
Internet : www.editionsfirst.fr

ISBN : 978-2-7540-1297-3
Dépôt légal : avril 2011
Imprimé en France par Hérissey (Groupe Qualibris) à Évreux (Eure)

Correction : Jacqueline Rouzet
Index : Muriel Mekies
Dessins humoristiques : Marc Chalvin
Cartographies intérieures : Guillaume Balavoine
Mise en page : **ReskatoЯ**
Couverture : KN Conception
Fabrication : Antoine Paolucci
Production : Emmanuelle Clément

À propos de l'auteur

Jean-Yves Paumier est né à Paris en 1945, port d'échouage d'un père marin revenu des fonds de si peu sûres mers. Géographe par goût, polytechnicien de formation, expert en prospective et aménagement des territoires par profession, littéraire par envie, Armoricain de racines, Breton de cœur, Nantais par choix, l'espace animé est au cœur de ses passions. Le vivre, le connaître, le comprendre, l'aimer, l'écrire, en explorer l'avenir, rencontrer ses acteurs… une vie consacrée à entrevoir l'âme d'espaces eux-mêmes bien vivants. Chancelier de l'Académie littéraire de Bretagne et des Pays de la Loire, Président des *Livres de l'Ouest*, il participe à divers prix littéraires et est l'un des fondateurs de la *Fédération nationale des maisons d'écrivains et des patrimoines littéraires*. Il est l'auteur de *La Loire insolite* (partie Basse-Loire, CLD, 2002), de *Jules Verne, voyageur extraordinaire* (Éditions Glénat et la Société de Géographie, 2005) et du *Guide littéraire de Loire-Atlantique* (Siloë, 2010). *La Bretagne pour les Nuls* se veut une synthèse et un témoignage en hommage à la région qui l'a « pris ».

Remerciements

Les premiers remerciements vont à ceux par qui ce livre est arrivé au point d'être publié : Jean-Joseph Julaud, directeur de la collection concernant les Régions, l'ami qui m'a proposé cette aventure bretonne, exaltante et exigeante, et qui l'a accompagné par quelques pages d'un 100 % Breton ; Karine Bailly, directrice éditoriale chez First, animatrice bienveillante et aux conseils avisés ; Vincent Barbare enfin, Président-Directeur général de la maison d'édition, qui fédère toutes ces expériences à nulles autres pareilles.

Quant à la matière de Bretagne, ce bien si précieux au-delà de son légendaire homonyme, elle m'a été offerte au fil du temps par tant de lectures de livres, de revues et de journaux, de découvertes in situ, d'échanges avec de nombreuses personnes, de réflexions sur des projets… qu'il serait hasardeux d'en dresser une liste qui ne serait jamais ni complète, ni vraiment satisfaisante. Toute cette matière donc, emmagasinée au cours d'expériences professionnelles et de découvertes personnelles, se retrouve passée au filtre d'un projet de présentation d'une Bretagne attachante, territoire à la forte identité et aux mille visages, pour en restituer quelques grandes lignes directrices, les tourments de l'histoire, la variété et la beauté de ses sites naturels ou bâtis, des visions traditionnelles ou étonnantes, une richesse insoupçonnée d'expériences et d'aventures…

Alors, par le détour de quelques émotions piégées comme autant de privilèges, ces petits riens de l'instant qui sont le sel des lendemains, il me vient l'envie d'adjoindre très simplement une *Partie des Dix* plus intime, celle de ces Bretons engagés dont je retrouve aujourd'hui les parcelles d'une Bretagne qu'ils ont semé sur mon chemin, aux *quatre-cinq* coins de la région, comme l'amorce d'un puzzle dont ce livre tente aujourd'hui d'en reconstituer les morceaux. Pas comme une vérité absolue, mais comme un témoignage aux multiples facettes. À chacun de se faire sa propre vision. Sitôt dit, déjà faut-il choisir, entre le plaisir de nommer un nom et le risque d'en oublier un autre. Car mes Bretons ne sont pas Dix, mais Cent, Mille… qui m'ont certainement, et même parfois à leur insu, apporté un peu de leur Bretagne, de la Bretagne.

Voici donc dix rencontres extraordinaires, comme aurait dit un autre Breton, celui avec qui je passe beaucoup de temps, un homme fier d'avoir « la carrure bretonne », passionné de grands espaces et d'aventures maritimes, géographe par goût, écrivain et citoyen du monde… le Nantais Jules Verne. Présentées dans le plus simple ordre alphabétique.

- Claude Champaud, pour une longue amitié très séparisienne et sa belle capacité à dire la Bretagne
- Jean-Yves Cozan, qui m'a fait comprendre le caractère breton et ce que « forcer le destin » veut dire
- Alain Glon, chef d'entreprise humaniste et atypique, qui œuvre pour une nouvelle donne bretonne
- Alexis Gourvennec, anticonformiste décapant au milieu d'un mémorable groupe de travail du Plan
- Per Jakez Hélias, merveilleux conteur, le temps d'un amical dîner à Audierne avec le Club des Trente
- Jean-Louis Jossic, troubadour engagé des temps modernes et qui a les pieds bien (colorés) sur terre
- Joseph Le Bihan, à qui je dois les meilleurs moments de réflexion prospective à l'Institut de Locarn
- Bernard Le Nail, l'amical érudit qui a voué sa vie à la Bretagne, ses hommes, sa culture et sa littérature
- Patrick Mareschal, un politique de synthèse, entre l'économie et le social, et à la foi bretonne si assurée
- Guy Plunier, Breton du monde, animateur du Club Bretagne à Paris, et incomparable hôte morbihannais

Trugarez !

Sommaire

Introduction

J'aime Paimpol et sa falaise,
Son église et son grand pardon.
J'aime surtout ma Paimpolaise
Qui m'attend au pays Breton !

Qui sont-ils donc, ces amoureux de la Bretagne que chantait le barde Théodore Botrel en 1895 ? Sans doute les personnes liées par la terre ou par le sang à cette Nation devenue Province et aujourd'hui Région. Assurément très nombreuses si l'on en juge par l'excellente image que les enquêtes et sondages en tous genres renvoient de la Bretagne, très souvent placée en *pôle position*. Nature, festive, culturelle, accueillante, familiale... tous les qualificatifs de l'attraction lui sont attribués et lui valent la sympathie de huit Français sur dix (sondage SOFRÈS).

Et pourtant la Bretagne administrative du XXIe siècle ne compte que trois millions d'habitants, à peine 5 % de la population de la France. Force est donc de constater que l'image de la Bretagne, son aura et son attractivité, dépassent très largement ses frontières. Faisons les comptes de tous ces Bretons qui ont bien dû chantonner un jour *La Paimpolaise* de notre barde errant :

- Ils sont déjà un peu plus de trois millions à résider en Bretagne.
- Allez ! Près de quatre millions et demi en retenant le périmètre historique avec la Loire-Atlantique.
- Et dix millions de plus en y ajoutant ces familles des Bretons qui ont quitté leur *petite patrie* depuis près de deux siècles pour s'établir autour de Paris, dans les autres parties de l'hexagone ou à l'étranger.

On arrive ainsi à près de quinze millions de Bretons appartenant à ce qu'il faut bien appeler la diaspora bretonne, une dénomination très signifiante. Mais le compte n'y est toujours pas pour retrouver nos huit Français sur dix, même s'il convient d'accueillir ces évaluations sommaires avec les précautions d'usage. C'est qu'il faut les chercher dans cette grande famille des *Bretons de cœur* ! Vous le savez bien, il n'y a pas que le sang familial ou le lieu de vie qui compte : ils sont plusieurs millions encore, tous ceux qui aiment également la Bretagne pour le seul plaisir de la visiter, en touriste ou pour le travail, ou parfois seulement d'en rêver le temps d'une fête celtique ou... d'un simple refrain.

> « *On ne naît pas Breton, on le devient, à l'écoute du vent, du chant des branches, du chant des hommes et de la mer* » vient nous susurrer à l'oreille le poète Xavier Grall

Autant dire qu'il est difficile d'échapper à cette *bretonnitude* implacable, mais si sympathique ! Elle laisse échapper quelques bonnes odeurs de goémons que la mer apporte ou de vaches qui paissent encore dans ses champs, un peu de vent et de pluie pour mieux apprécier des paysages aussi changeants que les lumières. Si vous appartenez à l'un ou l'autre de ces groupes, ce livre est fait pour vous, guide improbable d'une histoire vécue ou à peine perçue. Si ce n'est pas votre cas, jetez un coup d'œil avant de passer votre chemin, et laissez-vous à fredonner cet autre refrain pastiche « *C'est pas l'homme qui prend la Bretagne, c'est la Bretagne qui prend l'homme* ». Et à l'instar d'un chanteur contemporain, peut-être que mardi… ou un autre jour deviendrez-vous aussi *Breton de coeur* ?

> Bienvenue en Bretagne !
> Degemer mat e Breizh !

Jean-Yves Paumier

À propos de ce livre

Bienvenue dans *La Bretagne pour les Nuls* ! Ce nouveau livre sur la Bretagne ne ressemble à aucun autre, car il est fait pour vous. Certes il n'est pas le seul à lire pour mieux connaître cette région à laquelle vous rattache un lien profond, secret ou encore à révéler. Il en est de très beaux, il en est de très érudits, il en est qui présentent merveilleusement bien sa gastronomie, ses plages, ses pardons ou ses mégalithes, il en est qui vous diront tout sur l'histoire du clocher à l'ombre duquel vous aimez vous attarder… toute une bibliothèque à acquérir si ce n'est déjà fait !

La Bretagne pour les Nuls est un ouvrage à la fois très différent, dans l'esprit et le ton, mais aussi très complet, proposant une vison globale de la Bretagne, abordant des thématiques variées, historique et contemporain, encyclopédique et sérieux sans être ennuyeux. Il propose un voyage au cœur de la Bretagne pour nourrir cet appétit de savoir et de découverte que chaque *Breton de cœur* porte en lui.

Vous y trouverez aussi bien les mystérieuses légendes sans lesquelles la Bretagne ne serait pas la Bretagne, l'histoire d'un territoire têtu qui résista à tous les envahisseurs, se forgeant une langue et une culture qui ont traversé autant de siècles et de régimes, les ambitions d'un peuple européen qui a toujours couru les mers à la conquête du monde. Mais aussi un guide de voyage pour découvrir les *Pays* – un concept né ici autour de véritables bassins de vie toujours animés par des villes qui sont restées à échelle humaine – ces territoires aux fortes personnalités qui composent la région, un point sur la question de l'identité bretonne ou encore les sagas des entrepreneurs d'aujourd'hui. Nos amis écrivains nous accompagneront pour dire leur émerveillement, les plats du terroir occuperont nos pauses et mille détails vous rendront la Bretagne plus familière et encore plus attirante. Chacun pourra y trouver son propre itinéraire breton, c'est le vœu qu'avec vous nous formons ici.

Les conventions utilisées dans ce livre

Cette nouvelle collection *Les Régions pour les Nuls* compte assez naturellement dans ses rangs un livre consacré à la Bretagne. Tout était donc simple a priori, la Bretagne est une région à forte identité, point besoin de passer un long temps pour en définir les contours que l'on pourrait croire immémoriaux. Eh bien justement non, et c'est là à la fois un paradoxe, une interrogation et le sujet d'une querelle toujours d'actualité. Car la Région Bretagne d'aujourd'hui n'est plus la Bretagne historique. Les découpages territoriaux de l'administration ont connu de multiples évolutions depuis la Révolution, et la période de la Seconde Guerre mondiale a vu se définir une Bretagne amputée de ce qui était alors la Loire-Inférieure, l'un de ses cinq départements. Les différentes étapes du renouveau du fait régional n'ont pas modifié, au cours des cinquante dernières années, cette séparation, renforçant même la coupure avec l'émergence du rôle des Régions, Nantes devenant la capitale de la toute nouvelle Région des Pays de la Loire. En bon observateur de l'histoire, de la géographie, de la culture, de l'économie… ce livre suivra les méandres de ces évolutions, exposera les débats et les enjeux qui sont toujours d'une grande actualité, il guidera les pas du visiteur sur tous les lieux qui sont aussi *bretons de cœur*. Chacun pourra se faire son opinion, conforter ses idées ou bien poursuivre le débat dans les cercles appropriés. Ici, nous nous efforcerons de présenter la Bretagne dans sa diversité, au-delà des seuls critères administratifs et politiques, souvent impuissants pour concilier ou corriger les tourments de l'histoire. Pour le reste, la Bretagne est toujours la Bretagne, toute la Bretagne.

Comment ce livre est organisé

Nous vous proposons, avec cette *Bretagne pour les Nuls*, de parcourir la Bretagne dans toute sa diversité, son histoire, son territoire, espace géographique au saisissant contraste entre l'Armor et l'Argoat, le littoral et la lande, les campagnes et les villes. Il peut se lire comme le roman de la Bretagne pour la saisir dans sa globalité, mais il peut aussi se laisser apprivoiser comme tout guide qu'on vient feuilleter selon les envies du moment. À chacun, à chaque instant son petit plaisir breton. À chacun aussi d'y trouver les clés pour comprendre et l'envie de mieux connaître.

Les chapitres de ce livre sont ainsi regroupés en cinq parties thématiques, pour un accès plus facile. Il est donc aisé d'y construire son propre parcours, qu'il soit initiatique, touristique, pratique ou – pourquoi pas ? – peut-être plus savant.

Première partie : Formation et évolution de la Bretagne

On aurait pu intituler aussi cette partie : « Dis-moi d'où tu viens ! » La première partie est historique pour connaître d'où vient la Bretagne afin de mieux comprendre où elle va. Des mystérieux mégalithes à l'arrivée des Bretons d'outre-Manche, des fastes du Duché à l'annexion au Royaume de France, des soubresauts révolutionnaires à cette Région aujourd'hui si attirante… la Bretagne n'a pas cessé de surprendre.

Deuxième partie : Bretagne et Bretagne (s)

Ou encore : « Dis-moi où tu es ! » Après l'histoire, penchons nous sur l'évolution du territoire, dont vous avez compris qu'il continue à faire débat. Pour tout savoir des structurations successives, faites d'alliances et de méfiances, de conquêtes et de défaites, de pouvoir et de vouloir. Question d'actualité depuis de nombreux siècles !

Troisième partie : L'identité bretonne

Ou… « Dis moi qui est tu es ! » Il est temps de se pencher sur l'identité bretonne, cette curieuse alchimie qui vous a fait *Breton de cœur*. Un peu de langue bretonne, même si elle peine à survivre, beaucoup d'attachement à un patrimoine et une culture si riches et diversifiés, alors vous pourrez adhérer – si ce n'est déjà fait – à tous ces signes de reconnaissance qui ne trompent pas avant de vous immerger totalement dans l'exception bretonne.

Quatrième partie : Tro Breizh des pays bretons, entre Armor et Argoat

C'est le moment de faire ce Tro-Breizh (tour de Bretagne) que chaque Breton doit avoir fait au moins une fois dans sa vie. Nous parcourrons ensemble les Pays entre Armor et Argoat, admirerons des paysages et des sites d'exception, mettrons nos pas dans ceux d'illustres bretons qui ont tracé ces chemins, goûterons aux mille et un plaisirs qui ne peuvent se déguster véritablement qu'ici.

Cinquième partie : La partie des Dix

Tous les livres de la collection *Pour les Nuls* comportent une partie des Dix. Dans celle-ci, nous irons à la rencontre de Bretons qui témoignent de multiples talents, hier et aujourd'hui, ou encore d'écrivains prestigieux. Nous ne résisterons pas à proposer dix recettes bretonnes à connaître par cœur, à analyser dix symboles bretons, sans oublier dix prénoms typiques et leur histoire.

Vous trouverez aussi en annexe un index des lieux, des personnes et des thèmes. Ils sont là pour vous accompagner dans ce parcours breton, dans la recherche d'une explication, dans la découverte d'une surprise.

Icônes utilisées dans ce livre

Ce livre utilise différentes icônes pour attirer l'attention sur certains types d'informations :

Qu'il soit historique ou dans l'actualité, culturelle ou sportive, il est des événements à mentionner pour ne pas oublier.

La Bretagne fourmille de ces petits détails qui procurent de grandes et bonnes émotions, qu'il s'agisse d'un site, d'une anecdote ou bien encore d'une de ces spécialités produites en Bretagne.

Une date, une statistique, un classement… vous saurez tout des nombres qui caractérisent la Bretagne.

Avec quelques mots ou expressions, la dénomination de certaines villes qu'on peut apercevoir sur les routes, vous deviendrez un Breton non seulement de cœur mais aussi de langue.

Place ici à ces petits détails supplémentaires, une citation, une information particulière, le portrait d'un Breton qui ne serait pas dans les Dix…

Première partie

Formation et évolution de la Bretagne

Dans cette partie…

Nous allons découvrir l'histoire de cette péninsule européenne, à l'ouest de l'ouest. Des premiers occupants nous ayant laissé des pierres dressées et curieusement alignées aux Celtes, et enfin aux Bretons. Entre guerre et paix, alliances et trahisons, la Bretagne alternera l'indépendance et la soumission (forcée), le rayonnement et (parfois) le déclin, l'espoir toujours… Car, toujours, ce territoire a cru aux miracles et son peuple a porté fièrement son drapeau. Tribus ou cités, royaume ou État, province ou région, le statut ne change rien à l'affaire, la Bretagne est d'abord le rassemblement des Bretons…

Chapitre 1

L'antique Armorique

Dans ce chapitre :

- Venez à la rencontre des premiers occupants de la Bretagne
- Les Celtes vont sceller la naissance de l'Armorique
- Et vous découvrirez des Romains… léguant une romanité teintée de celtitude

Elle ne s'appelait pas encore la Bretagne, nom donné à une île voisine avant qu'elle ne devienne Grande. Comment la péninsule se mit-elle à aligner de mystérieuses pierres ? Nul ne saurait le dire véritablement. Mais l'on sait très bien qu'elle devint peu à peu l'Armorique, une terre d'attraction qui vit fondre sur elle les Celtes, puis les Romains. Ce choc de cultures produisit au final une relative osmose. Il en résulta un produit gallo-romain qui finit malgré tout par perdre son dynamisme, en attente de sang neuf.

Les premières traces de l'occupation humaine

Question existentielle à laquelle aucune réponse satisfaisante ne peut être donnée : de quand date l'occupation de ce qui ne s'appelait pas encore la Bretagne ? La vérité d'hier n'est pas celle d'aujourd'hui, qui, à son tour, ne sera pas celle de demain. Plus on remonte dans le temps, plus les données sont imprécises et les territoires différents. Le temps géologique (qui couvre quelques millions d'années) est rythmé par les grandes glaciations, et il fut une époque pas si lointaine où *traverser la Manche* ne relevait pas de l'exploit… maritime ou aérien, la marche à pied suffisait presque pour franchir un simple fleuve !

Recherche… ancêtres

Avec les progrès de la science préhistorique, les preuves d'occupation humaine remontent de plus en plus loin dans l'échelle du temps. Un petit saut dans le temps, un grand pas dans l'arbre généalogique de la famille bretonne !

Il y a au moins 700 000 ans !

Si l'imaginaire breton s'est très longtemps contenté de constater l'ingéniosité de premiers occupants qui auraient légué à l'humanité de remarquables sites mégalithiques (soit à la période du Néolithique, entre 5 000 et 2 000 ans avant J.-C.), les nombreuses découvertes faites depuis un siècle permettent de faire un bond spectaculaire au Paléolithique (entre 700 000 et 10 000 ans avant J.-C.), anciennement appelé l'*âge de la pierre taillée*.

Prenons le risque de dire que le plus ancien site breton connu actuellement est celui de Saint-Malo-de-Phily, près de Lohéac dans la basse vallée de la Vilaine : quelques galets transformés en outils rudimentaires dateraient d'environ 700 000 ans avant J.-C. Heureux habitants du pays de Redon qui peuvent se targuer d'avoir peut-être de si vieux ancêtres !

Une ville nouvelle

Datation fort lointaine également pour les plus anciens habitats connus : le site de Menez-Dregan (Plouhinec au cap Sizun, Finistère), avec une grotte attestant de l'occupation humaine et de la domestication du feu (il y a plus de 450 000 ans avant J.-C.), ou encore celui de Saint-Colomban à Carnac (vers 400 000 ans avant J.-C.).

À côté de ces lieux, le site du Mont-Dol fait figure de ville nouvelle, occupé seulement au temps de l'homme de Neandertal (vers 110 000 ans avant J.-C.). Un remarquable et privilégié observatoire de grands animaux, si l'on en croit le tableau de chasse dressé par les archéologues : outre les restes d'une cinquantaine de mammouths, ils ont trouvé des ossements de rhinocéros à peau laineuse, de bisons, de rennes, ainsi que d'ours, de lions, de loups et même d'une… panthère.

À quoi ressemblait la Bretagne au Néolithique ?

Après ces premiers hommes, chasseurs et itinérants, dont on ne sait pas grand-chose, vinrent des peuples plus structurés qui humanisèrent peu à peu les paysages de la région : des Ligures et autres Méditerranéens, avant que les Celtes n'apportent une forme de civilisation plus évoluée.

Appelons-les Ligures

Les Ligures dominèrent l'Europe occidentale à l'âge du bronze, il était donc naturel de les retrouver sur nos rivages, avant d'être rejoints par les Ibères puis par les Celtes. Ils ont représenté l'apogée de l'âge du bronze.
De ce peuple resté un peu mystérieux, on dit qu'il aurait été composé de rudes montagnards et de hardis marins. En fait, le Ligure était assez polyvalent : petit homme râblé et dur à la fatigue, excellent marcheur, il maniait la fronde avec dextérité. C'était aussi un cultivateur très attaché à sa terre, sachant devenir artisan, tantôt carrier ou bûcheron, tisserand ou potier. Il passera des armes en pierre taillée aux armes en bronze et s'intéressera au commerce de l'étain, l'une des motivations de ses longues pérégrinations. Quelques-uns de ses traits font bien évidemment penser au futur Breton...

Un grand champ de pierres

La *Bretagne* est sans doute la région qui concentre le plus de mégalithes au monde ! Cela fait en effet bien longtemps que l'on a bâti ici des édifices en pierre, devant naturellement figurer en bonne place dans le grand livre des plus anciens monuments encore visibles. Largement antérieurs, de près de deux mille ans, à cet autre site mégalithique célèbre de Stonehenge en Angleterre, ou encore aux si fameuses pyramides égyptiennes. Dire qu'il a fallu attendre 1835 et la visite du (presque) premier inspecteur général de monuments historiques de France, Prosper Mérimée, pour prendre conscience de la richesse de ce patrimoine et commencer à le préserver.
Ces diverses constructions humaines traduisent manifestement un certain degré de civilisation, et leurs formes ont bien sûr évolué au fil du temps pour constituer un ensemble très diversifié.

Catalogue de construction

- **Les menhirs** (entre 4500 ans et 2000 ans avant J.-C.) : de ces pierres levées bien connues d'Obélix, la Bretagne en compte plusieurs milliers (environ 6000 recensés, un millier isolés et 5000 au sein d'alignements), les plus célèbres étant ceux de Carnac (près de 4000). Mais on a récemment découvert de nouveaux alignements à Monteneuf, également dans le Morbihan, 420 pierres couchées qui avaient longtemps échappé à la curiosité des archéologues... et qui sont peu à peu redressées. Il n'est pas impossible que de telles découvertes viennent encore nous émerveiller !

- **Les cairns et les tumulus à dolmens à couloir :** parmi quelques dizaines que compte la Bretagne, l'un des plus imposants est celui de Barnenez (Plouézoc'h, à l'embouchure de la rivière de Morlaix, Finistère), datant d'environ 4600 ans avant J.-C. et composé de deux ensembles de cinq à six chambres à couloir aux dimensions impressionnantes (70 mètres de long, 28 de large, 8 de haut) ; le tumulus de Saint-Michel près de Carnac est encore plus grand (120 mètres de long, 60 de large), et celui de l'île de Gavrinis dans le golfe du Morbihan est un véritable chef-d'œuvre avec ses piliers ornés.

- **Les dolmens :** ces tables de pierre abritant une ou plusieurs chambres étaient bien souvent également des monuments funéraires, les allées couvertes en étant une variante ; ils sont si nombreux qu'ils font partie du paysage commun dans certains villages, l'un des plus célèbres étant la Table des Marchands à Locmariaquer (Morbihan).
- **Les cromlechs :** tous les menhirs ne sont pas alignés, ils peuvent aussi se présenter parfois en cercles, témoin ce cromlech sur la petite île d'Er Lannic (golfe du Morbihan), composé de deux cercles en forme de huit et en partie immergé.

Le Parthénon des Bretons

Les Bretons avaient pris l'habitude de vivre avec leurs pierres, les utilisant parfois comme terrains de jeux ou tables de pique-nique ! Quand il ne s'agissait pas, tout simplement, de se servir des *tas de cailloux* pour d'autres usages. C'est ainsi que le cairn de Barnenez a bien failli disparaître. Signalé comme tumulus en 1850 avant de tomber dans l'oubli, un entrepreneur peu scrupuleux crut bon de l'utiliser comme carrière pour la construction d'une route en 1954. Il fallut toute la diligence du directeur des Antiquités de Bretagne pour stopper ce carnage en faisant classer ce monument, auquel André Malraux a donné le joli surnom emblématique de *Parthénon des Bretons*.

Mystérieux mégalithes

Ces ensembles de pierres levées, d'alignements en tout genre et de monumentaux assemblages nous paraissent toujours aussi énigmatiques. Si la signification religieuse ou funéraire de certains d'entre eux semble acquise au vu des objets découverts sur place et des analyses scientifiques complémentaires, il est d'autres interprétations moins évidentes. Certaines semblent même assez fantaisistes, en faisant appel à toutes sortes de thèmes mythologiques et de divinités. Plus argumentées sont les évocations de phénomènes astronomiques. À l'instar de la belle légende de Stonehenge, nombreux sont ceux qui ont recherché dans les alignements des références aux équinoxes et aux solstices, plus précisément, pour Carnac, aux principales phases du cycle agricole. Divers cromlechs, ou bien encore la disposition relative de certains monuments, ont donné lieu à de multiples interprétations tournant autour des calendriers solaire ou lunaire, voire à la prédiction des éclipses !

Décryptages savants ou littéraires

Le très sérieux savant Alexander Thom a ainsi émis l'hypothèse que le grand menhir de Locmariaquer aurait constitué le point central d'un super-observatoire permettant de telles prévisions (avec ses 350 tonnes, il s'agit du plus grand monolithe jamais érigé par l'homme à cette époque, malheureusement aujourd'hui brisé en quatre morceaux).

De si belles théories n'auraient pourtant pas su séduire, il y a un siècle et demi (en 1847), Gustave Flaubert lorsqu'il réalisa avec son ami Maxime du Camp – en véritables routards – un mémorable Tro Breizh. Plutôt sceptique devant « ce fameux champ de Carnac qui a fait écrire plus de sottises qu'il n'a de cailloux », Flaubert se fit même ironique : « Il y a des gens qui ont passé leur vie à chercher à quoi elles servaient et n'admirez-vous pas d'ailleurs cette éternelle préoccupation du bipède sans plumes de vouloir trouver à chaque chose une utilité quelconque ? »

Planter des cailloux à Carnac

Ce site de Carnac est absolument phénoménal. Et ce qui est connu n'en constitue que la partie encore visible, non détruite et toujours émergée. D'autres alignements ont été identifiés, gisant sous l'eau dans la baie de Carnac. Sans parler des communes voisines, entre la presqu'île de Quiberon, le golfe du Morbihan et la ria d'Étel.

Les deux principaux alignements de Carnac sont vraiment spectaculaires : l'alignement du Ménec se compose d'environ mille deux cents menhirs, répartis sur onze files disposées en éventail et plus ou moins parallèles, celui de Kermario plus de mille menhirs sur autant de files. On dirait une véritable armée de pierres à la fois en marche vers son destin et immobile pour témoigner des rites sacrés d'une civilisation aussi imposante qu'énigmatique. Il faut également imaginer le travail colossal nécessité par de telles implantations : extraction et taille des pierres, transport sur parfois plusieurs kilomètres (sur des rondins ou des traîneaux ?), érection des menhirs sur le site... Les archéologues pensent que ces opérations concernant les alignements de Carnac ont peut-être nécessité un million de journées de travail, et que trois mille hommes ont dû s'affairer pour élever le menhir de Locmariaquer, un bloc de trois cents tonnes environ alors acheminé par voies terrestre et maritime depuis un gisement éloigné d'une dizaine de kilomètres !

LE SAVIEZ-VOUS ?

L'opinion du visiteur Flaubert

Ce cher Flaubert, décidément inspiré par ces lieux et après avoir rappelé avec malice toutes sortes d'interprétations suggérées par autant d'imaginations fertiles, s'amuse à donner des noms : « elles s'appellent alors pierres roulantes ou roulées, pierres retournées ou transportées, pierres qui dansent ou pierres dansantes, pierres qui virent ou pierres virantes ». Avant d'énoncer cette sage conclusion : « J'émettrai une opinion irréfutable, irréfragable, irrésistible, une opinion qui ferait reculer les tentes de M. de La Sauvagère et pâlir l'Égyptien Penhoet; une opinion qui casserait le zodiaque de Cambry et mettrait le serpent Python en tronçons, et cette opinion la voici : les pierres de Carnac sont de grosses pierres. » Si le promeneur normand peut nous faire sourire, il faut dire, à la décharge de son *éducation touristique* (en 1847), que les guides du voyageur de l'époque n'étaient guère plus précis :

- Reichard, la référence européenne d'alors, cite « les célèbres pierres debout de Carnac, monuments celtiques très remarquables » (1810).
- Richard, un géographe français, évoque « de grandes pierres qui furent jadis toutes debout », ajoutant que « quelques antiquaires pensent que ces pierres servaient aux Gaulois de tables de sacrifices humains » (1838).
- Girault de Saint-Fargeau, plus détaillé dans sa description, ne l'est guère dans son commentaire de « l'un des monuments celtiques les plus remarquables qui existent en France » (1844).

Les âges des métaux

Cette période, qui voit l'utilisation progressive des métaux (le bronze en attendant le fer) pour la confection des armes et de divers objets en remplacement de la pierre, s'est bien évidemment établie progressivement, avec des datations dont la précision peut être appréciée différemment selon les historiens (approximativement de 2000 à 450 ans avant J.-C.).

Le bronze ou la première mondialisation

Les peuples les plus avancés s'aventurent progressivement de plus en plus loin, principalement par la voie des mers. Et, dans le même temps, apparaissent des activités de transformation plus sophistiquées, notamment la métallurgie. *Exit* donc, progressivement, la pierre, et vive le bronze! On se met à produire, à fondre les premiers métaux et à faire des mélanges, le cuivre seul ne s'adaptant pas bien à tous les usages tandis que son association avec l'étain donne ce bronze synonyme de progrès. Les précurseurs sont en Europe centrale ou au sud-est de la péninsule Ibérique, tandis qu'une communauté marchande sillonne les rives européennes tant au nord qu'au sud, à la fois pour s'approvisionner en matières premières et pour diffuser les productions. La Bretagne, riche en minerais d'étain (gisements à Nozay, Pénestin, Saint-Renan), va se mettre à son tour à produire du bronze, nous laissant une nouvelle génération de tumulus très riches en armes de tout genre, avant d'entrer, elle aussi, dans la ronde maritime. La péninsule armoricaine tenait bien sa place dans la civilisation européenne des métaux.

Corbilo, le port mythique

CURIOSITÉ

Symbole de ce rôle commercial, le port de Corbilo est mentionné par les Anciens, même si sa localisation précise fait encore couler beaucoup d'eau sous les ponts de la Loire. Voici ce qu'affirmait le Grec Strabon, dans une *Géographie* écrite vers 18 après J.-C., une référence pour l'époque : « La Loire a son embouchure entre le pays des Pictons et celui des Namnètes. Sur ce fleuve existait autrefois une place de commerce (*emporion*) nommée Corbilo. » Ce texte, fondateur d'une véritable légende, révèle ainsi l'existence du port ligérien de Corbilo, un site bien placé pour jouer un grand rôle maritime sur les routes de l'étain. Strabon précise que c'était, avec Marseille et Narbonne, « l'une des plus grandes places commerciales de la Gaule ».

Une Armorique indépendante et dynamique

L'histoire commence aussi à s'humaniser, les informations parvenues jusqu'à nous devenant plus consistantes. La dernière période évoquée marque en fait une lente transition, caractérisée par l'arrivée progressive des nouvelles populations, Corbilo étant le symbole de cette transformation. Arrivent donc l'âge de fer et le temps des Celtes.

Ces nomades terriens séduits par le pays de la mer

Commençait ainsi la première *Conquête de l'Ouest* sur le continent européen…

Les Celtes au bord de la mer

On ne connaît pas très bien les raisons qui poussèrent les Celtes à quitter leurs bastions d'Europe centrale, mais ils se mirent en marche vers l'Espagne, l'Italie et les îles Britanniques (la Bretagne d'alors), créant ainsi autant de communautés diverses. Certains se sont aussi dirigés vers l'ouest pour s'installer dans la Gaule et pousser jusqu'à la mer.
De Hallsatt – un petit village de Haute-Autriche – à l'Atlantique, ce peuple qu'on disait trop volontiers nomade apporte avec lui le fer, les épées du guerrier ainsi que quelques outils de travail. Trouvant la contrée fort agréable, il s'y sédentarise en s'accoutumant fort bien au climat ainsi qu'aux

particularités littorales. L'arrivée progressive de ce peuple conquérant a sans doute permis une intégration moins brutale par rapport aux occupants des lieux. Les farouches guerriers se sont alors mis à apprivoiser l'océan. Était en train de naître l'Armorique, dont le nom d'origine celte, *Aremorica*, signifie « le pays qui borde la mer ».

L'Armorique s'organise

Avec le temps, les Celtes structurent ce territoire armoricain et lui façonnent une certaine unité. Il est ainsi divisé en cinq *tribus* ou *cités* : les Osismes, les Coriosolites, les Vénètes, les Redones et les Namnètes. On verra dans le chapitre 5, dont le caractère géographique vient compléter l'approche historique des quatre chapitres qui l'auront précédé, comment est organisé le territoire et ce qu'il peut recéler comme spécificités du nord au sud, d'ouest en est…

Il s'agit de véritables entités qui préfigurent déjà les futurs *pays*, articulés autour des tribus et des clans, piliers de la société celte. L'Armorique affiche ainsi – déjà ! – son identité au sein de la Gaule, dont les tribus avaient cette origine celte en commun, ciment d'une nation encore fragile. Une Gaule qui était fréquemment agressée par des tribus germaniques, belges et sédunes, toujours prêtes à venir chercher querelle et à agrandir leurs territoires.

Au sein de cette coalition gauloise, l'Armorique présentait la plus forte volonté d'indépendance vis-à-vis des peuples voisins. Et l'Histoire retient que ce sont les Vénètes qui eurent, à cette époque, un rôle majeur au sein de la péninsule armoricaine.

Les Vénètes, maîtres de la mer

Écoutons ce que César dit de cette tribu tant redoutée par son armée : « Les Vénètes sont la plus puissante tribu côtière. Ils possèdent la plus grande flotte, qui leur sert à commercer avec la Bretagne ; ils surpassent les autres tribus dans l'art et dans la pratique de la navigation, et, maîtres du peu de ports qui se trouvent sur cette orageuse et vaste mer, ils prélèvent des droits sur presque tous ceux qui naviguent dans ces parages » (*Commentaires de la guerre des Gaules*, Livre III).

La société celte plus évoluée qu'on ne l'a dit

Une légende qui a la vie dure : non, les Celtes n'étaient pas que des aventuriers belliqueux ! Leur long voyage jusqu'à la mer avait adouci leur caractère et transformé les mœurs…

Les attributs d'un peuple civilisé

Les Celtes présentent toutes les caractéristiques d'une société organisée, bien loin de l'image de sauvages guerriers qui leur a trop souvent été attribuée.

D'abord une structure sociale et politique dont il a déjà été question, les tribus et les clans, avec donc des chefs et de nobles chevaliers. Si, malgré l'absence de formation, les Celtes connaissaient cependant l'écriture et l'ont parfois utilisée, ils ont essentiellement privilégié l'oralité pour la transmission des connaissances, quel qu'en soit le domaine. Ils ont eu également une vie et une production artistiques assez étonnantes, marquées par la recherche de formes abstraites composant d'élégants motifs d'art décoratif. Leurs habitats étaient modestes, et les quelques traces laissées par les fragiles matériaux utilisés laissent imaginer des cabanes en bois, et parfois des maisons (ou huttes) couvertes de chaume, aux parois composées d'argile crue (un excellent isolant thermique!) et de branches entrecroisées. La famille celte reconnaissait le rôle de la femme qui avait une certaine indépendance et jouissait de réels droits politiques.

La journée de la femme !

CURIOSITÉ

La *Géographie* de Strabon contient une histoire étonnante, qu'une vieille légende locale rend encore plus crédible : « Il est, dans l'océan mais pas tout à fait en haute mer, placée dans l'embouchure de la Loire, une petite île où habitent des femmes samnites vouées au culte de Bacchus. Nul homme ne peut s'introduire au milieu d'elles, et quand elles veulent avoir commerce avec eux, elles-mêmes les vont trouver à l'aide de leurs navires. Chaque année leur habitude est d'enlever le toit de leur temple et de le reconstruire avant le coucher du soleil, chacune apportant sa part de matériaux nécessaires. Celle dont le fardeau tombe à terre est déchiquetée par les autres. » Ce qui n'est pas sans rappeler certaines coutumes féminines locales (heureusement moins violentes!), et notamment celles pas si lointaines de paludières qui chaque année défaisaient et refaisaient un mulon de sel, ou encore de Croisicaises se réunissant pour les feux de la Quasimodo ou pour danser à la mi-août autour de la Pierre-Longue.

Une véritable institution religieuse

CURIOSITÉ

Le monde des Celtes a sa propre mythologie, il est peuplé d'un grand nombre de divinités, comme :

- Lug, le dieu suprême;
- Teutatès, le dieu protecteur de la tribu;
- Taranis, le dieu du ciel qui commande à la foudre et au tonnerre;
- Épona, la déesse qui prend soin des chevaux...

Mais leur culte est très particulier et n'a pas fait l'objet de lieux fortement dédiés comme des sanctuaires, temples et autres représentations figurées. La religion celtique a plutôt le culte de la nature. C'est dans des forêts ou des clairières que se déroulent les cérémonies, à des dates bien précises qui sont en relation avec les mouvements de la lune. Ce fut aussi sa force, qui compliquera par la suite l'implantation d'une autre religion : il n'y avait aucun temple à détruire, aucune idole à déboulonner, aucun texte sacré à brûler ! Les pierres, les arbres, les sources, les rivières, les monticules… sont partout, le vent, la pluie, la lune, la foudre… sont inaccessibles. Le culte était donc rendu en plein air, et le ciel devait en faire partie, sans forcément tomber sur la tête des participants.

Le « nemeton » de Locronan

Le *nemeton* correspond au lieu spécifique de la pratique du culte, sanctuaire naturel ou enclos avec éventuellement quelques constructions (plus tardives). On peut citer l'important *nemeton* de la forêt de Nevet à Locronan, un sanctuaire celtique à ciel ouvert dont le souvenir des rituels druidiques se perpétue de nos jours sous la forme chrétienne de la Grande Troménie. Celle-ci se déroule tous les six ans, sur un circuit de douze kilomètres parcouru bannières au vent, au tracé immuable à travers chemins ou champs que la mémoire locale conserve au mètre près, et qui comporte toujours douze stations (représentant les douze mois de l'année celtique) où chaque paroisse expose maintenant ses saints et ses reliques. Cette *circumambulation* correspond au tour que le saint faisait chaque jour par pénitence, en marchant dans le sens du soleil comme dans les grands rituels antiques. La Grande Troménie de Locronan, suivie par environ sept mille pèlerins, est un exemple unique : une procession sacrée, qui est non seulement héritée de l'Antiquité avec une permanence de sa célébration, mais surtout qui a su garder intact et sans compromission jusqu'à aujourd'hui son caractère sacré. Elle est candidate pour une inscription au titre du patrimoine culturel immatériel de l'Unesco.

Les druides

La religion celte avait aussi ses servants, les druides. Des personnages très importants qui dirigeaient les cérémonies sacrées et les rites cultuels, veillant au bon déroulement des sacrifices sans pour autant accomplir eux-mêmes les mises à mort lorsqu'il s'agissait d'humains (une pratique qui disparaîtra au fil du temps). Ils n'hésitaient pas à mettre en scène certains rituels ou à s'habiller de blanc pour couper le gui sous la lueur de la lune. Ces druides étaient des savants, formés pendant une vingtaine d'années, et qui assuraient de très nombreuses fonctions complémentaires : la justice et l'enseignement. Ils étaient également bardes et poètes, devins et médecins. Autant dire que les druides étaient des hommes, et des femmes (pour la divination), indispensables et reconnus.

LE SAVIEZ-VOUS ?

Les Panoramix des temps modernes

Passent les siècles, un néodruidisme s'est fait jour, bien avant les aventures d'Astérix. Après quelques réminiscences aux caractères historiques quelque peu erronés, le tout mâtiné d'un zeste de romantisme, un nouvel élan plus récent – depuis deux siècles en Bretagne – affiche aujourd'hui un visage toujours discret, mais cependant moins secret. Les collèges druidiques bretons se réunissent tous les ans en forêt de Brocéliande pour délivrer un message alliant tradition et modernité. Une coutume toujours orale, et une pensée en mouvement, avec pour temple la nature et pour cadre des cercles d'initiés.

- Les robes blanches, la cueillette du gui, les fêtes traditionnelles…
- La fête de Saman, le premier novembre, pour célébrer le début de l'année celtique.
- La fête de Beltan, le premier mai – le Feu de Bel, fête de la lumière – sage héritière du temps où on allait « Faire le mai » pour l'ouverture de la saison des amours. Une Saint-Valentin à la mode celtique !

Un peuple plus marchand que guerrier

L'air de la mer donne le sens du commerce ! Vénètes et Vénitiens, mêmes origines, mêmes combats…

L'agriculture en pointe

Les Celtes ou Gaulois ont su développer l'économie de l'Armorique pour en faire un territoire prospère. La société celtique étant avant tout rurale, le territoire se couvrit de fermes celtiques, des exploitations performantes et autosubsistantes. On y pratiquait la culture des céréales et l'élevage du porc, du mouton, du bovin… ainsi que du cheval, les Celtes étant de grands et fiers cavaliers. Ils utilisaient des outils innovants pour l'époque : charrues à deux roues avec un soc de bois mobile renforcé par du fer, machines à moissonner permettant de mettre les épis en caisse… Ils savaient moudre et griller le blé, filer la laine et le coton et tisser le fil…

La production de sel, précédemment récolté par évaporation de l'eau de mer dans des réservoirs creusés dans le sol, évoluait à l'aide de méthodes plus élaborées, par la création d'ateliers en bordure de mer : des augets remplis de saumure étaient placés dans des fours pour fabriquer des pains de sel. Tandis qu'un artisanat diversifié se développait, pratique et artistique, avec notamment de très belles céramiques.

Marine marchande

LE SAVIEZ-VOUS ?

Mais, bien au-delà de la satisfaction des besoins locaux, c'est toute une économie marchande qui fait son apparition. Le commerce maritime prend son essor, dominé donc par les Vénètes. L'Armorique exporte du sel, de l'étain et des poteries, elle importe aussi du vin italien (mais commence également à en produire). Des relations maritimes sont ainsi établies avec la Bretagne insulaire et la péninsule Ibérique, ainsi qu'avec le Bassin méditerranéen. Les ports et la flotte se développent, des accords marchands se négocient avec d'autres places européennes. On bat monnaie chez les Vénètes, puis dans les autres cités d'Armorique. Comme une sorte de ligue hanséatique avant la lettre ! Cette puissante économie s'appuyait aussi sur un sénat vénète, une organisation très liée à ses négociants. Cet état de grâce commençait à faire l'objet de convoitises de la part des Romains qui se rapprochaient dangereusement de cette Armorique riche et indépendante, un obstacle à leur soif de puissance…

« Veni, vidi, vici »

Cette célèbre phrase de Jules César, en forme de boutade prononcée en 47 avant J.-C., pourrait s'appliquer à sa courte visite en Armorique une décennie plus tard. L'histoire montre que ce voyage fut à la fois complexe et chanceux. Suivons les périples d'un peuple devenu gallo-romain sans renoncer à ses convictions.

La conquête de l'Armorique

Et les Romains succombèrent à leur tour au tropisme de cette pointe armoricaine, porte de l'Europe et débouché stratégique sur un océan à maîtriser…

L'esprit de revanche

Les Romains avaient été humiliés chez eux, à Rome, par les Gaulois en 390 avant J.-C., une défaite cuisante tout juste limitée par les oies du Capitole, et amplifiée par la parodie de rançon, se terminant par le « Vae victis ! » (Malheur aux vaincus) du chef gaulois Brennus jetant son épée sur la balance pour montrer qui était le vainqueur, et cependant pressé de rentrer au pays. Les Romains mûrissaient donc leur revanche sur ce peuple courageux, mais si rustre à leurs yeux, et surtout coupable d'un affront inacceptable. « La vengeance est un plat qui se mange froid », dit le proverbe, et après une longue méditation sur l'événement précédent, il faudra bien un siècle pour que les Romains ne parviennent à conquérir la Gaule, en 52 avant J.-C., avec la défaite de Vercingétorix à Alésia. Leur stratégie de conquête fait alterner les alliances, les combats… et la ruse ! Dans un premier temps, ils viennent au secours des Marseillais (125 avant J.-C.), puis défont les Arvernes (121 avant J.-C.) et fondent leur première implantation, la Gaule Narbonnaise.

Et Jules César s'en mêla

Quelques années plus tard, saisissant l'occasion d'une aventure extraordinaire, une randonnée prévue par 350 000 Helvètes pour venir se réchauffer du côté de Saintes, un certain Caius Julius Caesar profite de l'occasion pour tester ses troupes en pulvérisant ces pauvres touristes à Bibracte (58 avant J.-C.).

Cet entraînement probant lui donne l'envie de poursuivre son propre voyage en Gaule. Il joue alors sur la division des tribus gauloises parmi lesquelles figure un allié fidèle, les Éduens. Avec cet appui, les Romains, déjà un pied en Gaule avec la Narbonnaise, parviennent à se faire admettre comme le grand frère protecteur, le champion de la liberté et de l'indépendance des Gaules. Ils apportent ainsi leur assistance contre d'autres envahisseurs, plus belliqueux cette fois, les Germains (58 avant J.-C.) puis les Belges et enfin les Sédunes dans les Alpes (57 avant J.-C.). César avait fort habilement constitué une légion composée uniquement de mercenaires celtes – à laquelle fut donné le nom d'*alouda* (alouette) – devenus citoyens romains et particulièrement choyés.

À nous l'Armorique !

Revenons donc à l'Armorique. Les Romains sont maintenant bien établis dans une Gaule qu'ils estiment pacifiée grâce à eux, avec donc toujours ce statut d'allié, mais de plus en plus encombrant et parfois même un peu menaçant, et manifestement pas vraiment pressé de rentrer à la maison. Les Romains s'approchent de la lointaine Armorique et Crassus, le lieutenant de César, prend ses quartiers en Anjou. Il fait un petit tour armoricain pendant l'été (57 avant J.-C.), réquisitionnant au passage quelques vivres et prenant en otage des fils de grandes familles, une sorte de gage de leur fidélité ! L'hiver suivant (57-56 avant J.-C.) est rude, et Crassus, éprouvant quelques difficultés d'approvisionnement, sollicite de nouveau les tribus voisines pour réquisitionner des grains, leur adressant une délégation. Ses ambassadeurs chez les Vénètes, Quintus Velanius et Titus Sellius, sont très mal reçus par leur chef Dariorig, qui non seulement ne donne pas suite à ces demandes, mais décide de garder les Romains en vue de les échanger avec les otages, bien vite imités par leurs voisins, les Coriosolites. Une situation explosive qui donne le signal des hostilités.

La bataille des Vénètes

Cette bataille s'annonce décisive pour le sort de la Gaule, l'enjeu étant la présence des Romains sur la totalité de son territoire. Quand on pense qu'une simple saute de vent a suffi… et qu'aucun druide devin – monsieur ou madame Météo ! – n'avait su la prédire.

Les préparatifs

César sait bien que les Vénètes sont des adversaires différents et redoutables, et qu'ils ont surtout un double avantage, analysé dans ses *Commentaires de la guerre des Gaules :* « Ce qui leur inspirait le plus de confiance, c'était l'avantage des lieux. Ils savaient que les chemins de pied étaient interceptés par les marées, et que la navigation serait difficile pour nous sur une mer inconnue et presque sans ports. Ils espéraient en outre que, faute de vivres, notre armée ne pourrait séjourner longtemps chez eux ; dans le cas où leur attente serait trompée, ils comptaient toujours sur la supériorité de leurs forces navales. » Pendant ce temps, les Vénètes rassemblent leurs forces, passent des alliances avec les tribus voisines et sollicitent l'aide de la Bretagne. Instruit des forces de l'adversaire, César prépare minutieusement la partie terrestre de l'offensive, s'assure de l'absence d'autres conflits, noue également plusieurs alliances en Gaule, et fait venir des bateaux réquisitionnés chez les Pictons et les Santons, ainsi que quelques unités de Méditerranée. Il décide donc également de construire une flotte imposante : un vaste chantier naval se constitue ainsi entre Angers et l'estuaire de la Loire pour réaliser quelque deux cents galères, tandis qu'on recrute à tout-va des galériens.

Le combat naval, premier acte

L'affrontement peut commencer. Les forces romaines sont sous le commandement du jeune J. Brutus. Les troupes terrestres avancent bien, mais ne parviennent pas vraiment à anéantir l'ennemi rencontré, car leurs places fortes sont situées sur des promontoires à l'extrémité de langues de terre accessibles seulement à marée basse, si bien que leurs occupants s'arrangeaient toujours pour s'embarquer avant l'arrivée des Romains afin d'aller occuper une autre position identique. Insaisissables, ces Vénètes ! Un combat épuisant pour les Romains, avec des succès qui n'en sont pas. Reste donc le combat naval pour décider de l'issue de l'affrontement. La flotte romaine, composée de galères mues aux avirons, est nettement moins manœuvrable que les navires vénètes, solides, hauts et voilés. Le début de l'affrontement est favorable aux Vénètes qui se préparent à aborder les frêles esquifs adverses, comme pour une curée facile.

Le combat naval, second et dernier acte

LE SAVIEZ-VOUS ?

Mais voilà que le destin s'en mêle, César devait avoir la baraka ce jour-là ! Il a tout simplement fallu qu'une accalmie se présente, rendant les navires vénètes fort peu manœuvrables, et les galères romaines maîtres du combat rapproché, d'autant plus qu'elles avaient été dotées de faux destinées à couper les haubans de leurs adversaires ! Une demi-journée aura suffi pour venir à bout de la prestigieuse flotte vénète. Jamais saute de vent n'aura été aussi nuisible pour ce peuple de marins !

Car, dans cette épreuve, il n'y eut pas de seconde manche, aucune revanche possible. Tandis que celle de César, pour réparer l'affront préalable, fut impitoyable, multipliant les exécutions des responsables vénètes. Histoire de faire un exemple et de montrer qui était le maître de la Gaule! «Vici» confirme César. L'Armorique était domptée, ramenée au rang de simple province romaine.

CURIOSITÉ

Mais où donc eut lieu ce combat naval ?

Le site précis de cette bataille divise encore les érudits, entre le golfe du Morbihan et l'embouchure de la Loire. Nul doute pour les Vannetais, la première hypothèse est la seule envisageable, puisque située sur le propre territoire des Vénètes; d'ailleurs les descriptions terrestres le confirment sans hésitation. Mais le doute est quand même permis. Redoutables navigateurs, les Vénètes n'hésitaient pas à investir des positions avancées pour contrôler des zones stratégiques, et ils ont bien pu s'aventurer ainsi en territoire namnète, au-delà de la Vilaine, dans un secteur présentant également les caractéristiques géographiques et maritimes évoquées par César. Pourrait-on imaginer que le port de Corbilo se soit développé en dehors de leur influence ? Il est aussi assez peu vraisemblable que cette flotte de galères romaines se soit transportée à la force du poignet jusque dans le golfe du Morbihan pour y défier leurs adversaires, et régler aussi facilement leur affaire en quelques heures. D'où une autre hypothèse tout à fait réaliste, et qui a notre petite préférence, celle d'un combat naval à l'embouchure même de la Loire, autour du Traict ou de la baie du Croisic, au pied des coteaux de Guérande. Plus que plausible, car on attend toujours, dans une hypothèse comme dans l'autre, la première preuve archéologique vraiment irréfutable !

L'Armorique romaine

Les Romains étaient contents d'être parvenus à leur fin. Mais, comme le répète à plaisir notre petit Astérix, n'étaient-ils pas un petit peu fous de prétendre dominer un tel empire! Tous les moyens furent bons : la ruse, la force, la persuasion ou les compromis...

La romanisation en marche

Les Romains vont alors imposer leur modèle d'organisation et d'administration, calqué sur les provinces déjà existantes. L'Armorique intègre ainsi la Lyonnaise (l'une des trois provinces de la Gaule, avec l'Aquitaine et la Belgique). Ses cinq cités – *civitates* – correspondent approximativement aux anciennes tribus, et elles sont dotées d'un sénat (les Vénètes avaient anticipé!) composé de plusieurs dizaines de membres, les décurions, assemblée qui élit chaque année des magistrats chargés de lever l'impôt, de réaliser des travaux et d'organiser les fêtes. Certains membres représentent leur cité à l'assemblée des Gaules qui siège à Lyon. Mais il semble que cette intégration se soit faite très progressivement, et non au pas de charge sous la menace de forces d'occupation dont Rome ne pouvait assurer la permanence. Vive la *pax romana*!

Précurseurs de l'aménagement du territoire

L'apport le plus significatif se situe manifestement dans l'aménagement du territoire, un domaine d'excellence des grands bâtisseurs romains. L'Armorique se dote d'un réseau (char)routier moderne, selon un schéma qui marquera durablement et favorisera les communications humaines et marchandes. Il permet de bien relier les villes qui connaissent un réel essor : Condate (Rennes) et Condevincum (Nantes) se développent, tandis que Vorgium (Carhaix) et Darioritum (Vannes) sont créées. Et, dans le même temps, la société rurale se structure autour d'imposantes villas, signe d'une organisation foncière hiérarchisée. L'économie prospère. Ici ou là, des forums, temples et thermes apparaissent, vitrines de la romanité. Certains notables portent la toge, tandis que quelques-uns font une belle carrière au sein de l'empire.

Une société gallo-romaine

Il ne s'agit pourtant pas d'une colonisation à marche forcée. Les Romains avaient compris qu'il ne fallait pas bouleverser les habitudes et les traditions dans le domaine du sacré. En dehors de l'interdiction des cérémonies sanglantes, les cultes locaux font plutôt bon ménage avec la religion romaine. Les dieux romains et les divinités gauloises se jumellent sans problème, comme Jupiter et Taranis, quand ils ne viennent pas à fusionner, comme ce Mercure qui cumule plusieurs attributs apportés par chaque civilisation. Une religion gallo-romaine s'impose donc progressivement, à l'image de la société tout entière. Quelques transformations en gardant cependant certains fondements hérités d'apports successifs, notamment la langue et les coutumes. Les modes de vie et les façons de penser évoluent toujours très lentement.

La résistance n'a pas dit son dernier mot

Mais les Romains n'étaient toujours pas les bienvenus, même si leur civilisation avait apporté quelques bienfaits, et un peu de paix. Le feu couvait toujours sous la cendre des humiliations de l'occupation. L'esprit de résistance des Armoricains n'avait pas disparu, toujours prompt à se réveiller au moindre signal, ce qui fut le cas jusqu'à la défaite de Vercingétorix à Alésia (52 avant J.-C.), avec quelques soubresauts les années suivantes. Après une période plus calme, et malgré le long règne de l'empereur Constantin Ier (306-337), les troubles reprirent aux IIIe et IVe siècles, sans doute attisés par une crise affectant la Gaule et tout l'Empire romain. Des attaques extérieures se multiplient de la part de nouveaux barbares et pirates. L'insécurité règne, comme en témoigne l'enfouissement à cette époque de nombreux trésors.

CURIOSITÉ

Le mur de l'Atlantique

Le pouvoir impérial met en place un vaste système de défense de ses côtes (Manche et Atlantique) pour se protéger des envahisseurs venus du Nord et prévenir tout débarquement, le *Tractus Armoricanus et Nervicanus*. C'est de cette époque que date également la grande rocade armorique reliant des points d'appui fortifiés, une desserte routière légèrement en retrait du littoral, telle que nous la connaissons encore aujourd'hui. Mais la défaite des armées romaines face aux troupes germaines marque la fin de ce bel équilibre, et le nord de la Gaule est envahi (352). Dans le même temps, la Bretagne insulaire est menacée. Les pirates francs et saxons font voiles de tout bois, ce qui fait dire à Apollinaire (pas Guillaume, mais Sidoine, bien évidemment ! un homme politique, évêque et écrivain gallo-romain, né à Lyon, 430-486) que « les rivages de l'Atlantique s'attendaient à recevoir le pirate saxon pour qui c'était un jeu de sillonner la mer bretonne et de fendre la mer glauque d'une barque de cuir cousu ». L'empire est désorganisé, l'anarchie règne et l'Armorique, sans cesse ravagée, est ruinée – elle fut riche et prospère jusqu'au milieu du IIIe siècle – et décrite comme un territoire à peu près inculte. Triste constat après quelques siècles plus cléments ! Ayant failli disparaître comme d'autres peuples gaulois, l'Armorique va finir par se soulever contre le pouvoir d'une Rome décadente qui n'a plus d'autorité que le nom. L'avenir sera breton !

Chapitre 2

Des premiers Bretons à l'apogée du duché

Dans ce chapitre :

- Vous allez suivre, depuis l'île voisine, l'émigration des Bretons
- À chaque période, son lot d'invasions, de combats acharnés et de guerres de succession
- Les Bretons vont aller au bout de leur ambition, devenir une nation, hélas éphémère…

Le temps était venu pour que la péninsule armoricaine se forge une véritable identité. En même temps que la France se construisait, sur les ruines d'une Gaule abandonnée par les Romains, convoitée de toutes parts et en proie aux luttes d'influences opposant ses principales composantes. Il s'agit bien de la période la plus exaltante de l'histoire de la Bretagne. Découvrons ensemble cette lente mutation, qui, du Celte au Gallo-Romain, nous conduit maintenant au Breton. Il aura donc fallu une dizaine de siècles pour construire un véritable État. Une édification à l'image de son époque, faite de combats (alternant victoires et défaites), de conquêtes (pour en affirmer les contours), d'alliances, mais aussi de trahisons et de désillusions, sans parler des rivalités intérieures, lourde menace pour l'unité. De cette grande période, on retiendra que la Bretagne aura forgé son unité en se plaçant sur un pied d'égalité avec de puissants voisins, la France et l'Angleterre. Savourons donc ensemble ce bel âge d'or !

L'Armorique devient la Bretagne

Il a d'abord fallu pas moins de cinq siècles, du IIIe au VIIe, pour que l'Armorique accomplisse pleinement sa mutation celtique au cours d'une longue osmose progressive. Son avenir se joue au niveau des incursions expansionnistes et des grandes migrations. Petit résumé pour bien suivre le programme des voyageurs : les Celtes armoricains, contraints d'accueillir les

Romains et en passe de devenir de véritables Gallo-Romains, voient ce bel équilibre fragilisé par les Germains arrivant via la Gaule – de faux cousins ! – suivi du repli progressif des Romains vers leur Ville éternelle. Diverses familles de Germains perpétuent ces traditions : les Francs viennent en Gaule et titillent l'Armorique, tandis que les Angles et les Saxons quittent leurs rivages baltiques pour s'installer dans une Bretagne désertée par les Romains. Certains Bretons se replient alors dans l'ouest de leur île tandis que d'autres franchissent la Manche pour débarquer en Armorique. Grandes migrations Est-Ouest et Nord-Sud pour le moment !

Quand les Bretons arrivent... en Bretagne

Ou le retour des Celtes, car, des Celtes gaulois aux Celtes bretons, ce sont toujours des Celtes !

Nouvelles de (l'île de) Bretagne

Comme la Gaule, mais un peu plus tard, l'île de Bretagne reçoit donc la visite des Romains. Comme en Gaule, la pacification ne s'est pas faite sans réactions. Mais un *modus vivendi* s'est assez rapidement mis en place, d'autant plus que la romanisation était moins profonde. Ne pouvant s'imposer dans le nord de l'île, les Romains érigent des fortifications pour se protéger des peuples du nord, les murs d'Hadrien (122) et d'Antonin (142). Mais le déclin de l'empire va les contraindre à regagner le continent. Signal qu'attendaient les Pictes pour franchir les murs et débouler vers le sud retrouver les Angles et les Saxons. Contraignant les Bretons à se rassembler dans quelques territoires plus restreints :

- le Gododdin, petite enclave ayant perduré un temps de l'autre côté du mur ;
- la Cumbrie, autour de Carlisle, petit royaume brittonique un temps rayonnant ;
- le pays de Galles, qui a réussi à sauvegarder sa civilisation celtique traditionnelle ;
- la Domnonée, au sud (comprenant la Cornouaille actuelle, le Devon et une partie du Somerset).

Ces replis ont aussi conduit nombre de Bretons à émigrer de l'autre côté de la Manche, vers des terres *a priori* plus hospitalières, peuplées de Celtes aux traditions assez proches, certains poussant même jusque sur les côtes de Gallice (Espagne).

Empereurs romains… venus de Bretagne

La Bretagne a en effet donné trois empereurs à son occupant, dont deux usurpateurs !

Constantin Ier, bien que né à Naissus (aujourd'hui Niš en Serbie), a été couronné empereur en 306 lorsqu'il commandait les troupes romaines dans l'île de Bretagne, avant de se convertir au christianisme et de prôner la liberté de culte.

Maxime, d'origine ibérique, connut le même sort quelques années plus tard, proclamé empereur en 383 par ses troupes qu'il dirigeait en Bretagne (mais considéré comme usurpateur), avant de devenir maître de Rome en 388, puis *pour de vrai*, co-empereur à Trèves, titre partagé alors avec Valentinien à Milan et Théodose Ier à Constantinople ! Il faut dire qu'à cette époque, l'armée de Bretagne est une composante majeure de l'armée romaine, souvent appelée à la rescousse sur le continent.

Entre-temps, Magnence, né d'un père breton, usurpa lui aussi quelque peu le titre d'empereur d'Occident en 350 pendant trois ans, pendant lesquels il rétablit en grande pompe la pratique des sacrifices nocturnes. Le souvenir de cette époque glorieuse comptera dans la formation de l'épopée arthurienne !

La receltisation de l'Armorique

N'allez pas imaginer une ligne régulière entre l'île de Bretagne et l'Armorique, disposant de grandes barques qui seraient une sorte d'ancêtres de *Brittany Ferries* : eh bien non, l'immigration bretonne se fit progressivement sur plusieurs siècles ! La Manche n'avait jamais été une frontière, mais bien au contraire et depuis longtemps au cœur d'une même civilisation, un plan d'eau très fréquenté. Plus au sud, (un peu) plus à l'ouest, l'Armorique fascine, et les raisons ne manquent pas de tenter l'aventure pour les îliens bretons :

- répondre à l'appel des garnisons romaines qui avaient besoin de mercenaires ;
- fuir la poussée de plus en plus envahissante des Pictes (d'Écosse) et des Scots (d'Irlande) ;
- christianiser un peuple partagé entre la romanisation et les traditions celtes.

Les Celtes gallois, et aussi irlandais, viennent donc se mêler aux Celtes gaulois, investissant durablement la péninsule. L'Armorique va en perdre son latin, et même son nom, prenant officiellement le nom de Britannia à la fin du VIe siècle (encore appelée Letavia outre-Manche). Une *Petite Bretagne*, complémentaire de la *Grande* et indépendante, est en train de naître.

La christianisation de l'Armorique

Cette évolution est totalement concomitante, prenant des formes très diverses. Avec cette particularité que les hommes ont davantage compté que les structures : la hiérarchie n'est arrivée que par la suite. Tout a commencé ici au IVe siècle :

- la christianisation a débuté au sud-est sous l'influence de l'Église de Tours ;
- les martyrs nantais de la fin du IIIe siècle, Donatien et Rogatien, dont Grégoire de Tours mentionne la tradition du culte dès le siècle suivant ;
- des évêchés apparaissent ainsi très tôt à Nantes (comme à Tours et Angers) ;
- au nord-ouest, en revanche, la christianisation est tout juste amorcée lorsque débarquent les Bretons ;
- des moines et des saints, gallois et irlandais, s'installent ainsi dans des ermitages, certains créent des paroisses et des monastères, qui deviendront ensuite des évêchés (Tréguier, Dol…).

LE SAVIEZ-VOUS ?

Le canal du saint

Il ne fut pas le premier évêque de Nantes – saint Clair à Nantes dès le IIIe siècle – mais le seizième. Félix Ier (549-583), est connu pour avoir achevé la première cathédrale, initiée par son père Eumélius, lui aussi évêque. Mais Félix avait aussi d'autres projets pour sa ville, et il réalisa de grands travaux, comme le creusement d'un canal destiné au développement du port. Il est également à l'origine de la navigabilité de l'Erdre, « la plus belle rivière de France », dira plus tard un roi de France, François Ier. À Nantes, l'écluse mettant l'Erdre en relation avec la Loire porte aujourd'hui le nom de celui qui est devenu entre-temps *saint Félix*.

Pour être Francs, les Bretons ne sont pas encore prêts !

On sait bien qu'à la fin d'une grande aventure, comme le fut celle de l'Empire romain, toutes les cartes (d'Europe, dans le cas présent) sont redistribuées. Mais qui sont donc ces Francs qui lorgnent visiblement du côté de l'ouest ?

Ave Clovis

Revenons aux grandes migrations. Pendant que les Bretons arrivent en Armorique, deux familles de Germains prennent position en Gaule, les Francs au nord et les Wisigoths au sud (eux-mêmes poussés par les Huns !), bientôt chassés par Clovis de l'Aquitaine, direction l'Espagne. Ce sont donc les Francs qui finissent par se rendre maîtres d'une grande partie de la Gaule. Conquérants, ils regroupent tous les territoires du nord-ouest de la Gaule mérovingienne au sein de la Neustrie. Et donc, voilà les Francs qui pointent tout logiquement le bout de leur nez en Armorique, s'aventurant dans l'est de la péninsule à la fin du Ve siècle avec la volonté de l'associer. Mais Clovis est bien vite obligé de composer. Roi franc adoubé par Rome, il peut cependant plaire aux Bretons armoricains : entre ces deux peuples, qu'une communauté de religion rapproche depuis la conversion de Clovis, s'établit donc tout naturellement une sorte de pacte d'alliance, une certaine forme de soumission mais sans de véritable tribut à verser, autrement dit une forme d'indépendance sous le regard d'un puissant protecteur… Lune de miel ou marché de dupes ? L'avenir dépendra bien des fluctuations de ce marché !

Buvons à la santé du bon roi Dagobert !

La succession de Clovis n'est pas de tout repos chez les Francs. Ceux de Neustrie viennent camper aux portes de la Bretagne. Ils nomment des hommes forts et dévoués dans les places de Nantes, de Rennes et de Vannes, une forme de contrôle aux *frontières*. Après une période de calme, les affrontements ne manquent pas, les comtés de Nantes et de Rennes sont fortifiés pour créer une véritable province, en forme de *Marche militaire* de protection ! La situation évolue en revanche autour de Vannes. Après la déroute du roitelet local, Chanao, le vent tourne avec son neveu, Waroch, qui veut en découdre, pille sans vergogne les territoires de Rennes et de Nantes, notamment la région des vignes pour remplir sa cave, tient tête aux Francs mérovingiens et finit par créer une petite région à laquelle il donne son nom, Bro-Ereg (ou Bro Waroch, le pays de Waroch). Le bon roi Dagobert veille tant bien que mal sur *l'affaire de Bretagne* avec le concours du grand saint Éloi, tandis que Judicaël (duc de Domnonée) vient conclure à Creil un traité de paix et d'alliance, sans faire soumission au roi mérovingien. Alors que le coup d'État de Pépin le Bref en 751 annonce l'avènement des Carolingiens, les Bretons restent bien campés sur leurs positions.

LE SAVIEZ-VOUS ?

Conan Mériadec, le premier roi mythique

Tout a commencé au temps de Maxime – vous vous souvenez... cet empereur vaguement usurpateur – lorsqu'il est venu faire le coup de main sur le continent, débarquant, dit-on, en Armorique du côté de la baie de la Rance. Il dut ses premiers succès à son fidèle second, ce fameux Conan, le neveu d'un souverain de son île, qui, lui, n'avait pas été soumis par les Romains. Leur arrivée fut loin d'être vraiment pacifique, elle aurait même été plutôt sanglante pour imposer une bretonnisation forcée. Et c'est donc pour le remercier que Maxime lui aurait donné ce titre de roi. On dit aussi que Conan aurait fait venir de l'autre côté de la Manche une dizaine de milliers de jeunes filles nobles, et six fois plus de roturières, afin d'étoffer la population de son nouveau royaume ! Manque de chance, elles n'arrivèrent point à bon port : celles qui échappèrent à la tempête ne purent éviter les barbares des îles, réduites à l'esclavage pour les plus chanceuses. Point de départ d'une dynastie comportant une douzaine de rois, si l'on en croit les chroniqueurs de la belle époque bretonne (principalement le XVIe siècle), dans des œuvres – de commande – tout à la gloire présente ou passée du duché de Bretagne. Avec un manque certain de curiosité et de rigueur, ces auteurs reprenant sans les vérifier des thèses apparues au IXe siècle et mises à l'honneur au XIIe par Geoffrey de Monmouth, un chanoine d'Oxford, dans son *Historia regum Britanniae*, elle-même basée sur des sources demeurées mystérieuses. Qu'importe, une belle légende était née ! Elle durera six siècles et même davantage, malgré la dénonciation par le bénédictin rennais dom Lobineau dans son *Histoire de Bretagne* parue en 1707. Avant la confirmation définitive de la supercherie, vers 1850, par Arthur de La Borderie : la plupart de ces monarques sont inventés, étant au mieux de simples petits roitelets locaux !

L'affirmation (éphémère) de la nation bretonne

La Bretagne va connaître sa période la plus glorieuse, du VIIIe au XVe siècle. Elle se définit un territoire et en assure vaillamment ses frontières. Avant de se donner un roi pour traiter d'égal à égal avec ses puissants voisins. Mais il leur faudra, aux rois puis aux ducs et duchesses, repousser successivement les assauts des Francs, des Normands et des Plantagenêts. De guerre lasse et surtout de guerres perdues, la Bretagne pense ensuite se marier avec la France, sortie par le haut d'un conflit trop inégalitaire. La grâce durera ce que durent les promesses !

Francs, jamais !

Match retour des Francs contre les Bretons, avec un atout maître pour les premiers, grands favoris, l'empereur Charlemagne.

Beaucoup d'attaques franques, mais aucun but !

Ils ont pourtant tout essayé, les Francs attaquant en force la Bretagne avec l'aide du commandement militaire de la *Marche de Bretagne*. Pépin le Bref, puis le grand Charlemagne, au long règne dominateur, et enfin son successeur Louis le Pieux ne parvinrent jamais à soumettre réellement cette petite province, chaque avancée étant bien vite suivie d'une réaction. Pas moins de huit guerres assez dures (tueries, pillages, prises d'otages…) entre 750 et 830 :

- 753, Pépin le Bref reprend Vannes ;
- 778, Charlemagne nomme son fidèle Roland, le héros malheureux de Roncevaux, préfet à Nantes ;
- 786, l'armée carolingienne conduite par le sénéchal Audulf impose sa loi ;
- 799, tout est à recommencer, et cette fois, le comte Gui semble soumettre plus sérieusement la Bretagne et lui faire payer un lourd tribut, un chroniqueur rapportant que « toute la province de Bretagne fut conquise par les Francs, ce qui jusque-là ne s'était jamais vu » ; un beau cadeau pour le sacre de l'empereur en 800 !
- 811, Charlemagne prend lui-même le commandement de ses troupes pour mater une rébellion, mais il ne peut, malgré une répression sanglante, s'assurer véritablement la victoire ;
- 818, Louis le Pieux vient difficilement à bout du chef Morvan, un prétendant au titre de roi breton, et soumet la Bretagne ;
- 822, 824 et 825, de nouvelles expéditions sont nécessaires pour combattre un autre chef, Guiomarch ;
- 830, expédition avortée à la suite d'une rébellion des fils de l'empereur, soutenus par Lambert, comte de Nantes et préfet de la Marche de Bretagne.

Changement de tactique et promotion régionale

Les Bretons ont tiré les leçons de toute cette période. Mieux vaut être unis, car ils se rendent bien compte en effet que le grand voisin n'était pas aussi puissant qu'ils auraient pu le craindre, ce qui conduit les chefs à réviser leurs ambitions à la hausse. De son côté, l'empereur Louis le Pieux, au pouvoir ébranlé sur d'autres terrains, finit par opter pour une pacification en douceur, en s'appuyant sur des Bretons et en les fidélisant. Il jette son dévolu sur le comte de Vannes, un aristocrate breton fidèle depuis huit ans,

Nominoë, nommé *missus* de l'empire en 831, puis duc de Bretagne. Fidèle à son empereur qui décède en 840, il l'est aussi au fils qui hérite de la Francie occidentale, Charles le Chauve. Jusqu'en 843, date où il se laisse entraîner par Lambert (fils) pour reprendre le comté de Nantes à Renaud d'Herbauge, l'agresseur. Le pacte est rompu, la Bretagne est devenue un enjeu majeur. C'est la reprise des hostilités qui se règlent à la bataille de Ballon (845), près de Redon, et conduisent au repli des Francs sur Le Mans. La Marche de Bretagne est plus que jamais sous pression. Le contrôle de Rennes et celui de Nantes fluctuent au gré des offensives, et pendant l'hiver 850-851, les armées bretonne et carolingienne guerroient en Anjou, puis en Touraine… jusqu'au décès de Nominoë à Vendôme. Tout est à recommencer !

LE SAVIEZ-VOUS ?

Nominoë et l'abbaye de Redon

Il ne fut pas qu'un chef breton, fidèle à l'empire avant de se venger d'une trahison, mais aussi un guerrier redoutable et craint. Il laissa en Bretagne la marque d'un duc avisé, à défaut de celle d'un roi qu'il n'a jamais été réellement. Nominoë accorda son soutien à une initiative religieuse qui allait devenir un grand bastion de la reconquête bretonne. Il favorisa en effet l'établissement du monastère créé par Conwoïon près de Redon, la future abbaye Saint-Sauveur de Redon. Ce moine intrépide et têtu finit par obtenir les autorisations nécessaires, renonçant au rite irlandais de saint Colomban pour se conformer à la règle de saint Benoît. Afin de pouvoir accueillir des pèlerins et des pénitents, il pratiqua à son tour la *simonie*, partant à la recherche de véritables reliques d'un saint martyr. Qu'il trouva à Angers où il déroba le sarcophage contenant le corps de saint Hypothème (ou Apothème), le deuxième évêque d'Angers (fin du IVe siècle). Une opération difficile pour laquelle d'autres religieux de Francie avaient échoué, incapables de bouger le lourd tombeau. Conseillés par un Angevin qui les hébergeait, un certain Heldewald, Conwoïon et deux de ses moines prirent le temps de prier avant de se laisser enfermer dans la crypte avec le saint devenu alors consentant. Un rapt rondement mené, dans le calme et le silence, ainsi qu'il leur avait été recommandé. Ils furent accueillis en héros en rentrant à Redon. Pour sa part, Hypothème joua bien le jeu et accomplit les miracles attendus ! S'y ajoutèrent par la suite les reliques des saints Marcellin et Conwoïon lui-même. Toutes connurent le même triste sort en 1789, finissant dans la Vilaine…

Érispoë, le premier roi breton

Succédant à son père, Érispoë retrouve un Charles le Chauve ragaillardi à la perspective de faire face à un adversaire perturbé. Direction la Bretagne où les Bretons l'attendent, toujours dans le même secteur autour de Redon. *Bis repetita*, et nouvelle défaite des Francs à Jengland. Cette date du 22 août 851 est à marquer d'une pierre blanche dans l'histoire de la Bretagne : c'est le point de départ de près de sept siècles d'indépendance! En allant rencontrer à Angers son ennemi de la veille, Érispoë peut imposer ses conditions :

- par la dation des mains, il assure son puissant voisin de sa fidélité en tant que vassal;
- il reçoit en échange les insignes royaux, devenant ainsi le premier véritable roi breton;
- les comtés de Rennes et de Nantes sont rattachés à la Bretagne, de même que le pays de Retz.

La Bretagne est devenue un royaume, avec un statut qui ressemble à celui de l'Aquitaine depuis Charlemagne, largement indépendant tout en restant au sein de la même famille, soumis seulement à son voisin par le geste symbolique de la *dation des mains*. Son périmètre est celui qu'elle conservera pendant dix siècles, dit de la *Bretagne historique*. Après tout, l'acte de naissance de la France ne datait que de quelques années, du traité de Verdun en 843!

LE SAVIEZ-VOUS ?

Jengland, an I de la Bretagne

Un lieu, Jengland (Beslé) sur la rive gauche de la Vilaine à l'est de Redon; une date, 851, un grand événement pour la Bretagne! Les marais de Redon avaient déjà servi de cadre pour une première victoire capitale des Bretons de Nominoë, celle de Ballon en 845. L'histoire se répète donc six ans plus tard, avec ceux d'Érispoë. Moins puissantes, les troupes bretonnes s'appuient sur la mobilité de leur cavalerie légère, multipliant les attaques sur le flanc de leurs adversaires auxquels ils décochent flèches et javelots. La bataille dura trois jours, du 21 au 23 août. Le harcèlement continu et la bonne connaissance d'un terrain difficile finissent par avoir raison d'une armée franque désorientée, attendant sagement en rangs serrés, et ne pouvant donc pas s'exprimer dans le combat rapproché qui était sa force. Après deux jours d'infortune et de nombreuses pertes, le roi Charles le Chauve s'enfuit nuitamment sans crier gare, abandonnant non seulement ses troupes, mais également sa tente et tous les insignes royaux. Son armée l'imitera le lendemain matin, poursuivie et décimée par les Bretons. C'est la débâcle totale, Érispoë s'emparant symboliquement des habits royaux, un trésor de guerre qui va lui donner des idées...

Histoires de famille

Poursuivant en fait la francisation des institutions et n'ayant plus de raison de se battre, Érispoë va entamer avec Charles le Chauve une petite valse diplomatique en forme de projets d'alliances toujours intéressées :

- dans un premier temps, histoire de semer un peu la zizanie dans la famille bretonne, Charles le Chauve donne les territoires récemment concédés à Salomon, un cousin d'Érispoë, qui conserve cependant son autorité sur eux;
- et dans un second temps, on annonce en 856 les fiançailles de la fille d'Érispoë avec Louis, le fils de Charles le Chauve, le premier apportant les comtés de Rennes et de Nantes, le second le duché du Maine.

Une partie de dupes est en train de se jouer, l'un espérant entrer dans le lignage des Carolingiens, l'autre pensant récupérer les territoires perdus par les armes. De quoi indisposer à coup sûr le cousin Salomon, qui commençait à rêver avant de venir s'en expliquer avec Érispoë. Une discussion qui se termine par l'assassinat du roi breton dans une église en 857, un double crime s'il en est. Sitôt accompli, Salomon se pose lui-même la couronne sur la tête!

Le premier âge d'or de la Bretagne

Au risque de voir refleurir les querelles intestines, Salomon retrouve très rapidement l'unité bretonne grâce à ce bon Charles le Chauve qui pensait le moment venu pour régler le sort de ce peuple turbulent en montrant ses armes. Sans l'affronter directement, Salomon intrigue et s'allie à ses adversaires (successivement son fils le prince Louis, son frère Louis le Germanique, Robert le Fort ou les Normands). Salomon est à son tour reconnu en 863 par la paix d'Entrammes (un monastère près du Mans), en échange d'un serment de fidélité et de paix, renouvelé en 867 par le traité de Compiègne, et finalement reconnu très officiellement roi, mais seulement en 868. Il reçoit le comté du Cotentin et l'Avranchin (avec les îles de Jersey, Guernesey et Serck), le pays *Entre-Deux-Eaux* (territoires du nord de l'Anjou, entre Sarthe et Mayenne), ainsi que la riche abbaye de Saint-Aubin d'Angers. La Bretagne connaît alors son périmètre le plus étendu. Malgré une longue guerre civile de succession, la Bretagne se maintient face à la Francie qui peine également à se stabiliser.

LE SAVIEZ-VOUS ?

Au temps du roi Salomon (857-874)

La monarchie bretonne est à son apogée géographique. Salomon ne craint pas les titres un peu ronflants, tels « chef et prince des Bretons par le bienfait de Dieu » ou encore « roi de toute la Bretagne et d'une partie de la Gaule ». Il s'entoure d'une cour imposante et itinérante, au gré de ses séjours dans une vingtaine de résidences. Et pourtant lui manque une forme de reconnaissance religieuse, une sorte d'église bretonne autour d'un siège métropolitain à Dol. Il veut en finir avec la dépendance de l'archevêché de Tours et avec ce *schisme breton* qui l'oppose aux évêques de Francie, se traduisant depuis une vingtaine d'années par la nomination d'évêques bretons non reconnus. Le roi Salomon multiplie les ambassades auprès du pape, les cadeaux (sa statue grandeur nature en or), mais sans jamais parvenir à son but. Lassé de ne pouvoir composer avec le pouvoir religieux, il décide d'abandonner sa fonction et de se retirer dans un monastère, laissant l'essentiel du pouvoir à ses proches. Notamment à son gendre Pascweten et à son neveu Gurwant, qui n'attendent que ce moment pour se débarrasser d'un roi devenu trop encombrant. Si sa fin a été aussi terrible que sa prise de pouvoir, son retrait était aussi motivé par une forme de repentir, son expiation lui vaudra de reposer en paix, tandis que la ferveur populaire fera de lui un saint.

Déferlantes nordiques

Moins paisibles que les îliens bretons venus s'installer durablement en Armorique, les Vikings viennent à leur suite faire quelques courtes visites aussi inopinées qu'agressives, tant sur les rivages d'Armorique que dans toute la Gaule. Avant de prendre goût à la Normandie…

Croisières vikings

Les Francs les ont désignés sous le nom de Normands – hommes du Nord – mais il s'agit en réalité des Vikings – guerriers de la mer – venus de Scandinavie ravager les côtes de tout l'Occident. Marchands avisés, occupant leurs longs hivers à voyager et établir des comptoirs, les Vikings sont de grands marins – ils arriveront en Amérique bien avant Christophe Colomb – utilisant des drakkars, ces robustes bateaux à faible tirant d'eau et à la proue relevée qui leur permettent de mener des raids efficaces et pénétrer très loin à l'intérieur des terres en remontant fleuves et rivières. La péninsule armoricaine leur convient à merveille, et les faiblesses de l'Empire carolingien leur donnent des idées. Intéressés par l'île de Noirmoutier et son monastère dès 799, les Vikings réagissent aux conquêtes de Charlemagne en Saxe et au développement du christianisme. On les retrouve régulièrement dans la Basse-Loire à partir de 835. Profitant de la désorganisation du comté de Nantes en 843, les Vikings remontent la Loire depuis Batz avec soixante-sept bateaux et surprennent la ville de Nantes au petit matin du jour de la Saint-Jean, pillant et massacrant, jusque dans la cathédrale où l'évêque Gunhard (saint Gohard) est exécuté sur l'autel en prononçant « Sursum corda » (haut les cœurs !).

Et séjours normands

Traumatisés, les Bretons redoutent ces attaques surprise. Nominoë lui-même, pourtant au fait de sa gloire, ne peut les éloigner que moyennant rançon. Érispoë à son tour, bien que maîtrisant ses frontières terrestres mais ne disposant d'aucune flotte de guerre, a beaucoup plus de mal pour faire face à des adversaires mobiles sur l'eau, les moines abandonnent leurs abbayes menacées par les Normands attirés par les richesses qui y sont accumulées. Les Vikings s'enhardissent et établissent même une place forte dans l'île de Bièce (Beaulieu) près de Nantes, tout juste pillée et incendiée à nouveau (853) : ils veulent ainsi contrôler tous les échanges en Loire. Mais il arrive parfois heureusement que les ennemis se divisent : c'est ainsi qu'Érispoë s'allie à un autre chef viking, Sidric, attiré par tant de richesses à partager, pour faire ensemble le siège de l'île. Avant de se rendre compte que les deux chefs vikings se sont mis d'accord au cours de la nuit suivant les premiers combats ! Les nouveaux venus, enrichis, partent piller Tours, les autres Vikings quittent leur île pour s'intéresser au Vannetais et s'occuper du pays de Redon, dont l'abbaye est rançonnée, mais épargnée (854). Avant de quitter la Bretagne pour quelques années, sous la pression de l'armée d'Érispoë.

CURIOSITÉ

Gurwant, l'homme qui vainquit seul les Vikings !

Les Normands ne laissaient cependant guère de répit à la Francie, parfois encouragés ou parfois suspects de collusion avec les Bretons de Salomon (865-866). Mais après le traité de Compiègne (867), le roi des Bretons promet d'aider Charles le Chauve dans sa lutte contre Hasting, un nouveau chef viking, un guerrier impitoyable qui terrifie les populations. Salomon et Hasting s'observent et hésitent à s'affronter près de la Vilaine, à Avessac. On se met d'accord, les Normands quitteront le pays contre un don de cinq cents vaches. Cette affaire ne convient pas, mais pas du tout au chef breton Gurtwant, gendre d'Érispoë, qui rêve d'en découdre. Contre l'avis de son roi, il se présente seul et franchit le gué le séparant de l'ennemi, et attend le combat toute une matinée. Les fiers Vikings, impressionnés par cette audace (inconscience ?), n'osent intervenir et laissent un héros fier d'avoir tenu tête au redoutable Hasting. Une paix de courte durée, les Normands reprenant le chemin de la vallée de la Loire en 872. Hasting s'installe avec ses hommes dans la ville d'Angers qu'il terrorise, un emplacement de choix permettant de baser la flotte sur les bords de la Maine, à proximité de la Loire.

LE SAVIEZ-VOUS ?

Le premier port à sec de l'Ouest

Charles le Chauve, craignant que les Normands ne se sédentarisent à Angers, fait appel à Salomon pour les déloger. Comme le siège ne donne rien et qu'il ne peut s'éterniser, ce dernier échafaude un projet original pour anéantir la flotte de drakkars basée dans la rivière, et qu'il était difficile d'attaquer directement par voie terrestre :

- les Bretons creusent un chenal latéral, plus large et plus profond que la Maine, sur une longueur d'environ huit cents mètres ;
- ayant ainsi préparé un nouveau lit pour la rivière, ils peuvent alors la relier à ce canal de dérivation ;
- l'eau ayant changé de lit, les fiers drakkars se mettent à reposer sur la vase, totalement à sec et donc inutilisables ;
- la supériorité numérique des attaquants ne laisse alors aucun doute sur l'issue des combats ;
- c'était sans compter sur la faiblesse d'un Charles toujours très timoré, qui préfère négocier le retrait de ses adversaires, moyennant restitution des butins accumulés par les Vikings au cours de leur séjour ;
- Hasting, heureux de s'en tirer à si bon compte, s'en retournera vers la sortie de la Loire, se vengeant en chemin.

Moralité : Salomon, s'il eût préféré un succès plus décisif encore, n'en restera pas moins comme le précurseur du *port à sec*, il suffit de retirer l'eau du port !

Guerres de succession...

Après les déferlantes, c'est une véritable tempête normande qui va finir par déstabiliser une Bretagne divisée. La succession de Salomon ravive en effet les querelles intestines, tout d'abord entre les comploteurs Pascweten et Gurwant qui se partagent la péninsule, le sud pour le premier et le nord pour le second. Ces prétendants vont s'étriper dans deux sanglantes batailles que Gurwant domine malgré son infériorité numérique, galvanisant ses troupes, même allongé sur une litière..., avant de mourir l'un après l'autre. Alain et Judicaël vont prolonger le conflit jusqu'en 890, la Bretagne connaissant ainsi seize ans de guerre civile et d'anarchie, ce dont profitent les Vikings (appelés un temps en renfort par Pascweten !) pour reprendre les pillages. Louis II le Bègue, successeur de Charles le Chauve, se rapproche d'Alain qui vient à Tours lui prêter serment par la dation des mains (878). Par la suite se succèdent de faibles monarques francs qui délaissent la Bretagne, tandis que le péril normand se fait toujours plus pressant (Nantes a été un temps sous contrôle). Les chefs bretons ennemis se rapprochent alors, le temps d'un succès voyant le décès de l'un tandis que l'autre devient Alain le Grand, reconnu roi par Charles le Simple vers 898 jusqu'à sa mort en 907.

… et invasions normandes

Le répit aura été de courte durée, le temps que la Bretagne reprenne quelques forces. De nouvelles querelles de succession la font replonger dans le chaos, tandis que les voisins de Francie ne se portent guère mieux. Les Vikings deviennent de plus en plus normands, prennent même racine après le traité de Saint-Clair-sur-Epte (911) par lequel Rouen et la partie de la Neustrie qui deviendra la Normandie sont cédées par Charles le Simple au chef viking Rollon. Guillaume Longue-Épée, son successeur et fils, poursuit son chemin de conquête et de mise à sac. Un espoir arrive de Francie, le comte Robert le Fort, un rival de Charles le Chauve, montre sa détermination en allant assiéger Nantes, avant de conclure un marché en concédant la Bretagne contre une promesse de conversion à la religion chrétienne ! La Bretagne est abandonnée aux Normands, pillée, dévastée, à l'exception du Rennais (la fille du comte a eu la bonne idée d'épouser Rollon). Les élites s'enfuient, les monastères se délocalisent avec leurs saints et leurs moines (Redon en Auxerrois, Locminé et Saint-Gildas-de-Rhuys en Berry, Alet, Léhon et Dol à Paris… ou encore Landévennec en Flandre, hors de Francie). Ce fut le premier grand exode breton !

Le débarquement de Normandie

La Bretagne était quasiment devenue une autre Normandie. Soumise à la loi de l'occupant, certes, mais toujours prête à relever la tête au moindre signe d'espoir. Car ceux qui sont restés ont eu l'occasion d'entrevoir quelques faiblesses de ces vaillants Vikings sédentarisés, surtout quand le gros des troupes s'est entiché de conquêtes aux quatre coins de la Francie. Après une mission de reconnaissance par Jean de Landévennec, un moine envoyé en éclaireur, Alain, le petit-fils d'Alain le Grand et futur Alain Barbe-Torte alors réfugié à la cour du roi anglais, a la jeunesse et l'enthousiasme pour prendre la tête d'un mouvement de reconquête. C'est le débarquement en 936, du côté de Dol, suivi de combats victorieux à Saint-Brieuc et, surtout, à Nantes à l'issue d'un siège difficile en 937, et enfin la bataille décisive de Trans (Ille-et-Vilaine) en 939, chassant les Normands hors de la Bretagne. Ils n'y reviendront plus, sauf occasionnellement à Nantes (960) et à Dol (944, 996 et 1014). Avec Alain Barbe-Torte, qui devient duc et non roi, s'ouvre alors une ère nouvelle, celle du duché de Bretagne.

Le temps du duché

Fini l'ambition de poser la couronne royale sur sa tête ! S'ils restent des *ri* (rois) pour le peuple, les successeurs se diront *comtes*, *ducs* ou *princes des Bretons*. Mais la nature du lien unissant la Bretagne à la Francie devenue

France reste la même : une alliance objective et prudente, et en même temps une farouche indépendance. Le fier Breton veut traiter à égalité avec le Français, son duc rendant au roi un hommage simple, debout. Pas question de mettre un genou à terre! Le duché restera pendant six siècles sur cette position, une longue période riche en événements et en rebondissements. Gardant son autonomie jusqu'en 1532.

Beaucoup de maisons pour un seul duché

Alain II Barbe-Torte, tout auréolé de ses succès, est le premier duc de Bretagne de 937 à 952. Respecté de ses voisins (il avait été le compagnon d'enfance et d'exil du futur roi Louis IV d'outre-Mer) et réconcilié avec ses anciens adversaires, il peut redresser la Bretagne, en s'appuyant sur Nantes, ville où il réside et qu'il restaure, et sur la moitié sud qu'il contrôle directement. Sa disparition va réveiller les conflits latents entre différents lignages. Les trois maisons de Nantes, de Rennes et de Cornouaille, vont donner successivement une dizaine de ducs pendant deux siècles, par un jeu successoral dont les filles ne sont pas exclues en Bretagne. Cette valse des chefs révèle déjà la rivalité entre deux territoires, le Nantais et le Rennais, passés du statut de marche franque à celui de prétendant au siège du duché breton. Elle montre aussi que le besoin de chacun d'asseoir son autorité passe par des alliances stratégiques, souvent matrimoniales et parfois guerrières, et qui concernent aussi les puissants voisins, le royaume franc ou le duché d'Aquitaine, les comtés de Blois ou du Maine, et surtout le duché de Normandie et le comté d'Anjou, de plus en plus puissants et influents.

QUELQUES CHIFFRES

Dates à retenir

981 et 992, les deux batailles de Conquereuil, terrain de jeu guerrier entre Rennais et Nantais. La seconde met aux prises Conan Ier le Tort et son adversaire, le comte d'Anjou Foulques Nerra, qui est en fait le tuteur de Nantes : la victoire du rusé Conan se transforme en la défaite du présomptueux Conan, surpris peu après dans son repos.

1066, nombreux sont les Bretons à accompagner en Angleterre le duc de Normandie, Guillaume le Bâtard devenu Guillaume le Conquérant après la bataille victorieuse d'Hastings, et c'est ainsi que le riche comté de Richmond finit par échoir au duc de Bretagne Conan IV (un comté qui lui rapporte presque autant que son duché !).

1099, le duc de Bretagne Alain IV Fergent, le dernier bretonnant, participe à la prise de Jérusalem, sa présence à la première croisade est le signe que le duché a retrouvé son unité, une situation qui se maintiendra avec son fils Conan III jusqu'au milieu du XIIe siècle, soit plus d'un demi-siècle de relative sérénité.

La prise de pouvoir des Plantagenêts

Une nouvelle affaire de succession au dénouement imprévu : Conan III ayant désigné son petit-fils Conan pour héritier, au motif que le fiston Houël était un bâtard de son épouse. À sa majorité ducale (quinze ans), Conan réclame donc les clés du duché à sa mère Berthe, qui n'entend pas abdiquer. Conan, aidé par Houël, n'ayant pas obtenu non plus satisfaction par les armes, se réfugie alors en Angleterre à Richmond, et va solliciter l'aide d'Henri II Plantagenêt. L'occasion est trop belle pour le jeune roi d'Angleterre, déjà maître de l'Aquitaine, de la Normandie, de l'Anjou, du Maine et du Poitou. La Bretagne constitue le complément idéal, d'autant qu'il prend déjà un pied dans le comté de Nantes à la suite du décès de son frère, comte d'Anjou. Conan IV sera bien duc de Bretagne en 1154, faisant passer ainsi le duché dans la maison de Penthièvre. Mais pas pour très longtemps, car il est aussi le vassal d'Henri II à Richmond : en 1166, Conan menacé par une rébellion de barons bretons est obligé de faire appel à Henri II qui écrase ses adversaires à Fougères, avant d'exiger le duché tout entier à Conan IV le Faible.

La Bretagne devenue anglaise appelle la France à la rescousse

LE SAVIEZ-VOUS ?

Henri II, époux d'Aliénor d'Aquitaine, est le prince le plus puissant d'Europe. Après donc son intronisation très officielle à Rennes en 1166, les Anglais vont *gouverner* la Bretagne pendant environ trente-cinq ans, l'incluant dans *l'empire des Plantagenêts*. Tout d'abord au nom du fils, car Henri II a imposé le futur mariage (qui aura lieu quinze ans plus tard) de son fils Geoffroy, alors âgé de huit ans, avec Constance, la fille de Conan IV et de Marguerite d'Écosse, déjà quatre ans ! Par la suite, successivement duc et duchesse, les deux enfants, puis le jeune Arthur (fils de Constance), vont peu à peu s'affranchir de la tutelle anglo-angevine, après de violents échanges avec Henri II, Richard Cœur de Lion et Jean sans Terre, et se rapprocher des Capétiens. Ballottée entre l'Angleterre et la France, au gré des alliances, fiançailles et mariages, rébellions et affrontements, destitutions et traités, la Bretagne résiste tant bien que mal. Le roi de France Philippe Auguste parvient en 1213 à imposer le Capétien Pierre de Dreux, dit Mauclerc, en le mariant à la princesse Alix, demi-sœur d'Arthur et héritière du duché de Bretagne, après avoir rompu l'alliance promise avec un prince breton de la maison de Penthièvre. Cet étranger, volontaire dans l'action et fidèle au duché aura le mérite d'en rétablir la stabilité. C'est le début d'une nouvelle longue lignée de ducs pacifistes et administrateurs, qui assureront la prospérité de la Bretagne.

CURIOSITÉ

Vous avez dit Plantagenêt ?

Le nom de cette dynastie si célèbre est en réalité un surnom. Celui que se donna Geoffroy V le Bel (1113-1151), comte d'Anjou et du Maine et par la suite duc de Normandie, descendant d'Ingelger dont la dynastie régna sur l'Anjou. Ce nom curieux serait venu de l'habitude prise par Geoffroy, lorsqu'il chevauchait dans sa jeunesse à travers les landes, de porter une branche de genêt sur son couvre-chef, qu'il s'agisse d'un casque, d'un heaume, d'une toque ou d'un simple chapeau, une sorte d'emblème personnel. Une descendance prestigieuse qui régna sur un empire, à la suite d'Henri II, le fils de Geoffroy V et aussi l'arrière-petit-fils de Guillaume le Conquérant. Nombre d'entre eux restèrent attachés à leurs origines de l'Anjou et du Maine : Geoffroy V est inhumé dans la cathédrale Saint-Julien du Mans ; Henri II (né au Mans) et son frère Richard Cœur de Lion sont inhumés, aux côtés d'Aliénor d'Aquitaine (épouse d'Henri II) et d'Isabelle d'Angoulême (épouse de Jean sans Terre), à l'abbaye de Fontevraud (près de Saumur), fondée vers 1100 par Robert d'Arbrissel et qui constitue ainsi la grande nécropole des Plantagenêts en France.

L'affirmation du duché de Bretagne

La vague normande passée, la Bretagne va se reconstruire dans un subtil équilibre entre deux voisins n'aspirant à l'aider que pour mieux l'assimiler. Français et Anglais en feront un lieu privilégié d'alliances et de combats, alternant des actes amicaux et des agressions odieuses. Quelques habiles ducs vont parvenir à maintenir une unité fragilisée par d'interminables querelles de succession largement inspirées par des guetteurs de proie.

L'entente cordiale au temps des ducs Jean

Pierre Mauclerc, le *bailli ducal* capétien dévoué au roi de France malgré un petit pas de clerc avec les voisins anglais, transmet les clés d'un duché apaisé à son fils. Duc cultivé et diplomate, Jean Ier va régner près de cinquante ans, inaugurant une longue période de paix et d'indépendance de plus d'un siècle (1237-1341), exceptionnelle pour la Bretagne. Signe d'un *première entente cordiale*, son fils Jean II épouse la fille d'Henry III d'Angleterre dans la basilique Saint-Denis ! Arthur II et Jean III vont poursuivre leurs règnes dans la même direction. Le duché affermit son autorité sur ses vassaux, la Bretagne commerce avec le monde et s'enrichit. Elle parvient à naviguer habilement dans des eaux franco-anglaises souvent troubles et à s'imposer à l'autorité religieuse, chaque bulle du pape distinguant bien la France et la Bretagne. Mais, peut-être plus insidieusement, l'influence française marque des points importants, les élites bretonnes se formant à Angers, Tours, Orléans, Paris… (la Bretagne n'aura pas d'université avant 1460, alors que sont créés à Paris les collèges de Cornouaille et de Tréguier). Pour l'heure, l'ordre rime avec développement, jusqu'à Jean III qui meurt sans successeur en 1341. Malgré des influences aussi diverses et changeantes qu'égoïstement intéressées, la Bretagne est ainsi parvenue à conserver son périmètre historique.

L'ébauche d'un premier Parlement

Ce long temps de calme est aussi mis à profit pour structurer la gestion du duché, autrement que par les armes ou les alliances, le besoin de faire évoluer la féodalité étant de plus en plus pressant. S'inspirant au passage du modèle capétien, avec aussi un aspect un peu centralisateur sans doute utile pour assurer une unité encore fragile. Une administration plus moderne se met en place pour organiser la gestion ducale :

- la fonction de sénéchal disparaît, ses pouvoirs finissant par faire de l'ombre au duc (imitant Philippe Auguste qui le fait dans son royaume)
- elle est alors répartie entre plusieurs grands services : le chancelier expédie les actes et organise les archives, le chambellan s'occupe des finances, le maréchal des armées tandis qu'un chapelain est le conseiller pour tout ce qui touche à la religion
- un conseil, ou *curia*, est créé, pour associer les familiers, se transformant en *plein parlement* pour les grandes décisions (en y ajoutant les évêques, les délégués des chanoines et des prieurs, les barons et les grands officiers)
- une administration régionale vient relayer l'autorité ducale dans huit circonscriptions ou *baillies*, déjà une forme de déconcentration et non de décentralisation (!)
- de plus, en 1297, les liens se renforcent avec la monarchie capétienne, Philippe le Bel érigeant à la Bretagne en duché-pairie, donnant ainsi à son duc le titre de pair de France (comme onze autres grands seigneurs ou comtes-évêques)

La guerre des deux Jeanne

Faute à Jean III d'avoir désigné un successeur, la Bretagne retombe dans ses vielles querelles internes, transformées pour le coup en une véritable guerre de Succession de Bretagne de vingt-trois ans et faisant resurgir sur son sol la rivalité franco-anglaise de la guerre de Cent Ans. Deux prétendants :

- D'un côté, Jean de Montfort, el demi-frère de Jean III, s'auto-proclame le premier au cri de « La Bretagne aux Bretons » tout en se référant à la loi salique du royaume : défait à Nantes par les Français et fait prisonnier, c'est son épouse Jeanne de Flandre, dite *Jeanne la Flamme*, qui le fait libérer juste avant qu'il ne meure et qu'elle ne sombre dans la folie, laissant le roi d'Angleterre élever leur fils Jean.

- De l'autre côté, Charles de Blois, neveu du roi Philippe de Valois, prend le relais en prêtant l'hommage lige au roi : défait par les Anglais à la Roche-Derrien et fait prisonnier à son tour à Londres, c'est son épouse Jeanne de Penthièvre, dite *Jeanne la Foudre*, qui poursuit inlassablement le combat
- Une troisième femme, Jeanne de Belleville, aura à coeur de venger son mari Olivier de Clisson, assassiné par le roi, en devenant un redoutable corsaire

Il n'en fallait pas davantage pour que la Bretagne ne serve de champ de bataille aux deux puissances voisines jusqu'à ce que le roi Charles V ne rattache officiellement le duché à la France. Outrage inadmissible qui recrée l'union sacrée de la Bretagne – Acte d'association signé le 25 avril 1379 – pour rappeler Jean IV réfugié à Londres, et la Bretagne retrouve son unité et son rang lors du (second) traité de Guérande en 1381. Le duc a renoncé à l'alliance anglaise et rendu hommage au nouveau roi de France Charles VI. La Bretagne peut vivre libre et en paix sur son territoire, respectée des voisins anglais et français.

ÉVÉNEMENT

Bois ton sang Beaumanoir !

Affrontement singulier parmi les batailles sanglantes des deux camps. Le combat des Trente en 1351, un épisode (hélas) banal de cette guerre sans merci que se livrent les deux clans, attisés aussi bien par les Français que les Anglais, sur le dos d'une Bretagne mise en coupe réglée. Deux garnisons désoeuvrées décident, entre deux pillages, de régler une affaire d'honneur. Le camp breton, autour de Jean de Beaumanoir, du clan des Penthièvre et gouverneur de Josselin, lance un défi au camp anglais, autour de Robert de Bembrough ou Bembro, capitaine de Ploërmel accompagné de mercenaires allemands et bretons : un duel chevaleresque sous la forme d'un combat de trente chevaliers dans chaque camp, au lieu-dit *la lande de Mi-voie* entre Josselin et Ploërmel. Le combat fait rage. À la mi-temps, chacun se rafraîchit ! Le chef adverse étant tué, Beaumanoir va s'asseoir sous un chêne, le sang à la bouche, et demande à boire, s'attirant cette réplique d'un adversaire : « Bois ton sang Beaumanoir, la soif te passera ! ». Les Bretons finissent par l'emporter à la nuit. Ce glorieux fait d'armes est resté gravé dans la mémoire bretonne, son lieu est vénéré et une pierre gravée le signale depuis le XIXe siècle.

Deux grands chefs de guerre, Bretons et... connétables de France

Allez donc comprendre ! Pendant une partie de la guerre de Cent Ans, Bertrand du Guesclin puis Olivier (IV) de Clisson, deux fiers Bretons, ont eu la responsabilité suprême, après le roi, des armées françaises. Le premier était du côté des Penthièvre et de Charles de Blois avant de s'engager au service de la France. Le second du côté des Montfort (élevé en Angleterre, il était le fils d'Olivier III de Clisson, décapité par le roi) avant de passer lui aussi dans le clan français. D'adversaires lors de la bataille d'Auray (1364) où du Guesclin fut fait prisonnier et Olivier perdit un oeil, ils se retrouvent frères d'armes à partir de 1370. Quand Charles V rattache officiellement le duché à la France en 1378, les Bretons font l'union sacrée, et du Guesclin, tiraillé entre les deux partis, tombe en disgrâce et décède peu après. Tous les deux resteront comme de grands guerriers ayant vivement combattu les Anglais. Le chevaleresque Bertrand du Guesclin sera inhumé à Saint-Denis aux côtés des rois de France ; Olivier de Clisson, surnommé *le Boucher*, entrera à son tour en disgrâce en 1392, avant de se réconcilier avec Jean IV et de finir ses jours dans son fief de Josselin.

La liberté ou l'union

La Bretagne reste l'un des derniers fiefs résistant au pouvoir royal. Mais l'âge d'or et la prospérité n'ont qu'un temps. La guerre de Cent Ans va s'achever, les alliances vont évoluer et de nouveaux hommes forts vont entrer en scène...

"Le duc est roi en son duché"

Continuité des Jean, avec Jean V succédant à son père en 1399. Duc avisé et diplomate, formé en Bourgogne, beau-fils du roi d'Angleterre et gendre du roi de France, il parvient à maintenir un juste équilibre avec ses voisins (français, anglais et bourguignons), marquant son long règne (jusqu'en 1442) du signe de la paix. Il reste indifférent à l'aventure de Jeanne d'Arc et se tient à distance de Gilles de Rais. Sous son règne, la Bretagne prospère et commerce, dotée d'une flotte très active. Jean V, « duc par la grâce de Dieu », est reconnu par le pape et envoie des ambassades. L'administration du duché se renforce et, signe de stabilité en ces temps troublés, l'évêque Jean de Malestroit est aussi son chancelier pendant près de trente-cinq ans. Après le décès de Jean V le Sage, ses deux fils, François Ier le Bien-aimé (1442-1450) et Pierre II le Simple (1450-1457), puis son frère Arthur III le Justicier (1457-1458) – Arthur de Richemont et connétable de France, compagnon d'armes de Jeanne d'Arc – poursuivent la même ligne d'indépendance, gage d'une prospérité maintenue. Les Bretons s'offrent même le luxe d'une aide décisive dans la lutte du roi contre les Anglais en Normandie (Bataille de Formigny) et en Guyenne (bataille de Castillon et blocus naval de Bordeaux).

Le dernier duc, François II

Comme ses prédécesseurs, François II est couronné à Rennes en grande pompe le 3 février 1459, sacré par un évêque breton et portant la couronne fermée des souverains (et non ouverte comme les simples vassaux). Aux rois de France, Charles VII puis Louis XI, il rend un hommage simple, debout, l'épée au côté, se comportant en *alter ego*. Pas question de mettre un genou à terre ! sauf éventuellement pour les fiefs possédés en terre française. Élevé à la cour des Valois, François II ne s'attendait pas à hériter du duché. Marié à sa nièce Marguerite de Bretagne (pour raison de succession), puis à Marguerite de Foix, il n'a d'attentions que pour Antoinette de Maignelais, une superbe courtisane qui fut la maîtresse de Charles VII après Agnès Sorel et qu'il installe un peu à distance, dans un château à Cholet. Ce prince charmant, qui a pour devise « il n'est de trésor que de liesse », préfère la chasse et les fêtes à la conduite des affaires, confiées au chancelier Guillaume Chauvin et au trésorier général Pierre Landais. Le duché est un véritable État, ses institutions se sont renforcées avec les États de Bretagne, une Chambre des Comptes et la création d'un Parlement ; on y frappe des monnaies d'or. Le duc choisit Nantes pour capitale, où il construit le château de la Tour-Neuve et fixe sa cour qui est brillante et cultivée. Une bulle du pape Pie II lui permet d'y créer une université en 1460. Tout va très bien, Monsieur le duc ! … ou presque.

Louis XI guette sa proie

Arrivé – ou plutôt accouru ! – au trône à la mort de son père Charles VII en 1461, Louis XI n'a qu'une idée en tête depuis la fin du conflit franco-anglais : consolider son royaume en récupérant la Normandie et en réunissant les fiefs récalcitrants, principalement la Bourgogne à l'est et la Bretagne à l'ouest. Louis XI, le rusé qu'on surnomme « l'universelle araigne », se montre un habile politique, déployant une large gamme de moyens :

- par les armes, mais préférant souvent conclure des traités ou des trêves pour s'assurer des alliances, quitte à les déchirer à la première occasion
- par la division, en réglant les conflits les uns après les autres et en isolant les coalisés
- par la diplomatie, en prétendant racheter les droits des Penthièvre sur la couronne ducale
- par l'intimidation en faisant annuler des nominations d'évêques ou en interdisant l'envoi d'ambassades
- par la séduction, en profitant de l'entourage français du duc, ou en flattant, avec force largesses royales et pensions, une partie de la noblesse bretonne désenchantée

Vers l'impasse

L'ambition royale conduit les grands féodaux à se lancer dans la ligue du Bien Public (1465), puis à suivre le redouté Bourguignon Charles le Téméraire. Trois événements vont marquer l'an 1477 :

- Charles le Téméraire meurt début 1477
- trois semaines après naît en Bretagne une héritière, la future duchesse Anne
- quelque mois plus tard, François II destitue son chancelier Chauvin, un sage, pour s'en remettre à Pierre Landais, un ambitieux et farouche tenant de l'indépendance bretonne à tout prix.

Oui, mais à quel prix! François II refusant son aide à Louis XI pour combattre Maximilien d'Autriche, les hostilités reprennent. La mort de Louis XI en 1483 n'y change rien, la régente Anne de Beaujeu, sa fille, et le roi Charles VIII, son fils, poursuivent la même politique. Sous l'influence de Landais, une ligue se reconstitue sous la houlette du duc d'Orléans, le futur Louis XII. Ce qu'on dénomme alors la *Guerre folle* (1485-1488) voit l'avancée régulière des troupes françaises et alliées, tandis que les défections se multiplient en Bretagne même. Le 28 juillet 1488, la moitié des 12000 hommes de l'armée bretonne (dont un tiers de mercenaires anglais, espagnols ou allemands) est décimée lors de la défaite historique de Saint-Aubin du Cormier, le duc d'Orléans fait prisonnier et François II contraint de signer le traité du Verger (un château situé à Seiches, près d'Angers). Il accepte de ne marier ses filles qu'avec l'accord du roi de France. Avant de mourir un mois plus tard dans sa maison de Couëron, sur les bords de Loire. L'étau s'est resserré, va-t-il se refermer?

CURIOSITÉ

La tête près du bonnet !

Il était une fois… un paisible bonnetier, Pierre le Tonnelier, qui tenait boutique à Paris, mais qui servait une clientèle dans tout le pays et même à l'étranger. C'est ainsi qu'il venait en Bretagne une ou deux fois par an pour prendre des commandes et livrer les bonnets fabriqués entre deux passages. Il ne visitait pas Nantes, mais Rennes, où l'un de ses bons clients, Michel le Doulx, était – il l'apprit plus tard – devenu garde-robier du duc de Bretagne, François II, en fait un intermédiaire agissant pour le compte de Pierre Landais – il n'y a pas de petits profits ! –. Venu livrer en mai 1481 six douzaines de bonnets, la moitié noirs pour le jour, l'autre moitié rouges pour la nuit, plus profonds et parfumés à la violette, on lui demande de les porter lui-même à Nantes. En même temps qu'une autre commande destinée au roi d'Espagne via un marchand établi à Nantes. Le Doulx le fit patienter, ayant quelques difficultés à régler sa dette. Son séjour devint alors suspect, car l'époque n'était pas de tout repos, entre les espions du roi de France et les propres indicateurs du duc. Arrêté sans ménagement et emprisonné, il doit attendre longtemps pour apprendre qu'il est soupçonné d'avoir voulu empoisonner le duc sur ordre de Louis XI, accusé même et sommé d'avouer son crime. Devant ses dénégations, on finit par lui raser la tête et essayer tous les bonnets pendant plus d'un mois, évidemment sans incidence. De quoi devenir fou ! Finalement libéré après cinq mois et demi de détention, on lui fit promettre , et même prêter serment de ne rien dire à personne de cette aventure. Ce qu'il oublia bien vite, dès son arrivée à Angers, puis devant le grand conseil à Chinon. Un exemple de la lutte implacable que se livraient alors les espions du roi de France et les indicateurs du duc de Bretagne, une espionnite aïgue poussée à l'extrême, voire jusqu'à l'absurde. Déjà la guerre des services secrets !

Chapitre 3

Le rattachement au royaume de France

Dans ce chapitre :

- Assistez au mariage de raison entre la Bretagne et la France
- Profitez avec les Bretons d'une période relativement prospère, qui dura près d'un siècle et demi, une sorte d'âge d'or
- Résistez avec eux à l'assimilation forcée d'une monarchie absolue et du centralisme qui l'accompagne

La duchesse Anne n'a pas réussi à maintenir l'indépendance de la Bretagne, mais elle a assuré la pérennité du duché par un traité d'union à la France lui garantissant ses libertés et ses privilèges. Le duché était alors à son apogée, et donc l'objet de toutes les convoitises de ses voisins européens. Le long âge d'or qui suit permet à son économie de se développer, tant que la province reste suffisamment à l'écart des conflits intérieurs ou extérieurs. La Bretagne est alors une grande puissance maritime. Mais l'évolution du pouvoir royal vers la monarchie absolue va peu à peu réduire les spécificités d'un État devenu une province comme les autres. Les écrits, comme les paroles, n'engagent que ceux qui les reçoivent… La Révolution s'annonce.

L'inéluctable union

LE SAVIEZ-VOUS ?

Le dernier acte de l'indépendance bretonne se joue sur fond de successions féminines. Les deux vrais derniers ducs sont en fait des duchesses. Si le nombre et la qualité des prétendants au mariage sont proportionnels à l'importance du pays concerné, alors oui, le duché de Bretagne est, en cette fin de Moyen Âge, considéré comme un enjeu majeur de la géostratégie politique du temps, un territoire prospère dont les richesses et les potentialités intéressent tous les grands d'Europe. Les rois de France, pays le plus proche, sauront utiliser tous leurs atouts pour s'imposer dans une lutte à armes inégales.

La duchesse Anne

L'avant-dernière duchesse est devenue le symbole d'une Bretagne fière et indépendante, même si elle a dû céder aux rois de France. Sa détermination et son courage pour maintenir les privilèges de son duché l'ont fait entrer dans l'Histoire. Étonnant destin pour une enfant que l'on voulut marier à tout prix dès son plus jeune âge. Elle le sera à trois reprises, et pas avec n'importe qui, c'est dire si la Bretagne était convoitée !

Mariage, acte I, Anne reine des Romains

Par testament, François II a nommé le maréchal de Rieux tuteur de ses deux filles et confié leur garde à Françoise de Dinan, un chef militaire à la trahison facile et une intrigante-née. Le 9 septembre 1488, Anne hérite du pouvoir, la nouvelle duchesse a onze ans ! On lui avait déjà trouvé quelques futurs maris, successivement, à quatre ans le prince de Galles (le futur roi d'Angleterre Édouard V), à six ans Louis, duc d'Orléans (le futur Louis XII), à neuf ans Maximilien d'Autriche, et bien d'autres prétendants, les fils du vicomte de Rohan, Henri Tudor (le futur Henri VII), le duc de Buckingham, l'infant Juan d'Aragon ou encore le Gascon Alain d'Albret, un fils de Catherine de Rohan éconduit par Anne, Jean de Chalon… Courtisée à dix ans pour sa distinction et son éducation, elle se sait être aussi la meilleure monnaie d'échange internationale pour sauver sa petite patrie en danger ! Faisant courageusement front à l'adversité, aux intrigues, trahisons et autres rançons, au piège tendu à Nantes, Anne vient se faire couronner à Rennes le 10 février 1489. Véritable souveraine à douze ans, elle devient pour son peuple « la bonne duchesse », cherchant à faire régner l'ordre, la justice et la prospérité, et déployant une grande activité diplomatique. À treize ans, Anne décide, avec l'accord des États de Bretagne, d'épouser l'archiduc d'Autriche, Maximilien de Habsbourg, le roi des Romains et futur empereur.

CURIOSITÉ

Mariage teutonique

... pourrait-on dire d'un mariage par procuration chez les (cousins) Germains ! Rondement mené et pas trop compromettant, ni trop engageant. En cette année 1490, la Bretagne est lasse des guerres, civiles ou non, des pillages et des privations, et de plus en plus de Bretons sont prêts à s'ouvrir à l'amitié française. Il faut réagir, la piste de Maximilien est relancée. Un contrat de mariage est rédigé, qui acte bien « les droits et libertés de la Bretagne ». Anne convoque en urgence les États de Bretagne qui le ratifient le 16 décembre, avant de rentrer à bride abattue pour célébrer son mariage dans la cathédrale de Rennes le 19 décembre. Autant cette union est un événement majeur en Europe, un symbole très fort, autant la cérémonie est sobre et peu suivie, faute d'annonce préalable. Anne a près de quatorze ans, Maximilien trente et un, veuf de Marie de Bourgogne depuis huit ans, amoureux des arts et des lettres. Très occupé à défendre d'autres frontières, le futur empereur a délégué son favori et compagnon de jeu Wolfgang de Polheim. Le soir de la noce, Anne prend place dans le lit nuptial en présence de dignitaires de haut rang. Par procuration, Wolfgang va alors consommer symboliquement le mariage en introduisant une jambe nue sous le drap, ainsi que le veut la coutume germanique. Geste minimal dont les présents ou le peuple peuvent rire sous cape. Anne vient de faire un joli pied de nez au roi de France. Par ce geste, Maximilien « par la grâce de Dieu, roi des Romains, archiduc d'Autriche, duc de Bourgogne, de Brabant, de Limbourg, de Luxembourg et de Gueldre, comte de Flandre, de Tyrol, d'Artois, Palatin de Hainaut, de Hollande, de Zélande, de Namur, de Zutphen et de Malines, marquis du Saint Empire, seigneur d'Allemagne » épouse l'héritière du duché de Bretagne. Anne est devenue très solennellement la reine des Romains !

Mariage, acte II, Anne reine de France

Parmi ceux qui ne rient pas, mais alors pas du tout, il y a bien évidemment Charles VIII et Anne de Beaujeu. Et qui ne se privent pas d'envoyer des ambassades pour faire valoir les dispositions du traité du Verger, selon lequel leur absence de consentement rend ce mariage caduc. Ils le feront également savoir au pape qui accédera plus tard à leur demande. Les affaires de la famille sont en effet singulièrement contrariées. Car Charles VIII est fiancé depuis 1483 à Marguerite, la fille de Maximilien (elle avait alors trois ans, son promis dix de plus), et élevée depuis à la cour de France sous surveillance de sa sœur et régente, Anne de Beaujeu. Cette Anne est furieuse, humiliée même à la seule pensée que l'autre Anne, la petite Bretonne, devienne la belle-mère du roi de France, lui qui a sept ans de plus. Sans compter la menace que représente cette alliance pour la France. Elle n'a alors plus qu'un seul objectif, celui de précipiter son frère dans le lit d'Anne de Bretagne. Mais rien n'est simple, et il y a un problème majeur, Charles VIII et Marguerite de Habsbourg sont fous amoureux depuis longtemps, fait rare dans ces mariages princiers arrangés. Tout va alors aller très vite. La France reprend les armes et le contrôle du château de Nantes, avec la fourbe complicité de l'éconduit Alain d'Albret, et va assiéger la duchesse Anne dans son refuge de Rennes. Négociations, propositions, accord des États de Bretagne… la décision est prise : Charles VIII et Anne de Bretagne se fiancent discrètement à Rennes le 17 novembre 1491, le mariage est célébré sans faste le 6 décembre au château de Langeais. La duchesse Anne est devenue reine de France.

Une prison dorée

Anne devrait être comblée. L'union de la Bretagne à la France est bien consommée au cours de la nuit de noces, comme le constatent les six bourgeois de Rennes de son escorte invités au petit matin. Elle est la première reine de France à être couronnée avec faste à Saint-Denis, le 8 février 1492. Le roi l'installe au château d'Amboise, la couvre de présents et embellit le lieu. Le 10 octobre de la même année naît un héritier, aussitôt baptisé sous le nom étonnant de Charles-Orland. Le jeune dauphin va mourir à trois ans, trois autres nouveau-nés, deux garçons et une fille, ne survivront pas non plus. La nouvelle reine est honorée, mais tenue à l'écart du pouvoir royal quand Charles VIII va guerroyer quatorze mois en Italie, confiant la régence à sa sœur Anne de Beaujeu et le pouvoir au mari de celle-ci, Pierre de Bourbon. Et surtout à l'écart de la Bretagne où de nombreux Français sont nommés aux postes clés, la chancellerie supprimée, remplacée par un Conseil de six membres (comme à Toulouse et à Bordeaux) devant siéger alternativement six mois à Nantes et six mois à Rennes. C'est un signe de la volonté de diminuer l'importance de la capitale bretonne, résidence des ducs dans laquelle on transfère cependant la Chambre des comptes. Anne se morfond et prie. Alors que Charles songe à repartir en Italie, il meurt à Amboise le 7 avril 1498 après avoir heurté un linteau de pierre en allant assister à une partie de jeu de paume.

Mariage, acte III, reine de France pour la seconde fois

En l'absence d'héritier, c'est Louis d'Orléans qui devient le nouveau roi Louis XII. Un homme qui connaît bien Anne de Bretagne pour avoir été souvent plus proche des intérêts bretons que de la cause française dont Louis XI avait voulu l'écarter, le mariant à sa fille Jeanne infirme et stérile. Anne a vingt et un ans, une double expérience de duchesse et de reine. Elle a mûri, et retrouve son duché de Bretagne dont elle rétablit la chancellerie dès le 9 avril, nommant ses fidèles aux postes clés, frappant une monnaie d'or à son effigie et portant cette mention en latin : « Anne reine des Français par la grâce de Dieu et duchesse des Bretons ». Comme elle ne peut épouser que le roi de France ou le plus proche héritier du trône, son ancien prétendant devenu Louis XII succombe d'autant plus facilement qu'il obtient l'annulation de son mariage. Mais Anne impose ses conditions, la France reconnaît les privilèges de la Bretagne dont les institutions sont rétablies. La question de la succession acte une simple union de sang entre la Bretagne et la France. Symbole fort s'il en est, le mariage est célébré à Nantes le 8 janvier 1499, sans faste pour cause de deuil royal. La Bretagne reprend espoir, retrouvant son lustre passé…

Une succession contrariée

Louis XII est un roi populaire, *le père du peuple*. Il poursuit les campagnes italiennes de son prédécesseur, dont l'apport sera autant artistique que militaire, préfigurant un peu l'avènement de la Renaissance. Anne joue parfaitement son rôle de reine, une fille, Claude, naît le 15 octobre 1499, elle aura une sœur onze ans plus tard, Renée, tandis que deux héritiers mâles décéderont à leur naissance. L'avenir de Claude est bien vite posé, à qui la marier ? L'Histoire se répète. Anne est favorable à Charles de Luxembourg, le petit-fils de son ex, l'empereur Maximilien, et futur Charles Quint. Louis XII semble d'accord, un traité étant même signé en 1501 alors que les fiancés n'ont pas deux ans, et confirmé en 1504, année faste au cours de laquelle Anne est à nouveau solennellement couronnée reine à Saint-Denis ! Mais seulement en apparence, car il a jeté son dévolu sur un neveu, François d'Angoulême, l'héritier de la Couronne et futur François Ier. Lorsque Louis XII dévoile ses intentions en 1505, Anne furieuse quitte la cour et s'en retourne dans sa chère Bretagne qu'elle découvre lors d'un mémorable Tro Breizh, un véritable triomphe auprès de son peuple. L'année suivante, Louis XII feint d'accéder à une demande pour fiancer Claude et François. Tout en continuant d'espérer, Anne doit finalement se résoudre. Elle tombe malade et meurt à Blois le 9 janvier 1514. Le duché avec elle.

CURIOSITÉ

Le cœur d'Anne de Bretagne bat (toujours) à Nantes

Les funérailles d'Anne de Bretagne sont grandioses, cinq semaines durant. D'abord exposé à Blois, son cercueil chemine lentement vers Paris, avant d'atteindre Saint-Denis et d'être déposé dans la nécropole royale, le 16 février 1514. « La reine est morte », dernière parole prononcée par trois fois selon le rituel. Oui, après (seulement) trente-sept ans d'une vie bien remplie, dont vingt-six en tant que duchesse et reine. Mais, selon ses volontés, son cœur précieusement embaumé est transporté en grande pompe à Nantes. Restant quelques jours sur le tombeau d'Arthur III, il est ensuite enchâssé dans un reliquaire d'or en forme de cœur pour être déposé le 19 mars au couvent des Carmes, dans le tombeau de ses parents le duc François II et Marguerite de Foix, l'œuvre de marbre qu'elle avait fait édifier en 1499, avec la représentation symbolique par Michel Colombe des quatre vertus cardinales qui lui étaient chères : la prudence, la tempérance, la force et la justice. Confisqué et vidé à la Révolution pour être fondu, le reliquaire échappe de justesse à ce destin, avant de revenir à Nantes au début du XIXe siècle, aujourd'hui au musée Dobrée, qui le conserve précieusement. Hélas vide, mais avec toujours cette naïve et symbolique inscription : « En ce petit vaisseau de fin or, pur et monde, Repose un plus grand cœur que oncques dame eut au monde. Anne fut le nom d'elle, en France deux fois reine, Duchesse des Bretons, royale et souveraine. »

Adieu duché, ducs et duchesses

La duchesse Anne aura été le dernier rempart de l'indépendance bretonne. La France n'a plus qu'à terminer sa longue quête d'assimilation et d'annexion, alternant toujours la séduction et l'intimidation, le droit et sa transgression. Une sorte de mariage consenti et imposé sans réelle alternative.

CURIOSITÉ

L'aura du duché

Nous sommes le 8 octobre 1514. Mary Tudor, la sœur du roi d'Angleterre Henri VIII, arrive à Abbeville pour épouser Louis XII le lendemain. Son cousin François d'Angoulême, alors simple fiancé de Claude, en profite pour convier à souper les princes d'Angleterre. Habitué qu'on lui donnât du *Monseigneur*, en tant que premier prince du sang, il s'étonne que les Anglais l'appellent *Monsieur le Duc* « vu qu'il y en a tant par le monde, et que vous l'êtes comme moi ». Il s'entend alors répondre que « c'était pour ce qu'il était duc de Bretagne [... et] que c'était le principal duché de toute la chrétienté, et qu'il se devait nommer duc, sans queue », c'est-à-dire sans autre précision, le titre se suffisant à lui-même. Cet épisode démontre le prestige des ducs de Bretagne, dont le rang se situait alors immédiatement après les rois, car leurs ancêtres l'avaient été également.

L'union en trois temps

Le 18 mai 1514, François épouse Claude. Il a dix-neuf ans, elle quatorze. Le 1er janvier 1515, à la mort de Louis XII, il devient le roi François Ier. Ce couple est l'opposé du précédent. Claude est douce et petite, effacée et dévouée, elle donnera son nom à une variété de prunes, la *reine-claude*. François est énergique et grand, curieux et infidèle, son emblème est la salamandre qui symbolise le pouvoir sur le feu. Le « nouveau César », selon l'expression de sa mère Louise de Savoie, saura faire valser sa jeune épouse qui se consacrera à huit grossesses, la dernière lui étant fatale en 1524. Dans les faits, c'est bien la Bretagne qui valsera en trois temps :

- en cadeau de noces, François Ier se fait offrir le gouvernement de la Bretagne, un acte de donation « pour en jouir sa vie durant » étant même signé le mois d'avant ;
- Claude étant sur son lit de mort en 1524, il lui fait signer un testament léguant la Bretagne à leur fils aîné, destiné à devenir également le roi de France ;
- et comme ces dispositions sont contraires au contrat de mariage signé en 1499 par Louis XII et Anne de Bretagne, le seul acte de droit public engageant la Bretagne, François Ier va arracher aux États de Bretagne une demande de rattachement à la France en 1532.

CURIOSITÉ

Du bon usage des maîtresses

François Ier a donc su obtenir un vote en sa faveur aux États de Bretagne en 1532. Le fruit d'une stratégie mûrement réfléchie, se déroulant par étapes, au gré des disponibilités d'un souverain très souvent occupé dans la campagne italienne. Petit manuel à l'usage des candidats à l'infiltration d'un peuple et de son territoire :

- Faire le tour du propriétaire, avec un Tro Breizh accompli en 1518 sur les traces mêmes de celui réalisé treize ans plus tôt par Anne de Bretagne, sans la reine restée près de Nantes.
- Nommer quelques fidèles aux postes clés de l'administration en récompense de bons et loyaux services passés… et à venir, tels le cardinal du Prat au poste de chancelier, Guy de Laval lieutenant général puis gouverneur (1526), Jean de Laval, seigneur de Châteaubriant et agent fidèle, gouverneur (1531)…
- Donner des portions du domaine royal aux valeureux Bretons ayant pris part aux campagnes pour resserrer les liens avec la noblesse et obtenir leur soumission consentie.
- Accompagner leurs actions de moyens financiers destinés à distribuer quelques largesses aux fidèles et les inciter ainsi à bien voter, quitte à augmenter les impôts d'autorité.
- Ôter toute velléité de contestation pour ceux qui n'adhèrent pas aux nouvelles orientations : René de Bretagne, comte de Penthièvre, est ainsi considéré comme un « criminel de lèse-majesté ».
- Se mêler des nominations épiscopales en intervenant auprès du pape.
- Attribuer des médailles et des décorations, comme celle de l'ordre de Saint-Michel, créé par Louis XI pour inféoder les principaux lignages, et que le duc François II avait refusée en son temps.
- Rendre visite à la famille et aux amis bretons en se faisant accompagner d'une imposante armée, avec la volonté de faire reconnaître le dauphin comme duc de Bretagne, en lieu et place du cadet prévu pour ce rôle.

Nous sommes en 1532. Les pions bien en place sur l'échiquier breton, François Ier profite alors d'une accalmie sur les fronts guerriers pour faire entériner ses visées d'annexion par l'union aux États de Bretagne. Dans le cadre d'un tour de France avec la reine Éléonore, sa nouvelle épouse (depuis 1530) et sœur de Charles Quint que lui imposèrent les traités de Madrid (1526) et de Cambrai (1529), une petite visite en Bretagne s'impose. Le voilà donc qui s'invite chez ses fidèles amis de Châteaubriant, Jean de Laval et son épouse Françoise de Foix, « la personne la plus belle et la plus accomplie de son temps ». Si le premier lui est dévoué, la seconde ne l'est pas moins, qui figure parmi les grandes favorites royales, un temps la première, *la mye du Roy*, avant qu'elle ne soit remplacée par la duchesse d'Étampes. Grandes retrouvailles donc, puisque le roi s'installe pendant six semaines avec quinze mille compagnons au château de Châteaubriant, incitant vivement, très vivement, les États de Bretagne à demander l'Union avec la France, ce qu'il obtiendra. Il alterne ses devoirs de monarque, en signant 139 actes, dont six édits alors dénommés *Les Ordonnances de Châteaubriant*, et les plaisirs, chasses, festins, bals et… Jean de Laval, gouverneur de Bretagne, se vengera ensuite par un quasi-enfermement de son épouse qui se terminera tragiquement en 1537. Assassinat ou pas, le mystère demeure !

Le duché devient province

Ce dernier acte marque la fin du rêve d'indépendance de la Bretagne, réunie à perpétuité à la France : l'édit d'Union de la Bretagne à la France est signé à Nantes le 13 août 1532, et complété quelques semaines plus tard par un second édit signé au Plessis-Macé, près d'Angers. Une lueur d'espoir tout de même basée sur quelques importantes promesses :

- les « droits, libertés et privilèges » du duché sont maintenus ;
- les fonctions et pouvoirs traditionnels des États de Bretagne sont confirmés, notamment en matière d'imposition ;
- la justice est maintenue « en la forme et la manière accoutumée » ;
- les nominations aux charges ecclésiastiques ne seront attribuées qu'à des Bretons ;

Sitôt (é)dit, sitôt fait, dès le lendemain 14 août, François III, le fils aîné de François Ier et de Claude de France, est couronné à quatorze ans duc de Bretagne en grande pompe dans la cathédrale de Rennes. À sa mort en 1536, son frère Henri, prince héritier du royaume, devient à son tour duc de Bretagne. Il sera le dernier, car après son accès au trône en 1547, le roi Henri II décide de supprimer le titre. C'en est fini du rêve d'indépendance. La volonté populaire et celle de grands dirigeants doit s'incliner devant la puissance militaire française, une diplomatie européenne fluctuante et la duplicité de nombreux acteurs. La Bretagne devient une simple province française.

L'âge d'or de la Bretagne

Le choc de l'union une fois encaissé, la Bretagne va connaître, de 1532 à 1675, une période de calme relatif et de réelle prospérité. Ayant admis les nouvelles règles du jeu, les acteurs royaux et bretons se surveillent comme dans une partie de jeu de go. Un pion égaré hors du périmètre naturel attire de vives remontrances. Mais, à ce jeu qui n'en est pas un, la France poursuit la lente intégration de tout son territoire, en même temps que son pouvoir glisse inéluctablement vers la monarchie absolue et un centralisme qui ne l'est pas moins. Jusqu'à ce que les guerres de Louis XIV et les taxations de Colbert ne viennent détruire l'économie et exacerber les mécontentements. La révolte des Bonnets rouges marque la fin de cet âge d'or de la Bretagne.

Le temps de l'intégration

Le calme après la tempête. La Bretagne avait besoin de se refaire une santé après tant de conflits et de désordres. Les meneurs bretons ayant été mis au pas, la vie reprend avec de nouvelles règles. Une longue période apaisée permet aux forces économiques de se relever, et, une nouvelle fois, la Bretagne démontre sa capacité d'organisation et de production de richesses.

Les libertés à l'épreuve des faits

La France va prendre son temps pour intégrer la Bretagne, de même que pour d'autres provinces. Il en sera ainsi jusqu'à la montée en puissance de la monarchie absolue. Pour l'heure, les dispositions de l'édit d'Union sont à peu près respectées, les Bretons se comportent en loyaux sujets, mais le pouvoir royal manifeste son emprise nouvelle par petites touches successives :

- de 1491 à 1626, tous les gouverneurs sont bretons ou, pour le moins, apparentés à une famille bretonne, très souvent aux Penthièvre ;
- (re)création du parlement de Bretagne en 1554, véritable cour de justice souveraine comportant la moitié de conseillers extérieurs à la province (qui finiront par se bretonniser) ;
- le pouvoir royal prend l'initiative d'alterner les séances du parlement entre Nantes et Rennes, avant de l'établir définitivement à Rennes, un transfert voulu pour diminuer l'influence de Nantes et pour aiguiser l'opposition entre les deux villes ;
- les monnaies frappées à Nantes ou à Rennes sont, dès 1439, semblables à celles du royaume ;
- la royauté maîtrise l'Église bretonne, ne respectant pas l'engagement de nomination d'évêques bretons.

Bretagne, le petit Pérou de l'Europe

Cette période d'apaisement politique et d'absence de conflits armés s'accompagne d'une véritable prospérité économique. Les chroniqueurs n'hésitent pas à parler de *l'âge d'or* de la Bretagne que d'autres comparent à un *petit Pérou* ! Pour reprendre une expression actuelle, on pourrait vanter les mérites d'un modèle économique breton, une situation que ne connaissent pas les autres provinces françaises. Clés de ce succès, une véritable diversification et des complémentarités pertinentes :

- l'agriculture fournit les céréales (déjà les bonnes galettes de blé noir – ou sarrasin), la viande et les produits laitiers ainsi que le vin ;
- le paysan se fait à l'occasion tisserand, pour fabriquer des toiles et des voiles réputées à partir du lin et du chanvre ;

- la province produit en quantité du sel dans les marais littoraux, un aliment et un conservateur très recherché pour les salaisons ;
- la péninsule permet également le développement de la pêche à pied ou côtière, certains ports armant également pour Terre-Neuve ;
- la Bretagne exporte ses produits dans tout le royaume et génère un commerce maritime florissant, ce *finistère* constituant un point de passage obligé entre l'Europe du Nord et celle du Sud ;
- une forte poussée démographique accompagne cet essor économique : avec deux millions d'habitants vers 1675, la Bretagne représente le dixième de la population française.

La religion entre en guerre

Terrible période de l'histoire de France, avec huit guerres de Religion et le massacre de la Saint-Barthélemy, avant d'aboutir à l'édit de Pacification signé à Nantes. La Bretagne s'est longtemps tenue à l'écart jusqu'à ce qu'un homme ne cherche à tirer parti du conflit pour restaurer l'indépendance du duché de Bretagne : le duc de Mercœur.

La Bretagne à l'écart

La Bretagne est toujours très attachée à la religion catholique, ce qui explique la moindre progression du protestantisme que dans le reste du royaume au XVIe siècle. La Bretagne n'a compté qu'un seul mort lors de la tragique nuit de la Saint-Barthélemy, en 1572. Sans engendrer trop de tensions, la province n'est cependant pas restée à l'écart des idées de la Réforme, qui ont commencé à se diffuser à partir de 1558 avec l'arrivée de François de Coligny, seigneur d'Andelot, au château de la Bretesche (Missillac), un fief de son épouse Claudine de Rieux. Il est le premier des trois frères Coligny à se convertir au calvinisme, suivi par Gaspard, le célèbre amiral, et Odet, le cardinal. Le premier synode des Églises bretonnes protestantes s'est tenu à Châteaubriant en 1561. Quelques grandes familles bretonnes vont adhérer à leur tour, les Laval et, surtout, les Rohan. Isabeau de Rohan est à l'origine de l'Église de Blain en 1562, le premier foyer de la nouvelle religion bien présente dans le comté nantais, avec également l'Église de Sion autour de René de la Chapelle.

LE SAVIEZ-VOUS ?

Le rôle des descendants de la duchesse Anne, la Bretagne et le protestantisme

Sans doute une exception, qui mérite d'être signalée. Renée, sa fille cadette qui revendiqua en vain le duché après le décès de sa sœur Claude, s'est convertie au protestantisme, source d'un vif conflit avec son mari Hercule d'Este, le duc de Ferrare, et ses enfants. Dans sa cour de Ferrare, elle est entourée d'intellectuels protestants, comme son secrétaire Clément Marot, ou Michelle de Saubonne – la *femina cordatissima* de Guillaume Budé – sa dame de compagnie venue avec plusieurs de ses enfants, dont Jean de Parthenay, baron de Soubise. De retour en France, à Montargis, Renée continue à soutenir discrètement les réformés et cherche à protéger sa ville des conflits.

Les descendants d'Anne de Bretagne avaient du caractère et certains eurent un brillant avenir... hors de la Bretagne et... sans (trop) protester.

Lignée de Claude, reine de France (Romorantin 1499-Blois 1524)

- Louise de France (1515-1518) a tout juste eu le temps de voir son père François Ier proposer sa main à son grand rival Charles Quint.
- François III (Amboise 1518-Tournon-sur-Rhône 1536), dauphin de France et duc de Bretagne, otage pendant quatre ans après la défaite de Pavie (1525) de... Charles Quint (décidément, un vrai *familier* !).
- Henri II (Saint-Germain-en-Laye 1519-Paris 1559), duc de Bretagne au décès de son frère aîné François III jusqu'à ce qu'il soit couronné roi de France en 1547, marié à Catherine de Médicis en 1533.
- Parmi les enfants d'Henri II : François II, roi de France (1559-1560) ; Élisabeth de France, qui, à la cour partageait la chambre de Marie Stuart, mariée au roi Philippe II d'Espagne, et dont la fille Isabelle sera l'infante que les ligueurs voudront placer sur le trône de France, et qui, à défaut, était prétendante au duché de Bretagne ; Charles IX, roi de France (1560-1574) ; Henri III, roi de Pologne à regret en 1574, puis roi de France (1574-1589) ; Marguerite de France, épouse d'Henri de Navarre, le futur roi Henri IV, mariage annulé en 1599 faute d'héritier (légitime), tandis que ses aventures donneront naissance à la légende de *La reine Margot* romancée au XIXe siècle par Alexandre Dumas...
- Madeleine de Valois (Saint-Germain-en-Laye 1520-1537), mariée au roi Jacques V d'Écosse.

Lignée de Renée de France (Blois 1510-Montargis 1575)

- Anne d'Este (Ferrare 1531-Paris 1607), épouse de François de Lorraine, devenue ainsi duchesse de Guise, puis de Jacques de Savoie, vivant un temps à Annecy ; elle joue un rôle actif dans la *Ligue catholique*.
- Parmi les enfants d'Anne d'Este : Henri de Guise sera l'un des chefs de la Ligue avant d'être assassiné à Blois sur ordre du roi Henri III en 1588, en même temps que son frère, le cardinal Louis de Guise ; Charles de Mayenne prendra sa suite ; Catherine de Guise, duchesse de Montpensier, une grande propagandiste.
- Alphonse II d'Este, duc de Ferrare en 1559, renvoie sa mère en France à la demande du pape parce qu'Anne de Guise est devenue trop complaisante avec les protestants.
- Louis d'Este, le benjamin et cardinal, donnera à la Villa d'Este (Tivoli, près de Rome) tout son prestige culturel.

L'agitation du duc de Mercœur

La Bretagne aurait pu traverser sans trop de turbulences les huit guerres de Religion qui secouèrent la France entre 1562 et 1598. Le pays tout entier semble se raisonner lorsque la cinquième guerre prend fin avec la paix de Monsieur (le duc d'Alençon frère du roi), dite aussi de Beaulieu, qui accorde un peu d'espace aux protestants. Mais, en réaction, se forme la *Ligue catholique* qui trouve quelques échos à Nantes. Échos qui vont prendre une grande ampleur avec l'arrivée de Philippe-Emmanuel de Lorraine, duc de Mercœur, à la cour de France lorsque sa sœur Louise de Vaudémont épouse le nouveau roi Henri III en 1575. Et surtout en Bretagne l'année suivante lors de son propre mariage avec Marie de Luxembourg qui est aussi duchesse de Penthièvre. Une voie royale qui le conduit au poste de gouverneur de Bretagne en 1582. Déjouant le projet pacificateur du roi, il prend le parti des Guise et se rebelle contre Henri III à la suite de leur assassinat, avant de se mettre à la tête de la ligue bretonne. La Bretagne est en guerre, tandis que le conflit s'internationalise avec l'appel des ligueurs à l'Espagne, alors que les Anglais soutiennent Henri IV.

CURIOSITÉ

Le débarquement de Saint-Nazaire

Le soutien du roi catholique Philippe II d'Espagne au duc de Mercœur n'est pas dénué d'arrière-pensées, sa fille l'infante Isabelle étant une prétendante au trône de France… et au duché de Bretagne. En échange d'armes, d'une belle somme d'argent et de la promesse d'une solide armée, Mercœur lui concède le port de Blavet, à l'embouchure de la rivière d'Hennebont (le futur Port-Louis), et qu'il occupa durant huit ans. C'est ainsi qu'une flotte de cinq navires est annoncée en juillet 1590 avec 7000 hommes. Mais le débarquement y étant impossible, c'est finalement à… Saint-Nazaire qu'il a lieu en octobre. Premier test réussi de l'aptitude de l'avant-port ligérien à assumer une telle fonction !

Bretons ! Liguons-nous… oui, mais pour qui, pour quoi ?

Mercœur a donc réveillé l'ardeur bretonne. Il a aussi été l'un des seigneurs les plus lettrés de son temps (dix-huit mille volumes dans sa bibliothèque), et un grand mécène des arts et de la culture. Mais, poussé par son épouse, appelée *la belle Nantaise*, son ambition secrète est en fait de recréer le duché de Bretagne en profitant de la guerre civile. Bien que piètre guerrier pour Brantôme qui l'a surnommé *le duc de Recule*, c'est donc les armes à la main qu'il va s'opposer aussi à Henri IV arrivé au pouvoir en 1589. Il maîtrise un temps une partie de la Bretagne, mais quelques villes lui échappent comme Brest et surtout Rennes, tandis que Saint-Malo fait bande à part, telle une petite république aristocratique. L'affrontement entre Nantes la ligueuse et Rennes la loyaliste est exacerbé, avec un gouvernement dans chaque ville !

Les Bretons le suivent un temps, impressionnés par la victoire remportée à Craon sur les troupes royales (1592), mais les tergiversations du duc de Mercœur limitent sérieusement leur enthousiasme tandis que l'épouvantail huguenot s'éloigne après la conversion du roi Henri IV. Peu à peu, Mercœur, lâché par ses alliés, ne fait plus recette en Bretagne, et se replie dans sa ville de Nantes… vers laquelle le roi avance lentement, laissant à d'autres le soin de préparer son entrée.

CURIOSITÉ

Qui a caché l'évadé de Soissons ?

Mercœur ayant fait sécession, le roi envoie en Bretagne le comte de Soissons (Charles de Bourbon) pour remettre un peu d'ordre à partir de Rennes. C'est en chemin que Mercœur le surprend à Châteaugiron, avant de l'emprisonner au château de Nantes. Détenu traité avec les égards dus à son rang, Soissons bénéficie du *portage des repas*, confectionnés en ville par un pâtissier de la rue du Château et rendus deux fois par jour dans un très grand panier. Se plaignant des risques d'empoisonnement auprès des dames de Mercœur et de Martigues, épouse et belle-mère du duc, il obtient ainsi que le panier ne soit plus vérifié par les gardes. Feignant d'être malade et ayant mis un page dans son lit, il se fait porter dans ledit panier par ses serviteurs chez le pâtissier. Avant de s'enfuir à cheval vers Angers, habillé en paysan. La supercherie ne fut découverte que le lendemain matin. Belles joueuses, les deux dames lui renvoyèrent son page, ainsi que ses autres domestiques et un buffet personnel de grande valeur. Un panier vaut bien un vase !

La soumission du duc au roi, traitée par les femmes

Henri IV veut mettre un terme aux guerres de Religion et bâtir une paix durable. Après avoir défait les Espagnols en Picardie, le seul foyer de contestation qui subsiste encore se trouve en Bretagne. Il montre sa force, mais préfère la négociation, et s'installe à Angers du 7 mars au 12 avril 1598, réglant les affaires courantes et multipliant les gestes symboliques en direction des catholiques encore réticents. Comprenant que sa cause est perdue, le duc de Mercœur sait qu'il doit céder et décide de traiter avec le roi. Sa délégation conduite par son épouse Marie de Luxembourg est reçue, non à Angers mais aux Ponts-de-Çé, non par le roi mais par la favorite Gabrielle d'Estrées. Ce sont donc ces deux femmes qui vont régler le sort de la Bretagne, par un traité signé le 20 mars :

- le duc de Mercœur se soumet sans combattre, quittant Nantes et les places qui lui sont soumises, renonçant définitivement à son gouvernement et promettant de quitter le pays (il ira ensuite combattre les Turcs aux côtés des Autrichiens) ;
- il reçoit en échange une très importante somme d'argent ;

- il consent à marier sa fille Françoise de Lorraine avec César, duc de Vendôme et bâtard royal mais légitimé, qui devient gouverneur de Bretagne ; Marie a beau protester devant cette ultime condition imposée par Gabrielle, la paix est à ce prix !

Édit de Nantes ou d'ailleurs

Henri IV peut alors faire son entrée à Nantes le 13 avril, à cheval et en armes, avec son panache blanc ! Il accorde une amnistie très large aux opposants, en échange d'un serment de fidélité. Alors dénommé édit de Pacification, l'édit de Nantes est signé le 30 avril 1498, sans doute dans la maison des Tourelles sur le quai de la Fosse, et non pas au château. Un texte fondamental qui reconnaît aux protestants la liberté de conscience et de culte. Le 6 mai, le roi quitte Nantes pour Rennes où quelques festivités l'attendent dans cette ville qui lui fut fidèle. Tout en promettant aux États de Bretagne le maintien des dispositions actées en 1532, il dira en partant qu'il a « achevé de nettoyer cette province ». Le parlement de Rennes mettra cependant plus de deux ans à enregistrer ledit édit ! Il est parfois de bon ton de dire que l'édit n'est de Nantes que par hasard, et qu'il eût été d'Angers si les négociations engagées par les parties concernées dans le couvent des Jacobins de cette ville avaient abouti un peu plus tôt. Peut-être… mais il apparaît nettement qu'Henri IV a voulu faire de la soumission de la Bretagne un symbole fort de l'unité de son royaume, et que pour affirmer son pouvoir royal, il a tenu à marquer symboliquement la reprise en main de Nantes, la dernière des villes révoltées.

La reprise en main de Richelieu

La Bretagne aspire au calme après une vingtaine d'années difficiles, aux agissements de Mercœur s'étant ajoutées un temps la famine et la peste, le tout se traduisant par une importante baisse de la population et un appauvrissement économique. Le temps d'Henri IV et de ses successeurs va apporter ce répit qui fait accepter une forte reprise en main par le pouvoir royal. Dans ce contexte, les quelques réactions du duc de Vendôme ou des partisans du duc d'Orléans, frères d'Henri IV et de Louis XIII, apparaissent très secondaires. Avec douceur et fermeté, Richelieu en vient à gouverner la Bretagne.

Quand les frères du roi s'en mêlent

N'est pas César qui veut ! Sitôt devenu gouverneur de Bretagne, César de Vendôme cherche à étendre ses prérogatives. Ce trublion comploteur est de tous les mauvais coups perdants contre Concini et Marie de Médicis (1614 et 1616), la régente, puis avec Marie de Médicis contre Louis XIII, qui avait depuis écarté sa mère du pouvoir : déroute totale dite la « drôlerie des Ponts-de-Cé » après que le duc eut lâchement abandonné ses troupes (1620). Ayant tiré les leçons de ces engagements, il récidive sur le registre du complot avec Monsieur, l'ambitieux frère du roi Gaston d'Orléans, et « porte-parole vacillant de la réaction nobiliaire », Marie de Rohan, duchesse de Chevreuse, le maréchal d'Ornano, le jeune inconscient Henri de Talleyrand-Périgord, comte de Chalais, et nombre d'autres mécontents… y compris la reine elle-même. Objectif : éliminer le cardinal de Richelieu, devenu très puissant et de plus complice avec le roi et sa mère du projet de mariage de Gaston avec Marie de Bourbon, duchesse de Montpensier. La conspiration éventée après plusieurs rebondissements, d'Ornano et le duc de Vendôme jetés en prison, le roi se dirigea avec la cour vers Nantes où devait avoir lieu le mariage de Monsieur, y arrivant le 3 juillet 1626.

Les joies du mariage

Prévenu d'un nouveau complot impliquant toujours Chalais, piteux agent double manipulé par la duchesse de Chevreuse dont il était tombé amoureux, le roi Louis XIII siffla la fin de la partie, arrêtant Chalais et faisant tout avouer à Gaston qui n'hésita pas à dénoncer les complices. Son sort est scellé, Chalais paiera pour tous les autres ! Mais l'heure est maintenant aux réjouissances, Monsieur va se marier, malgré une dernière tentative d'Anne d'Autriche pour l'en dissuader. Gaston, dix-huit ans, résigné à défaut d'être enchanté, et soucieux du sort de Chalais, part cependant se changer les idées (*enterrer sa vie de garçon* !) lors d'une virée de cinq jours en presqu'île guérandaise. Descente de la Loire jusqu'au Pouliguen, partie de chasse aux mouettes dans les petits îlots de la baie avec ses amis, puis cavalcades débridées au Croisic où la petite troupe, montée à cru sur des ânes et des mulets, se livre à d'extravagantes mascarades bien arrosées. Retour à Nantes, le mariage se déroule discrètement, mais en bonne compagnie royale, le 6 août dans une petite chapelle (aujourd'hui de l'Immaculée-Conception, rue Malherbe, fondée par le duc François II en 1469), sous la bénédiction du cardinal de Richelieu. Si la mariée a une belle robe, Gaston n'a point d'habit neuf. Mais, le soir venu, il se jette sur sa proie et lui fait un enfant !

La tête de Chalais

Le roi n'ayant point fléchi, la sentence – une condamnation à mort par décapitation pour crime de lèse-majesté – est exécutée le 19 août tandis que le monarque est parti à la chasse. En l'absence du bourreau, enlevé ou soudoyé, la tâche est confiée à un autre prisonnier, un cordonnier tourangeau devant subir la même peine trois jours plus tard, contre une promesse de grâce. On ne s'improvise pas bourreau, et ce fut un horrible supplice pour le condamné. La hache ayant également disparu, on apporta l'épée d'un Suisse. Le tâcheron novice rata quatre fois son coup, avant d'utiliser une doloire de tonnelier, sorte de hache à court manche et long tranchant. Il faudra vingt-neuf nouveaux coups pour séparer la tête. Calvaire sans nom du supplicié qui, au vingtième coup, gémissait encore « Jésus Maria »…

La Bretagne sous surveillance

C'est bien la fin d'une époque, la Bretagne doit être définitivement mise au pas. Louis XIII, déjà venu à Nantes en 1614 avec sa mère pour manifester sa souveraineté, y est donc retourné une seconde fois en démontrant sa puissance. César de Vendôme et ses descendants sont écartés à jamais du gouvernement de la province, et c'est Richelieu lui-même qui en est désormais gouverneur, de 1630 à sa mort en 1642, sans d'ailleurs jamais y poser le pied. La reine Anne d'Autriche elle-même prendra le relais, assistée par un lieutenant général, jusqu'à sa propre mort en 1666. Centralisateur absolu, Richelieu poursuit son projet de doter son pays d'une grande politique maritime. La charge d'amiral ayant été supprimée, il se fait nommer « grand maître, chef et surintendant de la navigation et commerce de France », ayant ainsi la main sur la marine et les ports, y compris en Bretagne, la véritable raison de sa nomination de gouverneur. Il est l'artisan de l'émergence du grand port militaire, « mon Brest » selon ses propos. Face aux réticences bretonnes, il renonce cependant à la création d'une royale *Compagnie du Morbihan*. Pour le reste, la Bretagne bénéficie plutôt d'un traitement de faveur par rapport à d'autres provinces.

Où l'on voit poindre le centralisme de la monarchie absolue

Le centralisme est progressivement en marche sous les règnes de Louis XIII et Louis XIV. Et de leurs fidèles hommes de confiance, de Richelieu à Colbert en passant par Mazarin. La Bretagne regarde la Fronde passer, mais se révolte contre les excès fiscaux qui vont à l'encontre de ses libertés, au point d'amorcer une petite révolution, bien vite réprimée.

Un vent de Fronde, mais qui ne souffle pas de l'ouest

Changement de rôles à la mort de Louis XIII en 1643 : Anne d'Autriche devient régente pendant la minorité de Louis XIV, le cardinal Jules Mazarin ministre principal avec un programme très simple : toujours plus… d'impôts, augmentant les anciens et en créant de nouveaux. Il réussit ainsi à fédérer contre le pouvoir monarchique de multiples oppositions, aussi bien parlementaires et aristocratiques que populaires : la Fronde dure cinq ans (1648-1652). La Bretagne regarde d'un peu loin toute cette agitation qui ne semble guère la concerner. Tout juste si son Parlement emboîte le pas à celui de Paris, en s'opposant à la présence d'intendants. Mais les États ne suivent pas, conservant une ligne loyaliste. Ils se contentent de marchander chaque année le *don gratuit*, ce super-impôt consenti pour payer le train de vie de la Couronne. Mazarin se réjouit de ces bisbilles britto-bretonnes qui durent jusqu'en 1655, date de l'achèvement du parlement de Rennes. Les Bretons assistent indifférents à la présence en 1654 à Nantes du cardinal de Retz, Jean-François Paul de Gondi, alors en résidence surveillée au château, dont il s'évadera de façon rocambolesque grâce à une corde dissimulée sous sa soutane.

Les États de Bretagne d'après Madame de Sévigné

Témoin privilégié de la vie bretonne lors de ses séjours aux Rochers (près de Vitré), Madame de Sévigné décrit, dans une lettre de 1671, l'ambiance joyeuse, festive et parfois intéressée qui y règne : « Les États ne doivent pas être longs. Il n'y a qu'à demander ce que veut le Roi. On ne dit pas un mot; voilà qui est fait. Pour le Gouverneur, il y trouve, je ne sais comment, plus de quarante mille écus qui lui reviennent. Une infinité d'autres présents, de pensions, de réparations de chemins et de villes, quinze ou vingt grandes tables, un jeu continuel, des bals éternels, des comédies trois fois la semaine, une grande braverie; voilà les États. J'oublie quatre cents pipes de vin qu'on y boit. »

Louis XIV et d'Artagnan à Nantes

Mazarin vient de mourir. Louis XIV s'empare totalement du pouvoir, sans ministre principal. Et pour bien le montrer, son premier acte est de se défaire du surintendant Nicolas Fouquet, coupable à ses yeux d'un double crime, celui de *péculat* – détournement de fonds publics, dans le sillage de Mazarin – et de lèse-majesté – entre complot et dépenses somptuaires lors de fêtes organisées à Vaux-le-Vicomte, à faire pâlir le roi lui-même! Nantes reçoit Louis XIV venu assister aux États et organise, avec la complicité de Colbert, l'arrestation de Fouquet le 5 septembre 1661, jour de ses vingt-trois ans. Symbole d'autorité et signal donné pour tous ceux qui oseraient défier le roi. Fouquet, dont l'épouse est nantaise et que ses activités de commerce et d'armement ont considérablement enrichi, est suspecté de visées subversives avec les grands travaux de fortification réalisés à Belle-Île. Il est arrêté à sa sortie du château de Nantes par le fameux mousquetaire d'Artagnan et emprisonné jusqu'à la fin de ses jours, emportant ses secrets avec lui. Comme pour le cardinal de Retz, les Nantais sont de simples spectateurs du drame qui vient de se jouer sous leurs yeux. Alexandre Dumas fera de Fouquet le personnage central de son roman historique *Le Vicomte de Bragelonne* (1850).

La Bretagne asphyxiée

Le Roi-Soleil gouverne une France ambitieuse. Colbert dope l'activité et le commerce, l'exportation est son credo. La diplomatie et la guerre appuient ces ambitions. Tout cela coûte cher, en plus de la cour et des palais. Qu'importe, Colbert invente de nouveaux impôts, et recherche d'autres contributeurs par la *réformation de la noblesse*, une décision qui passe mal en Bretagne où le droit nobiliaire n'a pas toujours été très regardant sur l'origine des titres. Les négociations sur le *don gratuit* avec les États sont de plus en plus tendues. C'est ainsi qu'en 1661 Colbert exige quatre millions de livres au motif du *joyeux avènement* de l'arrestation de Fouquet, trois lui sont accordés. On achète ou arrête les récalcitrants, il faut recourir à l'emprunt… jusqu'à ce que le nouveau gouverneur de Bretagne, le duc de Chaulnes, en vienne à en imposer le montant d'autorité en 1671, sans vote. L'année suivante marque le signal du mécontentement et de la révolte. Le roi a déclaré la guerre à la Hollande, une formalité qui va s'éterniser et conduire à un conflit généralisé. La prospère économie bretonne, basée sur les échanges maritimes avec les pays voisins, s'écroule brutalement.

À la recherche de niches fiscales… pour renflouer les caisses royales

La *décennie Colbert* s'achève, et avec elle les *années heureuses* du règne de Louis XIV. En Bretagne, le même scénario se répète chaque année, pire il s'amplifie. En 1673, Chaulnes parvient à négocier une participation supplémentaire de deux millions six cent mille livres – équivalant au don gratuit ! – simplement pour racheter une vingtaine d'édits. Les États pensent avoir ainsi obtenu la suppression des nouveaux impôts. Tromperie, car les mêmes édits fiscaux sont rétablis en 1674. La politique de centralisation systématique et d'alignement de la Bretagne sur les autres provinces françaises est en route. Un passage en force qui fait fi des engagements solennels du traité d'union. L'imagination de Colbert n'a pas de limite en cette année 1874, jugez-en avec ces trouvailles, simples exemples :

- la réformation des justices seigneuriales, dont les bénéfices passent à l'État ;
- la taxation du tabac – un oubli à réparer ! – avec la création d'un monopole à la nouvelle Ferme du tabac ;
- la création d'un droit de marque sur la vaisselle d'étain ;
- la création d'un droit sur les métiers non organisés en jurande, les corporations devant pour leur part s'acquitter de nouvelles patentes ;
- la création de métiers nouveaux justifiant la vente d'offices, tels : contrôleur de perruques, juré crieur héréditaire d'enterrement, juré vendeur d'huîtres, mesureur de grains, contrôleur des marées, langueyeur de porcs, etc., preuve d'une imagination débridée ;
- l'établissement du papier timbré à un sol la feuille, aux lourdes conséquences…

La révolte des Bonnets rouges

ÉVÉNEMENT

De la noblesse, la contestation passe au peuple. Cette dernière taxation a été celle de trop, chaque page d'actes judiciaires ou notariaux taxée par du papier timbré aux fleurs de lys. Et on commence à évoquer la gabelle dont la Bretagne est exemptée, toujours ce traité de 1532. Aux premiers cris venant de Bordeaux « Vive le roi sans gabelle », les Bretons se lèvent en masse. Premiers troubles à Rennes en avril 1675, puis d'autres villes,

Nantes et toute la Basse-Bretagne sont saisies de cette hargne antifiscale. La révolte du papier timbré, urbaine, devient celle des bonnets rouges, rurale. La campagne hurle sa colère qui dépasse les bureaux du fisc et atteint bien vite les châteaux. Ces paysans en furie qui ne parlent même pas le français, les *torreben*, rédigent un règlement en forme de *code paysan* ; ils menacent tous les pouvoirs établis, une révolution avant l'heure. Le décès d'un meneur emblématique, Le Balp, calme quelque peu les ardeurs avant la tenue des États.

Une répression pour l'exemple

Le duc de Chaulnes, débordé, fait appel aux troupes royales. La répression est ciblée et terrible, pillages, dévastations et pendaisons. « Les arbres commencent à pencher [...] du poids qu'on leur donne », écrit Chaulnes, qui avoue craindre que la « province ne soit traitée comme le pays ennemi ». Quelque six mille hommes participent à cette opération de fin août à octobre, restant ensuite stationnés à Rennes et dans les principales villes pendant six mois. Le Parlement est exilé à Vannes pour quinze ans. Les communes les plus excitées sont punies, des quartiers détruits comme la rue Haute de Rennes. Les églises ne sont pas épargnées, des clochers sont même rasés. Une légende tenace veut que, par bravade, les femmes du pays bigouden aient élevé un peu plus leurs coiffes en signe de protestation face à la décapitation de leurs églises ! Le duc de Chaulnes ne sort pas grandi de cet épisode, le peuple l'affublant du sobriquet de *gros cochon*. Avant l'amnistie de la province qui intervient le 5 février 1676. La Bretagne est matée.

Résistance bretonne contre monarchie finissante

La monarchie absolue avait atteint son apogée avec le Roi-Soleil. Les soubresauts bretons réprimés, la province va se tenir tranquille en attendant des jours meilleurs. Car les revendications se référant toujours au respect du traité d'Union de la Bretagne à la France sont l'idée fixe d'un peuple têtu. Et qui ne manquera aucune occasion de le rappeler au bon souvenir du roi et de ses *missi dominici* en terre bretonne. Malheur à ceux d'entre eux qui n'ont pas une forte volonté, ils ne resteront pas longtemps en place. La situation va se transformer au XVIIIe siècle sous l'influence des Lumières, les lignes de clivage vont évoluer, y compris au sein de la société bretonne, préfigurant quelque peu la période révolutionnaire qui s'annonce.

Tant qu'il y aura des Bretons

La révolte des Bonnets rouges aura été un coup de semonce, une première manifestation ayant un écho populaire. La violence de la répression a ramené le calme pendant la fin du règne de Louis XIV. Mais les nouvelles vont très vite. Au moindre signe de faiblesse de la royauté, l'esprit breton s'est réveillé. Certes timidement, avec cette conspiration de Pontcallec dont l'amateurisme cachait mal une réelle attente. Les premiers signes visibles de faiblesse du pouvoir royal commençaient ainsi à donner des idées à d'autres, plus entreprenants.

La mise sous tutelle

La Bretagne, assommée, va se tenir tranquille jusqu'au décès de Louis XIV en 1715. En fait, le Parlement et les États sont sous tutelle, contraints d'accepter le don gratuit sans sourciller, d'autant plus que les votes ne sont pas secrets et que tout écart est immédiatement sanctionné. Le contrôle se renforce encore avec la nomination d'un intendant en 1689 (après deux tentatives infructueuses en 1636 et 1647), l'œil et la main du pouvoir. Le duc de Chaulnes, jugé trop complaisant, est remplacé par le comte de Toulouse, un enfant naturel de Louis XIV, nouveau gouverneur de 1697 à 1737 qui ne réside pas en Bretagne (tout comme son fils, le duc de Penthièvre, qui lui succédera jusqu'à la Révolution), laissant agir des commandants en chef. Il ne fait alors pas bon contester les envoyés royaux. Tous les indicateurs sont au rouge. L'économie a souffert des conflits en tout genre, la démographie est en baisse, phénomène aggravé par des épidémies et famines à répétition. La province est jugée sous-développée, l'intérieur est déserté, seules les côtes restent encore vivantes. La conscription bat son plein, ici en Bretagne comme dans aucune autre partie du royaume.

Bretons, le retour

Donc aucune tête de Breton ne dépassait plus, sauf celles bien en cour. Un peu comme les protestants qui auraient disparu, la raison avancée pour révoquer l'édit de Nantes en 1685. Plus aucun Breton donc ? Voire… sous le feu du centralisme monarchique couve la cendre fidèle aux règles de l'Union. À la mort du Roi-Soleil, son arrière-petit-fils Louis XV hérite du trône à cinq ans. C'est au régent, Philippe d'Orléans qu'échoit le soin de renflouer les caisses laissées vides. Pendant qu'il s'essaye à la banque, suivant les idées prémonitoires de l'Écossais John Law, créant du papier-monnaie garanti par de l'or (en quantité insuffisante) et par le commerce (Louisiane, Indes, Chine…) qui fait un temps illusion avant que l'utilisation trop intensive de la planche à billets ne débouche sur le premier krach financier… pendant ce temps donc, les Bretons font leurs comptes. Et le compte n'y est pas, il n'y est plus.

Le rêve de la Bretagne maritime se prolonge dans ses ports

Malgré le ralentissement des échanges internationaux au sein de l'Europe, la Bretagne va rester une grande province maritime. Les Bretons ont toujours été des marins avant d'être des marchands. Face à une très grande dispersion des ports sur tout le littoral, les évolutions de la taille des navires et la concurrence internationale vont favoriser la concentration de l'activité sur un nombre moindre de ports. Les plus importants d'entre eux trouvent ainsi de nouvelles opportunités pour exercer leurs talents :

- Saint-Malo arme pour la pêche à la morue et pour la course, place d'armateurs et célèbre par ses glorieux corsaires tel Duguay-Trouin et ses exploits à Rio de Janeiro.
- Brest devient le grand port militaire du royaume, avec ses arsenaux et ses fortifications, toujours prêt à embarquer toutes sortes d'équipages, marins, soldats, bagnards…
- Lorient vient de se créer de toutes pièces, grâce à la volonté de Colbert et au monopole du commerce avec les Indes et la Chine.
- Nantes devient le premier port breton et le second port français après Bordeaux, privilégiant les Antilles, en associant les trafics commerciaux directs et le commerce triangulaire qui le consacrera comme premier port négrier en France.

L'Association patriotique bretonne

En 1717, les États de Dinan refusent de voter le don gratuit sans débattre. Le maréchal Pierre de Montesquiou, cousin du célèbre mousquetaire d'Artagnan et commandant en chef de Bretagne, les dissout quatre jours après. Le bras de fer est engagé, mémoires et remontrances répétées au roi pour non-respect du traité d'Union d'un côté, passage en force et intimidations en tout genre de l'autre côté. On cède ici, mais on attaque là. Quand le maréchal est sûr de lui, « les Bretons sont insolents pour peu qu'on mollisse avec eux, mais ils sont souples comme des gants quand ils trouvent une autorité ferme qui veut être obéie », Saint-Simon constate plutôt que « la Bretagne est à demi soulevée, les États assemblés et le Parlement tournent ouvertement à la révolte ». Une cabale se forme, une soixantaine de nobles rédigent l'*Acte d'union pour la défense des libertés de la Bretagne*, et bientôt sept à huit cents membres se retrouvent au sein de l'*Association patriotique bretonne*. L'union (presque) sacrée prend ainsi forme dans l'enthousiasme, ayant entrevu quelques perspectives. Oui, mais quelle forme ? De 1718 à 1720, ces associés vont montrer leur mécontentement face à la politique fiscale du régent et de ses représentants en Bretagne.

La conspiration de Pontcallec

Trois nobles bretons, reçus à Paris fin 1717, avaient déjà été en contact avec les acteurs de la conspiration de Cellamare, l'ambassadeur d'Espagne et la duchesse du Maine, épouse du fils légitimé de Louis XIV. De l'association créée dans l'enthousiasme, seul un petit groupe se retrouve nuitamment pour comploter contre le régent, avec quelques leaders et le marquis de Pontcallec, qui en devient le chef naturel. Étrange affaire, toute de chevauchées nocturnes, de déclarations séditieuses, de déguisements improbables et de plans chimériques. Cette conspiration d'amateurs nobliaux imprudents – leurs faits et gestes sont déjà étroitement surveillés – mise sur une intervention espagnole de cinq mille hommes, trois cents seulement seront au rendez-vous. Ce contretemps donne le signal de la débandade. L'affaire est vite réglée, avec quatre-vingts arrestations et quatre condamnations à mort par un tribunal d'exception pour crime de lèse-majesté et félonie. Pontcallec et ses trois comparses périssent le soir même sur l'échafaud, décapités eux aussi à coups de doloire – les bourreaux nantais sont décidément bien mal outillés. Il fallait faire un exemple.

Un marquis de façade et de légende

Cet épisode de l'histoire bretonne met en lumière un héros sorti nuitamment de l'ombre pour quelques mois seulement. Chrisogone-Clément de Guer, marquis de Pontcallec, est le chef d'une famille ancienne et illustre, gentilhomme irascible, seigneur ruiné et jaloux de ses droits. Cet ancien militaire, célibataire et bon vivant, noyait son ennui entre la chasse et la contrebande du tabac, bien campé dans sa forteresse médiévale au cœur de la forêt morbihannaise. Il s'enflamme un peu imprudemment dans une opération d'un autre âge, amassant fourches et couteaux pour de valeureux paysans qui resteront finalement à l'écart de ces étranges ballets nocturnes dans les sous-bois et les landes. L'affaire, qui ne concerna que les pays de Vannes et de Guérande, si elle ne fit pas grand bruit, freina cependant pour quelque temps les velléités de contestation. Ce n'est qu'à la fin du XIXe siècle, et au début du suivant, que Pontcallec est devenu un héros, un héros de romans, de complaintes et de l'histoire militante, un symbole d'insoumission et un martyr des libertés bretonnes. La légende était née. Cette conspiration bretonne a inspiré récemment le film de Bertrand Tavernier *Que la fête commence...* (1975), libre adaptation et bien curieux titre quand on sait le tragique destin du marquis et de ses compagnons !

Quand le pouvoir royal se met à reculer

Et si Pontcallec n'était pas mort pour rien ? Le contexte change peu à peu. Le vieux Montesquiou, qui trouvait que « l'esprit breton est d'un entêtement au-dessus de toutes les nations du monde », est remplacé par le duc d'Estrées, maréchal, académicien et aussi petit-fils de la favorite d'Henri IV, un homme plus diplomate et enclin au dialogue. Contre l'avis de l'intendant, il appuie les demandes des États, qui, année après année, obtiennent la création d'une commission permanente, dite intermédiaire, car siégeant entre deux sessions, ayant voix délibérative et non pas seulement consultative. Elle s'occupe ainsi des travaux des grands chemins, de l'entretien des troupes, de l'abonnement au dixième (redevance remplacée par une somme fixée, formule plus avantageuse pour cet impôt destiné à couvrir les frais de guerre), de la navigation intérieure. Et obtient même la gestion de l'impôt ainsi que l'organisation de sa perception et de sa répartition : un bureau général à Rennes, neuf bureaux diocésains, soit quatre-vingt-dix représentants des trois ordres (clergé, noblesse, Tiers).

CURIOSITÉ

Un brigand en jupons, Marion du Faouët

Cela commence par une histoire d'amour, la jeune Marie-Louise Tromel rencontre Henri Pezron, un charmant garçon. Une belle luronne aux cheveux d'or de dix-huit ans, un jeune malandrin courant la campagne de Cornouaille, voleur et tricheur notoire. Préférant suivre sa vie aventureuse à la routine villageoise, tous les deux se retrouvent à la tête d'une petite troupe qui se met à rançonner le plat pays autour de leur base, le château abandonné de Kerhoël, surtout les étrangers et les riches marchands revenant des foires ou des pardons. Mais, jamais de sang versé, pas une goutte ! Son compagnon ayant été arrêté en 1743, *Marion du Faouët* poursuit la carrière de la *Compagnie Finefont*, forte d'une quarantaine de comparses, et parvient à délivrer le père de ses enfants emprisonné dans la forteresse de Guéméné. La folle équipée se poursuit un temps. Marion se comporte aussi en *Robin des Bois*, volant les riches pour redistribuer aux pauvres. Une véritable légende s'instaure autour de cette mystérieuse aventure, avec son lot d'arrestations, de libérations à la suite d'interventions secrètes, ou encore d'évasions. Ce n'était malheureusement pas un conte de fées, et la fin ne pouvait être que tragique. En 1746, son Henri est pris et pendu en 1746. Capturée à son tour à Nantes et ramenée à Quimper, elle y est soumise à la question avant d'être pendue en 1755, sans jamais avoir avoué.

Quand apparaissent les premières lumières

Face à une monarchie finissante, les revendications bretonnes vont à nouveau s'affirmer. Mais aussi prendre une forme différente. La grande nouveauté va être la disparition progressive de l'unité de façade des États, qui cachait en fait la mainmise de la noblesse. L'affirmation progressive du

Tiers accompagne l'évolution de la société marquée par l'évolution de la pensée, ce qu'on désigne communément par les *Lumières*.

Le souverain n'a pas les mêmes droits en Bretagne qu'en France

La voie pacifique de la négociation a rétabli un peu de l'autonomie de la province qui administre elle-même tous les grands services publics. Ainsi, en une trentaine d'années, le réseau de voies de circulation a décuplé. Une liberté unique dans le royaume ! « L'homme du roi n'est plus rien dans cette province », constate amèrement un représentant du pouvoir royal. Entre 1749 et 1752, de vifs échanges émaillent pourtant les débats autour d'un nouvel impôt, le vingtième (pour les frais de la guerre de succession d'Autriche), ce qui conduit au rappel des deux plus importants représentants du pouvoir royal en Bretagne. Arrive en 1753 un nouveau commandant en chef, le duc d'Aiguillon. Il est jeune, veut réussir là où ses prédécesseurs ont échoué et il ambitionne une carrière ministérielle. Une négociation musclée permet de trouver un compromis pour l'abonnement à ce nouvel impôt, mais un ton nouveau est donné. Chaque décision est maintenant l'objet d'un conflit. Le duc d'Aiguillon est vigilant, s'étant rendu compte que la noblesse bretonne « est travaillée par les idées républicaines, tout en étant dévouée à la personne du roi. Elle s'imagine que le souverain n'a pas les mêmes droits en Bretagne qu'en France ». On lui doit aussi une organisation sérieuse de la défense des côtes bretonnes, afin de repousser les assauts anglais à Cancale et à Saint-Cast.

L'affaire de Bretagne

Les États récriminent contre les impôts dont ils avaient racheté les droits (sur les boissons et en matière domaniale), ou contre la volonté de modifier la règle de vote (remplaçant la majorité absolue par une majorité relative). La grogne enfle avec l'entrée en scène du Parlement et de son procureur général, Louis-René de Caradeuc de La Chalotais, adversaire du duc d'Aiguillon sur fond de pouvoir et de rivalité personnelle. Le Parlement écrit, dénonce, proteste, s'oppose, se met en grève, fait des remontrances au roi et va même jusqu'à désobéir. Semoncé à Versailles par le roi, le Parlement démissionne, sauf douze conseillers loyalistes surnommés les « Ifs » (comprendre « jean-foutre »). Des billets anonymes étant arrivés de Rennes à Versailles, La Chalotais est arrêté (1765). Mais il ne sera pas jugé, le roi ayant décidé lors d'un Conseil d'État privé… de ne rien décider et de mettre fin aux poursuites en exigeant le silence absolu sur cette affaire. Raison d'État, raison du roi ? La Chalotais est implicitement blanchi, mais demeure exilé à Saintes. Tous les parlements du royaume sont réformés, tandis que le duc d'Aiguillon est remplacé en Bretagne (1768). Il faudra attendre l'avènement de Louis XVI pour que les parlements soient rétablis et que La Chalotais soit libéré (1774).

LE SAVIEZ-VOUS ?

La Chalotais, le *Montesquieu breton*

Pour éviter que « l'affaire de Bretagne » ne devienne « l'affaire des parlements », elle est devenue « l'affaire La Chalotais », tant l'homme en a personnifié l'histoire, et même au-delà. La Chalotais eut le temps de méditer pendant son long exil, rédigeant ses mémoires, avant de venir, après son retour, remercier les États de leur solidarité avec le Parlement, et qu'en cette affaire c'était à la fois « les *droits de la nation*, les privilèges de la magistrature et les droits de l'innocence » qu'il avait fallu défendre. Qui était donc ce héros de la défense des *libertés bretonnes*? Un magistrat issu d'une famille de petite noblesse, et donc farouche défenseur des droits de sa province, un homme de pouvoir ambitieux et rêvant d'un ministère, sans aucun doute, mais aussi un fervent adepte de la philosophie des Lumières. Janséniste de longue date, ses *Comptes rendus sur les constitutions des Jésuites* (1761-1762) tirés à 12000 exemplaires le placent au premier rang, avec Choiseul, de la lutte contre la compagnie et de son interdiction par le roi (1764). Voltaire le félicita, « La vraie éloquence n'est plus qu'en province. [...] Monsieur, vous me remplissez de respect et d'espérance », et écrira plus tard : « Malheur à toute âme sensible qui n'éprouve pas le frémissement de la fièvre en lisant les mémoires de l'infortuné La Chalotais; son cure-dent gravé pour l'éternité. » L'*Essai d'éducation nationale, ou Plan d'études pour la jeunesse* (1763) est sans doute son œuvre majeure, assez prémonitoire, attirant cette remarque « vous faites de l'institution des enfants un grand projet de gouvernement », toujours de Voltaire. Le portrait de La Chalotais figure aujourd'hui en bonne place dans une salle du parlement de Bretagne à Rennes, la *Chambre des enquêtes*, tout un symbole !

Le dernier couac royal

Les esprits se sont calmés après la fin de « l'affaire de Bretagne », les institutions fonctionnent à nouveau. D'autres sujets de discorde apparaissent cependant lorsque les États se mettent en tête de désigner leurs députés à la cour, puis lorsque le pouvoir veut créer une *subvention territoriale*... Avec sans doute des motivations diverses selon les provinces, les États s'accordent à vouloir une représentation nationale pour faire entendre leurs voix. Réponse du tac au tac, des grands bailliages sont instaurés (trois en Bretagne, à Rennes, Nantes et Quimper), réduisant considérablement le rôle du Parlement qui perd aussi ses droits d'enregistrement et de remontrance. Tollé à Rennes, la Commission intermédiaire hausse le ton et envoie douze délégués à Versailles, qui sont aussitôt embastillés. Face à la réprobation unanime, Louis XVI annule ces décisions, il démet Brienne, le principal ministre, et rappelle Necker. Nouvelle victoire contre l'absolutisme et le centralisme !

Une moitié pour le Tiers

Mais la contestation se fait jour aussi au sein des États. L'unité de façade, derrière la noblesse très active et veillant au maintien de ses privilèges, se fissure. Les membres du Tiers revendiquent leur place, toute leur place, soit un doublement de leur représentation, ce qui les mettrait à égalité avec l'ensemble de la noblesse et du haut clergé. Un sentiment d'injustice s'est fait jour, par rapport au poids démographique et économique qu'il représente, et aussi en raison d'une évolution intellectuelle marquée par l'élévation du niveau de formation et l'ouverture aux idées nouvelles des Lumières. Ils se retrouvent dans l'université, les chambres de lecture et autres cercles littéraires et philosophiques, les loges maçonniques, ou encore dans la *Société patriotique de Bretagne* créée en 1785. Un besoin de rompre avec l'inféodation à la noblesse qui a cessé de faire illusion. Lorsque s'ouvrent les États de Bretagne à Rennes, la question préalable est posée de la représentation des ordres et de l'égalité devant l'impôt. Faute d'accord, les États sont ajournés, mais personne ne se doute que cet arrêt sera définitif.

La journée des Bricoles

Car entre-temps, le roi, qui a décidé le 5 juillet 1788 de réunir les États généraux, fait connaître sa décision, ô surprise!, de doubler les effectifs du Tiers, donnant ainsi raison à la demande exprimée dans plusieurs provinces. La noblesse bretonne est bien évidemment furieuse, *Bastion* en tête, sa fraction la plus engagée. Les tensions s'exacerbent en janvier 1789, à coups de libelles et de pamphlets tout d'abord. Un appel de quelques gentilshommes pour une manifestation de rue contre le prix du pain fixé par la municipalité. Rassemblement le 26 de quelques gagne-petit parfois munis de bâtons et de lanières, d'où le nom de *journée des Bricoles*, qui vont porter leur pétition au Parlement. Les esprits commencent à s'échauffer au contact des étudiants, devant le Café de l'Union, leur quartier général. Le lendemain, la manifestation reprend, une vingtaine de nobles font une sortie au cri de *Vive la Bretagne*, l'épée à la main. Trois morts sont dénombrés. François-René de Chateaubriand, témoin actif des événements, écrira dans ses *Mémoires d'outre-tombe* : « Lecteur, je t'arrête : regarde couler les premières gouttes que la Révolution devait répandre… »

Toujours les fameux bonnets, le peuple voit rouge !

Voici ce que l'on pouvait lire en décembre 1788, à Rennes, dans *La Sentinelle du peuple* :

« Amis et citoyens, nous sommes en Bretagne près de deux millions de roturiers de tout âge, de tout sexe ; les Nobles ne sont pas dix mille ; mais quand ils seraient vingt mille, nous serions encore cent contre un. Si nous voulions, rien qu'à leur jeter nos bonnets à la tête, nous les étoufferions. »

La fin d'une époque

Dans un climat de tensions sociales, il est décidé – fait unique dans le royaume – que les élections aux États généraux se feront séparément dans des lieux définis : les sénéchaussées pour le Tiers, le bas clergé au chef-lieu de chacun des neuf diocèses, le haut clergé et la noblesse dans le même lieu unique, à Saint-Brieuc. Le Tiers élit ainsi quarante-quatre députés : dix-sept avocats, dix membres de l'administration, neuf négociants, quatre laboureurs, trois maires et un médecin, souvent adeptes des Lumières, parfois francs-maçons. Le bas clergé désigne également ses représentants. Mais à Saint-Brieuc, l'aristocratie se refuse à élire des représentants selon des modalités non conformes à la *Constitution de la province*. Se doutent-ils que ce qu'ils considèrent comme une hardie manœuvre préfigure de graves difficultés ? Le Tiers commence aussitôt la rédaction de cahiers de doléances, ne se privant pas de dénoncer les privilèges liés au régime seigneurial.
La scission est maintenant consommée en Bretagne. Un rapprochement s'opère entre les bourgeois des villes et les paysans des campagnes, tandis que les aristocrates sont désormais isolés, coupés de leur base rurale traditionnelle.

Petit bilan comparatif de quelques provinces

À l'aube de la Révolution, il est intéressant de se poser la question de l'originalité de la Bretagne par rapport aux autres provinces, compte tenu de leurs histoires respectives. Tâche complexe, que quelques observations permettent simplement d'éclairer très partiellement mais qui démontrent au passage que l'exigence bretonne ne s'est pas traduite forcément par une contribution réduite :

- la Bretagne est, avec la Provence, la province la plus déterminée pour faire obstacle à la transposition du droit français, avec un rôle majeur dévolu aux États et au Parlement ;
- en Languedoc, le poids de l'Église est prépondérant, les trois syndics généraux étant placés sous l'autorité de l'archevêque de Narbonne, président né des États ;
- la gestion des finances des États est assez libre en Languedoc, très encadrée par l'intendant en Bourgogne tandis que, pour la Bretagne et la Provence, les chambres des comptes n'ont pu établir de véritable tutelle ;
- le pouvoir de l'intendant a donc été très limité et tardif en Bretagne et en Provence, important en Bourgogne et en Languedoc, ainsi que dans les provinces du Nord ;
- dans le cadre de la participation des États provinciaux à l'endettement du royaume, les provinces les plus contributives aux emprunts (réalisés entre 1740 et 1789) ont été le Languedoc (164 millions de livres sur un total de 660), devant la Bourgogne (58) et la Bretagne (42).

QUELQUES CHIFFRES

On est les premiers !

Necker, le grand financier de Louis XVI, a calculé que la moyenne des charges publiques de toutes sortes était, par tête d'habitant, presque deux fois moindre en Bretagne que dans l'ensemble du royaume (onze livres contre dix-neuf livres), cette modération ayant une double raison, le très large recours au système des abonnements et le maintien de certains privilèges bretons. Avant de tourner la page du système, les Bretons auront pu apprécier l'utilité de certains de leurs combats.

Chapitre 4

De 1789 à nos jours : Révolution, évolution

Dans ce chapitre :

- Comment vit-on la Révolution en Bretagne ? Et la Contre-Révolution ?
- Suivez les Bretons au temps des monarchies retrouvées et des deux empires napoléoniens
- Voyez comment la région s'est transformée au cours du dernier demi-siècle

Les temps changent, mais les mentalités sont plus longues à évoluer. Une partie de la Bretagne peut espérer que les bouleversements révolutionnaires lui permettent de retrouver ses droits et libertés. Mais elle sera souvent déçue par les pouvoirs successifs qui n'auront de cesse que d'affirmer une volonté centralisatrice ne pouvant s'accommoder d'exceptions dérangeantes et jugées même parfois dangereuses. C'est peut-être même l'un des rares points réunissant la monarchie, l'empire et la république. C'est aussi ce qui explique que d'une province qui fut riche et enviée dans toute l'Europe, la Bretagne soit devenue une région d'émigration, en retard de développement, souvent ponctionnée et parfois brimée. Elle va pourtant apporter ses pierres à la construction de l'édifice national avant de retrouver son dynamisme à la fin du XXe siècle. L'espoir est revenu.

Révolution et Contre-Révolution

En Bretagne, la Révolution ne se résume pas à la Chouannerie. Car les délégués bretons seront aux avant-postes des débuts révolutionnaires. Avant que leur idéal ne soit déçu par des évolutions qui portent atteinte à leurs fois, celles qu'ils ont toujours dans la Bretagne et dans la religion. Une période tout en contraste, mais dont les excès de violence laisseront pour longtemps des traces.

Les jours qui ont changé la France... et la Bretagne

Il n'est pas besoin de redire toute l'histoire de la Révolution, l'enchaînement des journées si cruciales pour l'avenir de la France nous est bien connu. Mais il est intéressant de savoir comment les Bretons y ont participé, ce qu'ils ont vécu et, surtout, ce qu'ils ont fait, et de se demander s'ils ont eu un rôle quelconque dans la grande agitation générale ou s'ils se sont comportés en suiveurs, usant de leur seul droit de vote, ce qui est déjà fondamental...
On peut dire que la délégation bretonne réduite n'est pas en reste dans ces débuts de la Révolution. Sans les nobles, qui ont trouvé que le mode de préparation n'était pas conforme à celui utilisé lors des derniers États généraux, en... 1614. Les temps ont changé, et ce n'est rien à côté de ce qui va venir...
Découvrons donc la place des Bretons dans les premiers jours de ce qui deviendra la Révolution française.

Les cahiers de doléances

Les Bretons ne sont pas arrivés à Paris les mains vides. Comme un peu partout en France, des cahiers de doléances ont été rédigés par les paroisses et par les ordres, dans un cadre assez structuré (et même parfois un peu trop!). Ils permettent de faire remonter des revendications souvent générales (modèles types utilisés bien souvent, comme *Charges d'un bon citoyen de campagne* d'origine rennaise) mais parfois spécifiques. De plus, les synthèses faites et les élections de députés mettent en avant le rôle des élites urbaines au détriment des modestes paysans. Il faudrait rentrer dans les détails, ainsi que dans des comparaisons avec d'autres provinces, pour y trouver quelques spécificités bretonnes. Mais apparaissent déjà l'opposition émergente entre la « féodalité dominante », qui sera supprimée, et la « féodalité contractante », qui devra être rachetée.

Mais, de quoi se plaint-on en Bretagne ?

- de toutes les fiscalités bien sûr, très lourdes et injustement réparties, en sujets innombrables : le fouage, la capitation, le vingtième, rolles, lods et ventes, dîmes... il faudrait tout un dictionnaire pour en comprendre aussi bien l'objet que les subtilités ;
- et, plus généralement, il est demandé « la suppression de tous les impôts et charges distinctifs d'ordre et le remplacement par un impôt réparti sur tous les ordres indistinctement et proportionnellement à la fortune de chacun » ;
- du domaine congéable, cet « usement dur et d'esclavage », mélange subtil de seigneurs-vassaux et de propriétaires-exploitants ;
- des droits royaux, à commencer par la milice qui « enlève des enfants utiles et nécessaires », dénonçant également l'injustice des tirages au sort ;

- de la corvée royale, essentiellement supportée par les paysans…

… c'est-à-dire comme un peu partout en France, mais avec l'évocation de nombreuses situations locales bien précises.

Le Club breton, à l'origine du Club des jacobins

Le roi a convoqué les États généraux pour le 5 mai 1789. Les députés bretons arrivent donc à Versailles pour travailler, pas pour ripailler. Tous… enfin tous ceux qui ont été élus. Ayant boudé ces élections, la noblesse bretonne qui avait pourtant souhaité ces États n'y parut point. Un bien mauvais calcul quand on sait que les cinquante députés manquants auraient pu faire basculer les votes. Une décision qui aurait marqué à Rennes, mais qui laisse indifférent à Paris. Dès le 30 avril, nos Bretons choisissent donc de se réunir chaque jour, à proximité de l'hôtel des Menus-Plaisirs – quel nom pour un lieu où se décida la Révolution ! – dans une salle louée à l'entresol d'un marchand limonadier. Formant un petit groupe aguerri par les récents événements rennais, ils souhaitent « conférer loin de l'assemblée générale pour les affaires qui exigent un plan suivi et arrêté ». Leur détermination impressionne beaucoup, ils acceptent même quelques étrangers, dont le célèbre Mirabeau. Ce lieu devient très vite le foyer pensant des premières assemblées. Fort de son succès et de cent cinquante membres, il déménagera en octobre, après le transfert de l'Assemblée constituante à Paris, dans le couvent des Jacobins de la rue Saint-Honoré, devenant ainsi le Club des jacobins…

Les gros souliers du père Gérard

Le groupe breton comptait en son sein deux authentiques paysans. Si l'un, Corentin Le Floc'h ne se montre guère – sans doute s'exprimait-il surtout en breton –, l'autre, Michel Gérard, devient une véritable vedette. Il se fait en effet remarquer dès la cérémonie d'ouverture. Alors que nombre de députés ont revêtu leurs plus beaux atours, lui fait son entrée revêtu de son habituelle veste de paysan, avec ses guêtres et ses gros souliers. Il attire même l'attention de Louis XVI qui le salue d'un si peu protocolaire « Bonjour mon bonhomme ! ». Le petit agriculteur de trente-deux ans, originaire de Montgermont, est un habitué du marché hebdomadaire du Champ-Jacquet à Rennes. Ce jour-là, il vient de passer à la postérité, bien vite accaparé par les *médias* de l'époque :

- dans son tableau sur le *Serment du Jeu de paume*, le peintre David le représente au premier plan, aux côtés de Mirabeau ;
- le fameux *Almanach du père Gérard*, est publié en 1792 par le journaliste Collot d'Herbois pour répandre les idées de la Constitution auprès des paysans ; une édition en breton a même été envisagée dans le Finistère ;
- sans oublier le jeu de l'oie révolutionnaire intitulé *Les Délassements du père Gérard ou la Poule d'Henri IV mise au pot en 1792, Jeu national*, tout un programme !

Des Menus-Plaisirs au Jeu de paume, on ne s'ennuie pas à Versailles

Les animateurs du Club breton prennent très vite un rôle prépondérant dans l'évolution des débats. Au sein de ce club, l'influence d'Isaac Le Chapelier, avocat à Rennes et brillant orateur, ne cesse de croître. C'est lui qui propose, dès le 14 mai, l'idée que les députés du Tiers sont prêts à se réunir seuls, s'il le faut. Les choses se précisent le 17 juin lorsque Mirabeau, Sieyès, etc. font voter le principe d'une Assemblée nationale. Ce jour-là, Le Chapelier fait entériner le consentement provisoire des impôts jusqu'au vote d'une Constitution. Un autre Breton, Jean-Denis Lanjuinais, professeur de droit à Rennes, se lance dans une violente diatribe contre le clergé. Arrive le 20 juin, les députés, trouvant porte close aux Menus-Plaisirs, investissent un autre lieu où ils prêtent le très célèbre *Serment du Jeu de paume*. Le 23 juin, la séance royale a bien lieu… dans la salle des Menus-Plaisirs – redevenue disponible ! – que les députés du Tiers ne veulent plus quitter, Mirabeau adressant cette réplique cinglante : « Allez dire à ceux qui vous envoient que nous sommes ici par la volonté du peuple et que nous ne quitterons nos places que par la force des baïonnettes ! » Le 25 juin, l'Assemblée nationale est complète, les autres ordres s'y étant ralliés.

Aux armes citoyens !

Le 13 juillet, devant l'Assemblée qui hésite à armer Paris, Le Chapelier prend la parole pour insister sur l'urgence face à la menace des (mercenaires) Allemands : « Il n'y a que la garde bourgeoise pour remédier à ces malheurs. L'expérience nous l'a appris : c'est le peuple qui doit garder le peuple. » Il récidive après la prise de la Bastille, proposant « d'établir des milices bourgeoises dans les principales villes afin de donner aux citoyens le moyen de repousser les brigands et en même temps pour ôter au pouvoir exécutif les moyens d'opprimer les citoyens avec des troupes sous le prétexte d'apaiser les troubles ». Le Club breton est sur tous les fronts, il prépare et organise les séances. Il met même au point des techniques de manipulation capables de modifier des majorités, en dispersant ses adhérents dans les différentes parties de l'Assemblée afin d'augmenter sa force de conviction !

Nuit du 4 août, changez… de régime

Le Club breton va également jouer un rôle important dans les événements de la nuit du 4 août. Le Chapelier est élu président de l'Assemblée constituante le 3 août. Face à l'urgence, la *Grande Peur* des révoltes paysannes embrasant les campagnes, il impose les séances de nuit – « faire passer la sonnette soir et matin », selon le mot de Camille Desmoulins – et mène les débats tambour battant selon un scénario arrêté à l'avance au sein du Club breton (un modèle pour école de sciences politiques !) :

- le débat de la veille devait déboucher sur une proclamation que tout le monde attendait, la condamnation des brigands ;
- mais la parole est donnée au vicomte de Noailles (acquis aux idées nouvelles), qui propose l'abolition d'une partie des droits féodaux ;

- c'est au tour du duc d'Aiguillon de proposer le rachat des droits féodaux – député de la noblesse d'Agen, il est le fils (Armand Désiré) du duc d'Aiguillon (Emmanuel Armand) qui fut commandant en chef de Bretagne avant de connaître la disgrâce et d'être exilé par Louis XVI, il est aussi l'une des plus grandes fortunes de France et est devenu l'un des chefs du Club breton ;
- puis « le sieur Le Guen de Kerangal, propriétaire cultivateur et député de Bretagne, monta en habit de paysan à la tribune et lut, avec peine, un long discours composé pour la circonstance », un texte emphatique qui émeut, son auteur est un *julod*, de cette caste de paysans-marchands enrichis par les fameuses toiles du Léon ;
- les députés dauphinois obtiennent également la suppression des privilèges provinciaux, ce que Le Chapelier et les députés bretons acceptent finalement, après concertation, sachant que la Bretagne abandonne ainsi ses « droits, privilèges et immunités », avec cependant un certain regret mais sous réserve de ratification par les États provinciaux (espérant peut-être une exception bretonne ?) ;
- conclusion de Le Chapelier quelques jours plus tard en cédant son fauteuil présidentiel : « Vous avez fait dans un jour ce qui semblait exiger un siècle [...]. Je suis trop heureux d'avoir été l'organe de ces audacieux décrets » ;
- les décrets sont présentés au roi par Le Chapelier le 13 août, mais Louis XVI n'accorde sa sanction que, contraint, le 5 octobre ;
- *la nuit du 4 août* restera dans l'Histoire comme la nuit de « l'abolition des privilèges », ceux des ecclésiastiques, des nobles, des corporations, des villes et des provinces ; la France vient de changer de régime.

La Bretagne n'est plus dans tous ses États

La décision de l'Assemblée constituante ratifiée par le roi ne le sera jamais par les États de Bretagne que personne ne convoquera plus. Cette fois, c'en est bien fini du rêve breton issu du temps de ses propres rois et de l'acte d'Union à la France, la Commission intermédiaire et le Parlement sont également supprimés. À propos des Bretons qui tentent de résister, Mirabeau dénonce « tous ces efforts de Pygmées qui se raidissent pour faire avorter la plus grande, la plus belle des révolutions ! ». Une nouvelle organisation territoriale se met en place avec la création des départements, divisés en districts, cantons et communes. La Bretagne n'existe plus en tant que telle. Elle est remplacée par cinq départements, très vite jaloux de leur autonomie, cinq parmi les quatre-vingt-trois créés en France. La Constitution civile du clergé vient confirmer cette redistribution géographique, avec un évêché par département, ce qui conduit à la suppression de quatre évêchés sur neuf parmi les plus emblématiques (Dol, Saint-Malo, Tréguier, Saint-Pol-de-Léon). La Bretagne n'est plus. « D'alliée qu'elle était à la France, la Bretagne deviendra sujette », se lamentait Botherel, le dernier procureur syndic des États. Est-ce pour autant la fin de l'opposition au pouvoir central ? Ici et là, l'idée fédérale commence à faire son chemin.

Les campagnes bretonnes se rebellent

Quand la Bretagne ne se reconnaît plus dans les réformes et les excès de la Révolution, elle retourne sur la terre de ses ancêtres à la recherche de sa liberté perdue. L'ordre ancien se reconstitue en partie autour d'un sursaut qui associe la religion et la défense des droits bretons. Les Chouanneries – il y en aura plusieurs – se distinguent pourtant des guerres de Vendée, par leur forme et leur ambition. Une période noire qui s'achève dans la terreur.

Quand la révolution se radicalise

L'enchaînement des faits est bien connu. Les actes symboliques et les grandes réformes se succèdent de 1789 à 1792 : la Déclaration des droits de l'homme et du citoyen, la nationalisation des biens ecclésiastiques, la Constitution civile du clergé, la fête de la Fédération (un an après la prise de la Bastille), la fuite du roi à Varennes, la fusillade du Champ-de-Mars, le vote de la première Constitution, l'Assemblée législative qui prend alors la suite de l'Assemblée constituante, la déportation du clergé réfractaire, la chute de la royauté, la bataille de Valmy, la Convention, l'abolition de la royauté suivie de la Première République, la mort de Louis XVI, guillotiné le 21 janvier 1793. Le Club des jacobins évolue dans le même temps, se séparant des modérés qui se retrouvent au Club des feuillants, favorable à une monarchie constitutionnelle. Le Club des cordeliers, plus populaire, joue également un rôle dans la radicalisation de la révolution. Tandis que l'influence des Bretons disparaît peu à peu. Le Chapelier, ayant suivi les *Feuillants* (avec Danton), se retrouve suspect, rentre à Rennes avant de s'exiler un temps et d'être guillotiné en 1794. La Bretagne n'est toujours pas Paris !

Du rêve à la réalité, de nouvelles doléances

Sur le terrain, la situation évolue un peu différemment. Surtout en Bretagne. Les débats y sont aussi animés, les informations s'échangent vite avec Paris, les clubs ont essaimé, une presse s'est rapidement créée. Certes, on a applaudi les beaux discours, les grands principes et les premières décisions. Et puis attendu de voir comment tout cela se concrétise sur place. Alors sont apparus quelques nouveaux sujets de mécontentement en Bretagne : le domaine congéable a été conservé, un sujet sensible pour les paysans, l'envolée des prix du pain et d'autres denrées, l'exil des prêtres réfractaires n'ayant pas prêté serment et pourchassés (très nombreux dans l'Ouest)... Les paysans et le petit peuple des villes, les bourgeois et les nobles, tous ont des raisons différentes de s'opposer. La Convention en fournit l'occasion aux Bretons qui soutiennent la Gironde décentralisatrice et fédéraliste face à la Montagne centralisatrice et autoritaire. La répression contre les *fédérés* du Finistère est violente, les sans-culottes parisiens sont aux commandes.

LE SAVIEZ-VOUS ?

Le marquis de La Rouërie, premier comploteur contre-révolutionnaire

Charles-Armand Tuffin de La Rouërie est l'un de ces aventuriers capables des projets les plus fous pour défendre la liberté de la Bretagne. Déçu par la cour, le jeune aristocrate devient, en 1777 (jusqu'en 1783), le colonel Armand lors de la guerre d'Indépendance américaine – avant même que La Fayette n'arrive. Il y fait preuve d'un grand génie militaire et est promu général, tout en gagnant la confiance et l'amitié de George Washington, qui salue « le grand zèle, l'intelligence et la bravoure que vous avez rendus et où vous vous êtes si fort distingué ». Monarchiste libéral ouvert aux réformes, La Rouërie est déçu par la Révolution et par certains comportements. « Des hommes d'esprit, nous en avons. Des hommes de savoir, des virtuoses des arts et des sciences, nous en avons. Mais des hommes remarquables par la profondeur de leurs vues et leur dévotion au bien public, ceux-là, nous n'en avons pas. La noblesse se cramponne à ses droits de naissance. Quant au clergé, il se battrait s'il avait plus de courage et moins d'enfants naturels », écrit-il à Washington.

Il décide alors de créer l'*Association bretonne* pour défendre les intérêts de sa province, puis il prend l'initiative d'un véritable mouvement contre-révolutionnaire, après s'être assuré du soutien des frères du roi en exil. Et c'est ainsi qu'il met sur pied une organisation très structurée, dotée d'un véritable service de correspondance… et se retrouve, en une année, à la tête d'une armée potentielle de près de dix mille hommes. Toute cette agitation ne peut passer véritablement inaperçue, d'autant plus qu'un traître – un médecin ami en qui il avait toute confiance et qu'il avait recommandé à Paris, où son voisin se trouva être le ci-devant Danton… – précipite la chute d'un réseau qui serait sans doute passé à l'action sans l'issue imprévue de la bataille de Valmy. En fuite – il a peut-être rencontré Jean Chouan en Mayenne –, traqué et malade, La Rouërie décède peu après la mort du roi, avant d'être enterré en pleine forêt, puis bassement décapité à titre posthume. Basire, le farouche Conventionnel subjugué par l'homme, le présente dans son rapport au Comité de sûreté générale de la Convention comme le stratège d'un plan audacieux, « un personnage véritablement extraordinaire, qui joignait à des passions fortes un esprit souple, au machiavélisme de l'aristocratie le talent des négociations, et à l'intrépidité du soldat les vues d'un grand général ». À sa suite, douze de ses proches périssent sur l'échafaud. « Ils sont morts avec la gaieté des fanatiques qui se croient des martyrs », note un témoin patriote.

François-René de Chateaubriand, qui a rencontré La Rouërie à Fougères afin d'obtenir une lettre pour le général Washington, dresse de lui ce portrait dans les *Mémoires d'outre-tombe* : « Rival de La Fayette et de Lauzun, devancier de La Rochejaquelein, le marquis de La Rouërie avait plus d'esprit qu'eux ; il s'était plus souvent battu que le premier ; il avait enlevé des actrices à l'Opéra, comme le second ; il serait devenu le compagnon d'armes du troisième. Il fourrageait les bois, en Bretagne, avec un major américain, et accompagné d'un singe assis sur la croupe de son cheval. Les écoliers de droit de Rennes l'aimaient, à cause de sa hardiesse d'action et de sa liberté d'idées : il avait été un des douze gentilshommes bretons mis à la Bastille. Il était élégant de taille et de manières, brave de mine, charmant de visage, et ressemblait aux portraits des jeunes seigneurs de la Ligue. »

1793, les paysans bretons sortent au printemps

Pendant ce temps, la grogne paysanne continue d'enfler. La question de la conscription et du fameux tirage au sort, début 1793, sert de prétexte pour mettre le feu aux poudres, « tous ou personne » répondent les sans-voix. Venant à la suite des problèmes économiques, de la défiance religieuse, de la question bretonne, le mécontentement explose. Cette fois, l'opposition se cristallise entre les paysans oubliés et les bourgeois des villes, parvenus au pouvoir et enrichis au point d'être les principaux bénéficiaires de la vente des biens d'Église. Les nobles sont hors jeu. Le cycle rébellion-répression va engendrer la Terreur, ici comme ailleurs. La Chouannerie bretonne – ou plutôt les chouanneries – va être concomitante avec le soulèvement vendéen, et inspirée des mêmes motivations. Elle est pourtant bien différente. En Bretagne, point d'armée, de troupes organisées ni de généralissime, encore moins des affrontements de masse – ou si peu, et bien vite découragés – mais plutôt une résistance sous forme de guérillas. Un jour ici, un jour là, sous la houlette d'une multitude de chefs locaux, et bénéficiant sans doute d'une partie de l'organisation patiemment et très méthodiquement mise en place par La Rouërie.

En Bretagne, tout commence le 10 mars 1793, à Saint-Philbert-de-Grand-Lieu et à Blain.

Une Chouannerie peut en cacher une autre

Le mouvement d'insurrection paysanne va durer une dizaine d'années. Véritable guerre civile opposant républicains et royalistes, la Contre-Révolution bretonne va donc se différencier du soulèvement de la Vendée. Sauf à considérer que cette autre révolte, souvent dénommée également Chouannerie par assimilation, a très largement concerné le pays nantais, principalement dans sa partie située au sud de la Loire (vignoble et pays de Retz), la ville de Nantes étant la tour de contrôle républicaine à atteindre, à prendre et à maîtriser, ce que les Vendéens n'arriveront pas à faire. Avec cette différence plus que symbolique, la devise des chouans bretons est « Dieu et mon pays », alors que celle des Vendéens est « Dieu et mon roy ». Les insurgés veulent bien défendre leur pays, c'est-à-dire ici, chez eux, si d'aventure des ennemis les menaçaient : « C'est là que nous saurons les repousser, s'ils viennent nous attaquer ; c'est là que nous saurons défendre contre eux et contre tous autres, nos femmes, nos enfants, nos bestiaux et nos récoltes, ou périr avec eux. » Il y a eu, en fait, trois chouanneries bretonnes, trois périodes bien différentes.

Première Chouannerie (début 1794-printemps 1795), pour voir

- les premières manifestations de l'insurrection bretonne consistent plutôt dans des actions locales de bandes sillonnant les campagnes, tandis que les villes résistent ;

- le comte de Puisaye tente une coordination dont il finit par s'imposer comme en étant le chef, puis va en Angleterre quérir l'appui des Anglais ;
- Hoche, qui vient d'arriver en Vendée, se rend compte qu'il faut aussi pacifier la Bretagne : il alterne concessions (la pratique du culte) et fermeté (la soumission aux lois de la République) ;
- le traité de La Mabilais (Rennes) en avril 1795, suivant de peu celui de La Jaunaye (près de Nantes) concernant les Vendéens, apparaît comme un compromis acceptable et s'accompagne d'une trêve, sauf que nombre de chefs chouans refusent de la signer et de rendre les armes, n'acceptant pas d'intégrer les troupes régulières ;
- pendant ce temps, la *chasse aux patauds* (les patriotes) continue et l'insécurité demeure.

LE SAVIEZ-VOUS ?

Jean Chouan, le brigand invisible

Figure emblématique d'un mouvement contre-révolutionnaire qui agitera les campagnes de la Bretagne et de tout l'Ouest pendant une dizaine d'années, Jean Cottereau vit en Mayenne et traîne derrière lui un passé quelque peu tumultueux de braconnier et de faux saunier. Lorsque les bandes se forment à partir de 1792, la nuit n'a aucun secret pour lui, pas davantage que ce pays de frontière de la gabelle qui a toujours été son jardin, un savoir-faire hérité de nombreuses générations. La clandestinité armée lui va très bien. Il est rompu aux techniques de communication adaptées à ce contexte, sachant imiter le hululement des oiseaux nocturnes pour alerter ses comparses, d'où son surnom de *Chouan*, contraction de chat-huant (la chouette hulotte). Originaire du Bas-Maine, la Mayenne, ses activités et ses caches l'ont conduit bien souvent dans la proche Bretagne. À la tête d'un très petit groupe – quinze à vingt personnes, famille et amis très proches, pas plus ! –, il peut assurer la sécurité absolue de sa bande. Un véritable casse-tête pour les « bleus » qui n'y comprennent rien. Mort sans doute au combat, sa tombe n'a jamais été retrouvée.

Hoche lui rendra une forme d'hommage en reconnaissant son impuissance contre cette forme de combat invisible : « Nous avons parcouru tous les lieux qui nous avaient été indiqués, nous avons trouvé les huttes et les cachettes, mais personne dedans. Nous voyons, chaque sortie que nous faisons, les sentinelles des brigands ; marchons-nous dessus, tout disparaît et rentre en terre et il ne reste aucun vestige. Tout leur sert, les femmes, les enfants ; on jurerait qu'ils ont des télégraphes. »

Victor Hugo le républicain également, dans *La Légende des siècles*, avec cette adresse amicale – « Moi, soldat de l'aurore, à toi, soldat de l'ombre » – et ces vers :

« Salut ! Moi, le banni, je suis pour vous clément ;

L'exil n'est pas sévère aux pauvres toits de chaume. »

Deuxième Chouannerie (été 1795-printemps 1796), pour débarquer

- la paix de La Mabilais n'est évidemment pas respectée, tandis que les émigrés et les Anglais montent une vaste opération de débarquement en Bretagne, *l'affaire de Quiberon* ;
- en juin 1795, deux divisions débarquent bien à Quiberon et rejoignent les quinze mille chouans de Cadoudal, mais les alliés, émigrés et chouans, n'ont pas de stratégie et ne se coordonnent pas ;
- Hoche a tout loisir de les maintenir dans la presqu'île et il peut s'assurer d'une victoire totale, obligeant la flotte anglaise à repartir et faisant plus d'un millier de morts ainsi que six mille prisonniers ;
- la répression est terrible, avec 750 condamnés à mort, surtout des émigrés, tandis que les chouans bretons sont relativement épargnés ;
- les chouans reprennent leurs opérations de guérilla en profitant de la polarisation des actions sur la Vendée, avec des modalités quelque peu différentes selon les régions et leurs chefs ; ils font semer une véritable *Terreur blanche* ;
- mais après en avoir terminé avec la Vendée, Hoche et ses troupes bien aguerries adoptent une stratégie de contre-insurrection, avec le concours de colonnes volantes, obligeant les chefs chouans, Cadoudal en tête, à se soumettre ; Hoche lève l'état de siège en août 1796.

Troisième Chouannerie (automne 1797-décembre 1800), pour finir

- la guérilla se poursuit pourtant, cette nouvelle paix n'ayant toujours pas calmé les bandes chouannes ;
- le coup d'État de Fructidor (4 septembre 1797) provoque l'annulation des lois d'amnistie des chefs vendéens et chouans, tandis qu'une nouvelle conscription met à nouveau le feu aux poudres en 1798 ;
- cette nouvelle Chouannerie embrase tout l'Ouest, jusqu'en Normandie, mais la lassitude finit par l'emporter ;
- une nouvelle tentative de soulèvement général en 1799, avec le concours des émigrés et des Anglais, se traduit par l'attaque de quelques villes, actions spectaculaires, mais conduites en ordre dispersé et restant sans suite ;
- en 1800, la pacification religieuse est en route, la désaffection populaire est visible, les guerres s'achèvent… ne restent que des actes de brigandage isolés ;
- Cadoudal et quelques chefs chouans tirent leurs dernières cartouches, bien vite muselés par l'armée de l'Ouest envoyée par Bonaparte, forte de cinquante mille hommes, qui les contraint à déposer les armes.

Quand les Vendéens rendent visite aux chouans

Le pays nantais est donc au croisement des chouannneries et des guerres de Vendée. Après les premières jacqueries du pays de Retz et les massacres de Machecoul en mars-avril 1793, les différentes bandes vendéennes et leurs chefs (Cathelineau, Stofflet, Charette, d'Elbée, Lescure, La Rochejaquelein, Bonchamps…) se regroupent dans la *Vendée militaire*. Le 29 juin 1793, l'attaque de Nantes échoue après la mort de Cathelineau, c'est une place symbolique qui résiste aux « blancs ». On a dit que, ce jour-là, Nantes avait sauvé la République menacée, face à la jonction possible des Chouans et des Vendéens. Prendre la ville, cela ne tient qu'à une balle. La garder, c'eût été une autre paire de fourches ! Et Nantes n'est pas Paris. La suite des combats permet aux Vendéens de consolider leur territoire jusqu'à la bataille de Cholet. Obligés de reculer, c'est alors qu'ils se décident à traverser la Loire avec l'espoir de joindre leurs forces avec celles des chouanneries, en Bretagne et dans le Maine, ou encore de prendre un port pour y accueillir les Anglais. Débute ainsi la *Virée de Galerne*, aventure de la dernière chance pour la *grande armée catholique et royale*, projet insensé d'une armée de près de cent mille personnes, à peine la moitié de combattants. C'est plutôt le *cortège de toutes les misères* avec blessés, vieillards, femmes et enfants. Ralliements, victoires, échec devant Granville où les Anglais ne paraissent point, avant une longue retraite vers la Loire qui se termine par la déroute de Savenay et l'anéantissement de la grande armée des blancs, dont quatre mille seulement peuvent repasser la Loire.

ÉVÉNEMENT

Carrier fait régner la Terreur à Nantes

Pour faire face aux menaces étrangères et intérieures, le pouvoir se radicalise en 1793.

- création du Comité de salut public en mars, doté des pleins pouvoirs, aux mains de Danton puis de Robespierre ;
- adoption en août de la loi des suspects, qui autorise une justice d'exception visant à éliminer tous les opposants, et même les hésitants ;
- nomination de représentants en mission, dotés des pleins pouvoirs sur le terrain et s'appuyant sur des comités de surveillance locaux peuplés de dénonciateurs revanchards, ainsi que sur des polices parallèles : destitutions, emprisonnements, déportations, exécutions… sont au programme.

Tout ce dispositif nourrit donc la Terreur qui s'installe pendant un an. Elle s'exerce différemment selon les villes et, surtout, selon les représentants désignés. Jean-Baptiste Carrier arrive à Nantes le 22 octobre 1793, il en repartira le 6 février 1794. Il se révèle être – et de loin ! – le plus excessif de tous, appliquant les consignes avec zèle, violence. Quel bilan en un peu plus de trois mois ! Environ dix mille personnes éliminées : 3000 fusillés, entre 2000 et 5000 noyés dans la Loire (les historiens ont du mal à se mettre d'accord, il n'y avait, bien sûr, aucun registre !), 3000 décès en prison. Rappelé à Paris et jugé pour ses excès, il sera guillotiné le 16 décembre.

ÉVÉNEMENT

Du « rasoir national » à la « baignoire nationale », les mariages républicains de Carrier

Carrier arrive à Nantes dans un climat propice à la terreur avec la volonté de « sans-culottiser la ville », s'appuyant sur la compagnie des *Marats*. Le rendement de la guillotine n'étant pas suffisant à ses yeux, il expérimente la technique de bateaux à fond plat, des *sapines*, qu'il suffisait de couler au milieu du fleuve, après les avoir percés, d'où l'appellation de « bateaux à soupapes ». Une forme de *déportation verticale* plus rapide que la *déportation horizontale* vers les îles lointaines. Une bonne dizaine (vraisemblablement) de « baignades » de ce type se sont succédé, envoyant ainsi des centaines d'innocents « aller à chaviré », macabre jeu de mot pour désigner la *fosse marine* près de l'île Cheviré. Non sans que quelques *Marats* ne dépouillent au préalable les victimes. Carrier peut écrire sa satisfaction à la Convention, affirmant avec aplomb : « Quel torrent révolutionnaire que la Loire ! » Un cran supplémentaire dans l'horreur sera franchi par ce précurseur de la *solution finale*. L'atrocité a en effet atteint son comble avec des noyades d'enfants et les « mariages républicains », homme et femme accouplés dans des postures obscènes, même si quelques doutes planent sur leur réalité, ou tout au moins sur leur caractère organisé. Carrier peut ainsi qualifier cyniquement de « baignoire nationale » cette Loire et les événements qu'elle connut, et que Napoléon évoquera plus tard à Sainte-Hélène : « On n'a jamais vu dans l'Histoire de comparable horreur. »

Allant au-delà des consignes, Carrier en vient à publier un arrêté ordonnant « l'incarcération de tous les négociants riches, et de tous les gens d'esprit que l'opinion désigne comme suspects ». C'est ainsi qu'est dressée une liste de cent trente-deux Nantais, comprenant nombre de négociants et d'hommes de loi et constituant « l'élite économique et intellectuelle », aussitôt arrêtés et transférés vers Paris pour y être jugés. Leur voyage est un véritable calvaire. Les survivants ne doivent leur salut qu'à la chute de Robespierre, n'étant jugés qu'après Thermidor et acquittés faute de preuves au terme d'un procès que l'on peut qualifier de *surréaliste*, animé notamment par Phelippes-Tronjolly, le président du Tribunal révolutionnaire de Nantes et lui-même accusé !

Coup de barre centralisateur

Toute cette période se caractérise par une politique de centralisation totale et durable. La Bretagne est particulièrement affectée, son histoire passée, que rappellent les mouvements contre-révolutionnaires, la désignant tout naturellement comme un territoire devant être mis fermement sous contrôle. Elle va ainsi subir, plus que d'autres anciennes provinces, un carcan destiné à la ramener dans le rang. Tous les aspects de la vie sociale et de l'identité cultuelle bretonnes sont concernés par ces mesures, dont certaines n'eurent qu'un temps :

- le bilan est lourd pour les élites économiques et intellectuelles, comme le montre l'exemple nantais ;
- une politique de déchristianisation particulièrement intense (fermetures, interdictions, destruction de reliques, fonte de cloches, saccages…) vise à s'attaquer à l'une des causes des mouvements insurrectionnels ;
- le breton commence à être considéré comme un « idiome barbare » destiné à disparaître, il est même exclu des lycées nouvellement créés et des facultés ;
- toutes les occasions sont bonnes pour porter atteinte à l'unité bretonne traditionnelle et aiguiser la concurrence entre les deux principales villes : c'est ainsi que Rennes devient la métropole religieuse et le siège d'une région militaire ne comprenant que quatre départements, la Loire-Inférieure en étant exclue ;
- la centralisation dictatoriale du Consulat est ici encore plus forte, les cinq départements bretons constituant la moitié de ceux dans lesquels la Constitution est suspendue en novembre 1799, les autorités civiles dépendant alors du pouvoir militaire ;
- l'administration, l'école et l'église sont ainsi les outils privilégiés d'une politique d'uniformisation et de centralisation ; les préfets sont, par exemple, bien plus puissants que les intendants de l'Ancien Régime ;
- les nominations (préfets, évêques, professeurs de lycées et d'universités) concernent rarement des Bretons, brassage oblige – c'est ainsi que le second préfet du Morbihan s'étonnera en 1803 : « Le peuple que j'ai à administrer a des mœurs si éloignées de celles qui me sont familières, les usages en tout genre, la manière de vivre, celle de cultiver, les transactions sociales et jusque dans la nature de leur propreté » !
- les coutumes locales sont également suspectées, comme la pratique de la *soule*, « ce jeu barbare », ou encore les *mystères* des paysans trégorrois, considérés comme des « farces sans dignité » ;
- il faudra attendre une cinquantaine d'années pour que la Bretagne retrouve un niveau de population comparable à celui de 1789.

LE SAVIEZ-VOUS ?

Georges Cadoudal, le chouan qui voulut livrer Bonaparte aux Anglais

Si la Chouannerie avait dû avoir un chef, nul doute que c'eût été Georges Cadoudal. Né dans la ferme de Kerléano (Auray) et ayant fait des études à Vannes, cet esprit intransigeant a toujours été fidèle à son idéal breton. Présent dans tous les combats, déjà auprès des étudiants en droit de Rennes début 1789 et pour s'opposer à la conscription. On le retrouve ensuite avec les Vendéens et au désastre de Savenay, fait prisonnier à Brest d'où il parvient à s'évader, responsable des chouans du Morbihan où il retrouve Guillemot, le fier *Roi de Bignan*, opposé à la paix de La Mabilais, impliqué dans *l'affaire de Quiberon*... N'ayant jamais voulu composer, et pas davantage avec le nouveau régime du Directoire en refusant la grâce offerte par Bonaparte, il passe clandestinement en Angleterre. Dans le but de rétablir le trône du futur Louis XVIII, il participe au complot de la rue Saint-Nicaise, où la *machine infernale* devait être fatale au Premier Consul. Avant d'imaginer une nouvelle conspiration avec le général Moreau : enlever Bonaparte pour le livrer aux Anglais qui lui avaient (déjà !) préparé une résidence secondaire à Sainte-Hélène. La longueur des préparatifs et quelques difficiles négociations entre conjurés – Moreau souhaitant prendre la place plutôt que d'offrir un fauteuil royal – ont permis à la police de Fouché de déjouer le complot. Cadoudal est arrêté le 9 mars 1804 après une folle course-poursuite dans les rues de Paris, et guillotiné le 25 juin, refusant de demander grâce (à nouveau !). Cet événement fut un prétexte (de plus !) pour que Bonaparte devienne Napoléon, empereur des Français. Les deux hommes ne s'aimaient guère, ayant eu l'occasion de se toiser. Vengeance suprême, le squelette de Cadoudal fit un temps les beaux jours de la faculté de médecine, servant de modèle (monté en fil de fer) aux étudiants du chirurgien Larrey. Il faudra attendre la Restauration pour qu'il soit rendu à la famille. Cadoudal, élevé, à titre posthume, à la dignité de *maréchal de France*, aura droit à des funérailles nationales et à un mausolée construit sur la colline de Kerléano.

D'un empire à l'autre

Après la Révolution vient le temps d'une valse-hésitation du pouvoir que la République ne parvient pas à conserver. La Bretagne peut chercher à prendre appui sur ces retours pour faire valoir son exception. Peine perdue, les nouveaux régimes se révèlent tout autant centralisateurs, et ils se méfient de cette ancienne province toujours prompte à rappeler ses revendications. Ils n'auront de cesse que de la mettre au pas.

Napoléon Ier et la Bretagne

Retour au calme dans une Bretagne lassée et épuisée par tant de conflits, un peu d'ordre ne nuit pas à la relance de la vie sociale et économique. Sauf que les Bretons vont vite s'apercevoir des désagréments d'un pouvoir centralisateur, autoritaire et même policier. La confiance ne règne toujours pas entre Paris et la Bretagne, toujours prête à s'enflammer lorsqu'on porte atteinte à ses libertés, celles de vivre et mourir au pays, de pratiquer sa religion et de ne pas amputer d'une miette ses particularismes hérités pour toujours du temps d'Anne de Bretagne.

Le regard tourné vers l'est

Rêvant de vastes territoires, de l'Atlantique à l'Oural, le *Petit Caporal* a une ambition dépassant de très loin « la ligne bleue des Vosges ». Comme ses regards portent vers les pays de l'Est européen (par rapport à la France), il ne faut pas venir lui chercher querelle à l'ouest, en terre française. Bonaparte puis Napoléon réussissent à soumettre la Bretagne, résignée, au régime commun, alliant force et persuasion. Les Bretons se montrent pourtant allergiques au combat loin de leurs landes – passe encore sur la mer ! même si le contrôle maritime anglais réduit l'activité des ports bretons à quelques ronds dans l'eau le long des côtes – et incapables de s'habituer à d'autres climats. Le préfet des Côtes-du-Nord décide en 1808 qu'aucun conscrit de son département ne doit franchir les Alpes, il paraît que ça les rend malades ! Les démêlés de Napoléon avec le pape Pie VII n'ont pas amélioré sa popularité en Bretagne, et notamment l'humiliation d'un autocouronnement à Fontainebleau de Bonaparte en 1804, ou bien encore l'enlèvement du pape et son enfermement à Savone en 1809.

Et la fermeté pour la Bretagne

Dès 1804, pour marquer la fin des soulèvements de l'Ouest, sont décidées la création d'une ville nouvelle, Napoléon-Vendée (La Roche-sur-Yon), pour accueillir la préfecture du département précédemment située à Fontenay-le-Comte, ainsi que la transformation de Pontivy en Napoléonville (un nom qu'elle reprendra sous Napoléon III) et son agrandissement pour être « dans la paix, le centre d'un grand commerce, et dans la guerre, un centre militaire important ». L'Empereur n'y mettra jamais les pieds. Les grandes décisions d'aménagement de la Bretagne ont toutes une justification militaire, ainsi en est-il des grands canaux permettant de relier villes et ports par l'intérieur afin d'échapper aux contraintes du blocus maritime imposé par les Anglais, avec le démarrage des travaux du canal de Nantes à Brest en 1806. Ainsi en avait-il été également de l'installation d'une ligne de télégraphe entre Paris et Brest entre 1795 et 1799. Mais quand Napoléon revient de l'île d'Elbe en 1815, une nouvelle *petite Chouannerie* agite la Bretagne pendant les Cent-Jours.

LE SAVIEZ-VOUS ?

Le Corse avait-il des origines bretonnes ?

La rumeur n'a pas encore atteint la piazza di l'Olmu à Ajaccio. Les preuves sont bien évidemment insuffisamment étayées… mais il y a de quoi poser la question avant même d'insinuer le moindre doute. Car voici bien ce dont il s'agit : Napoléon Bonaparte serait de sang breton – pour moitié, il faut bien partager ! – et peut-être même né en Bretagne. Voici donc une affaire d'États, corse et breton bien sûr, éventuellement français. Résumé des motifs et résultats des enquêtes, toujours en cours :

- le comte de Marbeuf, gentilhomme breton (Rennes 1712-Bastia 1786), est nommé gouverneur de Corse lors de son rattachement à la France en 1768 (il était arrivé dès 1765 avec la mission de *pacifier* l'île) ;
- il se lie d'amitié avec les Bonaparte (Charles Bonaparte a épousé Letizia Ramolino en 1764, elle avait quatorze ans et donna naissance à une douzaine d'enfants dont huit ont survécu) : il aide Charles à devenir député de la noblesse à Ajaccio ;
- on dit aussi que la belle Letizia a été la maîtresse de Marbeuf, réputé libertin, et certains attribuent à Marbeuf la paternité du jeune Napoléon né le 15 août 1769, et disent qu'il aurait même pu naître en Bretagne, dans le Léon, au manoir de Pen ar Vern à Saint-Sève, près de Morlaix ;
- premier argument avancé pour étayer cette thèse : quelques pages des registres de baptême de la paroisse de Saint-Sève ont été déchirées par la police impériale, de même que les registres de naissance d'Ajaccio pour les mêmes dates ;
- deuxième argument : le comte de Marbeuf recommande le jeune Bonaparte pour qu'il rentre à l'École royale militaire de Brienne-le-Château et qu'il obtienne une bourse d'études ;
- troisième argument : pourquoi Charles Bonaparte, le mari de Letizia et *père* de Napoléon, n'a-t-il pas désigné *son fils* dans son testament ?
- quatrième argument enfin : Napoléon, enfant, serait venu en Bretagne passer des vacances à Pen ar Vern et au château de Callac-en-Trédion.

L'appel est très sérieusement lancé : « Cherche petite mèche de cheveu – authentique ! – pour test ADN. » Sans penser que cette affaire pourrait aussi conduire à rapprocher *La Bretagne pour les Nuls* de *La Corse pour les Nuls*. C'est dire son enjeu !

CURIOSITÉ

Une visite pour un empire

Auréolé de victoires et de gloire, Napoléon se décide à visiter les provinces de l'Ouest enfin apaisées, une promesse déjà faite un an plus tôt en particulier à Nantes, place importante de son dispositif militaire et dont il craignait une certaine hostilité à son égard. La visite du 9 au 11 août 1808 s'annonce sous les meilleurs auspices possible, le préfet n'a pas ménagé ses efforts et la ville sa bourse. Le texte du programme officiel résume le climat d'idolâtrie ambiant en évoquant Napoléon « empereur, victorieux, restaurateur de la religion, législateur, pacificateur, protecteur de l'agriculture, de l'industrie et du commerce, des sciences, des lettres et des arts, libérateur des mers… ».

L'accueil est à la hauteur de l'événement : logement du couple impérial à l'hôtel d'Aux, mise à disposition de dix-sept autres hôtels particuliers pour les accompagnateurs, installation d'arcs de triomphe et d'un obélisque haut de 18 mètres et surmonté d'un aigle impérial élevé sur la place Impériale (actuelle place Royale), inscriptions sur différents monuments louant le « Grand Législateur », « Napoléon le Grand » ou bien le « Grand Pacificateur ». Réceptions officielles, discours, examen des dossiers de la ville… Napoléon est aussi attentif aux moindres détails : questionnant le maire sur les boulangers dans la ville, il l'engage vivement à en réduire le nombre de 104 à 78, estimant que cela suffisait pour une ville de 78000 habitants ! Il promet la liberté des mers, flatte la belle réussite économique – « l'ordre dans les affaires, c'est ce qui distingue la place de Nantes » –, conseille aux départements de l'Ouest de « rivaliser avec le Nord pour la production de sucre de betterave », présente un vaste programme d'équipement – « l'Ouest est appelé sous mon règne à une vie nouvelle » – avec les réalisations du canal de Nantes à Brest et d'un canal latéral à la Loire – « ce sera la prospérité de Nantes »…

Viennent ensuite la visite de la ville au galop, et notamment celle du Lycée impérial récemment ouvert, avec cette confidence : « Votre ville est admirablement située, un grand avenir lui est réservé si elle sait le préparer. » Balade en Loire jusqu'à Paimbœuf où l'architecte Mathurin Crucy lui expose l'idée de création d'un port secondaire sur la rive opposée, à Saint-Nazaire. L'Empereur s'enthousiasme : « Depuis longtemps j'avais le pressentiment qu'on pouvait construire des vaisseaux à l'embouchure de la Loire. » C'est Napoléon III qui l'inaugurera près d'un demi-siècle plus tard. Place à la fête ensuite ! Feu d'artifice suivi d'un grand bal au Cirque, ou mille Nantaises ont été invitées. Parmi elles, une quarantaine de jeunes filles choisies dans l'élite du commerce et de la noblesse, l'Empereur songeant déjà à assurer la fortune de quelques-uns de ses valeureux officiers, glorieux mais pauvres, ce qui fut confirmé deux ans plus tard lorsqu'il fit demander par le préfet de compléter la liste de ces demoiselles, âgées de quatorze ans et plus, par des renseignements très précis (âge, fonction des parents, montant de la dot présumée, qualités personnelles telles qu'intelligence, beauté, niveau d'éducation…).

Ayant appris de mauvaises nouvelles du front espagnol, Napoléon quitte précipitamment la ville, non sans rédiger lui-même l'article de presse à paraître dans *Le Moniteur*, signé quelques décrets, fait quelques promesses de subsides… et couvert d'éloges les Nantais qui « ont fait des folies pour moi » et la ville qui « a une réputation à maintenir et une position meilleure à gagner ». Certains de ces Nantais, éblouis par une présence impériale rayonnante et active, s'apercevront plus tard que la visite leur coûta fort cher et que Napoléon ne revint pas sur sa décision de créer une université à Rennes, ce qui signifiait l'abandon, lourd de conséquences, de la reconstitution de l'ancienne université de Nantes. Il ne parla pas non plus du projet, un temps caressé, de bâtir quatre palais impériaux dont un à Nantes.

Valse-hésitation entre république, monarchie et empire

La Bretagne a un peu de mal à se situer dans cette période qui voit resurgir un temps les vieilles passions conservatrices. L'espoir peut renaître avec le Second Empire. Mais si les trains arrivent (presque) à l'heure sur le sol breton, la confiance et le développement économique ne sont toujours pas au rendez-vous.

Louis XVIII et Charles X, les frères au pouvoir, la Bretagne noire

L'Ouest voulait un nouveau roi, il est là ! Que fait-il ? Il restaure, offrant le symbole du retour à la paix. Rien de bien extraordinaire, si ce n'est une forme de rééquilibrage par effet de balancier. Une politique de prudence et de réconciliation. Sa modération est mise à mal par les ultraroyalistes, la fin de son règne est difficile. Charles X et ses ultras ne vont pas tenir longtemps. Voilà pour la tonalité générale, mais qu'en est-il en Bretagne ? Rien de très significatif, tant la province semble résignée après une longue période de troubles et de ponction des forces vives. On a même plutôt l'impression que ce qui se passe en Bretagne n'a guère d'importance, et que, pour compter, les Bretons doivent venir se faire entendre à Paris. À la Restauration en 1815, il y a bien eu quelques tracasseries pour certains, un peu d'épuration mais pas de véritable chasse aux sorcières, si ce n'est le procès du général Travot. Période sans relief d'une Bretagne que certains appelleront *noire*, une image relayée par les artistes et les écrivains romantiques.

D'une révolution à l'autre

Charles X est renversé par la révolution de juillet 1830, les *Trois Glorieuses*, si courte que les Bretons ne sont guère concernés, en dehors d'affrontements à Nantes. L'arrivée de Louis-Philippe, duc d'Orléans, se traduit par le retour du drapeau tricolore, tout un symbole, et le régime s'affirme nettement plus laïc. Les *légitimistes* restés fidèles à la branche des Bourbons – *carlistes*, précise-t-on aussi en référence à Charles X, par assimilation avec le mouvement espagnol – se retirent ou sont démis, devenant de véritables « émigrés de l'intérieur ». Encore plus que les républicains, ce sont eux qui contestent le nouveau pouvoir. Ils ont un véritable écho dans l'Ouest, avec les thèmes du retour à une véritable monarchie catholique et d'une décentralisation des pouvoirs au bénéfice des anciennes provinces, de là à faire passer la Bretagne comme suspecte de légitimisme, il n'y a qu'un pas très vite franchi. D'autant plus qu'une nouvelle Chouannerie voit le jour avec le retour de la duchesse de Berry, la *régente* des Bourbons, et sa rocambolesque équipée en 1832 au pays nantais, une conspiration qui tourne vite au fiasco par ses improvisations (des plans cachés dans des bouteilles de muscadet !), son absence d'unité et de réel soutien populaire. Les joutes qui suivront sont davantage électorales et religieuses, tandis qu'un véritable parti républicain voit le jour, à commencer par Nantes avec le docteur Ange Guépin. La révolution de février 1848, essentiellement parisienne, est donc bien accueillie en Bretagne, par les républicains ce qui est naturel, et par les légitimistes pas vraiment fâchés de voir exclus les orléanistes.

La duchesse a le feu aux fesses

Après l'échec du projet de soulèvement, c'est le sauve-qui-peut parmi les conjurés et Marie-Caroline de Berry reste introuvable. Revêtue d'un habit de paysanne, elle est entrée dans la ville de Nantes alors en état de siège, ayant trouvé refuge dans un lieu tenu secret. Et c'est depuis cette cachette, à la barbe de tous les services de police qui sont à ses trousses, qu'elle entretient une correspondance avec les cours européennes. Le roi et son gouvernement sont vraiment très embarrassés. Quand ils ont connaissance de toute cette diplomatie parallèle, ils sont alors très courroucés. Mais la duchesse est toujours introuvable. Il faudra toute la détermination d'Adolphe Thiers, nouveau ministre de l'Intérieur, et la perfidie d'un traître mis par lui dans les pattes des conjurés, Simon Deutz, pour découvrir enfin la cachette. Aussitôt, la maison est investie, fouillée de fond en comble, sondée… rien n'y fait, les conjurés sont introuvables. Mais l'indicateur avait révélé avoir remarqué une table dressée pour huit convives, et le commissaire décide de laisser deux gendarmes dans chaque pièce au cas où… Toujours rien, mais on est en novembre et la nuit est froide. Ce qui donne l'idée à un des gardiens occasionnels de faire un petit feu dans la cheminée. Grosse alerte pour quatre personnes présentes dans un réduit situé juste derrière, et précisément prévu pour se cacher en cas de besoin. Sont entassés là, outre la duchesse, Achille Guibourg, son chevalier servant, Stylite de Kersabiec, son amie, et Mesnard, son vieil écuyer. Ils passent seize longues heures très chaudes. Première alerte lorsque la plaque de cheminée, rougeoyante, met le feu à la robe de la duchesse, qui n'a d'autre secours que d'uriner dans le chapeau de son voisin – qui sera par la suite surnommé Guibourg-chapeau. Opération réussie. Mais le gendarme refait un autre feu au petit matin, la cachette est enfumée, asphyxiant les occupants qui sont obligés de se faire entendre pour sortir. Confondue, la duchesse est emprisonnée au château de Nantes, avant d'être condamnée et exilée dans la forteresse de Blaye en Gironde… Elle y donnera naissance à une petite fille, à qui on trouvera rapidement un père-mari, Hector Luchesi-Palli, duc della Grazia. Cette nouvelle histoire sonne le glas, outre de ses ambitions, de sa réputation et de son crédit auprès des légitimistes. On ne sait toujours pas qui porte le chapeau de la naissance !

Une république éphémère et le dernier « duc de Bretagne »

La IIe République issue de la révolution de 1848 ne parvient pas à conserver un gouvernement stable. Les mécontentements dus à une crise économique profonde perdurent. D'élection en élection, les majorités changent, et les républicains ne restent pas assez unis face aux assauts des modérés, des monarchistes et du clergé. C'est aussi l'apprentissage du suffrage universel, avec plus de neuf millions de votants, contre deux cent cinquante mille auparavant. Le terrain est favorable à l'arrivée d'un parti de l'ordre et d'un homme fort. Ce que comprend parfaitement Louis-Napoléon Bonaparte, élu président à la suite d'une nouvelle Constitution, fonction qu'il transforme par le coup d'État du 2 décembre 1851 et le rétablissement de l'empire. Dans cette période complexe, la Bretagne suit peu ou prou le mouvement. De cette république éphémère, dont le pouvoir local est représenté par des commissaires désignés dans chaque département, on retiendra la nomination d'un commissaire général pour les cinq départements bretons, et surtout le fait que ce sera la première et dernière fois que la république calque ses divisions administratives sur les limites de l'ancienne province. Et plus que son nom, il s'agit du Nantais Michel Rocher, on retiendra aussi son surnom, attribué par malice ou dérision, de dernier *duc de Bretagne*!

Napoléon III et la Bretagne, un autre Tro Breizh

Le nouvel empereur ne semble pas modifier sensiblement les relations du pouvoir central avec la Bretagne, toujours tenue à distance et suspectée de rébellion potentielle. Il s'y rend pourtant lors d'un voyage officiel en 1858, avec toute la famille impériale. Un joli succès d'estime jalonné par des séjours à Brest – arrivée par mer de Cherbourg à bord du *Bretagne* –, Quimper – trajet accompli en chaise à porteurs –, Port-Louis – en souvenir d'une résidence forcée en 1836 –, Sainte-Anne-d'Auray – le 15 août, un signe fort pour les Bretons –, Vannes – le premier souverain depuis François Ier –, Colpo – où réside sa cousine, la princesse Baciocchi –, Napoléonville – Pontivy a repris ce nom –, Saint-Brieuc, Saint-Malo – un bal y est donné! –, et enfin Rennes – érigée en archevêché ne comprenant pas Nantes – où l'empereur évoque la prospérité de la Bretagne – son discours est traduit en breton –, souhaitant « que, tout en hâtant sa marche dans les voies de la civilisation, elle conserve intacte la tradition des nobles sentiments qui l'ont distinguée depuis des siècles ; qu'elle conserve cette simplicité de mœurs, cette franchise proverbiale, cette fidélité à la foi jurée… ». Sonnez binious et bombardes! Pour Nantes, deux courts séjours précédents ont dû être jugés suffisants, en 1849 pour se faire applaudir, et en 1856 pour voir les dégâts causés par une forte crue de la Loire. Mais en 1859, un an après le Tro Breizh impérial, l'Association bretonne est dissoute.

CURIOSITÉ

Marie Bellanger, fausse mère et vraie maîtresse

Il était une fois la belle Julie Lebœuf, originaire de la région de Saumur, venue découvrir les abords du théâtre Graslin et leurs aimables fréquentations à l'hôtel de France. Des marches d'un théâtre de province aux planches des théâtres parisiens, le pas est vite franchi. Et voici notre Marie Bellanger, ou encore *la Margot*, aux Folies-Dramatiques qui s'ouvre bien vite les portes du succès galant pour se retrouver dans le lit de l'empereur, ce qui n'était, il faut dire, qu'un exploit assez largement partagé. Dire comme certains qu'elle fut *la souveraine de la main gauche* est sans doute exagéré, mais sa relation avec Napoléon III n'est quand même pas banale, lui permettant d'écrire à son amant que son « cœur est si pénétré de reconnaissance pour tout le bien que vous m'avez fait ». Cette favorite française – nombreuses furent étrangères, souvent anglaises – a été le témoin d'une petite crise cardiaque lors d'une visite nocturne. Elle lui a surtout rendu un service inestimable, celui d'endosser la maternité d'un nouveau-né lors d'une vraie fausse couche pour laquelle il fallut mentir de deux mois. Vous suivez ? Pour couvrir la faute d'une autre qu'il fallait cacher... certains ont évoqué le nom d'une fille du baron Haussmann... Le petit s'appellera donc Charles Lebœuf, et son généreux géniteur lui achètera discrètement le château de Monchy-Saint-Éloi dans l'Oise, dont Marguerite Bellanger aura un temps l'usufruit. La suite de sa carrière n'est pas totalement connue, jusqu'à un faire-part de décès de Madame Kulbach, née Julie Lebœuf, en son château de Villeneuve-sous-Dammartin, à quarante-six ans.

Le train arrive à l'ouest

La politique et quelques conflits extérieurs ont mobilisé beaucoup d'énergie sous le Second Empire. Les Bretons sont un peu tenus à l'écart, à quelques exceptions près comme celle de l'avocat nantais Adolphe Billault, un ministre apprécié par l'empereur qui le considère, non pas en tant qu'homme d'État, mais comme « le plus habile et le plus propre à lutter avec courage contre les orateurs de l'opposition ». À l'opposé, Victor Hugo – à demi breton par les femmes (sa mère, son épouse et sa maîtresse) – voue une haine profonde à *Napoléon le petit*, claironnant depuis son exil de Guernesey : « Je rentrerai quand la liberté rentrera ! »

Le règne de Napoléon III est cependant marqué par une reprise de l'économie du pays, dont les compétences sont valorisées lors de deux grandes Expositions universelles à Paris en 1855 et 1867. Et surtout par une forte évolution de tous les moyens de communication, comme un peu partout en Europe. Le chemin de fer arrive ainsi à Nantes (1851), Saint-Nazaire et Rennes (1857), Vannes et Saint-Brieuc (1862), Quimper (1864), Brest (1865). Mais l'objectif est avant tout stratégique (desservir les bases militaires) et politique (centralisation au profit de Paris), Guizot voulait déjà en 1841 « civiliser cette province si belle ».

Un Breton au Mexique

L'aventure mexicaine n'a pas été le seul fait de la peu glorieuse tentative de Napoléon III pour accroître l'influence française et mettre sur le trône du pays Maximilien de Habsbourg, le frère de l'empereur d'Autriche. L'intervention va tourner au fiasco, puis à la déroute, après la fin de la guerre de Sécession et le soutien apporté par les États-Unis d'Amérique aux Mexicains. Avant cet épisode qui fit perdre un peu (plus) de son crédit international à la France, il y eut quelques aventures mexicaines individuelles autrement valeureuses. En voici une ! Le capitaine lorientais Joseph Yves Limantour (1812-1885) y a fait fortune, après que sa goélette se fut échouée à l'entrée de la baie de San Francisco. Il a alors l'idée de créer un petit comptoir pour écouler les marchandises de la cargaison récupérée avec l'aide d'un paysan du voisinage. Les affaires prospèrent, il se lie avec le général gouverneur militaire de la Haute Californie. *Business is business !* Contre d'importantes liquidités, des vivres, des armes et des munitions, il se fait donner de vastes surfaces de terre de modeste valeur (de plus confisquées aux missions franciscaines après l'indépendance du Mexique en 1821). Le Breton devient ainsi propriétaire d'environ 75000 hectares, dont une bonne partie de ce qui allait devenir la ville de San Francisco (et notamment le si fameux îlot d'Alcatraz rendu célèbre par l'un de ses pensionnaires, Al Capone). Ces territoires ayant été vendus aux États-Unis, avec l'engagement de respecter les droits de propriété existants, Limantour réussit à en conserver 6400 hectares, car nombre de terrains avaient été littéralement absorbés par la « ruée vers l'or » dans le désordre le plus total, la région étant livrée à l'anarchie et à la violence. Suffisant pour faire fortune au Mexique. Son fils connaîtra également un destin exceptionnel, devenant en 1893 ministre des Finances du pays, une fonction dans laquelle il brilla pendant dix-huit ans sans interruption, devenant l'un des plus puissants personnages du régime. Il réussit à faire du peso une monnaie convertible et à inspirer la confiance aux financiers du monde entier. Et il modernisa le pays en développant ses chemins de fer...

Les Prussiens aux portes de la Bretagne

L'Empire ne va pas se remettre de la déclaration de guerre à la Prusse en juillet 1870. Jusque-là, la Bretagne semble suivre, ayant massivement approuvé le dernier plébiscite du mois de mai (90 % de oui) et participant à l'effort de guerre dans ses arsenaux. Les événements s'enchaînent alors très rapidement : la déroute de Sedan deux mois après le déclenchement des hostilités, Napoléon III fait prisonnier avant d'abdiquer et de rejoindre l'impératrice qui a fui en Angleterre, le Breton Trochu gouverneur de Paris ne fait rien pour organiser la résistance, Paris est encerclé, bombardé, affamé. Le traité de Versailles du 26 février 1871 (confirmé par la suite à Francfort) va mettre la France à genoux, tandis que la Commune de Paris s'installe alors dans la capitale et organise un nouveau pouvoir qui est écrasé lors de la Semaine sanglante par le gouvernement de Thiers réfugié à Versailles.

Avant la fin des hostilités, les Prussiens avaient poussé un peu plus loin vers l'ouest, se retrouvant au Mans face à l'*armée de Bretagne* qu'elle met en déroute. Que faisait donc là cette armée, loin du front ?

Le camp de Conlie

Après la chute de l'Empire, Gambetta, le nouveau ministre de la Guerre, décide de lever des troupes pour empêcher l'avancée des Prussiens, l'*armée de la Loire* et l'*armée de Bretagne*. Kératry, promu général et « chef militaire provisoire », est chargé de recruter cette armée dans les départements bretons... en *oubliant qu'il est breton*. Il réussit à rassembler très rapidement plus de 50000 hommes sur le plateau de Conlie près du Mans. Mais sa mission est très vite rendue difficile, voire impossible, en raison de l'hostilité de Gambetta qui prend peur devant ce qui ressemble tout d'un coup à une bande de chouans, conduite par un général chouan. Gambetta refuse de fournir un équipement correct, détournant même des fournitures venant d'Amérique à cette intention. Les conditions d'accueil des troupes sont épouvantables, un terrain fraîchement labouré, inondé, transformé par des pluies diluviennes en un véritable bourbier... l'hébergement sous des tentes, l'hiver est très rigoureux, les maladies se développent... pas d'entraînement ni de formation... Gambetta a beau jeu de rejeter la responsabilité de l'échec sur Kératry, et de le remplacer par un de ses proches. À la bataille du Mans, il ne reste plus que 14000 hommes en état de combattre, et encore, avec des fusils rouillés et des cartouches avariées ! La défaite est inéluctable, mais Gambetta désigne les coupables : « C'est la faute aux Bretons. » Sans commentaire... le camp de Conlie fut un camp de la mort !

Le temps des Républiques

Cette fois-ci, c'en est bien fini des ambitions monarchistes ou impériales, la République s'installe pour de bon en France. La Bretagne peut-elle enfin y trouver sa place ? Il faudra un long apprentissage pour que les vieux démons s'estompent, et que l'État français toujours centralisateur ne commence à définir une stratégie faisant une place aux territoires rebaptisés Régions. Mais la Bretagne ne sera pas ce qu'elle était, le pays nantais devenu Loire-Inférieure puis Loire-Atlantique sera affecté à une autre Région, les Pays de la Loire, par l'un de ces mystères que réservent les arcanes administratifs, à moins que ce ne soit par volonté délibérée...

La Troisième République sera laïque et centralisatrice

Une période difficile pour la Bretagne, toujours à l'écart de la révolution industrielle. Car le temps est à la consolidation définitive de la République. Il faut harmoniser, unifier, toujours centraliser et gommer tout ce qui dérange. Autant dire que la Bretagne a tout faux! Son obsession de la différence, sa langue, son attachement à la religion… Les Bretons émigrent vers d'autres horizons. Et pourtant, ils ne seront pas rancuniers et contribueront – plus qu'à leur tour – aux efforts de guerre des deux conflits mondiaux.

Liberté, Égalité, Fraternité

Cette fois-ci, la république s'installe pour de bon, et pour longtemps puisque ce troisième acte va durer jusqu'en 1940. Désormais, et à la suite de la Révolution, les entités territoriales sont nationales (l'État) et locales (les Communes), avec entre les deux les seuls Départements. Et c'est à l'aune des résultats électoraux concernant ces institutions que va s'apprécier l'adhésion plus ou moins grande des populations de l'ancienne province à la politique de la Nation et du pouvoir en place. La République a besoin d'affirmer ses valeurs, souvent mises à mal par les atermoiements de la vie politique : restauration de la monarchie, nouvelles révolutions, empires et, pour finir, l'épisode de la Commune qui, pour court qu'il fût, va marquer durablement les esprits républicains. Pour imposer définitivement le principe d'une nation unique, les gouvernements successifs vont s'attacher à éliminer les particularismes. L'ancienne province bretonne est dans le collimateur : la présence d'une langue active est jugée propice au développement d'une pensée différente, l'importance de la religion laisse planer des relents d'Ancien Régime… L'avenir de la République sera le français et la laïcité.

Il est défendu de parler breton et de cracher par terre

La promotion sociale permise par l'école ne peut tolérer que le français. Il faut être ferme, les langues régionales sont considérées comme d'archaïques patois. L'école républicaine interdit donc le breton et réprime toute marque y faisant référence : l'élève surpris à parler breton reçoit un « symbole », cet objet rituel (par exemple une ardoise à porter au cou) dont il doit se débarrasser auprès d'un camarade pris sur le fait, le dernier en possession du symbole étant puni! Quant à l'affiche portant cette inscription, « Il est interdit de parler breton et de cracher par terre », peu importe qu'elle ait réellement existé, le symbole qu'elle représente à son tour suffit à évoquer les débats du temps. Le breton a aussi le grand tort d'être la langue des curés, certains étant même sanctionnés par les préfets au début du XXe siècle pour « usage abusif de la langue bretonne »… dans leurs prêches!

Le (grand) dérangement ?

Non, il ne s'agit pas des Acadiens, et ce ne fut pas une déportation de masse. Mais la Bretagne connaît un vaste courant d'émigration. En 1911, elle compte 3,3 millions d'habitants – contre 2,2 en 1801 – auxquels il faut ajouter 400 000 Bretons vivant en dehors, dont la moitié en région parisienne. Plusieurs raisons expliquent ce phénomène qui prend une certaine ampleur :

- une forte démographie se traduisant par une densité de population plus importante que dans le reste du pays (92 habitants au km^2 en 1911, contre 75 en moyenne nationale), et donc une forme de surpeuplement, car…
- l'économie a du mal à se transformer ; si l'agriculture évolue, la région peine à s'industrialiser, prenant ainsi du retard par rapport à d'autres ; les nouvelles activités sont trop limitées pour remplacer les plus traditionnelles qui disparaissent ;
- l'activité maritime se remet doucement de plusieurs décennies (siècles ?) de contraintes en tout genre, la pêche reprend ses droits tandis que le tourisme pointe son nez sur les côtes ;
- la société bretonne reste encore très rurale, les villes n'ayant pas ici la même importance que dans le reste du pays (population urbaine en 1911 : 26 % en Bretagne, 46 % en France) ;
- les nouveaux moyens de communication réalisés, et notamment les lignes de chemin de fer, favorisent la relation avec Paris, dont l'attractivité joue pleinement dans ce contexte ; l'effet inverse favorise heureusement le tourisme balnéaire et saisonnier.

L'affaire Dreyfus fait escale à Rennes

Condamné en 1894 et émigré contre son gré, le capitaine Dreyfus rentre du bagne de l'île du Diable en 1899 pour la révision de son procès, enfin obtenue par l'acharnement de son frère et le courage de Zola, Clemenceau et quelques autres. Ce retour s'effectue en Bretagne, Dreyfus débarquant à Quiberon par discrétion – on l'attendait à Brest – avant de rejoindre Rennes, ville choisie pour sa réputation de calme et la présence du tribunal du 10e corps d'armée. C'est en effet à reculons et sous la pression que cette révision s'engage. La Bretagne est restée plutôt antisémite et ne basculera que tardivement dans le clan des dreyfusards. Parmi les soutiens de la première heure à la cause de Dreyfus figurent notamment quelques universitaires rennais comme Victor Basch, à l'initiative de la création début 1899 de la première section en province de la Ligue des droits de l'homme fondée un an plus tôt à Paris. Malgré le verdict décevant, la réhabilitation du capitaine Dreyfus est en marche, la grâce présidentielle suit aussitôt, mais la reconnaissance de son innocence n'intervient qu'en 1906.

La revendication bretonne

Liberté ! C'est ce que pense une élite en relançant la question de l'identité de la Bretagne. Il s'agit d'une véritable renaissance culturelle bretonne qui prend plusieurs voies. La plus active vise à contester politiquement la volonté centralisatrice des gouvernements. Les revendications, bien que souvent modérées et d'origine essentiellement culturelle, se voient opposer une fin de non-recevoir. Un vaste mouvement associatif se fait ainsi jour :

- l'Association bretonne, créée en 1843 et relancée en 1873 (après avoir été dissoute en 1859 par décision impériale), a pour objet l'étude de la Bretagne dans toutes ses dimensions en vue d'accroître le rayonnement de sa culture et le développement de son économie ;
- l'Union régionaliste bretonne (URB) voit le jour en 1898, s'intéressant aux questions culturelles et politiques et à la nécessité d'une décentralisation ;
- le Bleung Brug, créé en 1905 par l'abbé Jean-Marie Perrot pour la défense de la foi et de la langue bretonne ;
- La Fédération régionaliste de Bretagne (FRB) naît en 1911 d'une scission au sein de l'URB, dans une perspective moins conservatrice et avec la volonté d'intervenir également dans le domaine économique ;
- le Parti nationaliste breton date également de 1911, initiative d'esprit séparatiste s'engageant dans un nationalisme romantique et sentimental.

ÉVÉNEMENT

La *Matière de Bretagne* au secours de la langue

Quelques écrivains ouvrent une autre voie de revendication culturelle, celle de la (re) découverte de la *Matière de Bretagne*. Ils veulent réhabiliter le patrimoine des textes et des légendes du Moyen Âge, et notamment le cycle arthurien. Une tradition celtique qui n'a rien à envier aux traditions latine de la *Matière de Rome* ou carolingienne de la *Matière de France*. Au-delà des alexandrins enflammés du *Lycée armoricain* :

« Levez-vous à ma voix, enfants de l'Armorique !
Rassemblez les débris de votre gloire antique… »

Voulant sauver la langue de l'oubli, comme le dernier rempart d'une nationalité ébranlée, Théodore Hersart de La Villemarqué et François-Marie Luzel collectent légendes, contes et chants pour révéler la richesse d'une littérature orale très poétique. Le *Barzaz Breiz* va être à l'origine de vocations littéraires au temps des romantiques.

Politique et religion au tournant du siècle

La politique reprend ses droits, et les républicains bretons retrouvent un rôle plus important, en participant notamment à la grande bataille anticléricale. La loi de séparation des Églises et de l'État garantit la liberté de conscience et le libre exercice des cultes, mais la question des inventaires va susciter de grands troubles en Bretagne. Quelques personnalités bretonnes vont ainsi jouer un rôle politique majeur au plan national :

- **Pierre Waldeck-Rousseau** (1846-1904), le Nantais qui a dirigé le plus long gouvernement de cette IIIe République, est surtout connu pour la loi de 1901 relative aux associations.
- **Georges Clemenceau** (1841-1929), Vendéen ayant fait ses études au lycée de Nantes, l'un des personnages clés de la Troisième République et à la longévité politique exceptionnelle, de la Commune à l'après-guerre ; ardent défenseur de la séparation de l'Église et de l'État, il a assumé diverses responsabilités ministérielles et la présidence du Conseil, et il a même été reçu à l'Académie française.
- **Georges Boulanger** (1837-1891), né à Rennes, entré au gouvernement sur l'insistance de Clemenceau qui l'avait connu au lycée, surtout célèbre pour le *boulangisme*, mouvement créé autour de lui qui a trouvé un certain écho en Bretagne et ébranlé un temps la République.
- **Aristide Briand** (1862-1932), né à Nantes et avocat à Saint-Nazaire, onze fois président du Conseil et vingt fois ministre, grand pacifiste lauréat du prix Nobel de la paix en 1926 pour son action en faveur de la réconciliation franco-allemande, promoteur à la Société des Nations du pacte Briand-Kellogg visant à bannir la guerre.

CURIOSITÉ

La statue qui a ébranlé la chrétienté

Place de la cathédrale à Tréguier, il y a foule ce 13 septembre 1903. Sur l'estrade se pressent quelques officiels autour d'Émile Combes, le président du Conseil accompagné de son ministre de l'Instruction publique, et (presque) tous les notables locaux. Jour de fête, malgré la pluie, pour l'inauguration d'une statue dédiée à Ernest Renan, l'enfant du pays (1823-1892) : arrivée en cortège des personnalités, *Marseillaise* jouée par la musique des Équipages de la flotte, dévoilement de la statue – œuvre du sculpteur rennais Jean Boucher, à qui l'on doit aussi celle de Victor Hugo à Guernesey – suivi de nombreux discours, de remises de décorations, d'un défilé des troupes, d'un pèlerinage aux lieux renaniens, d'un grand banquet républicain de deux mille couverts et de deux autres journées pour clore ce *Pardon de Renan* à Tréguier. Première à intervenir, Marguerite Moreno, sociétaire de l'Académie française, récite la *Prière sur l'Acropole* d'Ernest Renan – « Je suis née, déesse aux yeux bleus… » – en écho à la divine Athéna transposée en bronze par l'artiste, déesse de la raison aux côtés d'un libre-penseur.

Tout est symbole en cette occasion. Avec Combes, la Troisième République est au plus vif de sa lutte anticléricale et de la bataille des congrégations. Alors, quand les *Bleus de Bretagne* et le conseil municipal de Tréguier ont lancé le projet, les dons ont afflué pour la souscription, les noms célèbres se sont alignés sur le livre d'or et les ministres ont accouru à une inauguration délibérément provocatrice. Sacrilège ! reprennent en chœur l'évêque, le curé et tous les catholiques qui considèrent que ce grand intellectuel breton a trahi la foi de son enfance en niant la nature divine du Christ (*La Vie de Jésus*, 1863). Provocation que cette célébration fastueuse en forme de *canonisation* de Renan ! Provocation que ce lieu, aux portes de la cathédrale d'une cité qui fut épiscopale jusqu'à la Révolution, et à l'endroit même où se dresse habituellement le reposoir de la Fête-Dieu ! Provocation enfin que ces trois phrases du maître se détachant sur le socle : « On ne fait de grandes choses qu'avec la science et la vertu – La foi qu'on a eue ne doit jamais être une chaîne – L'homme fait la beauté de ce qu'il aime et la sainteté de ce qu'il croit… » ! La ville aura connu ce jour-là une atmosphère d'émeute, sous la protection de six cents hommes de troupe, les catholiques, retranchés dans la cathédrale, faisant sonner les cloches et tentant une sortie pour interrompre le discours de l'académicien Anatole France, puis en venant aux mains un peu plus tard.

Le 19 mai 1904 a lieu le second acte, précisément le jour du Pardon de saint Yves, *l'avocat des pauvres* dont le tombeau situé dans la cathédrale est toujours un lieu de pèlerinage. Quarante mille Bretons catholiques fêtent leur *Calvaire de Réparation* – ou *Calvaire de Protestation* – installé en contrebas sur les quais longeant le Jaudy. Leur réponse au camouflet de l'année précédente est inscrite (en breton, français et latin) sur le socle de ce monument sculpté par le Lannionnais Yves Hernot dans de la pierre de Kersanton (granit) : « Cet homme était vraiment le fils de Dieu. » Un an avant que ne soit votée la séparation de l'Église et de l'État, cet événement a eu un retentissement national et même au-delà dans le monde chrétien.

La guerre de 14-18, une victoire en trompe-l'œil

Les Bretons sont partis au combat comme les autres, peut-être même proportionnellement plus nombreux et certainement davantage sur le front. Pendant qu'on y meurt, la Bretagne survit pour soutenir, à l'arrière, l'effort de guerre. Dans ses camps, elle accueille aussi bien des ennemis potentiels que des prisonniers. C'est aussi par ses côtes que vont affluer nombre de forces américaines en 1917, Saint-Nazaire étant leur port préféré : elles laisseront le goût du jazz, découvert dans des concerts improvisés. À l'heure du bilan, le tribut payé à la *Grande Guerre* sera très lourd. En 1927, c'est 240 000 Bretons qui s'afficheront sur le mémorial de Sainte-Anne-d'Auray ou sur le mur des Invalides, sans doute entre 120 et 150 000 morts si l'on en croit les derniers travaux d'historiens : *holocauste* ou pas, environ un homme sur quatre n'est pas rentré. Les revenants sont partagés entre la joie des retrouvailles au pays, et le sentiment un peu confus d'être considérés comme difficilement intégrables : courageux, mais indisciplinés, ayant souvent des difficultés avec le français, plus quelques qualificatifs peu aimables (ivrognes, sales, bigots). Mais aussi d'avoir vécu un brassage social qui va changer leur regard sur le travail, la religion…

Entre deux guerres, la Bretagne peine à se régénérer

La démographie n'est pas suffisante pour combler les pertes de guerre, il faudra attendre 1968 pour retrouver le niveau de population de 1911. Faute de bras, la campagne se dépeuple, c'est le cas de neuf communes sur dix. Même si le *placement* des filles de la campagne s'arrête, l'exode rural s'installe durablement. Les villes bretonnes en retiennent bien le tiers, mais l'émigration se poursuit vers d'autres cieux (Canada, Aquitaine…) et la capitale attire toujours au temps des *Années folles* ! Mais arrive la crise des années 1930 qui va perturber l'agriculture bretonne, toujours aussi morcelée, ainsi que l'industrie qui se développait en basse Loire, générant de durs conflits sociaux à Nantes et Saint-Nazaire. Deux secteurs parviennent néanmoins à poursuivre un certain développement, la pêche qui bénéficie des évolutions techniques (moteurs, équipements frigorifiques) et logistiques, et le tourisme qui trouve une clientèle supplémentaire avec l'institution des congés payés en 1936.

Quand le rêve d'autonomie se réveille

Certains Bretons poursuivent les dynamiques lancées avant la guerre. Comme le marquis de l'Estourbeillon, président de l'URB et fondateur du premier Cercle celtique, qui profite de la conférence de la Paix à Versailles en 1919 pour tenter de faire adopter une résolution, celle « de reconnaître à chaque peuple le droit de demeurer lui-même, quelle que soit sa situation dans l'organisme intérieur des États, afin d'assurer pour l'avenir leur libre essor et la survie de leur idéal » : malgré quelques soutiens (Foch, délégués des États-Unis et de la Pologne…), il ne parvient pas à ses fins, qui auraient permis de renouveler le traité d'Union de la Bretagne à la France. Les élans de la victoire n'ont pas la fibre régionaliste ! Et puis une nouvelle génération imagine des approches plus radicales et politiques, appuyées sur des revues comme *Breiz Atao !* (Bretagne toujours !), *Gwalarn*, *Ar Falz*... Les initiatives se multiplient, le Parti autonomiste breton (PAB) est créé en 1927, les fédéralistes et les nationalistes s'opposent avant de se séparer. C'est alors que le Parti national breton (PNB) se lance dans des opérations spectaculaires (démolition du monument rappelant, à Rennes, le traité d'Union, blocage d'un train présidentiel) avant de se laisser entraîner dans une dérive fasciste...

Une « drôle de guerre »

Dès juin 1940, la Bretagne est envahie. L'occupant s'installe et va constituer un système de défense des côtes, créant notamment trois bases sous-marines à Brest, Lorient et Saint-Nazaire. En 1943, l'organisation Todt met en place le Mur de l'Atlantique qui mobilise beaucoup de moyens humains et matériels. Le centre de commandement de ce dispositif est bien vite retiré de Lorient pour l'installer plus à l'intérieur des terres, au château de Pignerolle près d'Angers. Une partie du PNB devenue Comité national breton va collaborer dans l'espoir de la proclamation de l'indépendance de la Bretagne (une vague promesse allemande ?). Le gouvernement de Vichy offre la possibilité d'enseigner la langue et la culture bretonnes, créant même un Institut celtique. Non seulement cet engagement n'obtient pas l'adhésion populaire, mais il va surtout discréditer pour longtemps le mouvement breton dans son ensemble. Cependant, comme dans d'autres régions, la Résistance est active et les actes de bravoure sont nombreux, à l'image du maquis de Saint-Marcel (près de Malestroit, Morbihan). Lors des opérations de libération, les poches de Lorient et Saint-Nazaire subsisteront jusqu'à l'armistice du 8 mai 1945.

CURIOSITÉ

Pêcheurs de l'île de Sein et héros de la France libre

Sitôt lancé depuis Londres l'appel du 18 juin par le général de Gaulle, l'écho est relayé le 22 par le gardien du phare d'Ar-Men jusqu'à la toute proche île de Sein. Le choix des marins-pêcheurs non encore mobilisés est vite fait, ils y répondront ! Entre le 24 et le 26 juin, les cinq bateaux disponibles prennent la mer : le *Velleda*, le *Rouanez ar Mor*, le *Corbeau des mers*, le *Maris Stella* et le *Rouanez ar Péoc'h*. À leur bord, cent vingt-huit Sénans, la quasi-totalité des hommes valides de l'île, âgés de quatorze à cinquante-quatre ans, laissant derrière eux quelque cent quarante-cinq enfants. Ils représentent alors le quart des premiers engagés de la France libre. Leur aide et celle d'autres pêcheurs bretons sera précieuse pour assurer les missions de renseignement entre l'Angleterre et la France, en raison de leur aptitude à se mêler discrètement aux flottilles de pêche. Cette fière adhésion conduit le général de Gaulle à décerner la croix de la Libération à l'île de Sein, l'une des cinq seules communes à avoir cet honneur avec Nantes (ainsi que Grenoble, Paris et Vassieux-en-Vercors), et plus tard l'appellation de *Compagnon de la Libération*. Paradoxe de l'Histoire, l'île de Sein est la seule commune de France à avoir plus de morts militaires en 1939-1945 (27 morts) qu'en 1914-1918 (21).

Le général de Gaulle a tenu à rendre personnellement hommage aux Sénans, peu après avoir quitté le gouvernement provisoire de la Libération. Il lui faut patienter quelques jours dans la région brestoise et prolonger un séjour (presque) incognito, le temps que les conditions météorologiques s'améliorent. Le 30 août 1946, il arrive sur l'île à bord de l'escorteur *Grenadier*, et débarque, accompagné de Madame de Gaulle, pour saluer ces « rudes lascars ». Toute l'île avait mis les petits plats dans les grands. Un arc de triomphe est dressé comme nul chef d'État n'en aura jamais vu et qui a résisté à la tempête : confectionné avec des casiers remplis de crabes, de homards et de langoustes, le tout entouré de cordages auxquels sont accrochés des poissons tout frétillants, et accompagné des traditionnelles boules de verre. Le repas est dans le même ton, langouste et turbot au menu, cuits cette fois, et pour le dessert une… île flottante. Le Général peut s'adresser aux cent cinq survivants pour leur dire que le pays pensera toujours à l'île de Sein : « La France entière saura qu'il y avait sur l'océan une bonne et courageuse île bretonne dont l'exemple magnifique deviendra légendaire […] le symbole de la Bretagne tout entière. »

Le Général reviendra le 7 septembre 1960, dans le cadre de son premier grand périple breton, pour inaugurer le monument élevé à la gloire de la France libre, réalisé par le sculpteur René Quillivic. Un déplacement parfaitement minuté, avec transport en hélicoptère à partir du porte-avions *Clemenceau*. Mais l'événement faillit être annulé au dernier moment, lors de l'étape brestoise, en raison d'une opposition formelle de Marguerite Kerloc'h, maire de l'île. Rien n'y faisait, et quand une Bretonne dit non… Il fallut toute la diplomatie du préfet pour la confesser autour d'une coupe de champagne. Pour l'occasion, elle s'était fait confectionner un nouveau dentier qui ne serait pas prêt à la date proposée ! La raison d'État a fini par convaincre le dentiste de l'importance nationale de son rôle, et le prothésiste de réaliser un exploit. La fête eut lieu, donnant l'occasion au général de Gaulle de déclarer en levant les bras au ciel : « Voici la mer, toujours mobile. Voici le ciel, toujours changeant. Et voilà – dit-il montrant du doigt le mémorial – le granit de Bretagne qui, lui, ne change jamais. »

De 1945 à nos jours, le « miracle breton » à confirmer

Pour la première fois des temps modernes, la France va connaître une longue période de paix intérieure : juste un changement de République en 1958, pour passer de la IVe créée en 1946, mais ressemblant trop à la précédente, à une Ve voulue forte par le général de Gaulle, suivi par un petit soubresaut en 1968 libérateur de fortes tensions sociales et sociétales. La Bretagne cherche sa place dans un dispositif national, et toujours très centralisé, qui fait progressivement un peu de place aux idées de régionalisation. Elle va connaître un développement de ses activités et de ses équipements sans précédent, au point d'évoquer un *miracle économique breton*. Après l'embellie et les crises qui l'ont suivi, l'heure est aujourd'hui à la définition d'une nouvelle ambition.

Priorité à la reconstruction

La paix revenue, il faut penser à reconstruire, notamment les principales villes portuaires, fortement détruites par les bombardements, et à régénérer toutes les infrastructures de communication. Il faut aussi relancer l'économie, les moyens de production ayant évidemment souffert, tandis que les organisations sont à accompagner ou à restructurer. On panse les plaies pendant les premières années. Les besoins sont énormes, les moyens limités et le temps compté. Les trois ports sinistrés (Brest, Lorient, Saint-Nazaire) prennent des allures de villes nouvelles. Le mirage américain influence quelque peu l'urbanisme du temps, un tracé de voies en damier et des constructions collectives homogènes, le tout agrémenté de places, d'espaces publics et de quelques bâtiments plus prestigieux. Les principales villes, bénéficiant également de la reprise ainsi que de la poursuite de l'exode rural, débute une longue phase d'étalement spatial et de réalisation de vastes cités proposant un habitat social collectif assez dense, composé de tours et de barres. Le secteur du bâtiment et des travaux publics repart immédiatement. La création d'un vaste secteur nationalisé dans les domaines du transport, de l'armement et de l'énergie, profite également à quelques places, précisément les villes et ports hautement stratégiques et touchés par la guerre.

L'épopée célibienne

Toute rupture est propice à l'éclosion d'une nouvelle génération de leaders et d'entrepreneurs. Comme souvent, un mouvement naît d'une initiative personnelle et se structure dans un cadre original, hors des institutions traditionnelles. C'est ainsi que naît en 1950 le CELIB (Comité d'étude et de liaison des intérêts bretons) à l'initiative du journaliste Joseph Martray. Rassemblant élus et forces vives, le CELIB devient très rapidement un interlocuteur représentatif vis-à-vis des administrations représentant le pouvoir central, un supercomité d'expansion économique intégrant cinq départements. C'est ainsi qu'il établit un Plan breton en 1953, le premier du genre à être réalisé en France, et que l'État, après ajustements, paraphera en 1956, premier acte annonciateur des futurs plans et de l'aménagement du territoire. En fait, une petite révolution! Le CELIB saura trouver les mots, et surtout les arguments, pour convaincre le président de Gaulle d'en venir adouber les principaux projets, comme le plan routier breton à Quimper en 1969. Le CELIB continuera à animer la réflexion après la création d'instances régionales, publiant en 1971 *Bretagne, une ambition nouvelle!*

Le miracle économique breton

C'est ainsi que l'on résume habituellement l'évolution de la Bretagne au cours des *trente glorieuses* années de la fin du XXe siècle (à partir des années 1960). La Bretagne a bien besoin de ce Plan breton, et d'autres programmes qui suivront, pour combler son déficit en matière de développement économique et pour pallier les reconversions nécessaires de certains secteurs. Les mesures mises en œuvre dans le cadre des politiques de décentralisation et d'aménagement du territoire, l'action énergique du Commissariat à l'industrialisation, et celle conjointe de l'association Ouest Atlantique, vont permettre de combler, au moins quantitativement, le retard par rapport à la moyenne des autres régions. Ainsi l'implantation de Citroën à Rennes, la création d'une importante filière dans le secteur des télécommunications et de l'électronique, l'établissement de centres de recherche, la délocalisation de services tertiaires et administratifs... ont donné une impulsion économique comme jamais aucune politique de l'État ne l'avait fait auparavant.

La révolution agricole

Pendant cette période, l'agriculture change vraiment de visage, elle dont le modèle était quasiment figé depuis des siècles. Tout arrive presque en même temps : la mécanisation, les engrais, le remembrement, la formation des paysans devenus agriculteurs, le recours à l'emprunt, la construction de bâtiments modernes, le développement de l'élevage hors-sol, les aides européennes (et nationales), la création de coopératives dynamiques... La révolution agricole est en marche, et même parfois la révolution tout court! Car les agriculteurs bretons ont compris les bienfaits de la solidarité et de l'action syndicale, à l'instar du monde ouvrier. L'influence des mouvements JAC (Jeunesse agricole chrétienne) est très puissante, une dynamique qui se transmet aux syndicats agricoles démontrant leur détermination chaque fois que nécessaire. Le résultat est là. La Bretagne est devenue la première région agricole de France, produisant environ la moitié des volailles et des porcs français, et le quart de son lait. Sans oublier les artichauts, les choux-fleurs... sans lesquels la Bretagne ne serait pas la Bretagne.

De l'agriculture à l'agroalimentaire

Les Bretons ne se contentent plus de produire, ils transforment leurs produits, y apportent de la valeur ajoutée. Tout a commencé avec des entreprises extérieures à la région et venues y créer des usines. De quoi donner des idées face au risque de dépendance, une nouvelle forme de colonisation… Les coopératives nouvelles se lancent dans l'aventure industrielle. De jeunes entrepreneurs locaux leur emboîtent le pas, de modestes affaires ou encore des artisans se transforment en petite puis moyenne entreprise. Aujourd'hui, la Bretagne compte de solides groupes agroalimentaires capables de développer de véritables stratégies internationales. Certains parlent même de *pétrole vert* qui a engendré le développement de toute une filière de transformation comprenant également des centres de recherche et des entreprises logistiques. À l'autre bout de la chaîne, si l'on peut dire, c'est aussi en Bretagne que se sont développés quelques-uns des plus grands groupes de distribution, chaînes pionnières dans le modèle de grandes surfaces à la française.

Une profonde évolution sociale et politique

Tout a donc changé dans un tel contexte. Les Bretons sont confrontés aux évolutions de la société française, ils sont aussi confrontés directement aux effets de la mondialisation. L'éducation, le brassage social, l'effacement des frontières en tout genre… tout cela a une influence sur leurs comportements et tend à faire disparaître certaines spécificités. Les villes bretonnes, leurs ouvriers et leurs étudiants n'ont pas été les derniers à se retrouver dans les événements de Mai 68. La contestation syndicale n'est plus le seul apanage des chantiers navals et des arsenaux, tandis que le vote politique ne présente plus les exceptions qu'on lui connaissait il y a un demi-siècle. Les tendances conservatrices et centristes (démocratie chrétienne) ne sont plus dominantes. La couleur des cartes politiques qu'élaborent les spécialistes les soirs d'élection présente de plus en plus de rose et de moins en moins de bleu.

La régionalisation en marche

Par étapes, mais sûrement, une politique de régionalisation se met en place. Prenant des formes diverses selon les périodes et les lois : création de structures régionales, déconcentration, décentralisation… mais toujours largement en deçà de ce que l'on peut observer chez la plupart de nos voisins européens. Quelques étapes vont jalonner ce cheminement : la création des CODER (Commission de développement économique régional) en 1964, celle des conseils régionaux en 1972, les « Régions » nouvelle appellation consacrée par la loi de décentralisation en 1982 qui acte l'élection de ses conseillers. La Région est devenue une collectivité territoriale, elle a de larges compétences, mais relativement peu de ressources et celles-ci sont essentiellement contractuelles (avec l'État) et très peu directes. Reste la question du périmètre. Les contours de la Bretagne conservent les quatre départements définis par un décret de 1941 et confirmés en 1956 pour la définition de circonscriptions d'action régionale dans le cadre de la conception de programmes par l'administration du Plan, sans aucune forme de concertation ou de débat politique. La Loire-Inférieure ne fait pas partie de la Bretagne, une position qui perdure depuis.

Mouvements bretons, nouvelle donne

Les mouvements bretons ont eu du mal à se remettre des accusations portées contre certains d'entre eux pendant la dernière guerre, même si ceux-ci n'étaient pas majoritaires, loin de là. Il a donc fallu attendre les espoirs de régionalisation pour voir refleurir des revendications bretonnes. Avec une dimension politique pour certains mouvements qui se situent, comme l'UDB (Union démocratique bretonne) dans la voie légaliste de la contestation. Une résurgence de la fraction nationaliste, et clandestine, s'est fait jour pendant quelques années à partir de 1966, le FLB-ARB (Front de libération de la Bretagne-Armée républicaine bretonne), faisant beaucoup de bruit au travers d'actions violentes visant des équipements ou des symboles. Les revendications prennent aujourd'hui une ambition régionaliste visant la redéfinition du périmètre de la Région Bretagne, amputée de la Loire-Atlantique depuis la guerre, pour revenir au contour historique des cinq départements. Régionalisation devant s'accompagner de pouvoirs et de moyens s'apparentant à ce que d'autres régions européennes connaissent.

Nouvelles questions, nouveaux espoirs ?

Le modèle breton a aussi trouvé ses limites, tandis qu'une succession de crises économiques a fragilisé certains secteurs. Les préoccupations environnementales appellent une redéfinition de certaines pratiques agricoles, la mondialisation induit une compétition accrue, et elle s'accompagne de restructurations, nombre d'entreprises créées depuis la guerre ont atteint les limites d'une croissance indépendante, certaines ont aussi des problèmes de succession, les secteurs innovants des dernières décennies subissent en permanence d'importantes mutations technologiques, la pêche est confrontée aux risques de surexploitation, les réglementations communautaires et autres font parfois peu de cas des spécificités régionales… La Bretagne, comme tous les autres territoires, doit s'adapter à de nouveaux paradigmes, sa jeunesse aujourd'hui bien formée aspire à des emplois adaptés, ses entreprises ambitionnent plus de flexibilité pour s'adapter en permanence aux enjeux et relever les défis, des clubs de réflexion explorent des voies d'avenir, des pôles de compétitivité (certains de niveau mondial) et d'excellence associent tous les partenaires d'une filière (mer, images et réseaux…). Les institutions se mobilisent et appellent de leurs vœux une politique volontariste donnant de véritables pouvoirs aux régions, et les moyens de les assumer. L'avenir reste à écrire.

Deuxième partie

Bretagne et Bretagne(s)

Dans cette partie…

La Bretagne s'est construite progressivement au fil des siècles. Celtes, Romains et Bretons ont tour à tour apprivoisé l'Armorique pour y créer un nouveau pays, qui a dû patienter pour affirmer ses contours. Dans son voisinage avec la France, le royaume devenu duché a cherché à préserver un périmètre considéré depuis comme historique. Devenue province, mais avec toujours un statut particulier, la Bretagne l'a conservé sous l'Ancien Régime, et donc jusqu'à la Révolution. La redistribution territoriale consacre alors les départements, cinq pour l'ancienne province.
La remise en route d'une véritable démarche régionale ne date guère que d'une cinquantaine d'années. Lors de timides débuts, elle s'est contentée de reprendre des périmètres concoctés à la hâte en 1941. Depuis lors, la Région Bretagne est devenue une collectivité territoriale ne comportant que quatre départements sur cinq, la Loire-Atlantique faisant désormais partie de la Région des Pays de la Loire.

Chapitre 5

Un territoire évolutif

Dans ce chapitre :

- Accompagnez les Bretons qui ont créé la Bretagne
- Suivez l'évolution des limites du duché de Bretagne, devenu ensuite province
- Marchez aux frontières de la Bretagne

La Bretagne ne s'est pas faite en un jour ! Le survol historique de sa formation et de son évolution a bien montré son long cheminement pour l'affirmation d'un territoire soucieux de reconnaissance et d'indépendance. À partir du IIIe siècle et pendant cinq siècles, on le désignait en tant qu'Armorique, avant que la Petite Bretagne ne devienne Britannia puis Bretagne, tout simplement. S'est ensuivi un long face-à-face avec sa voisine France qui a fini par tourner à l'avantage du plus fort, David le duché a finalement perdu face à Goliath le royaume, à l'issue de nombreux *échanges* fort disputés bien qu'inégaux ! Le périmètre du duché s'est révélé fluctuant, au gré des alliances et des batailles. Mais derrière cette belle saga se cachent aussi quelques lézardes intérieures, qui viennent un peu ternir l'unité de façade, et qui ne sont pas sans expliquer l'issue historique que l'on sait, l'évolution vers une province de moins en moins autonome avant d'être laminée par la tourmente révolutionnaire. Et, au bout du compte, de ne pas se reconnaître totalement dans une organisation administrative, décidément trop jacobine et encline à réfuter toute velléité un tant soit peu identitaire. La Bretagne d'aujourd'hui compte quatre départements sur les cinq qui représentaient le territoire de l'ancienne province, l'un manque donc à l'appel historique du jour !

Armorique, Britannia, Bretagne... le lent apprentissage d'un territoire

Durant tout ce temps, qui court des origines connues jusqu'à la Révolution, les habitants d'un territoire référent n'ont eu de cesse que d'imposer leur existence et leurs frontières, et donc leur loi, à l'encontre de voisins qui, pour assouvir une même ambition, n'avaient qu'un objectif, celui de les contrôler, par amitié ou par force, n'hésitant pas à les annexer, ce qui avait pour résultat évident de régler les relations de – bon ou mauvais – voisinage. Les Bretons n'ont pas échappé à cette loi du temps, alors très universellement partagée.

Celtes, Romains, Bretons... les visiteurs s'approprient l'espace

La Bretagne a toujours attiré la curiosité de peuples extérieurs. Déjà une terre de tourisme, à la mode de chaque temps ! Les adeptes du camping itinérant pour commencer, avant que d'autres ne préfèrent ensuite des villages permanents. Les Celtes en ont constitué la principale clientèle, arrivant par convois entiers d'Europe centrale. D'autres Celtes encore ayant choisi la formule circuit via les îles avec une croisière en Manche pour finir. Certains y sont restés dans un esprit gaulois, fiers et rebelles. Ils n'ont pas apprécié la présence d'autres visiteurs, venus de Rome et des contrées alentour, les trouvant arrogants et trop conscients de leur supériorité civilisatrice. Tout en aimant aussi les jeux, les joutes, les chamailleries et les petites guéguerres, ils ont finalement décidé de rester et de s'appeler Bretons.

Les cinq tribus gauloises

À chaque période ses appellations ! Commençons donc avec les Celtes, provenant du groupe indo-européen d'Europe centrale. Se créent ainsi en Armorique gauloise, au fil du temps (depuis le VIIIe siècle av. J.-C.), cinq tribus relativement indépendantes et battant chacune monnaie :

- **les Osismes**, vaste territoire à l'ouest, avec pour capitale Carhaix (*Vorgium*) ;
- **les Coriosolites**, à l'est de la précédente en partie nord (à partir de la vallée du Gouët), depuis la Manche jusqu'aux confins de la Vilaine et de l'Oust, capitale Corseul (*Fanum Martis*) ;
- **les Vénètes**, également à l'est mais en partie sud, entre Ellé, Oust et Vilaine, capitale Vannes (*Darioritum*) ;
- **les Riedones** (ou Redones), à l'est des Coriosolites vers le nord, capitale Rennes (*Condate*) ;
- **les Namnètes**, à l'est des Vénètes et ayant la Loire comme limite sud (jusqu'à Ingrandes), capitale Nantes (*Condevincum*).

Quand les Romains inventent la Provincia

Les Romains conserveront ces entités, ne souhaitant pas s'attirer des problèmes supplémentaires. Ils confortent bien volontiers les cinq tribus relativement indépendantes au sein de la Celtique, une des trois parties de la Gaule au temps de sa conquête. Suivant l'organisation générale mise en place, elles deviennent des Cités (*civitates*), elles-mêmes divisées en Pays (*pagi*), tout en étant désormais rattachées à la province *Lyonnaise* (la *tertia* comprenant également les Cités d'Angers, de Tours, du Mans et de Jublains). Cette romanisation (de la bataille des Vénètes en –56 à la fin du Ve siècle) se fait en se souvenant de la résistance de ces peuples rebelles et éloignés : les Cités armoricaines ont vraisemblablement hérité du plus mauvais statut, celui des « Cités stipendiaires » par opposition aux « Cités libres ou fédérées », un contexte peu favorable pour s'intégrer et jouer un rôle au sein de l'empire. Certaines frontières entre Cités ont dû être remaniées au temps du Bas-Empire (IIIe siècle), notamment la Cité des Coriosolites qui s'est regroupée autour du littoral, avec un déplacement du chef-lieu de Corseul à Alet (Saint-Servan), en abandonnant sa partie sud à la Cité des Vénètes.

Et les Bretons sont arrivés…

Arrivent alors, très progressivement, les Bretons – ces autres Celtes ayant transité par l'île de Bretagne, la Grande-Bretagne aujourd'hui ! –, exit les Romains ! Trois principautés, aux noms inspirés de ceux des lieux d'origine des émigrés, finiront par s'organiser dans la partie occidentale de la péninsule :

- la Domnonée au nord, le long de la Manche armoricaine ;
- la Cornouaille au sud, autour de Quimper ;
- le Bro-Waroch (du nom d'un chef breton qui s'était emparé de Vannes en 579, parfois dénommée aussi Bro-Ereg), prolongeant à l'est la Cornouaille et correspondant sensiblement à l'ancien territoire des Vénètes.

Ainsi naquit la Britannia (aussi appelée *Letavia* outre-Manche pour mieux la distinguer) sur des bases plutôt restreintes, vraiment une *Petite Bretagne* à ses débuts ! Car les autres territoires de l'Est sont restés en Neustrie sous domination franque, aussi bien Rennes que Nantes.

Du duché de Bretagne à la province

Alors au faîte de leur puissance, les Bretons ont cherché à affirmer leur présence sur un territoire de référence, dit historique. Il a fallu batailler ferme, user de diplomatie, contracter les bonnes alliances de familles… pour maintenir le duché dans des frontières que les Bretons voyaient définitives et singulières. Et surtout synonymes d'un statut particulier, dans une Bretagne indépendante, et même après son rattachement au royaume de France.

La Bretagne en extension maximale

Après le face-à-face avec l'empire de Charlemagne et la soumission apparente sous le règne de Louis le Pieux, la Bretagne alors semi-indépendante retrouve peu à peu son autonomie avec Nominoë, son périmètre avec Érispoë, le premier roi breton. Et même un peu plus. Les Cités sont devenues des Comtés, ceux de Rennes et de Nantes se stabilisent à nouveau au sein de la Bretagne, plus quelques extensions jusqu'aux portes d'Angers et de Laval. Et une grande première avec le franchissement de la Loire et l'adjonction du pays de Retz, traditionnellement chez les Pictons. L'apogée territorial de la Bretagne est atteint sous le règne du successeur, le roi Salomon (857-874), qui annexe un temps un petit coin de Normandie, le Cotentin et l'Avranchin avec en prime les îles de Jersey, Guernesey et Serck, ainsi que quelques petits compléments (le pays *Entre-Deux-Eaux* au nord de l'Anjou, l'abbaye de Saint-Aubin d'Angers). La Bretagne a ainsi pris pied provisoirement en Normandie, Maine, Anjou et Poitou.

Le duché de Bretagne

Quand les Francs se montrent plus discrets, voici venir les Vikings qui prennent goût aux expéditions rondement menées. C'est alors une Bretagne quelque peu fragilisée qui retrouve son allant avec Alain Barbe-Torte.
Au bilan : elle perd les extensions récentes au nord et à l'est, mais gagne provisoirement en Poitou les pays de Tiffauges, d'Herbauges et des Mauges. Entre alliances et trahisons, d'interminables querelles de succession et les attaques extérieures, la Bretagne fluctue régulièrement dans ses frontières et son niveau d'indépendance. Elle sera même un temps sous la coupe des Normands ou du Plantagenêt Henri II, le roi d'Angleterre. Un certain équilibre, parfois fragile, va finalement permettre au duché de Bretagne de conserver son périmètre historique jusqu'à la Révolution. Après le traité d'Union à la France (1532), le duché érigé en province garde toujours une certaine spécificité dans le cadre de sa relation complexe avec le royaume de France.

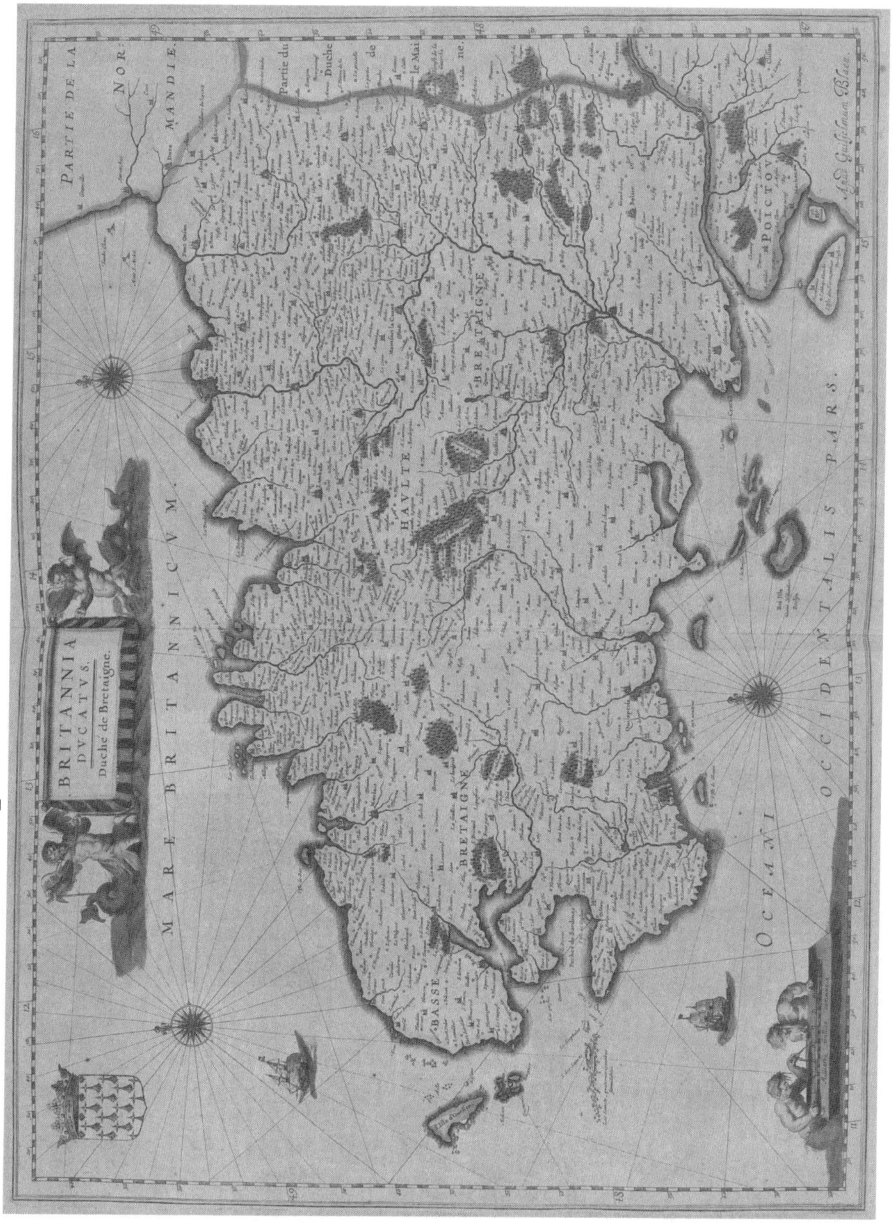

Figure 5-1 : Carte du duché de Bretagne Apud Guiljelmum Blaeu *Le Théatre du Monde ou Nouvel Atlas*, 1635. (Getty Images)

Les divisions administratives de la Bretagne avant 1789

L'organisation administrative de la France, qui s'est imposée à la province de Bretagne tout en préservant certaines particularités, correspond à différents domaines et elle met en évidence les rôles des principales villes au sein de leurs territoires :

- **Gouvernement**, circonscription territoriale ayant à sa tête un gouverneur, représentant du roi essentiellement pour les questions militaires (12 au XVIe siècle, 40 en 1789), dont la Bretagne, qui comprend deux zones, la Haute-Bretagne (Rennes) et la Basse-Bretagne (Nantes).
- **Intendant**, chargé dans la province de la justice, la police, les finances, le maintien de l'ordre ainsi que de l'exécution des ordres du roi (20 au XVIe siècle, 33 en 1789), dont la Bretagne, assisté sur le terrain de subdélégués locaux (65 en 1789).
- **Généralité**, circonscription financière (20 au XVIe siècle, 34 en 1789), dont une en Bretagne, province dite de Pays d'États (Nantes en 1552, puis Rennes en 1689), comprenant neuf recettes des finances ou diocèses (Nantes, Rennes, Saint-Brieuc, Saint-Malo, Dol, Vannes, Quimper, Saint-Pol-de-Léon, Tréguier).
- **Parlement**, division judiciaire principale (12 à 13 en France), dont le parlement de Rennes, complété par deux présidiaux (Nantes et Quimper) et 19 sénéchaussées (Auray, Brest, Carhaix, Dinan, Dol, Fougères, Hennebont, Lannion, Lesneven, Morlaix, Nantes, Ploërmel, Quimper, Rennes, Rhuys, Saint-Brieuc, Saint-Malo, Tréguier, Vannes).
- **Chambre des comptes**, avec pour mission de vérifier et de juger les comptes des officiers royaux, de veiller à la conservation du domaine et de ses droits (12 en 1789) : une à Nantes (1408), une Cour des aides créée ensuite à Rennes avant d'être réunie à la Chambre des comptes.
- **Administration maritime**, six amirautés en province dépendant de l'amirauté de France : en Bretagne, l'amirauté de Rennes dont relevaient six amirautés particulières (Brest, Morlaix, Nantes, Quimper, Saint-Brieuc, Saint-Malo), plus un intendant de marine à Brest et une trentaine de capitaineries de Côtes.
- **Administrations diverses** : grande maîtrise des Eaux et Forêts (20 en France) de Bretagne (composée de 9 maîtrises), la division des Ponts et Chaussées (3 en France) de Versailles a compétence pour les routes de Bretagne.
- **Université** : 20 en France en 1789, possédant une ou plusieurs des quatre facultés (arts, sciences et lettres – théologie – droit – médecine), dont Nantes (créée en 1460, le droit transféré à Rennes en 1735).

Attention à la marche !

Les territoires ont besoin de frontières pour se définir. Les mots, latins ou autres, ne manquèrent point pour un tel concept si majeur. Mais est apparu en même temps celui de *marche* qui traduit une certaine complexité, voire ambiguïté, désignant quelque contrée séparative entre deux entités. Frontière qui a tendance à se stabiliser au XVe siècle, et que la Bretagne défend à partir de places fortes aux portes du duché. Une ordonnance de 1425 désigne précisément une vingtaine de villes considérées comme « les entrées et yssues de ce pays et duché » : Saint-Malo, Dol, Saint-Aubin-du-Cormier, Vitré, Fougères, La Guerche, Châteaubriant, Vouvantes, La Chapelle-Glain, Varades, Ancenis, Oudon, Mauves, Nantes, Clisson, Vieillevigne, Machecoul, Bourgneuf, Saint-Nazaire, Guérande… Leur font face, côté français : Avranches, Mont-Saint-Michel, Pontorson, Antrain, Saint-James, Mausson, La Gravelle (un péage y existe encore aujourd'hui !), Pouancé, Champtocé, Champtoceaux, Tiffauges, Montaigu, Rocheservière, Palluau, La Garnache, Noirmoutier…

Heurs et malheurs des marchetons

Le bonheur des habitants des marches a été de résider dans une sorte de zone franche n'étant concernée par les impôts ni des uns ni des autres, pendant que les deux autorités concernées palabraient de nombreux mois ou années pour dire le droit, ne décidant rien. Heureux temps, car leur quotidien a aussi été fait de querelles et de procès, d'excès de pouvoir et d'abus, de violences et d'autres exactions. Dire que les débats sur cette question des marches, essentiellement au sud de la Loire, ont été complexes et tumultueux n'est qu'une évidence ; ce que la simple lecture des quelques vocables utilisés laisse aisément transparaître :

- les marches communes du Poitou et de Bretagne (33 paroisses), encore parfois appelées *marches séparantes*, bénéficiant d'un régime mixte dont l'origine remonte à la perte des zones conquises un temps par Alain Barbe-Torte : les usages locaux et une espèce de droit marcheton tenaient presque lieu de *coutume*, dont les échos se faisaient encore entendre en 1789 ;
- et comme si ce n'était pas déjà assez compliqué, mentionnons également la subtilité du statut particulier de *marches avantagères* (sur les 33, 11 étaient en *marches avantagères* au Poitou et 7 à la Bretagne) ;
- les marches d'Anjou et de Bretagne, nettement moins étendues (16 paroisses), entre la Sèvre et la Loire : Clisson et la vallée de la Sèvre ont ainsi pu développer les échanges en bénéficiant d'exemption de droits sur les marchandises.

CURIOSITÉ

Une partie de cache-cache dans les marches, entre gabelous et faux-sauniers

La question des frontières de Bretagne et de ses marches conduit évidemment à l'évocation de la gabelle. La Bretagne est parvenue à conserver son régime privilégié d'exemption contre les volontés royales d'harmonisation d'un système de taxation d'une grande complexité (pas moins de six régimes principaux selon les pays : de grande gabelle, de petite gabelle, de salines, de quart bouillon, rédimés, et enfin les pays exempts ou provinces franches). Cette fiscalité sur le sel a alors une importance considérable, proportionnelle au rôle de ce produit essentiel : outre le fait de donner du goût aux mets, le sel fut longtemps le seul moyen pour la conservation des aliments, il permettait de fabriquer les salaisons, de sécher poissons et viandes, d'apporter un complément nutritif dans l'alimentation du bétail. Bref, un produit indispensable dans tous les compartiments de la vie quotidienne. Le pouvoir royal s'est bien naturellement attaché à taxer un produit si répandu, à défaut de maîtriser sa production. Puis à en contrôler la diffusion, avec la création des greniers à sel, qui sont à la fois des dépôts et des juridictions habilitées à connaître les litiges liés à la gabelle. Et enfin à obliger l'achat de quantités fixées par le contrôleur représentant la Ferme générale, et ses fameux gabelous. Cet impôt a fini par représenter 6 % des revenus royaux !

La production de sel dans les marais salants littoraux (principalement ceux de Guérande et Bourgneuf) et ce dispositif de contrôle ont eu deux conséquences majeures pour la Bretagne : le développement d'un important trafic maritime (vers d'autres ports du royaume et de l'étranger) et celui d'un trafic intérieur fluvial, principalement sur la Loire, avec la création de nombreux postes péagers, dont Champtoceaux, Ingrandes, Champtocé et Les Ponts-de-Cé. Province franche et au contact des pays de grande gabelle, la Bretagne s'est très naturellement transformée en marché du faux sel en réaction à ce système très contrôlé et si peu populaire. Le trafic de contrebande faisait vivre pas mal de monde dans ces régions de marches, l'occasion de raconter de multiples histoires sur les relations entre les gabelous et les faux sauniers, qui valent bien toutes celles des gendarmes et des voleurs. Un grand sujet de discorde assez permanent entre le duché et le royaume. Un peu plus tard, lors de la révolte du papier timbré, la seule évocation du mot gabelle suffisait à relancer l'agitation, comme en juillet 1765 lors du pardon de Saint-Urio. Si le temps de la gabelle (1340-1790) se termine à la Révolution, celui de l'impôt sur le sel est réapparu entre 1806 et… 1945. Mêmes causes, mêmes effets pour contourner une loi jugée inique. Une grande idée qui ne manque pas de sel !

Chapitre 6

Petite histoire des découpages administratifs depuis la Révolution

Dans ce chapitre :

- Découvrez la création des départements à la Révolution, et son évolution en Bretagne
- Suivez l'avènement des régions, et le sort réservé à l'ancienne province de Bretagne

La Bretagne a elle aussi changé de régime. L'unité territoriale républicaine est le département, il faut tirer un trait sur le passé. Débats parfois houleux, marchandages de bords de rivières…, les frontières ne seront pas forcément si différentes d'anciens périmètres (évêchés, paroisses…), mais le symbole passera par les noms qu'inspirera la géographie physique (rivières, montagnes…), une fois n'est pas coutume. Leur première présentation se fait cependant en référence aux provinces d'origine, avant de laisser faire l'oubli… Et de constater qu'un trop grand nombre de territoires nuit parfois à la définition de certaines politiques. Des voix s'élèvent ainsi régulièrement pour la constitution d'ensembles plus vastes, constitués de deux à huit départements et qu'on appellera régions. Une gestion lente, timide, réalisée par petites étapes, et presque à contrecœur de la part d'un État toujours jacobin et peu enclin à écorner sa vision centralisatrice de l'Hexagone.
En 2011, la région Bretagne n'a toujours pas réussi à s'identifier totalement à l'ancienne province éponyme.

La création des départements

Produit de l'Assemblée constituante aux premières heures de la Révolution, le département se veut l'unité territoriale d'administration accessible au citoyen, tant physiquement avec la possibilité de s'y rendre dans la journée, que moralement par la mise en place de procédures démocratiques.
La mise en œuvre de ces grands principes n'a pas été de tout repos, et les débats furent plutôt agités. Sur ce plan également, se sont opposées deux conceptions, l'une de rupture totale avec tout ce qui pouvait rappeler l'Ancien Régime, l'autre pour maintenir les réalités sociales liées aux diverses entités constitutives de la province. Après divers tâtonnements, la rigueur bonapartiste et le centralisme napoléonien ont forgé une institution qui s'est peu à peu ouverte à un fonctionnement plus autonome. Les périmètres des départements ont fait l'objet de tractations subtiles pour définir leurs frontières communes, la politique l'emportant parfois sur la géographie et les aspirations locales. Il en fut de même pour la désignation des préfectures et sous-préfectures, ou de leur préfiguration dans un premier temps.

La genèse des départements

La Révolution française a repensé les institutions de la nation. Il est donc naturel que l'organisation territoriale ait été concernée, d'autant plus que l'héritage laissé était loin d'être homogène, fruit de l'histoire et des unions successives. Existaient notamment de nombreuses exceptions aux règles énoncées pour tenir compte des relations particulières héritées des historiques particuliers de telle ou telle province. Les nouveaux dirigeants n'avaient que faire de telles situations, parfois assimilées à des privilèges – ce qui était le cas pour la Bretagne – et ils voulaient tout recomposer. Mais, pour rationnelle qu'elle fût, cette remise à plat n'a pas fait totalement table rase du passé, ni au plan géographique, ni dans une même volonté centralisatrice.

Une volonté de l'Assemblée constituante

QUELQUES CHIFFRES

En 1789, la toute nouvelle Assemblée constituante trouve une situation compliquée et disparate : 34 provinces avec des représentants du pouvoir, mais 40 gouvernements militaires, 13 parlements judiciaires, sans compter 135 diocèses. Elle a bien fait sienne cette devise politique souvent en vigueur : pour faire l'unité, il vaut mieux diviser. Les provinces du passé, c'est dépassé. Il faut faire du neuf. Et ce n'est pas le moment de susciter de nouveaux potentats provinciaux. Les entités territoriales locales seront à échelle humaine. Cette volonté doit aussi permettre d'éviter la dispersion des responsabilités, en rassemblant toutes les fonctions administratives sur des espaces homogènes, une mission confiée à un *Comité de division et des emplacements*, puis à un *Comité de constitution* présidé par Sieyès et auquel participait le Breton Le Chapelier.

L'Ancien Régime avait déjà songé au département

La complexité des organisations provinciales conduisait souvent à des enchevêtrements de circonscriptions, différemment de plus selon les fonctions. La Bretagne, comme les provinces d'États disposant d'une certaine autonomie, était particulièrement concernée. Dès le milieu du XVIIIe siècle et sous l'influence de la rationalité du Siècle des lumières, des propositions visant à améliorer la qualité de l'administration sont faites (Diderot en 1757, Mirabeau en 1757, le marquis d'Argenson en 1764, puis Le Hosne, Condorcet, Turgot, Necker…) : d'Argenson disait que « le royaume sera divisé en départements moins étendus que ne le sont aujourd'hui les généralités ». Ces unités réduites prirent le nom de *départements*, en référence à l'expression courante de *départements de l'impôt*. Étaient également évoquées des unités secondaires, les *districts*, accessibles en aller-retour dans la journée. Un découpage en damier fut même proposé en 1780 par Robert de Hesseln, le géographe du roi (certains prétendent que c'était *un jeu de patience pour* amuser et instruire le dauphin !) : 81 *contrées* divisées en 729 *cantons* (sur une base 9). Certains cahiers de doléances faisaient état du souhait de rapprochement entre les administrations du chef-lieu et les administrés.

Les propositions ne manquent pas

Chacun y va de son projet :

- Sieyès, s'inspirant du modèle américain, propose en mars-avril 1789 de découper la France de façon géométrique en parties égales de trois cent quatre-vingt-quatre lieues carrées.
- Adrien Duport en août 1789, suggère la division en 70 départements d'égale étendue.
- Lally-Tollendal en septembre, propose la création d'environ 170 districts égaux, peuplés de 150 000 habitants.
- Le député Thouret, le 29 septembre, inspiré de Hesseln et soutenu par Sieyès, propose à nouveau le découpage géométrique de 80 départements (hors Paris), subdivisés en districts et cantons (toujours sur une base 9).
- Mirabeau propose 120 unités dans le cadre des limites provinciales (rendant inutile tout autre niveau inférieur).
- De nombreux débats eurent lieu sur le maintien ou non des limites provinciales, la discussion se poursuivant de façon interactive sur le terrain.
- Dès le 11 novembre, l'Assemblée constituante adopte le principe d'un découpage en départements divisés en districts et cantons.
- Un décret du 22 décembre 1789 entérine donc la division de la France en départements (entre 75 et 85).

- Les limites de 83 départements sont publiées le 26 février 1790, pour une prise d'effet le 4 mars 1790, chacun d'entre eux étant divisé en districts (9) et cantons (9), et enfin 41 000 communes.
- Dans chaque département, un corps d'administrateurs de 36 membres est élu au second degré pour quatre ans, qui désigne à son tour un directoire de 8 membres constituant un exécutif collégial.

Cinq départements bretons en 1790

Tout va très vite. La Bretagne se retrouve donc en 1790 avec cinq départements. Leur dénomination fait appel aux caractères géographiques (fleuve, rivière, montagne...). Dans un premier temps, les documents sont publiés avec une table de concordance des départements avec les provinces. Voici donc pour la Bretagne (*chef-lieu de département*, chefs-lieux de district) :

- Côtes-du-Nord : *Saint-Brieuc*, Broons, Dinan, Guingamp, Lamballe, Lannion, Loudéac, Pontrieux, Rostrenen.
- Finistère : *Quimper*, Brest, Carhaix, Châteaulin, Landerneau, Lesneven, Morlaix, Pontcroix, Quimperlé.
- Ille-et-Vilaine : *Rennes*, Bain, Dol, Fougères, La Guerche, Montfort-sur-Meu, Redon, Saint-Malo, Vitré.
- Loire-Inférieure : *Nantes*, Ancenis, Blain, Châteaubriant, Clisson, Guérande, Machecoul, Paimbœuf, Savenay.
- Morbihan : *Vannes*, Auray, Hennebont, Josselin, La Roche-Bernard, Le Faouët, Ploërmel, Pontivy, Rochefort.

ÉVÉNEMENT

La Bretagne dans tous ses débats

Les Bretons ne sont pas restés inactifs au temps de cette ébullition politico-géographique. Ils sont, pour la plupart, provincialistes. Mais faute d'accord, certains redoutant la domination de Rennes, les débats ont tant traîné en longueur que Thouret fit adopter son projet avant que la Bretagne n'ait eu le temps de présenter sa motion, ayant cependant concédé que les frontières ne seraient pas rectilignes. Le long travail de délimitation précise des départements pouvait commencer. Les discussions furent l'occasion de débats parfois internes à la Bretagne, et donc le reflet des grandes questions des rapports de force entre les territoires et les villes. Petite sélection choisie de décisions, contestations et marchandages en tout genre :

- Cinq ou six départements bretons ? Saint-Malo réclamait en effet la constitution d'un sixième département autour de la ville, les Malouins arguant du rôle portuaire et économique de la quatrième agglomération de Bretagne, du besoin d'équilibrage nord-sud, de meilleurs ratios par rapport aux critères d'un département moyen (superficie, population)… Projet rejeté, car étant déposé un peu tardivement et ne faisant pas l'unanimité chez les Bretons.
- Quelques affrontements entre villes : Quimper préféré à Landerneau, pourtant initialement désigné comme chef-lieu de département (après moult débats et mémoires), Hennebont préféré à Lorient comme chef-lieu de district (après un long débat qui resurgira plus tard), de même pour Rochefort préféré à Questembert (dont le représentant était arrivé en retard à la réunion !), etc.
- Une opération triangulaire : avec l'appui de Le Chapelier, Rennes demande et obtient Redon pour avoir son port sur la Vilaine, tandis qu'en compensation, Vannes récupère La Roche-Bernard (et 6 paroisses) malgré la contestation de Nantes et du bon sens géographique par rapport à la Vilaine (l'assemblée suivit l'avis de refus des députés bretons, alors que le Comité de constitution approuvait la position nantaise), et Nantes se voit offrir Châteaubriant (et 10 paroisses).
- La question des marches, au sud de la Loire : pas de problème en ce qui concerne les *marches avantagères* attribuées à qui de droit ; la question des *marches communes*, sorte de territoires indivis à la fiscalité originale, donna lieu à des marchandages de paroisses (Boussay en Loire-Inférieure contre Cugand en Vendée…) et la limite simple devint sinueuse avec parfois de curieuses imbrications.

Département deviendra grand

Après une création menée tambour battant, il a bien fallu adapter l'institution en fonction de l'évolution générale ainsi que des premières expériences. Une fois le cadre géographique stabilisé, le département s'est construit progressivement une identité, passant d'un simple rouage du pouvoir central à une collectivité territoriale à part entière.

Premiers pas, premiers changements au sein des départements

L'apprentissage du nouveau dispositif ne se fait pas sans difficulté. Le décret du 26 février 1790 réservait d'ailleurs « les droits des citoyens et des administrations locales », les laissant libres de proposer une révision territoriale et de demander dans ce sens « tout ce qui paraîtrait le plus convenable à l'intérêt budgétaire, aussi bien qu'à celui des justiciables ». Ce dont on ne s'est pas privé : demandes de regroupement de districts ici (le Morbihan demande la suppression de quatre districts sur neuf, en vain), de transferts de chefs-lieux (Landerneau continue à faire du bruit, mais Quimper fait la sourde oreille), de modifications des frontières départementales (le Morbihan se trouve à l'étroit, se plaignant d'être moins peuplé et moins riche), insatisfaction des villes frontières (Redon souhaite rayonner au-delà du *coin* de son département, Carhaix de même). Les départements sont quelque peu mis sous contrôle pendant les soulèvements de l'Ouest sous la Convention, puis leur administration redéfinie lors de l'élaboration de la Constitution de l'an III (1795). On se contente de quelques modifications mineures jusqu'à l'an VIII (1798), comme l'affaiblissement du rôle des districts.

CURIOSITÉ

Que dit-on du côté de Landerneau ?

N'ayant pas digéré son éviction au profit de Quimper en tant que chef-lieu du Finistère, la ville de Landerneau et les districts léonards se rebellent contre le directoire départemental. Parmi les doléances, sont dénoncées pêle-mêle : les dépenses *excessives* pour la construction d'un nouveau bâtiment du département qualifié de *palais somptueux* comportant dix-neuf pièces aménagées (alors que Quimper avait avancé pour argument qu'elle avait des locaux disponibles), une ambiance « de cabale et d'intrigue »... Nouvelles charges auprès de la Convention : en 1792, une réponse dilatoire reportant la discussion à... une date indéterminée ; en 1793, avec cette fois une quasi-victoire après l'échec du mouvement fédéraliste (26 des 36 administrateurs du Finistère guillotinés à Brest)... La ville de Landerneau allait redevenir le chef-lieu qu'elle aurait dû être. Elle est prête à accueillir l'administration départementale : bureaux et imprimeries installés, magasins et ateliers du timbre transférés, le tout générant quelques dépenses onéreuses. Patatras ! La chute de Robespierre fait à Landerneau le bruit de l'oubli, le Léon et la Cornouaille sont désormais condamnés à vivre ensemble.

À pluviôse, le département neuf

Sitôt arrivés au pouvoir, Bonaparte et le Consulat s'empressent de réorganiser les départements par la loi du 28 pluviôse de l'an VIII (17 février 1800). L'institution est dirigée par un préfet (un vocable romain !) qui représente le pouvoir central, assisté par un conseil de préfecture et un conseil général aux attributions limitées, et dont les membres sont choisis par le gouvernement. Il faut attendre la monarchie de Juillet pour que le département acquière la personnalité civile (1838), les conseillers étant élus (depuis 1833, et au suffrage universel depuis 1848) et pouvant prendre des initiatives fiscales (depuis 1871, vote du budget préparé par le préfet). Les districts sont remplacés par des sous-préfectures, circonscriptions plus étendues, les sous-préfets étant également nommés par le gouvernement. La composition des départements bretons correspondant au cadre de l'ancienne province se présente ainsi en 1800 (*préfecture*, sous-préfecture) :

- Côtes-du-Nord : *Saint-Brieuc*, Dinan, Guingamp, Lannion, Loudéac.
- Finistère : *Quimper*, Brest, Châteaulin, Morlaix, Quimperlé.
- Ille-et-Vilaine : *Rennes*, Fougères, Montfort-sur-Meu, Redon, Saint-Malo, Vitré.
- Loire-Inférieure : *Nantes*, Ancenis, Châteaubriant, Paimbœuf, Savenay.
- Morbihan : *Vannes*, Lorient, Ploërmel, Pontivy.

QUELQUES CHIFFRES

Fluctuations départementales saisonnières

Les saisons sont ici dépendantes des régimes et des vents politico-géographiques, parfois propices aux changements de sous-préfecture et même de noms :

- 1868 : Saint-Nazaire remplace Savenay comme sous-préfecture.
- 1926 : les conseils de préfecture, traitant de contentieux administratifs et secondant le préfet, sont remplacés par des conseils de préfecture interdépartementaux, dont un à Nantes (Loire-Inférieure, Maine-et-Loire, Morbihan, Vendée) et un à Rennes (Côtes-du-Nord, Finistère, Ille-et-Vilaine, Mayenne).
- 1926 : Loudéac, Quimperlé, Montfort-sur-Meu, Vitré, Ancenis, Paimbœuf et Ploërmel perdent leur sous-préfecture.
- 1943 : Ancenis retrouve sa sous-préfecture.
- 1957 : Loire-Inférieure devient Loire-Atlantique.
- 1990 : Côtes-du-Nord devient Côtes d'Armor.

Les récentes décentralisations

Le mode de fonctionnement du département n'a guère évolué jusqu'à la loi de décentralisation de 1982 dite loi Defferre. Les élus n'avaient jusque-là qu'un pouvoir très limité, le préfet disposant de moyens plus importants. Mais tout change à ce moment-là, car le préfet n'assure plus l'exécutif du conseil général, se concentrant désormais sur son rôle de représentant de l'État dans le département. C'est désormais le président du conseil général qui a la responsabilité des services départementaux et du budget de la collectivité territoriale. Les principaux domaines d'intervention des conseils généraux sont aujourd'hui l'aide sociale, les routes et certains transports collectifs, les collèges, la culture et la gestion d'équipements ainsi que de structures. Les conseils généraux gèrent aujourd'hui des budgets très importants.

Tableau 6-1 : Dépenses par département

Département	*Dépenses totales 2008 en M€*	*Dépenses totales 2008 en €/hab.*	*dont dépenses aide sociale en €/hab.*	*Fonctionnement en €/hab.*	*Investissement en €/hab.*
Côtes d'Armor	587	991	396	714	277
Finistère	814	891	467	688	203
Ille-et-Vilaine	837	862	384	636	226
Morbihan	640	891	361	600	291
Loire-Atlantique	1 048	826	379	630	196

Le retour des régions

Pendant que les départements vivent leur vie et que le centralisme est toujours à l'œuvre, quelques voix s'élèvent pour pointer l'absence d'un niveau intermédiaire. Nostalgie de la province pour certains, recherche d'un territoire répondant à une réalité sociale, économique et culturelle pour d'autres. Ce double débat, entre centralisme et décentralisation d'une part, mémoire historique et avenir économique d'autre part, va traverser deux siècles et rester toujours d'actualité.

De la province à la région

Une première période s'impose. Jusqu'à la Première Guerre mondiale, il a fallu digérer les deux temps forts de la Révolution et de l'empire napoléonien. C'est alors que mûrit longuement l'idée de région et de régionalisme pour suppléer l'ancienne province trop connotée Ancien Régime.

Pour relativement courte et passablement agitée que soit cette période, l'idée de région a fait son chemin. En deux grandes enjambées d'un même pas. L'agitation régionaliste depuis le milieu du XIXe siècle n'aura pas été vaine. En 1919 s'impose la constitution de groupements économiques régionaux, dits régions Clémentel.

Un besoin de régionalisation

Si le fantôme de la province a quelque peu inspiré la définition des départements au cours de débats parfois houleux, elle a relativement disparu par la suite, balayée par l'oubli et le nouveau centralisme. Mais, au-delà de l'appellation, le besoin se fait naturellement sentir de créer un relais entre l'État et les collectivités locales de base, en lui donnant le plus possible de sens et de cohérence. Car bien vite, les excès du centralisme et leurs conséquences ont généré des réactions et des rejets. Sont généralement mis en cause :

- le centralisme politique et administratif censé garantir l'unité du pays, de ses choix et de ses décisions ;
- la bureaucratie qui prétend assurer l'uniformité de leur application ;
- le poids démesuré de Paris, politique et économique ainsi que culturel ;
- le déracinement des citoyens, aussi bien physiquement que culturellement ;
- la répression des langues régionales et des patois ;
- la convergence vers Paris des réseaux de communication, notamment le chemin de fer, etc.

Régionalisation, un concept né au XIXe siècle

La France n'a peut-être pas de tradition fédéraliste, mais certainement une grande pratique du centralisme. Tocqueville disait avec raison que « la centralisation administrative est une institution de l'Ancien Régime et non de la Révolution et de l'Empire », mais la première l'a accentuée au temps de la Convention, et le second l'a perfectionnée, tandis que les régimes suivants s'en sont accommodés avec aisance. Une belle continuité qui pourrait même remonter à l'occupation romaine, et qui a bien évidemment permis l'unité nationale. À sa suite, des penseurs comme Proudhon et Auguste Comte ouvriront quelques pistes, ce dernier évoquant ainsi « la répartition de la France en dix-sept intendances ordinairement composées chacune de cinq départements, groupés autant que possible suivant l'ensemble des affinités locales », et ajoutant cette prévision : « Avant la fin du XIXe siècle, la République française se trouvera librement décomposée en dix-sept républiques indépendantes. » Utopie ? Le président de la République Paul Deschanel – membre de l'Académie française – déclarait avec entrain (c'était avant sa chute !) en 1910, « Aussi, la France n'est-elle pas une démocratie : c'est une bureaucratie. » Assurément pas si fou que ça, il précisait malicieusement à l'intention des politiques que « la revendication des libertés locales change constamment de côté [...] On l'attaque [la centralisation] quand on est dans l'opposition ; on est trop heureux de s'en servir une fois arrivé aux affaires ».

Sous la Troisième République, une dizaine de projets parlementaires sont proposés en trente ans pour la constitution de grandes régions en remplacement des départements ou superposés à eux, mais sans véritable suite : 1871 (24 régions, projet inspiré des travaux de Charles-Marie Raudot, un précurseur), 1890 (18), 1895 (23), 1896 (24), 1898 (20), 1901 (18), 1902 (25), 1907 (25), 1910 (25). La plupart de ces projets consacrent une région autour de Rennes et une autour de Nantes. En 1910, le Nantais Aristide Briand, président du Conseil, propose une réforme administrative : « Cette organisation régionale comporterait des assemblées qui auraient à connaître de grands intérêts. » Le mot régionalisme fait ainsi son apparition à la fin du XIXe siècle, supplantant bientôt les termes voisins de décentralisation et de fédéralisme. La Fédération régionaliste française est créée en 1900, sous la présidence du *félibre* Jean Charles-Brun, auteur en 1911 d'un essai sur *Le Régionalisme*. À cette période, le mouvement est notamment inspiré par les travaux de *l'école de Nancy* (*Un projet de décentralisation* en 1865), et du *Félibrige*, une organisation initiée par Frédéric Mistral pour promouvoir la langue et la culture occitanes (créée en 1854). C'est à Nancy que l'opposition républicaine lancera en 1869 ce fameux slogan : « Ce qui est national à l'État, ce qui est régional à la région, ce qui est communal à la commune. » En Bretagne, l'*Association bretonne* (nouvelle formule) relancée en 1843 est bien sur la même longueur d'onde : son premier président, Jules Rieffel (Alsacien devenu breton de cœur...), évoquait ainsi la Bretagne : « Cette grande province qui a, plus qu'aucune autre, conservé son esprit public et son originalité. »

La cacophonie des découpages administratifs

Beaucoup de projets émanant donc du pouvoir central, mais, souvent trop théoriques et conçus sans véritable débat et consultation des intéressés, ils finissent donc au fond des tiroirs de l'oubli. On aurait aussi pu croire que la volonté étatique de rationalisation se serait traduite par des organisations territoriales homogènes au niveau des départements ou de groupements de départements. Il n'en a rien été, chaque ministère étant maître chez lui. Si divers services fonctionnels se sont naturellement adaptés aux départements (finances, équipement, agriculture...), d'autres ont poursuivi des logiques territoriales spécifiques :

QUELQUES CHIFFRES

- Enseignement : il existait en 1843 vingt-six académies universitaires, dont celle de Rennes (regroupant les cinq départements bretons).
- Divisions militaires : vingt-deux régions militaires, dont une basée à Rennes et une autre à Nantes, du Second Empire à la fin de la IIIe République ; douze tribunaux militaires de 1928 à 1945, dont un à Rennes.
- Divisions maritimes : six régions maritimes de 1800 à la Seconde Guerre mondiale, dont une à Brest et une autre à Lorient (supprimée en 1921).
- Organisation judiciaire : vingt-sept cours d'appel dont celle de Rennes (ayant pour ressort les cinq départements bretons).
- Postes et télégraphes : une organisation régionale est mise en place en 1926, comportant une direction à Rennes (couvrant quatre départements bretons) et une à Nantes (Loire-Inférieure, Maine-et-Loire, Mayenne, Sarthe, Indre-et-Loire).

Les régions Clémentel

L'initiative la plus importante est sans doute la création, en 1919, d'un niveau économique régional reposant sur des regroupements de chambres de commerce (149 à l'époque), un projet esquissé en 1898 mais qui devra attendre la fin de la Grande Guerre pour prendre la forme des *régions Clémentel* du nom du ministre du Commerce. Dix-sept puis vingt et un *groupements économiques régionaux* sont ainsi créés, sur la base d'associations volontaires, avec possibilité d'évolution. Ces régions économiques sont administrées par un Comité régional composé de deux délégués par chambre, auxquels sont adjoints les préfets et les sous-préfets, avec voix consultative. La première véritable expérimentation régionale. Les hypothèses de départ prévoyaient un découpage de la France en dix-sept régions, réalisé par le géographe Vidal de La Blache en 1910 autour du concept de véritables métropoles économiques. Les départements bretons sont concernés par deux régions :

- La IIIe région économique (Rennes) devait regrouper initialement les chambres de commerce de quatre départements bretons (hors Loire-Inférieure) ; elle devient en 1920 la VIe avec les Côtes-du-Nord, le Finistère nord et l'Ille-et-Vilaine.

- La Ve région économique (Nantes) comprend alors les chambres de commerce de Loire-Inférieure, du Morbihan, du Finistère sud, de la Vendée, du Maine-et-Loire, de la Sarthe, de la Mayenne et de l'Indre-et-Loire.
- Un réajustement est opéré en 1938, la VIe région économique (Rennes) récupérant le Finistère sud et le Morbihan (les chambres de Nantes, de Lorient et de Quimper protestent en vain), tandis que la Ve région économique (Nantes) perd également l'Indre-et-Loire. Ces deux nouveaux périmètres correspondent exactement à ceux des régions actuelles, Bretagne et Pays de la Loire.
- Dans le même temps, en 1919, sont créées des régions touristiques à l'initiative des fédérations de syndicats d'initiative, sur des critères touristiques, géographiques et ethnographiques : la *région Bretagne* comprend quatre départements (Côtes-du-Nord, Finistère, Ille-et-Vilaine et Morbihan), tandis que Nantes et la Loire-Inférieure font partie d'une *région Vallée de Loire*.

La région s'impose

Pour relativement courte et passablement agitée que soit cette période, autour des deux grandes guerres mondiales, l'idée de région a fait son chemin. En deux grandes enjambées d'un même pas. L'agitation régionaliste depuis le milieu du XIXe siècle n'aura pas été vaine. L'idéaliste Étienne Clémontel considérait en 1900 le mouvement régionaliste comme irréversible : « De toutes parts s'affirme un irrésistible besoin de briser l'absurde centralisation qui étouffe toutes les énergies vitales, toutes les activités productives du pays. » En réalisant une organisation régionale limitée en 1919, il pensait bien préparer l'avenir. Tandis que la seconde avancée se déroulera curieusement au cours de la Seconde Guerre mondiale, une aventure quelque peu surprenante.

C'est Vichy qui l'a fait

Rien n'est commun dans cette *drôle de guerre*. De telles périodes sont en général peu propices aux réformes structurelles. Et pourtant, c'est bien le gouvernement de Vichy qui fait un nouveau pas dans le sens de la régionalisation. La France avait rappelé en 1940 le héros de Verdun, le vieux maréchal Pétain, 84 ans, qui va engager la France dans la collaboration avec l'occupant. Et aussi dans la *Révolution nationale*, avec l'idée de transformer la société. Le régime développe une intense activité législative, dont une grande partie sera d'ailleurs abrogée à la Libération. Le temps presse, les Allemands ont dans leurs cartons un projet de réorganisation administrative de la France préparé par l'Office de planification du Commissariat du Reich. Le 11 juillet 1940, le Maréchal lance un appel à la résurrection régionale, promettant des gouverneurs à la tête des grandes provinces.

Le retour au jacobinisme

Pétain précise sa pensée en novembre 1940, en bon père de régiment, comparant l'organisation territoriale à une hiérarchie militaire : un chef ne peut commander directement à plus de quatre-vingts interlocuteurs directs. D'où son plan de « diviser la France en vingt régions qui, suivant leurs affinités géographiques et politiques, grouperont trois, quatre ou cinq départements. À la tête de chacune de ces régions sera placé un gouverneur relevant directement du pouvoir central et les préfets n'auront plus, sous le contrôle et l'autorité du gouvernement, qu'un rôle d'administrateurs ». Malgré quelques apparences, l'intérêt porté aux régions marque en fait le véritable retour à un jacobinisme pur et dur. La loi du 19 avril 1941 institue bien « cet échelon régional intermédiaire entre le gouvernement et les départements » avec à sa tête un préfet régional assisté de deux collaborateurs spéciaux, l'intendant de police et l'intendant aux affaires économiques. Une *Commission des provinces* est créée pour définir les périmètres de ces futures régions.

Maréchal, voilà les Bretons !

Les Bretons commencent à s'inquiéter. On attendait les provinces, ce sont les régions qui arrivent ! La nuance n'est pas que sémantique. La commission chargée de dresser la carte des régions, forte de vingt et un membres, commence ses travaux le 6 mai 1941. Plusieurs hypothèses seront successivement envisagées : une grande région associant Bretagne, Anjou et Maine : la Bretagne (5 départements) plus le Maine-et-Loire ; la Bretagne seule… Elle en est là de ses réflexions lorsque paraît le décret du 30 juin 1941 qui fixe les limites des nouvelles régions ainsi. La province bretonne n'y trouve pas son compte : Rennes est la préfecture d'une région de quatre départements (Côtes-du-Nord, Finistère, Ille-et-Vilaine et Morbihan), tandis que Nantes se retrouve sous la tutelle d'Angers promue préfecture d'une autre région (Loire-Inférieure, Maine-et-Loire, Sarthe, Mayenne, ainsi que la partie occupée de l'Indre-et-Loire). Dès 1940, différentes associations bretonnes s'étaient pourtant manifestées en faveur de l'unité de la province, craignant déjà une séparation du pays nantais. Un *placet* sollicitant le retour à une autonomie administrative fut même adressé au chef de l'État. En vain.

ÉVÉNEMENT

La journée des Dupes du 29 juin 1941

On s'agitait aussi beaucoup dans les coulisses du pouvoir. Chacun défendant son pré carré breton, qui l'enseignement de la langue bretonne, qui d'autre l'unité de la province, qui encore la prééminence de sa ville ou bien la responsabilité de la future gouvernance. Les journaux n'étaient pas les derniers à alimenter les polémiques et autres accusations de trahison d'une cause bretonne unique et unifiée. L'évocation, par le Maréchal, de régions économiques à Lyon n'était pas faite pour rassurer les Bretons. Ultime partie de cache-cache le 29 juin 1941, la veille de la publication du fameux décret. Les deux maires des principales villes vinrent trouver le chef de l'État pour plaider la cause de leur cité, séparément bien sûr et sans en avertir leur cher collègue. À François Château, maire de Rennes, Pétain confirme une Bretagne à cinq départements ayant sa ville pour capitale. À Gaétan Rondeau, maire de Nantes, il fait une réponse presque identique, se contentant de substituer une ville à l'autre. Déception et incompréhension le lendemain ! Autres personnes surprises, les membres de la *Commission des provinces* qui ne devaient rendre leurs conclusions… que le 25 août.

Pour excuser le Maréchal âgé, certains avancent sa préoccupation du jour tout entière consacrée à la rupture des relations diplomatiques avec les autorités soviétiques, à la suite de l'invasion allemande dans leur pays. D'autres rapprochent ce double discours de l'exposé des motifs introduisant le texte de loi du 19 avril : « La réforme se présente sous le double aspect du provisoire, en ce qui concerne la délimitation des régions, et de la durée, en ce qui concerne les principes de l'organisation administrative du pays. » Le chef de l'État confirmera que ces préfectures n'étaient que des *groupements provisoires*, n'engageant « nullement l'avenir de la constitution des provinces ». Il ne faut pas négliger non plus la pression de l'occupant, car Angers était le chef-lieu d'une circonscription régionale allemande. Ni la présence d'un puissant courant centralisateur au sein de quelques administrations centrales. De toute façon, seul le résultat marquera durablement les mémoires.

Pour être tout à fait complet, il faut ajouter que fut étudiée en 1943 une évolution de ce découpage pour résoudre les difficultés d'organisation en matière judiciaire et universitaire (Nantes dépendant alors de Rennes). La solution proposée était de rattacher la Loire-Inférieure à la Bretagne, de conserver Rennes en tant que chef-lieu tout en basant à Nantes les deux intendants, et de placer la Vendée en situation de « marche », son préfet assistant à la fois aux réunions des préfets à Rennes et à Poitiers. Projet sans suite, tout comme un rattachement simple évoqué en 1942 auquel s'était opposée la chambre de commerce de Nantes.

La genèse des régions actuelles

La Seconde Guerre mondiale terminée, tout est à nouveau à reconstruire, le pays, son économie et ses institutions. Le moment est venu de concrétiser enfin un siècle de réflexions, de commissions, de débats, de propositions, de votes, de lois, de décrets, d'abandons… pour remettre sur le métier l'idée de région. Période propice s'il en est, l'une des plus longues de l'histoire de France n'ayant pas connu de conflits majeurs, tant à l'intérieur des frontières qu'au-dehors. Et surtout la période faste dite des *trente glorieuses*, de l'après-guerre (1947) aux premières crises pétrolières (1973), un boom démographique et économique sans précédent. Certains considèrent qu'elles ont même duré quarante ans en Bretagne, une forme de rattrapage sans doute ! Cette période sera aussi celle de la naissance véritable des régions. Si les premières avaient été modestes, les suivantes apporteront chacune une pierre à l'édifice de construction d'une nouvelle collectivité territoriale.

Remise à plat des institutions

Dès janvier 1944, une ordonnance du Gouvernement provisoire crée des *commissaires régionaux de la République* en reprenant le même découpage régional que celui des préfets qu'ils devaient remplacer. Cette phase de transition nécessaire pour restaurer l'ordre républicain prend fin en mars 1946. La région s'efface et le département retrouve sa place privilégiée de seule collectivité intermédiaire, avec un très fort engagement du Parti communiste pour la disparition des régions. Ce nouveau passage à vide suscite malgré tout des réactions et des propositions, telle celle de Michel Debré avec ses 47 grands départements, un compromis sans avenir.
La IVe République va cependant faire quelques petits pas dans le sens d'une coordination régionale, notamment dans le cadre des travaux du Commissariat général au Plan (1946-2006) :

- 1948 : mise en place des IGAME (Inspecteurs généraux de l'administration en mission extraordinaire), des superpréfets en mission dans treize circonscriptions, s'occupant du maintien de l'ordre avant de jouer un rôle de coordination économique (1951).
- 1956 et 1960 : délimitation des périmètres régionaux, une étape décisive dans la création de vingt-deux régions métropolitaines, cadre qui va avoir force de vérité pour toutes les évolutions ultérieures en matière de régionalisation.

1956-1960, les périmètres régionaux se précisent

Dates essentielles pour une définition des régions qui sera appelée à durer, puisque les limites sont toujours celles de 2011. Le pays vient de prendre conscience du retard de développement d'une partie de son territoire. *Paris et le désert français*, un livre du géographe Jean-François Gravier, sert de révélateur, salué par Thierry Maulnier dans *Le Figaro*. Eugène Claudius-Petit, ministre de la Reconstruction et de l'Urbanisme, lui emboîte le pas en créant un *Fonds national d'aménagement du territoire* en 1950 et en encourageant le développement des comités d'expansion économique locaux ou régionaux (il est par ailleurs l'un des fondateurs de *La Résistance de l'Ouest*, titre qui a pris la suite du quotidien nantais *Le Phare de la Loire* avant de s'appeler

Presse-Océan). En 1955, Pierre Pfimlin et son gouvernement initient une politique d'expansion régionale et décrètent l'établissement de *Programmes d'action régionale*. La définition des périmètres se fait en deux temps : celle des *régions de programme* est déléguée à un groupe de synthèse présidé par Jean Vergeot, commissaire adjoint au Plan, se traduisant par un arrêté en date du 28 novembre 1956; quelques ajustements permettent de définir des circonscriptions d'action régionale le 2 juin 1960.

Région Bretagne : le compte de la province n'y est pas

Les limites régionales sont donc définies, identiques dans l'Ouest en 1956 et 1960. La région Bretagne, capitale Rennes, comprend quatre départements (Côtes-du-Nord, Finistère, Ille-et-Vilaine et Morbihan), tandis que la région Pays de la Loire, capitale Nantes, en comprend cinq (Loire-Atlantique, Maine-et-Loire, Mayenne, Sarthe, Vendée). Cette définition entérine la séparation de la Bretagne avec Nantes et son département (qui a changé de nom en 1957). Les régions sont alors de modestes institutions de coordination de l'action de l'État. Première évolution significative en 1964 : elles sont dotées d'un préfet de région, qui est aussi celui du département de la capitale régionale, assisté d'une mission régionale; tandis qu'est créée une *Commission de développement économique régional* (CODER), assemblée consultative composée pour moitié de socioprofessionnels et pour l'autre moitié de personnalités désignées par les conseils généraux et le Premier ministre.

La Bretagne en modèle

La Bretagne pouvait être déçue. N'avait-elle pas été à l'origine de cette démarche de planification? Né du mouvement fédéraliste, le CELIB était cité en exemple pour avoir contribué, sous l'influence de son président René Pleven, à faire avancer non seulement la cause bretonne, mais plus généralement la cause régionale. Il est aussi le fer de lance de la généralisation des comités d'expansion, dont le CNERP (Conseil national des économies régionales et de la productivité, créé en 1952) sera reconnu comme le principal interlocuteur de l'État dans le cadre de la planification et de la politique d'aménagement du territoire. Le général de Gaulle confirmera à son tour : « Ce qui a été fait en Bretagne avec le CELIB, c'est ce qu'il faut faire pour amener une meilleure harmonie entre les pouvoirs publics et l'initiative locale, et c'est vrai pour toute la France. » Malgré cette aura, la Bretagne n'a pu en tirer la reconnaissance des frontières historiques.

Une définition bien technocratique

C'est donc au sein de ce groupe de synthèse du Plan que va se jouer la question des limites territoriales des régions. Le premier constat fut celui de la diversité des découpages territoriaux utilisés par les différentes administrations, un joyeux désordre en vérité. La composition même du groupe induit certaines priorités : il convient d'être en cohérence avec les pratiques des ministères de l'Intérieur et de l'Éducation nationale. On finit par s'accorder sur une vingtaine de régions et par considérer attentivement les régions économiques de Clémentel. Puis à prendre en compte divers facteurs à concilier, si possible : le « rayonnement des grandes villes », la « carte universitaire » (future), les « particularités agricoles », la « formation historique, dans la mesure où les anciennes provinces devaient leur existence et leur configuration à des réalités profondes et séculaires ». La Bretagne fait partie des régions ayant repris le nom d'une ancienne province, mais amputée. Il semble pourtant que cette question n'ait pas soulevé de réels débats au sein du groupe qui fonctionnait en vase clos, même si sont évoqués des contacts officieux hors de Paris ! Les considérations économiques ont primé, suivant en cela les propositions de Jean-François Gravier qui n'avait pas de véritable interrogation, les villes de Rennes et Nantes devant être, pour lui, chacune à la tête d'une région. Les études vont se poursuivre pendant quelques années jusqu'à l'ajustement de 1960, avec notamment d'importants travaux portant sur « l'armature urbaine » du pays. Le résultat recherché par l'administration centrale est atteint : ces ensembles régionaux sont une base pour un premier exercice de planification régionale, ils vont permettre de coordonner les actions départementales. Conçus dans cette perspective de gestion administrative, les périmètres régionaux avaient cependant vocation à évoluer, leurs concepteurs pensaient notamment à des regroupements. La carte des régions de 1960 est toujours en vigueur cinquante ans plus tard !

On dispose aujourd'hui d'échos moins formels sur les conditions de travail de ce groupe, et donc les limites de l'exercice. Le Breton Georges Pierret, qui a été secrétaire général de la Conférence des régions périphériques maritimes et du Conseil des régions d'Europe, rapporte que, dans l'urgence en 1956, Jean Vergeot s'était enfermé dans son bureau pour méditer avec ses crayons de couleur sur différentes cartes avant de rendre sa copie. Récemment, un membre de ce groupe, et chargé de poursuivre le travail, a raconté lui-même sa méthode de travail dans un récent entretien au magazine *L'Express* (15 mars 2004) : « Serge Antoine décide de superposer sur un grand calque les découpages des principales administrations, chacun avec une couleur différente. "Je l'appliquais sur une fenêtre, pour travailler en transparence. Aline, ma femme, m'aidait. Heureusement, je suis droitier et elle, ambidextre", se souvient-il. » Au-delà de l'anecdote, celui qui devint l'un des principaux animateurs de la Datar fit le travail attendu, dans le cadre d'une mission très limitée, mais il aurait préféré la création de grandes régions qui lui apparaissaient comme une évidence.

La lente mutation de l'entité régionale

Après Mai 68, le général de Gaulle se lance dans un ambitieux projet régional qu'il vient exposer en Bretagne. Mais l'échec du référendum marque un coup d'arrêt et provoque son départ. L'évolution régionale était cependant inéluctable, le processus de construction ne pouvait s'arrêter. La loi de régionalisation de 1972 se traduit par la création de véritables conseils régionaux, au statut d'établissement public régional et aux pouvoirs assez limités. Est créé à ses côtés un comité économique et social donnant des avis. Il faut attendre 1982 et la loi de décentralisation de Gaston Defferre pour que la région – c'est devenu son appellation officielle – devienne une collectivité territoriale à part entière, les conseillers régionaux étant élus au suffrage universel. Le comité associé devient le Conseil économique et social régional (CESR), organe consultatif ayant une capacité d'autosaisine. Ce cadre est toujours en vigueur, tandis que certaines missions ont été transférées aux régions en 2004. En attendant les prochaines réformes… les régions françaises ont toujours beaucoup moins de pouvoirs et de moyens que celles de ses voisins européens, et pas seulement dans les pays traditionnellement fédéralistes.

Aménagement du territoire, une conception originale…

S'il est un domaine dans lequel l'État n'a pas été avare d'initiatives, c'est bien dans celui de l'aménagement du territoire. Complémentaire de la structuration régionale, elle en est l'outil indispensable pour rééquilibrer l'espace national (emploi, économie, infrastructures…). La Datar, Délégation à l'aménagement du territoire et à l'action régionale, est créée en 1963, avec une double mission de coordination et d'impulsion. Elle prépare les CIAT (Comité interministériel d'aménagement du territoire), tandis que les déplacements de ses délégués, notamment les deux premiers jusqu'en 1975 (Olivier Guichard et Jérôme Monod), ont le même retentissement que ceux d'un président de la République ou d'un Premier ministre. La Datar a été pionnière en réflexion prospective pluridisciplinaire (territoriale, économique, sociétale…) avec une étonnante liberté, au point même que sa grande fresque sur un *Schéma d'aménagement de la France en l'an 2000* fut rebaptisée *Scénario de l'inacceptable* (1971) et que son délégué en tourna la préface avec moult précautions, indiquant qu'« il ne s'agit pas d'un travail administratif, mais d'une réflexion libre d'un groupe de travail dont le résultat n'engage, bien entendu, que ses auteurs ». Aucun ministre n'ayant souhaité apposer son paraphe!

La Bretagne, de Gaulle, et la régionalisation

C'est le général de Gaulle qui relance l'idée de régionalisation, dans un discours visionnaire prononcé à Lyon le 24 mars 1968 : « L'effort multiséculaire de centralisation qui fut longtemps nécessaire [au pays] pour réaliser et maintenir son unité [...] ne s'impose plus désormais. Au contraire, ce sont les activités régionales qui apparaissent comme les ressorts de sa puissance économique de demain. » Sa dernière tournée en province – il ne le sait pas encore ! – sera consacrée à la Bretagne. À Rennes le 31 janvier 1969, il confirme que : « Rennes est appelée à être le chef-lieu d'une région officiellement reconnue parmi les autres régions de France, et qui mènera sa vie régionale au sein de l'ensemble français. » Participant ensuite à une séance de la CODER – une première ! – au cours de laquelle son président René Pleven affirme que « le désenclavement devient une nécessité », de Gaulle approuva avec son « sentiment que l'ambition bretonne soit une ambition nationale, avec bien évidemment son caractère breton ».

Deux jours plus tard il est à Quimper. C'est là que de Gaulle a décidé de prononcer un discours qui fera date pour présenter son grand projet de réforme régionale soumis à référendum. Il annonce que le pays qui « au long des siècles, est devenu ce qu'il est par la réunion des provinces dont chacune lui a apporté ses ressources, son cœur, son esprit, ses valeurs » a décidé de vivre une vie nouvelle, partout. Et notamment en Bretagne : « Assurément, parmi les parties très diverses dont il se compose, celle-ci n'a jamais laissé, ne laisse pas, ne laissera pas, d'avoir son caractère propre. Péninsule de notre Hexagone, naturellement éloignée du centre, peuplée de Celtes comme le fut jadis notre pays tout entier, [...] marquée par l'attachement foncier de ses habitants à leur terroir et à leurs traditions, l'Armorique n'en a pas fait moins, depuis toujours, partie intégrante du corps et de l'âme de la France. » Louant les mérites de tous ces Bretons, célèbres ou pas, courageux sans doute, qui ont apporté un peu d'éclat et d'abnégation, il reprend à son compte les vers bretons de son oncle Charles de Gaulle :

« Va c'horf zo dalc'het,
Med daved hoc'h nij va spered
Vel al labous, a denn askel
Nij da gout he vreufeur a bel. »
« Mon corps est retenu,
Mais mon esprit vole vers vous
Comme l'oiseau à tire-d'aile
Vole vers ses frères qui sont au loin. »

Après ce beau succès d'estime, de Gaulle énumère quelques réalisations marquantes, cite de nombreuses villes, Nantes y compris, et évoque de grands projets. Il donne ce jour-là le feu vert à ce qui deviendra le très structurant *Plan routier breton*, annonçant que les décisions sont prises « pour que deux routes à quatre voies pénètrent la péninsule jusqu'à Brest, son extrémité, l'une au nord par Rennes, Saint-Brieuc, Morlaix, l'autre au sud, par Nantes, Vannes, Lorient, Quimper ; pour qu'une route à trois voies lui serve d'axe central, par Loudéac et Carhaix ». Après avoir précisé l'ambition de la réforme : « L'avènement de la région, cadre nouveau de l'initiative du conseil et de l'action pour ce qui touche localement la vie pratique de la nation, voilà donc la grande réforme que nous devons apporter à la France », le président conclut son discours par ces mots : « En raison du passé, du présent, de l'avenir, il est de toute justice que ce soit en Bretagne que je l'annonce à la France. » Si la réforme régionale est bien l'enjeu d'un référendum, son échec n'est pas tant celui de l'idée régionale que la multiplicité des questions, la suppression du Sénat et un plébiscite personnel. Sans doute une belle occasion ratée...

... et des initiatives en matière de coopérations interrégionales

La Datar ne s'est pas contentée de travailler au pied de la tour Eiffel, une adresse bien connue de tous les responsables régionaux. Elle a initié et soutenu de multiples actions concernant l'ensemble du territoire, et bien évidemment la Bretagne :

- la politique des métropoles d'équilibre, créées en 1963 pour contrebalancer l'hégémonie parisienne : Nantes - Saint-Nazaire (avec la création à Nantes en 1967 d'une structure de réflexion, l'Oream, Organisme régional d'étude et d'aménagement d'aire métropolitaine), puis Rennes (en 1970) ;
- la création de Commissariats : à l'industrialisation de l'Ouest Atlantique, complété par une association exemplaire regroupant les institutions et les organisations économiques (couvrant trois régions, Bretagne, Pays de la Loire et Poitou-Charentes), ainsi qu'à la rénovation rurale en Bretagne ;
- la création des huit ZEAT, zone d'étude et d'aménagement du territoire, regroupements territoriaux ayant l'ambition d'accueillir de grands projets et d'avoir la taille critique des grandes régions européennes, dont l'une sur le périmètre de l'Ouest Atlantique ;
- les coopérations européennes au sein de l'Arc Atlantique, associant toutes les régions littorales de l'Écosse au Portugal ;
- etc.

L'avenir de la Bretagne

Si chaque étape de l'évolution régionale a pu apparaître insuffisante et incomplète aux yeux des Bretons aspirant à un cadre leur permettant d'être davantage maîtres de leur destin, le chemin parcouru est cependant loin d'être négligeable. La Bretagne est aujourd'hui une collectivité territoriale, ses représentants sont élus au suffrage universel et la région tient sa place aux côtés des autres institutions territoriales, les départements et les communes, auxquels il convient d'ajouter différents types de groupements de communes qui prennent de plus en plus d'importance. Les prochaines étapes et les attentes concernent donc l'articulation de ces niveaux entre eux et avec l'État, les domaines de compétences, l'accroissement des pouvoirs et des moyens, la redéfinition des limites administratives régionales... Car toutes ces collectivités ont des projets, et l'envie de les réaliser. La Bretagne connaît ses ambitions. Grande région maritime et agricole, elle souhaite transformer ses handicaps en atouts. La péninsule armoricaine désenclavée est attractive. La Bretagne sait qu'elle peut compter sur sa matière grise, qu'elle est une terre d'entrepreneurs et qu'elle est ouverte sur le monde...

La question d'une Bretagne à cinq départements

Tant l'histoire bretonne que l'évolution de ses institutions ont mis cette question au cœur de débats récurrents. Qu'en est-il aujourd'hui ?

Le grand débat

La Bretagne fait partie des quelques provinces ayant donné leur nom aux nouvelles régions mises en place progressivement depuis la Seconde Guerre mondiale. Il aurait donc été logique qu'elle en reprît le périmètre. Ce qui n'a pas été le cas, la Loire-Atlantique manque à l'appel depuis plus de cinquante ans. Un tel contexte n'est cependant pas unique. La Normandie est divisée en deux parties, la Provence a un costume un peu trop large avec une partie des Alpes et la Côte d'Azur (PACA) au point que la région se cherche un autre nom, certaines se sont regroupées (Languedoc et Roussillon…) tandis que plusieurs sont amputées ou augmentées, selon les cas. Bref, il n'y a guère que trois régions-provinces restées à peu près dans leurs frontières historiques, toutes situées à l'est (Alsace, Lorraine, Franche-Comté). Alors, imposture ou pas, détournement de la marque Bretagne déposée devant l'Histoire ?

Deux écoles en présence

Ni la question précise, ni ce type même de problème ne sont véritablement nouveaux. Ils reviennent chaque fois que l'on s'interroge sur la pertinence de périmètres homogènes de gestion territoriale. Jean-François Gravier, l'un de ceux à avoir donc relancé le débat et assisté les services du Plan dans ses choix, présente bien la nature du dilemme dans *La Question régionale* (1970). Deux écoles s'opposent, aux points de vue complémentaires ou contradictoires :

- la première est celle du *régionalisme humaniste*, sensible aux solidarités géographiques forgées par l'histoire et les coutumes (ses adversaires disent qu'il regarde vers le passé), soucieux des communautés morales inscrites sur son sol et soutenant que toute amputation est une mutilation ; Robert Pfimlin déclarait ainsi que « l'Alsace est une personne » ;
- la seconde est celle du *régionalisme économique*, se disant volontiers fonctionnel et pragmatique (ses adversaires le trouvent technocratique ou opportuniste) ; il est fondé sur « des considérations objectives, et non plus historiques ou sentimentales », et considère qu'une région est un espace polarisé autour de métropoles (ou pôles de croissance) ; sa délimitation s'analyse à partir de flux en tout genre (trafics routiers, communications téléphoniques, fréquentations commerciales…) ; ce que résume ainsi le géographe Pierre George : « Jadis, la région faisait la ville ; aujourd'hui, la ville fait la région. »

Des lendemains de guerre propices au changement

Il apparaît à l'évidence que la seconde école s'est imposée au XXe siècle, aussi bien pour les régions Clémentel (1919) que pour les régions de programme (1956-1960), devenues la base des régions actuelles. Place au changement et au modernisme après le traumatisme de deux guerres très meurtrières. Les deux écoles ont pu aussi parfois se rejoindre. Le phénomène urbain n'a échappé à personne, et le CELIB a été le premier à vouloir une planification moderne. D'ailleurs, une des bases de la réflexion bretonne a été de s'appuyer sur les *pays*, territoire polarisé par une ville, souvent héritier des tribus gauloises, des *pagi* romains et des comtés féodaux. Un concept qui a eu un écho national avec les lois dites Pasqua et Voynet, avant de tomber bien vite en disgrâce par crainte de créer un niveau territorial supplémentaire. Il aurait pourtant pu remplacer avantageusement l'arrondissement, tombé quelque peu en désuétude en tant que territoire. En revanche, la Bretagne ne s'est pas construite autour de Rennes ou de Nantes, ses deux capitales un peu excentrées. De plus, les partisans du régionalisme économique ont toujours considéré que les régions étaient trop petites, préférant une dizaine d'espaces polarisés par une véritable métropole.

Diviser pour régner, plutôt que fédérer pour agir

Le centralisme français est bien une constante. Que ce soit l'Ancien Régime, la Révolution, les deux empires napoléoniens ou les républiques successives, les pouvoirs en place se sont toujours méfiés des *potentats* provinciaux ou locaux, redoutant le risque d'en voir refleurir de nouveaux par la suite. L'unité de la nation française, si longue et difficile à faire, ne pouvait supporter de tels écarts. Un dogme que les regards portés vers des pays voisins et fédéralistes n'ont jamais pu ébranler. De la question bretonne et de ses résurgences chouannes, l'histoire de France a conservé en mémoire une très grande aversion des contre-pouvoirs locaux. Souhaitant maîtriser l'organisation territoriale, l'État s'en est donc remis à ses (hauts) fonctionnaires, éclairés par les points de vue de spécialistes, des études commanditées ou des travaux universitaires. Mais sans une véritable consultation des territoires concernés, ni de leurs représentants. En expliquant à chaque fois que c'est du provisoire appelé à être revu, une promesse bien vite oubliée.

Les Bretons unanimes ?

L'occasion manquée ! Quand le CELIB avait le vent en poupe, qu'il inspirait l'élaboration du premier plan régional, les Bretons ont eu sans doute les moyens d'imposer le périmètre de leur région, une occasion historique. Le moment était favorable, avant que ne se figent les structures et les périmètres régionaux. Si les tracés de 1956 ont été réalisés dans le quasi-secret des bureaux parisiens, une chance de révision s'est présentée en 1960, elle n'a pas été saisie. Pourtant, en 1964, le CELIB a songé un temps à s'opposer à la mise en place de la CODER, qui lui ôtait une part de sa raison d'être, avant de renoncer, ce que certains jugeront comme une forme d'alignement sur le pouvoir gaulliste. Il est vrai que c'est René Pleven qui présida l'un puis l'autre, et que la Bretagne en tira quelques bénéfices directs. Et c'est ainsi que s'est installée à ses côtés la région des Pays de la Loire sous la houlette d'un autre gaulliste, Olivier Guichard, même si certains l'ont considérée à sa création en 1956 comme « une ineptie administrative ubuesque ». Depuis, les deux Régions se rencontrent périodiquement pour définir quelques thèmes de coopération et émettre des vœux.

Quelles alternatives ?

Les propositions en tout genre n'ont pas manqué au cours de ce demi-siècle de cohabitation entre la Bretagne et les Pays de la Loire. Voici les principales orientations débattues :

- le *statu quo*, souvent vilipendé, mais auquel on a fini par s'habituer : peut-être arrange-t-il bien certains acteurs ?
- le retour de la Loire-Atlantique dans une Bretagne à cinq départements : c'est le désir de tous les tenants du *régionalisme humaniste*, s'appuyant sur une forte identité reconnue bien au-delà de l'Hexagone, qui va des partisans les plus *bretonnants*, pour certains autonomistes ou même indépendantistes, à ceux qui souhaitent simplement un juste retour à la seule situation naturelle ; cette option a aujourd'hui le double soutien de la Région Bretagne et du conseil général de Loire-Atlantique (qui s'était déjà prononcé dans ce sens en 1968) ;
- la constitution d'une région plus vaste, appelée par les tenants du *régionalisme économique*, que beaucoup désignent par *Grand Ouest* (terme raillé par ses opposants qui voient cet espace habité par des *Ouestitis* !) associant la Bretagne et les Pays de la Loire, et, pour certains la Basse-Normandie (les Rennais), pour d'autres le Poitou-Charentes (les Nantais) ; variantes : *Bretagne-Loire* ou *Bretagne armoricaine* pour la version limitée à la Bretagne et aux Pays de la Loire, un périmètre qui se rapproche du très géographique Massif armoricain. Le maire de Nantes, Gaétan Rondeau, défendait déjà cette position en 1941 en préfaçant l'ouvrage d'Abel Durand, *Nantes dans la France de l'Ouest* ;
- le *statu quo* toujours, mais avec des coopérations multiples et à la carte, dans une perspective d'activation de réseaux thématiques, un schéma étudié par la Datar et qui constitue une orientation pouvant intéresser les milieux économiques ainsi que les CESR.

C'est la faute à Vichy !

Argument repris fréquemment depuis quelque temps et permettant de jeter l'opprobre sur l'amputation d'un des cinq départements bretons. Il faut bien reconnaître que cette décision de 1941, sans constituer l'élément déterminant, apporte néanmoins une dimension symbolique dans le long processus qui a conduit à donner la préférence à ce qui est appelé ici le régionalisme économique. Malgré son comportement évolutif, il semble que la préférence du maréchal Pétain allait, pour la Bretagne, vers la conservation des limites de l'ancienne province. Un projet qui avait de toute façon vocation à être provisoire. L'existence des régions Clémentel de 1919 a certainement eu un poids plus important dans les décisions de 1956 et 1960, car définies avec la même perspective privilégiant la dimension économique.

Quelle capitale ? La question qui fâche

Cette question est finalement rarement évoquée, ou alors pour être assez vite évacuée. Le problème est d'ailleurs assez souvent nié, en se référant à nombre d'exemples plus ou moins similaires. On peut très bien répartir les fonctions, comme du temps des ducs : l'économique à Nantes, le politique à Rennes. Ou bien choisir une ville moins importante, plus centrale, projet qui n'est pas sans évoquer les regards portés parfois vers Pontivy, le projet de Napoléonville qui ne fut pas un succès, ou la même idée lancée il y a quelques années pour arbitrer une forme de rivalité entre Brest et Rennes. Car cette fonction de capitale se joint bien naturellement à la longue lignée des enjeux qui ont toujours opposé les deux principales villes de la Bretagne. Et ce depuis pas mal d'années comme le laisse bien entendre le chapitre consacré à l'histoire de la Bretagne. Il montre, au passage, que les adversaires de la Bretagne ont toujours utilisé cette rivalité pour affaiblir son pouvoir, qu'il s'agisse des rois de France, d'Angleterre… ou même d'autres prétendants bretons de la province. Chaque ville ne pouvant admettre passer sous la coupe de l'autre ! Un vrai problème à régler avant de réaliser la région avec cinq départements.

Se sent-on breton en Loire-Atlantique ?

Essayons de résumer les arguments avancés, d'une part pour dire que la Loire-Atlantique ne peut-être que le cinquième département d'une région Bretagne, et d'autre part pour penser que Nantes doit être la capitale d'une autre région ou bien celle d'un espace plus vaste englobant la Bretagne, le Grand Ouest par exemple.

- Pour une Bretagne à cinq départements : les réalités historiques et culturelles, l'une des plus fortes identités parmi les anciennes provinces, une belle carte de visite touristique à partager, et aussi le château des ducs de Bretagne à Nantes (au moins le dernier et le plus important), la toponymie du nord-est du département, de forts liens économiques en Sud Bretagne…

- Pour Nantes dans les Pays de la Loire : le développement de l'estuaire à la fois vers le large et vers la Loire, une région qui fonctionne depuis cinquante ans.
- Pour une région Grand Ouest : Nantes au cœur d'attractions bretonnes, ligériennes et poitevines, une véritable métropole pour un espace économique à l'échelle de l'Europe.

CURIOSITÉ

Que dit l'opinion ?

Chaque camp va chercher une enquête ou un sondage pour montrer le bien-fondé de ses positions. Sur un sujet aussi sensible, il est évident que la nature de la question posée, sa formulation ainsi que la compréhension qu'en a le répondant peuvent avoir une influence très directe sur les résultats. Ceux-ci sont donc à interpréter avec beaucoup de précautions. Pas moins de treize enquêtes ont été réalisées par six instituts de sondages entre 1986 et 2009. Pas toujours facile de se faire une idée simple à comprendre, en ne regardant que le seul pourcentage de réponses favorables au rattachement de la Loire-Atlantique à la Bretagne, les résultats fluctuant entre 14 % et 75 %. Un spécialiste (Jacques Bonneau dans *Place Publique* de septembre 2009), qui s'est penché attentivement sur l'ensemble des éléments de ces enquêtes, en tire néanmoins quelques conclusions générales : en Loire-Atlantique, l'opinion est bienveillante à l'idée (les deux tiers *tout à fait* ou *plutôt* favorables) et environ 30 % favorables de manière construite et réfléchie (contre 25 % défavorables). Les habitants des autres départements bretons ont une opinion sensiblement identique, ceux des autres départements ligériens sont au contraire assez nettement défavorables à cette évolution.

Alors, que fait-on ?

On attend, comme d'habitude ! Pourtant, la mobilisation est importante depuis quelques années. Et les projets en cours de réforme territoriale ont contribué à relancer le débat. Le rapport du Comité Balladur, Il est temps de décider (mars 2009), suggère ainsi dans ses propositions de « favoriser les regroupements volontaires de régions et la modification de leurs limites territoriales pour en réduire le nombre à une quinzaine », et de « favoriser les regroupements volontaires de départements par des dispositions législatives de même nature que pour les régions ». Il faut maintenant réunir les conditions juridiques permettant d'engager le processus de consultation correspondant. Une voie législative vient de s'ouvrir, ou plutôt de s'entrouvrir seulement car le dispositif est assez complexe et contraignant. Une vraie réforme régionale reste toujours à mettre en chantier… qui porterait sur un élargissement des compétences et des ressources financières des Régions, au delà des simples questions, plus politiques, relatives aux modalités d'élection.

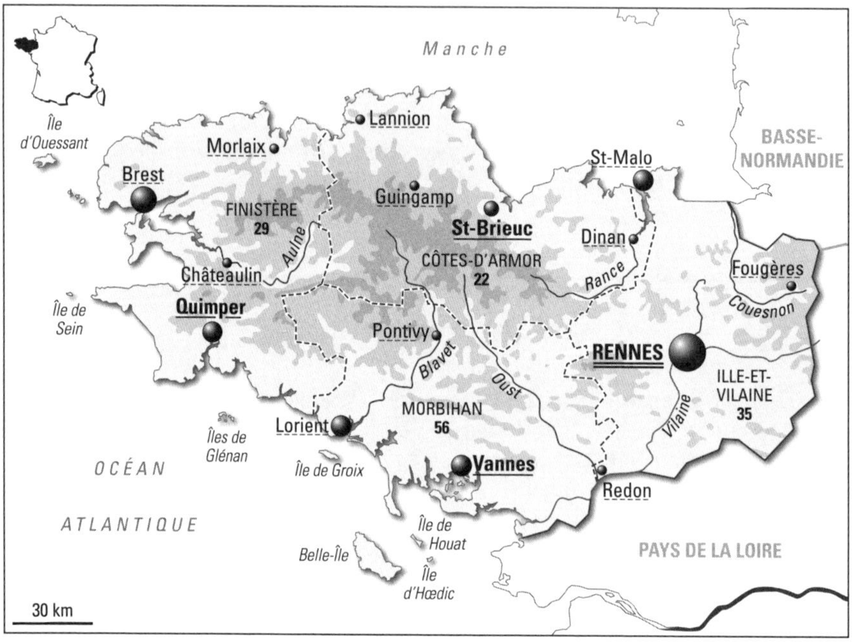

Figure 6-1 : Le périmètre actuel de la Région Bretagne.

Troisième partie

L'identité bretonne

Dans cette partie

La Bretagne est, dit-on, la région française ayant l'identité la plus marquée, ou tout au moins l'une des premières. Celle-ci a évolué au fil du temps, mais en gardant quelques permanences qui en font sa spécificité. La Bretagne se nourrit de traditions et de symboles. L'imaginaire ou la *Matière de Bretagne* sont toujours dans la mémoire collective, la langue bretonne est de moins en moins parlée, mais elle est redevenue emblématique. L'identité bretonne n'est pas seulement basée sur son histoire, elle est aussi et surtout culturelle. Son rayonnement a pris aujourd'hui de nouvelles formes qui en permettent le renouvellement et, surtout, la prise en charge par les nouvelles générations. L'identité est créatrice et non pas passéiste. Alors, passons en revue ses principales caractéristiques, notamment au travers d'un riche patrimoine culturel. Découvrons les principaux signes de reconnaissance, et parfois les clichés. Tout ce qui constitue une forme d'exception bretonne.

Chapitre 7

Le breton, langue vivante

Dans ce chapitre :

- Découvrez les origines d'une véritable langue et son évolution
- Suivez tous les efforts engagés aujourd'hui pour la renaissance du breton

La question linguistique est au cœur des préoccupations régionales. Facteur d'identité s'il en est, ce n'est pas un hasard si elle a fait partie des enjeux majeurs de la politique nationale d'uniformisation, qui a accompagné la construction d'un État moderne et centralisé. Mais elle a également fait l'objet d'une volonté d'anéantissement et de dévalorisation qui conduit à la mettre aujourd'hui en péril. Depuis quelques années, tous les efforts faits par la collectivité régionale, et par de nombreux autres acteurs, visent à redonner une place à cet élément d'un patrimoine vivant. C'est par le domaine culturel qu'un espoir de renouveau arrive. Et le breton nouveau avec lui.

Une véritable langue

La fixation de la langue bretonne dans la péninsule armoricaine n'est pas une longue histoire tranquille. Le breton a d'abord dû s'imposer aux langues préexistantes, avant d'accompagner, au niveau linguistique, la longue opposition de la Bretagne à la France. On le sait, le français va devenir la langue de l'État républicain, ne laissant qu'une portion congrue aux langues régionales. La situation se complique encore un peu plus avec le constat du trilinguisme en Bretagne : au breton et au français, il faut aussi ajouter le gallo, langue intermédiaire mais véritable langue tout de même.

Quelle langue en Armorique ? Aux origines du breton

Avant que n'arrivent les Bretons, la langue parlée en Armorique était le gaulois. « Par Toutatis ! » s'écriait Astérix dans son camp retranché, que les célèbres albums localisent sur les côtes de la Manche, en Armorique précisément. Ce juron, inventé pour l'occasion, vient rappeler que le gaulois est une langue celtique continentale. Il s'est imposé dans les tribus de la péninsule armoricaine. Par la suite, la difficile colonisation par les Romains n'a pas été massive, et la forme de collaboration imposée ne s'est pas traduite par l'effacement brutal du gaulois devant le latin. L'ancienne langue est restée vivace, notamment en dehors des élites et des villes. Suffisamment en tout cas pour que les nouveaux arrivants bretons puissent se faire comprendre plus aisément des populations autochtones, au cours d'échanges assez réguliers, devenus plus massifs aux Ve et VIe siècles.

Dans la famille celtique..., je demande le breton

Vous vous souvenez du voyage des Celtes, depuis l'Europe centrale jusqu'à notre (petite) Bretagne en passant par l'île de (grande) Bretagne. À chaque fois, un peuple s'est enraciné, prenant nom et langue, autant de petites pierres vivantes semées au bord de l'océan. Dans la grande famille des langues indo-européennes, la branche celtique insulaire comporte elle-même deux sous-groupes : les langues gaéliques parlées en Écosse et en Irlande, et les langues britonniques en Bretagne – la grande et la petite –, le gallois et le breton, sans parler de celle qui ne l'est plus (parlée), éteinte à tout jamais (?), le cornique (Cornouailles). Et c'est ainsi que le breton s'est imposé tout naturellement comme langue en Armorique, avec de bonnes facilités de compréhension auprès de populations pas vraiment fâchées de mettre le latin de côté, une langue qui a laissé ici très peu de traces.

Et si le gaulois n'avait pas dit son dernier mot ?

Bien plus donc que le latin, c'est entre le gaulois déjà présent et le breton débarquant que cette compréhension va se traduire naturellement par de multiples échanges. Les recherches linguistiques menées depuis un siècle ou deux montrent en effet une langue qui évolue, enrichie d'apports dialectaux variés, principalement à partir du gaulois. Avec pour conséquence que les variantes censées correspondre aux principaux évêchés – dénommés par le sigle KLT (K pour Kerne ou Cornouaille, L pour Léon et T pour Trégor) et complétés par le Vannetais – ne sont plus aussi certaines. Un autre découpage légèrement différent est évoqué, en trois zones principales : un grand Léon, un grand Vannetais et une vaste zone centrale autour de Carhaix. Débats de spécialistes ou pas, il est naturel que le breton ait été une langue évolutive, comme toutes les autres y compris le français, et que le breton moderne se soit enrichi de ces parlers locaux.

Le breton dans ses frontières... linguistiques

La Bretagne a été courtisée tout au long de son histoire, convoitée et puis confisquée et intégrée. La langue bretonne a subi les mêmes contraintes, mais avec quelques siècles de décalage, signe que les fondements culturels ont une certaine capacité de résistance à la force des armes. Le breton s'est maintenu contre vents et marées dans la partie ouest de la péninsule. Mais, entre le français et le breton figure également le gallo, sorte de marche linguistique...

CURIOSITÉ

Le premier dictionnaire français est... breton !

En 1539, l'année de la fameuse ordonnance de Villers-Cotterêts, paraissait le *Dictionnaire françois-latin contenant les motz et manieres de parler françois tournez en latin* de Robert Estienne, considéré comme le premier dictionnaire français. Ou tout au moins, le tout premier dictionnaire dans lequel les mots français apparaissaient dans la nomenclature en premier. Car, en version inversée, latin d'abord, était déjà paru en 1531 le *Dictionarium seu Linguae latinae thesaurus*, chez le même imprimeur. Pas de chance pour lui, car un Breton l'avait devancé depuis longtemps ! Rédigé en 1464 par Jehan Lagadeuc, prêtre à Tréguier, et imprimé en 1499 par Jehan Calvez, imprimeur à Tréguier, le *Catholicon* a bien été le premier dictionnaire du breton, mais aussi du français. Comptant six mille entrées, il est également considéré comme le premier dictionnaire trilingue au monde, puisqu'il comporte également le latin. Le nom de *Catholicon* n'est pas le fait de l'auteur. Modeste et trouvant la majorité des Bretons « largement déficients en français », il note ainsi en préface son intention : « Moi, Jehan Lagadeuc, de la paroisse de Ploégonven, au diocèse de Tréguier, bachelier ès arts et décrets, tout indigne que j'en sois, j'ai composé ce petit ouvrage pour l'utilité des petits clercs pauvres de Bretagne ou encore des illettrés en latin. » Ce titre semble repris d'un ouvrage rédigé en 1286 ou 1298 par Jean Balbus – dit Jean de Gênes – *Prosidia sive Catholicon*, c'est-à-dire universel, un long traité d'étude du latin en cinq parties, la dernière étant un dictionnaire. Ce nom de *Catholicon* en est venu à désigner, d'une façon générique, un dictionnaire.

Face au français

Les Romains partis, les Francs et Français frappent, et pour longtemps, à la porte de la Bretagne, avant de s'inviter puis d'en garder les clés. Avec eux, une langue, le français, qui prendra aussi un certain temps avant de participer pleinement à l'unité nationale du pays. Deux dates, 1539 avec l'ordonnance de Villers-Cotterêts de François Ier qui impose la primauté du français dans le royaume, et 1549 avec la publication de *Défense et illustration de la langue française* de Joachim du Bellay, le poète originaire de Liré aux portes d'Ancenis, mais du côté de l'Anjou. À cette époque, le breton avait déjà dû reculer devant le français, et ce depuis les invasions normandes, les moines et les nobles contraints de fuir avant de rentrer deux siècles plus tard quelque peu franchisés ! Petite parenthèse pour indiquer que l'hommage ancenien, sous la forme d'une statue représentant le grand poète contemplant son domaine de La Turmelière et son *Loyre gaulois*, lui valut le facétieux surnom de « Monsieur Cul vers Ville ».

Une troisième langue en Bretagne

La situation est en fait un peu plus complexe que ne peut le laisser penser cet affrontement entre deux langues. À l'ouest d'une ligne comprise approximativement entre Saint-Brieuc et Saint-Nazaire, le breton avait fini par s'imposer : sa zone dite *Basse-Bretagne* comprend les pays de Léon, de Cornouaille, du Trégor et de Vannes. Plus à l'est, l'établissement du breton ne s'est jamais véritablement réalisé, et le français a été très rapidement la langue de base. Mais entre ces deux espaces, entre le breton et le français, se sont en fait glissés un territoire et un système linguistique, le *gallo*. Souvent qualifié de patois, il fait partie en fait de la famille des langues d'oil, branche des langues romanes, et est parlé en *Haute-Bretagne*, débordant même sur quelques zones voisines. Le terme *gallo* (du breton *gall* : « français, étranger ») était donc utilisé par les Bretons de l'Ouest pour désigner ceux qui parlaient une langue différente, apparentée au français. Il s'agit bien également d'une langue régionale, maintenant reconnue en tant que telle par le conseil régional de Bretagne depuis 2004 comme étant, aux côtés du breton, une des *langues de la Bretagne*.

Limite linguistique actuelle du breton et du gallo

Entre la Basse-Bretagne et la Haute-Bretagne, la frontière toute symbolique entre le breton et le gallo a sensiblement fluctué au cours des siècles, au détriment du breton. Il est cependant bien admis qu'elle ne bouge plus guère depuis au moins un siècle. Les spécialistes l'ont ainsi positionnée sur le territoire d'aujourd'hui : « Elle part à l'ouest de Plouha, dans les Côtes d'Armor, au sud de Paimpol, passe par Châtelaudren, Corlay, Locminé et se termine dans la presqu'île de Rhuys, dans le Morbihan. » Quant à l'autre limite du gallo, « elle déborde légèrement à l'est du côté du Mont-Saint-Michel, dans l'Ouest-Mayenne ainsi que de la région de Pouancé. Au sud de la Loire (Pays-de-Retz, Vignoble nantais, Marches Bretagne-Poitou et Marais breton) le gallo est fortement influencé par un héritage dialectal poitevin », tandis que la région d'Aleth (Saint-Malo et Cancale) présente « un gallo influencé par le normand ».

La limite du breton aura cependant varié au cours des siècles. Dans son extension maximale, sa limite à l'est part de Saint-Malo jusqu'à la presqu'île de Guérande, en passant par Montfort-sur-Meu et Messac. En huit siècles, la frontière linguistique aura reculé d'environ une centaine de kilomètres au nord, et d'une cinquantaine au sud.

Le breton hors la loi

Au temps de l'Ancien Régime, le breton participait à la résistance bretonne et à son exception culturelle, partie intégrante des privilèges et libertés du duché. Avec la Révolution et les différents régimes qui suivront, la permanence d'une vision centralisatrice de la France s'accompagnera de l'uniformisation linguistique. Ce sera donc la chasse au breton, avant qu'une réaction salutaire n'apparaisse après la Seconde Guerre mondiale.

Le breton à l'échafaud !

La formation de l'unité nationale française avait alors encore davantage besoin d'imposer une langue officielle. Ce qui se comprend naturellement pour une bonne organisation administrative, et aussi pour une bonne communication de crise, comme le montrent les problèmes rencontrés aux armées pendant les guerres de 1870 et de 14-18. Ces facteurs, se conjuguant avec la tradition d'un puissant centralisme, ont conduit à une politique d'effacement des langues régionales, alors que d'autres pays encourageaient au contraire le maintien de langues secondaires. Fini l'obscurantisme et l'arriération dénoncés par Barère (rapport au Comité de salut public, 1791), il fallait en éliminer tous les symboles, dont la langue dénommée par dédain le *bas-breton* et considérée comme un « instrument barbare [des] pensées superstitieuses ». Par la suite, les interdictions et brimades au niveau des écoles sous la IIIe République en sont la manifestation la plus flagrante, celle concernant les sermons des curés la plus étonnante !

Qui a perdu les deux grandes guerres mondiales ?

Jusqu'en 1918, le français est ignoré de la moitié des habitants de Basse-Bretagne. Ils ne ressentent pas la nécessité d'utiliser cette langue étrangère. Mais ce n'est qu'à l'issue du second conflit mondial que tout va véritablement basculer. Malgré tout l'arsenal de dissuasion mis en place depuis plusieurs décennies, on parlait encore couramment breton dans les campagnes vers les années cinquante. Et pourtant, tout va désormais concourir à rendre l'usage du français inéluctable : l'exode rural entraînant un brassage des populations, le retour d'anciens Bretons émigrés de seconde génération ayant oublié la langue bretonne, la construction de collèges publics dans les petites villes, la rapide évolution des moyens de transport, le développement du téléphone et des médias radiophoniques ou télévisuels, l'abandon du latin dans les églises au profit du français… Plus déterminante encore sera la perception sociale du breton, langue soudain dévalorisée dans l'esprit des jeunes mères, au risque d'apparaître arriérées, d'imposer un frein à toute réussite sociale et professionnelle… Les bretonnants en arrivent à avoir honte de cette langue traditionnelle et, en trois générations, la transmission familiale du breton est quasiment interrompue.

Le breton nouveau est arrivé

Tout phénomène produit aussi son contraire. L'abandon de la langue bretonne dans l'immédiat après-guerre suscite des réactions débouchant sur un véritable renouveau. Quelques événements et lois vont ainsi redonner un peu de vigueur à la pratique du breton :

- une loi relative à l'enseignement des langues et dialectes locaux (dite loi Deixonne, 1951), le premier texte réglementaire français autorisant l'enseignement facultatif de quatre langues régionales, dont le breton (avec le basque, le catalan et l'alsacien) ;
- la première initiative en matière d'école entièrement en breton sera celle de *Skol Sant-Erwan* (école catholique, 1951-1958), avant que les écoles *Diwan* ne constituent en 1977 un réseau associatif et laïc ;
- mais il faudra véritablement attendre les lois de décentralisation de 1982, et la création des collectivités régionales, pour voir une réelle prise en compte de la culture bretonne : la région Bretagne engage une politique volontariste pour favoriser la langue bretonne (enseignement bilingue, médias, édition, signalétique) ;
- la résurgence d'un mouvement associatif très diversifié dans toutes les disciplines de création culturelle, jusqu'à la création en 1999, à l'initiative de la région Bretagne, de l'Office de la langue bretonne (*Ofis ar brezhoneg*).

Le breton aujourd'hui

Le breton a survécu à de si nombreuses tempêtes que les responsables politiques, culturels, et même économiques, tentent de relancer l'apprentissage et l'usage du breton. Il a fallu que les nouvelles institutions régionales puissent s'emparer de la question et bâtir une politique volontariste pour tenter de renverser la tendance. Afin que le breton ne disparaisse jamais de la liste des langues du monde.

Qui parle encore breton ?

Ils étaient 1 200 000 bretonnants en 1886. Un siècle plus tard, ils sont cinq fois moins nombreux à parler le breton, et encore de façon très occasionnelle pour la plupart. Un déclin inéluctable dans le cadre de l'évolution de la société française. Et pourtant, des signes de reprise de l'intérêt des Bretons pour leur langue sont manifestes. C'est l'identité culturelle qui est en jeu. Un renouveau de l'apprentissage de la langue voit le jour. Permettra-t-il de rendre à nouveau le breton, langue vivante ?

Locuteurs, locutrices... qui êtes-vous ?

Ils et elles sont aujourd'hui un peu plus de deux cent mille à parler breton en 2007, selon le dernier sondage sur ce sujet réalisé par l'institut TMO-Régions :

- 13 % des personnes interrogées (15 ans et plus) en Basse-Bretagne se disent à même de parler le breton, et seulement 1 % en Haute-Bretagne, soit respectivement 172 000 et 22 500 personnes, représentant au total 5 % de la population régionale (cinq départements) ;
- en y ajoutant les élèves scolarisés dans les filières bilingues, cela fait 206 000 Bretons parlant breton ;
- ce sondage confirme bien le fait que le breton est une langue totalement territorialisée ;
- en dix ans, le nombre de locuteurs en Basse-Bretagne a diminué fortement, puisqu'il était de 246 000 en 1997 pour un taux de 20 % ;
- cette évolution est liée à un effet d'âge : plus des deux tiers des *brittophones* sont âgés de plus de 60 ans, la relève ne suit pas en nombre suffisant ; un facteur d'espoir cependant, car le pourcentage est deux fois plus élevé chez les jeunes âgés de 15 à 19 ans par rapport à la tranche d'âge de 20 à 39 ans ;
- la pratique est également en baisse : huit locuteurs sur dix parlent davantage le français, le breton étant plutôt utilisé occasionnellement avec des voisins et des amis (pour les deux tiers), un peu en couple (16 %) et très peu au travail (2 %) ;
- le nombre de personnes *comprenant* le breton est estimé à environ 350 000.

En chute libre

Le déclin régulier du nombre de *brittophones* inquiète les responsables de l'Office de la langue bretonne qui commentent ainsi ce graphique : « on estime à environ 10 000 le nombre de locuteurs qui disparaissent chaque année », ce déclin étant très lié à la perte de transmission familiale.

Évolution du nombre de brittophones

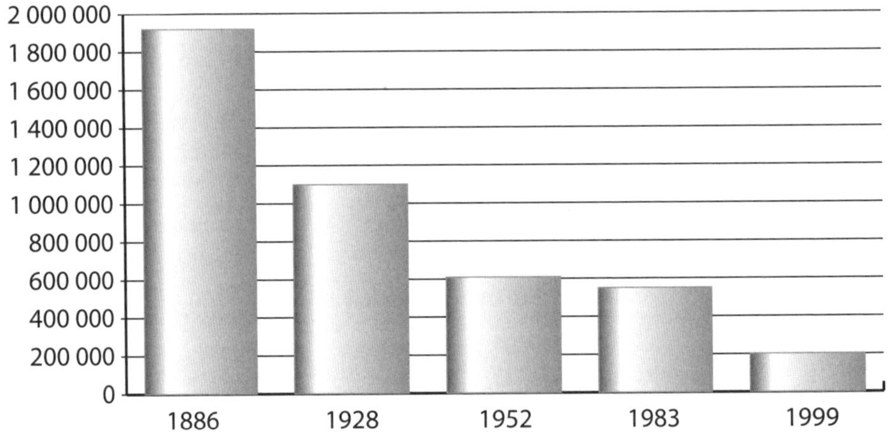

En 1999, c'est l'Insee qui a joint à son recensement un questionnaire familial, donnant donc des chiffres assez significatifs pour la Bretagne (cinq départements) :

- 263 850 locuteurs (langue bretonne), soit 8,5 % de la population totale de Bretagne (chiffres légèrement supérieurs à ceux de TMO-Régions);
- le Finistère en représente la moitié, avec 20 % de sa population bretonnante;
- et 28 300 locuteurs pour la langue gallèse, un chiffre sans doute sous-estimé (certains les évaluent entre 200 000 et 400 000).

L'enseignement du breton

Treize mille enfants sont scolarisés en 2009 dans les filières bilingues (immersive ou paritaire), soit moins de 2 % de la population scolaire globale. La répartition est assez équilibrée entre trois grandes *filières* : environ 3 000 dans les écoles *Diwan* (« le germe » en breton, depuis 1977), le reste se partageant presque par moitié entre l'enseignement public, *Div Yezh* (« deux langues » en breton, depuis 1979), et l'enseignement privé, *Dihun* (« le réveil » en breton, depuis 1990, très présent dans le Morbihan). Ces chiffres sont en forte progression (+35 % entre 2004 et 2009). Il sera malgré tout difficile d'atteindre l'objectif de 20 000 visé par le conseil régional en 2004. Les principales villes concentrent les plus gros effectifs, la dizaine d'entre elles accueillant plus de trois cents élèves étant, par ordre d'importance : Rennes, puis Vannes, Quimper, Carhaix-Plouguer, Lannion, Nantes, Lannilis, Plougastel-Daoulas, Landerneau et Lesneven. Tous les niveaux scolaires sont aujourd'hui concernés, *Diwan* comptant cinq collèges et un lycée (Carhaix), et même une école à Paris. Au total, ce sont 131 communes qui sont dotées d'une filière bilingue dans le premier degré. Quatre académies proposent l'enseignement du breton : Rennes, Nantes, Paris, Versailles.

Une langue en péril ?

Nombre d'indicateurs sont aujourd'hui au rouge. Moins de locuteurs, la transmission familiale qui ne fonctionne plus, des relais médiatiques timorés, il n'en faut pas plus, malgré de réels efforts déployés dans divers domaines, pour classer le breton au rang des langues en danger…

Motifs d'inquiétude

Les bilans de l'observatoire de l'Office de la langue bretonne, publiés en 2004 et 2007, font état d'une situation relativement critique et d'inquiétudes pour l'avenir. La tendance à la baisse du nombre de locuteurs, les *brittophones*, n'a pu être significativement infléchie. Le risque est grand d'une marginalisation. Un plan linguistique régional a été élaboré, des actions entreprises, mais il faudrait aller plus loin et plus vite. L'univers des médias bouge peu, il n'y a toujours pas de véritable télévision ou radio bretonne, malgré quelques initiatives et quelques innovations apparues avec Internet. L'Office de la langue bretonne souhaite prendre appui sur la prise de conscience de la société bretonne sur cette question, dans la perspective de mettre en chantier un grand projet. Ajoutant : « Il est urgent de créer une synergie entre l'État, les départements, les communes et tous les acteurs institutionnels pour assurer au breton un développement pérenne. »

Le breton en danger !

D'ailleurs, l'Unesco classe toujours le breton parmi les « langues sérieusement en danger ». C'est en effet la seule langue celtique à ne bénéficier d'aucun statut officiel. Certes la France a bien étendu la mission de son agence spécialisée (créée en 2001), dont l'intitulé est devenu *Délégation à la langue française et aux langues de France*, et qui prend en compte plus de soixante-quinze langues diverses (territorialisées ou venues d'ailleurs), puis amendé sa Constitution en 2008 pour reconnaître que « les langues régionales appartiennent au patrimoine de la France ». Elle a bien également signé la *Charte européenne des langues régionales ou minoritaires* en 1999, mais sans la ratifier formellement pour cause d'incompatibilité avec la Constitution. Depuis la loi Toubon (1994), l'usage du français est la règle, toutefois l'article 21 précise qu'« il y a obligation, mais sans exclusivité » : « l'usage des langues régionales est donc autorisé dans tous les domaines, y compris dans les services publics comme traduction du français ». Ces avancées partielles, et banalisant des langues très diverses, ne donnent cependant aucun véritable statut à la langue bretonne.

PARLEZ-VOUS BRETON ?

Contrastes (br)etonnants

Et pourtant, il existe bien plusieurs motifs très variés de satisfaction dans la renaissance de l'intérêt porté à la langue bretonne, une démarche plus volontariste que portée par la transmission familiale. La nouveauté de la période récente est que le breton a désormais accès, non seulement à l'éducation, mais aussi à de nouveaux domaines comme les médias, et maintenant Internet. Quelques exemples :

- la signalétique publique multilingue est visible un peu partout : à l'entrée de nombreuses villes, sur quelques routes, dans le métro rennais ou les TER (trains express régionaux) où RANNVRO BREIZH accompagne RÉGION BRETAGNE ;
- le développement du label *Produit en Bretagne*, créé pour promouvoir les entreprises qui produisent en Bretagne : ses quelque deux cents adhérents emploient environ 100 000 salariés pour un poids économique de plus de 15 milliards d'euros ; avec un logo qui s'est très vite imposé en Bretagne, et même dans le métro parisien ;
- quelques administrations et services publics (poste...) ou privés, des musées... proposent des informations bilingues (parfois des chéquiers pouvant être remplis en breton) ; la ville de Carhaix, toujours à l'avant-garde bretonne, s'est même dotée d'un livret de famille bilingue ;
- *France 3 Ouest* produit ou coproduit plusieurs émissions en langue bretonne avec sous-titrages en français (cinq minutes journalières d'informations, divers magazines, 85 heures de programmes par an, et une audience hebdomadaire de plus de 30 000 téléspectateurs, diffusion sur quatre départements) ;
- *TV Breizh*, chaîne privée créée en 2000, n'a pu maintenir ses programmes en breton, ni les sous-titrages des films, tandis que la chaîne locale rennaise *TV Roazhon 35* propose quatre « émissions en breton » ;
- les radios publiques proposent des séquences d'informations et des émissions en breton, de même que diverses radios privées ;
- Internet donne accès à des télévisions en breton (comme *Skinwelweb*, *Gwagenn*, *WebNoz*...), diverses radios et bien évidemment de nombreux sites dédiés au breton ou bilingues (c'est le cas d'un certain nombre de collectivités) ; le cap des 30 000 articles en breton sur l'encyclopédie en ligne Wikipédia a été franchi en novembre 2009 ;
- Journaux, revues et périodiques ne sont pas en reste, avec un éventail très large allant de l'article occasionnel ou régulier aux éditions en breton.

La renaissance du breton

La langue bretonne connaît une nouvelle jeunesse, elle est l'un des symboles phares de l'identité culturelle. « La langue bretonne n'est pas tout, mais elle est la base de tout. Si nous ne préservons pas notre langue, le reste ne suivra pas », déclarait en 2007 Jean-Yves Le Drian, président de la région Bretagne. C'est par le renouveau de l'identité culturelle, dans toutes les disciplines et d'abord au travers de toutes les formes artistiques, notamment littéraires et musicales, que le breton a commencé à renaître et à concerner aussi une partie motivée de la jeunesse. L'apprentissage de la langue, point de passage obligé, en serait alors la conséquence librement choisie et non pas le résultat direct de la transmission familiale traditionnelle ou d'une quelconque obligation.

Lettres bretonnes

Le premier déclic est arrivé au XIXe siècle, avec la publication en 1839 du *Barzaz-Breiz*, un recueil de chants populaires collectés par Théodore Hersart de La Villemarqué et sa mère. Cette publication en breton fut longtemps contestée quant à son authenticité. La découverte récente (1964) des carnets de collectage a mis un terme à cette polémique, révélatrice également des différences d'écriture du breton entre le nord et le sud. Dans sa quête berrichonne de ce qu'elle a dénommé la *littérature orale*, George Sand ajouta un superbe compliment en évoquant « les diamants du Barzaz-Breiz ». François-Marie Luzel poursuivit ce travail par l'édition de contes bretons, Anatole Le Braz pour les légendes. Et c'est ainsi que la littérature bretonne va peu à peu retrouver sa veine poétique et créatrice. Depuis le début du XXe siècle, elle acquiert une belle renommée, parfois même au plan international : Malmanche (théâtre), Kalloc'h et Anjela Duval (poésie), *Al Liamm* (revue), Roparz Hemon (linguiste, pour son œuvre avant la guerre), Jakez Riou (nouvelles), Per Jakez Helias (conteur)… ainsi que de nombreuses maisons d'édition en breton.

« O teskiñ brezhoneg emaon »

PARLEZ-VOUS BRETON ?

« J'apprends le breton ! » Facile, dit-on. Car la langue bretonne a évolué, d'ailleurs elle n'a jamais été totalement figée, comme toute langue vivante. Celle qui est enseignée aujourd'hui est une forme de breton moderne, synthèse des divers parlers originaux, et par ailleurs enrichie pour s'adapter au monde moderne. Avec une volonté de simplification qui fait évidemment débat entre les spécialistes, notamment au niveau de la prononciation.
Le centre de terminologie de l'Office de la langue bretonne vise à tenir un rôle de régulation. La prononciation et l'accentuation font partie de la première leçon, comprendre les principales combinaisons de lettres. Viennent ensuite les liaisons, les mutations et les conjugaisons. Une bonne méthode, un professeur vivant, un groupe dynamique, tout est bon pour s'initier dans la bonne humeur.

Les grandes mutations…

Il s'agit bien d'une des caractéristiques de la langue bretonne des plus déroutantes. Certaines consonnes, placées en tête de mots, peuvent muter ! Non pas selon votre bon vouloir, mais en fonction du genre du mot – masculin ou féminin –, des liaisons à assurer – après certains mots désignés comme mutateurs –, ou encore de la reconnaissance – pour distinguer des mots homonymes. Vous suivez ? Et quand on vous dira que ces mutations peuvent être adoucissantes, durcissantes, spirantes ou mixtes, vous demanderez à juste titre qu'on vous donne la recette ! Un bon conseil, plongez-vous dans *Le breton pour les Nuls* de Gwendal Denis, Hervé Le Bihan et Martial Menard, un moyen facile et ludique.

Un exemple quand même, pour illustrer ce concept de mutant, sans se prendre la tête !

- « tête » justement se dit *penn*, ce mot si connu pour désigner le Finistère ou *Penn ar Bed*, « la tête du monde », désignant ce qui est aussi considéré comme le bout du monde pour les Occidentaux (les Orientaux en ont un autre) ;
- « la tête » se dit *ar penn*, là c'est facile à suivre, encore que l'absence de mutation signifie qu'en breton *penn* est masculin ;
- mais on dit *va fenn* pour « ma tête », *e benn* pour « sa tête » (à lui), *he fenn* pour « sa tête » (à elle), vous voyez comme c'est simple, il suffit de le savoir.

Les mots bretons légués au français

Les mots voyagent, c'est bien connu. Ils vont d'une langue à une autre, parfois même ils en reviennent après un petit détour. Pas rancunier, le breton a fait quelques présents au français, dont voici quelques exemples :

- balai : l'hypothèse la plus répandue (bien que contestée) est que son origine est celtique, *balazn* (genêt), devenu *balain* ou *balaen*, les Bretons auraient été les premiers à fabriquer de tels objets avec leur matière première locale ;
- baragouiner : l'origine de ce mot populaire viendrait de la contraction de deux mots bretons, *bara* (pain) et *gwin* (vin), en référence au parler incompréhensible des Bretons, surtout dans les tavernes où l'on parlait français ;
- bijou : mot vraisemblablement emprunté au breton *biz* (doigt), et correspondant au cornique *bisou*, la première attestation relevée étant bretonne ;

- cohue : ce mot vient du breton *koc'hu* (halle), et il s'est répandu au sens d'« assemblée bruyante », de « foule en désordre, qui se bouscule » ; les Vannetais le savent bien, eux qui se bousculent pour visiter les expositions de leur musée des beaux-arts, *La Cohue*, installé dans une ancienne halle du XIIIe siècle ;
- plouc : mot d'origine incertaine, mais il s'agit vraisemblablement d'une abréviation plaisante (par apocope, ou retranchement de la fin d'un mot) de nombreux noms de paroisses bretonnes débutant par Plou… l'usage en a fait un mot péjoratif (vers la fin du XIXe siècle), désignant avec dédain les Bretons de la campagne, et plus généralement toute personne un peu rustre ou ringarde.

LE SAVIEZ-VOUS ?

Bzh

Ou l'art du compromis. Cette abréviation de Breizh est largement utilisée par tous ceux qui souhaitent afficher un signe de reconnaissance et montrer ainsi leur appartenance à la Bretagne, notamment avec des autocollants sur leur voiture. Cette graphie *Breizh* est assez récente. Le *zh* a en effet été introduit pour harmoniser les variantes existant entre les parlers bretons de différentes régions. Le nom de la Bretagne était *Breiz* au nord et à l'ouest, et *Breih* au sud (dans le Vannetais). L'appellation mixte *Breizh* a donc permis d'unifier la désignation de la Bretagne, à l'occasion d'un cadre orthographique commun, le *peurunvan*, adopté en 1941 sous l'Occupation, mais largement repris depuis malgré quelques réticences. Il est vrai que le mouvement était déjà engagé depuis un certain temps, et le *zh* déjà utilisé pour « noter les formes conjuguées des prépositions » en 1821 (dictionnaire de Le Gonidec).

Chapitre 8

Un riche patrimoine culturel

Dans ce chapitre :

- Plongez au cœur des légendes, de sites enchanteurs ou de rencontres à éviter
- Laissez-vous emporter par les traditions et tous les autres prétextes pour faire la fête
- Admirez un art qui sait composer avec les sites et les objets pour inspirer les créateurs
- Chantez et sonnez en toutes circonstances
- Découvrez des livres et des auteurs enchanteurs

L'âme bretonne n'est pas qu'une invention poétique. Peu de territoires ont poussé aussi loin l'identification de leur peuple à une culture venue du fond des âges et ayant eu la capacité à s'enrichir des pratiques artistiques ainsi que des savoirs propres à chaque époque. Il en résulte un mélange de traditions immémoriales, mais évolutives, et de créations résolument ouvertes sur le monde tel qu'il va. Le folklore de ploucs arriérés est aux antipodes d'une culture bien réelle qui est devenue aujourd'hui l'un des principaux facteurs d'attractivité de toute une région.

Croyances, contes et légendes

La Bretagne n'a pas des origines celtes pour rien ! Imaginez un pays où une sirène peut sortir à tout moment des flots en furie ou des cités englouties, un pays où les fées et les korrigans peuplent les forêts enchantées, un pays où les chevaliers errants et les moines maudits hantent les châteaux, un pays où les pierres se lèvent sur la lande, un pays au bestiaire plus varié que n'importe quel zoo, un pays où le glas sonne au gré des naufrages, un pays où le vent nocturne peut cacher le passage du *grand faucheur* qu'est l'Ankou… Imaginez un pays qui a transmis, de la bouche de l'un à l'oreille de l'autre depuis la nuit des temps, des mots, des histoires et des chants… Ce pays, c'est bien la Bretagne, dont la culture orale est le plus beau et le plus fragile des cadeaux. Les sceptiques pensent qu'il faut bien occuper les temps de brume et de crachin. Légendes que tout cela ? Eh bien oui, le temps qu'il fait comme le temps à entendre ! Et il y en a, précisément, pour tous les goûts, pour tous les âges, pour tous les lieux… Vous en voulez quelques exemples ?

Légendes salées

Ce qui est bien avec les légendes, c'est qu'elles ont plusieurs versions, laissant à chacun le soin de choisir celle qui lui plaît. Les plus connues en offrent ainsi de multiples.

L'Atlantide bretonne

Tous les ingrédients d'une grande légende sont ici rassemblés. Un roi puissant, le grand Gradlon, amoureux d'une fée, Malgven, qui le sauve des eaux tumultueuses du fleuve ; une cité marine peu ordinaire, nouvelle île incrustée sous le niveau de la mer, ville triste devenue riche et radieuse sous la houlette de Dahut, la fille vénérée du roi promue gardienne de l'ancienne religion celte et ordonnatrice de fêtes orgiaques à l'issue desquelles elle faisait disparaître ses amants mortellement masqués, jetés ensuite dans le *Trou du diable* ; le diable lui-même, chevalier vêtu de rouge devenu l'amant d'un soir, se faisant confier la seule clé du roi permettant d'ouvrir les douze écluses ce soir de tempête ; le cheval Morvac'h – « cheval de la mer », la noire monture magique de Malgven – sur lequel peut s'enfuir le roi Gradlon, obligé d'abandonner sa fille montée en croupe pour échapper aux flots. Et quand le diable est là, les saints ne sont pas loin : Guénolé qui a converti le roi au christianisme et lui a fourni le cheval salvateur à la condition de repousser le démon assis derrière lui ; Corentin qui sauva un jour le roi perdu dans la forêt du Menez-Hom…

CURIOSITÉ

À la recherche de la ville d'Ys

Une légende n'en serait pas une sans un petit fond de vérité. La recherche des personnages et des lieux en est le complément indispensable. Gradlon fut bien comte ou roi de Cornouaille (vers 500), et saint Corentin le premier évêque de Quimper à la même époque. Saint Guénolé, un autre contemporain, est le fondateur de l'abbaye de Landévennec dans laquelle Gradlon est inhumé. Il fallait bien au saint fondateur un roi à sa mesure, fût-il quelque peu légendé. Pour le diable, il faut voir... Mais il est vraiment partout en Bretagne, et pas seulement dans les contes et les légendes, car il a aussi quelques sites en rappelant le souvenir, tous dénommés « *xxx... du diable* » : une *grotte*... au Huelgoat, tout près du fameux gouffre, ce *trou*... où finissaient les amants d'un soir ; des *roches*... à Guilligomarc'h sur l'Ellé, lieu réputé pour le canoë-kayak ; une *pointe*... à Plouzané près de Brest ; un *pont*... sur l'Aber-Wrach entre Lannilis et Plouguerneau, et un autre pour relier l'île de Saint-Cado dans la ria d'Étel ; un *moulin*... à Guérande, etc.

Pour ceux qui chercheraient la ville d'Ys, cité engloutie à jamais, voici des coordonnées géographiques d'une précision digne des romans de Jules Verne :

Latitude 48° 04' 45, Longitude 4° 24' 45

(Source : *Dictionnaire des cités disparues* de Didier Audinot, qui en a recensé environ cinq cents, 1997)

C'est donc dans la baie de Douarnenez. Pour s'y rendre, c'est très simple : à partir de Quimper, se rendre d'abord au bourg de Landrévarzec (à une quinzaine de kilomètres de Quimper en direction de Brest), de là cap à l'ouest en suivant le tracé d'une ancienne voie romaine, que les gens des environs appellent Hent-Ys, menant vers une importante destination. C'est tout droit jusqu'à environ quatre milles au nord-ouest de Douarnenez. À moins qu'il ne s'agisse de l'antique cité gallo-romaine de Gesoscribate (mentionnée sur la Table de Peutinger), ou encore que les deux cités englouties ne fassent qu'une. Bonne plongée ! Avec peut-être cet autre bonheur de croiser la sirène que les marins de la baie appellent Marie-Morgane, ex-Dahut.

Iliz Koz, la cité ensablée

Si vous ne vous sentez pas une âme de plongeur de hauts-fonds, il est également possible de rester tranquillement au sec, tout près de l'estran, à la condition de se munir simplement de pelles et de seaux. Un exemple en pays Pagan, sur les côtes du Léon. La légende veut que l'enfouissement de l'église de Tréménac'h, *Iliz Koz* (« la vieille église » en breton) soit le châtiment donné à la suite d'une mauvaise plaisanterie. Trois jeunes en goguette avaient voulu faire baptiser un vieux chat noir par le recteur aveugle. Aveugle, mais... pas sourd. Les miaulements dudit chat recevant l'eau bénite provoquèrent la colère du curé qui proféra alors cette malédiction : « Anathème, que Tréménac'h soit anathème. Dieu punira le sacrilège et le sable sera le linceul de la paroisse et son église. La tempête sera terrible. » Ce qui se réalisa dans la nuit, l'église maudite et tout le village furent ensevelis sous le sable. Depuis ce jour, on dit que quiconque se rend sur les lieux, le jour anniversaire du châtiment, a le privilège de voir se lever trois soleils à condition qu'il ait eu le cœur pur.

... et désensablée

L'ensevelissement ne s'est pas fait en une nuit, mais… en 250 ans. Le curé décida en 1729 d'abandonner l'église devenue impraticable, les paroissiens ne s'occupant plus que du toit : le désensabler, remplacer les ardoises, avant de l'utiliser comme unique issue. Depuis ce temps, les habitants de la commune de Plouguerneau, à laquelle Tréménac'h a été rattachée en 1792, se sont souvenus de la légende, mais ils en ont oublié l'existence de l'ancien village. Personne n'osait faire le lien entre la légende et la toponymie des lieux, pourtant assez explicite. Il a fallu attendre la fin des années 1960 pour que le site soit découvert par hasard, à l'occasion du creusement des fondations d'une future maison. Vingt ans après, de véritables fouilles mettent au jour les ruines d'une église et d'une chapelle, une nécropole médiévale exceptionnelle comportant une centaine de tombes gravées de symboles (chevaliers, écuyers, tisserands, marchands), une ruelle pavée conduisant au presbytère… Le curé avait laissé de lourdes clés en fer sur le rebord d'une fenêtre, elles y étaient encore en 1992 ! Un musée vient d'être créé, et Iliz Koz n'a pas encore livré tous ses secrets. Mais la légende a raison pour les trois soleils, il s'agit d'un phénomène optique bien connu, que les spécialistes appellent un *parhélie*.

CURIOSITÉ

La réplique d'Escoublac

Un autre exemple qui ressemble fort au premier. Avant que La Baule n'existe était le bourg d'Escoublac. Le premier bourg a été détruit par un raz-de-marée vers 1450. Un second fut alors bâti plus en retrait de la côte, mais toujours soumis aux tempêtes de sable et aux fluctuations des dunes. Là aussi, le sable progressa régulièrement pendant plus de deux siècles. Si bien que l'église fut abandonnée en 1779 – il fallait aussi sortir par les fenêtres – avant d'être à nouveau rebâtie, et le village autour, un peu plus loin et plus haut. On pouvait voir encore émerger la pointe du clocher dans les dunes de ce qui est devenu le Bois d'Amour. La construction de blockhaus a fait disparaître ce dernier vestige, qu'une croix vient aujourd'hui rappeler. Mais, comme pour Iliz Koz, il suffirait de creuser un peu pour redécouvrir la trame du village ancien dont les plans sont connus et les pierres bien visibles (pour une part) dans les constructions du nouveau bourg, toujours debout ! Quelques mystères demeurent, un joli conte pour enfants a bien été décrit, mais pas encore de légende mythique. Il n'est jamais trop tard !

Les naufrageurs

Parmi les belles légendes de mer, il en est une, tenace, que vous racontent tous les marins du monde craignant, bien plus que les récifs ou la tempête, les naufrageurs. Ce n'est pas pour rien que la partie nord-ouest du littoral finistérien a été dénommée la *Côte des Légendes*. On dit qu'au pays Pagan, les terriens n'hésitaient pas à allumer des feux, la nuit, pour tromper les navires avant de les piller, corps et biens. Ils n'avaient pas oublié cet ancien *droit de bris* concernant les épaves rejetées sur le rivage, une prérogative ducale que d'aucuns s'appropriaient bien volontiers. Un vicomte du Léon déclarait ainsi, parlant de ces rochers, peut-être ceux de Meneham (Kerlouan) : « J'ai là une pierre plus précieuse que celles qui ornent la couronne des rois. » Le pays Pagan, terre de paysans-pêcheurs-goémoniers, réunissait ainsi tous les atouts, avec sa côte rocheuse très déchiquetée. De là à provoquer les naufrages... ? Mais pilleurs d'épaves, très certainement, qu'ils tiraient à sec avec une *perche à crochet*, ayant cette solide réputation d'experts dans l'art et la manière de réduire une épave à la plus sommaire des carcasses, comme un poisson à ses arêtes ! Une autre forme de cueillette...

« Cette côte est un cimetière... »

Selon l'historien Jules Michelet dans un texte sur la Bretagne paru en 1833 dans la *Revue des deux mondes* :

« [...] toute cette côte est un cimetière. Il s'y perd soixante embarcations chaque hiver. La mer est anglaise d'inclination ; elle n'aime pas la France, elle brise nos vaisseaux, elle ensable nos ports.

Rien de sinistre et de formidable comme cette côte de Brest ; c'est la limite extrême, la pointe, la proue de l'ancien monde. Là, les deux ennemis sont en face, la terre et la mer, l'homme et la nature. Il faut voir quand elle s'émeut, la furieuse, quelles monstrueuses vagues elle entasse à la pointe Saint-Mathieu, à cinquante, à soixante, à quatre-vingts pieds ; l'écume vole jusqu'à l'église où les mères et les sœurs sont en prière. Et même dans les moments de trêve, quand l'Océan se tait, qui a parcouru cette côte funèbre sans dire ou sentir en soi : *Tristis usque ad mortem* ?

C'est en effet qu'il y a là pis que les écueils, pis que la tempête. La nature est atroce, l'homme est atroce, et ils semblent s'entendre. Dès que la mer leur jette un pauvre vaisseau, ils courent à la côte, hommes, femmes et enfants ; ils tombent sur cette curée. N'espérez pas arrêter ces loups ; ils pilleraient tranquillement sous le feu de la gendarmerie. Encore s'ils attendaient toujours le naufrage, mais on assure qu'ils l'ont souvent préparé. Souvent, dit-on, une vache, promenant à ses cornes un fanal mouvant, a mené les vaisseaux sur les écueils. Dieu sait alors quelles scènes de nuit ! On en a vu qui, pour arracher une bague au doigt d'une femme qui se noyait, lui coupaient le doigt avec les dents.

L'homme est dur sur cette côte. Fils maudit de la création, vrai Caïn, pourquoi pardonnerait-il à Abel ? La nature ne lui pardonne pas. »

L'imaginaire arthurien

Les légendes voyagent bien, celle de nos chevaliers en est l'un des meilleurs exemples, le plus célèbre peut-être. On a beau savoir que la légende arthurienne a pour *cadre officiel* le pays de Galles et la Cornouailles britannique, on n'enlèvera pas aux Bretons l'idée que le roi Arthur, personnage celtique semi-légendaire, serait venu donner un coup de main aux cousins d'Armorique. Certains disent que la Bretagne, privée d'une histoire que les traditions orales des Celtes n'avaient pu transmettre avec certitude, avait besoin de se réfugier dans la légende. Même le grand Chateaubriand évoque « Arthur ou Artus, roi de l'Armorique, dont nous autres les Bretons attendons le retour comme les Juifs attendent le Messie ». L'univers arthurien est si complexe et si multiple que chacun peut y trouver son Graal. Il était bien naturel que les Bretons vinssent boire à sa coupe avec les chevaliers de la Table ronde, afin de goûter si le vin (y) est bon !

Chevaliers de la Table ronde

Table légendaire aux origines variées, autour de laquelle se retrouvent le roi Arthur, l'enchanteur Merlin, le chevalier Lancelot, Perceval le quêteur du Graal, Tristan sans Iseult, le neveu Gauvain et quelques Bretons d'Armorique... Une table ronde donc, contrairement à celles des cours royales du temps, pour rappeler que les chevaliers méritants étaient tous égaux. Plus encore que toutes les grandes légendes de tradition orale, celle-ci a connu un très grand nombre de variantes. D'où une incertitude sur le nombre de places autour de cette table ronde, cinquante pour les principaux (30, 365 ou bien encore 1 600 selon d'autres !). Et surtout un siège vacant, le *siège périlleux*, réservé à celui qui trouvera le Graal et aura le cœur le plus pur. Ce Graal qu'approchèrent Lancelot et Perceval, sans toutefois parvenir au but. Arthur est alors pour la Bretagne le symbole d'un roi sauveur, veillé par la fée Viviane, et le seul à pouvoir s'emparer de l'épée libératrice *Excalibur*, qui, capable de trancher les chaînes, est un gage de souveraineté.

La forêt enchantée

CURIOSITÉ

Le mythe arthurien a donc pris sa place en Bretagne, et les légendes se sont trouvé un lieu, le pays de Brocéliande et sa forêt de Paimpont. Dénommée *Brecheliant* dans les premiers textes, Chateaubriand a cru y déceler Bécherel, tandis que d'autres l'ont située au Huelgoat ou près de Quintin. Tout dans cette forêt de Brocéliande respire pourtant la légende. Un *Centre arthurien* a d'ailleurs été créé au château de Comper pour transporter le visiteur sur les traces des chevaliers de la Table ronde. Tout près de là se trouve un étang où Viviane, la *Dame du Lac*, recueillit et éleva le jeune Lancelot. Et le fantôme de la *Dame Blanche* semble hanter un autre château, celui de Trécesson. La mystérieuse forêt cache encore la fontaine de Barenton, qui guérit les maladies mentales des hôtes de Folle-Pensée, le Val sans Retour, où certains amants errent encore, le tombeau de Merlin, dernière demeure de l'Enchanteur, ou la fontaine de Jouvence, pour la présentation des enfants de l'année lors du solstice d'été. Ce jour-là, il n'est pas rare, encore maintenant, d'y croiser quelques druides vêtus de robes blanches et armés de faucilles d'or…

LE SAVIEZ-VOUS ?

La Matière de Bretagne ou l'essence d'une aventure littéraire

On désigne ainsi, en littérature, l'ensemble des œuvres du Moyen Âge se rapportant aux aventures légendaires du roi Arthur, ainsi que de ses chevaliers et de leurs familiers, encore parfois dénommé le *cycle arthurien*. C'est bien évidemment toute la Bretagne, la grande île et la petite, qui est ainsi concernée par cet univers de pure tradition celtique. Aux textes se rapportant aussi bien au *Cycle du Graal* qu'aux *Romans de la Table ronde*, s'ajoutent naturellement dans le même esprit les diverses versions de *Tristan et Iseult* et les lais de Marie de France.

Les contes celtes se sont ainsi transmis de génération en génération, d'île en île, par diverses bouches galloises et bretonnes du XIIe siècle. Mystères ou mythes récupérés par un auteur comme Chrétien de Troyes à la demande de seigneurs mécènes, pour en faire des romans en vers à partir de la *matière* fournie, à charge pour lui d'en tourner « une moult belle conjointure ». Marie de France avait déjà évoqué la petite Bretagne en citant quelques villes, telles Dol Le Frêne, Saint-Malo L'Aüstic, Nantes Le Chaitivel.

La *Matière de Bretagne* se caractérise par des motifs, éléments essentiels provenant de l'héritage celtique : la solidarité entre le monde terrestre et l'Autre Monde ; l'existence d'un compagnonnage guerrier ; la libéralité du roi ; l'existence de talismans tels la pierre de Fal ou pierre de souveraineté (le Siège périlleux), le chaudron du Dagda (la coupe d'immortalité, le Graal), la lance d'Ogme (qui tue et guérit), l'épée… ; le recours récurrent à des triades (groupe de trois éléments), la symbolique des couleurs, la présence significative des oiseaux.

Légendes de la mort

Les Bretons ont toujours eu le culte des morts, une tradition qui se perd dans la nuit du temps des mégalithes, déjà bien avant l'arrivée des Celtes. Hantés par les légendes de la mort – qui sont légion –, ils sont très attachés à leurs cimetières, dont la fréquentation se maintient davantage que celle des églises. Une forme de fidélité à la mort parfois associée à la *bretonnité*. Per Jakez Hélias raconte ainsi cette évolution : « Dans ma paroisse, lorsqu'il devint nécessaire d'établir un nouveau cimetière à la sortie du bourg pour dégager le clos de l'église trop peuplé de tombes, je me rappelle encore l'angoisse des vieillards à l'idée qu'ils iraient dormir loin du clocher et des maisons, rejetés hors de la communauté, séparés d'elle, exilés, presque honnis. »

Le passage de l'Ankou

Les anciens Celtes ne craignaient pas la mort, annonce du commencement d'une vie meilleure, quelque chose de simple et naturel. Mais de l'Ankou, ils avaient peur, très peur… Qui est-il donc, cet Ankou qui terrorisait ainsi les populations ? Un serviteur de la mort, une sorte de collecteur qui passe la nuit dans une charrette grinçante pour attraper les âmes des vivants. Passeur d'âmes… une drôle de fonction pour cet « ouvrier de la mort », décrit sous la forme d'un être sans âge recouvert d'une cape tenant une faux à la main, et parfois même « d'un squelette drapé d'un linceul ». Debout sur son char tiré par deux chevaux, l'un maigre et l'autre gras, et accompagné de deux valets, il vient chercher les hommes dont la dernière heure est venue pour les emmener dans l'Au-delà. Selon la tradition, c'est dans chaque paroisse que le dernier mort de l'année devient l'Ankou local pour l'année suivante. Comme pour confirmer cette sentence bretonne concernant les horloges : « Elles sonnent toutes, la dernière tue. »

CURIOSITÉ

L'Ankou toujours présent

On en frémissait encore au XIXe siècle. Auteur d'un recueil de *Contes et légendes de Bretagne* (1899), la comtesse Elvire de Cerny évoque un Ankou terrifiant : « C'est lui qui enlève les époux à leurs femmes ; les fiancées à leurs promis ; les enfants à leurs mères. C'est lui qui fait les orphelins ! Il va la nuit dans les cimetières ; il court de tombe en tombe ; retourne les morts dans leurs suaires et les jette hors des tombeaux ; mêle les ossements dans leurs chapelles et enlève les crânes des ossuaires. C'est lui qui fait revenir les âmes, qui les chasse devant lui comme ses troupeaux de moutons. C'est encore lui qui va par les champs de blé, les bois, les prés, les étables, les écuries, y porte le désordre et jette des sorts. » À éviter ! Aujourd'hui le rapport à la mort a bien évidemment changé, modernité et urbanité obligent. Mais quelques souvenirs sont bien présents, des symboles également. Tandis que l'Ankou a été assimilé par diverses expressions culturelles : sculptures, spectacles, chansons, bandes dessinées, nouvelles et autres textes…

Quelques inscriptions gravées sur des murs d'ossuaires ou d'églises viennent toujours mettre en garde contre l'oubli :

- « Je vous tue tous », semble dire l'Ankou avec son javelot à Brasparts ou son dard à La Roche-Maurice.
- « Souviens-toi homme que tu es poussière », à La Roche-Maurice également.
- « La mort, le jugement, l'enfer froid, quand l'homme y pense, il doit trembler. Fou est celui dont l'esprit ne médite, sachant qu'il faut trépasser », inscription en breton à La Martyre.
- « Pense à mourir, regarde la fin », à Lannédern.

Cairn de Barnenez : l'un des plus imposants. Il date d'environ 4600 ans av. J.-C.

Véritable monument racontant une histoire, le calvaire de Guimilian compte 200 personnages.

© Hervé Gyssels/Photononstop

Dyptique représentant Charles VIII et Anne de Bretagne.

© Hervé Gyssels/Photononstop

Nantes, château des ducs de Bretagne. Ici, le Gros Logis (xve siècle).

© Yvon-Lemanour/Photononstop

La Bretagne ne serait pas elle-même sans les petites chapelles, les croix et les calvaires. Ici, la chapelle de Peinhors à Cornouaille.

© Nicolas Thibaut/Photononstop

Le phare de la Vieille, qui sécurise le Raz de Sein.

Symboles

Coiffe du pays Bigouden.

La Bretagne ne serait pas elle-même sans les petites chapelles, les croix et les calvaires. Ici, la chapelle de Peinhors à Cornouaille.

Le phare de la Vieille, qui sécurise le Raz de Sein.

© Jean Rey/Photononstop

La Bretagne, la première région agricole de France.

© Cali/Iconotec/Photononstop

Après la Seconde guerre mondiale, les ports sinistrés prennent des allures de villes nouvelles (ici, Brest).

Symboles

La faïence de Quimper, l'un des symboles de la Bretagne.

Coiffe du pays Bigouden.

Symboles

© Alain Le Bot/Photononstop

Pont-Aven : le romantisme et la Bretagne ne pouvaient que se rencontrer.

© Taillard/SoFood/Photononstop

Crêpes au beurre salé.

Les Bretons aiment la fête

© François Le Diverah/Photononstop

Fête folklorique à Guéméné sur Scorff, danseur du cercle de Plomelin.

© Sébastien Rabary/Photononstop

Le Festival des Vieilles Charrues, devenu en quelques années le plus grand festival de musique français.

Voulez-vous danser ?

Ils sont quarante-sept à vous attendre pour vous faire entrer dans la danse : le pape, l'empereur, le cardinal, le roi, le patriarche, le connétable, l'archevêque, le chevalier, l'évêque, l'écuyer, l'abbé, le bailli, le ministre, le bourgeois, le chanoine, le marchand, le chartreux, le sergent, le moine, l'usurier, le médecin, l'amoureux, l'avocat, le ménestrel, le curé, le laboureur, le cordelier, l'enfant, le clerc, l'ermite, la femme, l'enfant… Tous ou presque, le poids du temps a pu en faire disparaître certains, mais chacun est accompagné de son mort avec lequel un poème amorce un dialogue d'outre-tombe. Quelle est donc cette sarabande endiablée ? Tout simplement une fresque de *la danse macabre* qui se découvre sur la nef de la chapelle de Kermaria-an-Isquit en Plouha (Côtes-d'Armor). Réalisée à la fin du XVe siècle, elle a été redécouverte en 1856 et constitue l'un des plus beaux exemplaires de cette représentation apparue en 1424 au cloître des Saints-Innocents à Paris, aujourd'hui détruite. On dit qu'elle aurait inspiré Camille Saint-Saëns pour son poème symphonique… Une autre fresque du même motif se découvre également dans le transept de l'église de Kernascléden (Morbihan).

« La Légende de la Mort »

Ce livre référence d'Anatole Le Braz, paru en 1893, est un « monument à la gloire de l'imaginaire breton », résultat d'un patient travail de collecte de récits et témoignages réalisé pendant une quinzaine d'années auprès des paysans et marins. Des rêves insulaires aux échos des chemins creux, c'est toute la mémoire populaire bretonne qui réapparaît, une légende qui n'a jamais totalement disparu. Dans cette transmission de l'oralité, Anatole Le Braz joue un rôle tout à fait exceptionnel. Disciple d'Ernest Renan et de François-Marie Luzel, ce grand collecteur de contes est devenu conteur lui-même, ce grand spécialiste de l'Ankou a fini par le côtoyer et le rencontrer. Un drame va le marquer profondément à l'été 1901, le naufrage d'une barque lors d'une promenade dans l'estuaire du Jaudy : y périrent son père et ses sœurs, onze membres de sa famille en tout. Un marin leur avait en vain conseillé de renoncer. Son beau-frère et préfacier de l'ouvrage, Léon Marillier, fut le seul rescapé, provisoirement pour quelques semaines. Ses cris n'avaient pas attiré les secours, et pourtant… écoutons un pêcheur : « Oh ! Nous entendions bien les appels, ils déchiraient assez la nuit ! Mais, à cause de cela même, nous croyions que c'étaient les âmes de l'enfer de Plougrescant qui hurlaient. » Quand la légende devient réalité !

Fêtes et traditions

S'il est un pays où fêtes et traditions se conjuguent avec bonheur, c'est bien ici. La Bretagne a su fort heureusement allier un héritage venu de très loin, parfois même antérieur à l'arrivée des Bretons, à un nécessaire renouvellement se manifestant selon les modalités du temps. Les risques de dérive existent, en ces temps où la culture se mondialise et se commercialise… mais il est resté suffisamment de volontés créatrices et de bénévoles inconditionnels pour donner toujours l'envie de découvrir ce qui constitue une partie de l'âme bretonne et de l'identité de la Bretagne.

Au temps des fêtes coutumières

Les fêtes ont de tout temps scandé l'année agricole ou religieuse, suivant ainsi des cycles bien définis. Au début du cycle de mai, dans la nuit du 30 avril au 1er mai, des groupes de jeunes gens posaient symboliquement une branche (ou un bouquet) de mai sur les maisons (porte, fenêtre ou cheminée) abritant une jeune fille à marier : du hêtre pour les plus aimables, des œufs ou une poupée pour les filles mères, un épouvantail pour les filles volages, une branche fanée pour les vieilles filles et des ronces ou du houx pour les filles peu sociables… Au hasard des autres cycles, relevons quelques pratiques diverses : la tournée de l'*eginane* pour collecter, entre Noël et l'Épiphanie, des étrennes destinées aux pauvres et aux mendiants ; l'achèvement du cycle pascal par le *jeu de casse-pots de la Quasimodo* permettant aux enfants de se défouler, ou bien le *saut des poissonniers* dans la rivière, en forme de redevance pour leur enrichissement pendant le temps du carême. C'était avant la mondialisation des rythmes festifs, et le retour à l'américaine des citrouilles de *Halloween* à la lointaine origine celtique.

Échelles de noces

Les noces bretonnes ont fait partie de l'image folklorique de la Bretagne véhiculée au XIXe siècle. Les visiteurs les trouvaient pittoresques ! Il faut dire que les traditions rurales se sont maintenues avec force, jusque vers le milieu du XXe siècle. De vraies fêtes, car si les noces ne duraient que deux ou trois jours, les réjouissances occupaient toute la semaine. Occasions privilégiées pour se parer des plus beaux costumes et coiffes, qui disaient tout des lieux et de la condition sociale, sans parler des habits des mariés. Le repas du mariage était un événement, rassemblant en général deux à trois cents personnes, parfois deux mille et même davantage. Imaginez, par beau temps, un champ, quelques échelles faisant office de supports et de bancs, quelques bouts de toile… la table est dressée, chaque convive a participé à la préparation des grands chaudrons ou payé son écot, parfois même apporté son couvert. La noce peut commencer, quelques airs de biniou et de bombarde offrant deux ou trois pas de danse entre les plats. Certaines fêtes sont organisées aujourd'hui pour reconstituer un mariage à l'ancienne avec cérémonie religieuse, défilé et repas, comme à Brélès, Grand-Champ ou Pluneret.

CURIOSITÉ

L'entremetteur

À la campagne, les occasions de rencontres entre les jeunes étaient nombreuses – veillées, mariages, fêtes, pardons, journées de travaux collectifs... – mais toujours sous le contrôle de la communauté, les fréquentations étant étroitement surveillées. Autant dire que les mariages arrangés étaient assez fréquents. Accordailles plutôt que fiançailles ! Pour prospecter et négocier, les jeunes gens et leurs familles avaient donc recours à un entremetteur, connu dans une grande partie de la Basse-Bretagne sous ce nom breton de *bazhvalan*, en référence au symbole qui l'accompagnait, un « bâton de genêt ». Cette fonction était souvent dévolue à un tailleur ou un mendiant. Il fallait quelqu'un se déplaçant régulièrement, bon connaisseur des situations des familles, habile et beau parleur... Subtiles approches qui se poursuivaient autour d'un feu de cheminée et d'une bonne bouteille. Le processus était entamé et, en cas d'accord préalable, il pouvait alors se poursuivre par une visite, en forme d'inventaire des biens de chacune des deux familles, y compris les animaux, les récoltes et le linge. Tel se préparait l'acte social du mariage...

À l'origine des fest-noz

Les Bretons aiment la fête. Depuis toujours. C'était déjà le rôle des veillées, réunions dans une maison du village autour du feu et de quelques travaux domestiques, pour écouter, dire et chanter ensemble, transmettre le savoir et les traditions. Qu'il s'agisse de contes, de blagues ou de *gwerzioù*, ces ballades ou complaintes chantées véhiculaient les grands mythes de l'identité bretonne transmise par cette tradition orale. C'était également celui des fêtes agricoles, à l'occasion de *corvées* réalisées collectivement dans les champs. Que ce soit pour battre le blé ou encore au moment de la construction d'une maison, lorsqu'il fallait tasser le sol d'argile, certaines danses permettant, par leurs pas, d'accomplir cette mission en tournant en rond. C'est un peu l'origine des soirées fest-noz qui, avec les fest-diez en journée, perpétuent cette forme de fête sans spectateurs, car tout le monde y est acteur.

Fêtes en tout genre

Tous les prétextes sont bons pour faire la fête, tous les thèmes également. Impossible donc de les citer toutes, ces fêtes bretonnes qui associent avec bonheur Bretons et visiteurs tout au long de l'année, mais encore plus aux beaux jours. Elles témoignent d'une vitalité créative jamais démentie. Quelques exemples de cette diversité largement inspirée du patrimoine régional :

- dans les Côtes-d'Armor : le *Festival des hortensias* de Perros-Guirec, la *Fête de la morue* à Binic, la *Fête des Islandais et des Terre-neuvas* à Paimpol, la *Fête de la bière bretonne* à Tréguier, la *Fête des Remparts* à Dinan, la *Fête du coco* à Paimpol…
- dans le Finistère : la *Fête des Brodeuses* à Pont-l'Abbé, le *Festival des Filets bleus* à Concarneau, la *Fête des Pommiers* à Fouesnant, la *Fête de la Langoustine* à Lesconil, la *Fête de l'Oignon rosé* à Roscoff, la *Fête des Fleurs d'ajoncs* à Pont-Aven, le *Festival Arts dans la rue* à Morlaix, la *Fête des Bruyères* à Beuzec-Cap-Sizun, la *Fête des Mouettes* à Douarnenez…
- dans l'Ille-et-Vilaine : la *Gallésie en fête* à Monterfil, les *Tombées de la Nuit* à Rennes, spectacle vivant basé sur la rencontre des arts, des artistes et des lieux, le *Mois du Marron* et la *Bogue d'or* à Redon, le *Festival de l'Imaginaire* à Vitré…
- dans le Morbihan : les *Fêtes historiques* à Vannes, le *Festival Saumon* à Pont-Scorff, le *Festival photos Peuples et Nature* à La Gacilly, la *Fête du Thon* à Étel, les *Fêtes d'Arvor* à Vannes, le *Festival du film insulaire* à Groix, la *Fête de la Crêpe* à Gourin, la *Fête de l'Andouille* à Guémené-sur-Scorff…
- et en Loire-Atlantique : les *Rendez-vous de l'Erdre* à Nantes, les *Nuits salines* à Batz-sur-Mer, la *Fête de la Tourbe* en Brière…

ÉVÉNEMENT

Le *FIL* magique de Lorient

C'était il y a quarante ans avec le Festival des cornemuses tout juste débarqué de Brest, qui ne voulait plus de ce concours de badgadoù et de pipe-bands, et que Pierrot Guergadic, alors responsable du Comité des fêtes de Lorient reprit à son compte, suivi par la Ville. C'est aujourd'hui le plus grand festival de France, avec entre six et sept cent mille entrées, et même l'un des tout premiers d'Europe, n'étant dépassé que par le Festival international d'Édimbourg pour le nombre de festivaliers, et par la Oktoberfest de Munich pour les quantités de bière débitées ! Le Festival interceltique de Lorient, couramment désigné par ses initiales le FIL, a connu un destin exceptionnel. Pendant dix jours du mois d'août, il propose chaque année un programme très varié pour valoriser la musique et la culture bretonnes et celtiques. Ouvert aux régions et pays voisins de la même origine celtique (Irlande, Écosse, pays de Galles, Cornouailles, île de Man, Galice, Asturies), il cherche également à s'ouvrir à de nouveaux groupes, tels des pipe-bands australiens, des joueurs de gaïta latino-américains et des chanteurs canadiens… On n'y entend pas que des bombardes et des binious ! Une programmation très ouverte associe : la Grande Parade des Nations celtes, une Cotriade géante, la Nuit du Port de pêche, des Nuits interceltiques (musiques vivantes, projections audiovisuelles, nouvelles technologies et feux d'artifice), des ateliers (master class), conférences, concerts, danses, concours, lectures, films, stages, expositions, jeux bretons… et aussi un village celte, un salon Quai du livre… Ce festival a fédéré en quarante ans quelques passionnés et s'est appuyé sur de nombreux bénévoles. Parmi eux se distingue la figure emblématique de Jean-Pierre Pichard, l'âme de ce projet, l'homme qui a eu la vision et l'ambition, et qui a su fédérer toutes les énergies nécessaires.

Le FIL vit toute l'année, et il aime aussi sortir de ses murs. Surfant sur la vague celtique, il a créé en France la première fête de la Saint-Patrick à Paris, remarquée par les médias et les sponsors, avant d'organiser d'autres Nuits celtiques à Paris (au Stade de France), Nantes et Rennes, des spectacles à Lille et Lyon… Le FIL a grandement contribué à faire évoluer l'image de la ville de Lorient, faisant dire à Jean-Yves Le Drian, son ancien maire devenu aujourd'hui le président de la région Bretagne, que le festival est « insubmersible », comme la base sous-marine dont la ville a hérité depuis la dernière guerre !

Saint-Yves sur les pas de Saint-Patrick

Ce sont les Irlandais qui ont commencé. La Saint-Patrick est aujourd'hui fêtée le 17 mars dans le monde entier, devenue au-delà de la fête catholique d'origine le signe de reconnaissance de tous les Irlandais : elle était déjà célébrée à Boston en 1737, tandis que la première parade officielle eut lieu à New York en 1762 ! Elle est ainsi devenue la grande fête celtique dédiée au printemps. Les Bretons s'en inspirent à leur tour pour faire de la Saint-Yves, célébrée le 19 mai, une fête emblématique. Saint Yves, originaire de Tréguier – plus précisément de Minihy-Tréguier – et patron des avocats, est aussi vénéré, avec sainte Anne, comme l'un des deux saints patrons de la Bretagne. Initiée en 1997 à Nantes par l'Agence culturelle bretonne, elle a pris depuis son autonomie : la *Fest Yves* – Gouel Erwan, qui est aussi le nom d'une association attachée à sa promotion – est en pleine phase de développement. Le conseil régional de Bretagne vient de décliner le concept d'une grande *Fête de la Bretagne*, autour de la Saint-Yves, qui a labellisé trois cents manifestations en 2010.

ÉVÉNEMENT

La Breizh Touch

Ce devait être la grande fête bretonne de l'avenir. Créée en grande pompe pendant quatre jours en septembre 2007, *Breizh Touch* avait rassemblé autour d'elle toutes les bonnes fées bretonnes : la région Bretagne et les cinq départements historiques, le *FIL* pour la mise en scène de la *Breizh Parade* avec ses trois mille sonneurs et danseurs sur les Champs-Élysées, TF1 pour la retransmission télévisée, un *Cyber Fest-Noz* géant au Zénith, une exposition *Breizh numérique*, *Breizh sur Seine* pour exposer le meilleur de la Bretagne, l'*Arvest Festival* pour décliner les programmations des événements les plus renommés, et, comme il se doit de toute grande manifestation, un festival *Off de la Breizh Touch* dans sept lieux de la capitale ! La Bretagne est ainsi entrée en Seine, avec la bénédiction d'une trentaine de personnalités bretonnes de cœur ou de naissance parmi lesquelles : Alan Stivell, Jane Birkin, Patrick Poivre d'Arvor, Erik Orsenna, Irène Frain, François Pinault, Vincent Bolloré, Olivier Roellinger, Bernard Hinault, Roland Jourdain, Anne Quéméré, Jean-Loup Chrétien…

« La Bretagne comme vous ne l'avez jamais vue », proclamait l'affiche officielle, éclairée par une tour Eiffel parée de rayures noires pour se donner, elle aussi, un petit air breton. « Too much ! » ont trouvé certains, raillant ainsi la déclinaison à l'anglo-saxonne de cet *Esprit Bretagne* et en trouvant la note un peu salée. Ce qui est certain, c'est que, petit à petit, la Bretagne fait son nid dans l'opinion, par petites touches successives. Histoire d'imposer l'image d'une région moderne, créative, festive et ouverte sur le monde.

Pardonneurs et pardonnés

Dans cette Bretagne où la foi est fondée sur le granit des chapelles, des calvaires et des enclos, les *pardons* y sont une forme de pèlerinage très spécifique, un mélange de fête religieuse et de foire profane. Depuis des temps immémoriaux, chaque année les hommes se rassemblent autour des six mille chapelles qui maillent son paysage et sa culture. Défiant les modes, ils y célèbrent quelque huit cents saints légendaires dotés de pouvoirs mystérieux et avec lesquels ils entretiennent des relations bien particulières. Les *pardonneurs* se prêtent à des rites et à des pratiques que l'Église a, parfois mais en vain, tenté d'interdire au cours des derniers siècles : triple circumambulation autour du sanctuaire, baiser des statues et des reliques, ablution aux fontaines, accolement de mégalithes, embrasement de bûchers, offrandes et invocations, chants, danses et jeux… Encore aujourd'hui, près de deux cents pardons (trois cents à la fin du XIXe siècle) rassemblent à la belle saison des centaines de milliers de Bretons qui perpétuent une tradition millénaire. La particularité du *pardon* est de participer à une double culture, chrétienne et celtique, de se rattacher à un espace, la paroisse, et à un temps, la fête du saint, qui s'enracinent dans un passé à la fois mythique et historique.

CURIOSITÉ

Loué soit le pardon !

Marguerite Philippe (Marc'harid Fulup, 1837-1909), une *mendiante* de Pluzenet (Trégor) handicapée – née avec un bras paralysé, l'autre atrophié après une morsure de porc – a pourtant, nous rapporte Anatole Le Braz, « gardé une foi profonde dans ses superstitions surannées et délicieuses ». Elle avait trouvé un moyen de subsistance habile et utile, en devenant une sorte de professionnelle du pardon. Écoutons toujours Anatole Le Braz, en lisant un texte écrit pour introduire le tome I des *Sonioù* de François-Marie Luzel, qui avait recueilli auprès de sa conteuse préférée plus de 200 chants et de 150 contes bretons : « Elle en vit, moralement, matériellement aussi. Le peu d'argent qu'elle gagne, c'est moins son métier de fileuse que sa réputation de pèlerine qui le lui rapporte. Son principal gain consiste, en effet, à faire des pèlerinages par procuration. Dès qu'on tombe malade, dans la contrée, on a recours à Marguerite Philippe. Elle s'entend de même à accomplir les vœux faits par les défunts. Elle sait à merveille le domicile favori, l'histoire et la spécialité de chaque saint. C'est une science très compliquée, où nous nous perdrions. […] S'il s'agit d'aller en pèlerinage aux lieu et place d'un mort, elle se traîne sur ses genoux nus, à l'entour de la chapelle votive, en ayant soin de procéder à l'encontre du soleil, car le tour dans le sens de l'astre ne se fait que pour des vivants. Mais, c'est un volume qu'il faudrait écrire, si l'on voulait consigner toutes les pratiques étranges dont Marguerite possède la clef. » Célèbre en son pays, son tombeau est l'œuvre du sculpteur Yves Hernot, elle a sa statue sur la place du bourg de Pluzenet, due au sculpteur Morley Troman et érigée en 1971, et elle est représentée dans le groupe sculpté en l'honneur d'Anatole Le Braz par Armel Beaufils, inauguré le 14 septembre 1930 sur le rond-point Huguin à Saint-Brieuc.

De la Grande Troménie au Pardon des Chevaux

Qui voudrait participer à tous ces pardons accomplirait un véritable Tro-Breizh extraordinaire, le pèlerinage des pèlerinages. Il pourrait ainsi vénérer la sainte patronne de Bretagne lors des pardons de Sainte-Anne-d'Auray et de Sainte-Anne-la-Palud, ou bien saint Yves à celui de Tréguier. Aller également vers des pardons plus insolites, en assistant au salut des bannières à

Minihy-Tréguier, aux cavalcades des chevaux à Saint-Gildas (Penvénan), à la bénédiction des vaches à Carnac, à la descente de l'ange qui enflamme le bûcher de Notre-Dame de Quelven, à la Dérobée dansée à Moncontour… ou encore écouter le chant des oiseaux à Toulfoën, dans la forêt de Carnoët, du moins jusqu'en 1991 avant que ce pardon ne soit reconnu écologiquement incorrect. Et, plus rare encore, suivre la Grande Troménie de Locronan, qui, tous les six ans, reprend le même itinéraire immuable à travers les champs de blé et les talus, la continuation, d'après les historiens, d'un grand cérémonial celtique lié à la représentation du cycle calendaire (le *nemeton*). Douze stations et douze kilomètres à parcourir silencieusement en suivant le soleil ! Grand spécialiste des traditions et légendes bretonnes, Bernard Rio a consacré un bel ouvrage aux pardons dans lesquels il cherche « les reliques d'un temps qui soit, ni éphémère ni mercantile, la persistance d'une pensée originale, la substance d'une tradition vivante ».

Bretagne des arts

Dans sa quête de symboles, la Bretagne s'est toujours exprimée au travers de multiples disciplines artistiques. Les signes d'architecture religieuse, maritime ou utilitaire sont intimement associés aux paysages, et complétés par des ornements sculptés ou des intérieurs typiques. D'originaux mouvements ont toujours animé l'ouverture bretonne aux créations venues d'ailleurs.

Une architecture marquée par les matériaux

LE SAVIEZ-VOUS ?

Granit et ardoise, ces deux matériaux produits en Bretagne ont marqué l'architecture traditionnelle. La Bretagne fournit ainsi le tiers du granit français, avec la palette de coloris la plus variée qui soit. Quant à l'ardoise bretonne, elle règne sur les toits au nord de la Loire, le fleuve marquant la limite de la tuile du sud. L'architecture bretonne traditionnelle s'admire encore comme ensembles homogènes dans certaines zones rurales et petites villes, moins touchées par le modernisme et la densification du bâti. Comme le soulignait Per Jakez Hélias, une forme d'art populaire breton permettait « d'observer toutes les étapes de transition entre les humbles logis des ouvriers agricoles et le manoir seigneurial, entre la petite chapelle de campagne qui n'est guère qu'une maison paysanne, sommée d'un clocheton en place de cheminée, et les quelques cathédrales que nous avons ». Il soulignait également « l'intégration parfaite des anciens édifices dans le paysage ». On a beaucoup bâti depuis, avec des bonheurs divers, il faut bien suivre son temps !

Chapelles closes et enclos ouverts

La Bretagne ne serait pas elle-même sans les petites chapelles et les enclos paroissiaux. Ni sans les croix et les calvaires, particulièrement nombreux et parfois imposants en Basse-Bretagne. Certains calvaires constituent d'ailleurs de véritables monuments racontant de curieuses histoires, comme celui de Plougastel-Daoulas qui comporte cent cinquante personnages, ou celui de Guimiliau qui en compte deux cents. Le plus souvent, l'église n'est pas seule. Elle fait partie d'un ensemble, l'enclos paroissial qui regroupe : le cimetière, le calvaire, et parfois, un ossuaire et une fontaine sacrée. Un lieu de rencontre des morts et des vivants ! Pour visiter les petites chapelles des Côtes-d'Armor, il est souvent nécessaire de se procurer la clé chez un voisin ou bien au café d'en face. Ces lieux se méritent, la communauté veille sur eux et les horaires d'ouverture présentent une grande flexibilité.

CURIOSITÉ

La roue à carillons

Voici une roue pleine de charme, dont les enfants, petits et grands, aiment actionner la manivelle à l'aide d'une longue cordelette pour entendre la mélodie des clochettes lorsqu'elles existent encore. Très fréquentes au Moyen Âge, les roues à carillons se font de plus en plus rares, et la Bretagne a la chance d'en posséder encore quelques-unes en état de marche, la plupart dans des églises ou chapelles des Côtes-d'Armor (Locarn, Saint-Nicolas-du-Pelem, Priziac, Berrien, Laniscat, Magoar, Kérien ; et Confort-Meilars dans le Finistère). Celle de Locarn est bien conservée – d'un diamètre de 1,10 mètre, elle est en bois, bronze et fonte – avec ses onze cloches aux sons différents. En dehors de leur utilisation liturgique, ces roues semblent avoir reçu d'autres fonctions, d'où leur appellation de *roues de fortune* comme à Locarn, parfois de *roues de gloire*. On leur attribue aussi un pouvoir de guérison, il suffit d'invoquer « le petit saint de la roue », voire de divination, de telles pratiques superstitieuses restant cependant exceptionnelles. L'origine celte de la roue, vouée au culte solaire, est également suggérée.

Plein phare sur les ports

La Bretagne, avec ses trois mille cinq cents kilomètres de côtes en comptant les rias et les îles, propose un remarquable patrimoine maritime qui figure en bonne place sur sa carte de visite. Des ports, elle en a de toutes les tailles, et pour toutes les fonctions, mais ce sont sans doute les petits ports typiques qui en font incontestablement tout le charme. Il faut prendre son temps pour les découvrir, nichés au fond d'une ria ou au creux des rochers, ou encore blottis entre mer et forêt. Ils vivent encore au rythme des marées, du débarquement des produits d'une pêche côtière artisanale et traditionnelle, sous le regard attentif des mouettes et des goélands qui n'en perdent pas une miette… Il faut être là quand s'animent les quais avec la complicité d'une criée, d'une coopérative, d'un abri du marin, d'un vieux gréement. Ou bien encore les aborder par la mer, au petit matin, guidé par l'un ces multiples phares, tous différents, mais dont les gardiens ont fini par disparaître. Curieuses victimes du temps qui passe (la modernité) que ceux qui le passaient justement (leur temps) à contempler la mer.

LE SAVIEZ-VOUS ?

Merrien par Merrien

René de La Poix de Fréminville (1905-1972) avait la passion de la mer et des lettres. Amoureux du littoral finistérien compris ente l'Aven et la Laïta, il prit pour nom de plume celui de l'un de ses petits ports sis sur la commune de Moëlan, Merrien, ce port faisant un triptyque avec Le Pouldu et Doëlan. Devenu ainsi l'écrivain Jean Merrien, il en a laissé une belle description dans *Le Livre des côtes de France* (1962), à lire pour qui veut comprendre l'âme de ce pays :

« La côte de Kerfany au Pouldu n'est pas grandiose. Elle ne possède pas de plage. Pas de route littorale, juste un chemin douanier, qui contourne les criques. Prenez ce chemin de douane. Vous comprendrez ce qu'elle a : une âme. [...] La clef de ce monde-là, c'est Doëlan. Ce petit port sardinier ne vous concédera rien, qu'une pension de famille, d'ailleurs charmante et parfaitement située ; autrement, il s'occupe seulement de lui-même, de ses pêcheurs de sardines, que leurs femmes mettent en boîte (les sardines). Deux phares noirs et blancs, en alignement, un petit corps de douane rendu célèbre par les peintres, quelques cafés tout blancs, et le petit fjord tout bourré de bateaux. Un passeur... »

L'ingéniosité du mobilier breton

Petit détour par l'intérieur traditionnel des maisons d'autrefois, objet de tant de souvenirs et de belles histoires. Une longue tradition d'artisans, ébénistes et sculpteurs, a conduit à définir un véritable style breton comportant toute une gamme de meubles faisant corps avec la maison : lit clos pour assurer un minimum d'intimité dans la salle commune, souvent accompagné d'un banc-coffre pour le linge, meubles divers de rangement (presse à lin, armoire, coffre à grains, vaisselier), horloge, table et bancs, très peu de sièges (sauf pour le *tad coz*, l'aïeul)... Les ornements, composés de motifs celtiques, de clous... apparaissent un peu chargés, faisant dire à Per Jakez Hélias que « ce mobilier n'était qu'une façade, un brillant paravent qui cachait une réalité toujours dure et souvent misérable ». Mais le mobilier breton n'est pas uniforme, des signatures bien spécifiques apparaissant dans différents « pays », avec quelques spécificités : l'utilisation du châtaignier (Cornouaille, Morbihan) ou du chêne (Léon), les meubles de port à Nantes, Saint-Malo et Morlaix, de riche facture en raison de l'emploi des bois importés (acajou, ébène, palissandre, bois de rose), le mobilier guérandais aux formes très géométriques et à la couleur rouge (dite *sang-de-bœuf*), le mobilier ouessantin très souvent peint pour dissimuler les bois de récupération d'origines différentes…

Terre de sculpture

La Bretagne est une terre de sculpture. S'y trouvent réunis les matériaux (granit, kersanton, grès…), une longue tradition de sculpteurs et un merveilleux débouché dans les monuments religieux. Sans remonter aux Celtes, les premières réalisations d'art roman au cours du Moyen Âge ducal sont nombreuses. Mais c'est véritablement à partir du XVIe siècle que la sculpture bretonne a pris une grande importance : tombeaux comme celui du duc François II à Nantes, enclos paroissiaux, floraison de grands retables… Cette tradition s'est ensuite prolongée au XIXe siècle avec l'émergence de nouvelles commandes, d'ateliers locaux et de quelques sculpteurs renommés, avant qu'un renouveau ne se manifeste sous des formes plus modernes depuis une cinquantaine d'années. Les jardins du domaine de Kerguéhennec constituent une vitrine originale de quelques formes expérimentales. Pour la petite histoire, il faut ajouter que les Bretons ont apporté leur contribution à l'érection de la statue de la Liberté de New York : le socle est majoritairement composé de pierre de Kersanton provenant des carrières de Loperhet et de Logonna-Daoulas. Comme le gisant de saint Ronan à Locronan ou le phare d'Eckmühl à la pointe de Penmarc'h !

Du romantisme aux risques de bretonneries, où le déferlement des peintres

Le romantisme et la Bretagne ne pouvaient que se rencontrer. Dans un XIXe siècle qui connaît de grands bouleversements, qui s'industrialise, la Bretagne peut apparaître, sinon comme exotique pour certains, voire mélancolique pour d'autres, du moins comme un ailleurs pour beaucoup. Les peintres en prennent le chemin, un peu comme les écrivains. Certains en passant, mais nombreux sont ceux qui, totalement séduits et même envoûtés, y resteront durablement. La Bretagne s'ouvre à tous, aux réalistes et aux paysagistes, aux impressionnistes et aux symbolistes, aux synthétistes et aux surréalistes… La Bretagne, et principalement son littoral, va se couvrir de chevalets autour de quelques lieux animés : Pont-Aven, Concarneau, Douarnenez, Camaret, Cancale, Bréhat, Rochefort-en-Terre, Le Faouët… Nombre d'artistes viennent voir dès 1860, certains s'y installent. Des groupes, voire des écoles, se créent. Il y avait un grand risque dans cet engouement, et mouliner à coups de pinceau cette matière bretonne a engendré des *bretonneries* triomphantes de bien fade facture. Mais le succès est venu grâce à l'audace et au génie de quelques-uns, notamment Paul Gauguin. Depuis, on n'a cessé d'expérimenter, comme Max Ernst qui inventa le grattage en observant le parquet de son auberge à Pornic (1925), ou comme Victor Vasarely qui eut l'idée à Belle-Île (1947) du cinétisme à partir des galets polis par la mer.

Et Pont-Aven fit école

Pont-Aven a connu un avant-Gauguin : Jacques Cambry invite les artistes à y venir dès 1794; Hippolyte Lalaisse dessine le site en même temps que les costumes en 1843; l'Américain Robert Wylie s'y installe en 1865 et y attire quelques-uns de ses compatriotes, dont un journaliste du *Philadelphia Evening Bulletin* qui livrera une chronique; puis des Hollandais et des Scandinaves… Paul Gauguin arrive en juillet 1886 pour « faire de l'art dans un trou [car] c'est en Bretagne qu'on vit le meilleur marché », et il s'installe à la pension Gloanec. La suite sera plus enthousiaste et surtout très créative, avec Émile Bernard et quelques autres dont Ferdinand du Puigaudeau. Gauguin y reviendra à plusieurs reprises jusqu'en 1894 avant de partir définitivement pour Tahiti. Il alterne en fait ses séjours avec Le Pouldu, village plus calme (la colonie de Pont-Aven compte alors plus de cent cinquante peintres !), avec quelques amis dont Paul Sérusier, Meyer de Haan et Charles Filiger, logeant chez Marie Henry, « Marie-Poupée », à la Buvette de la Plage qu'ils décorent entièrement. Le séjour breton et fondateur de Gauguin lui a permis d'élaborer son art en donnant à la peinture « le droit de tout oser ».

CURIOSITÉ

En route avec les peintres

Une bonne idée pour poser son chevalet en contemplant ce qu'est devenu le paysage d'un tableau célèbre, en ressentant peut-être les mêmes émotions ou en retrouvant la fascination qui avait été la leur. Plusieurs itinéraires labellisés *La Route des Peintres en Cornouaille* permettent ainsi de découvrir la région sur les pas des grands peintres qu'elle a inspirés. Ils donnent à découvrir les sites d'inspiration, les maisons et auberges qui les ont accueillis, ainsi que les musées et lieux d'exposition qui leur sont consacrés. On ne manquera pas ainsi la chapelle de Trémalo où fut peint par Gauguin le *Christ jaune*, ni le Bois d'Amour où se retrouvaient les peintres de Pont-Aven, ni la maison-auberge de Marie Henry au Pouldu… Pas moins de sept itinéraires pour parcourir la Cornouaille : Quimper et la vallée de l'Odet; la baie de Douarnenez et le cap Sizun; le Pays bigouden; Bénodet, la baie de la Forêt et Concarneau; Pont-Aven et Le Pouldu; Crozon et Camaret; Le Faouët et les vallées autour de Châteauneuf-du-Faou.

La Haute-Bretagne peut aussi prétendre à tracer le chemin de ses peintres. Notamment pour la Côte d'Émeraude : le passage de Picasso à Dinard et Saint-Énogat lui a inspiré une *Baigneuse*; Saint-Lunaire et Saint-Briac (surnommée *la station des peintres*) ont inspiré Émile Bernard, Auguste Renoir, Pierre Signac ou encore Henri Rivière; Saint-Malo, Saint-Servan et la tour Solidor, Cancale et la baie du Mont-Saint-Michel figurent également parmi les sites les plus peints…

Seiz Breur, tout droit !

Le projet de cette phalange d'artistes a émergé entre les deux guerres mondiales : ce véritable mouvement artistique breton a initié une nouvelle dynamique d'un art breton moderne et créatif dont l'influence se fait encore sentir aujourd'hui. Cette symbolique *Union des Sept Frères* est née en 1923 de la rencontre au Folgoët entre Jeanne Malivel, décoratrice et graveur, René-Yves Creston, peintre et graveur qui présida le mouvement pendant seize ans, et son épouse Suzanne. Regroupant plus d'une cinquantaine de membres, les *Seiz Breur* participèrent à l'Exposition internationale des Arts décoratifs et industriels modernes (Paris, 1925) et réalisèrent l'essentiel du pavillon de la Bretagne à l'Exposition universelle de Paris en 1937. Malgré ce brassage innovant des diverses disciplines artistiques, le mouvement souffrit cependant de dissensions internes, de la dispersion de son leader et d'une certaine ambiguïté. Sans s'identifier aux partis autonomistes, il en a partagé diverses idées et a eu quelques adeptes communs, notamment à partir de la naissance en 1941 de l'Institut celtique de Bretagne. Suffisamment pour que l'opprobre jeté à la Libération sur certains ne cause un réel trouble avant la disparition de *Seiz Breur* en 1948. Une bonne idée, à un mauvais moment. Et une belle devise :

> « Rien ni personne ne nous empêchera de marcher vers le but
> Vent arrière, vent dcbout, Seiz Breur, tout droit ! »

De la musique avec toute chose

La musique est l'un des modes les plus forts de l'expression de la culture bretonne, en déclinant les origines celtiques traditionnelles tout en les adaptant aux modalités du temps. Une bien belle saga qui compte de nouveaux bardes et offre des manifestations aux succès étonnants : le renouveau ne se dément toujours pas !

La route de la cornemuse et de la bombarde

Tout le monde le sait, binious et bombardes nous viennent d'Écosse et d'autres lieux grand-bretons. Que nenni ! Ils arriveraient de Chine, pas vraiment tout droit, via la route de la Soie et les flûtes turques, avant de parvenir jusqu'aux Celtes d'Europe centrale et de se retrouver en pays connu. Après avoir accompagné les bardes, le biniou est devenu l'instrument emblématique des Bretons. Un instrument mythique, « il avait sa légende, comme tout biniou qui se respecte », écrira Charles Le Goffic. Loué par les romantiques, il avait eu tendance à disparaître des fêtes au profit de l'accordéon passe-partout, avant de faire un retour en force depuis une cinquantaine d'années dans le cadre des fest-noz. Sorte de hautbois, la bombarde fait la paire, un couple indissociable dans lequel c'est elle qui mène la danse en énonçant les phrases musicales reprises ensuite en écho par le biniou. Il faut les entendre dans les rues de Quimper lors du festival, lorsque quelque mille sonneurs, *biniaouer* et *talabarder*, entonnent ces airs traditionnels qui font danser la ville.

Bretagne des festivals

La musique a pris une grande place dans le renouveau culturel et festif de la Bretagne. Elle est présente dans tous les fest-noz ou fest-diez comme dans les événements familiaux ou associatifs, dans toutes les fêtes thématiques déjà évoquées comme dans de nombreux concerts, associant les partitions et chants traditionnels à des formes plus modernes, comme le jazz ou le rock, qui cherchent souvent à en prolonger l'esprit. On ne compte plus les grandes manifestations, les fêtes et les festivals totalement musicaux, quelques-uns très emblématiques sont devenus des rendez-vous incontournables qui placent la Bretagne parmi les premiers rangs du genre :

- le *Festival de Cornouaille* – devenu en 2010 *Cornouaille Quimper* – qui est le plus ancien rendez-vous incontournable de musique bretonne, et qui accueille le championnat national de bagadoù, ces troupes de sonneurs, accompagnés de percussions, au nombre d'environ cent trente en Bretagne pour quelque six mille musiciens ;
- *Les Vieilles Charrues*, festival créé en 1992 par une bande d'amis rassemblés autour de Christian Troadec, devenu en quelques années à Carhaix le plus grand festival de musique français (230 000 entrées en 2009, et plus de 5 000 bénévoles), associant tous les genres, mêlant les artistes bretons aux grandes stars de variétés ;
- le *Festival du chant de marin* de Paimpol vient de fêter ses vingt ans en 2009, il est organisé tous les deux ans et accueille environ cent mille festivaliers sur trois jours, avec la présence d'une centaine de vieux gréements ;
- le *Festival Kann Al Loar* accueille à Landerneau les plus grands noms de la scène bretonne, mêlant les musiques actuelles aux airs traditionnels ;
- le *Festival de la danse bretonne et de la Saint-Loup* organise à Guingamp le concours national de danses bretonnes, autour duquel se rassemblent quelque 2 500 sonneurs, danseurs et artistes du monde celtique ;
- *Jazz à Vannes* accueille depuis trente ans, dans un cadre de plein air, des artistes emblématiques de tous pays, se positionnant parmi les grands festivals de jazz de l'Hexagone ;
- les *Rencontres Trans Musicales* de Rennes, ou *Trans*, un festival international de musiques actuelles qui se décline dans divers pays (Chine, Norvège, République tchèque, Russie) ;
- la *Route du Rock* à Saint-Malo, un festival qui a su garder depuis vingt ans un véritable esprit de découverte, avec deux déclinaisons, l'une en été et l'autre en hiver ;

- *La Folle Journée de Nantes*, un festival de musique classique à thème (un compositeur, une période...), créée en 1995 par René Martin, propose une vaste rétrospective sur un même lieu, permettant au public d'écouter des œuvres variées, de suivre des conférences... : 130000 billets vendus en 2010 (taux de remplissage de 97 %) pour 280 concerts et 1 700 artistes en cinq jours, plus la déclinaison de quelques concerts dans une dizaine de villes de la région. *La Folle Journée* est aussi exportée à Bilbao, Lisbonne, Tokyo ou Rio de Janeiro ;
- les *Rencontres internationales de la clarinette populaire* réunissent, depuis 1989 à Glomel, des musiciens du monde entier autour de cet instrument universel ;
- et tant d'autres festivals proposant des programmes variés dans toute la Bretagne...

La chanson bretonne

La chanson a toujours été populaire et festive en Bretagne, étant également un outil de transmission orale des informations au même titre que le conte. Les chanteurs, jadis souvent illettrés, étaient des gazettes ambulantes, des colporteurs de textes éphémères. Le chant accompagnait ainsi tous les temps de la vie : les travaux des champs, les marches, les *gwerzioù* (chants mythologiques, héroïques, historiques et ballades) et *sonioù* (chants de fêtes et d'amour) aux veillées, les chants de taverne aussi, pendant masculin des chants religieux, les comptines pour enfants, les chants de marins... Les textes étaient parfois imprimés par un libraire auquel ils étaient dictés. Et puis il y a toujours les airs fredonnés dans la grande période des *biniouseries*, comme le si décrié et si populaire à la fois : « Ils ont des chapeaux ronds, vive la Bretagne / Ils ont des chapeaux ronds, vive les Bretons », dont les couplets se déclinent à l'infini – des petites histoires locales ou des plaisanteries de collégiens...

LE SAVIEZ-VOUS ?

Les acteurs du renouveau

Après la tradition ou le folklore, le temps du renouveau est bien arrivé. Sont montés sur les scènes actuelles des chanteurs et des chanteuses qui ont, pour certains, adapté de vieilles rengaines, et, pour d'autres, créé un genre ou tout simplement des textes. Depuis la Seconde Guerre mondiale, quelques artistes ont ainsi donné une nouvelle jeunesse à la chanson bretonne, en même temps que ses lettres de noblesse. Petit tour de cette nouvelle chorale :

- les sœurs Goadec, un trio originaire de Treffrin (Côtes-d'Armor) chantant a cappella, parmi les premières à relancer les chants traditionnels ;
- Glenmor, auteur-compositeur-interprète, écrivain et poète, un symbole du celtisme retrouvé qui se dit être un « barde de Petite-Bretagne, n'ayant eu pour seuls maîtres que les chemins et les vents » ;
- Andrea Ar Gouilh, une pionnière du renouveau musical breton dont la belle voix si pure a redonné une nouvelle vie aux chansons anciennes du *Barzaz Breiz*, accompagnée un temps par le harpiste Alan Cochevelou, le futur…
- Alan Stivell, également auteur-compositeur-interprète, à qui l'on doit la *Renaissance de la harpe celtique*, est un précurseur de la *World Music* qui a chanté et joué sur toutes les scènes du monde pour lancer un mouvement musical celtique moderne ; le « phénomène Stivell » a changé l'image de la Bretagne ;
- Dan Ar Braz est un guitariste capable d'approcher le jeu et la sonorité de la cornemuse, très vite repéré par Alan Stivell après avoir appris la musique « dans les bals et les bistrots » ; il est à l'origine de *L'Héritage des Celtes*, groupement de musiciens présentant la richesse et la diversité de la musique celtique ;
- Tri Yann – Jean Chocun, Jean-Paul Corbineau et Jean-Louis Jossic, le leader qui est aussi l'élu en charge de la culture à Nantes – est un groupe nantais inclassable dans la musique bretonne, une position qui lui réussit plutôt bien avec déjà quarante années d'existence, le record de longévité musicale des Frères Jacques est battu !
- Gilles Servat, le chanteur rebelle célèbre pour *La Blanche Hermine*, est un artiste polyvalent engagé, également poète et romancier ;
- Yann-Fañch Kemener, chanteur traditionnel de musique bretonne, est aussi un musicologue et un collecteur qui fait vivre le patrimoine ;
- Didier Squiban, pianiste et compositeur, réconcilie la musique traditionnelle bretonne avec la modernité, l'associant au jazz et à la musique symphonique classique ;
- Nolwenn Leroy, jeune chanteuse originaire de Saint-Renan, révélée par la Star Academy en 2002, et dont le dernier album *Bretonne* rend hommage aux airs celtes traditionnels, la nouvelle grande voix de la chanson française ;
- et aussi Charles Miossec, Yann Tiersen, etc.

Terre de littérature

La vie littéraire de Bretagne est jalonnée, depuis plusieurs siècles, de belles pages et des traces laissées par nombre d'auteurs de talent, Bretons ou parfois de passage. Quelques repères donnent à en voir les principaux aspects, et surtout l'envie de fréquenter ces livres, et aussi les bibliothèques et les librairies pour d'autres découvertes. Une dizaine de portraits d'écrivains ayant particulièrement marqué la Bretagne complète ce panorama au chapitre 17 : François-René de Chateaubriand, Ernest Renan, Jules Verne, Tristan Corbière, Pierre Loti, Alfred Jarry, Max Jacob, Segalen, Louis Guilloux et René Guy Cadou.

Lettres d'amour, lunettes, propos et balivernes, premiers écrits littéraires

Il doit davantage la célébrité à des amours contrariées avec une certaine Héloïse, et à leur correspondance inspirée, qu'à une brillante carrière parisienne : le célèbre moine philosophe Abélard, originaire du Pallet dans le vignoble nantais, est le premier grand écrivain breton (il écrivait en latin au XIIe siècle). Trois siècles plus tard, la littérature acquiert, si l'on peut dire, ses lettres de noblesse bretonne – en français ! – à la cour ducale de François II et d'Anne de Bretagne, avec *Les Lunettes des princes* (1493) du poète nantais Jean Meschinot, considéré comme l'un des grands rhétoriqueurs du XVe siècle et une gloire littéraire au même titre que Villon. Ce livre, qui connaîtra pas moins de vingt-deux éditions jusqu'en 1539, est un véritable pamphlet politique : ce « prince flatteur, menteur en ses paroles », ce « pillard qui tels maux procure » n'est autre que Louis XI, le roi de France. Un demi-siècle plus tard, le Rennais Noël du Fail, surnommé le *Rabelais breton*, publiait ses *Propos rustiques* (1547) et ses *Baliverneries* (1548). Pour l'essentiel, le fonds littéraire a surtout puisé dans les légendes et construit des mythes en même temps que l'histoire comme fondements de l'identité bretonne.

Bretagne des Lumières

Après le XVIIe siècle où les lettres bretonnes portent la signature de Madame de Sévigné, après le roman à succès *Gil Blas de Santillanne* (1715-1735) de René-Alain Lesage (originaire de Sarzeau dans le Morbihan), le Siècle des lumières ne se contenta pas de briller seulement en Europe et à Paris. Voltaire apparaît pour les Bretons comme un aimant qui attire et repousse à la fois. Considérant la Bretagne comme nécessairement *basse*, il n'avait de cesse d'en déconsidérer ses habitants. Mais à bien regarder son roman breton *L'Ingénu* (1767), on peut y déceler une forme d'hommage imprévu au génie breton. En revanche, la plupart des écrivains bretons un peu en vue furent en butte avec Voltaire. Le trio malouin tout d'abord, que le *sage de Ferney* vilipenda : Maupertuis, le scientifique perçu comme un rival après l'avoir flatté, La Mettrie, un médecin libertin considéré comme bouffon, l'abbé Trublet, devenu académicien et traité de compilateur après avoir osé critiquer *La Henriade*. Charles Pinot Duclos ensuite, originaire de Dinan, le protégé de Madame de Pompadour qui devint secrétaire perpétuel de l'Académie française en 1755 était lui aussi en froid avec Voltaire. Avec le succès de *L'Année littéraire*, le Quimpérois Élie Fréron réussit à faire enrager à la fois Duclos et Voltaire, qui lui dédia cette féroce épigramme :

> « L'autre jour au fond d'un vallon,
> Un serpent piqua Jean Fréron ;
> Que croyez-vous qu'il arriva ?
> Ce fut le serpent qui creva. »

La Bretagne enchantée du romantisme

Des Lumières au romantisme, le Malouin François-René de Chateaubriand va marquer son temps, et aussi bien la France, sa patrie, que la Bretagne, sa *matrie*. L'*Enchanteur* séduit bien au-delà de la Bretagne, où il est toujours content de revoir ses « bruyères natales », avant de venir reposer pour toujours sur le rocher du Grand Bé, devant les remparts de Saint-Malo. Précurseur du romantisme, il ouvre la voie de l'exotisme, de ces *voyages en Orient* comme source de l'imaginaire de nombre d'écrivains. Mais il donne aussi le goût de la Bretagne, des Celtes, du rêve et de la mer. Participant ainsi à cette envie du *voyage en Bretagne* qu'accompliront tour à tour Stendhal, Flaubert, Mérimée, Michelet, George Sand, et aussi pour des motifs divers Balzac, Victor Hugo… Chateaubriand parlait toujours de ses *compatriotes* en évoquant les Bretons, parmi lesquels se détachent le Malouin Félicité Lamennais, un prophète précurseur du catholicisme social et de la démocratie chrétienne, et Ernest Renan, *l'hérésiarque* de Tréguier qui eut quelques démêlés avec l'Église (voir chapitre 4) et anima quelques *Dîners celtiques*, des « agapes fraternelles » où l'on parle, chante et déclame des poésies.

Le Parnasse breton

Aux côtés de ces trois grands dont l'impact et la renommée dépassèrent le cadre français, tout en reconnaissant tout ce qu'ils devaient à leur *âme bretonne*, la Bretagne connut au XIXe une effervescence poétique puisée aux sources du romantisme et d'une mémoire vivante redécouverte. Ils sont également trois, ces poètes qui devinrent des icônes vénérées et firent école. De son amour de jeunesse, le Lorientais Auguste Brizeux a créé *Marie*, faisant entrer en littérature le personnage de l'Armoricaine « douce jolie ». Le Morlaisien Tristan Corbière, qu'on surnommait l'*Ankou* en raison de sa maigreur et de son allure disloquée, est l'auteur d'un seul recueil *Les Amours jaunes* (1873) qui ne connut le succès que dix ans plus tard avec la complicité de Verlaine qui le comptera au nombre de ses six « poètes maudits ». De même que le Briochin Villiers de l'Isle-Adam, Verlaine évoquant un « génie, tôt en proie à la fatalité de sa glorieuse supériorité sur même l'élite ». Et, pour compléter ce Parnasse breton, citons encore quelques autres poètes : les Nantaises Mélanie Waldor, si chère à Alexandre Dumas, et Élisa Mercœur,

Leconte de Lisle, Joseph Rousse du pays de Retz… et ceux qui furent aussi conteurs ou romanciers, comme Anatole Le Braz, Émile Souvestre, Paul Féval ou Charles Le Goffic, etc.

CURIOSITÉ

Une supercherie littéraire

En 1730, la revue littéraire *Le Mercure de France* publie les poésies d'une jeune inconnue originaire du Croisic, Mademoiselle Malcrais de La Vigne, ses vers ayant séduit son directeur, le chevalier de La Roque : « Je vous aime, ma chère Bretonne ; pardonnez-moi cet aveu, mais le mot est lâché. » Pendant trois années, tout sourit à la jeune muse, ses poésies sont publiées, ses vers flatteurs séduisent le monde des lettres. Voltaire y alla lui aussi de son épître enflammée :

« Toi dont la voix brillante a volé sur nos rives ;

Toi qui tiens dans Paris nos muses attentives. »

Déçu de n'avoir pas été couronné par le prix de poésie de l'Académie française, un poète ignoré avait décidé de se venger. Changeant de style et de sexe, il prend le nom de la petite vigne familiale de Malcrais et fait transcrire ses vers par la main de sa cousine, Madame de Mondoret. Devenu célèbre et certes flatté, l'auteur n'était pas totalement satisfait et avait soif d'une reconnaissance officielle. Les Parisiens eurent alors la surprise de découvrir que la jeune versificatrice si émouvante cachait en fait un homme de trente ans, Paul Desforges-Maillard, avocat et Croisicais. Voltaire, après avoir salué la plaisanterie – « Vous avez celui [le mérite] de plaire, soit en homme, soit en femme » –, ne lui pardonna pas vraiment, répliquant… quinze ans plus tard, par un sévère quatrain :

« Vous n'êtes point la Desforges-Maillard.

De l'Hélicon ce triste hermaphrodite

Passa pour femme, et ce fut son seul art :

Dès qu'il fut homme, il perdit son mérite. »

Il est vrai qu'entre-temps cette ingénieuse supercherie avait inspiré Alexis Piron, homme de théâtre connu pour ses épigrammes féroces, adversaire redouté de Voltaire, et toujours prêt à égratigner l'Académie française. *La Métromanie* (1738), une comédie en un acte ayant pour but de railler la manie qu'avaient alors de nombreux écrivains de versifier à tout propos et hors de propos, fut considérée à l'époque comme un des chefs-d'œuvre du théâtre français après Molière. L'histoire est celle de la mystification du jeune poète Damis, qui a juré une foi éternelle à une poétesse de province, Mériadec de Kersic, découverte grâce au *Mercure de France*. On n'apprend qu'à la fin de la pièce que la muse bretonne n'est en fait qu'un quinquagénaire :

« … ma muse en tapinois

Se fait, dans le *Mercure*, applaudir tous les mois…

Je prends le nom d'une Basse-Bretonne…

De tel qui m'eût raillé, fait mon adorateur. »

Desforges-Maillard obtint ensuite différents postes dans l'administration des Finances, en 1735 à Montbrison dans la vallée du Lignon où Honoré d'Urfé avait placé le cadre de son poétique et pastoral roman *L'Astrée*, région qui inspira à son tour quelques vers ainsi signés dans *Le Mercure de France* : « Par une Nymphe de la mer, métamorphosée en Berger du pays d'Astrée. » Il vécut ensuite le plus souvent au Croisic, y étant devenu le receveur des fermes du roi de 1750 à sa mort.

Les temps modernes

Deux grands voyageurs et marins, sur mer et dans l'imaginaire, assurent la transition vers le XXe siècle, le Nantais Jules Verne, qui est toujours aujourd'hui l'écrivain français le plus traduit dans le monde, et Pierre Loti, que la marine conduisit à Brest et la littérature à Paimpol. Mais comment ne pas évoquer aussi Max Jacob, le piéton de Quimper, Alfred Jarry, qui fit de l'un de ses professeurs rennais le *Père Ubu*, André Breton, grand inspirateur du *surréalisme* pour qui la rencontre avec Jacques Vaché à Nantes en 1916 fut fondatrice, Henri Queffélec, l'écrivain de la mer brestois, Julien Gracq, le très Nantais « ermite de Saint-Florent-le-Vieil », Jean Guéhenno, critique littéraire et académicien, Paul Guimard, grand navigateur et auteur de *Les choses de la vie*, Per Jakez Hélias, conteur devenu la voix populaire de la Bretagne avec *Le Cheval d'orgueil* (1975), Thomas Narcejac, alias Pierre Ayraud, l'auteur nantais de romans policiers, le Brestois Alain Robbe-Grillet, créateur du *Nouveau Roman*, la Lorientaise Irène Frain, rendue célèbre par son premier livre *Le Nanab*... auxquels il faut également ajouter les nombreux lauréats bretons de quelques grands prix littéraires.

Distribution des prix

QUELQUES CHIFFRES

Voici le tableau d'honneur des principales récompenses obtenues par les écrivains bretons depuis un siècle ; ont ainsi été nominés :

Tableau 8-1 : Les écrivains bretons et les prix littéraires

Prix Goncourt	*Prix Renaudot*	*Prix Médicis*	*Prix Interallié*
1911, Alphonse de Chateaubriand, *Monsieur de Lourdines*			
1912, André Savignon, *Filles de Pluie*			
1913, Marc Elder, *Le Peuple de la mer*			
1951, Julien Gracq, *Le Rivage des Syrtes*	1949, Louis Guilloux, *Le Jeu de patience*		1957, Paul Guimard, *Rue du Havre*
1985, Yann Queffélec, *Les Noces barbares*	1963, Jean-Marie Gustave Le Clézio, *Le Procès-verbal*		
1990, Jean Rouaud, *Les Champs d'honneur*		1997, Philippe Le Guillou, *Les Sept Noms du peintre*	1998, Gilles Martin-Chauffier, *Les Corrompus*

Grand Prix de littérature de l'Académie française	Prix du roman de l'Académie française	Prix Nobel de littérature
1973, Louis Guilloux	1923, Alphonse de Chateaubriand, *La Brière*	
1975, Henri Queffélec	1958, Henri Queffélec, *Un royaume sous la mer*	
1983, Michel Mohrt	1962, Michel Mohrt, *La Prison maritime*	
2007, Michel Chaillou	2009, Pierre Michon, *Les Onze*	2008, Jean-Marie Gustave Le Clézio

La vie littéraire en Bretagne

La Bretagne est une véritable terre d'écriture. Elle compte en 2010 plus de deux cent cinquante maisons d'édition qui publient environ mille cinq cents titres par an. Quatre-vingt-quatre manifestations littéraires contribuent à en rythmer l'animation littéraire, autour de grands événements et de nombre de petits festivals ou salons bien singuliers, reflétant la variété du livre et abordant des thématiques variées. Les Malouins ont toujours aimé le large et la découverte, il était évident que l'incontournable *Étonnants Voyageurs* ne pouvait naître qu'ici. Créé en 1990 par Michel Le Bris autour de la littérature de voyage, il est devenu le plus grand salon littéraire organisé en France hors de Paris ; il a depuis essaimé en Haïti, à Bamako, Haifa, Missoula, Dublin, Sarajevo… pour illustrer cette *littérature-monde* qu'il entend promouvoir. Cherchant à mettre en valeur l'édition et les auteurs bretons, le *Festival du livre en Bretagne* est organisé depuis une vingtaine d'années à Carhaix, avec un petit double à Guérande depuis 2004. Il y en a aussi pour tous les goûts : les amateurs de polar se précipitent à Lamballe au *Festival Noir sur la ville*, ou à Concarneau au *Festival du Chien jaune* en référence à un livre de Georges Simenon ; les fans de la bande dessinée se retrouvent à Saint-Malo (*Quai des Bulles*) et à Perros-Guirec ; les plus jeunes accompagnent leurs parents à Fougères ; les amoureux de la mer embarquent pour Ouessant assister au *Salon du livre insulaire*, ou bien font une virée aux Glénan avant de rejoindre le *Festival Livre & Mer* à Concarneau, etc.

LE SAVIEZ-VOUS ?

L'origine littéraire d'Étonnants Voyageurs

On ne pouvait rêver de meilleure invitation que ces vers de Charles Baudelaire, un passage du poème intitulé « Le Voyage » dédié à Maxime du Camp et publié dans *Les Fleurs du mal* en 1857 :

« Étonnants voyageurs ! quelles nobles histoires
Nous lisons dans vos yeux profonds comme les mers !
Montrez-nous les écrins de vos riches mémoires,
Ces bijoux merveilleux, faits d'astres et d'éthers.

Nous voulons voyager sans vapeur et sans voile !
Faites, pour égayer l'ennui de nos prisons,
Passer sur nos esprits, tendus comme une toile,
Vos souvenirs avec leurs cadres d'horizons.

Dites, qu'avez-vous vu ? »

Chapitre 9

Les signes de reconnaissance

Dans ce chapitre :

- Comment peut-on être breton ? Quelques réponses à cette question posée par Morvan Lebesque en 1950.
- Breton très bien, mais à préciser en lieu et en temps !
- Et connaître les emblèmes ainsi que les symboles de la *petite patrie* des Bretons.

Vastes questions, mais réponses simples. Il suffit d'aimer la Bretagne, ses paysages et ses hommes, ses symboles et ses codes, pour s'en sentir un membre véritable et solidaire. Mais afin d'éviter l'erreur fatale, mieux vaut donc en connaître l'essentiel et en comprendre l'origine. Si vous prononcez correctement le nom de *Erdeven*, commune du littoral morbihannais, un grand pas sera accompli pour savoir si vous faites partie de la grande famille bretonne !

Être breton aujourd'hui

Le Breton est réputé têtu, les attributs qu'on lui prête ne le sont pas moins. Ils ont pourtant évolué depuis deux siècles. Alors, que signifie le fait d'être breton aujourd'hui, de se dire breton ? Par rapport au passé, au présent et à l'avenir ?

Comment peut-on être breton ?

Question existentielle posée par Morvan Lebesque dans un ouvrage éponyme paru en 1970, l'œuvre de sa vie publiée un an avant sa disparition. Ce cri venait à point dans le grand vent d'après-guerre, moderniste et centraliste, pour accompagner la renaissance de la conscience régionale bretonne, et juste après Mai 68. Une question aux multiples réponses.

La réponse de Morvan Lebesque

« Comment peut-on être breton ? On ne le peut pas. Et pourtant nous le sommes. Il nous faut donc perpétuellement nous interroger, à moins de vivre sans nous comprendre », avançait donc l'écrivain-journaliste Morvan Lebesque qui fit les beaux jours du *Canard enchaîné* pendant une vingtaine d'années. C'est à Nantes, la ville de sa naissance et de sa jeunesse, qu'il a pris conscience d'être breton, un sentiment conforté par cette énigmatique inscription sur la tour des Irlandais au sein du musée Dobrée : *Ann dianaf a rog ac'hanoun* – « L'inconnu me dévore » –, un signe de la curiosité de son créateur. Son livre a connu un grand succès et reste toujours d'actualité, proposant une approche nouvelle concernant l'identité bretonne dans une perspective progressiste et politique, comme le suggère le sous-titre de l'ouvrage, *Essai sur la démocratie française*. Edmond Hervé, maire de Rennes de 1977 à 2008, s'en est inspiré : « L'identité selon Morvan Lebesque, ce n'est pas une identité qui cherche à exclure, c'est une identité qui cherche à dépasser les frontières et qui cherche à universaliser. »

Aimer la Bretagne suffit pour être breton

Fi des anciennes conceptions de l'appartenance bretonne, la *bretonnité* d'aujourd'hui s'est élargie et simplifiée tout à la fois. Ni les origines familiales, ni même le lieu de naissance ne sont nécessaires, le droit d'être breton passe aussi par le *droit du cœur.* « Est breton qui se dit et se sent breton », écrivait Xavier Grall. Le sociologue Ronan Le Coadic le confirme : « On peut devenir breton si on le veut et qu'on aime la Bretagne, ses habitants et sa culture… » Morvan Lebesque le disait déjà à sa manière : « Français sans problème, il me faut vivre la Bretagne en surplus ou, pour mieux dire, en conscience : si je perds cette conscience, la Bretagne cesse d'être en moi ; si tous les Bretons la perdent, elle cesse absolument d'être. La Bretagne n'a pas de papiers. Elle n'existe que dans la mesure où, à chaque génération, des hommes se reconnaissent bretons. À cette heure, des enfants naissent en Bretagne. Seront-ils bretons ? Nul ne le sait. À chacun, l'âge venu, la découverte ou l'ignorance. » Le lien avec le territoire, s'il est toujours affectif, voire charnel, n'est pas indispensable au niveau de la présence physique : on peut se rêver breton hors de Bretagne !

Une longue quête d'identité

Il n'en a pas toujours été ainsi de la perception de l'identité bretonne. Une *race* qui a la vie dure, et que les derniers siècles ont imagée de bien curieuse façon…

La caricature du XIXe siècle

Sans remonter jusqu'aux racines celtes, il suffit de se tourner un siècle ou deux en arrière pour trouver une conception de l'identité bretonne quelque peu différente, surprenante aujourd'hui, mais pourtant bien en phase avec les concepts de son temps. Anatole Le Braz, dans son ouvrage de synthèse *La Bretagne* (1925) paru dans une collection présentant les provinces françaises, analyse ce qui caractérise « son expression ethnique, son individualité, son âme ». Pour constater que la Bretagne est incomparable et qu'elle est « de toutes les provinces la plus incontestablement originale ». Il rappelle les visions exotiques propagées par les romantiques et quelques écrivains voyageurs célèbres, se référant à la fois au temps (l'histoire) et à l'espace (les paysages), exotisme rimant souvent avec archaïsme. Avant de préciser que cette terre de beauté a les habitants qu'elle mérite, les Bretons, « pour qui il n'y a de respirable que l'air natal », attachés à leur langue et à leur costume. Certains auteurs en donnent cependant parfois une image moins flatteuse, peut-être davantage stéréotypée, mais plus négativement. Il est alors question du « bon sauvage », l'ingénu qui confine à la pureté pour les uns, à la bêtise pour les autres.

La race bretonne

Ce n'est pas celle de la célèbre vache dont il s'agit, celle dite pie noir dont le lait a nourri tant de petits Bretons et qui pousse la coquetterie à porter les couleurs de sa petite patrie, blanche et noire comme l'hermine. Mais bel et bien de cette évidence partagée très largement au XIXe siècle pour distinguer un type breton vraiment spécifique. Une sorte de *figure biologique* que quelques simples traits suffiraient à définir, une tête de Breton reconnaissable à la couleur de ses yeux ou de ses cheveux… Une enquête est même diligentée en 1900 auprès d'instituteurs bretons pour vérifier l'importance des cheveux blonds dans le Morbihan (un sixième de la France selon une autre enquête, nationale celle-là !). Si Sainte-Beuve précise que « cette race [bretonne] veut l'infini », Charles Le Goffic explique à son tour dans *L'Âme bretonne* que « pour espérer dans la vitalité de la *race bretonne*, il n'y a qu'à puiser dans l'œuvre propre de M. *Le Braz* ». Ce que Jules Michelet résume ainsi : « Sur la terre de granit marche la race primitive. »

Une race durable

Ce concept de race nous apparaît aujourd'hui tel un mythe, une sorte d'hallucination collective produite par l'imaginaire social. Mais un mythe qui a fait de la résistance. *La Pensée bretonne*, revue littéraire de l'entre-deux-guerres, précise qu'elle « travaillera de tout cœur à l'émancipation de la race bretonne » ! Plus proches de nous encore, en 1960, d'honorables spécialistes enseignaient au musée de l'Homme « l'existence attestée en Bretagne de trois races : dans l'intérieur les *brachycéphales alpins* et les *petits dolichocéphales* dits de Beaumes-Claudes, représentant les uns et les autres le plus ancien stock humain de l'Armorique, sur le littoral les *grands nordiques mésocéphales*, descendants en ligne directe des Bretons d'outre-Manche débarqués en Armorique au Ve siècle après J.-C. apportant avec eux la langue celtique ». Ces précisions, rapportées par Pierre-Jean Simon dans *La Bretonnité, une ethnicité problématique* (1999), figuraient dans le *Cours d'anthropologie physique et de paléontologie humaine* de Raoul Hartweg, donné alors dans le cadre du certificat d'ethnologie de la Sorbonne. Il serait grand temps de créer une réserve !!!

L'être breton, qualités et défauts

Petit abécédaire d'idées reçues… ou données pour définir un caractère breton, « l'âme bretonne » comme le disent nos poètes :

- accueillant, ouvert au monde, sensible aux rebelles de toutes origines ;
- alcoolique, une image qui colle aux brèves de comptoir et aux zincs des cafés de marins ;
- courageux, un travailleur dur à la besogne, prêt à suivre un chef en qui il a confiance ;
- famille, une tradition dans une perspective égalitaire, avec parfois un zeste de matriarcat ;
- mélancolique, un côté solitaire et réservé, enclin au mysticisme religieux, voire superstitieux ;
- nature, avec laquelle il entre en communion, attaché à la mer, à l'eau, à la forêt…
- sauvage, peut être rustre et rude, à moins qu'il ne soit naïf et sentimental ;
- têtu, on le dit aussi susceptible et orgueilleux, un peu querelleur… mais pour une bonne cause.

Visions étrangères

Difficile de résister à citer quelques-uns de nos grands écrivains du XIXe partis en Bretagne à la suite de leur muse ou bien pour y puiser, au pays du grand Chateaubriand, l'inspiration romanesque autant que romantique :

- « Le génie de la Bretagne, c'est un génie d'indomptable résistance et d'opposition intrépide, opiniâtre, aveugle », Jules Michelet, *Tableau de la France* (1833).
- « La province de Bretagne, cette ville [Guérande], cette famille de mœurs antiques, tout, malgré des ridicules qui n'existent que pour nous autres rieuses Parisiennes, a quelque chose d'inexplicable, de grandiose jusque dans ses minuties qu'on ne peut définir que par le mot sacré », Honoré de Balzac, *Béatrix* (1839).
- « La nostalgie bretonne, maladie morale si connue que les colonels y ont égard pour les Bretons qui se trouvent dans leurs régiments », Honoré de Balzac, *Pierrette* (1840).
- « Halte ! criait l'océan à la terre et la barbarie à la civilisation. Toutes les fois que le centre, Paris, donne une impulsion, que cette impulsion vienne de la royauté ou de la république, qu'elle soit dans le sens du despotisme ou dans le sens de la liberté, c'est une nouveauté, et la Bretagne se hérisse. Laissez-nous tranquilles », Victor Hugo, *Quatrevingt-treize* (1874), le grand écrivain né « d'un sang lorrain et breton à la fois ».
- « La Bretagne est une vieille rebelle. Toutes les fois qu'elle s'est révoltée pendant deux mille ans, elle avait raison. Contre les Romains ou les Francs, contre la Monarchie ou la Révolution, contre les gouverneurs du Roi ou les repésentants de la République, c'est toujours la même guerre que la Bretagne a faite, la guerre contre l'étouffante centralisation. », ajoute aussi Victor Hugo.
- « Dans les villes, quoique la langue persiste, le caractère s'efface, le costume national devient plus rare [...]. L'habitant de la ville voit s'arrêter tous les soirs la diligence au bureau des messageries, il en retire bien quelque nouvelle [...]. Petit à petit ainsi, il se *désenbretonne* et arrive à s'écarter du paysan qu'il méprise de plus en plus et qui s'éloigne de lui davantage, à mesure qu'ils se comprennent moins », Gustave Flaubert, *Par les champs et les grèves* (1886), récit d'un voyage en Bretagne avec Maxime du Camp datant de 1847.
- « Bretons, tous braves gens, mais entêtés », Gustave Flaubert, *Dictionnaire des idées reçues* (1913).

La Charte culturelle bretonne de 1977

Les temps ont changé, le regard porté sur la Bretagne et les Bretons aussi. Ni passéiste ni négatif, mais la reconnaissance des spécificités et une volonté de se tourner vers l'avenir. Un acte décisif est intervenu en 1977 avec la signature de la *Charte culturelle bretonne*, fondée sur la reconnaissance des langues bretonnes, des traditions populaires, des divers modes de création artistique… Signée à l'époque par l'État d'une part, par les institutions bretonnes d'autre part (l'Établissement public régional et les cinq conseils généraux) d'autre part, elle a été officialisée à Ploërmel le 8 février 1978. Cet acte a permis la création de l'*Institut culturel de Bretagne*, du *Conseil culturel de Bretagne* et de l'*Agence technique régionale*, aidant ainsi au développement de l'enseignement des langues, de la valorisation du patrimoine, de la diffusion de la culture bretonne dans les médias, etc. Depuis une trentaine d'années, la mise en œuvre de cette charte, les structures qui en sont issues et leurs prolongements plus récents ont fortement contribué à redonner vie et sens à l'identité régionale, en confortant de multiples initiatives dispersées et en transformant son image, de passéiste, refusée ou simplement revendicatrice, à une nouvelle, plus volontariste et créatrice.

Dis-moi où tu habites…

La Bretagne est multiple, chacun de ses territoires présente son caractère propre, et se subdivise en autant d'unités souvent bien spécifiques. Pas toujours facile de se repérer au milieu de tant de subtilités qui permettent cependant de bien se retrouver et de se faire reconnaître. Beau temps sur la Bretagne pour qui sait la comprendre !

Plou ou Lan ?

Selon que l'on est « plou » ou « lan », le lieu d'où l'on vient en dit long. Ces éléments bretons constituent en eux-mêmes de véritables mentions géographiques. Voyons donc comment les décoder, car pour trouver son chemin, mieux vaut ne pas perdre son breton. Comme le disait Coluche, « entre Ploumazout et Trégasoil »…

Les Plou-

La Bretagne compte environ cent soixante communes dont le nom commence par Plou-, essentiellement en Basse-Bretagne. À l'origine, dans l'organisation territoriale des abbayes et des évêchés, il y avait le plou (ou la ploue) qui représentait une peuplade organisée, une communauté rurale autonome. Ces territoires, situés plutôt au nord et fondés le plus souvent vers le Ve ou VIe siècle, avaient une superficie moyenne (de 20 à 200 km^2 environ) ; ils correspondront ensuite aux paroisses. Même s'il y avait un centre, il ne s'agissait pas d'une agglomération urbaine mais bien d'un espace communautaire. Le Plou- a aussi quelques variantes issues des mêmes origines : Plo-, Ploe-, Pleu-, Plu-, Plé-, Pley-. Ces premiers termes du nom se combinent ensuite avec une seconde partie signifiante qui précise une particularité de la commune. Exemples : Pléchâtel ou Plogastel, la paroisse du château (ou du lieu fortifié) ; Plounévez ou Plonévez, la nouvelle paroisse ; Pleumeur ou Plœmeur, une grande paroisse ; le second terme peut également indiquer le nom d'un personnage, en général un saint local, tels Ploudaniel, Ploërmel (pour saint Armel)... Bien évidemment, leurs habitants ne sont pas des *ploucs* (voir chapitre 7), une invention de *Parigots* !

... les Lan-

Quant aux communes débutant par Lan-, elles font référence à des moines ou des saints qui y vécurent en ermites, comme dans la Bretagne insulaire, et notamment au pays de Galles. On en rencontre une soixantaine dans la péninsule armoricaine, datant plutôt des VIe et VIIe siècles, avec quelques variantes, tels Lann- ou Lam-. De nombreux saints bretons ont ainsi un lieu qui leur est dédié et où ils sont honorés : saint Ternoc à Landerneau, saint Thivisiau à Landivisiau, saint Loup à Lanloup, saint Maudez à Lanmodez, etc. C'est un peu plus complexe pour saint Paul, honoré à Lamballe et à Lampaul. Et pour cette dernière, il y a le choix : Lampaul-Guimiliau, Lampaul-Plouarzel, Lampaul-Ploudalmézeau, ou le bourg de Lampaul à Ouessant. Cette multiplicité a cependant un avantage, chacune de ces communes peut se prévaloir de la même chanson, *Bannieloù Lambaol* (les bannières de Lampaul), dont vous pouvez vous contenter de retenir le refrain, une ritournelle facile à mémoriser :

> « Jo po po po lan di bi di bi, jo po po po lan di bi do
> Man tur la ri don de nig, jo pi rey pi ral la. »

... et les autres

Toutes les communes ne sont pas plou ou lan, plus de huit sur dix ont d'autres références. Il y a bien sûr d'autres termes, bretons notamment, qui se rencontrent également fréquemment. Ainsi ces quelques premiers termes très évocateurs : Trev- (ou Treff-, Tré-) est un village, ou fraction du plou, rassemblant quelques habitations ; Ker- qui peut avoir le sens de ville (autres formes : Car-, Caer-), de villages ou lieux-dits, et dans son sens le plus récent, de maison ; Lok- (ou Loc-, Loch-), dans le sens de cabane ou de loge, souvent de lieu saint avec son nom accolé ; Iliz- (ou Ilis-) pour la vieille église ; Kastell- (ou Castel-) pour une ville fortifiée ou un retranchement ; Lis- (ou Les-) désigne la cour d'un prince ou d'un seigneur... De tels noms de lieu formés à partir d'éléments bretons dominent un peu partout, sauf dans les pays de Rennes et de Nantes. À l'inverse, c'est là qu'on a le plus de chances de rencontrer quelques noms se terminant en -ac, désignation renvoyant à une origine gallo-romaine.

Territoires charnels

Le Breton est viscéralement attaché à son territoire : c'est sa Bretagne, son pays, son plou, son tré, son ker… Et mieux vaut-il saisir l'accent breton ou savoir prononcer les noms de lieux.

Bernique en son pays

Anatole Le Braz a parfaitement résumé ce lien, assurant que « jamais, je pense, on ne vit accord plus parfait entre le milieu géographique et l'habitant. On ne les dirait pas seulement issus l'un de l'autre, mais l'un pour l'autre, de toute éternité. Les Bretons ont de cette parenté qui les unit à leur sol, à leur mer, à leur ciel, le sentiment le plus profond et le plus indélébile. […] De là aussi découle leur inaptitude physique autant que morale à s'épanouir, selon leur norme originelle loin de chez eux. Ils ne sont guère plus transportables que leurs rochers, ni plus déracinables que leurs chênes. Sitôt franchies les frontières de leur province, voire de leur évêché, ils s'estiment en exil… ». Propos forts pertinents mais qui méritent cependant d'être modulés sur un point. Le Breton sait aussi être un grand marin et un grand voyageur, les exemples abondent d'exceptionnelle réussite en France ou à l'étranger. Ce qui ne l'empêche pas de garder la nostalgie du pays, « ma brô » comme aimait à le rappeler notre cher Anatole. Il serait plutôt comme la bernique (patelle ou arapède en d'autres lieux) qui vit bien accrochée à son rocher, tout en voyageant pour mieux revenir toujours au même endroit, sa coquille s'étant adaptée à la forme dudit rocher.

Avec l'accent

Il fallait bien qu'un tel attachement à son rocher se fît entendre à l'oreille. Eh bien oui, les Bretons se reconnaissent à leur accent, surtout ceux de Basse-Bretagne en raison de l'influence de la langue bretonne. Il n'y a pas que le Midi avec son accent chantant, un accent se retrouve dans toutes les régions où le français cohabite avec une autre langue, voire un patois. Il s'agit bien d'un *marqueur* de l'identité géographique. L'*accent breton* est principalement lié au fait que, en breton, l'accent tonique est généralement placé sur l'avant-dernière syllabe et pas sur la dernière comme en français. Les bretonnants conservent très souvent cette position de l'accent tonique lorsqu'ils parlent français. Après une longue période de rejet, les Bretons sont redevenus fiers de leur accent, décomplexés, ils sont même parfois enviés. Ceux qui ont quitté leur *petite patrie* ont aussi l'envie de le conserver, car il fait partie prenante de leurs racines, même s'il peut se faire plus léger pour voyager plus facilement.

Le mot qui tue

C'est Erwan Vallerie qui conte cette anecdote dans *L'Art et la manière de prononcer ces sacrés noms de lieux de Bretagne* (1996), un ouvrage incontournable sur le sujet. La scène se passe en 1990 lors de l'inauguration du musée de l'abbaye de Landévennec. Le préfet tient à faire un discours qui subjugue l'assistance par son érudition et par sa flamme à célébrer le particularisme breton. Une véritable leçon d'histoire armoricaine. Du jamais vu dans le Landerneau politique finistérien ! Jusqu'à cette phrase en apparence anodine : « La Bretagne dispose aujourd'hui de deux musées de prestige, dignes de la richesse de son patrimoine : celui de Landévennec et celui de Daoulas. » Mais en prononçant *Daoula*, sans faire siffler le *s* final, le haut fonctionnaire audacieux était redevenu un technocrate lointain, lisant approximativement le discours préparé par un autre... Il est des choses qu'on ne pardonne pas sur les rives de l'Aulne !

Le casse-tête de la prononciation des noms de lieux

Il n'y a pas que les étrangers ou les préfets pour se perdre dans l'imbroglio des règles linguistiques. Pourquoi la cité des peintres, Pont-Aven, rime-t-elle avec la Vilaine, alors que Rosporden, très proche, rime bien avec Gauguin ? Pourquoi prononcer le *s* de Daoulas et pas celui de Saint-Gildas, le *t* de Spézet et pas celui de Bréhat ? Quelle est donc la bonne règle de prononciation ? À question simple, réponse simple : il n'y a pas de règle ! Prenons les villes se terminant par -en. Ne jamais prononcer [an], un usage fréquent en français, mais le plus souvent [in] (qui n'est conforme à aucun usage, ni français ni breton), sauf les exceptions que tous les locaux connaissent : Pont-Aven, Erdeven, Kernascléden... qui se prononcent [ènn] comme en breton. Certains vous diront que les noms sont liés à l'histoire de la Bretagne et évoluent avec le temps. D'autres vous conseilleront d'imiter les bretonnants et de prononcer le nom breton de la ville qui se termine souvent par -enn et se prononce [ènn]. Attention, cette belle martingale ne marche pas à tous les coups, elle convient pour Pleyben, mais pas pour Rosporden. Une seule solution : avoir près de soi le livre d'Erwan Vallerie !

En Bretagne, il fait beau plusieurs fois par jour

Fait-il toujours gris en Bretagne comme le veut une légende tenace et soigneusement entretenue par des ennemis de l'extérieur ? Pluie, soleil et vent font partie du quotidien breton sans qu'il soit besoin de se plaindre de la prédominance momentanée de tel ou tel élément.

Si on parlait un peu du temps qu'il fait

Tous les manuels sont unanimes, le climat de la Bretagne est de type *tempéré océanique*. Ce qui signifie que la température y est plutôt douce et les pluies assez régulières. Encore convient-il de préciser qu'il y a beaucoup de variations au cours de l'année, et beaucoup de changements au cours d'une même journée... De quoi accréditer cette tradition des pays celtiques concernant « les quatre saisons dans la journée ». Douceur et humidité, le climat breton les doit notamment au Gulf Stream, ce courant chaud qui passe au large de la péninsule et qui baigne au passage une partie de ses côtes. Sans lui, les hivers bretons seraient aussi rigoureux que ceux du Labrador. Sans lui, combien existeraient de ces microclimats très localisés qui sont la fierté de ceux qui savent expliquer ou même prédire la météo, combien apercevrait-on de plantes inconnues sous ces latitudes et que nul n'aurait dû songer à acclimater en ces lieux ? Il faut alors espérer que le réchauffement climatique n'affectera pas trop ce courant, une thèse chère à l'académicien Erik Orsenna – un amoureux de l'île de Bréhat – qui craint une perturbation de son original voyage des eaux, en surface et en profondeur.

Il pleut moins à Brest qu'à Nice !

C'est Jacques Kessler, grand spécialiste de *Météo France*, qui le dit dans *La Météo de la France, tous les climats localité par localité*. Il pleut davantage en Normandie, dans le Nord et dans l'Est qu'en Bretagne. La mesure de la pluviosité annuelle (recueil de la hauteur d'eau tombée du ciel dans un pluviomètre : 1 centimètre correspond à 10 litres d'eau au mètre carré) montre que ce sont les zones de montagne qui sont les plus arrosées en France (240 cm au Ballon d'Alsace). Il en est de même en Bretagne, puisque les plus grands scores sont atteints dans les monts d'Arrée (154 cm à Brennilis), un peu devant les Montagnes Noires (141 cm à Briec). Le littoral breton se situe dans une honnête moyenne. De même que les villes : 69 cm à Rennes, 80 cm à Nantes, 73 cm à Brest (ville, et 116 cm à son aéroport de Guipavas !) ; alors que Nice en reçoit 87 cm, Bordeaux 95 cm et Biarritz 147 cm ! Pour être tout à fait complet, il faut néanmoins préciser qu'il y pleut plus fréquemment : on compte 14 % d'heures pluvieuses à Brest-Guipavas (réparties sur 210 jours par an), 10 % à Rennes (177 jours), 9 % à Bordeaux (171 jours), 8 % à Nantes (168 jours) et 7 % à Nice (89 jours). Un petit crachin n'a cependant jamais empêché un Breton de mettre le nez dehors !

LE SAVIEZ-VOUS ?

Quand la pluie inspire les poètes et les lauréats du prix Goncourt

« Pays mouillé, touchant comme un visage en larmes ! »

Ce vers de François Coppée chantant la Bretagne (poème « À Brizeux », dans *Les Paroles sincères*, 1891) a, selon Anatole Le Braz, « la fraîcheur humide des talus bretons après l'ondée : ce sont larmes promptes à s'éclairer d'un sourire et à travers lesquelles le soleil reparu brûle d'une grâce plus neuve ». D'autres chansons et poèmes plus récents ont également marqué les esprits nantais et brestois. Avec *Il pleut sur Nantes* de Barbara (1964), « Le ciel de Nantes / Rend mon cœur chagrin », il ne pouvait en être autrement pour sa première venue dans cette ville au moment de la mort de son père. Comme en écho – anticipé –, Jacques Prévert semble lui répondre dans *Paroles* (1946), « Rappelle-toi Barbara / Il pleuvait sans cesse sur Brest ce jour-là ».

Les romanciers ont aussi ajouté leur petit grain… de pluie. André Savignon a reçu le prix Goncourt en 1912 pour *Filles de la pluie*, un récit mélancolique de *scènes de la vie ouessantine*. Ces filles-là avaient bonne réputation, le livre n'eut pas la même à Ouessant où il est prudent d'éviter d'en parler. À un peu moins d'un siècle d'intervalle, le prix Goncourt a couronné en 1990 *Les Champs d'honneur*, le premier roman de Jean Rouaud. Sans doute le jury a-t-il de nouveau été séduit par quelques belles pages évoquant… la pluie, « une compagne en Loire-Inférieure, la moitié fidèle d'une vie », l'auteur prenant grand soin d'ajouter « une éclaircie, et vous avez déjà pardonné ». Réputation, quand tu nous tiens !

Sentences contre proverbes

Ces écrits, et d'autres clichés relayés par les médias, ont sans doute contribué à forger l'image tenace d'une région où il pleut souvent, où les étés pourris sont légion… Le ciel gris et le crachin ont toujours été un sujet de plaisanterie (!) pour évoquer la Bretagne. De nombreuses parodies de proverbes alimentent les bons mots de ces chroniqueurs d'un jour et se répandent aujourd'hui à la vitesse du son d'Internet. Les Bretons leur répondent inlassablement que, chez eux, « il fait beau plusieurs fois par jour », ou bien encore qu'« il tombe de l'iode ». Tandis qu'en bon marin, Olivier de Kersauzon ne leur envoie pas dire : « En Bretagne, la pluie ne mouille que les cons ! » D'ailleurs, on sait bien ici faire la différence, et reconnaître parfois que « le temps n'est pas fameux et, si ça continue à bruiner comme ça, il pourrait bien pleuvoir ». Localement, les vieux pêcheurs prédisent le temps à venir en scrutant l'horizon, ainsi dans le Léon : « Ciel rouge le matin, sûr triste fin ; ciel rouge le soir, beau temps le lendemain. » À Concarneau, on sait aussi s'en amuser le jour de la *fête de la Pluie* !

Le soleil se couche toujours à l'ouest

S'il pleut donc comme il faut, mais un peu plus souvent, serait-ce donc que le soleil serait moins visible ? L'ensoleillement d'une grande partie de la Bretagne n'atteint pas celui des régions du Sud, mais il dépasse celui d'une large moitié Nord-Est. Si le Centre Bretagne est moins bien loti, la côte sud, de Loctudy aux confins de la Vendée, bénéficie de plus de 2000 heures d'ensoleillement par an, se situant ainsi au même niveau que Bordeaux ou Toulouse, au-dessus de Biarritz (la station basque est comparable à Dinard). Il y a, en moyenne, un peu moins d'un jour par semaine sans soleil, soit une cinquantaine de jours entièrement gris. Et les écarts de température sont relativement modérés, il ne fait jamais très chaud (en août, la température moyenne est de 22 à 25 °C), ni jamais très froid (en janvier, les températures moyennes varient dans la journée entre 2 et 10 °C, le maximum à Ouessant). Ce n'est pas un hasard s'il neige peu et si le nombre de jours avec gelée est très faible, notamment sur le littoral, avec pratiquement aucune journée sans dégel (entre 0 et 2, d'ouest en est) à l'instar du grand sud et du littoral atlantique.

Bretagne tonique

Ce slogan promotionnel du tourisme breton s'approprie le climat en tant que valeur positive. Respirer le grand air marin, se baigner dans une mer vivifiante, ou simplement écouter le bruit du vent ! On l'aura compris, le vent fait partie intégrante de la vie bretonne. Source d'énergie pour faire tourner, hier les ailes des moulins, demain les pales des éoliennes. La navigation lui a longtemps dû sa bonne réputation, à la pêche ou au commerce ; elle l'utilise aujourd'hui pour le plaisir de la croisière ou de la course, avec toujours plus d'ingéniosité de la planche à voile au kitesurf et autres innovations : la Bretagne est un paradis pour les pratiquants de ces nouveaux loisirs qui savent y dénicher les meilleurs *spots*. N'aimant guère dire un banal bonjour, le vrai Breton peut entamer une conversation en parlant du temps avec souvent ce commentaire, « le temps est au vent ». Bien plus important que le soleil ou la pluie ! On dit même que, autrefois, les petits Trégorois demandaient à aller dormir au grenier pendant les nuits de tempête « pour mieux entendre le vent ».

LE SAVIEZ-VOUS ?

Maître-vent

Per Jakez Helias aimait à célébrer le *maître-vent*, qu'il soit de galerne ou de suroît : « Du plus loin qu'il me souvienne, je l'entends qui mène son grand jeu, parle pays. Il gronde, il siffle, il chuinte, il miaule, il sanglote, il s'étouffe de rire, il chante à travers les murs de galets ou de pierres plates. Sur son passage claquent les ailes de moulins, les draps et les hardes qui sèchent sur leur fil, les lourdes robes des femmes, les rubans de leurs coiffes, les bannières des processions, les ardoises descellées sur les toits, le seau de Marie-Jeanne Kerveillant sur la margelle de son puits. »

Emblèmes et symboles

La Bretagne se souvient qu'elle fut une nation. Elle doit sa cohésion à une terre, une histoire, une culture… et à ses traditions. Il faut aussi des emblèmes et des symboles pour qu'un peuple se retrouve autour de quelques repères forts, signes tangibles et concrets qui viennent lui rappeler tout cela. Il en est ainsi du drapeau, de l'hermine, de la devise et de l'hymne, symboles rendus populaires par leur usage et leur spécificité.

Le Gwenn ha Du

Même si le drapeau breton n'accompagne plus que des manifestations culturelles ou sportives, il flotte symboliquement, souvent aux côtés du drapeau de la France et de celui de l'Europe, en haut de mâts dressés devant les bâtiments publics des diverses institutions territoriales bretonnes (Région, Départements, Communes…).

Le Gwenn ha Du

C'est le drapeau actuel. De conception moderne, il est l'œuvre de Morvan Marchal. Après la Première Guerre mondiale, le mouvement régionaliste breton ressentit le besoin de se doter d'un drapeau et choisit en 1925 le projet élaboré deux ans plus tôt par l'un de ses membres, alors jeune étudiant en architecture à Rennes. La symbolique se veut à la fois simple et forte, traditionnelle et moderne. Le drapeau comporte neuf bandes horizontales et égales, alternativement noires et blanches. Les quatre bandes noires représentent les pays bretonnants en Basse-Bretagne (Léon, Trégor, Cornouaille, Vannetais), et les pays bretons de langue gallèse en

Haute-Bretagne (Rennais, Nantais, Dolois, Malouin, Penthièvre) pour les cinq bandes blanches. Le drapeau est complété, en cantons (dans le coin situé en haut et à gauche), par des mouchetures d'hermines : elles sont en général au nombre de onze disposées en 4-3-4 (non, il ne s'agit pas d'un dispositif tactique de l'équipe de football bretonne!). Le concepteur avait prévu d'y faire figurer un champ d'*hermine plain*, c'est-à-dire sans nombre déterminé, mais la pratique de réalisation a finalement imposé *de facto* une sorte de norme.

Figure 9-1 : Le Gwenn ha Du.

Petit historique du drapeau breton

Le *Gwenn ha Du* n'a donc pas encore un siècle d'existence. Il flotta pour la première fois à Paris sur le pavillon breton de l'Exposition internationale des arts et techniques de 1937. Mais l'histoire du drapeau breton est aussi ancienne et complexe que celle de la Bretagne. De nombreux emblèmes se sont en effet succédé au fil des siècles, au gré du bon vouloir des ducs et des rois. Si les premiers Bretons ont dû s'inspirer de leurs cousins d'outre-Manche, avec l'utilisation du dragon et des bannières à bande rouge, deux autres drapeaux sont principalement cités en référence : le *Kroaz-Du*, la croix noire, est le plus ancien, évoqué par certains pour les croisades du XIIe siècle, il serait même pour certains le plus ancien drapeau national au monde (attesté en 1188) ; et l'*Hermine plain*, la bannière armoriée des ducs de Bretagne depuis le XIVe siècle et Jean III, Pierre de Dreux dit Mauclerc, ayant introduit l'hermine au siècle précédent. Le *Gwenn ha Du* a fini par s'imposer comme une synthèse, reprenant la couleur (noir et blanc), les hermines et les bandes horizontales (figurant sur certains emblèmes rennais et nantais).

PARLEZ-VOUS BRETON ?

Blanc et noir

Telle est la signification du nom breton de ce drapeau. Le barde Glenmor lui rend hommage dans un chant de révolte, *Les Nations* :

« Les bardes ont levé
La pierre du tombeau
Pour pleurer leur bannière brisée
Noir et blanc, couleur de nos bannières
Douceur des nuits, splendeur des jours
Noir et blanc, le sang de nos pères
T'a porté jusqu'à notre amour. »

Autres symboles

La Bretagne s'est également donné d'autres symboles que se doit d'avoir une nation. Comme pour le drapeau, les références au passé, telle l'hermine et la devise, sont remises au goût du jour. Et elles sont également complétées par des créations récentes qui doivent se forger leur propre légitimité à défaut d'être véritablement institutionnalisées. C'est le cas de l'hymne breton qui se réfère à l'hymne gallois, une solidarité celtique qui pourrait conduire aussi à évoquer quelques éléments de civilisation qui retrouvent une nouvelle vie, artistique notamment, comme c'est le cas pour le triskell.

L'hermine

LE SAVIEZ-VOUS ?

L'hermine est à la Bretagne ce que la fleur de lys est à la France. Une réponse donnée dès le XIIIe siècle par les ducs de Bretagne aux rois de France pour différencier leurs symboles héraldiques. Cette hermine est donc entrée un peu par hasard, faisant partie des armoiries de Pierre de Dreux qui n'était alors que le prince consort devenu le régent du duché : pour se différencier des autres Capétiens, ses armoiries portaient une brisure d'hermine, une singularité qu'il transposa à la Bretagne. Les couleurs suivirent : la blanche hermine – si bien chantée par Gilles Servat – et sa queue noire ! Ce dernier élément qui se retrouve donc représenté dans les mouchetures… Jean IV ne jurera que par l'hermine – qui était devenue la fourrure des rois et des juges – et le château qu'il fait construire à Vannes en porte le nom. L'hermine devient ainsi le symbole breton par excellence, au niveau des signes ducaux officiels – la duchesse Anne fut surnommée *l'Hermine de lumière* – et une marque de résistance au lys envahisseur après l'union à la France. Lors de son expédition de 1535 à la découverte du Canada, deux des trois bateaux ont pour noms la *Petite Hermine* et la *Grande Hermine*. Ce symbolisme est toujours aussi présent au XXIe siècle !

CURIOSITÉ

L'hermine valait bien un ordre

Curieux petit animal que cette hermine qui fit rêver les rois et les juristes, ainsi que l'Église et l'université. Principalement pour sa belle fourrure qui s'est mise ainsi à orner les costumes d'apparat et qui s'est donc imposée en héraldique. Petit mammifère carnivore du nord de l'Europe et de l'Asie, elle ressemble un peu à la belette et tire son nom de l'appellation latine, *armerius mus* (le rat d'Arménie). Mais sa principale caractéristique vient d'un pelage qui subjugue : de brun clair à rosé, il devient tout blanc lorsque l'hermine fréquente les neiges virginales de l'hiver, à l'exception de la pointe de sa queue qui reste noire. L'hermine est ainsi bien plus que l'animal, sa fourrure et sa représentation sur les blasons et drapeaux… elle est devenue, et toujours en concurrence avec le lys, un symbole de pureté et d'innocence.

Il n'en fallait pas davantage pour que la Bretagne crée l'*ordre de l'Hermine*, devenu quelques années plus tard l'*ordre de l'Hermine et de l'Épi*. Fondé en 1381 par Jean IV, cet ordre de chevalerie est inspiré de l'*ordre de la Table ronde* et de l'*ordre de la Jarretière* – qui a pour devise, en français, *Honni soit qui mal y pense*, et que le duc de Bretagne avait connu lors de son exil à la cour d'Angleterre – tandis qu'en France était créé l'*ordre de l'Étoile*, en Bourgogne l'*ordre de la Toison d'or* et en Anjou l'*ordre du Croissant*. Les membres de l'*ordre de l'Hermine* portaient un collier comportant deux chaînes d'or, formées elles-mêmes d'agrafes ornées d'hermines et attachées à leurs extrémités par une double couronne ducale où deux hermines émaillées étaient suspendues. Une banderole entourait les chaînes et portait, en français, la devise « À ma vie ». Particularité insolite pour l'époque, cet ordre était, à l'image des sociétés celtes, ouvert aux femmes, alors que son homologue anglais ne le sera véritablement qu'en 1987. On y acceptait également les roturiers ! L'*Institut culturel de Bretagne* l'a remis en valeur en 1988, en décernant le collier de l'Hermine à des personnes ayant œuvré pour la Bretagne (64 colliers remis à ce jour), après qu'une première relance a permis, en 1972, d'honorer René Pléven, pour son action à la présidence du CELIB.

La devise

« Plutôt la mort que la souillure » est la devise que la Bretagne s'est donnée. Pour l'origine, il est possible de choisir entre plusieurs explications légendaires. La première se réfère à l'hermine, toujours elle ! L'animal préférerait mourir plutôt que de salir sa fourrure immaculée. Il se disait ainsi que lors d'une promenade sur ses terres, la duchesse Anne aperçut un groupe de chasseurs poursuivant une blanche hermine : acculée devant une mare boueuse, l'hermine fit front plutôt que de salir son blanc pelage en traversant l'obstacle. Cette situation aurait alors ému la duchesse qui lui sauva la vie avant de décider d'en faire son emblème. Cette même légende est parfois attribuée à d'autres Bretons historiques et réputés pour leur vaillance : Conan Meriadec Nominoë, Gurwant ou encore Alain Barbe-Torte au choix ! Si l'origine de la devise est incertaine, les Bretons se la sont souvent appropriée au cours de leur histoire. Balzac en a repris l'image pour l'un de ses personnages de *Splendeurs et misères des courtisanes* : « Hermine par sa propre volonté, la souillure morale ne lui semblait pas supportable. »

L'hymne

Ce n'est pas un hymne officiel, mais il est maintenant repris lors de quelques manifestations, sportives notamment : le *Bro gozh ma zadoù* – « Vieux pays de mes pères » – est l'adaptation bretonne de l'hymne national gallois établi en 1897 par Fanch Jaffrennou :

Nous, Bretons courageux, aimons la Patrie,
Cette Armor qui partout est au premier rang,
Pour elle nos aïeux ont versé leur sang
Pour repousser la barbarie !

Pays Breton ! J'aime l'Armor !
Un mur de mer te garde encore
Libre sous le grand soleil d'or !

Les hommes de chez nous sont des hommes braves ;
Il n'est pas de peuple aussi valeureux.
De notre sol s'élève un chant merveilleux,
Les gwerzes et les sônes graves.

Pays de nos vieux saints, des bardes sans nombre,
Quelle terre pourrai-je aimer comme toi ?
Chaque mont, chaque val, emplit mon cœur d'émoi,
Nos pères y dorment dans l'ombre !

Si jadis tu fléchis parfois à la guerre,
Bretagne, ton parler est resté vainqueur,
Un sang rouge et brûlant coule dans ton cœur,
Reprends ta place de naguère !

Chapitre 10

Manger et boire breton

Dans ce chapitre :

- S'il est un pays de la mer, c'est bien la Bretagne qui s'en nourrit et s'en régale
- Qui est aussi sans doute la dernière grande région agricole française polyvalente
- Desserts et boissons peuvent aussi se parer de saveurs bretonnes

C'est Simone Morand, une référence en la matière, qui le dit : « La tradition culinaire bretonne est très ancienne. » Dans une région réputée pour ses activités de l'agriculture et de la pêche, les produits de terroir et ceux de merroir sont à l'honneur. Et Curnonsky (1872-1956), le prince des gastronomes, ajoute que « la Bretagne est une admirable région gastronomique méconnue, sinon inconnue ». Regardez donc le menu pour (bien) manger et boire breton.

La mer nourricière

Selon Curnonsky, la Bretagne est « le Paradis des Ichtyophages, des Piscivores, des Ostréivores et des Conchyliophages, [l'emportant] sur tous les pays du monde par la prodigieuse variété de poissons qui fréquentent son littoral, sans compter ceux que l'on peut pêcher au large », et ajoutant qu'en faire l'énumération « serait entrer en concurrence déloyale avec le Dictionnaire Larousse » ! Région la plus maritime de France, la Bretagne conserve une image très attachée aux produits de la mer, à la pêche et aux récoltes de ces *travailleurs de la mer* si chers à Victor Hugo, à cet Armor nourricier, synonyme de diversité, de fraîcheur et de qualité. La liste des ports résonne de tant de lieux mythiques, sites de légende attachés à une histoire ou une spécialité.

Avec les travailleurs de la mer

Profession : « Pêcheur, quand il y a du poisson à prendre », écrivait Victor Hugo dans son roman évoquant ce rude métier sur les côtes de la Manche. La pêche est bien une activité qui se confond avec l'univers marin breton depuis la nuit des temps. Poissons et crustacés n'ont plus de secret pour eux, ni pour les gourmets qui se régalent de produits d'une grande fraîcheur, souvent pêchés de nuit…

Il est frais mon poisson !

Contrairement à ce que propose Ordralfabétix sur son étal dans le village (breton) d'Astérix, le poisson provenant de la pêche côtière a l'œil vif sur les quais aussi bien que sur les marchés ou dans les poissonneries. Qu'il suffise d'évoquer quelques préparations renommées, comme la morue à la malouine, la lotte à l'armoricaine, le ragoût de congre… parmi des centaines de recettes attachées à un poisson, un port ou un restaurant. Si le thon est bon à Étel, Groix, Lorient, Morgat, Camaret, Concarneau, Douarnenez…, la sardine est à l'huile depuis que l'invention du Nantais Nicolas Appert a conduit à la création de conserveries sur tout le littoral de Bretagne Sud à partir de 1824. La pêche a ses rythmes, mais les ressources diminuent. Certaines espèces se font rares, comme la civelle dans l'estuaire de la Loire. Une maîtrise plus raisonnée des pratiques est le gage de la sauvegarde des pêcheurs, de leurs bateaux et de leurs ports. On pourra toujours continuer ainsi à déguster la cotriade (*kaoteriad* en breton, contenu d'une marmite) – la bouillabaisse de l'Armorique –, une traditionnelle et populaire soupe bretonne que les pêcheurs préparaient en mer, élaborée avec les espèces locales de poissons et de crustacés, aujourd'hui enrichie de légumes et d'aromates.

CURIOSITÉ

Beurre blanc

« Triomphe du pays nantais » selon Curnonsky, cette fameuse sauce a été créée par Clémence Lefeuvre dans son restaurant des bords de Loire, *La Chebuette*, sur la Divatte près de Nantes, succédant ainsi à *La Buvette de la Marine* tenue par sa mère et fréquentée par des mariniers. Les mariniers y apportaient les poissons que la patronne préparait. L'adresse devint de plus en plus connue, si bien qu'aux mariniers et aux pêcheurs se joignirent bientôt des citadins et des touristes. La renommée des savoureux plats de poisson se transmettait de bouche à oreille. C'est à la fin du XIXe siècle que la mère Clémence avait eu l'idée d'affiner une sauce locale à base de beurre fondu, relevée d'un filet de vinaigre, et que trois beaux messieurs distingués, notables et gastronomes avaient osé qualifier de sauce à moules, en y ajoutant une grosse pincée d'échalotes hachées et du poivre blanc.

Le véritable beurre blanc nécessite que soient réunis plusieurs facteurs. Il s'accommode au mieux avec trois sortes de poissons : le brochet et le barbillon, pour qui il a été créé, auxquels il convient d'ajouter le sandre, ce poisson carnassier comme le brochet, et importé du Danube pour détruire le poisson-chat qui proliférait dans l'Erdre. Pour les autres espèces de poissons, il ne s'agit, selon les puristes, que d'un pis-aller. Il faut également suivre la vraie recette, sachant que « seule une main de femme obtient vraiment la perfection en beurre blanc », une affirmation liée au fait que ce sont des cuisinières des bords de Loire qui ont véritablement attaché leur nom à sa préparation. Aristide Briand, l'un des plus fidèles clients, contribua à établir sa réputation dans le Tout-Nantes, évoquant même, à la mort de Clémence en 1932, un véritable deuil national. Sa nostalgie nantaise le conduira aussi à baptiser *La Chebuette* une ferme normande qu'il s'était achetée à Cocherel dans la vallée de l'Eure. L'écrivain Marc Elder était bien de son avis : « Je crois que la disparition du beurre blanc, du lard nantais ou du muscadet serait une perte irréparable. »

Voici donc la véritable recette du beurre blanc de Clémence :

- Couper le beurre demi-sel en petits morceaux formant des noisettes fermes, réserver à température tiède.
- Mettre dans une casserole des échalotes grises, finement ciselées (ne conserver que les cœurs tendres).
- Ajouter un excellent vinaigre de vin blanc (certains complètent avec un peu de muscadet) et une forte pincée de poivre blanc frais moulu.
- Réduire doucement à feu doux, environ les trois quarts, en remuant sans cesse.
- Incorporer peu à peu le beurre sur la réduction d'échalotes, en remuant régulièrement avec une spatule en bois jusqu'à ce que le beurre soit complètement fondu.
- La casserole doit rester sur le feu, c'est le secret de la réussite !
- Les puristes sont unanimes : ni jus de citron, ni non plus de crème fraîche, même si l'ajout d'une cuillerée à la dernière minute permet de stabiliser une sauce apte à tourner facilement.

La Bretagne en pince pour ses crustacés

Et même pour ceux qui en sont dépourvus comme la langouste qui n'en a pas (de pinces!). Pêchés près de ses côtes, ils sont recherchés de loin par les gastronomes les plus avertis. Pour les menus de fête, le homard breton, *bleu*, qui a sa capitale à Loguivy, et la langouste, qui se fait rare à son port de Camaret, figurent sur toutes les bonnes tables. La langoustine, curieusement appelée ainsi malgré ses pinces, est bien la *demoiselle de Loctudy*, l'emblème du dynamique port de pêche bigouden. D'autres crustacés font les délices des plateaux dits de *fruits de mer*. La crevette peut être rose et devenir un bouquet quand elle grandit, très recherchée des pêcheurs à pied; si elle est grise c'est sous le nom de boucau qu'on la désigne par ici. Dans le panier de crabes breton, l'araignée de mer est réputée pour la finesse de sa chair – Balzac évoque, dans *Un drame au bord de la mer* (1834), un pêcheur du Croisic disant qu'elle est bien plus délicate que le homard – tandis que l'étrille, ce crabe très combatif que certains appellent également le crabe-cerise, le dispute en finesse de goût. Le tourteau, *dormeur* réfugié dans les anfractuosités des rochers, séduit les convives affamés par sa taille et sa chair abondante. Ou encore l'original pouce-pied, le seul crustacé sédentaire qui vit sur des abrupts rocheux en zone intertidale battue par la vague, comme à Belle-Île ou dans d'autres îles : l'espèce, très prisée des gourmets espagnols, est menacée, comme le sont d'ailleurs les pêcheurs qui en vivent, des connaisseurs ou des morts noyés en puissance!

CURIOSITÉ

Homard à l'armoricaine… ou à l'américaine ?

Il existe manifestement deux écoles, non pas tant sur la recette et ses variantes qui sont très semblables, mais sur l'origine de l'appellation afin de savoir laquelle est la première, l'originale, et donc la seule vraiment digne d'être citée. Il n'est donc pas surprenant de voir des Bretons en farouches tenants de la version « homard à l'armoricaine ». Soutenu par le gourmand Aristide Briand, l'Angevin Curnonsky défend l'origine de cette thèse, indiquant que l'appellation usurpée résulte d'une erreur typographique faite dans un grand restaurant parisien, et que jamais les cuisiniers d'outre-Atlantique n'auraient pu « inventer un mets aussi délicat et aussi savoureux ». De son côté, l'école américaine explique tout simplement que le cuisinier Pierre Fraysse, originaire de Sète et qui avait ouvert un restaurant devenu célèbre à Paris après avoir longtemps officié à Chicago, servit un jour des clients américains arrivés juste avant la fermeture, affamés et pressés : il leur prépara à la hâte son dernier homard vivant; les convives émerveillés ayant demandé le nom de cette exquise recette, il improvisa cette réponse, « c'est un homard à l'américaine ». Deux autres chefs célèbres de l'époque, Édouard Nignon (né à Nantes, chef du grand restaurant Larue à Paris, et qui se retira dans son château de Mordelles près de Rennes) et Prosper Montagné (grand chef devenu écrivain culinaire, auteur du *Larousse gastronomique*) contesteront cette appellation, rappelant que cela faisait bien longtemps que l'on cuisinait le homard de cette façon sur les côtes bretonnes, chaque chef se permettant ensuite de l'adapter à sa façon.

Le mot de la fin revient peut-être au poète Raoul Ponchon – né à Napoléon-Vendée en 1848, membre de l'académie Goncourt et auteur de ces célèbres vers, « Quand mon verre est vide, je le plains / Quand mon verre est plein, je le vide » – qui écrivit ce petit quatrain :

« Une Américaine était incertaine
Sur la façon de faire cuire son homard
Et si nous remettions la chose à plus tard ?
Dit le homard à l'Américaine. »

Coquillages

Au fond des mers, sur les rivages ou dans des parcs, toutes les méthodes sont bonnes pour pêcher, ramasser ou élever ces coquillages dont la mer fournit des espèces si variées. Chaque port a ses habitudes et ses spécialités, transmises par des générations de marins et de paysans de la mer.

Et tous les coquillages pour compléter le beau plateau de fruits de mer

Coquillage ne rime pas seulement avec plage. Avant de ramasser des coquilles vides sur l'estran, les pêcheurs à pied se plaisent à creuser et gratter, à fouiner sur les rochers, dans des trous et sous les algues, surtout à la période des grandes marées. Au grattage aussi bien qu'au tirage! Quelques-uns de ces coquillages viennent heureusement compléter les crustacés dans un plateau de fruits de mer digne de ce nom : huîtres, palourdes, bigorneaux, oursins, clams, bulots, etc. La mer nourricière n'est pas avare de ses richesses, même si la pollution et la surexploitation restent toujours des fléaux à combattre. On trouve également des praires, des coques (rigadeaux) ou encore des berniques, ce chapeau chinois qui se mérite pour l'arracher à son rocher. La moule est omniprésente en Bretagne, se ramassant sur les rochers ou cultivée dans des parcs mytilicoles, selon diverses méthodes : sur pieux pour les moules de bouchot, ou culture à plat sur le sol. Les préparations en sont variées, moules à la marinière ou accompagnées des traditionnelles frites pas nécessairement venues du Nord, mouclade, etc.

La coquille Saint-Jacques, un autre emblème gastronomique breton

Parmi les autres coquillages, la *coquille Saint-Jacques*, dont la saveur s'approche de celle du homard, mérite une place à part, selon Prosper Montagné. Elle fut pourtant longtemps considérée comme une *nourriture de disette*. Son nom lui a été donné par les pèlerins de Compostelle qui cheminaient au Moyen Âge avec une coquille en sautoir, un ustensile adapté pour manger et boire et devenu emblématique. Le plus grand gisement naturel français se trouve en baie de Saint-Brieuc, assurant la moitié de la production française, et le port d'Erquy est, avec sa soixantaine de bateaux, l'un des trois premiers ports d'Europe. Avec Saint-Quay-Portrieux et Loguivy, Erquy sait sortir de sa coquille pour faire chaque année la *Fête… de la coquille Saint-Jacques*. C'est par contre à l'écloserie du Tinduff, près de Brest, que sont produits des essaims qui alimentent la baie de Brest, mais aussi celle de Saint-Malo, Belle-Île et Groix. La pêche est aujourd'hui placée sous haute surveillance pour gérer la ressource : quotas annuels, pêche d'octobre à avril avant la période de reproduction, à raison de deux jours par semaine, pendant 45 minutes maximum. Mais attention à l'appellation! Il faut bien regarder la mention latine, l'authentification de la Saint-Jacques étant donnée par *Pecten Maximus* (*Pecten Jacobeus* pour la Méditerranée). Car l'Organisation mondiale du commerce a autorisé l'appellation *Noix de Saint-Jacques* pour des noix de pétoncle, coquillage excellent au demeurant, mais beaucoup plus petit et n'offrant pas toutes les mêmes qualités gustatives. Un comble, à moins de démontrer que les pèlerins emportaient avec eux leurs poupées!

Coquille Saint-Jacques à la bretonne

Voici une excellente recette, bien loin des préparations plus sophistiquées que ce produit d'exception a su inspirer aux plus grands chefs. Elle peut aussi se retrouver en restauration accompagnée de champignons, de moules ou de crevettes, recettes également délicieuses, mais la version originale, plus rustique, met particulièrement en valeur la coquille Saint-Jacques.

Pour 4 personnes : 12 grosses coquilles, 2 échalotes, 2 oignons, 2 gousses d'ail, 60 g de beurre demi-sel, 20 cl de vin blanc sec (muscadet), thym et laurier, sel et poivre

- Ouvrir les coquilles en récupérant leur eau, mettre de côté noix et corail, récupérer les barbes à part (enlever les parties noires), laver et garder 4 coquilles vides.
- Faire revenir dans le beurre les coquilles et leur corail, après avoir coupé les noix en trois ou quatre morceaux (cuisson rapide, 2 minutes).
- Agir de même pour le reste de la coquille hachée plus finement (cuisson plus longue).
- Égoutter et conserver le jus rendu.
- Mettre ensemble le contenu des deux casseroles et flamber avec du cognac.
- Préparer par ailleurs, en les hachant, les échalotes, les oignons et l'ail, et faire revenir doucement dans 30 g de beurre avec le thym et le laurier.
- Réunir le tout sans oublier le muscadet et le jus égoutté (retirer le thym et le laurier).
- Y ajouter de la mie de pain rassis émiettée ainsi que du sel et du poivre.
- Incorporer au contenu de la casserole, mélanger.
- Disposer la préparation dans les 4 coquilles.
- Recouvrir d'un peu de persil haché fin et de ciboulette, ainsi que de chapelure.
- Mettre une noisette de beurre sur chaque coquille et réchauffer au four.

L'huître plaide pour la Bretagne

Même si ce n'est pas Jean de La Fontaine qui le dit, il fait bon gober les huîtres de Bretagne : inutile de se chamailler, il y en a même pour tout le monde ! Et le meilleur plaideur est toujours Curnonsky : « la Bretagne produit les meilleures huîtres qu'il y ait au monde, les incomparables armoricaines et les délicieuses huîtres de Belon », qui prirent la suite des célèbres huîtres plates de Cancale. En fait, la Bretagne compte pas moins d'une douzaine de crus principaux, soit du nord au sud : *Cancale, Paimpol, Rivière de Tréguier, Morlaix-Penzé, Nacre des Abers, Rade de Brest, Aven-Belon, Ria d'Étel, Golfe du Morbihan, Quiberon, Pénerf, Croisicaise*. Il est même un établissement qui est parvenu à imposer le nom de son exploitation comme une marque renommée, la Prat-Ar-Coum que la famille Madec produit à Lannilis dans le pays des abers depuis 1898.

CURIOSITÉ

Y a huître de Cancale !

Qui ne connaît cette vieille chanson enfantine pour apprendre à compter et dont le refrain rappelle que pour le premier chiffre, « Mais y a qu'une dent dans la mâchoire à Jean / Et y a qu'un ch'veu sur la tête à Mathieu ». Coincée entre « Y a c'est épatant » et « Y a neuf à la coque », la popularité de la bonne Cancale lui a donc valu ce jeu de mots pour représenter le chiffre 8. C'est dire si elle symbolise l'huître depuis longtemps en France. Il paraît que l'on consommait déjà à Rome cette *ostrea*, alors transportée sur des navires et conservée dans des baquets remplis d'eau de mer renouvelée régulièrement. Sa célébrité atteignit plus tard la cour des rois de France. François Ier, qui les appréciait à sa table, accorda à Cancale le titre de ville en 1545, tandis qu'Henri IV était capable d'en manger vingt douzaines et que Marie-Antoinette en faisait venir à Versailles de grandes quantités. Louis XIV en mangeait souvent le matin pour se mettre en appétit, ainsi que la tradition le voulait à l'époque. Pour ses huîtres, Cancale est devenu un *Site Remarquable du Goût* et, depuis 1991, une confrérie gastronomique des *Hites de la baie de Cancale* a repris le flambeau et l'appellation locale.

Le gisement naturel de la baie de Cancale a ainsi fourni des huîtres plates pendant des siècles, appréciées pour leur « saveur prononcée d'iode et de sel avec un arrière-goût de noisette ». Une huître capable en vieillissant d'atteindre une taille impressionnante que l'on désigne ici sous le nom de *pied-de-cheval*, variété qui peut dépasser le kilogramme ainsi qu'une trentaine d'années, et dont la rareté fait encore le bonheur de quelques pêcheurs rappelant le temps des bisquines partant draguer les proches bancs d'huîtres. Mais le gisement naturel finit par s'épuiser dès le XVIIIe siècle, ce qui conduisit à l'introduction de nouvelles techniques d'élevage un peu avant la Révolution. La pêche annuelle en baie de Cancale était alors évaluée à environ cent millions d'huîtres ! C'est bien pour tenter d'enrayer ce déclin que l'amirauté de Saint-Malo prit en 1766 quelques mesures réglementaires :

- La vente des huîtres est interdite de mai à août (un édit royal de 1759 en avait déjà interdit la pêche pour cette période).
- Les pêcheurs ne pourront vendre que par l'intermédiaire des prud'hommes.
- On désignera chaque année les huîtrières où la pêche sera autorisée.
- Il est défendu de vendre les huîtres de rebut qui seront ramenées au lieu de pêche après le triage.

De ce temps vient donc la réputation, plus ou moins fondée, des mois sans « r » qui seraient peu propices à la consommation, non pas pour une question de qualité mais plutôt pour préserver la ressource. C'est toujours à Cancale qu'un commissaire de la marine, M. de Bon, imagina en 1858 une technique nouvelle, annonciatrice de l'ostréiculture française, en captant des jeunes larves d'huîtres à l'aide d'une sorte de plancher de bois mis en mer.

Capitale de l'huître en Bretagne, Cancale représentait si bien l'huître mise à la mode par les goûts royaux que Paris s'organisa pour l'accueillir. La rue Montorgueil devint ainsi le *parc à huîtres* de la capitale du XVIIIe siècle à la veille de la guerre de 1870. C'est là que fut créé en 1804 le fameux restaurant *Au Rocher de Cancale* par Baleine – un nom qui ne s'invente pas ! – avec l'intention de vendre et servir de bonnes huîtres fraîches. La table acquit très vite une grande réputation, et le Tout-Paris s'y précipita. Le restaurant accueillit les réunions du *Caveau*, une société gastronomique et littéraire autour du célèbre chroniqueur Grimod de La Reynière. Balzac et Stendhal y avaient leurs habitudes, les personnages de *La Comédie humaine* également.

Produits de et en Bretagne, une grande région agricole

Tout commence avec une galette et tout finit avec une crêpe. Le sol breton fournit en prime les garnitures permettant de varier les menus à loisir. Et avec plaisir ! Viandes, fruits, légumes, produits laitiers, etc., rien n'échappe à cette terre qui a toujours été l'autre richesse d'une région nourricière. Cuisine simple et produits naturels y font bon ménage.

Crêpes et galettes, les symboles culinaires bretons

Bien sûr, la crêpe se déguste aussi dans d'autres régions françaises et d'autres pays du monde (sous des noms variés), mais c'est bien ici qu'elle est devenue une véritable institution. La Bretagne lui a même dédié un lieu spécifique, la crêperie : un restaurant populaire où l'on peut déguster indifféremment de délicieuses crêpes ou galettes, et que la diaspora bretonne a exporté dans le monde entier. Le vendredi, jour maigre de tradition, a même été longtemps ici un jour de crêpes et de galettes plutôt que de poisson.

Êtes-vous crêpe ou galette ?

La question existentielle des Bretons ! Il s'agit d'un véritable derby gastronomique pour ces deux plats emblématiques. Dis-moi ce que tu manges, je te dirai qui tu es, d'où tu viens… Alors, crêpe ou galette ? Mêmes ingrédients, mêmes ustensiles, mêmes modes de préparation, difficile donc de les définir l'une par rapport à l'autre. Elles sont à la carte des mêmes crêperies. De quoi y perdre son breton ! Mais n'est pas pour autant définitivement tranché le débat sur la question de savoir qui de la crêpe ou de la galette représente le plus spécifiquement la Bretagne. Chacun y va de sa définition, dictionnaires et citations à l'appui. Il existe bien quelques différences. Tout d'abord géographique, en suivant la frontière linguistique du breton : la basse Bretagne est le fief de la crêpe, tandis que la galette est produite en haute Bretagne. Le mode de préparation ensuite, la crêpe est au sucre, fine, sèche et croustillante, tandis que la galette est au beurre, épaisse, humide et consistante. Mais il y a bien longtemps que les accompagnements se sont diversifiés, et que sucré et salé font bon ménage. Bref, les crêpes et les galettes ne reconnaîtraient-elles plus leurs frontières et leurs spécificités ? Pas si sûr, quand on sait que d'un côté on mange LA galette, quel qu'en soit le nombre, alors que de l'autre côté on mange DES crêpes, même si une seule est au rendez-vous !

CURIOSITÉ

La crêpe, ou la face cachée de l'union de la Bretagne à la France

On raconte que, traversant une forêt dans la région de Gourin lors de son fameux Tro Breizh, un orage contraignit Anne de Bretagne et sa suite de s'abriter chez un pauvre bûcheron. C'est Anne, la fille de ce dernier, qui prépara un repas à partir d'une pâte de farine de blé noir dans laquelle elle ajoutait différents ingrédients, l'une des premières crêpes célèbres. La belle histoire se poursuit avec le mariage entre un page de la duchesse et la belle jeune fille rencontrée dans les bois qui deviendra ainsi la comtesse de Kergalen : leur fils Yves fit connaître la fameuse crêpe à la cour du roi de France, et c'est ainsi que François Ier, un joyeux épicurien, la mit au nombre de ses plats favoris.

Anne de Bretagne favorisa également la culture du blé noir, convaincue des avantages de ce *blé de Turquie*, en raison de ses qualités et de son bon rendement : elle favorisa l'extension de son exploitation à l'ensemble du duché, et notamment en Bretagne intérieure.

Quand la crêpe fait dans la dentelle

La crêpe bretonne se prépare en mélangeant (ou en battant) de la farine de froment (ou de sarrasin) avec du lait (ou de l'eau), toutes combinaisons étant également possibles. Autant dire qu'il existe diverses façons de la préparer… Et vite fait parfois : 330 crêpes à l'heure, record établi par une crêpière de la Presqu'île guérandaise ! Mais c'est à Gourin dans le Morbihan que se déroule chaque année en juillet la *Fête de la Crêpe*, avec danses et musiques, fest-noz et fest-deiz, et surtout le *Concours mondial de la plus grande crêpe* ainsi qu'une *Krampouz Party* ! Ici, on appelle galette… une crêpe ratée ! voire une crêpe de sarrasin, incapable de se retourner ou de sauter… pour vous faire remarquer que la crêpe prime, au sens générique. D'ailleurs, en breton, le mot galette n'est pas utilisé pour cet usage. La crêpe a aussi sa capitale, Quimper. Simone Morand comptait pas moins de 150 crêperies dans la ville en 1965 ! Et c'est bien ici qu'est née la crêpe dentelle, un croustillant biscuit. À l'initiative d'une boulangère, Katell Cornic, qui eut la première l'idée d'enrouler de très fines crêpes autour d'une lame de couteau, un concept repris par plusieurs fabricants et qui fait rayonner le nom de Quimper aux quatre coins du monde.

… la galette s'accommode avec la saucisse

Si la crêpe de froment (avec du lait et des œufs) donne dans la finesse, la galette de sarrasin (avec de l'eau et du sel) est épaisse. Ce dernier produit bien breton, introduit dès le Moyen Âge, très productif et adapté aux sols pauvres, se consommait couramment sous la forme de bouillies, de fars, de boulettes et donc de galettes. Plante nourricière encore appelée *blé noir*, il ne s'agit pourtant pas d'une céréale et il est en fait de la même famille (les polygonacées) que la rhubarbe ou l'oseille ! Noire n'est pas sa farine, mais seulement sa bogue. Les progrès agricoles ont peu à peu conduit à en abandonner la culture, avant qu'elle ne soit relancée depuis une trentaine d'années pour les besoins de… la galette. En Haute-Bretagne, notamment dans le triangle Rennes – Fougères – Saint-Malo, la galette-saucisse – surnommée le *hot-dog breton* – est devenue une véritable institution : elle est omniprésente dans toutes les fêtes populaires, les festivals, les kermesses, les foires et les marchés, les rencontres sportives, de football notamment… et elle a même son association, Sauvegarde de la *galette-saucisse bretonne*, qui veille à la qualité et au respect de la tradition. Le produit culte est aussi chanté par les supporters du Stade Rennais – Galette-saucisse, je t'aime… – et il a son hymne officiel – Allons, cochons, dans la galette / Le jour du lard est arrivé… – aux paroles également réalistes !

Le saviez-vous ?

Crêpe et galette… en toutes lettres

Elles étaient bien la référence culinaire des écrivains qui visitèrent la Bretagne au XIXe siècle. Crêpes et galettes font partie de la culture et de l'hospitalité bretonnes :

- « Mais le paysan breton repart à jeun, il eût été trop cher de manger dehors ; il va retrouver sa galette de sarrasin et sa jatte de bouillie de maïs cuite depuis huit jours dont il se nourrit toute l'année, à côté des porcs qui rôdent sous la table et de la vache qui rumine là sur son fumier, dans un coin de la même pièce », Gustave Flaubert dans son tour de Bretagne réalisé avec Maxime Du Camp en 1847, ici dans la région de Rosporden (*Par les champs et par les grèves*).
- « Nous demandons notre chemin, on nous l'enseigne ; mais on ne veut pas nous laisser sortir sans nous faire goûter à la galette et boire du cidre », Maurice de Guérin, le poète évoquant, dans une lettre à sa sœur Eugénie du 18 décembre 1832, son séjour en Bretagne et l'accueil dans une ferme après qu'il se fut égaré en chemin près de Dinan.
- « Le talent le plus occupé en pareille circonstance est celui des faiseuses de crêpes, ce mets d'une consommation si générale, qu'on trouve ordinairement en pyramides sur les tables bretonnes, et qui se fabrique dans les grandes occasions par centaines et même par milliers », O. Perrin du Finistère, *Galerie bretonne ou Vie des Bretons de l'Armorique* (1836).
- « Et Renan pour montrer que la crêpe était bonne, Fit un rot qui sonna comme un coup de trombone », un délicieux et pétillant souvenir évoqué par Frédéric Le Guyader dans *La Chanson du cidre* (1901).

Bienvenue, veau, vache, cochon, couvée...

Il n'y a pas que la mer pour se nourrir, et la Bretagne est aussi une terre d'élevage, l'un des points forts de son économie agricole. Apparaissent en écho quelques traditions culinaires et des spécialités gastronomiques venant confirmer que l'on mange ici bien et naturel.

Vache à lait bretonne

Si quelques races locales sont brunes (vaches armoricaine, froment du Léon, nantaise), il en est une qui s'est mise à l'unisson des couleurs bretonnes : blanche et noire. « Utile au riche, providence du pauvre », titre d'un essai du vétérinaire rennais Pierre Bellamy en 1857, elle était considérée comme la race bovine française ayant le mieux conservé ses caractères originels. La traditionnelle vache bretonne *pie noir* est parfaitement en phase avec son terroir : petite et robuste, sachant s'adapter aux sols granitiques, capable de se nourrir de maigres ajoncs, réputée pour le lait que ses énormes mamelles produisaient trois fois plus que ses congénères de l'époque – et même pour le *gwell*, un gros lait fermenté typique –, demandant peu de soins, ne rechignant pas à tirer la charrue à la place du cheval... Menacée d'extinction depuis que la demande s'est tournée vers la production de viande, la vache bretonne *pie noir* a bénéficié dès 1976 d'un programme de sauvegarde de race en péril. Elle retrouve aujourd'hui le pré auprès d'environ 350 éleveurs adeptes de l'agriculture raisonnée et de la vente directe. Un conseil : ne pas franchir sa clôture pour l'approcher, car elle a conservé son vif caractère breton et a le coup de corne facile !

80 % du beurre consommé en Bretagne est salé

Le saviez-vous ?

Pas étonnant donc que la Bretagne soit le premier producteur laitier de France, fournissant le quart de la production nationale. Et avec le lait, le beurre, la crème, le lait ribot (nom breton du babeurre), longtemps la boisson principale des paysans... Mais la région n'a pas de véritable tradition fromagère, tout juste quelques productions originales souvent initiées par les moines trappistes comme le *Petit Breton*, le *Timadeuc* (inspiré du *Port-Salut*)... ou encore le *Curé nantais* – sans parler des productions industrielles de *camembert* ou d'*emmental* – voire le *crémet nantais* (à base de crème fraîche et de blanc d'œuf moulé). Mais le beurre est bien breton quand il est salé, même si on le dit aujourd'hui demi-sel pour ne pas effrayer les régimes ! Le beurre et le sel, produits ici en abondance et non taxés (pas de gabelle pour le sel en Bretagne), ne pouvaient donc que se rencontrer. La motte de beurre a longtemps été le symbole de l'hospitalité et une offrande singulière, aussi bien à l'église que pour les repas de noces : des mottes ornées, à l'aide de moules, de marques ou de poinçons, une véritable signature personnalisée. Spézet, dans le pays du Poher, est aujourd'hui le seul lieu où une grande motte de beurre salé, sculptée et décorée par les *Dames de Spézet*, continue d'être offerte lors du dernier *Pardon au beurre*.

Dans le cochon, tout est bon !

Au cours du dernier demi-siècle, la Bretagne est devenue leader pour l'élevage et la production de porcs en France. Confirmation d'une vieille tradition, le lard ayant été l'unique viande consommée de façon régulière à la campagne jusqu'à la fin du XIXe siècle – on parlait volontiers de *côtes de lard* pour désigner les côtes de porc. Chaque animal avait sa fonction, quasi unique : le cochon pour la viande, la vache pour le lait, le bœuf pour le trait aux côtés du cheval breton, le mouton pour la laine. Engraissé à la ferme, le cochon jouissait souvent d'une grande liberté et vaquait fréquemment sur les chemins, au grand étonnement (amusement ?) des voyageurs, comme Émile Zola évoquant « les cochons, qui se promenaient en bandes, librement » dans les rues de Piriac. La circulation porcine en ville était bien interdite depuis le XVIe siècle pour cause d'hygiène publique, mais certains évoquaient le privilège des Antonins (de l'ordre hospitalier de Saint-Antoine) dont les porcs, élevés pour les pauvres, se nourrissaient des déchets publics.
Si l'année du cochon ne revient que tous les douze ans en Chine, la tradition en Bretagne est de faire la fête chaque fois qu'on tue le cochon. Une fête qui pouvait durer trois jours : abattre le cochon – un porc blanc de l'Ouest ! –, le découper, préparer les saucisses, boudins, andouilles, pâtés, rillettes, saucissons à l'ail, crépines, tripes…

LE SAVIEZ-VOUS ?

Ode au cochon !

Charles Monselet a dédié au cochon un savoureux petit sonnet gastronomique, publié dans *Le Plaisir et l'Amour* (1865), et dont on dit… qu'il lui coûta l'Académie française ! Épicurien et Breton, ce Nantais s'est constitué une belle renommée comme *roi des gastronomes*, ce qui lui vaut d'avoir récemment donné son nom à une Académie et à un prix gourmand décerné par l'Office de tourisme de Nantes Métropole. Déployant une activité débordante, il fonda en 1858 un journal gastronomique, *Le Gourmet*, écrivit de nombreux ouvrages, et notamment *La Cuisinière poétique* (1859), *La Gastronomie* (1874)… Le cochon eut donc l'heur de l'émouvoir :

« Car tout est bon en toi : chair, graisse, muscle, tripe !
On t'aime galantine, on t'adore boudin.
Ton pied, dont une sainte a consacré le type,
Empruntant son arôme au sol périgourdin,

Eût réconcilié Socrate avec Xantippe.
Ton filet, qu'embellit le cornichon badin,
Forme le déjeuner de l'humble citadin ;
Et tu passes avant l'oie au frère Philippe.

Mérites précieux et de tous reconnus !
Morceaux marqués d'avance, innombrables charnus !
Philosophe indolent, qui mange et que l'on mange !

Comme, dans notre orgueil, nous sommes bien venus
À vouloir, n'est-ce pas, te reprocher ta fange ?
Adorable cochon ! Animal roi ! Cher ange ! »

À chacun sa cochonnaille !

Curnonsky et Marcel Rouff ont listé, dans *La France gastronomique*, quelques spécialités bretonnes :

- « Le lard nantais (bifteck de lard grillé dans la sauce) », parfois appelé le lard du dimanche, est une préparation de carrés de porc braisé avec abats, couennes et vin blanc, un plat du pauvre devenu une spécialité de charcutier ; Jules Verne en raffolait et impressionna Alexandre Dumas en lui vantant une recette d'omelette au lard cuite à la mode de Nantes. Appelé aussi autrefois côtes de lard.
- « Les andouilles de Guémené », produites à partir de 25 chaudins de porc (gros intestins) de différents calibres ensuite enfilés les uns dans les autres, du plus étroit au plus large, dans la baudruche (sorte de poche), fumées au bois de hêtre, séchées, puis cuites pendant plusieurs heures, elles se caractérisent par des cercles concentriques bien visibles, une fois tranchées, et liés à la disposition des chaudins ; devenues les plus célèbres de Bretagne, osant concurrencer les normandes de Vire, elles figurent au rang des célèbres aliments solides ingurgités au cours de l'année mil neuf cent soixante-quatorze par Georges Perec ! La confrérie des Goustiers de Guémenè-sur-Scorff anime chaque été la traditionnelle Fête de l'andouille : elle se déguste en fines tranches sur une tartine de pain beurrée ou une galette de sarrasin.
- « Le jambon de Morlaix », un savoureux jambon cuit fumé.

Spécialités auxquelles peuvent être ajoutés les pâtés bretons, avec des variantes dans diverses villes, les boudins de Rennes, la gogue d'Ancenis (boudin de légumes au sang de porc), les andouillettes de Quimperlé, le choten du pays bigouden (à base de tête de porc), le casse de Rennes (genre de lard nantais avec de la tête de porc) et le porché de Dol qui lui ressemble.

Pré-salé dans les herbus

Délicieux agneaux qui paissent au gré des marées dans ces vastes étendues herbeuses, un privilège réservé à quelques zones littorales comme les îles de Bréhat et d'Ouessant, les presqu'îles de Crozon et de Guérande, le golfe du Morbihan… et le pays de Dol. Car c'est bien dans les polders de la baie du Mont-Saint-Michel que se trouve le nec plus ultra des moutons bretons, dont la tête et les pattes sont de couleur brun-noir. Son originalité a été reconnue fin 2009 par l'obtention d'une appellation d'origine contrôlée sous un nom longuement médité (pendant vingt ans) de part et d'autre du Couesnon, « AOC Prés-Salés du Mont-Saint-Michel ». À la fois donc breton et normand, ce petit mouton d'herbage, très recherché par les meilleures boucheries et les chefs étoilés, doit sa saveur unique à une végétation chargée en iode et en sel – avec une cinquantaine d'espèces aussi rares que goûteuses comme les très aromatiques puccinellies, obiones, salicornes ou spartines – qu'il mérite bien en lui consacrant au moins 70 des 115 jours de sa courte vie ! Quant au petit mouton d'Ouessant, haut d'une quarantaine de centimètres et heureusement sauvé d'une disparition redoutée, il offre sa laine noire et se déguste sur l'île en ragoût sous la motte.

CURIOSITÉ

Le kig ha farz

Ce pot-au-feu breton est une spécialité léonarde. Le *kig ha farz* – viande et farce – était un plat simple et complet adapté au rythme paysan. Il avait l'avantage de cuire tout seul (trois heures au minimum) pendant que les hommes et les femmes étaient aux champs. On remplit une grande marmite avec des légumes épluchés et coupés (carottes, choux, poireaux, oignons rosés), des morceaux de porc (lard de poitrine et jarret) et une pâte à farz (farine de blé noir, lait entier, œufs, sel gris, beurre, saindoux, crème fraîche), cuisinée dans un sac de toile de jute bien fermé, attaché avec une simple ficelle aux deux poignées de la marmite pour qu'il ne touche pas le fond et baignant dans le jus des légumes. Cette cuisson du *farz en sac* permet de lui garder une certaine consistance. Le repas débute par le bouillon accompagné de tranches de pain. Le second service comporte d'une part un grand plat de viandes et de légumes, et d'autre part le farz bien émietté dans un plat creux auquel il est d'usage d'ajouter un peu de beurre salé.

À l'origine on n'utilisait que du lard, mais des morceaux de bœuf sont parfois ajoutés aujourd'hui pour diversifier et enrichir la recette. Le *kig ha farz* est devenu un plat festif et convivial qui fait le bonheur de la diaspora bretonne et que des restaurants proposent à leur menu. Et une association, *Kig ha farz de Bretagne*, a été créée pour préserver le savoir-faire et promouvoir ce plat traditionnel parfois surnommé le *couscous breton* !

Il y a toujours une basse-cour bretonne

Loin des élevages industriels hors sol, la tradition bretonne survit au travers des volailles fermières label Rouge et de quelques spécialités. La région rennaise était réputée pour les poulets de Janzé, dont la race avait disparu mais qui vient de renaître avec une gamme complète associant le poulet, la pintade et le chapon, ce gros poulet mâle castré revenu à la mode. La poule coucou de Rennes ne s'est pas maintenue pour que le coq de la race vienne sonner le réveil, mais grâce à la perspicacité de l'Écomusée de Rennes qui, en 1988, a retrouvé le dernier cheptel existant. Cette poule très rustique, à la chair savoureuse et par ailleurs excellente pondeuse, doit son nom à un plumage gris bleuté (les plumes sont barrées de bandes noir et blanc régulières, aux couleurs bretonnes !) ressemblant à celui du coucou des bois. Voisinant avec les agneaux prés-salés du Mont-Saint-Michel, l'oie de Sougéal (ou du Couesnon), surnommée ventre-jaune du fait de son abdomen traînant dans la vase, est élevée dans des marais communaux : la valorisation de son duvet a fait place à un régal gastronomique : rôtie, en civet ou en daube, ou en rillettes, elle est célébrée fin juillet lors de la Fête de l'oie de Sougéal et Vieux-Viel.

Pommes, fruits et légumes

Il y a pomme et pomme, de terre ou de l'air, et bien d'autres fruits et légumes suffisamment diversifiés pour réaliser un repas presque complet. La terre bretonne produit à peu près tout, et François René de Chateaubriand notait dans ses Mémoires d'outre-tombe que « la figue mûrit ici comme en Provence », ajoutant que « chaque pommier, avec ses fleurs carminées, ressemble à un gros bouquet de fiancée de village ». C'est donc un réjouissant marché, haut en couleur et rempli de saveurs, qui s'offre à l'échelle de toute la Bretagne. Voici quelques variétés singulières que l'on peut rencontrer sur ses étals et déguster sur ses tables.

Pomme de reinette et pomme de...

Emblème de la Normandie voisine, la pomme s'est également répandue en Bretagne. Pomme à cidre ou à couteau, elle fut même un temps distillée pour produire l'alcool nécessaire à la synthèse des poudres explosives. Défense du territoire oblige ! Certains lui reconnaissent aussi un caractère sacré d'origine celte. Qui ne résiste à la tentation de croquer les magnifiques pommes de Roc'h Trévezel, le point culminant des monts d'Arrée, risque de se retrouver prisonnier de la roche refermée pendant cent onze ans... dit la légende du vieux saint de bois, Ar Santig Kozh. Face à la standardisation des produits, des passionnés du terroir ressuscitent les nombreuses variétés dans des vergers conservatoires, la Bretagne ayant été riche de plus de deux mille espèces il y a à peine un siècle. Aux côtés de la célèbre reinette d'Armorique et de la chailleux, la liste de ces anciennes espèces retrouvées sonne comme un merveilleux « inventaire à la Prévert » : avalou belein, avalou daoulas, barbarie, bedan, blanc d'aigre, bourdais, calville, coqueret, douce bihan kalet, douce braz, douce coëtligné, douce moën, doux bloc'hic, doux courcier, doux évêque briz, doux kalet, file, galeuse, gare de bain, gros fréquin, grosse jeanne, guillevic, hauteroche, jambe-de-lièvre, jambi, judin, ker coadic, kermerrien, locard, maltranche, marie ménard, mou-mou, mussette, oignon, orge pépin, palo gwen, peau-de-chien, petite bonnic, pichouren, pigeonnet d'armor, pomme d'amour, pomme d'orange, prat yeaod, prime, rouget de dol, saint-malo, seac'h biniou, teint frais...

Santez Patatez !

La pomme de terre parvient en Bretagne au milieu du XVIIIe siècle. Ses promoteurs sont Blanchet, un cultivateur de Port-de-Messac revenant d'Irlande qui se dit être « un des plus zélés prôneurs de cette très utile racine depuis 1741 », ce que confirme Parmentier lui-même dans ses *Recherches sur les végétaux*, en le considérant comme « l'apôtre de la pomme de terre en Bretagne, l'agriculteur le plus distingué de cette province ». Il est bientôt imité par son curé, le recteur Gawiezel, par Louis René de Caradeuc de La Chalotais, procureur général du parlement de Bretagne, par Monseigneur de La Marche, évêque du Léon surnommé *Eskob ar patatez* (l'évêque aux patates), qui y voyait un remède aux disettes, par des négociants nantais, par le docteur Lavergne de Loudéac, qui vantait les mérites de la *cartoufle* (dénomination inspirée de l'allemand *kartoffel*) en faisant lire ses mémoires lors des prônes de la messe du dimanche, ou encore par le marquis Barbier de Lescoët, qui les préparait en salade ou… frites. Mais il a aussi fallu vaincre quelques résistances – les paysans bretons l'ont tenue un temps pour responsable d'une épidémie de choléra ! – avant que la pomme de terre ne s'impose comme un autre symbole de la cuisine bretonne et que ne soit bien naturellement créée la recette de la galette de pomme de terre ! En prime, si vous passez par Batz, Sein, Groix ou Ouessant… ne pas oublier de goûter les *primeur des îles*, délicieusement engraissées au goémon disponible à proximité.

La bataille de l'artichaut pour la défense de la ceinture dorée

Si la pomme de terre avait pris une grande place dans sa nourriture, la Bretagne est devenue par la suite la première région légumière française. Depuis une cinquantaine d'années, les primeurs du Léon ont acquis une forte réputation, confortée par la mise en place du marché au cadran de Saint-Pol-de-Léon. Deux produits emblématiques en assurent la notoriété : l'artichaut – le camus de Bretagne, une variété ancestrale – et le chou-fleur – aujourd'hui surnommé *fleur de Bretagne* – qui parviennent très vite sur les tables françaises, anglaises ou allemandes, etc. Une véritable saga avec ses héros, tel Alexis Gourvennec qui, après avoir occupé la sous-préfecture de Morlaix le 8 juin 1961 lors de la *bataille de l'artichaut*, a été à l'origine de la Société d'initiative et de coopération agricole (SICA) de Saint-Pol-de-Léon et de la marque Prince de Bretagne, ainsi que de la compagnie maritime Brittany Ferries créée pour transporter rapidement les légumes frais vers l'Irlande et l'Angleterre. La production légumière couvre en fait toute la ceinture dorée proche du littoral nord-breton influencé par le Gulf Stream, et qui comprend également le Trégor-Goëlo autour du marché de Paimpol et la région de Saint-Malo orientée sur le marché de Saint-Méloir-des-Ondes.

Mâche oignons coco…

Il ne s'agit pas d'une recommandation familière d'expression populaire, mais de quelques spécialités régionales. De même qu'à la *ceinture dorée* s'ajoutent quelques autres bassins ainsi qu'une production maraîchère sous serre autour des principales agglomérations, notamment Brest, Rennes et Nantes, de même la production légumière bretonne est très diversifiée : salades, tomates, carottes (de sable de Santec, ou de Nantes), poireaux, radis, endives (de Kerlouan), petits pois, épinards, concombres, haricots verts, céleri, melons, ail (de Cherrueix), échalote rose (dite de Jersey), etc. Alors, mâche oignons coco… La mâche nantaise représente 85 % de la production nationale de cette petite salade, qui, de « salade de carême » au XIXe siècle ayant longtemps porté le nom de *boursette* à Nantes, est devenue la favorite des nutritionnistes en étant le seul légume à porter la mention « naturellement riche en oméga 3 ». Si l'oignon d'Erdeven (Morbihan) ainsi que « le jaune paille des vertus » à Langueux et Yffiniac (Côtes d'Armor) maintiennent une tradition locale, c'est bien l'oignon rosé de Roscoff qui a acquis une réputation internationale en traversant la Manche. Le coco de Paimpol enfin, un savoureux haricot blanc demi-sec dont la gousse – récoltée manuellement – se pare à maturité d'une belle couleur jaune paille marbrée de violet. Il est le premier légume frais à avoir obtenu le label *Appellation d'origine contrôlée* (AOC) et – bonne nouvelle ! – sa peau très fine ne provoque pas de ballonnements intestinaux.

ÉVÉNEMENT

Les Johnnies de Roscoff

En 1828, le jeune paysan – un peu marin par ailleurs – Henri Olivier affrète une gabarre, la charge d'oignons et effectue la traversée Roscoff-Plymouth accompagné de quatre amis. Une semaine plus tard, ils sont de retour, le bateau vide et les poches pleines. La nouvelle s'est rapidement répandue dans les cafés de Roscoff et les campagnes environnantes : un nouveau marché s'offrait à cette région alors assez pauvre. Pendant près de deux siècles, les Johnnies de Roscoff, très vite baptisés ainsi de l'autre côté de la Manche en référence au prénom Jean alors très courant, ont donc vendu leurs bottes d'oignons impeccablement tressées dans tous les coins d'Angleterre, d'Écosse et du pays de Galles. Ils étaient 200 en 1860, et environ 1 500 dans les années vingt et au début des années trente (du XXe siècle). Une incroyable aventure économique et humaine qui dynamisa tout un pays, annonciatrice d'autres développements agricoles et maritimes. Les Johnnies pouvaient partir quelques semaines ou quelques mois, dans des conditions souvent difficiles, les plus jeunes n'ayant qu'une dizaine d'années. Cette petite économie finit par s'organiser, les Johnnies se regroupant en compagnies et s'installant provisoirement dans des entrepôts de fortune. Des charrettes puis des petits camions étaient utilisés pour les grandes distances, tandis que les visites de la clientèle s'effectuaient en faisant du porte-à-porte à pied, puis à vélo, avec des chargements de cinquante à cent kilos d'oignons. En 1899, l'écrivain gallois W. Ambrose Bebb, évoque ses souvenirs à la foire annuelle du village de Pontrhydfendigaid (il existe vraiment ! dans le comté de Cardigan) et parle des Johnnies, « des hommes forts, aux épaules larges, en pantalon bleu et chaussures de bois, des sabots. Chacun d'entre eux portait à l'épaule un épais bâton taillé dans une haie, auquel étaient suspendues des rangées d'oignons bretons tout brillants ». Dur métier, grande épopée, ce commerce eut aussi ses drames, comme le naufrage en 1905 du *Hilda*, un vapeur venant de Southampton qui se fracassa dans le chenal d'entrée au port de Saint-Malo, causant la disparition de 74 marchands d'oignons, dont toute une compagnie.

Aujourd'hui, une vingtaine de nouveaux Johnnies prolongent l'aventure en empruntant les navires de la Brittany Ferries. La ville de Roscoff organise annuellement une grande *Fête de l'oignon* où l'on peut déguster des tartines à la compote d'oignons et autres tartes à l'oignon, des pains fourrés à l'oignon et l'inévitable soupe à l'oignon. Et, pour retracer l'histoire de cette aventure, *La Maison des Johnnies et de l'Oignon rosé de Roscoff* a été installée dans une petite ferme traditionnelle. Une visite historique qui vante aussi les qualités gustatives de l'oignon rosé et de ses bienfaits pour la santé.

Le marron de Redon

Ce marron-là n'est pas le gros fruit (toxique) du marronnier commun (le marronnier d'Inde des villes), mais bien le fruit (comestible) du châtaignier. En Bretagne, et tout particulièrement dans le pays de Vilaine, le châtaignier – encore appelé parfois *l'arbre à pain* des Bretons – a constitué la base de l'alimentation avant l'arrivée de la pomme de terre. Madame de Sévigné l'évoquait déjà lors de ses séjours aux Rochers près de Vitré : « Pour nous, ce sont des châtaignes qui font notre ornement ; j'en avois l'autre jour trois ou quatre paniers autour de moi ; j'en fis bouillir, j'en fis rôtir, j'en mis dans ma poche : on en sert dans les plats, on marche dessus ; c'est la Bretagne dans son triomphe » (lettre du 11 octobre 1671). Après le déclin, le regain : les petits *marrons* sont grillés dans la cheminée à l'aide d'une harassoire (poêle à trous), les plus gros sont appréciés bouillis, et accompagnés de cidre ou de lait ribot. Le produit entre aujourd'hui dans la composition de spécialités régionales, en garniture de viandes ou volailles et dans des pâtisseries, ainsi que dans des recettes créées à l'initiative de la *Confrérie du marron de Redon* comme la terrine de volaille aux marrons ou le *Marronnais*, un délicieux quatre-quarts avec de la ganache aux marrons. Octobre est le mois du marron, dignement fêté à la Teillouse, une grande foire historique, et à la Bogue d'Or, un festival de contes, chants et musiques.

Pique aux fraises de Plougastel

Depuis deux siècles, Plougastel est devenue la capitale de la fraise bretonne, après l'arrivée de quelques plants de fraises blanches venues du Chili concurrencer la petite fraise des bois, la seule variété connue en Europe jusqu'au XVIIIe siècle. Le très doux climat de ce jardin de Brest lui réussit si bien qu'elle supplanta la culture du lin, avant de se transformer par croisement avec la variété de Virginie (rapportée près de deux siècles plus tôt de la *Nouvelle-France* par le Malouin Jacques Cartier), rougissant au passage pour devenir la fraise moderne qui se déclinera en de multiples variétés. La fraise de Plougastel connut un gros succès auprès des Parisiens, qui en consommaient trente tonnes par jour en saison à la fin du XIXe siècle, et des Anglais, que des vapeurs leur apportaient directement, un célèbre fraisiériste, Pierre Le Gall, fut même surnommé *the king of strawberries* à Manchester. Mobilisant plus de mille hectares, sa production de six mille tonnes représentait le quart de la production nationale. Très populaire était par ailleurs la tradition d'ouvrir les champs à la *pique aux fraises* à la fin de chaque campagne. Ce bel âge d'or durera jusqu'à la Seconde Guerre mondiale et la concurrence de nouveaux pays. Avec moins d'un millier de tonnes, elle est toujours aujourd'hui un produit breton de grande qualité. Depuis 1992, un musée de la Fraise et du Patrimoine en retrace son histoire.

CURIOSITÉ

Les fraises de Monsieur Frézier, l'espion du roi

Cette saga de la fraise de Plougastel est aussi une aventure extraordinaire dont l'histoire mérite d'être contée, elle pourrait même inspirer un film. Il était donc une fois… un certain Amédée-François Frézier (Chambéry, 1682-Brest, 1773), ingénieur du Roi et capitaine du génie spécialiste des fortifications, mais aussi botaniste et navigateur. Après des études scientifiques à Paris et un séjour en Italie consacré aux beaux-arts et à l'architecture, il se retrouve à Saint-Malo en 1707 pour assister Siméon Garangeau dans les travaux d'agrandissement de l'enceinte décidés par Vauban. Frézier se prend alors de passion pour le monde maritime. Sa carrière bascule en 1712, à la demande de Louis XIV, lorsqu'il quitte la cité corsaire à bord du *Saint-Joseph* pour entreprendre une mission d'étude, c'est-à-dire d'espionnage, portant sur la reconnaissance des ports espagnols et de leurs fortifications sur la côte occidentale de l'Amérique du Sud (Chili et Pérou), afin « d'aviser au moyen de protéger ces colonies espagnoles ». Tout imprégné de l'esprit des Lumières, il donne si bien le change qu'il en profite pour faire des relevés hydrographiques et corriger quelques erreurs cartographiques, et surtout pour botaniser. Il peut ainsi, par exemple, s'intéresser à l'herbe de coca et à ses usages et, surtout, rapporter de son passage à Concepción cinq plants d'une fraise inconnue en Europe, la *Fragaria chiloensis* dite *Blanche du Chili*, une variété originaire de l'île toute proche de Chiloé. Frézier, au nom si naturellement prédestiné pour une telle découverte, en fait lui-même la description dans un livre, *Relation du voyage de la mer du Sud aux côtes du Chili et du Pérou, fait pendant les années 1712, 1713 & 1714* : « On y cultive des campagnes entières d'une espèce de fraisier différent du nôtre par les feuilles plus arrondies, plus charnues et fort velues. Ses fruits sont ordinairement gros comme une noix, et quelquefois comme un œuf de poule. Ils sont d'un rouge blanchâtre et un peu moins délicats au goût que nos fraises de bois. J'en ai donné quelques pieds à M. de Jussieu pour le Jardin royal, où l'on aura soin de les faire fructifier. » Les plants débarqués à Marseille parviendront donc à Paris, puis M. de Jussieu en fera profiter le jardin botanique de Brest, annexé à l'Hôpital maritime. Ville que retrouve Amédée-François Frézier en 1739 en tant que directeur des fortifications de Bretagne, ce qui lui vaut de s'occuper d'importants travaux à Brest, Port-Louis, Concarneau, Nantes… et notamment d'achever la réalisation du fort du Taureau à l'entrée de la baie de Morlaix. Tandis que la fraise va cheminer de Brest à Plougastel, via Keraliou. C'est ainsi que débute l'histoire de la fraise de Frézier… qui, admis à la retraite en 1764 à quatre-vingt-deux ans, eut tout le loisir de la goûter.

Curiosité collatérale. M. de La Pérouse, dans son voyage autour du monde débuté à Brest en 1785, vint également aborder les côtes du Chili en février 1786 avec la perspective de faire des vivres : « Nous cherchions avec nos lunettes la ville de Concepción, que nous savions, d'après le plan de Frézier, devoir être au fond de la baie », mais ils n'aperçurent aucune ville, avant d'apprendre par un pilote venu à leur rencontre qu'un tremblement de terre et un raz-de-marée avaient totalement détruit la ville en 1751. Concepción, reconstruite un peu plus loin, n'en a pas été pour autant épargnée, ayant souffert par la suite de divers autres séismes, le dernier datant de février 2010.

Menus plaisirs à manger et à boire

Rien de tel qu'un bon dessert et une bonne boisson pour accompagner ces produits de la terre et de la mer. La Bretagne n'est pas en reste et propose d'étonnantes spécialités basées sur ses productions et ses traditions. Alors, si vous voulez savoir comment baiser une fillette avec quelques petites lichouseries…

Lichouseries

Les petites douceurs bretonnes s'accommodent aussi bien du beurre que du sucre. Même certains pains n'y résistent pas, c'est dire !

Pain ou brioche

Saints bretons, mais aussi pains bretons. Sans revendiquer que la brioche soit originaire de Saint-Brieuc et des fours briochins, même si elle figure, avec le pain brioché, parmi les spécialités traditionnelles, notamment dans les Côtes-d'Armor et le Finistère. Le *pain bénit* – du pain brioché coupé en morceaux – était encore distribué par les enfants de chœur aux offices dominicaux à la fin du XXe siècle dans une partie de ces départements ! Pain brioché toujours, sous des formes et des noms nouveaux, tels la *fouesse* ou *fouace*, le *gochtial* (presqu'île de Rhuys), le *gâteau de pâte* ou *bourgueu* (presqu'île de Crozon), le *pain doux* bigouden (Finistère Sud) et le *pastéchou* (Finistère Nord). Ici, le pain cuit l'est doublement, c'est le *pain recuit* des marins et des pêcheurs, pour un usage durable. Aux côtés des pains de seigle et des pains noirs traditionnels, quelques appellations originales sont bonnes à croquer : le *pain plié* – ou pain de Morlaix – à la forme originale, le *pain chapeau* du Centre Bretagne avec une grosse boule surmontée d'une petite, et bien d'autres dont certains parfaitement localisés, comme le *pain sucré* proposé tous les vendredis à Pénestin (Morbihan), ou le *pain mirau* réalisé dans le seul village de Carestiemble (Saint-Brandam, Côtes-d'Armor) et à la recette tenue jalousement secrète.

Douceur pur beurre

Sucré-salé-beurré, triptyque qui caractérise le *gâteau breton*. Doré et fondant, ce gâteau de ménage a la réputation d'être calorique et de se conserver plusieurs semaines. Il peut être agrémenté de rhum ou même de caramel au beurre salé. Classique incontournable, le *far breton* est une sorte de flan recouvert d'une pellicule moelleuse et de couleur marron, souvent garni de pruneaux ou de raisins secs. Les spécialités plus locales ne manquent pas, en voici quelques-unes parmi tant d'autres : le *pommé rennais*, une pâtisserie fourrée aux pommes, des variantes étant proposées en d'autres lieux comme le *choquart d'Yffiniac* ; le *beignet de Tréguier*, marquant sa différence par l'incorporation du fruit dans la pâte et par sa cuisson au beurre dans la poêle ; les *craquelins*, des gâteaux secs craquants en forme d'écuelle ronde (la pâte est échaudée dans de l'eau frémissante avant d'être recuite au four), une spécialité de la région de Saint-Malo qui avait sa corporation de *craqueliniers* au bourg de Pleurtuit ; le *gâteau nantais*, un dessert moelleux aux amandes, légèrement parfumé au rhum et recouvert d'un fin glaçage ; *l'armoricain*, gâteau meringué aux amandes avec une crème pralinée, une spécialité du Croisic…

CURIOSITÉ

… et le kouign amann

Sans doute le gâteau le plus emblématique de la Bretagne – « sommet de la pâtisserie bretonne » selon Yann Brékilien (*La Bretagne d'hier et demain*, 1978) –, le *kouign amann* a aussi été vendu un temps sous son nom français de gâteau beurré. Il s'agit d'une grosse galette (son diamètre n'excède pas la vingtaine de centimètres, pour une épaisseur de trois à quatre) qui est un gâteau feuilleté et caramélisé, à la base une pâte à pain fermentée sur laquelle sont étalés du beurre et du sucre, le tout étant replié comme pour la pâte feuilletée. À déguster légèrement tiédi, son goût remarquable est allié à une texture craquante et fondante. Il donne l'impression de contenir autant de beurre que de farine : diététiciens, passez votre chemin ! Le *kouign amann* est originaire de Douarnenez, où il aurait été créé vers 1865 par un boulanger de la ville, Yves-René Scordia. Puis sa recette évolua avec ses descendants, gagna la ville et bientôt toute la Bretagne qui s'est mise au *kouign amann*. Une autre école le verrait plutôt du côté de Scaër, où il aurait été conçu en accompagnant le pain de la veille avec du beurre et du sucre. Il faut dire qu'avec ces trois ingrédients principaux (farine, beurre, sucre), il est vraiment difficile de déposer un brevet en Bretagne ! Mais il faut une longue pratique pour le réussir car les recettes varient au gré de chacun, et c'est encore en Bretagne que se trouvent les meilleurs confectionnés dans les fours de boulangers spécialistes, ou encore dans le secret des familles.

Pour ne pas saliver davantage, voici quand même une recette simple fournie par Simone Morand (*Cuisine traditionnelle de Bretagne*, Éditions Jean-Paul Gisserot, 1989), considérée comme la référence en matière de gastronomie bretonne :

Ingrédients :

450 g de farine, 300 g de beurre, 200 g de sucre, 1 pincée de sel, 20 g de levure de boulanger, 1 jaune d'œuf pour colorer (facultatif)

Préparation :

Délayer la levure dans trois cuillerées d'eau tiède, puis la mélanger avec la farine. Ajouter le sucre, puis le beurre. Donner quatre tours, comme pour un feuilletage. Laisser reposer 15 minutes entre chaque tour. Placer dans un moule beurré. Rayer à la fourchette et mettre au four. Saupoudrer de sucre aussitôt sorti et servir tiède. Prévoir une bonne bolée de cidre pour l'accompagner.

« Je ne trouve rien de meilleur qu'un p'tit LU. Oh si, deux petits LU », Sarah Bernhardt

Du pain recuit au biscuit – du latin biscoctus, « cuit deux fois » –, il n'y avait qu'un pas à franchir pour une région maritime. Car ces petits pains durs « longue conservation », séchés au four, que l'on trouvait encore au XIXe dans les boulangeries des ports bretons, ont été supplantés dès la fin de ce même siècle par l'essor des biscuits de fabrication artisanale, puis bientôt industrielle. S'inspirant de productions pâtissières, des entreprises ont repris le flambeau des biscuits bretons, galettes et palets, développant au fil des ans des produits à forte identité géographique, comme le *Traou Mad de Pont-Aven* et la *galette de Pleyben* (Finistère), la *galette St Michel* (pays de Retz) et la *galette Saint-Guénolé* (Bourg-de-Batz), le *punch* d'Uzel, le *Petit Mouzillon* ou bien d'autres encore, sans oublier les *crêpes dentelles*, les *gavottes*, et les *craquelins* déjà évoqués. Deux biscuiteries ayant grandi à l'ombre du port de Nantes ont depuis conquis le monde. LU, créée au milieu du XIXe siècle par Jean-Romain Lefèvre et Pauline-Isabelle Utile venus de l'Est avec leur *biscuit de Reims*, est devenue célèbre avec le *Véritable Petit-Beurre*, un biscuit rectangulaire aux 56 dents dit le *P'tit Lu*, et la *Paille d'Or*, née en 1905 et dont la confiture de framboise, fabriquée sur place, a été longtemps étalée manuellement au pinceau. La BN, *Biscuiterie Nantaise*, leur a emboîté le pas à la fin du siècle, créant par la suite le fameux *Choco BN*, un goûter fourré au chocolat.

Bonheur suprême, la niniche au caramel au beurre salé

La *niniche* est une sucette (sucre de canne, beurre salé, laits, arômes naturels…) montée sur un bâtonnet : le tour de main du confiseur en garantit le succès. À Quiberon, on s'en dit le créateur, tandis qu'à La Baule, elle serait venue de Bordeaux, dans les deux cas au milieu du XXe siècle. La bauloise est plus molle, et renvoie sa voisine dans la catégorie des sucres d'orge. Ce qui est certain, c'est qu'elles ont toutes un grand succès et qu'elles ne sont pas sans rappeler le *caramollet* de Saint-Brieuc et de Dinan, un « léger bâton de sucre pilé et tordu dont le berlingot moderne n'est qu'un pastiche dégénéré » (*Confiseries populaires*, 1895). Le *berlingot* depuis 1830 et sa cousine la *rigolette* depuis 1902 sont deux douceurs nantaises célébrées par Curnonsky. De nombreuses villes proposent ainsi une confiserie originale ou une spécialité au goût sucré : les *macarons* de Saint-Brieuc ou de Quimper, la *praline Duchesse Anne* un peu oubliée à Rennes, la *Patate de Saint-Malo*, un bonbon en pâte d'amandes, le *pommé* de Bazouges-la-Pérouse, une sorte de confiture longtemps appelée « le beurre du pauvre », *l'angélique* confite de Châteaubriant, etc. Depuis quelques années le *caramel au beurre salé* – breton, de Guérande, de Quiberon… – est devenu une star qui se pare de multiples habits – carrés durcis, bonbons, crème à tartiner, en sucette, sans parler des emballages – ou même en *niniche* !

Que boit-on en Bretagne ?

« Les soûls dessoûleront mais les fous ne défolleront pas », dit un proverbe breton dont l'origine se perd dans les pistes brumeuses d'on ne sait quelle rue de la Soif, à Rennes ou dans quelque ville portuaire. S'il est vrai que les marins ont toujours un peu mieux tenu la marée que le reste des humains et que la Bretagne traîne une réputation peu flatteuse en matière d'alcoolisme, la région se caractérise aussi par ses traditions joyeuses et une extraordinaire variété de boissons qui ont à voir avec les différents terroirs. Du cidre au muscadet, du jus de pomme à l'eau de Plancoët. À consommer avec modération, c'est selon !

Le cidre, la boisson bretonne

Boisson de prédilection devenue emblématique de la gastronomie bretonne, elle accompagne crêpes et galettes comme jadis les travailleurs aux champs. Si production et consommation avaient fortement baissé au cours du dernier siècle, un renouveau s'est fait jour depuis une trentaine d'années, avec la recherche de la qualité (IGP cidre de Bretagne) et la valorisation des terroirs : les cidres de Cornouaille (appellation AOC, avec une *route du cidre*), les cidres de la vallée de la Rance, les cidres du bassin de Rennes-Redon, le Royal Guillevic (sud du Morbihan, label Rouge), les cidres du Trégor-Goëlo et les cidres du pays de Dol. Avec aussi le choix de la diversité sur l'étiquette, entre le cidre doux, demi-sec, sec, brut, fermier, pasteurisé, bouché… il y a un cidre pour tous les goûts, plus ou moins sucré et alcoolisé (entre 2 et 7 degrés). Pas de problème donc, quel que soit le lieu, pour le servir par pichetées en bolées, petits bols avec ou sans oreilles, ou bien tasses traditionnelles en faïence à trois traits rouges. Et jus de pomme pour les plus petits !

La chanson du cidre

Le cidre a donc aussi son chantre. Frédéric Le Guyader (Brasparts 1847-Kerfeunteun, Quimper 1926), un fonctionnaire des contributions directes devenu conservateur de la bibliothèque de Quimper et par ailleurs épris de poésie, a été fasciné par les joyeux mangeurs et buveurs de Cornouaille. Son œuvre résonne encore de libations rimées aux « accents à la fois épiques et rabelaisiens » (Louis Le Cunff). Comme s'il voulait entraîner ses lecteurs jusqu'à quelque cellier pour y dévoiler les secrets de sa boisson fétiche, selon un cérémonial propre à toute dégustation, et constater que le nectar est *goulichant*, avant de conclure au bon cidre par un définitif « chistr mat ! ». Sans doute à Fouesnant où se fait, selon notre poète, « le meilleur cidre du monde ».

Fort des encouragements de Victor Hugo et de l'Académie française, Le Guyader publia donc son livre-culte intitulé *La Chanson du cidre* (1901), une joyeuse exaltation en alexandrins qui le portera au pinacle de la poésie bretonne de son temps. En particulier, cet *Hymne au cidre*, un véritable morceau d'anthologie qui est parvenu à traverser le siècle :

« Ô cidre, ô liqueur d'or, septembrale purée,
Qu'il faut boire en son temps, par l'hiver épurée ;
Salut, illustre vin des vieux vergers bretons,
Vin que n'a point souillé la lèvre des Teutons !
Coule, coule à pleins bords dans les écuelles peintes ;
Fais pisser les tonneaux dans les pots et les pintes !
Ô jus étincelant du fruit jaune et vermeil,
Ton culte est célébré de Moëlan à Beg-Meil :
Car tu mets en gaieté toute la Cornouaille,
Ce gras pays, nourri de bonne victuaille,
Quimperlé, Bannalec, Pont-Aven, Bénodet.
Tu règnes, triomphant, de l'Isole à l'Odet.

Ô cidre, tu rendrais les Espagnes jalouses,
Car Gamache aurait fui les rives andalouses,
S'il eut connu Fouesnant, pays des francs gosiers,
Digne de Rabelais et de ses Grandgousiers !

Pendant que l'alcool ternit les fronts moroses,
Tu changes en rubis le nez des trognes roses.
Ô cidre, ô grand ami ! Cidre, aimé des Bretons,
Nous, soiffeurs assoiffés, soiffant nous te chantons. »

De la cervoise au cola

La légende dit qu'elle coulait à flots dans le village breton d'Astérix, la cervoise – même tiède ! – figurerait donc parmi les boissons traditionnelles de la péninsule armoricaine. La bière n'est arrivée que bien plus tard, favorisée par les échanges maritimes qui suscitèrent de nombreuses vocations artisanales avant les regroupements industriels dans les principales villes, évolution technologique et gros investissements obligent. Les *Brasseries de la Meuse* précipitèrent l'évolution à partir de 1955 en absorbant la *Brasserie Graff* (Rennes), aujourd'hui *Kronenbourg*, ainsi que les

Brasseries Nantaises (Nantes) et la *Grande Brasserie le Kerinou* (Lambézellec, près de Brest), fermées en 1985. Année même du renouveau, avec la création de la *Coreff* à Morlaix (puis à Carhaix), bientôt suivie en 1989 par la *Lancelot* dans le Morbihan (sur le site de la mine d'or au Roc-Saint-André). Aujourd'hui, 35 microbrasseries produisent ainsi quelque deux cents bières artisanales, blondes, blanches, bio, aromatisées, ambrées, brunes, stout ainsi que des bières de Noël et de Mars. La brasserie *Lancelot* propose ainsi la *Cervoise* au miel, crée la *Telenn Du*, première bière au blé noir. Avant d'innover en matière de boissons sans alcool avec le lancement de la limonade bretonne *Morgane* et du *Breizh Cola*, le cola du Phare Ouest !

La boisson des elfes

Le chouchen est l'alcool breton par excellence, proche de l'hydromel, ce vin de miel qui est sans doute l'un des plus anciens breuvages alcoolisés, un élixir d'immortalité et aphrodisiaque, la boisson des Celtes et des Vikings, mais aussi des elfes, des druides et, qui sait, des dieux... Alcool doux comme le miel, le chouchen – celui de Rosporden est le plus réputé – a conservé cette réputation au pays des enchanteurs même après la christianisation : il était encore de coutume, jusqu'au début du dernier siècle, de servir cette boisson voluptueuse aux jeunes mariés avant la nuit de noces ! Pour ceux que rebute le côté – de moins en moins – liquoreux ou tout au moins moelleux du chouchen, la Bretagne propose aussi son propre whisky. Logique pour un pays celte, mais néanmoins assez récent chez les cousins bretons : le *whisky breton* blend ou *Armorik* en version single malt (distillerie Warenghem à Lannion), *Eddu* élaboré à partir de sarrasin (distillerie des Menhirs de Plomelin) et *Gwenroc* (distillerie Malibreiz à Rennes). Les Bretons ont également valorisé la pomme : le *pommeau de Bretagne*, un alcool apéritif inspiré du *pineau des Charentes*, des eaux-de-vie de cidre (*Fine Bretagne*, lambig pour les bouilleurs de crus...), des liqueurs à base de plantes comme l'*Élixir d'Armorique* ou le *Bouchinot* qui contient aussi du lait (Saint-Méen-le-Grand), etc.

« Bois le vin, sois bon comme lui »

Ce vers de Jean Richepin sert de devise à l'*Ordre des chevaliers bretvins*, qui a pour objet de mettre en valeur les produits du pays Nantais, et particulièrement ses vins, pour patronne « la duchesse Anne, la petite brette », et pour insigne « une grappe sur fond d'hermine : l'or de la Loire sur le drapeau breton ». Difficile d'être plus breton ! Vins bretons donc pour le terroir, et aussi vins de Loire pour l'appartenance à une grande famille. Car si le vignoble était présent au XVIe siècle dans différentes parties de la Bretagne, il ne subsiste plus aujourd'hui qu'en pays Nantais, s'étirant le long de la Loire et de ses rivières (Sèvre, Maine...), du lac de Grand-Lieu... jusqu'aux coteaux d'Ancenis, produisant majoritairement un vin blanc sec qui accompagne volontiers poissons et crustacés. Des diverses appellations, le gros-plant est toujours populaire, tandis que le muscadet est le plus célèbre et le plus emblématique. Ce « vin au nom guilleret et cascadeur » (Émile Gabory), délicieux vinifié sur lie, se boit relativement jeune. Pour les Nantais, *baiser une fillette* est une tradition de bistrot : en tout bien tout honneur, il ne s'agit que de boire un petit ballon de muscadet ou de gros-plant, pardon un petit verre, en référence à l'appellation locale d'une demi-bouteille !

N'est pas Plancoët qui veut !

Il est aussi une eau naturelle et réputée que consomment avec plaisir les Bretons, l'*eau de Plancoët*, aux confins du pays de Dinan et du Penthièvre (Côtes-d'Armor). Sur l'initiative lancée en 1916 par le docteur Chambrin, maire de la ville et conseiller général, l'eau de la source Sassay a obtenu la déjà très recherchée appellation *eau minérale* (naturelle) en 1928, alors *eau de Nazareth* selon le nom du lieu-dit. Visionnaire, il établissait dans le même temps un périmètre de protection de 96 hectares interdisant toute activité agricole, mesure toujours en vigueur. Après s'être infiltrée pendant une dizaine d'années (roche, sable…), c'est donc une eau de qualité « zéro nitrate » qui est pompée à 120 mètres de profondeur. Son propriétaire actuel, le groupe Nestlé-Perrier-Vittel y produit quelque 50 millions de bouteilles par an, exploitant également à proximité l'eau de source Ste Alix. Si l'*eau de Plancoët* adhère à *Produit en Bretagne* et rafraîchit le visiteur de l'Office de tourisme…, elle est aussi proposée gratuitement en libre-service aux seuls Plancoëtins à raison de 18 litres maximum par jour et par personne. Ils peuvent venir se servir au *Griffon*, une fontaine située dans la première usine qui abrite aussi un musée. Attention les gendarmes contrôlent la teneur en eau !

Quatrième partie

Tro Breizh des pays bretons, entre Armor et Argoat

Dans cette partie...

La Bretagne est, dit-on, la région française qui a la plus forte image. Elle est recherchée pour des séjours de vacances et, de plus en plus, pour y vivre et travailler. Sans doute la conjonction d'un certain art de vivre, d'un environnement encore relativement préservé et d'une atmosphère spécifique à laquelle il est difficile de résister.

C'est en Bretagne qu'a été relancé le concept de Pays, ces unités territoriales héritées d'une longue histoire et qui constituent des bassins de vie dont on découvre aujourd'hui qu'ils constituent un niveau pertinent d'organisation sociale. Même si un peu de temps est parfois nécessaire pour faire coïncider aujourd'hui la logique administrative, politique, et ce que la géographie a pu combiner avec l'histoire au cours de si nombreux siècles.

Prenons notre bâton de pèlerin et quelques chemins de traverse pour en découvrir les richesses emblématiques et s'émerveiller de trouvailles étonnantes. Suffisamment pour donner l'envie d'en approfondir la connaissance et de découvrir tout ce qu'il n'était pas possible d'évoquer ici.

Chapitre 11

Pays d'Ille-et-Vilaine

Dans ce chapitre :

- Tous les Pays du département
- Quelques villes au rôle important comme Rennes et Saint-Malo
- Des sites prestigieux : la forêt de Brocéliande, la Côte d'Émeraude, le château de Combourg, etc.

Du Pays rennais au département d'Ille-et-Vilaine, c'est la Haute-Bretagne qui est ici parcourue, tout au moins sa partie nord qui est dans la Région Bretagne. Territoire au contact des provinces et régions voisines, il s'est retrouvé en première ligne des soubresauts de l'histoire bretonne. Les symboles passés du pouvoir, les zones de Marches, l'influence anglaise et normande… y côtoient les traces modernes de la recherche, de la culture et du tourisme.

Pays de Brocéliande

Pays contenu dans les limites départementales de l'Ille-et-Vilaine, il partage donc la mythique forêt de Brocéliande avec le Pays de Ploërmel dans le Morbihan. La référence au Porhoët (Bretagne centrale) aurait traduit une appartenance historique plus légitime. Car les légendes non plus ne connaissent pas de frontières ! Ce pays est de plus quelque peu atypique dans la mesure où il ne comporte pas une ville d'importance qui en polariserait le territoire, le laissant très largement sous l'influence rennaise. Sa configuration se traduit par une grande zone centrale autour de Montfort-sur-Meu, que viennent compléter, au nord celle de Bécherel, et au sud celle de Paimpont (ou Plélan-le-Grand).

Le pays pourpré

Ainsi désignée en raison de l'abondante présence de schiste pourpre – ces pierres que l'on dit parfois de couleur rouge ou encore lie-de-vin – dont une variante mouchetée de grains de quartz blanc porte le joli nom de *poudingue* ou pierre de Montfort. La région en présente de nombreuses traces, aussi bien des vestiges anciens que dans les constructions. Cette bienheureuse disponibilité locale confère au paysage une tonalité particulière dont ont su jouer les bâtisseurs locaux, mariant harmonieusement ce schiste rouge ou violacé à différents grès que l'on trouve à proximité, offrant ainsi une palette complémentaire de rose, beige, gris et même gris-vert.

Montfort-la-Cane, la-Montagne, sur-Meu…

D'origine très ancienne, le bourg prend son essor au XIe siècle autour d'un premier château dû à Raoul Ier, sire de Gaël, un aventurier qui servit le duc Conan II avant de suivre Guillaume le Conquérant en Angleterre puis d'en devenir un ennemi, et enfin de revenir en Bretagne. Place forte bretonne très convoitée, elle passa de mains françaises en mains anglaises, dans celles des Ligueurs et des Chouans. Le Montfort-la-Cane du Moyen Âge – référence à une légende voulant que saint Nicolas ait exaucé le vœu d'une jeune fille prisonnière dans le château en la transformant en cane, ce qui lui permit de s'envoler par une fenêtre – est devenu Montfort-sur-Meu, du nom de la rivière coulant au pied du château, et même Montfort-la-Montagne pendant la Révolution. Sous-préfecture de 1790 à 1926, la ville connut alors son siècle de gloire. De l'époque médiévale, elle a conservé l'imposante tour du Papegaut, qui servait de stand de tir d'entraînement – sur des oiseaux de bois haut perchés – aux archers, arbalétriers et autres arquebusiers. Tour qui fut le lieu de séquestration de la future cane, avant de redevenir une prison (1819-1950) et d'accueillir aujourd'hui l'*écomusée du Pays de Montfort.*

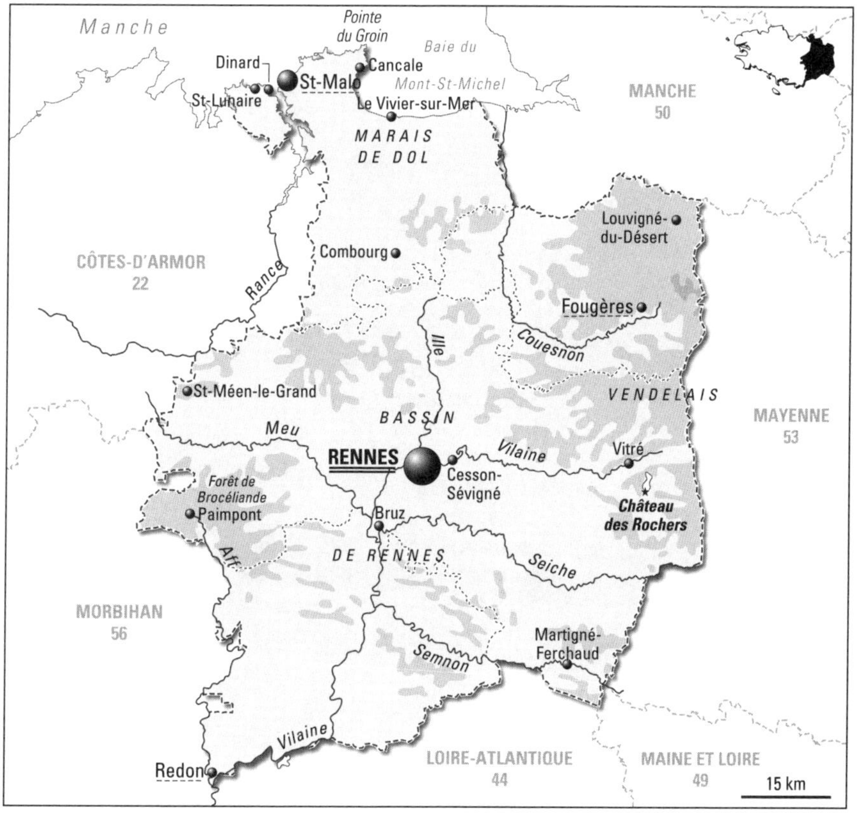

Figure 11-1 : L'Ille-et-Vilaine.

LE SAVIEZ-VOUS ?

Le Père de Montfort

Parcours courant d'un Breton de son temps : naissance en 1673 à Montfort-la-Cane, père avocat et enfance à Iffendic dans la propriété du Bois-Maquer (1675), études chez les Jésuites à Rennes (1685) puis au séminaire de Saint-Sulpice à Paris (1695) où Louis-Marie Grignion à Montfort est ordonné prêtre en 1700. Son parcours non-conformiste au sein de l'Église le conduit vers les pauvres et sur les chemins des missions rurales. Il consacrera sa vie à la reconquête religieuse de l'Ouest, notamment en direction des milieux populaires. Missionnaire de la Contre-Réforme et ardent propagateur du culte marial, il rayonne depuis son ermitage basé dans l'ancienne léproserie Saint-Lazare de Montfort-sur-Meu dont il fait restaurer la chapelle, et où le vieux chêne sous lequel il aimait prêcher existe toujours. Débordant d'activités, il est le créateur de plusieurs ordres présents dans le monde entier, désignés aujourd'hui sous le nom générique de *La Famille montfortaine* : *Les Pères et Frères des Montfortains* (ou *Compagnie de Marie*, congrégation religieuse de missionnaires ruraux), *Les Frères de Saint-Gabriel* (congrégation enseignante) et *Les Filles de la Sagesse*. Louis-Marie Grignion de Montfort meurt prématurément le 28 avril 1716 à Saint-Laurent-sur-Sèvre (Vendée), épuisé à l'âge de quarante-trois ans. Canonisé en 1947.

Plusieurs lieux en Bretagne et dans l'Ouest rappellent l'action du saint :

- l'église Saint-Louis-Marie Grignion à Montfort, sa statue en ornant le campanile ;
- sa maison natale, rue de la Saulnerie, dans laquelle son souvenir est entretenu ;
- le calvaire de Pontchâteau (Loire-Atlantique), érigé en 1710, détruit sur ordre du roi Louis XIV (seulement à moitié finalement) au motif qu'il « était propre à donner asile à des gens de mauvaise volonté plutôt qu'à entretenir la dévotion du peuple », avant d'être restauré en 1747 et en 1821 ;
- à Saint-Laurent-sur-Sèvre, devenue *ville sainte de la Vendée* : tombeau et basilique, grand calvaire aussi monumental que celui de Pontchâteau, écoles et pensionnats.

L'orée pourpre de Brocéliande

Ce joli slogan de l'Office de tourisme du Pays de Montfort est le symbole d'une couleur ouvrant sur une forêt de légende. Le vallon de la Chambre au Loup, que les habitués appellent le *Petit Canyon* (le *Grand Canyon* pour certains), est enserré de falaises hautes de 35 mètres, offrant un saisissant contraste entre le rouge des schistes, le vert des fougères, le violine des bruyères ou encore le jaune des ajoncs et des genêts, une carte postale bretonne type ! Légende comprise, puisque la silhouette d'un loup gueule levée vers le ciel est inscrite dans un rocher, mais que des hurlements se font entendre à chaque invasion, fait devenu heureusement rarissime. Le bourg d'Iffendic est aussi riche d'autres sites naturels : le Domaine de Careil (réserve ornithologique et sanctuaire des races domestiques menacées d'extinction), le Domaine de Trémelin (vaste étang de 50 ha au milieu d'un massif forestier, espace de balades et de loisirs), le Domaine de Boutavent (conservatoire des paysages et ruines d'un ancien château médiéval) et un arboretum dans le bourg. Ne pas oublier en randonnant de passer à Saint-Gonlay pour rendre visite à la *Maison d'école en Pays gallo* et sa reconstitution d'une salle de classe des années cinquante.

Saint-Éloi à Montauban-de-Bretagne

Au commencement était une carrière de faluns (craie) dans un bourg qui avait, à en croire la tradition, pris pour nom Saint-Éloi après que le bon roi Dagobert eut confié à son proche conseiller une mission de paix auprès de Judicaël au VIIe siècle – le *roi* de la Domnonée résidait à Gaël, sa capitale. L'exploitation de la carrière généra tant de déblais de calcaires coquilliers que leur empilement forma un monticule, un mont blanc, *mons albanus*, qui se transforma en Montauban avant que ne soit ajouté un signe breton pour le distinguer d'autres villes homonymes. La famille de Montauban et son château, dont il ne reste que le donjon et quelques vestiges, jouèrent un rôle important dans l'histoire de la Bretagne. Par une prompte transition dans le temps et dans l'espace, la proche gare Médréac vient rappeler le temps du *réseau breton*, proposant à ses visiteurs de parcourir une dizaine de kilomètres de l'ancienne ligne La Brohinière-Dinan en draisine, à moins que les plus courageux ne préfèrent pédaler sur le vélo-rail ! Le temps aussi de découvrir à proximité les alignements mégalithiques de Lampouy, quatre à cinq files comprenant une quarantaine de blocs un peu disparates, le même principe qu'à Carnac, mais en miniature !

Du vélo à l'avion autour de Saint-Méen-le-Grand

Une abbaye fondée au VIe siècle, une église aux styles multiples, un hôtel de ville très Art déco inspiré de ceux de Vichy et de Gouda (Hollande)… la ville de Saint-Méen-le-Grand ne manque pas d'atouts architecturaux. Mais elle doit surtout aujourd'hui sa célébrité au fils du boulanger qui livrait le pain à la campagne à vélo, avec son frère. Le musée Louison-Bobet créé en 1994 vient rappeler la carrière du grand champion cycliste en présentant des objets et souvenirs (maillots jaunes des Tours de France 1953, 1954 et 1955, carnets d'entraînement, cahiers de photos… et son dernier vélo). Très populaire, le triple vainqueur du Tour avait ensuite créé avec son frère Jean les centres de thalassothérapie de Quiberon et de Biarritz. Né en 1925, Louison Bobet a pu voir se construire un aérodrome militaire à Point-Clos, sur la proche commune de Gaël. Et apercevoir cinq ans plus tard l'arrivée de l'aéroplane *Point d'interrogation* de Costes et de Bellonte à son retour de la première traversée de l'Atlantique nord (sans escale dans le sens Est-Ouest). Investi par les Allemands pendant la guerre, servant de base pour mettre au point des techniques de largage de parachutes à basse altitude, l'aérodrome sera bombardé par les Alliés avant d'être abandonné, laissant quelques traces dont celles d'un arboretum.

Bécherel, du lin au livre

Un peu à l'écart de la Vilaine, le Pays de Bécherel assure une transition vers le nord et ceux de Dinan ou de Saint-Malo autour de la Rance. Ses bourgs et ses campagnes restent marqués par la culture et le tissage du chanvre et du lin qui, du XVIe au XVIIIe siècle, ont apporté une certaine richesse avec le développement de l'industrie toilière. Signe des temps, du lin au livre, ce n'est qu'une question de métier...

Une ville-relique au sommet

Là-haut, perchée sur la colline (176 mètres d'altitude, l'un des points culminants d'Ille-et-Vilaine)... la place forte longtemps convoitée de Bécherel – « lieu où tournent les moulins » – a conservé quelques vestiges de ses fortifications et dans laquelle cette ville de marchands de toile a posé ensuite ses beaux hôtels à gerbières en granit. Devenue « petite cité de caractère » de Bretagne en 1978, Bécherel a ensuite trouvé sa renaissance par le livre, les librairies remplaçant les échoppes de tisserands. Les bouquinistes d'aujourd'hui n'ont plus l'obligation faite autrefois aux marchands de poisson, en raison du droit de quintaine, celle de sauter dans l'étang de Bécherel le lundi de Pâques, sous peine d'amende ! C'est à l'extrémité de la colline que depuis 1723 se dresse le château de Caradeuc – le *Château des Hauteurs*. Aussi fièrement que le fils de son fondateur, le procureur général du parlement de Bretagne Louis-René de Caradeuc de La Chalotais qui s'est opposé au duc d'Aiguillon et à Louis XV. Le très vaste parc, qualifié de *petit Versailles breton*, remanié à la fin du XIXe siècle selon les conceptions de Le Nôtre, est peuplé de monuments évoquant la mythologie et l'histoire. Il accueille ainsi, depuis 1954, une statue de Louis XVI érigée par le sculpteur Molknecht pour l'hôtel de ville de Rennes (elle resta en fait cent vingt ans au musée des Beaux-Arts de la ville), un ultime clin d'œil au roi qui réhabilita La Chalotais.

ÉVÉNEMENT

La première Cité du livre en France

Depuis que Hay-on-Wye (Pays de Galles) s'est convertie au livre en 1963, l'idée a fait son chemin, et c'est ainsi que la création de villes et villages du livre ont fait revivre des petits bourgs endormis, loin de l'agitation citadine. Après Redu (Belgique, 1984), c'est Bécherel qui a pris le relais en 1987, précédant en France Montolieu (près de Carcassonne, 1989), Fontenoy-la-Joute (près d'Épinal, 1996), Cuisery (Bourgogne, 1999), Montmorillon (Poitou, 2000), La Charité-sur-Loire (Bourgogne, 2000)... Vingt et quelques années plus tard, *Bécherel, Cité du livre* est ouverte toute l'année et regroupe une vingtaine de professionnels du livre (libraires, éditeurs, relieurs et calligraphes) qui proposent plus de 200000 ouvrages, du livre d'occasion au livre ancien, rare ou épuisé. Et une Maison du Livre liée à l'Office de tourisme en 2011, un lieu d'animation avec auditorium, ateliers du livre et salle d'exposition. À l'origine, l'association fondatrice *Savenn Douar* voulait créer et développer un lieu de vie et d'activités culturelles « pour vivre et travailler au pays ». Mission couronnée de succès : chaque année une Fête du livre et une Nuit du livre, un Marché du livre mensuel, une résidence d'écrivains et diverses manifestations animent ainsi la ville, en même temps que renaissaient les marchés d'antan, la Foire de la Saint-Martin, foire à la volaille et au foie gras. La lecture aiguise aussi l'appétit du terroir !

Le « Dogue noir de Brocéliande » aux Iffs

Une église et une chapelle. Aux Iffs, l'église Saint-Ouen est assez remarquable, considérée comme la plus fascinante église régionale de style gothique flamboyant, conçue selon un plan atypique en forme de croix de Lorraine. Son clocher, reconstruit en 1867 dans le *style cornouaillais*, lui confère même un style bas-breton en Haute-Bretagne ! Elle possède de magnifiques vitraux, neuf verrières, celle de la Passion avec ses vingt panneaux étant un chef-d'œuvre (XVIe siècle). Pour la visite, les clés sont à prendre au bar du village ou à la mairie. Toujours aux Iffs, plane le spectre de Bertrand Du Guesclin qui eut à deux reprises les honneurs du château de Montmuran. C'est sur l'emplacement de la chapelle actuelle qu'il y fut armé chevalier en 1354, le jour même de l'un de ses premiers grands faits d'armes face aux Anglais, dont le souvenir est conservé par un « chemin sanglant ». Avant de revenir vingt ans plus tard dans la chapelle, en tant que connétable de France, pour y épouser en secondes noces Jeanne de Laval, devenant ainsi copropriétaire du château jusqu'à sa mort en 1380. Près de Bécherel également, Saint-Pern conserve le souvenir de Jeanne Jugan, la tour Saint-Joseph accueillant la maison mère de la congrégation des *Petites Sœurs des Pauvres* où sa fondatrice, originaire de Cancale, est décédée en 1879.

En forêt de Caput pontis

« Tête de pont », c'est ainsi que l'on désignait Paimpont au IXe siècle, avant d'échapper en 1207 à un fantaisiste *Panis pontis*, « pain pont ». Il n'y a pas le feu ! Trêve de légendes, la forêt de Paimpont est sans doute précisément la terre de légendes la plus emblématique de la Bretagne, mais elle n'est pas pour autant peuplée uniquement de fées et d'enchanteurs. Son histoire touche aussi à la politique, à la religion et à l'économie. Même la culture vit aussi aux alentours en dehors du mythe arthurien, comme le démontre le succès du grand rendez-vous gallo annuel de Monterfil, le festival de musique *Gallésie en fête.*

Chevaliers de la Table ronde, allons voir…

… la mythique Brocéliande des légendes arthuriennes. Elle ne figure pas sur les cartes, sans doute parce qu'elle ne se visite qu'au cours d'un voyage intérieur, en la mystérieuse compagnie des personnages de légende que sont Merlin, Viviane, Morgane, Lancelot… A-t-elle seulement existé, cette forêt dont les anciens nous disent qu'elle était dénommée *Brécilien* (*Brecheliant* en breton) jusqu'à la Révolution, Ogée en tête dans son *Dictionnaire de Bretagne* de 1780 ? La forêt de Paimpont est, elle, bien réelle. Terre un temps appréciée des *rois bretons*, Judicaël possédait un château au bord de l'étang de Paimpont et aurait fondé un prieuré, tandis que le roi Salomon a tenu sa cour à Plélan-le-Grand et fait construire le monastère de Saint-Maixent. Quelques siècles plus tard, la commune accueillait un autre quartier général, celui du comte de Puisaye, l'un des chefs de l'insurrection chouanne. Les religieux, des chanoines réguliers, s'y sont aussi bien installés en créant une nouvelle et imposante abbaye. On dit aussi que le trésor de l'abbatiale de Paimpont (XIIe-XVIIe) contiendrait toujours un radius du *roi* devenu le *saint Judicaël breton.*

… si le Graal y est

Des balades en forêt permettent de partir à sa quête et de se rapprocher du merveilleux (voir chapitre 8, *la forêt enchantée* des contes et légendes). Il faut prendre son temps en effet, consentir à laisser son véhicule et tous ses préjugés au village de Folle-Pensée, avant de flâner au hasard des chemins forestiers et de se perdre parmi tant de sites évocateurs : le Val sans Retour, l'étang du Miroir-aux-Fées, l'Arbre d'Or et le Hêtre de Pontus, le Tombeau de Merlin et celui du Géant, l'Hôtié de Viviane, la Fontaine de Barenton et celle de Jouvence… L'intérêt de ce remarquable espace naturel de plus de sept mille hectares a conduit l'université de Rennes I à y créer en 1967 la *Station biologique de Paimpont* qui accueille régulièrement des stages, mais aussi des colloques et séminaires internationaux. À l'initiative d'Annie Gautier-Hion, elle possède l'unique élevage scientifique de cercopithèques de France où des chercheurs y étudient le langage des singes. Ils ont même réalisé un dictionnaire expliquant le sens des différentes combinaisons des six cris que pousse le *mone de Campbell*, un petit singe capable d'exprimer des messages différents. La magie du lieu opérant, il faudrait peut-être penser à leur demander s'ils ont trouvé le Graal !

CURIOSITÉ

Les Forges de Paimpont

L'économie a aussi joué un rôle dans cette forêt relativement morcelée et majoritairement privée, hors un secteur dévolu à l'Office national des forêts. Si cet espace a longtemps appartenu à un seul propriétaire, les relations avec les habitants des bourgs voisins se sont parfois avérées quelque peu conflictuelles quant aux droits et usages divers, notamment pour le pacage du bétail. En 1874, l'armateur et industriel nantais Louis Auguste Levesque (1809-1888) achète au duc d'Aumale six mille cent soixante-quinze hectares de la forêt qu'il baptise *domaine de Paimpont* et où il peut s'adonner aux loisirs de la chasse, créant un équipage de vénerie très réputé (son fils Rogatien sera, lui, le créateur d'un chien de chasse noir et blanc qui porte son nom). En dehors de ces plaisirs, il y avait aussi des forges dans l'escarcelle. Car la forêt de Paimpont réunissait toutes les qualités requises : un minerai de fer d'excellente qualité, le bois comme énergie et l'eau bénéficiant d'un réseau hydraulique réalisé au Moyen Âge par les moines (un ensemble de sept étangs aboutissant à l'étang des Forges). Si l'activité métallurgique dans la région de Plélan-le-Grand et de Paimpol remonte à l'Antiquité, les Forges de Paimpont ont été créées en 1653 par Jean-Baptiste d'Andigné, et c'est le duc d'Aumale qui les reprit en 1851 avant de les céder une vingtaine d'années plus tard. Les forges cesseront d'être exploitées en 1884, tandis qu'une activité métallurgique s'est poursuivie jusqu'en 1954. Inscrites sur la Liste supplémentaire des Monuments historiques (ISMH) depuis 2001, les Forges se restaurent progressivement et sont aujourd'hui ouvertes au public. Une nouvelle vie, un jeu de piste y est même proposé aux scolaires.

Pays de Saint-Malo

Singulier Pays que celui de Saint-Malo qui porte haut et loin des voix aussi différentes que celles des corsaires ou bien de Chateaubriand. La géographie et l'histoire s'entremêlent ici, en un lieu d'échanges en tout genre et aux modalités variables selon les époques. Entre la Bretagne et : la Normandie, la France et l'Angleterre. Ce Pays aux sites magnifiques ne manque pas de talents, d'originalité et de caractère.

La porte entre la Bretagne et la Normandie

Les deux communautés de communes riveraines de la Manche, au nord-est du département d'Ille-et-Vilaine, ont choisi de s'appeler *Communauté de communes de la baie du Mont-Saint-Michel – Porte de Bretagne* pour celle qui jouxte le Cotentin normand, et *Communauté de communes du Pays de Dol-de-Bretagne et de la Baie du Mont-Saint-Michel* pour sa voisine de l'ouest. C'est peu dire que la référence à l'illustre mont est d'importance. Les habitants de ces communes ne manquent pas de rappeler qu'ils possèdent les meilleurs points de vue pour l'admirer. Tandis que la ville-centre de Dol anime sa région et met en valeur son glorieux passé, n'oubliant pas d'ajouter à son nom qu'elle est bien *de Bretagne*. Il n'en demeure pas moins la lancinante question de l'appartenance du mont…

Le Mont-Saint-Michel, un îlôt breton en terre normande ?

Interminable querelle entre Bretons et Normands : le fascinant Mont-Saint-Michel, lieu mythique s'il en est, fait-il partie de la Bretagne ou de la Normandie ? « P(eu)t'êt ben qu'oui, p(eu)t'êt ben qu'non », répondent à la normande tout ceux qui préfèrent prendre le temps de la réflexion et ne pas se mouiller dans une baie à hauts risques. À se fier aux limites territoriales des régions actuelles, ou même à celles de leur ancien duché, aucun doute ne vient à l'esprit des Normands pour se l'approprier. Certes, répondent les Bretons, mais le roi Salomon en prit possession lors du traité de Compiègne en 867, jusqu'à ce que, de bataille en traité, l'Avranchin ne repasse sous contrôle normand : la *frontière britto-normande* est alors définie par la Sélune débouchant à l'est du mont, avant d'être remplacée en 1009 par un autre petit fleuve côtier, le Couesnon. Très bien, mais le mont lui-même ? Si l'histoire se perd un peu dans les brumes des mauvais jours, l'appartenance normande est bien attestée au début du XIIe siècle. Selon une légende elle-même un peu floue, les divagations du Couesnon l'auraient fait déboucher à l'ouest du mont, décidant ainsi de son appartenance. Les Bretons, amers, se consoleront avec un dicton :

> « Le Couesnon dans sa folie a mis le Mont en Normandie
>
> Le Couesnon dans sa raison le rendra aux Bretons. »

LE SAVIEZ-VOUS ?

Citation pour citation !

Au cœur d'une immense baie envahie par les plus grandes marées d'Europe, le Mont-Saint-Michel est en fait devenu universel. Souvent considéré comme l'un des candidats potentiels au titre de *huitième merveille du monde*, il est aujourd'hui classé avec sa baie au Patrimoine mondial de l'humanité, et fréquenté annuellement par plus de trois millions de visiteurs. Face aux risques d'envasement et de rattachement du mont au continent, des travaux considérables viennent d'être engagés pour restaurer son véritable caractère maritime.

On l'aura donc bien compris, tout est une question de regard, selon que l'on est d'un côté ou de l'autre de… et l'appartenance du mont trouve peut-être un écho dans ce mot d'humour d'Alphonse Allais, « il était normand par sa mère et breton par un ami de son père ». Les Bretons pourront toujours l'admirer de leurs fenêtres, comme le fit avec nostalgie la marquise de Sévigné : « Je voyais de ma chambre la mer et le mont Saint-Michel, ce mont si orgueilleux que vous avez vu si fier et qui vous a vue si belle », se souvenait-elle avec tendresse, dans une lettre à Mme de Grignan, adressée de Dol le 9 mai 1689, trente ans après leur voyage au mont (sa fille avait alors treize ans). Regard toujours, celui d'un autre dicton, mais normand cette fois : « Si on voit le mont Saint-Michel, c'est qu'il va pleuvoir. Si on ne le voit pas, c'est qu'il pleut. »

CURIOSITÉ

La plus vaste bioconstruction d'Europe

Quelle singulière et étrange réalisation couvrant pas moins d'une centaine d'hectares sur un domaine deux fois et demie plus vaste ! Oui, c'est bien dans la baie du Mont-Saint-Michel que le promeneur peut découvrir le *Banc des Hermelles*. À quelque cinq kilomètres du rivage et à marée basse, convient-il de préciser, car sa hauteur n'atteint que le mètre cinquante. Cette construction fait appel à des milliers de travailleurs, qui, chaque jour, sur le métier remettent leur ouvrage… Des millions peut-être même, car nul ne les a véritablement comptés !

Quel est donc ce joyau du patrimoine que les riverains ont pris l'habitude d'appeler le *crassier* ? Il s'agit tout simplement de la plus vaste construction animale d'Europe, un ensemble de récifs sableux (un peu comme les récifs de corail sous d'autres latitudes) constitués d'une multitude de tubes de sable servant d'habitat aux hermelles, des petits vers marins – annélides polychètes – de quatre centimètres de longueur. En véritables « abeilles de mer », appelés aussi les *forçats de la baie*, ils réalisent et entretiennent en groupe leurs habitats, chacun disposant de son propre tube pouvant atteindre les trente centimètres. La technique de construction est parfaitement au point, et très écologique de surcroît : chaque hermelle dispose *d'un peigne et de soies* pour le captage et la sélection des grains de sable, qui sont ensuite agrégés à l'aide d'une sorte de ciment sécrété par une glande. Les tubes se superposent pour former une véritable ville sous-marine, aérée à chaque marée basse !

La Bretagne a aussi son mont, aujourd'hui bien au sec

Une belle légende veut que Gargantua, en traversant la baie, laissât tomber trois petits cailloux de sa chaussure, devenus les îlots de Tombelaine, du Mont-Saint-Michel et du Mont-Dol. Mais ce dernier culminant à 65 mètres a eu moins de chance que le Mont-Saint-Michel (92 mètres, 170 même pour le sommet de l'église abbatiale) : l'eau le quitta dès le VIIIe siècle, en même temps que le culte de saint Michel. Le Mont-Dol est bien un ancien lieu sacré, dédié au dieu gaulois Taranis, un sanctuaire du culte druidique. Et aussi le plus important site paléolithique breton : des fouilles réalisées en 1872 – suite à la découverte par des carriers d'un os géant qu'ils crurent de baleine – ont mis au jour un gisement exceptionnel d'ossements, prouvant que l'homme de Neanderthal vivait dans le secteur entouré de mammouths, de rhinocéros et de toute une faune d'époque. À l'aube du XXe siècle, on commence à s'inquiéter, avec le Malouin Étienne Dupont, de la disparition programmée du tertre : « Le Mont-Dol s'en va par morceaux. Dans cent ans un écriteau mélancolique se penchera sur le bord d'une carrière abandonnée : ici s'élevait le Mont-Dol. » Il faudra attendre 1948 pour que soit mis fin à l'exploitation, malgré un classement en site naturel datant de 1934. Chateaubriand s'était déjà émerveillé de la vue du haut de ce Mont-Dol lors de ses sorties du collège de Dol : « du haut de ce tertre isolé, l'œil plane sur la mer et sur des marais où voltigent pendant la nuit des feux follets ».

La rue qui enchanta Victor Hugo

Dol « n'est pas une ville, c'est une rue », écrivait Victor Hugo dans *Quatrevingt-treize* (1874), une ville qu'il connaissait pour y avoir séjourné avec Juliette Drouet. « Grande vieille rue gothique, toute bordée à droite et à gauche de maisons à piliers, point alignées, qui font des caps et des coudes dans la rue, d'ailleurs très large », ajoutait-il, décrivant cette longue rue des Stuarts où se remarquent toujours de quasi-châteaux et manoirs, version modèle réduit, et d'autres auberges… aux noms évocateurs : *Trois-Pigeons*, *Petits-Palets*, *Petit et Grand Paradis*, *Pilier Rouge et Blanc*, *Croix Verte*, *Grand et Petit Croissant*, *Rose Rouge*… C'est là que vibre l'âme de Dol-de-Bretagne qui fut une cité épiscopale et que Nominoë voulut imposer comme métropole religieuse de la Bretagne. Le revers de la médaille fut plus militaire que religieux, et peu de villes bretonnes furent autant convoitées, assiégées, pillées que Dol, trop idéalement placée sur le chemin des migrations guerrières, la Révolution et la Chouannerie ne faisant pas exception – d'où l'intérêt porté par notre grand poète. La cathédrale Saint-Samson (XIIe-XVIIe siècles) est l'autre joyau de la ville, un des monuments majeurs de l'art gothique en Bretagne.

Sur le balcon de la baie

Suivant les remarques de la marquise, les Bretons ne manquent pas une occasion de le rappeler : c'est depuis la côte bretonne que l'on a les plus belles vues sur le Mont-Saint-Michel. Sur la vingtaine de kilomètres de la digue de la Duchesse-Anne qui protège marais et polders, un lieu de promenade privilégié qui est aussi en partie carrossable et peine parfois à endiguer le flot… des camping-cars ! Il faut se rendre à la chapelle Sainte-Anne (Saint-Brolade), un lieu de légende qui ne laisse pas insensible (du XIe siècle, reconstruite en 1684), et au Moulin de la Saline (Cherrueix), qui abrite la Maison des produits du terroir et de la gastronomie. Sans oublier de déguster les délicieuses moules de bouchot au Vivier-sur-Mer, la capitale bretonne de la mytiliculture (1/5e de la production française), où la baie se découvre à bord du Mytili-Mobile. Piétons, vélos et cavaliers ont aussi la voie verte de la baie du Mont-Saint-Michel pour cheminer au milieu des polders. Quelques points surélevés sont néanmoins les bienvenus, comme les falaises de Roz-sur-Couesnon, le *Balcon de la Baie*, nom qui désigne aussi un beau jardin panoramique. Sans oublier un bien curieux endroit conçu pour faire des signaux aux gens des monts…

CURIOSITÉ

Paris-Brest en 20 minutes

C'est le temps qu'il fallait en 1799 pour adresser un message à l'aide du Télégraphe de Chappe. Un abbé ingénieur devenu, pour cause de Révolution, un inventeur et un entrepreneur, et à qui l'on doit donc le premier système de télécommunications modernes : une machine à signaux optiques permettant de transmettre des messages en un temps record. Le Sarthois Claude Chappe l'expérimenta en effet dès 1791 entre Brûlon – commune où il naquit en 1763 – et Parcé-sur-Sarthe sur une distance de quatorze kilomètres, avant de réaliser, la même année, une première ligne entre Paris et Lille. Avec l'aide de ses quatre frères, il pouvait alors proposer à la Convention son invention, le télégraphe. Une aventure familiale qui durera un demi-siècle, fortement dopée par les besoins diplomatiques et militaires du temps.

La ligne reliant Paris à Brest est décidée en 1797, en appui d'un projet d'invasion des îles Britanniques. Sur les 55 stations, le trente-septième relais est situé à Saint-Marcan, entre ceux du Mont-Saint-Michel et du Mont-Dol. C'est sur ce point haut (90 m), le village de *La Masse* repéré par Chappe, qu'est donc située une petite tour carrée en granit, comportant un balcon à la base du toit et surmontée d'un curieux mécanisme de bras articulés. Leurs différentes positions permettaient de transmettre un message codé, répété de station en station. Observé à une dizaine de kilomètres à l'aide d'une lunette, il était décrypté pour identifier la signification de chaque information : les 98 positions des bras, ou signaux de base, renvoyaient aux pages et lignes d'un répertoire, chaque ligne correspondant à un mot ou à un groupe de mots. La vitesse de transmission dépendait naturellement de la bonne visibilité et du temps qu'il faisait… L'électricité et le chemin de fer auront finalement raison de ce mode de communication, qui, avant de disparaître, avait tenté de rendre un ultime service : transmettre les résultats de la Loterie nationale !

La station de télégraphie de Saint-Marcan constitue le dernier vestige de la ligne Paris-Brest, fort heureusement préservée et réhabilitée en 1999 : deux cents ans après sa mise en service, on peut donc la visiter et en comprendre son fonctionnement réel, un petit musée venant en compléter la présentation.

Saint-Malo, la cité corsaire

Une ville qui peut tout se permettre, tant sa notoriété est fortement établie, ainsi que le confirment deux récents classements (TripAdvisor, 2010). Saint-Malo est à la fois la destination préférée des Européens en France et la destination européenne la plus en vogue pour les Français. En bref, *il n'y a pas photo*! sauf celles que les visiteurs pourront rapporter de leur séjour. Cité historique, cité maritime, la seule cité qui puisse se permettre d'arborer en toute simplicité une devise provocatrice qui n'est que le reflet de ses ambitions :

Ni français, ni breton, malouin suis, malouin je reste !

Cette formule, que d'aucuns pourraient trouver prétentieuse, n'est pourtant ni la création récente d'une agence de communication, ni une subtile pirouette pour renvoyer dos à dos les protagonistes d'une longue histoire évoquée par ailleurs. Elle fut vraisemblablement conçue en mémoire des quelques années de l'éphémère *république malouine*, proclamée le 11 mars 1590, par refus d'un roi protestant, pour prendre fin quatre ans plus tard, en octobre 1594, après la conversion d'Henri IV au catholicisme. On en connaît aussi une variante : « Malouin d'abord, breton peut-être, français s'il en reste. » En dehors de cette devise, Saint-Malo a conservé quelques symboles forts, tolérés plus qu'autorisés : il est de tradition qu'ici, le drapeau malouin flotte sur le château au-dessus du drapeau tricolore qui voisine, lui, avec ses homologues breton et européen. Le ton est donné, et malheur à l'invité qui voudrait émettre une critique, il se verrait certainement servir de la morue, un plat fétiche rappelant l'aventure des terre-neuvas, mais alors *non dessalée*. De quoi vous donner l'envie de ne pas y revenir…

La mer pour horizon

La ville est semblable à un vaisseau de granit, toujours prêt à larguer les amarres d'un port qui a, pendant le grand siècle du commerce breton (entre 1550 et 1680), été considéré comme étant le premier de France pour l'importance des mouvements de ses navires et la richesse de ses marchands. Saint-Malo pratiquait déjà, au milieu du XVIIe siècle, un trafic triangulaire : pêche à la morue sur les bancs de Terre-Neuve, vente de la morue sèche en Espagne et en Italie, chargement de produits méditerranéens revendus dans les ports du Nord. Exportant aussi des grains et des toiles pendant cette période florissante. L'évolution économique et diplomatique contraignit ensuite les armateurs à changer leurs bateaux de quai, s'orientant vers la guerre de course pour piller les navires marchands de pays ennemis, et agissant ainsi sur *lettre de marque* royale. Les bassins malouins auront ainsi tout connu au fil des siècles : la grande pêche lointaine, le commerce aux quatre coins du monde (monopole avec les Indes orientales de 1706 à 1719), la course, la traite (plus discrètement), les cap-horniers, et toujours aujourd'hui, la pêche, le commerce, le transport de voyageurs, avec les ferries vers les îles anglo-normandes ou britanniques, et la plaisance, pour le plaisir ou le sport à l'image de la célèbre *Route du Rhum*.

Au port, on y revient toujours, comme le chante si bien Hugues Auffray :

« Je reviens, je reviens, je reviens au pays
Sous le vent et la tempête
Pour toi j'ai mené mon bateau
Je reviens le cœur en fête
Jusqu'aux portes de Saint-Malo »

CURIOSITÉ

La ration du marin

À la charnière des XIXe et XXe siècles, les quais de Saint-Malo sont animés par les terre-neuviers, ces trois-mâts goélettes qui arment pour la pêche à la morue, et par les terre-neuvas, les marins pêcheurs qui en constituent l'équipage, parfois surnommés les *galériens des brumes* ou les *forçats des mers*. Le rituel du départ comporte un passage obligé *rue de la Soif* – la rue Jacques-Cartier et sa quarantaine de bistrots – et associe, à la cinquantaine de marins, quelque deux cents accompagnants qui suivent le bateau jusqu'à l'écluse, le temps d'un dernier verre et de quelques adieux aux belles éplorées... enfin, pas toutes, car quelques hommes manquaient à l'appel suivant ! S'ils avaient déjà touché leur avance, ils risquaient d'être enfermés quelque temps dans la tour Solidor. La chanson le disait bien, « Les filles de Saint-Malo / Ont les yeux couleur de l'eau ».

Les soutes renfermaient les provisions pour le voyage : de grosses quantités de sel, du lard et de la viande salée, des biscuits de mer et même des poules pondeuses... ainsi que quelques boissons (vin, cidre, un peu d'eau...). Et surtout, rare privilège de la pêche à la morue en raison de conditions de travail particulièrement éprouvantes, obligation était faite aux armateurs de distribuer à l'équipage une ration de 25 centilitres de calva par jour ! Dur métier que celui de ces marins à l'espérance de vie très limitée.

Marins malouins, du Canada à Maurice et aux... Malouines

Le premier voyageur n'était pas marin, mais moine et gallois, Mac Low qui traversa la Manche et s'installa au VIe siècle sur un rocher voisin d'Aleth (ou Alet), la cité gallo-romaine dont il deviendra évêque : une église y fut érigée, à l'origine de la ville de Saint-Malo. Par la suite, nombre de Malouins, marins, explorateurs ou aventuriers, partiront de son port pour une exceptionnelle destinée :

- Jacques Cartier (1491-1557), mandaté par François Ier pour trouver une voie vers la Chine, remonte le Saint-Laurent et y plante des croix au nom du roi de France, découvre le Canada et les sites de futures villes (Québec, Montréal) au cours de deux voyages (en 1534 et 1535), ne rapportant de son troisième séjour (1541-1542) que des désillusions, son or n'étant que de la pyrite de fer – l'or des fous – et ses diamants du simple quartz – d'où l'expression « faux comme un diamant du Canada ». Il se retira dans son manoir de Limoëlou à Rothéneuf, devenu aujourd'hui le musée Jacques-Cartier.

- Jacques Gouin de Beauchêne (1652-1730) affronte le cap Horn en 1701, donnant son nom à une île située au sud d'un archipel fréquenté ensuite par d'autres Malouins avant d'être colonisé par Bougainville en 1764 – qui y fonda la Compagnie de Saint-Malo pour peupler les *Malouines*… d'Acadiens –; les îles furent ensuite cédées aux Espagnols, avant de devenir Argentines, puis d'être (re)conquises par les Anglais en 1833 et (re)baptisées Falkland, puis à nouveau revendiquées par l'Argentine en 1982 lors d'un affrontement violent, la *guerre des Malouines* !
- Bertrand François Mahé, comte de La Bourdonnais (1699-1753), a obtenu le droit de porter ce nom à la suite d'un glorieux fait d'armes : la prise du comptoir de Mahé sur la côte de Malabar aux Indes ; nommé en 1735 gouverneur de l'isle de France (et de l'île Bourbon – la Réunion) par la Compagnie française des Indes orientales, il développa la future île Maurice – dont un autre Malouin, Guillaume Dufresne d'Arcel, avait pris possession au nom du roi de France en 1715 – et aménagea Port-Louis (clin d'œil au siège de la Compagnie) qui en devint le port principal et la capitale administrative.

À corsaire, corsaire et demi

Un proverbe que se sont approprié les Malouins en faisant de leur port la plus importante *cité corsaire* de France, avant Dunkerque. Neuf cents navires armés à Saint-Malo pendant la grande période de la guerre de course au temps du Roi-Soleil (entre 1688 et 1713) ont contribué à assurer sa suprématie maritime. Rendant aux Anglais, et aux Hollandais, le commerce difficile et la mer dangereuse. Parmi ces nombreux aventuriers, deux sont plus particulièrement passés à la postérité qui a retenu leur bravoure, leur audace et leur réussite, Duguay-Trouin et Surcouf, tous deux issus d'une longue lignée de marins et armateurs malouins, et de plus apparentés :

- René Trouin du Gué, dit Duguay-Trouin (1673-1736), a accumulé les exploits : embarqué à seize ans, corsaire à dix-huit ans, capitaine de la Royale à vingt-quatre ans ; capture de plus de trois cents navires marchands et de seize navires de guerre, au cours de quelque quatre-vingts combats et abordages ; évasion rocambolesque de la prison de Plymouth en 1694 ; prise de Rio de Janeiro en 1711 considérée comme la plus grande victoire corsaire de tous les temps, quinze navires et six mille hommes forçant l'entrée d'une passe – un goulet plus étroit encore que celui de Brest – fortifiée et réputée inexpugnable, y gagnant un impressionnant butin d'or, de sucre ainsi qu'une forte rançon.

- Robert Surcouf (1773-1827), le cinquième du nom surnommé le *roi des corsaires*, fut encore plus précoce : matelot à treize ans, capitaine à vingt-deux ans, une carrière maritime relativement courte, avec une douzaine d'années de *course* dans l'océan Indien ; son plus beau fait d'armes restera la prise du *Kent* dans le golfe du Bengale, un gros navire anglais de la Compagnie des Indes pris à l'abordage malgré une infériorité numérique (à un contre trois) ; un esprit indépendant qui déclinera l'offre de Napoléon de commander dans la Royale, préférant une position d'armateur plus sédentaire et aussi plus lucrative. À un officier anglais qui le provoqua en affirmant que les Français se battaient pour l'argent, là où les Anglais se battaient pour l'honneur, Surcouf répliqua : « Chacun se bat toujours pour ce qui lui manque ! »

LE SAVIEZ-VOUS ?

La route du moka

Les Malouins ont également fait œuvre de pionniers dans le commerce du café. Dès 1707 ! Le café avait atteint Constantinople et l'Europe au cours du XVIIe siècle, et c'est le port de Moka au Yémen – *l'Arabie Heureuse* – qui devint le principal centre du *coffea arabica* originaire d'Éthiopie, connaissant son âge d'or entre 1660 et 1730. Après les Hollandais et l'East India Company, ce sont les Malouins et la Compagnie des Indes orientales qui ouvrirent la route du moka vers la France, en droiture via le cap de Bonne-Espérance, au cours de trois principales campagnes, de 1708 à 1716. Lors de la dernière expédition, Guillaume Dufresne d'Arcel introduisit quelques plants à l'isle de France et à l'île Bourbon, qui feront le bonheur de Maurice et de la Réunion.

Ces voyages des corsaires sur la route du moka n'ont pas été de tout repos. Le premier d'entre eux dura vingt-sept mois, entre le 6 février 1708 et le 8 mai 1710. Activités, aventures et surprises ne manquèrent pas : une escale à Cadix pour échanger des toiles de Bretagne contre des piastres mexicaines exigées par les marchands du Yémen, la prise de navires anglais et hollandais, un changement de commandement après le décès du corsaire Philippe Walsh remplacé par un officier plus porté sur la boisson et traitant mal les équipages (il sera d'ailleurs jugé et jeté en prison à son retour), une escale à Madagascar en raison du scorbut dont une partie des marins était atteints, une autre aux Comores pour faire de l'eau… avant Aden et enfin Moka, sept mois pour négocier et charger le café (une cargaison record pour l'Europe), escales à Maurice (pour échanger les prisonniers hollandais contre des vivres) et à l'île Bourbon. Le nom de Moka sera donné à un quartier de Saint-Malo en souvenir de cette épopée.

Et revenez écrire si le pays vous plaît...

Cette invitation au voyage (à Saint-Malo !) faite en chanson à un étranger, Monsieur Dumollet, vaut aussi pour d'autres Malouins ayant trouvé, à Paris et dans le monde, la reconnaissance de leurs talents en même temps que la célébrité. Écrivains, savants, médecins... ont ainsi accompagné l'aventure maritime et terrestre de la cité, faisant dire à Chateaubriand : « Tout cela n'est pas trop mal pour une enceinte qui n'égale pas celle du jardin des Tuileries » :

- Le vicomte François-René de Chateaubriand (1768-1848, portrait page 439), en partant faire son célèbre voyage en Amérique, avait la nostalgie de sa ville natale : « mes regards restaient attachés sur Saint-Malo ».
- Le philosophe chrétien Félicité de Lamennais (1782-1854) devint, à partir de 1830 et à contre-courant des institutions religieuses, le chantre du catholicisme libéral et social, un précurseur de la démocratie chrétienne.
- Ou encore Théophile Briant (1891-1956) venu s'ancrer en terre malouine dans la *Tour du Vent*, un moulin côtier et un phare, qui fit briller pendant vingt ans la flamme poétique du *Goéland*.

... ou bien soigner et chercher

- Julien de La Mettrie (1709-1751), médecin et philosophe des Lumières, dont la théorie mécaniste du corps humain lui valut la célébrité et l'exil, accueilli à Berlin par Frédéric II.
- François Joseph Victor Broussais (1772-1838), chirurgien de marine et médecin des armées napoléoniennes, devint professeur à la faculté de médecine de Paris (un hôpital renommé porte son nom), où ses théories sur l'irritation des organes ont conduit à l'importation annuelle de dizaines de millions de sangsues dans les années 1830 !
- Pierre Louis de Maupertuis (1698-1759), un fils de corsaire qui fut géomètre, philosophe et mousquetaire avant de devenir un célèbre scientifique, l'un des mathématiciens les plus en vue de son époque qui ira vérifier en Laponie l'aplatissement de la Terre aux pôles et que Frédéric II appellera également auprès de lui à Berlin.
- Jean-Baptiste Charcot (1867-1936), médecin, officier de marine et explorateur des régions polaires : Malouin de cœur, résidant souvent dans sa maison des bords de Rance, le *gentleman des pôles* a fait construire dans la cité corsaire ses principaux navires, le *Français* (1903-1905) et le *Pourquoi pas ?* (1908-1936), ville d'où il partira pour son dernier et dramatique voyage vers le Groenland et l'Islande ; il fut un temps conseiller général de Saint-Malo (1919-1922).

« Faire les murs »

Visiter Saint-Malo est un grand bonheur que chacun agence à sa façon : renseignements à l'office de tourisme, lecture d'un guide, etc. ou bien en se laissant entraîner au hasard des découvertes de la ville close, une véritable maquette en grandeur réelle ! Car la ville a dû se reconstruire à deux reprises : après la *Grande Brûlerie*, un terrible incendie en 1661, qui conduisit à substituer le granit au bois, et à la suite des bombardements de 1944. Il faut se laisser bercer par les noms des échoppes qui racontent à leur manière l'histoire de la ville. Ou encore « faire les murs », c'est-à-dire la promenade des remparts (posés sur le rocher !), dont les 1 752 mètres offrent une vue panoramique sur la baie, ses forts de protection, et permettent de contempler la mer émeraude, un spectacle inoubliable les jours de grandes marées, bol d'air pur et douche assurée ; cirés fortement conseillés ! Quand on pense que Chateaubriand repose à quelques encablures, sur l'îlot du Grand Bé, protégé par cette épitaphe : « Un grand écrivain français a voulu reposer ici pour n'entendre que la mer et le vent. Passant, respecte sa dernière volonté. » Mais il convient, surtout, de ne pas imiter Jean-Paul Sartre, indigne visiteur qui confondit le « a » de passant avec un « i », mauvaise vue ou (plutôt) provocation de très mauvais goût ?

LE SAVIEZ-VOUS ?

De Quic-en-Groigne à Solidor

C'est une femme qui tint tête aux Malouins lors de l'érection d'une tour. Cette dernière fortification d'un ouvrage initié par Jean V, et poursuivi par François II, fut imposée par Anne de Bretagne. Les Malouins souhaitaient obtenir l'arrêt de la construction moins destinée à défendre l'accès au port qu'à surveiller la vieille ville. Pour fin de non-recevoir, Anne fit graver cette réponse dans le granit de la tour : « Qui qu'en grogne, ainsi sera ; c'est mon plaisir. » La tour, achevée en 1505, en a gardé le souvenir et pris le nom. Sa galerie de personnages de cire a longtemps témoigné de la richesse de l'aventure malouine.

Faut-il également rechercher une femme de légende à Saint-Servan, dans une proche tour veillant sur l'estuaire de la Rance du haut de ses 28 mètres ? La tour Solidor, construite par Jean IV dans le même but de contrôler la ville – il y fit placer cette devise « Malo au riche duc » – et qui servit un temps de prison, accueille aujourd'hui les collections du musée d'histoire de la ville consacrées au long cours cap-hornier. Un albatros naturalisé, ouvrant ses ailes de géant de trois mètres d'envergure, vient y rappeler que ce nom de voyageur ailé désignait aussi les capitaines cap-horniers. La tour tient son appellation du rocher sur lequel elle est construite, et qui viendrait du breton *steir dor*, la porte de la rivière. Mais une (trop) curieuse légende lui est aussi associée : la femme de Sol, premier gouverneur de la tour, avait pris l'habitude d'accrocher un drap blanc à une fenêtre pour appeler son amant de l'autre côté de la Rance, ce signe indiquant que « Sol y dort » !

Les grobised San Malou

C'est ainsi que Grégoire de Rostrenen désigne, dans son *Dictionnaire français-celtique ou français-breton* (1834), les seigneurs malouins, *ces Messieurs de Saint-Malo* qui « ont su échapper au commerce passif pour acheter, vendre et spéculer au loin ». La ville intra-muros est le reflet de cette réussite, remparts, tours et portes protégeant un riche patrimoine d'hôtels, dont la reconstruction après la dernière guerre est considérée comme exemplaire, « un pastiche normalisateur » selon l'historien André Mussat. Avec le temps, les armateurs ont éprouvé un besoin d'espace – sans vue sur mer ! – et se sont fait construire de vastes demeures, manoirs ou châteaux, fort judicieusement baptisées *malouinières*, disséminées aux alentours dans ce pays d'entre Rance et Mont-Saint-Michel qu'on appelle le *Clos Poulet*, nom dérivé du Plou d'Alet. Discrètes, ces *malouinières* associent la sobriété militaire de l'architecture de Siméon Garangeau, un ingénieur du roi disciple de Vauban – symétrie, hauts toits, grandes cheminées… – à d'extraordinaires décors intérieurs témoignant d'apports des quatre coins du monde. Parmi plus de cent, celle de *Puits Sauvage* montre aussi d'autres richesses : une collection de cactées, une piscine à chevaux datant de 1734 redécouverte lors de l'ouragan de 1987, le souvenir d'un ancêtre qui rapporta en France la *Vénus de Milo*… Fortunes de mer !

CURIOSITÉ

Coups de cœur malins et malouins

Le premier est pour une petite boîte en carton ! Les Malouins se souviennent avec tendresse de l'incontournable *petit Malo* de leur enfance. Un yaourt traditionnel proposé dans un bon vieux pot tronconique en carton paraffiné, emballage dont la forme et la matière permettent de garantir la qualité, fermeté et saveur : pas de remontée de sérum, le petit-lait qui se forme dans les yaourts traditionnels. Et puis quel plaisir de contempler ces pots qui portent l'image de la cité corsaire, dont seule la couleur des remparts change avec le produit. Avant de jouer avec et de les transformer en pots chanteurs ou en écouteurs ! Pendant longtemps ces conditionnements n'étaient disponibles qu'à Saint-Malo et dans les régions voisines, le plastique voyageait mieux. Mais ils sont maintenant proposés dans la capitale, les Parisiens en raffolent et les *petits Malo* y font un carton ! Fondée en 1948 par Raymond Gizard – qui inventa un an plus tôt la *crème Mont-Blanc* pour le compte d'une société suisse –, la *Laiterie de Saint-Malo* produit également une poudre de lait spéciale, cristallisée et utilisée par les chocolatiers : en France, deux tablettes de chocolat sur trois sont fabriquées avec, une valeur sûre pour l'entreprise.

Le second coup de cœur est pour *La Droguerie de Marine,* qui est à la fois une vraie droguerie – aussi bien naturel que rare aujourd'hui, la dernière à Saint-Malo – et une librairie généraliste – ce qui est plus étonnant ! Un lieu étrange qui doit beaucoup à la personnalité de Loïc Josse, l'animateur du lieu : un ancien entrepôt portuaire basé à Saint-Servan qui a su garder l'esprit et le charme d'autrefois – en devenant un « avitailleur de rêves ». Une véritable caverne d'Ali Baba, ensemble cosmopolite qui propose aussi bien des objets de marine que des produits sortis de l'oubli, tels que sel d'oseille et blanc d'Espagne, goudron de Norvège et papier d'Arménie, plumeaux en plumes d'autruche et balais en soies de sanglier, et toutes sortes d'articles aux vertus souvent séculaires. La librairie dispose d'un espace convivial de rencontres et d'échanges que ne manquent pas de fréquenter écrivains et passionnés de littérature maritime et de tout ce qui fait la saveur d'Étonnants Voyageurs. Le maître des lieux a su garder son âme de grand enfant, en devenant une sorte de barde du *pop-pop*, ce célèbre petit bateau-jouet en tôle qui fonctionne à l'eau et à la bougie, un nom qui est la propriété de la maison. Incontournable !

L'ermite de la Haute-Folie en ses rochers de Rothéneuf

Curieuse destinée que celle de l'abbé Fouré, un curé de campagne devenu sourd et muet à la suite d'un accident cérébral, qui décide alors d'abandonner le service d'église pour dialoguer en plein air avec la pierre et des rochers aux formes étranges. « Je n'entends plus les hommes, mais je saisis le bruit des flots », se plaisait-il à dire. Pendant plus d'une quinzaine d'années jusqu'à sa mort en 1910, c'est le marteau dans une main et le burin dans l'autre, mais toujours en soutane, qu'il va sculpter cinq cents mètres carrés de rochers granitiques soumis au vent et aux embruns, réalisant quelque trois cents représentations de personnages truculents ou de monstres énigmatiques.

Faisant ainsi revivre l'histoire légendaire des Rothéneuf, du XVIe siècle à la Révolution, une famille de pêcheurs locaux, mi-corsaires, mi-pirates, en fait d'efficaces naufrageurs utilisant des navires dits *flèches à pot* et vivant de toutes sortes de rapines et contrebandes. Un travail de titan composé de scènes surprenantes, comiques, religieuses aussi, que des escaliers bien intégrés permettent de découvrir. Malgré l'érosion liée au temps, le *Facteur Cheval breton* a légué une œuvre d'art brut, primitif et naïf, appréciée par les visiteurs venus de Paramé et de bien au-delà. Ainsi que sa devise, *amor et dolor*, amour et douleur.

Cancale, les Cancalaises, le goût et la mer

Cancale, une ville de caractère à l'image de ces Cancalaises aux « grands yeux rêveurs », femmes de marins et donc indépendantes. Un véritable mythe féminin en est issu, qui a inspiré des chansons et s'est traduit par un matriarcat discret mais bien réel : la Cancalaise, fière et volontaire, avait le verbe haut, choisissait son galant et continuait à porter son nom de jeune fille. Le temps des marins de Cancale qu'on disait être les meilleurs du monde pour la Royale n'est plus, comme celui des terre-neuvas ou des caravanes de bisquines partant draguer les huîtres sauvages, mais le goût de la mer est toujours présent, la cloche des marins est bien en place sur le port de la Houle et, à la pointe du Grouin, la chapelle du Verger continue à veiller sur ceux qui prennent la mer. On a d'ailleurs reconstruit une bisquine en lui donnant pour nom la… *Cancalaise* ! L'art de vivre se conjugue aussi dans la gastronomie, qualité confirmée par la reconnaissance en tant que Site remarquable du goût, pour ses huîtres (voir page 222) et ses produits du terroir. Une renommée portée très haut par quelques chefs dans le sillage du réputé Olivier Roellinger, un maître ès épices. Prendre le petit déjeuner au sommet de la tour de l'église Saint-Méen (189 marches, 87 mètres au-dessus du niveau de la mer) est aussi un plaisir et une vue qui se mérite !

LE SAVIEZ-VOUS ?

Des crabes qui ont le dos en velours de laine

Parcourir le sentier des douaniers de la Côte d'Émeraude entre Cancale et Saint-Malo constitue une découverte à ne pas manquer, sur ce mythique GR 34, par la qualité de l'environnement et la beauté des paysages rencontrés. Avec le plaisir de découvrir deux sites dans la commune de Saint-Coulomb, qui ont su inspirer leurs célèbres occupants.

Bâti sur un îlot accessible à marée basse, le Fort du Guesclin est un lieu chargé d'histoire, de la famille du connétable au duc d'Aiguillon qui voulait se protéger des Anglais. Léo Ferré en devient propriétaire dans les années soixante, il y fera de nombreux séjours et y composera quelques chansons, ne le quittant qu'en 1968 à la mort de… sa guenon Pépée ! Sa chanson *La Mémoire de la mer* s'en est fait l'écho :

« C'est fini Guesclin c'est fini

Sur la plage le sable bêle

Comme des moutons d'infini

Quand la mer bergère m'appelle »

À quelques criques de là, dans l'anse de la Touesse, c'est Colette qui séjourna à Roz Ven, une maison que son amie Missy – Mathilde, marquise de Belbeuf, la fille du duc de Morny, le demi-frère de Napoléon III – avait achetée en son nom en 1910. Colette la réaménagera après son mariage avec Henry de Jouvenel, codirecteur du *Matin*, et elle s'inspirera de l'atmosphère et des lieux de ce coin de Bretagne pour son roman *Le Blé en herbe* (1922). Elle a vraiment adoré cette maison, ce qu'elle confiait dans ses lettres : « Je veux que vous voyiez Rozven, son anse de mer verte, les rochers compliqués, le petit bois, les arbres neufs et les anciens, la terrasse chaude, les rosiers, ma chambre jaune, et la plage où la marée apporte des trésors. […] J'ai un perchoir de rocher entre le ciel et l'eau. On pêche les homards d'un bleu vif et des crevettes en agate, et des crabes qui ont le dos en velours de laine. »

Dinard, station balnéaire anglo-bretonne

Cité balnéaire luxueuse face à la cité corsaire glorieuse ! Dinard, modeste village de pêcheurs dépendant de la paroisse de Saint-Énogat, va connaître un bien curieux destin. Avec la complicité des Anglais, tout penauds de n'avoir pu prendre pied à Saint-Malo au cours de trois siècles d'affrontements répétés. Ce que la course n'avait pu faire, le tourisme le fera. En posant le pied à Dinard en 1836, se doutaient-ils qu'ils allaient transformer pour toujours cette rive de la Rance ? Et c'est ainsi que la commune a pris le nom de Dinard-Saint-Énogat en 1879, puis de Dinard en 1921.

Une autre promenade des Anglais

Il ne s'agit pas d'un grand front de mer comme à Nice, partagé entre voitures et piétons, mais plutôt d'un concept mythique évoquant l'un de ces attraits qui ont séduit les *Grands-Bretons* en posant le pied sur une terre devenue – enfin ! – hospitalière et attractive. Les premiers Anglais, adeptes des bains de mer, arrivent donc en 1836. Peu de temps après, on note déjà la présence d'un consul d'Angleterre, Alpyn Thomson. Quelques figures féminines vont contribuer à ancrer l'art de vivre britannique dans l'image de la station. En 1860, Lyona Faber fait construire la villa *Bric à Brac* (devenue le musée de la Mer, maison de villégiature balnéaire), en front de mer sur ce qui deviendra en 1931 la digue *Promenade du Clair de Lune*. Un peu plus tard, l'Américaine Emily Hugues Hallett, veuve d'un riche colonel anglais, fait construire un petit palais, la villa *Monplaisir* (aujourd'hui l'hôtel de ville), lieu des fêtes mondaines que donna la *Reine de Dinard* pendant trente ans au temps des *Années folles*. Et avec eux s'ouvre le *High Life Casino* (1865) et se créent des clubs très fermés ; on y pratique le yachting, le golf, et le (lawn-) tennis : six courts en sable pour le premier club de tennis en France (1878). *So British !*

CURIOSITÉ

Dinard superstar

Devenue un lieu de rendez-vous incontournable, Dinard s'est mise à collectionner les belles images et les superlatifs enflammés. Qualifiée tour à tour de « la Belle, la douce, la reine des plages, la Monaco des étrangers, la perle de la Côte d'Émeraude, la petite Nice du Nord, la plage la plus aristocratique de France... », Dinard se complaît à prendre pour emblème la forme et l'alignement de ses célèbres cabines de bain rayées bleu et blanc qui font la renommée de la plage de l'Écluse. Symbole d'un art de vivre au parfum d'autrefois, en associant la simplicité, la tradition et l'élégance.

Le gotha sur la Côte d'Émeraude

Dinard connaît alors la prospérité, accueille de grands hôtels, tandis que de belles villas de tous styles – anglais notamment –, parfois de véritables *folies* ou châteaux, se construisent sur un site en amphithéâtre qui inspirait les architectes, un site heureusement largement préservé (plus de quatre cents villas remarquables classées). Avec ses voisines, Saint-Lunaire et Saint-Briac-sur-Mer – la station des peintres –, Dinard attira alors les plus grandes célébrités, avant que la Côte d'Azur ne vienne prendre le relais après 1930. Petit inventaire de... gala :

- têtes couronnées et familles royales : Édouard VII et George V, rois d'Angleterre ; Guillaume II, empereur d'Allemagne ; Léopold, roi des Belges ; Alphonse XIII, roi d'Espagne ; le comte de Paris ainsi que diverses familles royales...

- chefs d'État et responsables politiques : Winston Churchill, Paul Deschanel, Armand Fallières, Raymond Poincaré, Jules Favre, Félix Faure…
- artistes : Paul Signac, Claude Debussy, Pablo Picasso, Henri Zuber, les frères Lumière (premiers essais de photographie)…
- écrivains : Ernest Renan, Jules Michelet, Jules Verne, Agatha Christie, Oscar Wilde…
- militaires, aventuriers, explorateurs : Lawrence d'Arabie, Jean-Baptiste Charcot, Roland Garros, Bill Cody (alias Buffalo Bill), Alain Gerbault…

LE SAVIEZ-VOUS ?

Le petit bichon de la discorde napoléonienne

Le couple impérial avait bien réalisé un tro-breizh en 1858 et Napoléon III promis, lors d'une brève halte à Saint-Malo, de financer l'érection d'une flèche au sommet de la cathédrale. Dix ans plus tard, un second rendez-vous impérial, et estival, prend corps. Sur la recommandation de quelques proches et les conseils de son médecin, l'impératrice Eugénie envisage de prendre les bains à Dinard afin de profiter de son air vivifiant. Les préparatifs vont bon train pendant toute une année : aménagement du boulevard devant le casino et plantation des premiers arbres, construction d'un petit castelet flanqué de quatre tourelles et somptueusement meublé, mobilisation de villas voisines pour la suite impériale, réalisation d'une cabine aux couleurs impériales pour emmener Eugénie directement aux bains en toute intimité, tirée par un cheval selon la mode qu'elle avait lancée à Biarritz. Une belle promotion pour la station, l'impératrice prévoyant ainsi de délaisser le Pays basque pour Dinard ! Au moment de quitter Fontainebleau, le couple impérial ne parvient pas à se mettre d'accord sur la liste des proches accompagnateurs. Ne voulant pas céder, Eugénie part, seule, pour… Biarritz. Enfin pas vraiment seule, puisqu'elle est accompagnée de son petit bichon préféré, un chien dont Napoléon III ne voulait pas entendre parler. La *Villa Eugénie* existe toujours, elle abrite aujourd'hui un musée du Site balnéaire en l'honneur de la station bretonne la plus ancienne et la plus réputée, qui comptait en 1928 plus de cent hôtels et quatre casinos.

La Rance, passage ou barrage ?

La réalisation d'un barrage sur la Rance a relégué au rang des souvenirs les anciens vapeurs et autres bacs. Ce nouveau trait d'union abrite la première usine marémotrice inaugurée le 26 novembre 1966 par le président de Gaulle, la seule à vocation industrielle dont la capacité de production de 240 MW représente encore aujourd'hui 91 % de l'énergie de ce type produite au monde, soit l'équivalent des besoins d'une ville comme Rennes. L'ouvrage d'art comporte une galerie permettant aux agents de veiller à vélo sur la maintenance des vingt-quatre turbines qui fonctionnent dans les deux sens. La ria de la Rance a fait place à une petite mer intérieure. Mais les nostalgiques des gabarres peuvent toujours retrouver les traces symboliques d'un passé pas si lointain que quelques traditions font encore perdurer : les jardins du Montmarin, la seule *malouinière* de la rive gauche ; le *Jersey-Lillie*, une ancienne maison de garde-côte transformée en pub ; la cale sèche de La Landriais, mise en service en 1930 pour l'entretien du *Pourquoi pas ?* ; la chapelle de La Souhaitier, où les marins priaient pour revenir *sain et sauf* ; sans oublier sur la rive droite, le petit village de pêcheurs de Saint-Suliac et son quai des *chippes*.

Au cœur de la Bretagne romantique

Constituant la partie méridionale et terrestre du Pays de Saint-Malo, la région de Combourg a pris très officiellement l'appellation administrative de Communauté de communes de la Bretagne romantique. Rendant ainsi un vibrant hommage à Chateaubriand dont Combourg constitue le troisième pôle d'un triangle inspiré, avec Saint-Malo et Dol-de-Bretagne. Et particulièrement décisif pour l'inspiration de son œuvre.

Combourg, le génie du vicomte

François-René de Chateaubriand vouait un grand culte à la ville de son enfance, Combourg le lui a bien rendu depuis sa mort en 1848. Le génie du vicomte a légué en héritage à cette cité médiévale, qui était alors considérée comme une « petite ville, sur la route de Rennes à Dol » (*Dictionnaire historique et géographique de la province de Bretagne*, Ogée, 1778-1780), ce bien précieux et ô combien envié d'être considérée à jamais comme *le berceau du romantisme* en France. Le château, puissante forteresse flanquée de quatre tours monumentales, impose sa silhouette émergeant des brumes entretenues par un vaste et pittoresque étang. Comme s'il était mis en scène selon un scénario écrit d'avance par l'*Enchanteur* lui-même. La ville semble lui servir de faire-valoir, ayant à cœur de mettre son propre patrimoine à l'unisson autour de sa *Lanterne*, l'ancienne maison de guet devenue l'emblème qui donne son nom à un festival et accueille aujourd'hui l'office de tourisme.

CURIOSITÉ

Le chat d'outre-tombe

L'enchantement d'un lieu ! « C'est dans les bois de Combourg que je suis devenu ce que je suis, que j'ai commencé à sentir la première atteinte de cet ennui que j'ai traîné toute ma vie, de cette tristesse qui a fait mon tourment et ma félicité. » Célèbre phrase des *Mémoires d'outre-tombe* qui donne ses lettres de noblesse littéraire au château de l'enfance. Chateaubriand le décrit ainsi : « Des cachots et des donjons, un labyrinthe de galeries, des souterrains murés [...] partout, silence et obscurité et visage de pierre : voilà le château de Combourg. » Combien, fins lettrés ou simples touristes, ont fait et feront encore ce pèlerinage au cœur de cette légende léguée par l'*Enchanteur*? Comme Gustave Flaubert dans son tro-breizh avec Maxime du Camp, assis au bord du lac, contemplant le château après l'avoir visité et rêvant des œuvres de l'illustre hôte : « On s'éprend à voir les lieux où nous savons qu'elles ont été conçues, vécues, comme s'ils avaient gardé quelque chose de l'idéal inconnu qui vibra jadis. » Château peuplé de fantômes suggérés ou rêvés, le jeune François-René songeait à un certain comte de Combourg dont la « jambe de bois se promenait aussi quelquefois seule avec un chat noir ». Lors d'une importante restauration du château en 1876, qui modifia sensiblement les lieux avec le concours de Viollet-le-Duc, on découvrit un chat emmuré vivant dans la tour pour conjurer le mauvais sort. Cette momie d'un pauvre félin à l'allure effrayante – mâchoires ouvertes – fut alors installée dans la chambre d'enfant de l'écrivain, dans la tour du Chat, ainsi renommée. Le fantôme est revenu !

« Les onze » du canal d'Ille-et-Rance

Non, il ne s'agit pas de l'équipe de football d'Hédé ! Imaginée sous l'Ancien Régime pour s'opposer au blocus maritime régulièrement imposé par les Anglais, une liaison fluviale Manche-Océan avait l'ambition de relier, via Rennes, la Rance à la Vilaine. La réalisation d'un canal de 85 kilomètres comportant 266 écluses demandera vingt-huit ans, de 1804 à 1832. Il entre donc en service à l'époque où la diplomatie franco-britannique commençait à parler d'*entente cordiale*. Dédié tout d'abord au transport de marchandises avant que la concurrence de la route et du chemin de fer ne l'emporte, il fait aujourd'hui le bonheur de la navigation de plaisance, et tout particulièrement des… Anglais qui apprécient de traverser rapidement la Bretagne pour aller naviguer plus au sud en évitant la pointe du Finistère. C'est bien à Hédé que se trouve une suite exceptionnelle d'écluses, « l'échelle des onze », qui permet de franchir le bief de partage des eaux, vingt-sept mètres en deux kilomètres. Dans la *Maison du canal d'Ille-et-Rance* – l'ancienne maison éclusière de La Madeleine – un musée ouvert en 1996 présente deux siècles d'histoire technique, économique et humaine.

Pays de Fougères

Il recouvre une bonne part du bassin du Couesnon (au long cours… breton), c'est ainsi constater que le Pays de Fougères participe pleinement aux Marches de Bretagne, aux frontières de la Normandie et du Maine. À l'abri – tant bien que mal – de sa forteresse de Fougères, c'est un pays de bocage, accidenté et verdoyant, marqué par le granit au nord et le schiste au sud… qui constitua aussi un terrain propice à la Chouannerie. Jamais à l'abri des convoitises de l'histoire, il s'est construit lui-même en valorisant ses propres ressources, patrimoniales, culturelles et artisanales. Aujourd'hui, le Pays associe les cinq communautés de communes d'Antrain, du Coglais, de Louvigné, de Fougères et de Saint-Aubin-du-Cormier.

Fougères, sentinelle des Marches de Bretagne

Fougères aux deux visages, d'un côté celui d'une ville active conduite à faire évoluer une activité traditionnelle réputée, de l'autre une cité médiévale fortifiée entourée de bois et marquant l'une des entrées de la Bretagne. Ce que nous pouvons chanter avec Gilles Servat :

> « La voilà, la blanche hermine !
> Vivent la mouette et l'ajonc !
> La voilà, la blanche hermine !
> Vivent Fougères et Clisson ! »

L'une des plus importantes forteresses médiévales d'Europe

Il en impose, en effet, ce château perché sur un éperon rocheux. Ce qu'a bien confirmé le célèbre aventurier britannique Lawrence d'Arabie (1888-1935), passant à Fougères lors d'un tour de France des forteresses médiévales en 1907 : « Il n'y a pas d'extérieur plus beau, j'en suis certain. » Marque d'un passé glorieux, le site offre la diversité de réalisations successives au fil des siècles : enceintes multiples, treize tours dont la tour Mélusine – en souvenir des Lusignan, seigneurs de la ville au XIIIe siècle, prétendus descendants de la fée ! – et un chemin de ronde dominant la vieille ville médiévale sur les rives du Nançon, les remparts et autres jardins. Il faut prendre le temps de visiter la ville pour bien la comprendre. La ville médiévale à l'abri du château avec l'église Saint-Sulpice – en gothique flamboyant, comportant un chœur de style baroque et deux retables en granit – et tout le quartier médiéval autour de la place du Marchix. Sans oublier la curieuse ville haute dominant le château, la cloche de son beffroi rythmant la vie de la cité depuis plus de six cents ans.

La capitale mondiale de la chaussure féminine

Fougères a la fibre artisanale et industrielle. Dès le Moyen Âge, la ville était réputée pour ses cuirs et ses draps. L'activité suivra l'évolution des besoins : toile à voile, produits de mercerie, bas de fil et de laine, chaussons de tresse et de feutre… C'est à partir de cette dernière spécialité que naît l'industrie des chaussonniers, avec l'idée de monter des semelles de cuir sur des chaussons de toile. L'arrivée des machines permet ensuite de passer à l'échelle industrielle. Au temps de sa splendeur début XXe siècle, on compte 11 000 chaussonniers travaillant dans une centaine d'usines. Les derniers chausseurs fougerais perpétuent la tradition dans le négoce, mais en fabriquant désormais au loin depuis la fermeture de la dernière usine de production fin 2009, mondialisation oblige. Près de Fougères à La Bazouge-du-Désert, un atelier artisanal perpétue la tradition en fabriquant des souliers en peausserie précieuse pour de grandes maisons de chaussures de luxe pour femmes. L'industrie du verre a subi le même sort. La Cristallerie, spécialisée dans les arts de la table et la fabrication de flacons de parfum de luxe, et où le verre était encore soufflé à la bouche, a fermé ses portes en 2005.

LE SAVIEZ-VOUS ?

« Avez-vous vu Fougères ? »

Victor Hugo, familier de la ville de naissance de son égérie Juliette Drouet, pose la question et apporte sa propre réponse : « Je veux que vous voyiez Fougères. Figurez-vous une cuiller ; grâce pour ce commencement absurde. La cuiller, c'est le château ; le manche, c'est la ville. Sur le château revêtu de verdure, mettez treize tours, toutes diverses de forme, de hauteur, d'époque. Sur le manche de ma cuiller, entassez une complication inextricable de vieux murs féodaux chargés de vieilles chaumières, de pignons dentelés, de toits aigus, de croisées de pierre, de balcons à jour de mâchicoulis, de jardins en terrasse. Attachez ce château à cette ville ; posez le tout en pente et de travers dans une vaste et profonde vallée ; coupez le tout avec les eaux vives et étroites du Couesnon sur laquelle bruissent quatre à cinq moulins, faites fumer les toits, chanter les filles, crier les enfants, éclater les enclumes, vous avez Fougères. Qu'en dites-vous ? » Belle description fort pittoresque de Fougères dans une lettre adressée à Louis Boulanger, Victor Hugo ayant « éprouvé le besoin de laisser là Paris et sa criaillerie » et fait ce voyage en compagnie de Juliette (1836).

Ils ont fait connaître Fougères

La ville qui a vu naître le marquis de La Rouërie a joué un rôle important lors de la Chouannerie. Elle se retrouve bien présente dans les deux grands romans du XIXe, *Les Chouans* (1829) de Balzac qui avait séjourné en ville l'année précédente, et *Quatrevingt-treize* (1874) de Victor Hugo. Fougères a aussi vu naître le poète Le Pays (XVIe siècle) et l'académicien Jean Guéhenno

(1890-1978), fils d'un *chaussonnier*, ainsi que le peintre impressionniste Emmanuel de la Villéon (1854-1944), auquel un musée est dédié. Elle a aussi accueilli Chateaubriand lorsqu'il rendait visite à ses sœurs, ainsi qu'Alfred de Musset. Parmi quelques grands militaires, le général de Lariboisière fut l'artilleur en chef de Napoléon. Il prit une part importante aux succès d'Austerlitz et de Wagram, mais ne revint pas de la campagne de Russie. On lui doit une belle réplique à l'Empereur : alors que Napoléon, qui dut changer de monture par trois fois lors de la bataille de Somo-Sierra en Espagne (30 novembre 1808), s'étonnait que Lariboisière conservât sa monture, le général lui dit très fièrement : « Sire, c'est un cheval breton ! »

Un pays qui dépayse

Entourant la place forte de Fougères, le pays environnant vient apporter son complément mettant en valeur des richesses patrimoniales et naturelles. La pierre, et notamment le granit, se retrouve partout, dans le bâti et dans la nature. Parcs et jardins, châteaux et villages… participent activement à la vie d'un pays créatif.

Le pays du granit

C'est autour de Louvigné-du-Désert, la *capitale du granit*, et dans le Pays coglais, que se trouvent les principales carrières ainsi que divers chaos granitiques. Mellé, qualifié de *village durable*, a ouvert la *Maison Pierre et Nature*, espace d'interprétation, et un circuit éponyme permettant de découvrir toutes les facettes géologiques, patrimoniales, architecturales et économiques du granit. Une pierre omniprésente dans le paysage, et dont l'exploitation subit, elle aussi, la concurrence asiatique. L'association des *picaous*, ces tailleurs de pierre d'ateliers artisanaux et manuels, tente bien de faire revivre la tradition dans la carrière du Bois-des-Rochers à Saint-Marc-le-Blanc. Le granit connaît cependant un regain d'intérêt artistique, et diverses initiatives, comme un Symposium international de sculpture monumentale, manifestation qui tourne entre différents sites du granit breton. Dans le Coglais, ou Coglès, les maisons ont conservé leurs toits d'essentes, sortes d'ardoises en bois de châtaignier qui peuvent durer deux siècles.

CURIOSITÉ

Le Saut (de) Roland

Roncevaux et Dompierre, légende pour légende ? Roland fait partie de l'épopée de Charlemagne en Espagne, son héroïque sacrifice à Roncevaux est considéré comme un grand événement historique, repris par un poème épique, la *Chanson de Roland*. La mythologie pyrénéenne s'est depuis emparée du personnage qui aurait laissé des traces un peu partout, telle la *Brèche de Roland* faite par son épée *Durandal*. Revenons en Bretagne, du côté de Dompierre-du-Chemin (commune située au sud de Fougères). Une autre légende, nettement moins connue, raconte que Roland, neveu de Charlemagne et préfet des Marches de Bretagne, était revenu pour défendre l'Empire face aux Bretons qui résistaient. Il voulut traverser une faille imposante en sautant à cheval d'un rocher à l'autre (quelques dizaines de mètres quand même !). Il dédia le premier saut à Dieu, le deuxième saut à la Vierge et le troisième à sa Dame… qui lui fut fatal ! Témoin de cette scène, la *Pierre Dégouttante* qui laisse sourdre goutte à goutte une eau pure comme les larmes de la dame inconsolable. Quelques spécialistes s'interrogent toujours sur l'identité de (ou des) Roland, sur son lien avec Charlemagne, sur sa présence à Roncevaux et même sur Roncevaux comme lieu de l'action…

Parcs, châteaux et villages, lieux de création

Le pays abonde d'initiatives, une « terre de caractère, créative par nature », annonce-t-il. Bazouges-la-Pérouse en est la parfaite illustration : le parc de La Ballue offre, autour de son château classé, une interprétation contemporaine des modèles italiens avec un jardin labyrinthique, des farces et attrapes et autres bosquets des senteurs ; tandis que le village est devenu un site d'expérimentation artistique, mêlant patrimoine, activités culturelles et artistiques. Au Chatellier, le Parc floral de Haute-Bretagne fait voyager dans le temps et dans l'espace, avec une vingtaine de jardins thématiques, des mille et une nuits à la lune rousse… Tandis qu'à Antrain, le château fortifié de Bonnefontaine accueillit la duchesse Anne de Bretagne lors de son tro-breizh en 1505, en gardant le souvenir du grand châtaignier à l'ombre duquel elle rendit la justice. Un arbre qui a défié les siècles… jusqu'à la tempête de 1987, mais dont on a pieusement conservé le tronc et quelques branches disposés telle une œuvre d'art.

Saint-Aubin-du-Cormier, une défaite comme symbole

La bataille de Saint-Aubin-du-Cormier fut une défaite décisive, qui scella à jamais, le 28 juillet 1488, le sort de la Bretagne. Bien avant le traité d'Union de 1532 qui n'en sera que la conséquence. Les Bretons qui revendiquent l'unité territoriale de la Bretagne historique et la reconnaissance de pouvoirs accrus (le spectre est large entre la mise en œuvre d'une régionalisation significative et la recherche de l'autonomie) font de ce lieu un symbole majeur de l'identité bretonne. Comme le constatait Bernard Le Nail, l'ancien directeur de l'Institut culturel de Bretagne récemment disparu, ce « fut pourtant une des grandes batailles de la fin du Moyen Âge par le nombre des combattants qui y prirent part, par le nombre de ceux qui y laissèrent leur vie et par les conséquences politiques qu'elle allait avoir ». Un événement majeur occulté dans les manuels scolaires d'histoire. L'oubli total, alors que certains rêvent de la proclamation d'un deuil national en Bretagne. Une partie du site a même failli accueillir en l'an 2000 un centre d'enfouissement de déchets ménagers.

Le Mémorial aux Bretons se dresse sur la *Lande de la Rencontre*, monument érigé par le *Souvenir breton* en 1988 lors de la commémoration du demi-millénaire de la bataille. Chaque année, des Bretons s'y rassemblent à l'initiative de diverses associations. Tel le MAB, *Musée Archipel Breton*, qui organise également les *Feux de la Rencontre* et réalise progressivement un parc de sculptures-mémorial à la périphérie du site historique.

Le Pays de Vitré, porte de Bretagne

Pays de marche, comme celui de Fougères, le Pays de Vitré fait preuve d'une grande vitalité démographique et économique. Porte d'entrée au débouché de l'autoroute de Paris vers Rennes, il propose la *Maison Accueil Bretagne* sur l'aire d'Erbrée, un vaste espace animé qui a valeur de symbole. Une bonne fée veille sur lui.

Vitré cultive le passé au présent

Ville millénaire, un événement fêté en 2008, elle connut la prospérité jusqu'à la fin du XVIe siècle, époque où sa population atteignait la moitié de celle de Rennes. S'étant quelque peu endormie par la suite, il a fallu attendre les années soixante-dix du XXe siècle et le renouveau économique breton pour qu'elle joue à nouveau un rôle significatif, sous l'impulsion déterminée de Pierre

Méhaignerie, longtemps maire et ministre. Se dotant d'activités performantes dans l'agroalimentaire et la chaussure notamment, ainsi que du premier abattoir bovin de France.

La confrérie des marchands d'outre-mer

Ville-frontière comme Fougères, Vitré s'est bâtie sur un éperon rocheux dominant la Vilaine. L'impressionnante place forte, bien conservée à l'abri de son château entouré d'une enceinte triangulaire, est – avec Dinan – la ville médiévale bretonne par excellence. Les remparts protègent une ville close dont le parcours – dans des rues aux noms évocateurs : rue d'Embas, rue de la Baudrairie, rue de la Poterie… – permet de découvrir tout un ensemble de maisons à pans de bois et d'hôtels particuliers, aux multiples porches et enseignes. Elles témoignent de la richesse passée, du temps de la *Confrérie des marchands d'outre-mer*, appelée aussi l'*Annonciation* et créée en 1472 pour exporter aux quatre coins du monde les productions locales de toiles de chanvre (canevas servant à faire des voiles). Un commerce florissant. Classée Ville d'art et d'histoire, Vitré a pu, et su, conserver un patrimoine remarquable qui émerveillait déjà Victor Hugo, tout au « bonheur de voir une ville gothique entière, complète, homogène, comme il en reste encore quelques-unes » bien conservée.

Le principal fief du protestantisme breton

Vitré a participé activement à quelques épisodes de l'histoire de Bretagne. Le célèbre trésorier Pierre Landais (1430-1485) était un de ses enfants, fils d'un marchand de drap. Tandis qu'un autre Vitréen en sera l'historien de référence au XIXe siècle, Arthur de La Borderie. L'Histoire a aussi retenu l'influence protestante de Vitré. En relation commerciale étroite avec l'Angleterre et les pays de l'Europe du Nord, Vitré s'est très vite ouverte aux idées de la Réforme. Elle fut même la seule ville bretonne tenue par les protestants qui résista au duc de Mercœur. Le culte n'y était pas clandestin. Henri IV, reconnaissant, visita la ville après la signature de l'édit de Nantes en 1598. Impressionné par sa richesse, il eut cette réplique restée célèbre dans la ville : « Ventre Saint-Gris, si je n'étais Roy de France, je voudrais être bourgeois de Vitré ! »

ÉVÉNEMENT

Pierre Malherbe, le Vitréen qui a révélé à Henri IV le secret des *Sept Portes du monde*

Marchand d'outre-mer, chasseur de trésors, duelliste hors pair, le Breton Pierre Malherbe est le premier voyageur à avoir effectué un tour du monde par tous les continents, essentiellement par voie terrestre. Il lui aura fallu quinze ans, de 1593 à 1608, il faut dire que le trajet de Vitré à Saint-Malo, premier port d'embarquement, a déjà duré quatre jours, la traversée de la forêt de Villecartier n'était pas sans danger ! Un périple étonnant, aux parcours maritimes se succédant des déplacements à dos de mule, de cheval, de buffle et de chameau. L'écrivain Roger Faligot a fait le récit de cette aventure extraordinaire dans *Les Sept Portes du monde*, un livre paru en 2010. Malherbe part de la Porte d'En-Bas, à Vitré, à l'âge de douze ans. Il rejoint la Porte du Large en baie de Cadix pour voguer vers le Mexique où il découvre un trésor. La Porte du Soleil, c'est le Pérou où il est ingénieur de mines d'argent. La Porte de Jade, c'est la Chine où il se met au service de l'empereur Ming. La Porte du Paradis, c'est son amitié avec le Grand Moghol en Hindoustan. La Sublime Porte, c'est son expérience d'espion du Shah de Perse. La Porte de l'Enfer, c'est son retour à Paris.

Si Pierre Malherbe n'a pas acquis la notoriété de Magellan, Christophe Colomb, Vasco de Gama et autre Marco Polo, c'est qu'il a joué de malchance à son retour. À peine avait-il confié au roi Henri IV tous les secrets rassemblés au cours de son voyage, lui demandant de créer une Compagnie des Indes orientales… que le *Vert Galant* était assassiné par Ravaillac. C'en était fini de son grand projet français, mais il rencontre alors le roi d'Espagne Philippe III qui fera sa fortune, avant de disparaître mystérieusement. Une épopée qu'il était nécessaire de réhabiliter.

Lettres des Rochers

Les lettres sont celles de la Marquise de Sévigné, la célèbre épistolière du XVIIe siècle (1626-1696), et le château des Rochers-Sévigné est le lieu où elle aimait venir se reposer de la vie trépidante à la Cour et dans les salons parisiens. « Cette femme de Vitré », comme elle aimait se nommer, s'était prise de passion pour la campagne où elle se refaisait une santé… y compris financière : « En passant l'hiver dans ce pays, j'aurai le temps de respirer. Je m'amuserai à payer mes dettes et à manger mes provisions. » Elle se plut à diriger les plantations d'un jardin « fait sur le dessin de M. Le Nôtre », avec un parterre « si beau, si bien planté, si fort à la mode, si plein de fleurs et d'orangers ». Ayant souvent du mal à comprendre la Bretagne et les Bretons, leur langue et leurs mœurs – qu'elle décrit parfois avec des mots très durs, « il faut croire qu'il passe autant de vin dans le corps de nos Bretons que d'eau sous les ponts » –, Madame de Sévigné adorait sa campagne où elle sentait « toute la force secrète qui attire les Bretons en leur pays ». Lors de ses séjours aux Rochers, elle écrira près de trois cents lettres, essentiellement à sa fille Madame de Grignan ; le château et son musée en évoquent le souvenir et l'œuvre.

CURIOSITÉ

Les gourmandises de la marquise

La campagne offrait aussi quelques petites satisfactions culinaires. « Nous n'avons pas la rivière de Sorgue, mais nous avons la mer ; le poisson ne nous manque pas, et j'aime le beurre charmant de la Prévalaie, dont il nous vient toutes les semaines. Je l'aime et je le mange comme si j'étais bretonne. Nous faisons des beurrées infinies, quelquefois sur de la miche », écrivait Madame de Sévigné à sa fille dans sa lointaine Provence. Quelques spécialités de Vitré font aujourd'hui référence à la femme de lettres : la *Roulade Sévigné*, une pintade farcie ; le *Vitréais*, un biscuit aux amandes et pommes caramélisées ; ou encore la *Sévigné*, une baguette de pain aux graines de sésame.

La fée en son pays

Site mégalithique et emblématique d'un passé lointain, *La Roche aux Fées* a donné son nom à une communauté de communes, que complète le reste du Pays guerchais pour former la moitié sud du Pays de Vitré. Ce pays de marche aux confins de quatre départements a subi de multiples influences. Pas de grande ville ici, mais la nature, le paysage et le patrimoine se conjuguent avec l'agriculture et l'agroalimentaire, du poulet de Janzé au B.O.F. (beurre, œufs, fromages) de Bridel.

Le plus beau dolmen de France

Sur la commune d'Essé, le dolmen de la Roche aux Fées a de quoi impressionner, même s'il n'est pas le plus grand. Ses dimensions colossales en imposent toutefois, près de vingt mètres de longueur pour six en largeur et quatre en hauteur. Il est constitué de 41 pierres, des blocs de schiste pourpré dont le poids varie entre 5 et 40 tonnes, davantage pour la dalle de couverture. Ses origines remonteraient, dans le temps, à la fin du Néolithique (soit environ 4 à 5 000 ans), et dans l'espace, à des pierres originaires de la forêt du Theil-de-Bretagne distante de plus de quatre kilomètres, un exploit en matière de transport ! L'ensemble doit sa beauté à son emplacement, au sommet d'une crête, et à la qualité de son agencement, une allée couverte comportant quatre chambres séparées par des piliers. Précision architecturale : le jour du solstice d'hiver, le premier rayon de soleil se lève dans l'alignement du mégalithe. Bien des interrogations subsistent sur l'usage (funéraire, religieux…), la forme initiale et l'origine, questions auxquelles les Bretons ont une réponse : c'est l'œuvre des fées, bien évidemment !

CURIOSITÉ

La légende des amoureux

Pour savoir si leur union va durer, les couples doivent faire le tour de la Roche aux Fées, chacun dans un sens différent, et compter les pierres. S'ils trouvent le même nombre de pierres, leur avenir sera idyllique ! Si la différence dépasse deux pierres, mieux vaut renoncer. Il est conseillé aux futurs jeunes mariés de se soumettre à ce petit exercice par une nuit de nouvelle lune.

Une pagode dédiée à… la patronne des Bretons

La Guerche, ville carrefour, reste toujours réputée pour son marché du mardi matin, une institution qui remonte à 1121 et qui avait ajouté une spécialité originale au début du XXe siècle, la vente de porcelets. Un dicton le confirme : « On trouve tout, comme à La Guerche ! » Toute la région aux alentours est particulièrement riche en retables lavallois du XVIIe siècle. Elle réserve également quelques petites surprises, comme à La Selle-Guerchaise, avec cette pagode chinoise en bois datant de 1875, qui est en fait la chapelle du Pâtis dédiée à sainte Anne. Ce petit tour des lieux inspirés permet d'en citer deux autres, près de Vitré : à Balazé, le château du Châtelet de Paul Hay, un homme de confiance de Richelieu qui devint académicien et mit cette belle devise au fronton : « Crains, Aime, Hay » ; à Champeaux, une imposante collégiale disposant de sa *sainte chapelle*, et qui est due à une grande famille franco-bretonne, les Épinay.

Un précurseur de l'industrie laitière

Martigné-Ferchaud, à la pointe sud-est du département, ne peut pas cacher son lien avec le travail du fer et d'anciennes forges datant du XVIIe siècle : minerai de fer du bassin de Rougé, charbon de bois des forêts voisines (dont celle de La Guerche), fer exporté dans la péninsule Ibérique et vers les Antilles. C'est aussi dans la commune que débuta la saga Bridel : Jean-Louis Bridel y démarre en 1846 un négoce de beurre fermier et d'œufs. Émile Bridel, son petit-fils, pressentira le développement de l'agriculture bretonne, se lancera dans la transformation, fera l'acquisition d'une fromagerie au Theil avant de l'implanter à Retiers. C'est le début de la grande aventure de l'entreprise familiale dans l'industrie laitière puis dans celle de la viande, avant qu'elle ne rejoigne en 1990 le groupe Besnier à Laval, devenu Lactalis en 1999, aujourd'hui leader de la production laitière et fromagère en France et en Europe (troisième groupe laitier mondial, deuxième groupe agroalimentaire français). Goûtez BBB, le *Bon Beurre Bridel* !

Les Pays de Vilaine

Deux Pays se recommandent du même fleuve, le Pays des Vallons de Vilaine (deux communautés de communes : celle du canton de Guichen et celle de moyenne Vilaine et du Semnon, autour de Bain-de-Bretagne) et le Pays de Redon et Vilaine (quatre communautés de communes : celle du canton de Pipriac et celles des Pays de Grand-Fougeray, de Maure-de-Bretagne et de Redon). Il est vrai que la position de Redon, aux confins de trois départements a conduit à la création du Pays de Redon et Vilaine comprenant vingt-quatre communes appartenant à trois départements (Ille-et-Vilaine, Morbihan et Loire-Atlantique) et deux Régions (Bretagne, Pays de la Loire).

Redon

Redon, sous-préfecture du département, n'est pas que la ville du marron ! (voir page 233) Sa situation géographique lui a toujours conféré une fonction de carrefour, déjà appréciée des premiers moines, princes, rois et ducs bretons. Proposant très longtemps le dernier franchissement terrestre de la Vilaine avant son embouchure, la ville a ainsi valorisé sa position d'interface entre l'océan, développant un port très actif, et la Bretagne de l'intérieur, devenant au fil du temps un nœud routier et ferroviaire de première importance. Une position très convoitée par Rennes qui a toujours vu en Redon son avant-port. La tribu des Redones avait déjà Condate (Rennes) pour capitale !

Petite ville, grand renom

Belle et ambitieuse devise pour une ville qui a donc marqué l'histoire de la Bretagne. Avec les victoires de Ballon en 845 et de Jengland en 851 contre les Francs de Charles le Chauve, Redon devient un temps *le berceau de la Bretagne* tout juste indépendante. Revers de la médaille de cette position stratégique de Redon, la ville a vu passer tant de belligérants, des Vikings aux Chouans, que pillages et destructions ne lui ont pas été épargnés, sans parler des convoitises entre Bretons et des revendications religieuses. Les évêques de Nantes, Rennes et Vannes pouvaient se parler ici, tout en restant chacun sur le territoire de son évêché ! Ce monastère, à l'origine de la ville, a réussi à traverser les siècles, certes non sans dommages, mais en jouant toujours un rôle important. Le projet d'un évêché de Redon a même failli aboutir à la demande de Pierre Mauclerc, mais la bulle du pape Nicolas V ne fut jamais mise à exécution. Plusieurs ÉTats de Bretagne s'y sont tenus, et on y frappa un temps la monnaie du duché. Il est vraisemblable que la duchesse Anne séjourna à Redon pendant quelques semaines, entre fin 1488 et début 1489 après le décès de son père François II.

L'abbaye Saint-Sauveur

Née en 832 de l'alliance entre Nominoë et Conwoïon, l'abbaye rayonna durant tout le Moyen Âge et pendant neuf siècles ! Avant d'être emportée par deux incendies (1780, 1790) et la Révolution, puis de renaître au culte et à l'enseignement. Le collège Saint-Sauveur est développé par les Eudistes à partir de 1839, devenant ensuite lycée et diocésain après le départ des Pères en 1977. Le site abbatial comporte une église alliant le roman et le gothique, avec une nef du XIe siècle, mais raccourcie de cinq travées sur onze depuis l'incendie de 1780. Elle est dominée par une magistrale tour romane clocher… sans cloches, élevée sur trois étages et surmontée d'un toit pyramidal, haute de vingt-sept mètres, un exemple unique en Bretagne, peut-être même en France. Le clocher est, lui, situé dans un campanile, deux fois plus haut et maintenant séparé de l'édifice. Un souterrain médiéval, d'une cinquantaine de mètres de long et large de deux à quatre mètres, débouche au pied des remparts sur la rive de la Vilaine, suscitant bien des questions – une crypte secrète, un puits caché également – avant de faire peut-être rêver les élèves ? Le remarquable Cartulaire de l'abbaye Saint-Sauveur, conservé à Rennes, est l'un des très rares documents qui permettent de connaître l'histoire médiévale du IXe au XIe siècle.

QUELQUES CHIFFRES

La capitale du briquet

« Auriez-vous du feu ? » Pas de problème à Redon, la ville du premier briquet à gaz Flaminaire. C'est en 1946 que son créateur, Marcel Quercia, installe une petite usine. La société avait été créée à Paris en 1890 par son ancêtre, descendant d'un professeur de Michel-Ange. Elle produisait des briquets à essence dès 1905. Mais c'est en 1935 qu'un génial bricoleur, fabricant de valves à vélo à Clermont-Ferrand, inventa le briquet à gaz dont Marcel Quercia obtint le brevet avant d'améliorer le produit pendant la guerre. Le premier modèle est présenté le 19 juin 1947 au Crillon, c'est un succès auprès des Grands de ce monde. Il est vrai que son prix de 20 000 francs équivaut alors au salaire d'une secrétaire ! Le petit briquet connaît ensuite un grand succès, popularisé par ce slogan : « On le prend, on le presse, une flamme jaillit. » L'entreprise est intégrée au groupe Bic en 1971 qui crée deux ans plus tard les fameux briquets jetables Bic, en développant une idée de la marque Feudor. En 2010, Redon est bien toujours la capitale du briquet : l'usine Bic en fabrique 2,5 millions par jour !

Les bateliers de la Vilaine

Ville de confluence de la Vilaine, de l'Oust et de l'Aff, ainsi que du canal de Nantes à Brest, Redon est une ville d'eau, au point d'avoir un petit air de *Venise de l'Ouest* pour certains. Ambiance qui se retrouve dans le quartier historique du port, avec ses quais, petits ponts, écluses et passerelles, ses greniers à sel, ses hôtels d'armateurs et maisons à pans de bois, le château du Mail ou la tour Richelieu… Autrefois animé par les bricks-goélettes et les péniches, cent cinquante bateaux pouvaient accoster en une seule marée, chargeant ou déchargeant toutes sortes de matériaux (vin, sel, poissons, cidre, ardoises, seigle, bois, fer d'Espagne, charbon, matériaux de construction…). Le port est aujourd'hui dédié à la plaisance fluviale ou maritime, assurant son rôle de carrefour des voies navigables de l'Ouest. Un musée de la Batellerie de l'Ouest retrace l'histoire de cette belle épopée, du temps où la profession animait les quais et les voies d'eau. Sur la Vilaine naviguaient quelques bateaux spécifiques : le *cahotier*, bateau de charge devant son nom au village de Cahot, où était chargée la pierre sur le bord de la Vilaine ; les *pénettes de Redon*, deux demi-bateaux mis bout à bout rendant les demi-tours plus faciles dans les cours d'eau étroits (Arz, Aff, Don).

CURIOSITÉ

L'île aux Pies

Cet îlot sur l'Oust offre un des plus beaux paysages de la Bretagne intérieure, situé au cœur de la basse vallée de l'Oust, classée *grand site naturel* et alternant canal, écluses, marais, carrière, châtaigniers… L'île aux Pies est une cluse majestueuse et grandiose, dont les falaises rocheuses tombant à pic dans la rivière constituent un remarquable lieu d'escalade.

Autour de Redon

Dans ce territoire de transition entre les Pays de Rennes, de Vannes et de Nantes, point de grande ville ni de grosses installations, tout est à la mesure du paysage et de la nature. La Vilaine et quelques affluents donnent le ton, favorisant les communications réalisées aujourd'hui par d'autres moyens. Cette qualité de vie n'a pas échappé à la Société d'Astronomie Rennaise qui a trouvé à La Couyère un lieu propice à l'installation d'un observatoire et d'un planétarium.

Descendre la Vilaine

De Rennes à Redon, une belle balade permet d'entrer dans ce Pays par les *gorges de la Vilaine*, un défilé insolite aux abruptes falaises de schiste pourpre et où se dresse fièrement le moulin du Boël, un ancien témoin de l'industrie de la meunerie qui défie le courant avec son mur avancé en forme d'étrave de navire et a inspiré nombre d'artistes. De cluses en crêtes boisées, de villages au bord de l'eau en petits bourgs perchés, de château en moulin, la Vilaine décline un paysage varié et attachant. Halte singulière avant Redon, Langon offre deux curiosités. Ses alignements des *Demoiselles*, dont la légende raconte qu'elles auraient été pétrifiées pour avoir dansé sur la lande pendant les vêpres. Ils font partie d'une série de mégalithes qui, via Sixt-sur-Aff, présentent à Saint-Just un vaste ensemble remarquable comportant des dolmens à couloir, des tumulus et des allées couvertes. La seconde curiosité est un des rares monuments bretons de l'époque gallo-romaine, la chapelle Sainte-Agathe dans laquelle on a redécouvert en 1839 une fresque datant du IIe siècle et représentant la *Naissance de Vénus* et *Vénus à la toilette*, la déesse sortant de l'eau étant accompagnée d'Éros qui chevauche un dauphin dans un décor marin.

LE SAVIEZ-VOUS ?

Le Gutenberg breton

Jean Brito – Jean le Breton, Jean Brulelou de son véritable nom – est né à Pipriac, sur la rive droite de la Vilaine, en 1417. Ayant quitté la Bretagne pour les Flandres, Jean Brito débute à Tournai avant de s'installer à Bruges, alors la plus importante ville marchande du Nord de l'Europe, et de se lancer dans l'imprimerie. Si l'hypothèse parfois avancée que Bruges et Brito auraient précédé Mayence et Gutenberg (quelques autres villes formulent d'ailleurs les mêmes revendications), il n'en est rien, mais Brito reste bien parmi les pionniers de cette aventure, ayant sans doute imprimé ses premiers livres vers 1455, soit cinq années après Gutenberg. On lui doit aussi ce livre bien curieux au regard de l'histoire de la Bretagne, *Deffense de monseigneur le duc et de madame la duchesse d'Autriche et de Bourgogne, à l'encontre de la guerre que le roi a suscitée*, un pamphlet contre Louis XI conçu dans l'entourage de Maximilien d'Autriche et de son épouse Marie de Bourgogne. Jean Brito décéda vers 1484, à Tournai dit-on, *l'année* où l'imprimerie faisait son apparition en Bretagne, en utilisant les mêmes caractères qu'à Bruges, alors que leurs confrères parisiens utilisent des caractères allemands. Pipriac a ouvert en 1994 un *musée Jean-Brito* présentant une belle collection de presses, un atelier de typographie, des machines et outils d'imprimerie. Le musée a dû fermer, mais un atelier de gravure fonctionne toujours dans la *Maison Jean-Brito*.

Sur la route du sel

Redon fut longtemps un port d'échange entre les bassins maritimes et fluviaux, un point d'entrée du sel produit à Guérande et d'où les sauniers partaient vers Rennes, Vitré et le Maine. En témoignent les noms de quelques étapes sur cette route du sel, comme Guipry, avec ses rues des Sauniers et des Gabelous, Saulnières et Le Sel-de-Bretagne – commune qui valorise dans un petit musée l'enfant du pays, Eugène Aulnette, qui sculpta en bois ou en granit des saints et saintes, ainsi que des personnages liés à l'histoire de Bretagne. Sur cette même route du sel, à mi-chemin entre Rennes et Nantes, Bain-de-Bretagne est aussi l'un de ces carrefours qui servit souvent de lieu de passage et de séjour (Henri III d'Angleterre, François Ier, Henri IV, duchesse de Berry, Napoléon III…). Un peu à l'écart, Grand-Fougeray conserve la trace d'une forteresse construite après la guerre de Succession de Bretagne (1381), la tour Du Guesclin.

ÉVÉNEMENT

Lohéac, village de l'automobile

Il fallait être un fou de l'automobile pour créer de toutes pièces un centre dédié à ces belles machines qui font rêver. Michel Hommel, devenu patron de presse avec une trentaine de titres dont les deux tiers consacrés au monde de l'auto, a souhaité présenter ses collections en réalisant un véritable musée dans sa propriété de Lohéac. L'ancienne ferme, devenue le *Manoir de l'automobile*, abrite aujourd'hui, sur 15000 mètres carrés, plus de 400 véhicules anciens de tous types, de tous âges et de toutes nationalités évoquant un siècle d'automobile (Ferrari, Alpine, Lamborghini, Rolls-Royce… une grille de départ de dix-huit Formule 1, une cinquantaine de voitures hippomobiles), dans une mise en scène qu'accompagnent des milliers d'objets, un espace maquettes, la reconstitution originale d'une station-service et d'un garage d'autrefois dans la *chapelle des moteurs*, etc. Ce véritable musée, qui accueille environ 60000 visiteurs chaque année, est considéré comme l'un des plus beaux consacrés à l'histoire de l'automobile dans le monde.

Entre Rennes et Redon, la commune de Lohéac, forte de quelque 700 habitants, s'est si bien identifiée à son site emblématique qu'elle est devenue le village de l'automobile, l'occasion de restaurer ses vieilles demeures qui revivent à leur tour de même que diverses activités, dans l'accueil des visiteurs ou dans la restauration des véhicules. Tout un pôle automobile a également vu le jour : un circuit pour le karting, un pour le quad, un autre pour la vitesse, un centre et une école de pilotage proposant des stages. De nombreux événements y sont organisés. Chaque année en septembre depuis 1976 (la première initiative de Michel Hommel), le plus grand rallycross français accueille 45000 spectateurs, ce qui en fait le troisième rassemblement automobile national. Entre 1994 et 2003, on a même construit, dans l'ancienne laiterie du village reconvertie en usine automobile, trois cents exemplaires d'une petite voiture sportive, la berlinette Hommel.

Le Pays de Rennes

Capitale partagée de la province – voir le débat du derby Nantes-Rennes par ailleurs –, préfecture du Département d'Ille-et-Vilaine et de la Région Bretagne, Rennes anime un pays construit sur un territoire cohérent et périurbain qui constitue un véritable bassin de vie de la métropole rennaise.

Rennes, capitale régionale

Rennes est une cité vivante, fière de son passé et ouverte à la modernité. Le procès en révision de l'affaire Dreyfus l'avait mise particulièrement sous les feux de l'actualité en 1899. Son ancrage breton et sa dimension humaine en font une ville où il fait bon vivre, régulièrement bien classée dans les palmarès des villes françaises. Capitale régionale ambitionnant une vocation de métropole, Rennes figure aujourd'hui parmi les villes les plus attractives de France.

Vivre en intelligence

L'histoire de Bretagne a montré l'émulation entre Rennes et Nantes pour assurer les fonctions capitales de la province, leur évolution au fil du temps en fonction des rapports de force tant en Bretagne qu'avec le gouvernement de la France. Partage de la résidence des ducs, des fonctions (Parlement, Chambre des comptes…), le temps et l'opinion se sont chargés de préciser l'image de chacune. Face à Nantes, grand port commerçant et ville industrielle, Rennes s'est forgé une solide réputation de ville administrative (le Parlement) et universitaire aux dépens de la ville portuaire. Même si les évolutions depuis la Seconde Guerre mondiale sont venues nuancer ces clichés, les dimensions dominantes sont toujours présentes, mais la concurrence latente a fait une place de plus en plus grande à l'émergence des complémentarités et des coopérations. Rennes métropole de la matière grise, ce que traduit bien sa devise : *Vivre en intelligence*. Un beau parcours, de la naissance du Minitel à *Rennes Atalante*, reconnue internationalement au troisième rang des technopoles françaises dans le domaine des télécommunications.

LE SAVIEZ-VOUS ?

Écrivains en tout genre

Rennes est naturellement une ville d'hommes de lettres, mais les écrivains romantiques de passage n'y prêtèrent guère attention. Et c'est bien l'enseignement qui fut le principal rassembleur :

- Chateaubriand y passa deux années au collège, trouvant que « Rennes me semblait une Babylone, le collège un monde » (*Mémoires d'outre-tombe*).
- Alfred Jarry s'inspira d'un professeur de physique (lycée Émile-Zola) à l'esprit obtus et grotesque pour créer son personnage du *Père Ubu*.
- Milan Kundera, le grand écrivain tchèque ayant fui Prague en 1975, passa quatre ans à enseigner la littérature comparée à la faculté de lettres de Rennes.
- Le Goncourt des lycéens a été créé en 1988 par la Fnac de Rennes, en collaboration avec le rectorat; ayant pris une dimension nationale, il est toujours décerné dans la ville quelques jours après son glorieux aîné.
- Mais c'est hors académie que Jean-Claude Fournier, installé à Rennes, a pris la suite de Franquin, le créateur de *Spirou*, pour dessiner neuf épisodes de la série entre 1968 et 1980; s'il entraîna parfois ses personnages dans les landes bretonnes, il a aussi inspiré plusieurs générations d'auteurs bretons de bandes dessinées.

Délices du centre

La ville de Rennes, qui a moins souffert que Nantes des multiples affrontements de l'Histoire, a pu conserver une partie de son cœur médiéval, heureusement préservé de l'incendie de décembre 1720, qui dura six jours et détruisit la moitié de la ville. Au cœur de la vieille ville, la place des Lices constitue l'un des témoins privilégiés de son passé. Son nom désigne le champ clos où se déroulaient les manifestations médiévales, joutes et autres tournois. Du Guesclin y aurait rompu ses premières lances. Agrandie, elle devint une place urbaine composée de belles demeures et hôtels de bois ou de pierre, à tours et colombages, pour accueillir les parlementaires bretons. Un grand marché s'y est installé en 1622, conforté au XIXe siècle avec deux belles halles dues à l'architecte de la ville Jean-Baptiste Martinot. Le grand marché du samedi matin est très réputé, offrant ses étals colorés à plus de 300 producteurs venus de toute la Bretagne, débordant sur les places voisines Sainte-Anne avec des créations artisanales, Rallier-du-Baty pour les fleurs. C'est le deuxième marché de France, une foule nombreuse s'y presse, estimée à 10 000 chalands en 2009, elle peut même y croiser de grands chefs comme Olivier Roellinger.

Les clefs des Portes mordelaises

Vestiges de l'enceinte de la ville et datant du XVe siècle, ces portes servaient d'entrée principale de la ville. D'ailleurs, le gouverneur de Rennes logeait dans une des tours qui l'encadrent. Elles avaient un rôle symbolique pour les grands événements, et notamment pour l'accueil et le triomphe des futurs ducs de Bretagne – ainsi qu'une duchesse de douze ans – avant leur sacre. Le cérémonial était très précis : le futur duc s'arrêtait devant la porte, hors les murs, pour prêter serment avant que le pont-levis ne soit abaissé et qu'il ne se rende à la cathédrale pour se faire couronner. Par la suite, c'est un autre cérémonial qui était réservé aux rois de France : les édiles présentaient les clés de la ville, en argent doré. Henri IV y eut droit en 1598, et les Rennais entendirent sa formule rituelle : « Ces clefs sont belles, mais j'aime mieux les clefs des cœurs des habitants. » Nul ne sait s'il ajouta « ... et des habitantes ».

Le Parlement de Bretagne : naissance et renaissance d'un symbole

C'est LE bâtiment symbolique par excellence. Il représente à Rennes à la fois les privilèges bretons et la prépondérance de la ville dans la province. (Re) créé en 1554 à la suite du traité d'Union, il a longtemps été ballotté entre Nantes et Rennes, avant de se fixer définitivement dans cette dernière ville en 1561. Il restait à édifier un palais digne de ce nom, il faudra plus d'un siècle pour parvenir à réaliser le siège de cette cour de justice souveraine : choix de l'emplacement et premiers plans à partir de 1611, construction du bâtiment de 1618 à 1655, et jusqu'à 1706 pour les décors. Prosper Mérimée, observateur exigeant, lui trouva en 1835 beaucoup de qualités et de richesse : « En y entrant on se sent dans un palais, et c'est un mérite assez rare, ce me semble, que d'approprier un édifice à sa destination. » Il eut le bonheur d'échapper à l'incendie de 1720, mais pas – hélas ! – à celui du 5 février 1994 à la suite d'une manifestation, créant un véritable traumatisme. Toujours dédié à la justice, la cour d'appel de Rennes y a repris ses activités en 1999, après une minutieuse réhabilitation. Ce fut l'occasion de l'ouvrir aux Bretons qui ont ainsi découvert leur Parlement.

Le « Thabor », poumon vert de la cité

La ville a ce bonheur de disposer d'un parc d'une dizaine d'hectares à proximité de son cœur. Succédant à un jardin de moines qui l'avaient baptisé de ce nom, le jardin du Thabor fit l'objet de divers agrandissements et d'aménagements pour prendre sa forme actuelle sous le Second Empire, avec le concours de l'architecte Jean-Baptiste Martinot pour construire les serres, et du célèbre paysagiste Denis Bühler pour dessiner le parc. Il est devenu un lieu de promenade, un point de rencontre et un espace culturel, accueillant depuis 2008 le Mythos, un festival des arts et de la parole.

Du canal au VAL

Signe de son dynamisme, Rennes s'est dotée en 2002 d'un métro de type VAL, à conduite automatique, les rames étant pilotées depuis un poste central. La construction a réservé quelques surprises avec l'obligation d'enterrer la plus grande partie de la ligne pour favoriser son insertion dans un tissu urbain très dense. Outre le coût, quelques affaissements ont surpris les Rennais : un comble que ces trous dans une ville qui s'était efforcée de couvrir une grande partie de la Vilaine canalisée ! Ces émotions passées, le métro connaît un grand succès, transportant 120 000 passagers par jour, sur un parcours de neuf kilomètres desservant quinze stations, de La Poterie à J.F.-Kennedy en passant par la gare. Une seconde ligne est envisagée à l'horizon 2018. Les Rennais pourront toujours utiliser leur voiture – produite de préférence par l'usine Citroën, la principale industrie de la métropole rennaise qui emploie 5 800 personnes (contre 9 600 en 2005) – pour se rendre à Nantes, les deux villes venant tout juste de lancer la réflexion sur la création d'une liaison ferroviaire rapide via le futur aéroport de Notre-Dame-des-Landes, un projet auquel ne s'étaient jamais intéressés l'État et la SNCF.

Une ville qui bouge

Ville étudiante, ville festive, et pas seulement en centre-ville dans la rue Saint-Michel, rebaptisée rue de la Soif, allez savoir pourquoi… Ville culturelle aussi, en mouvement. *Les Champs Libres*, nouveau centre conçu par l'architecte Christian de Portzamparc et ouvert en 2006, regroupe trois équipements : le musée de Bretagne, l'Espace des Sciences et son planétarium et la bibliothèque d'agglomération, ainsi que des salles d'expositions temporaires. Avec une fréquentation de cinq millions de visiteurs au cours des quatre premières années, *Les Champs Libres* confirment leur positionnement comme un lieu d'échanges et de confrontation d'idées, au-delà des missions traditionnelles. Autres atouts classiques que sont le Théâtre national, le musée des Beaux-Arts et l'écomusée de La Bintinais. Mais la ville a acquis une forte réputation internationale en matière d'événements culturels d'avant-garde : depuis plus de trente ans, les *Transmusicales* – *Trans* pour les fans des musiques actuelles – révèlent les grands artistes rock de demain tandis que le Festival des Tombées de la Nuit est devenu un pôle majeur pour les créations contemporaines les plus diverses.

Le premier quotidien de France… est rennais !

Ouest-France est bien, depuis 1975, le journal le plus diffusé avec près de 800000 exemplaires quotidiens – le double des meilleurs quotidiens parisiens –, soit plus de deux millions de lecteurs. Le quotidien propose une quarantaine d'éditions couvrant trois régions de l'Ouest de la France, la Bretagne ainsi que la Basse-Normandie et les Pays de la Loire. Son édition dominicale est également leader en France. *Ouest-France* est né à la Libération, prenant la suite d'*Ouest-Éclair*, journal créé en 1889.

En dehors du quotidien, le groupe de presse Ouest-France édite quatre autres quotidiens locaux, plusieurs dizaines d'hebdomadaires, des gratuits, etc. La ligne éditoriale du journal est fondée sur des valeurs humanistes très affirmées : « Dire sans nuire, montrer sans choquer, témoigner sans agresser, dénoncer sans condamner. » Son président François-Régis Hutin en est le garant, comme le confirment ses éditoriaux du samedi.

Autour de Rennes

Le Pays de Rennes offre à la ville centre le territoire dont elle a besoin pour accueillir les habitants et les activités attirés par la dynamique métropolitaine. Les communes ont ainsi connu une évolution très rapide, transformant profondément les populations, l'occupation de l'espace, les besoins et les équipements. Quantitativement et qualitativement. De nombreux sites ont pu malgré tout conserver une part de leurs spécificités et de leur patrimoine.

Châteaugiron, millénaire et moderne

Voici une petite cité qui a vraiment du caractère. Plus que millénaire – il a été fêté en 2009 –, siège d'une des neuf grandes baronnies de Bretagne, la ville mérite bien sa devise, « Passez-y ce que voudrez » : un seigneur du lieu s'illustra avec Guillaume le Conquérant et un traité d'alliance avec les Anglais y fut signé en 1451. Deux siècles plus tard, la fabrication de toiles à voile, les *noyales*, apportent un peu de richesses. La ville a conservé une partie de sa forteresse féodale, une belle demeure du début XVIIIe siècle et des maisons à pans de bois possédant des marques de marchand. La tour de l'Horloge présente un double intérêt : elle abrite un musée dédié aux sculpteurs du pays, Julien et Pierre Gourdel, et son horloge comporte un mécanisme imposant à l'ancienne et ses lourds poids qu'il convient de remonter chaque matin, de même que les cent cinq marches de l'escalier à vis moyenâgeux. Quand on aime le temps, on ne compte pas ! Le visage moderne d'une ville qui se développe, c'est aussi la présence d'institutions culturelles : la Maison régionale de la musique et de la danse, le Fonds régional d'art contemporain (FRAC) et le Centre d'archives de la critique d'art.

CURIOSITÉ

Cachez ce Corps-Nuds…

Curieux nom pour cette commune située au sud de Rennes ! Son nom fait référence à la tribu gauloise des Carnutes, et il paraît que l'on aurait détourné (un scribe facétieux ?) au XIVe siècle les noms anciens de Cornutium, Cornut ou Cornuz, bientôt traduits en Corps-Nuds. Quarante lieux font aujourd'hui partie de l'*Association des communes de France aux noms burlesques et chantants*, fondée en 2003 pour regrouper celles ayant des particularités toponymiques « dont le nom évocateur prête à sourire, à rire ou dont la musicalité est porteuse de pittoresque et de folklore ». Un congrès annuel est organisé pour valoriser, avec bonne humeur, les spécificités locales. En 2011 à Corps-Nuds, avec pour slogan : « Corps-Nuds vous déshabille. » Le journal *Libération* du 24 juillet 2004 mentionnait déjà que « des Anglais se font prendre en photo en tenue d'Adam et d'Ève devant le panneau d'entrée de la ville » !

Chapitre 12

Pays des Côtes-d'Armor

Dans ce chapitre :

- Tous les Pays du département
- La préfecture Saint-Brieuc et les petites villes de l'intérieur
- Les sites remarquables du littoral, de Saint-Cast à Perros-Guirec

Lors de sa création en 1790, il a bien fallu donner un nom à ce département. Conçu autour de Saint-Brieuc, ruinant ainsi les espoirs de Saint-Malo et de Morlaix qui espéraient aussi animer un département riverain de la Manche, il ne respectait guère les limites des autres évêchés et des divers comtés de l'ancienne province de Bretagne. Curieusement, il se rapprochait peut-être davantage de l'ancien royaume de Domnonée ! C'est donc l'appellation de Côtes-du-Nord qui fut alors retenue. Avec le temps, les habitants ont fini par s'y habituer, mais aussi à la trouver trop banale, voire dévalorisante. Marcel Pagnol, en vacances à Loguivy-de-la-Mer, aurait lancé cette boutade : « Quand je pense que je croyais y trouver des pingouins ! Pour moi, c'était le Nord, le Norrrd ! » Après un long et très animé débat, le département a pris pour nom Côtes-d'Armor en 1990. Même si certains évoquent un pléonasme et si les terres de l'Argoat s'y retrouvent moins, la nouvelle dénomination a été très bien accueillie. Elle a même participé symboliquement au renouveau et à l'attractivité d'un département qui apparaissait un peu moins bien loti que ses voisins. Et surtout, ses habitants y ont gagné un nom, alors qu'ils n'en avaient jamais eu. Ils sont désormais des *Costarmoricains* !

Pays du Centre-Bretagne

Les pays du Centre-Bretagne couvrent une partie des territoires de l'Argoat sous des appellations diverses. Deux s'en recommandent dans les Côtes-d'Armor. Le Pays Centre-Ouest Bretagne est la partie costarmoricaine d'un pays couvrant un vaste territoire et concernant également le Finistère (Carhaix, Huelgoat, Châteauneuf-du-Faou, Pleyben) et le Morbihan (Gourin,

Le Faouët, Guémené-sur-Scorff). Plus à l'est, le Pays du Centre-Bretagne est limitrophe du Pays de Pontivy dans le Morbihan. Rostrenen et Loudéac les animent. C'est dans ce pays vallonné que naissent la plupart des rivières de Bretagne.

Pays Centre-Ouest Bretagne

Au sein de ce vaste pays entourant Carhaix (Finistère), la partie costarmoricaine comprend la partie la plus élevée du canal de Nantes à Brest dont la navigation est interrompue par le barrage de Guerlédan. Plus au nord, Rostrenen affirme ses fonctions de centralité, tandis que Maël-Carhaix, Callac, Saint-Nicolas-du-Pélem et Corlay animent leurs propres cantons. Les amoureux des terroirs bretons marqueront les différences culturelles qui s'expriment davantage dans la musique et la danse que dans les délimitations cantonales. Selon que vous êtes plutôt Fisel, Flinn ou Fanch…

Rostrenen et le Pays Fisel

Animant le Pays Fisel, Rostrenen est un haut lieu de danse et de musique populaire, organisant chaque année un festival… Fisel. Ce nom viendrait de la mode qu'avaient les hommes d'attacher leur chapeau derrière la tête avec un lacet ou une ficelle. À Rostrenen, qui signifie le tertre des ronces, la tradition des roses éclosant en hiver est bien à l'origine d'un pardon venant rappeler la vierge miraculeuse découverte en 1300 dans un buisson, du nom donné à la collégiale Notre-Dame-du-Roncier et de la foire du Bod (buisson) longtemps dédiée aux chevaux. Tout proche sur la place du Bourg-Coz, le Manoir de Campostal, construction en granit datant du XVIe siècle avec sa tour polygonale, a lui aussi parcouru l'histoire avec de multiples usages : place de tournois, prison, petit séminaire, aujourd'hui un collège et un lycée. Dans ce pays en mouvement, ses chaos, les gorges du Corong (Locarn), de Toul-Goulic (Trémargat) ou de Daoulas (Gouarec) contrastent avec les landes, sèches ou humides, de Locarn, de Lan Bern (Glomel).

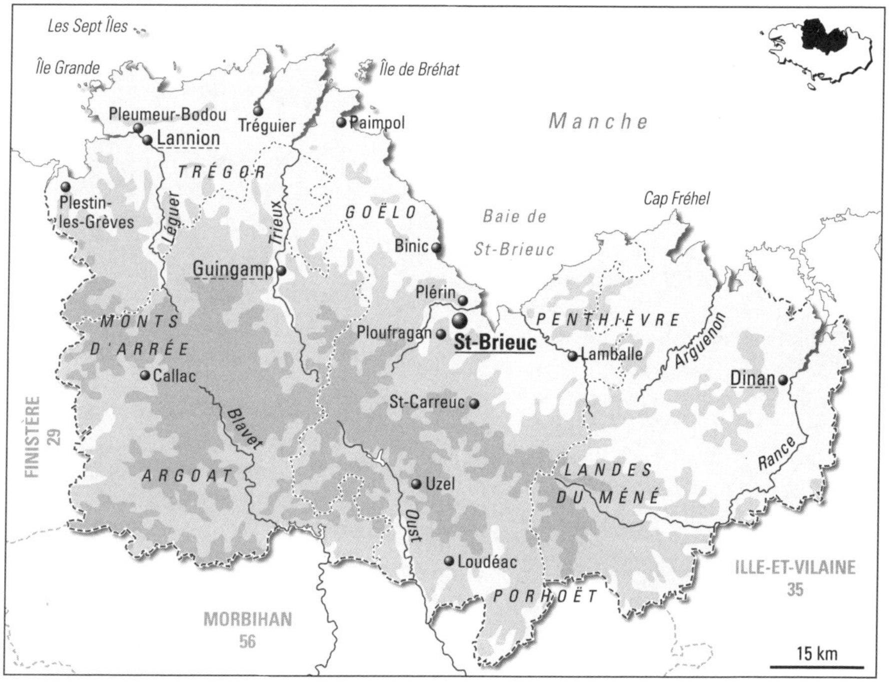

Figure 12-1 : Les Côtes d'Armor.

LE SAVIEZ-VOUS ?

Le think tank breton

L'Institut de Locarn a été fondé en 1991 par une association de décideurs et chefs d'entreprises bretons. Un projet initié par le *Club des Trente*, rassemblement informel des patrons des plus grandes entreprises régionales. Il est né pour accélérer la prise de conscience de la nécessité d'agir dans une dynamique, d'aiguillonner les acteurs du développement économique vers l'offensive, plutôt que vers une stratégie de survie. L'Institut a pour ambition de concourir au développement qualitatif et quantitatif de la région et de permettre à ceux qui le souhaitent de travailler en Bretagne armorique. Il organise de nombreuses conférences avec des intervenants du monde entier et développe divers programmes de formation. L'Institut de Locarn a également lancé un ambitieux projet baptisé *Diaspora économique bretonne*, et visant à fédérer les Bretons de la planète pour qu'ils participent activement à l'essor économique de la région. Bretons du Monde-OBE s'appuie exclusivement sur ce projet pour sa vocation économique.

L'étonnante localisation à Locarn, près de Carhaix et Rostrenen, de ce véritable *think tank*, désigné parfois comme une sorte de Davos breton, ne doit rien au hasard. Plutôt éloigné des principaux centres de décision – le téléphone mobile y est longtemps resté aux abonnés absents ! –, son implantation est la marque d'un symbole fort : la Bretagne dite profonde est aussi pensante. Elle résulte aussi de la volonté d'un homme, Joseph Le Bihan, né à Locarn et professeur honoraire de géostratégie à HEC, qui a fait don de sa maison natale et dont l'incroyable conviction a permis de concrétiser un projet que d'aucuns jugeaient un peu fou.

Mur sur le canal de Nantes à Brest

C'est bien à Mur-de-Bretagne que le canal de Nantes à Brest vient buter sur un obstacle infranchissable pour les bateaux. C'est bien le barrage de Guerlédan (1930) qui s'est associé au chemin de fer pour laisser définitivement les péniches à quai. Le canal mis en service en 1842 n'était plus une nécessité stratégique. Il avait fallu une trentaine d'années pour le réaliser et franchir trois biefs de partage. Celui de Glomel est le plus impressionnant, culminant à 184 mètres et nécessitant la réalisation d'une échelle à bateaux (44 écluses rapprochées depuis Port-de-Carhaix). Sa réalisation ne le fut pas moins, et la *tranchée des bagnards* (longueur : 4 kilomètres ; largeur : 100 mètres ; profondeur : 23 mètres) vient rappeler que 600 forçats l'ont creusée à la force du poignet, avec pour seuls outils la pelle et la brouette. Si le canal a donc peu servi dans sa totalité, il reste un magnifique axe de promenade sur l'eau ou ses chemins de halage.
Le barrage, qui porte donc bien son nom, offre l'électricité au pays et un plan d'eau recherché pour toutes sortes d'activités. Un peu plus loin, l'abbaye de Bon-Repos, fondée en 1184 par Alain III de Rohan, renaît peu à peu d'un long oubli. Tandis que les plaisanciers navigants attendent toujours la réalisation d'un ascenseur à bateaux !

Pays du Centre-Bretagne

Plus à l'est donc, ce Pays est organisé autour de Loudéac, ville commerçante qui anime une région agricole. Toute cette petite région a aussi été marquée par son ancienne activité toilière, qui a connu son heure de gloire avec *les Bretagne* exportées au loin. Le Mené constitue une partie de ce pays au profil quelque peu différent. Pays accidenté, composé de terres pauvres, de landes et de forêts, l'un des *châteaux d'eau* de la Bretagne, il a toujours affiché un caractère fort, propice à la Chouannerie et à la résistance armée.

Loudéac, ville du jambon et des passions

La septième ville des Côtes-d'Armor est avant tout une cité commerçante, depuis la lointaine époque des foires et de l'industrie du tissage du lin. Elle a su évoluer et ajouter plusieurs cordes à son arc. Une longue tradition pour le cheval (haras, fête, courses, tiercé…), et une grande passion pour… la Passion depuis 1914 : la ville est le siège d'*Europassion*, une amicale qui réunit 87 *Passions d'Europe* des villes qui organisent chaque année des spectacles représentant la Passion du Christ, dans le plus pur style du théâtre populaire du Moyen Âge. La principale entreprise est toujours dédiée à la fabrication du jambon, dont Argoat Le Hir exploite aujourd'hui l'usine emblématique créée par Olida. Loudéac a aussi été longtemps spécialisée dans la… « mouche ». André Ragot, un fervent pêcheur, y fonda en 1931 son entreprise en inventant la *mouche sèche*, puis en créant la célèbre *Mitraillette* (1954) et le *Ragiou* premier leurre en plastique souple (1971), avant que son repreneur ne déplace la production dans une autre région. La pêche est bien aussi une passion !

QUELQUES CHIFFRES

Kermené, un complexe industriel de dimension européenne

Une prise de conscience collective dans les années soixante a permis au Mené de décoller au plan économique. Aujourd'hui, la plus grande entreprise du département y est installée à Collinée. Kermené, une filiale du groupe Leclerc, s'étend sur 100 000 mètres carrés et possède des centres de production sur six sites aux alentours, employant 2 500 personnes. En trente ans, les abattoirs de Kermené sont devenus l'un des plus importants sites européens d'abattage, de découpe et de transformation de produits carnés.

Toiles de Bretagne

Le commerce des toiles s'est développé aux XVIIe et XVIIIe siècles autour de Loudéac et d'Uzel. Marchands et tisserands ont alors connu une activité florissante dans les villages du pays avec les *bretagne – légitimes* dit-on, tandis que ce sont les *oléron* à Merdrignac –, produites également dans la région de Quintin et dont raffolaient les Espagnols. Elles étaient fort réputées mondialement, pour leur finesse et leur blanc éclatant, obtenu après tissage par le blanchiment sur pré. Cette activité pouvait compléter pour certains le travail des champs, permettant aux paysans d'utiliser leurs longues veillées et les temps morts de l'hiver. Si cette période est bien révolue, le pays en garde les traces, telle l'ancienne halle aux toiles de Grâce-Uzel, et la mémoire, dans la Maison des Toiles de Saint-Thélo, centre d'interprétation de l'histoire de la Manufacture des toiles de lin en Centre-Bretagne, ainsi que dans l'atelier-musée du Tissage d'Uzel qui présente la fabrication des véritables toiles ainsi que la création artisanale inspirée de Jeanne Malivel, cofondatrice du mouvement *Ar Seiz Breur*. Un autre enfant du pays : Fulgence Bienvenüe, né en 1852 à Uzel près l'Oust, est célèbre comme étant le Père du métropolitain de Paris.

CURIOSITÉ

La rigole d'Hilvern

Non, ce n'est pas un festival du rire, mais une très sérieuse et ambitieuse prouesse hydraulique réalisée entre 1828 et 1838. Il fallait alors alimenter le canal de Nantes à Brest dans ses parties les plus hautes. D'où cet aménagement conçu presque au millimètre. Il faut imaginer une petite tranchée, cachée entre deux haies d'arbres, destinée à apporter l'eau provenant du petit barrage de Bosméléac (commune d'Allineuc) jusqu'au canal, à la jonction de l'Oust et du Blavet au bief d'Hilvern (commune de Saint-Gonnery, Morbihan). Une vingtaine de kilomètres à vol d'oiseau, mais un cheminement de 64 kilomètres pour un dénivelé total d'à peine 20 mètres, soit 0,3 millimètre par mètre ! Si la rigole n'a plus aujourd'hui d'utilité pour le canal, une association des amoureux du site a entrepris de réhabiliter cette étonnante petite rigole.

Pays de Dinan

Le Pays de Dinan constitue la partie est des Côtes-d'Armor, au contact de l'Ille-et-Vilaine le long de la Rance. Pays de contrastes entre une ville principale excentrée, un littoral alternant sites naturels et stations et une vaste zone intérieure organisée autour d'un grand nombre de petits pôles. Il comprend bien d'étonnantes richesses à découvrir.

Dinan

Dinan a, de tout temps, joué un rôle stratégique. Placée sur d'importants axes de communication vers Rennes et la Normandie, point de passage sur la Rance et porte d'entrée maritime à une vingtaine de kilomètres de son embouchure, la ville avait tout pour susciter l'intérêt des ducs de Bretagne et la convoitise de ses ennemis. Elle a donc dû très tôt assumer son rôle et se défendre des visites inamicales. Bien calée sur le fleuve, elle a donc composé entre une ville haute fortifiée et une ville basse portuaire. Une image qui se retrouve sur la tapisserie de Bayeux dite « de la reine Mathilde ». Elle est une des villes médiévales bretonnes les mieux préservées.

Une ville millénaire

Dinan est fière de sa ville close et de ses remparts. Depuis 1983, toute la cité replonge dans la vie médiévale à l'occasion de la Fête des remparts, désormais bisannuelle. Une ambiance festive avec la participation des Dinannais pour l'une des manifestations de ce type les plus prestigieuses d'Europe. La visite de la ville passe inévitablement par ces remparts, qui s'échelonnent du XIIIe au XVIe siècle et offrent sur trois kilomètres des vues exceptionnelles sur la vieille ville d'un côté, un jardin dominant la Rance et son environnement de l'autre côté. Il y a tant à voir que la seule liste des lieux et bâtiments est déjà un petit bonheur : le château constitué par le donjon, la tour de Coëtquen et la porte de Guichet – et qui abrite depuis 1908 le musée d'Art et d'Histoire du Pays de Dinan ; la maison d'artiste de La Grande Vigne, ancienne demeure de l'artiste Yvonne Jean-Haffen, élève et amie de Mathurin Méheut ; la tour de l'Horloge du XVe siècle ; la basilique Saint-Sauveur et l'église Saint-Malo ; le couvent des Dominicaines, construit au XVIIe siècle ; le jardin anglais et le jardin des Petits Diables ; la maison du Gouverneur, dans la rue du Jerzual ; la place des Merciers et ses maisons à porches ; les rues du Petit-Fort et du Jerzual avec leurs artisans : cuir, poterie, travail du bois, sculptures sur pierre et bois...

Du Guesclin a son cœur à Dinan

Entre Bertrand Du Guesclin et Dinan, il y a toujours eu une fidélité en mémoire de ce combat qu'il livra victorieusement en 1357 face à Cantorbery, libérant ainsi la ville des Anglais. Né à La Motte-Broons (1320), au sud de Dinan, c'est dans sa région qu'il gagna une solide réputation de grand batailleur et de chef militaire hors du commun. Et c'est à Dinan qu'il fit la connaissance de Tiphaine Raguenel, une astrologue fort belle et savante. À sa prédiction de victoire, il répondit : « Silence ! Sottise ! Folie ! » Elle devint sa première femme l'année suivante et continuera de lui prédire ses bonnes et mauvaises fortunes. Parti combattre ensuite sur tous les fronts aux côtés du roi de France, ce que certains Bretons n'ont guère apprécié, il reviendra pourtant à Dinan... après sa mort en Auvergne (1380). Fallait-il qu'il soit un très grand homme pour avoir droit à quatre sépultures ? Il devait, selon ses souhaits, « être enseveli dans l'église des Jacobins de Dinan ». Mais par suite de circonstances diverses, son corps fut dispersé : ses entrailles au Puy, ses chairs dans l'église des Cordeliers de Montferrand aujourd'hui détruite, son squelette à Saint-Denis et son cœur à Dinan, dans l'église Saint-Sauveur (depuis 1810), sa seule dernière demeure aujourd'hui inviolée.

LE SAVIEZ-VOUS ?

Du barde errant au libertin recommandable

Le chansonnier Théodore Botrel est né à Dinan en 1868. S'il est resté célèbre par sa fameuse *Paimpolaise* – avec laquelle le livre débute –, cet intarissable barde rendit la Bretagne populaire en son temps, même si certains considèrent aujourd'hui ses visions un peu désuètes. Il eut aussi son heure de gloire comme barde aux armées pendant la Grande Guerre, se produisant sur tous les fronts. Et n'oublia pas son pays, chantant Du Guesclin ou les gabariers de la Rance.

Quelques lettrés font aussi honneur à Dinan. Charles Duclos, dit Pinot-Duclos, y est né en 1704 avant d'entrer à l'Académie française en 1746 et d'en devenir le secrétaire perpétuel en 1755. Écrivain libertin recommandable admiré par Stendhal, il fut lié à Voltaire et à Rousseau, qui le considérait comme « son seul vrai ami dans le monde des lettres ». L'explorateur aux pieds nus, le Dinannais Auguste Pavie (1847-1925), simple soldat devenu ministre plénipotentiaire en Asie du Sud-Est, consacra une œuvre importante très humaniste aux peuples du Laos et du Cambodge. Roger Vercel enfin, décédé à Dinan en 1957, y enseigna les lettres, et la Rance se retrouve naturellement dans nombre de ses romans.

Autour de Dinan

Les bords de Rance, déjà évoqués pour la partie nord à propos de Dinard, sont aussi très liés à la ville de Dinan et recherchés comme lieux de promenade. La Maison de la Rance, sur le port de Dinan à Lanvallay, permet de découvrir le patrimoine naturel et humain d'une *rivière à marée*, tandis que Léhon, au sud, a conservé son abbaye, le prieuré Saint-Magloire fondé par Nominoë au IXe siècle. Le Poudouvre, ou pagus de l'eau, terroir compris entre la Rance et l'Arguenon, ne manque pas non plus d'attraits. Ce territoire se retrouve dans plusieurs communautés de communes de tailles très variées (Dinan, Pays d'Évran, Pays de Plélan, Pays de Caulnes, Pays Du Guesclin, Arguenon Hunaudaye).

Le Temple de Mars à Corseul

C'est sans doute l'un des sites archéologiques les plus intéressants de Bretagne. Le peuple celte des Coriosolites est mentionné par César dans *La Guerre des Gaules*. Sa capitale, Corseul, érigée au carrefour des voies romaines Rennes-Erquy et Alet-Carhaix (Ier siècle apr. J.-C.), devait compter quelque dix mille habitants sur une centaine d'hectares. Chaque année, le site antique de Corseul dévoile villas, colonnes, thermes…, vestiges de 20 000 ans d'histoire, qu'un petit musée de la société archéologique montre au deuxième étage de la mairie : fossiles de la mer des faluns, outils de la préhistoire, monnaies et objets de la vie quotidienne, statuettes, terres cuites sigillées, maquettes des plus beaux sites… Mais le plus impressionnant est situé à moins de deux kilomètres du bourg, le *Temple de Mars* – encore dénommé Sanctuaire du Haut-Bécherel, *Fanum Martis* dans la Table de Peutinger – et qui fut visité par Prosper Mérimée. Il s'agit d'un temple de pèlerinage pour toute l'Armorique avec sa *cella*, partie close sanctuarisée et réservée aux prêtres, dont il ne reste que quelques pans de murs et une tour octogonale d'une dizaine de mètres (elle devait en faire le double), le plus haut mur de maçonnerie romaine en Bretagne.

ÉVÉNEMENT

Paisible vallée de l'Arguenon

Place rêvée pour les vacances, Jugon-les-Lacs, petite cité de caractère de Bretagne et station verte, offre autour d'elle le calme de l'Argoat, les joies des lacs de l'Arguenon et de Jugon, les balades dans la forêt de la Hunaudaye (Plédéliac), le repos à l'abbaye de Boquen (Plénée-Jugon), la visite de l'écomusée de la Ferme d'antan et du Château (Plédéliac)… C'est sans oublier les soubresauts de l'Histoire qui bégaya plus d'une fois dans la contrée. Jugon, joyau du Penthièvre, était une place forte à l'époque des ducs de Bretagne, et son château un enjeu. Sur ordre du roi de France Charles V, Du Guesclin le reprit au duc Jean de Montfort alors allié avec les Anglais lors de la guerre de Succession de Bretagne. Le connétable eut ce mot, devenu aujourd'hui la devise de la ville : « Qui a Bretagne sans Jugon, a chape sans chaperon », confirmant bien la place stratégique du lieu. Il ne reste rien aujourd'hui du château, si ce n'est une plaque de rue pour en indiquer le chemin ! Le château fort de la Hunaudaye ne fut guère mieux loti, détruit lors de la même guerre… mais par les Anglais, puis reconstruit avant de céder sous les effets conjugués de la Révolution et de la lutte contre les chouans : il offre aujourd'hui de belles ruines revalorisées qui permettent de comprendre l'architecture et l'histoire d'un beau château du Moyen Âge. Il n'est pas de répit jusqu'à l'abbaye de Boquen, qui connut autour de mai 1968 « les années de braise de l'ex-moine rouge », époque au cours de laquelle Bernard Besret bouscula un peu trop les esprits pour avoir voulu « ouvrir les portes et pas seulement de l'Église catholique, libérer les tabous pour que la communauté soit davantage ouverte sur le monde ». La vallée de l'Arguenon accueille aujourd'hui paisiblement tous ses visiteurs !

De l'embouchure de la Rance au cap Fréhel

Haut de la Rance à l'entrée de la baie de Saint-Brieuc, plusieurs communautés de communes du Pays de Dinan ont une fenêtre sur la Manche (Rance-Frémur, Plancoët-Val d'Arguenon, Pays de Matignon, ainsi que quelques communes rattachées à la Côte d'Émeraude du département voisin). Sites remarquables et stations balnéaires y jouent l'alternance.

Saint-Cast-le-Guildo, la presqu'île aux sept plages

Station balnéaire depuis le XIXe siècle, Saint-Cast était déjà entrée dans l'Histoire depuis la célèbre bataille de 1758. C'est vers la fin du siècle que le peintre Alfred Marinier, tombé amoureux du site ne comprenant alors que quelques cabanes et tentes de bain dans Les Mielles, acheta tous les terrains disponibles autour de la pointe de la Garde, ouvrit un hôtel et invita ses amis à y construire villas et chalets. La station se présente comme une grande presqu'île, permettant de choisir parmi sept plages : sable fin, petites criques, orientation… Une grande diversité de quartiers également, l'assurance de belles promenades pour découvrir l'*Isle Saint-Cast*, le quartier des pêcheurs et les quais du port, flâner dans le bourg, se recueillir au cimetière des Braves, s'esquiver dans la *Grotte-aux-F*ées, tenter d'écouter les *Pierres sonnantes*, etc.

À quelques kilomètres de là, sur la rive droite de l'Arguenon, les ruines grandioses du château du Guildo résonnent encore des amours du prince Gilles de Bretagne, le frère du duc François Ier, qui s'installa au Guildo à son retour de la cour d'Angleterre, de 1444 à 1446, enleva sa fiancée alors âgée de huit ans, la riche héritière Françoise de Dinan, en attendant qu'elle ait l'âge de se marier, et y menait joyeuse vie – d'où l'expression populaire « courir le guilledou ». Avant sa fin tragique en 1450.

ÉVÉNEMENT

L'hôtel de Matignon

Il ne s'agit pas de l'hôtel de la Poste de Matignon, un deux-étoiles situé à six kilomètres de Saint-Cast, dans le chef-lieu de canton et siège de la communauté de communes du Pays de Matignon, mais bien de la résidence du Premier ministre, rue de Varenne à Paris. Cet hôtel particulier avait été bâti pour le prince de Trigny qui dut y renoncer en raison d'un coût trop élevé et le vendre en 1723 à Jacques III de Gouyon, seigneur de Matignon dans les Côtes-du-Nord. Par héritages, ventes et échanges successifs, l'hôtel passa dans de nombreuses et prestigieuses familles avant d'être acquis par l'État français en 1922. Le fils du premier occupant, marié à une Grimaldi, devint prince de Monaco et, depuis ce temps, la famille princière est donc de descendance bretonne et porte également le titre de Matignon, ce qui est bien le cas du prince Albert régnant actuellement. Les cloches de l'église de Matignon continuent de sonner lors des grands événements de la famille princière de Monaco. Un fier dicton peut ainsi affirmer : « Matignon, petite ville et grand renom ! »

Saint-Jacut-de-la-Mer en a onze !

Station balnéaire familiale, Saint-Jacut n'a pas oublié qu'elle fut une île et que les Jaguens le faisaient bien savoir. Le site est habité depuis très longtemps, l'île des Ébihens dès le IIe siècle av. J.-C. – redécouverte par Yves Coppens qui y fit ses premières fouilles archéologiques –, avant d'être dotée d'un fort Vauban ; un monastère existe depuis le XIe siècle. Pour ne pas être en reste avec la station voisine, elle ne manque pas de rappeler qu'elle dispose de… onze plages ! Et que, de Saint-Briac à Saint-Jacut, les vastes grèves constituent un paradis pour les pêcheurs de coques, etc., on y pratique aussi la pêche aux lançons de nuit et en famille. Et c'est bien le maquereau qui fit un temps la richesse du petit port de pêche.

La bonne eau et le bon air de Plancoët

En remontant l'Arguenon, on trouve le port de marchandises avant d'arriver à Plancoët, petite cité vivante et réputée pour son eau de qualité, douce bien évidemment. François-René de Chateaubriand se souviendra dans ses *Mémoires* avoir été envoyé au « bon air de Plancoët », ce « joli village », berceau de sa famille maternelle. La ville est aujourd'hui célèbre dans un tout autre domaine, celui de la maroquinerie de qualité. La maison Renouard a acquis, depuis 1891, un savoir-faire de haute couture et propose, loin des cénacles parisiens, une gamme de modèles de très belle facture.

Fréhel, un cap de légende

Cap Fréhel, un « Grand site naturel » de réputation mondiale qui mérite toutes les attentions pour bien accueillir environ 500 000 visiteurs par an, le troisième site breton du genre en termes de fréquentation, derrière la pointe du Raz et la pointe de Grouin. Ses falaises de schiste et de grès rose surplombent la mer de 72 mètres, constituant une réserve ornithologique incomparable. Le phare, reconstruit après la guerre, a une portée optique de 53 kilomètres, et son faisceau est aperçu des îles anglo-normandes. Il se visite désormais, depuis le départ en 2008 du dernier gardien qui a alors déclaré : « Un phare non habité, c'est comme un phare qui serait veuf. » Le site comprend également le fort La Latte, forteresse construite par les Gouyon-Matignon au XIIIe siècle sur un éperon rocheux, restaurée par Vauban et opérationnelle jusqu'en 1890, qui se dresse tel un vaisseau de grès rose sans équivalent en France. Donjon, remparts, habitation, pont-levis étonnent et ont servi de cadre à plusieurs films (*Les Vikings* de Richard Fleischer en 1957, *Les Chouans* de Philippe de Broca en 1987…). Les communes de Plévenon et Pléhérel s'étaient associées en 1972 pour créer Fréhel, mais se sont séparées en 2004, la première prenant le nom de Plévenon-Cap Fréhel tandis que la seconde conservait Fréhel, mais sans le cap !

CURIOSITÉ

Sables-d'Or-les Pins, une utopie qui veut renaître

Rien n'était trop beau en 1921 pour les promoteurs, dont René Brouard, pour créer de toutes pièces sur une grève inoccupée (jadis plage de contrebande et point de départ de chouans pour Jersey) une nouvelle station balnéaire luxueuse, avec un plan d'ensemble original pour l'époque, de grandes avenues, des équipements ambitieux (casino, golf, hôtel...), des fêtes somptueuses, une desserte par chemin de fer, etc. La crise de 1929 vint ruiner les promoteurs et mettre un coup d'arrêt qui fera entrer la station dans une léthargie dont elle vient tout juste de sortir en 2007. Située sur les communes de Fréhel et Plurien, elle mise sur une plage de sable fin, un site protégé, et la préservation de son caractère intime et authentique.

Pays de Saint-Brieuc

Le Pays de Saint-Brieuc comprend à la fois l'agglomération vivant au rythme de la préfecture des Côtes-d'Armor, les territoires voisins sur la baie tournés vers la mer, et les petits pays intérieurs animés par des petites villes au riche passé et toujours vivantes.

L'agglomération de Saint-Brieuc

La ville de Saint-Brieuc est bien calée au fond de sa baie où viennent s'abriter nombre de bateaux. En son cœur, l'agglomération briochine rassemble les grandes fonctions institutionnelles du département et a développé un pôle intellectuel et économique de qualité.

Saint-Brieuc, une ville à vivre

Située à trois kilomètres de la mer sur un plateau profondément entaillé par les vallées du Gouët et du Gouëdic, la ville de Saint-Brieuc, de toujours évêché, est le centre administratif, commercial et industriel du département. Parmi ses activités diversifiées et contrastées, la ville fut longtemps connue comme la capitale du pinceau (Raphaël), et le conflit du Joint français en 1972 est resté dans les mémoires. La ville s'est depuis fortement *tertiarisée* et le Zoopôle de Saint-Brieuc Ploufragan rassemble 800 personnes et 50 organismes au cœur du premier bassin agroalimentaire d'Europe ayant toutes les compétences pour la santé animale et l'hygiène alimentaire.

Si elle ne possède ni passé prestigieux, ni monument remarquable, la ville est vivante et animée. Saint-Brieuc, bâtie autour de son église-forteresse édifiée au XIIe siècle, étonne par le caractère varié de ses architectures, maisons à colombage, constructions du début du siècle, réalisations contemporaines. La ville a conservé le griffon pour symbole, son blason adopté en 1698 représentant un croisement entre l'aigle et le lion. Saint-Brieuc est une ville à découvrir en flânant, que ce soit dans les rues piétonnes en faisant *la Saint-Gui* (rue Saint-Guillaume) ou les Grandes Promenades, un vaste jardin public surplombant la vallée boisée du Gouëdic.

L'ouverture sur la mer

Il faut descendre vers la mer pour trouver une autre ville et une autre vie. Le port du Légué, sur les rives du Gouët, poursuit une longue tradition maritime de pêche morutière et de cabotage, accueillant toujours la pêche et aussi la plaisance, tout en aménageant ses infrastructures de fond d'estuaire pour répondre aux évolutions du commerce maritime. Classée réserve naturelle, la plus grande de Bretagne, la baie accueille chaque année plus de 40 000 oiseaux migrateurs, que la *Maison de la Baie* située à Hillion a pour mission de faire découvrir. Un autre site, la *Briqueterie* à Langueux, est dédié à la découverte des activités humaines au XIXe siècle (pêche à pied, maraîchage, salines…). La baie offre aussi des plages variées, de Plérin à Hillion. La plage du Valais à Saint-Brieuc est toujours appréciée d'irréductibles hors-la-loi accrochés au site comme leurs cabanons multicolores le sont à la falaise, une tradition ancestrale de cette *cité-baby* faisant partie du patrimoine maritime du quartier de Cesson.

LE SAVIEZ-VOUS ?

Louis Guilloux, le piéton de Saint-Brieuc

Saint-Brieuc est aussi une ville littéraire. Elle a certes accueilli comme élèves dans son lycée Tristan Corbière, Alfred Jarry, Anatole Le Braz, Roger Nimier, etc. ou bénéficié des enseignements de Georges Palante et Per-Jakez Hélias. Elle a vu naître Villiers de L'Isle-Adam, Louis Guilloux et Christian Prigent, accueilli le tout jeune Jean Grenier. Albert Camus est venu s'y recueillir sur la tombe de son père… La liste pourrait se compléter. Mais, s'il fallait n'en retenir qu'un, c'est bien Louis Guilloux (1899-1980) qui incarne le mieux sa ville, très présente dans *Le Sang* noir qui rata de peu le prix Goncourt en 1935. La maison de Louis Guilloux, 13, rue Lavoisier, a été rachetée en 1981 par la Ville de Saint-Brieuc. Depuis 1996, elle accueille en résidence des romanciers, des poètes, des écrivains pour la jeunesse…

Autour de la baie de Saint-Brieuc

De part et d'autre de Saint-Brieuc, le littoral accueille des stations touristiques de caractère et des petits ports de pêche. Pléneuf-Val-André et Erquy à l'est sur la côte de Penthièvre, Binic et Saint-Quay-Portrieux à l'est, dans le Sud-Goëlo. Ces lieux font le bonheur des Briochins et attirent les visiteurs. À chacun ses préférences.

Le petit Nice du Val-André

Pléneuf ne manque pas d'idées et d'initiatives. C'est de son petit port naturel du Dahouët, bien niché au creux de l'estuaire de la Flora, que sont partis les premiers terre-neuvas en 1509. L'ancien port morutier accueille aujourd'hui les plaisanciers qui en méritent l'accès. Tandis que la station du Val-André, créée en 1882 à l'initiative du polytechnicien Charles Cotard (1835-1902) – il participa aux travaux du canal de Suez et des lignes ferroviaires reliant l'Europe à l'Asie –, s'enroule autour de sa très belle plage de sable fin et blanc de 2,5 kilomètres. Il faut bien évidemment faire la promenade de la Guette sur la digue qui longe la plage, de la pointe de Pléneuf au port du Dahouët en dégustant les fameuses sucettes du Val-André (depuis 1928) pour certains, ou en faisant halte au casino pour d'autres. La station, bien abritée et ensoleillée, n'hésite pas à se référer au Midi en dénommant sa plage le *petit Nice* et en se mettant sous la protection de la statue de Notre-Dame-de-la-Garde qui domine le port dans son oratoire.

LE SAVIEZ-VOUS ?

Ils ont aimé Val-André

Le poète Jean Richepin (1849-1926), membre de l'Académie française, y a écrit quelques-unes de ses plus belles pages dont son recueil de poèmes *La Mer* avant de s'y installer définitivement en 1921 et d'y être inhumé. Plus récemment, Anne-Charlotte Pascal est devenue en 1985 la comédienne Charlotte Valandray, en souvenir et hommage à la station dans laquelle elle vécut ses six premières années et où elle est fréquemment revenue.

Erquy, de la coquille Saint-Jacques au grès rose

Erquy assume avec tranquillité sa double vocation de pêche et de tourisme. Son port de pêche vit au rythme de la coquille, emblème de la gastronomie locale et fêtée aussi joyeusement (voir page 220), tandis que la station déploie aux beaux jours ses charmes balnéaires, avec douze kilomètres de côtes alternant plages de sable fin, petites criques et rochers sauvages, comme au cap d'Erquy, un site naturel protégé. Le grès rose est l'autre emblème d'Erquy. Véritable richesse naturelle de la baie, extrait et taillé sur place, il participe à l'ambiance de la ville qui s'est construite avec, des maisons de pêcheurs aux villas du bord de mer, des chapelles au château de Bienassis. Un four à boulets a même été réalisé en 1794 pour la marine ! Depuis 2009, le *Géofestival* est une invitation à redécouvrir Erquy, *la Bretagne de grès rose*, et ses lacs de carrière du Cap, dits *lacs bleus*. Pas étonnant donc, avec ce festival de couleurs, que de nombreux peintres aient été attirés par la ville. À la recherche de ses origines, l'habitant d'Erquy est un Régineen, en référence à l'ancienne cité romaine Réginéa qui figure dans les Tables de Peutinger, tandis qu'une légende évoque l'ancienne cité de Nazado, engloutie à jamais comme la ville d'Ys.

CURIOSITÉ

Le village d'Astérix, Erquy par Toutatis ?

Depuis longtemps, la question est posée de savoir où peut bien se situer le village des irrésistibles Gaulois d'Astérix. Chaque album débute en effet par une carte d'Armorique, dévoilant à la loupe un site breton comportant trois pierres au large d'un cap, des carrières… Si de nombreuses revendications se sont fait jour, de Brest à Saint-Malo, la candidature d'Erquy est la plus crédible. Avec de sérieux atouts : la disposition, autour du Cap et du village historique de Tu-es-Roc, de la pointe des Trois-Pierres et de la corniche des Carrières, la présence d'un lieu-dit le *Camp de César* bien confirmé romain par des fouilles archéologiques… sont plus que des coïncidences troublantes. Et si l'on ajoute que le dessinateur Albert Uderzo, l'un des deux *pères* d'Astérix, a passé ses vacances à La Bouillie, se promenant à vélo jusqu'à Erquy, et qu'il est venu voir son frère réfugié à Saint-Brieuc pendant la guerre, la vraisemblance se confirme très fortement. Il ne manque que l'aveu, Uderzo ayant entretenu le doute, n'ayant ni nié ni reconnu formellement cette hypothèse après avoir survolé le site en hélicoptère à l'invitation du *Figaro Magazine* en 1996, mais simplement reconnu que « la fiction calquait parfaitement à la réalité ». Il ne peut donc y avoir, pour l'instant, de statue – en grès rose – d'Astérix à Erquy, ni de banquet pour fêter l'événement !

La côte du Sud-Goëlo, de Binic à Saint-Quay-Portrieux

Binic, *le grain de beauté* des Côtes-d'Armor, dit le slogan. L'ancien port des terre-neuvas de Binic s'est reconverti au tourisme et reste le cœur bien vivant de la ville qui a conservé quelques belles traces de son passé maritime, des maisons d'armateurs aux noms de rues évocateurs. Un petit musée d'Art et Traditions populaires et la *F*ête de la *morue* viennent également le rappeler. Saint-Quay-Portrieux est une station aux deux visages. À Portrieux, le seul port en eau profonde de Bretagne Nord (entre Cherbourg et Brest) propose ses mille places accessibles à toute heure de l'année, sans condition de marée. Y compris aux quatre-vingt-dix bateaux de pêche côtière qui ont pu, grâce à lui, maintenir et développer l'activité, notamment celle de la coquille Saint-Jacques. À Saint-Quay, la tradition balnéaire est très ancienne – le premier hôtel fut ouvert en 1845 – et offre ses belles plages de sable fin, dont la plage de la Comtesse, comme l'île du même nom qui appartint aussi au grand parfumeur Rimmel et embauma le voisinage de bonnes odeurs de lavande et autres essences. Entre les deux stations, Étaples a ajouté sur-Mer à son nom pour bien montrer qu'elle est également balnéaire depuis 1895, grâce à l'initiative de l'industriel versaillais Oscar Legris.

Dans les terres du Pays de Saint-Brieuc

Cet arrière-pays se développe à la grande périphérie de Saint-Brieuc, autour de quatre communautés de communes dont trois sont animées par les villes de Lamballe, Moncontour et Quintin. Une quatrième fait cavalier seul, la bande des quatre ayant choisi l'énigmatique – ou ambitieux – patronyme de Centre Armor puissance 4 !

Lamballe, la ville où le cheval est roi

Lamballe, ville d'art et d'histoire, possède un riche patrimoine qu'elle doit à son ancien statut de capitale du comté de Penthièvre : un petit tour de ville autour de la place du Martray, son cœur historique, permet de découvrir quelques belles maisons à l'ombre du clocher de l'église Saint-Jean. Mais la cité médiévale n'a pas résisté aux assauts répétés pendant la Ligue, les guerres de Religion et la Révolution. Elle retrouvera cependant une autre forme de prospérité économique avec des tanneries qui produisaient de nombreuses variétés de cuirs et le savoir-faire des terrassiers lamballais, les *gastadours*, réputés dans tout l'Ouest pour leur manière de creuser les fossés et de travailler les biefs des moulins. Aujourd'hui dans l'industrie agroalimentaire.

Lamballe s'est prise d'amour et de fierté pour le cheval avec la création de Haras nationaux en 1825. Promue au rôle de mission conservatoire pour le Nord de la Bretagne, abritant aujourd'hui plus d'une soixantaine d'étalons de races diverses. Le site comporte également un parc équestre, met en valeur le patrimoine (selleries, voitures hippomobiles…) et propose tout un programme de visites, animations pédagogiques, expositions et spectacles. Les Haras de Lamballe sont les garants des races bretonnes, et tout particulièrement du célèbre Postier breton qui s'est illustré dans les transports, et aussi pour l'acheminement des pièces d'artillerie pendant la Première Guerre mondiale.

ÉVÉNEMENT

L'artiste et le bourreau

Une belle maison aux colombages rouges de la place du Martray porte l'énigmatique nom de *Maison du bourreau*. Non pas parce qu'elle aurait été l'habitation d'un sinistre occupant restant aux premières loges... mais tout simplement par l'invention d'un photographe soucieux de valoriser l'incontournable carte postale du lieu, remplaçant la très neutre mention de « maison de Lamballe » par « maison du bourreau », déformant au passage le nom de son propriétaire Jean Berceau. Elle abrite aujourd'hui le musée d'Art populaire du Pays de Lamballe ainsi que le musée Mathurin-Méheut. Le célèbre peintre, illustrateur, décorateur, céramiste et sculpteur breton (1882-1958) est en effet originaire de Lamballe.

CURIOSITÉ

Un autre Mathurin pour la méthode Boscher

Né à Quintenic, près de Lamballe, en 1875, Mathurin Boscher (1875-1915) fut un des premiers enfants du département à bénéficier des lois de la Troisième République en matière d'éducation. Après avoir tenu plusieurs postes dans le département des Côtes-du-Nord, il est nommé avec sa femme à l'école de Saint-Barnabé. C'est pour pallier la faiblesse des moyens pédagogiques à sa disposition qu'il entreprend d'écrire lui-même une méthode qui tienne compte de ses exigences, « lire, écrire, compter », ainsi que de la répartition de ces diverses tâches dans une journée, *La Journée des tout-petits*. Ainsi était née la Méthode Boscher, un livre qui ne se démode pas et continue de très bien se vendre, entre quatre-vingts et cent mille exemplaires par an.

La cité perchée de Moncontour

Un peu oubliée à l'écart des grandes voies de communication, Moncontour fut pourtant une place importante du comté de Penthièvre, une forteresse alors stratégique que Richelieu s'efforcera de réduire. Comme d'autres cités, Moncontour se lancera ensuite dans l'aventure industrielle et commerçante des toiles de chanvre et du lin, produisant les *berlingue* exportées en Espagne et même aux Indes. Cette sentinelle perchée sur un promontoire rocheux a conservé son caractère médiéval et est encore ceinte d'une partie de ses imposants remparts des XIIIe et XIVe siècles, d'où émergent la poterne Saint-Jean et la tour Rognet. Elle a conservé son atmosphère de venelles étroites et d'échoppes artisanales aux belles enseignes colorées, très suggestives et parfois cocasses. Une fête médiévale est organisée chaque année au mois d'août, permettant à la foule de s'immerger au milieu des chevaliers, guerriers, nobles dames et seigneurs, troubadours, cracheurs de feu… L'église de Moncontour est dédiée à saint Mathurin, lui consacrant aussi un Pardon chaque année à la Pentecôte. Et, fidèle au passé de la cité, une Maison de la Chouannerie et de la Révolution en évoque l'histoire.

Quintin, la ville aux deux châteaux

Petite cité féodale bretonne également, la ville médiévale close, dont ne subsiste que la Porte-Neuve, s'éclipse derrière la cité marchande qui connut une grande prospérité avec la fabrication des célèbres toiles *bretagne*, comme à Lamballe, et aussi des toiles fines et réputées dites *quintin*. De ce temps révolu, la ville a conservé une tradition marchande, un grand marché le mardi et une activité artisanale bien vivante. Son imposante basilique néogothique du XIXe siècle est consacrée à Notre-Dame-de-Délivrance et dépositaire d'une ceinture de la Vierge, relique parvenue depuis les croisades et conservée dans un reliquaire après avoir été épargnée par un incendie en 1600 : un Grand Pardon lui est dédié le deuxième dimanche de mai.

Le plus prestigieux de la ville est bien son château, ou plutôt ses deux châteaux, implantés dans le même parc au cœur de la ville. Les premiers édifices n'ayant pas résisté aux divers affrontements, le château réédifié au milieu du XVIIe siècle, un des derniers bastions protestants, est resté inachevé. Ses communs et écuries ont été réaménagés et agrandis au XVIIIe siècle pour constituer l'actuel château de Quintin. Le château se visite (appartements meublés, soubassements, jardins à la française) permettant d'apprécier l'âme de cette demeure, qui y perdure depuis plus de huit siècles.

Pays de Guingamp

Cette région passerelle entre le Penthièvre, le Trégor et la Cornouaille, peut être considérée comme une marche de la Bretagne bretonnante. Autour de Guingamp, c'est un territoire diversifié qui va des falaises de Plouha et de la vallée du Trieux jusqu'au Pays Flinn au cœur de l'Argoat.

Guingamp

Ville de l'intérieur située au fond d'une cuvette, c'est une des rares cités bretonnes qui ne soit pas concernée par la navigation. Traditionnellement ville de marchands et d'artisans, elle s'est ouverte tardivement à l'industrie. Aspirée par la dynamique de Lannion, elle a aussi bénéficié du développement de l'industrie agroalimentaire. Il n'y a pas que le football qui bouge !

Guingamp autour de sa fontaine

De son passé de ville forte, Guingamp n'a conservé que quelques ruines de ses remparts et vestiges de son château. La place du Centre est aujourd'hui le lieu préféré des Guingampais, point de rencontre et de flânerie. Avec pour symbole la fontaine de Plomée, érigée en 1588 et remaniée en 1745, composée d'une grande vasque de granit surmontée de deux vasques en plomb, puis d'une statue, et dont les riches motifs décoratifs associent des symboles païens à des motifs chrétiens. Impossible de passer sans la voir ! La basilique Notre-Dame-de-Bon-Secours toute proche en impose également par son ancienneté et ses dimensions. Plusieurs fois remaniée au cours des siècles, son architecture complexe aux styles multiples est assez difficile à comprendre. C'est aussi ce qui en fait le charme et le mystère, la dévotion à la Vierge noire ayant un grand rôle spirituel que conforte le Pardon annuel. De son côté, la ville propose des loisirs et festivités diverses. Le rassemblement le plus couru est le Festival de la Saint-Loup et de la danse bretonne, un rendez-vous annuel qui allie tradition et modernité et fait vibrer toute la ville. Petite curiosité, un musée est dédié à la Boule bretonne, pour tout savoir de ce jeu lui aussi traditionnel.

ÉVÉNEMENT

En avant Guingamp !

Mais toute la ville, jeunes et moins jeunes, se précipite encore davantage et plus régulièrement au stade du Roudourou pour encourager les prestations de l'équipe de football de ses *Diables rouges*. Elle fait partie du patrimoine et de la fierté de Guingamp. Les matchs attirent fréquemment plus de 10 000 visiteurs. Pas mal pour une ville qui compte 8 000 habitants, 23 000 pour l'aire urbaine. Noël Le Graët, un chef d'entreprise, en est le président depuis 1972 et a contribué au beau parcours de son club. Il est aussi devenu le maire de la ville, ayant abandonné volontairement son écharpe tricolore en 2008, pour ne garder que la rouge aux couleurs de l'*En Avant Guingamp*, sur laquelle figure la devise « Fiers d'être guingampais ».

Autour de Guingamp

Plusieurs communautés de communes se sont structurées autour de petites cités : Châtelaudren et Plouagat, Bourbriac, Belle-Isle-en-Terre, Bégard, Pontrieux, Lanvollon et Plouha. De nombreux sites méritent le détour. Exemples choisis parmi d'autres.

Le rouge à la mode de Châtelaudren

Un temps capitale du Goëlo, Châtelaudren était un important centre commercial, témoin la Foire de Saint-Magloire qui durait une semaine. Elle possède un remarquable joyau dans la chapelle Notre-Dame-du-Tertre. Les lambris du chœur sont constitués de panneaux peints datant du XVe siècle : cette fresque composée de 132 tableaux évoque l'Ancien et le Nouveau Testament, ainsi que les légendes de sainte Marguerite, de saint Fiacre et de sainte Marie-Madeleine. Les belles tonalités rouges des peintures donnent à la voûte une ambiance exceptionnelle et valent à l'édifice l'appellation de *chapelle rouge*.

Châtelaudren a aussi joué un rôle dans la presse nationale. Charles Huon de Penanster, homme d'affaires et ancien explorateur des sources du Nil, jeune sénateur des Côtes-du-Nord et maire de Ploubezre (au sud de Lannion) où il vit au château de Kergrist, décide de racheter un magazine, *Le Petit Journal de la Mode*, et de le moderniser pour répondre aux problèmes pratiques et culturels de la famille. Il crée alors *Le Petit Écho de la Mode* qui connaît un grand succès. Son petit-fils décide de décentraliser l'imprimerie en 1923 à Châtelaudren où existait déjà une papeterie. Et c'est ainsi qu'y seront imprimés les fameux patrons-modèles de couture dont Châtelaudren va devenir la capitale jusque dans les années soixante-dix.

Belle-Isle-en-Terre

Laurent Voulzy ne l'a pas chantée ! La légende veut que ce soit une peuplade du Yaudet, à l'embouchure du Léguer près de Lannion, qui ait remonté la rivière pour s'établir sur une petite presqu'île à la confluence du Guic et du Guer. Certains évoquent des moines de Quimperlé venus fonder un monastère à Locmaria, établissant ainsi un lien possible avec l'autre île, bien en pleine mer ? Quoi qu'il en soit, la petite cité vit bien dans son environnement de forêts – *Coat-an-Noz*, le bois de la nuit –, de collines et de cours d'eau propices à la pêche et aux randonnées en tout genre. Deux centres proposent des initiations à la rivière ou à la découverte de la forêt et du bocage. Tout proche, le Menez-Bré, la montagne sacrée du Trégor, laisse toujours planer l'ombre de saint Hervé, mysticisme pour les uns ou exorcisme pour les autres comme un certain abbé Guillermic.

CURIOSITÉ

Maï la Bretonne, la belle meunière

Marie-Louise Le Manac'h (1869-1949), fille de meunier, part à dix-huit ans tenter sa chance à Paris. Pas farouche, la belle Bretonne mène sa vie à Montmartre puis à Londres avant d'épouser en 1922 Sir Robert Mond, un chimiste de renommée internationale devenu le *roi du nickel*. Le couple rachète le château de Coat-an-Noz avant de se faire construire le Castel Mond en plein centre de Belle-Isle-en-Terre, légué à la commune après sa mort.

Pontrieux, un port à la campagne

Ville-pont de fond d'estuaire, Pontrieux est un véritable carrefour. Son port, à la fois fluvial et maritime, est toujours actif à l'extrémité de la ria du Trieux navigable. Après, c'est plutôt en canoë ou en barque qu'il convient de découvrir la ville aux cinquante lavoirs. La petite cité de caractère reste très animée, son centre commerçant se concentre autour de deux places triangulaires reliées par une étroite rue pavée et bordée de hautes maisons bourgeoises en granit. En retrait du littoral, auquel elle est reliée par le *Vapeur du Trieux*, train touristique à l'ancienne, locomotive classée monument historique et banquettes en bois dans des wagons des années trente. La ville a suscité la création d'une Cité des Artisans d'art et son office de tourisme est installé dans une maison à pans de bois et aux croisillons bleus dite *Maison de la Tour Eiffel*, autrefois Maison de la Tour en référence à une tour de guet s'élevant à l'arrière de l'édifice sur la falaise pour surveiller le port et son trafic. Pontrieux organise chaque année la Fête des lavoirs et, tous les deux ans, un festival d'orgues de Barbarie.

Plouha aime sa falaise

C'est bien ici que s'admirent les belles falaises de la chanson, attribuées indûment à Paimpol sa célèbre voisine. Elles sont bien les plus hautes de Bretagne, dominant la mer d'une centaine de mètres et offrant un panorama grandiose. Sur le GR 34, fameux sentier côtier du Nord Bretagne, les randonneurs ont le loisir d'y admirer des vols majestueux des goélands marins ou argentés et des *plongées* de cormorans. Sur la proche plage de Gwin-Zegal, un petit port dresse ses pieux au pied des falaises, dernier représentant en France (avec celui de Porspoder dans le Finistère) d'un mode de mouillage très particulier et très ancien : 43 troncs de huit à dix mètres plantés dans le sable (il s'agit de chênes avec leurs racines, les souches étant consolidées par des rochers) pour l'amarrage des bateaux, une véritable petite forêt de mâts qui a traversé les siècles !

LE SAVIEZ-VOUS ?

La danse macabre dans la chapelle

La chapelle de Kermaria-an-Iskuit, fondée au xiiie siècle par Henri d'Avaugour pour remercier la Vierge de l'avoir ramené sain et sauf de la croisade, présente sur sa nef des peintures exceptionnelles consacrées à la mort, et qui font partie des joyaux de l'art religieux de Bretagne. Elles représentent une *Danse macabre*, réalisée à la fin du xve siècle, sous la forme de figures illustrant des personnages de l'époque aux statuts sociaux différents (pape, empereur, roi, cardinal, manants…), tous entraînés par la mort dans une sarabande sordide. On dit que cette fresque aurait inspiré le compositeur Camille Saint-Saëns.

Pays du Trégor-Goëlo

Le Pays du Trégor-Goëlo possède l'un des plus riches patrimoines des côtes bretonnes, il est aussi l'un des plus connus. Pas surprenant qu'il ait attiré tant de célébrités, et qu'il figure toujours parmi les sites très recherchés. Un pays qui offre Paimpol, l'île de Bréhat, Tréguier, la Côte de Granit rose, pour ne citer que les noms les plus connus, bénéficie donc déjà d'une très belle carte de visite.

Autour de Paimpol

Un *must* en Bretagne ! Paimpol et l'île de Bréhat font partie des destinations les plus prestigieuses, y compris au plan international. Un petit condensé de cette Bretagne du Nord, maritime, sauvage et riante à la fois.

Paimpol, la grande aventure de la mer

Rarement une œuvre littéraire n'a autant marqué une ville et son pays. *Pêcheur d'Islande*, le livre de l'écrivain-voyageur Pierre Loti paru en 1886, a marqué les esprits et donné à ce coin de Bretagne l'allure d'un pays exotique. Son évocation fait encore rêver en parcourant la place du Martray, les quais et les rues voisines, même si l'hôtel que fréquentait le romancier est devenu un salon de coiffure, et s'il faut un peu d'imagination pour revoir le port encombré de ses multiples goélettes. Mais la magie fonctionne encore, renvoyant une image dépassant la réalité. Oui, Paimpol est toujours imprégnée de son riche passé maritime, la plaisance et la fête ayant remplacé le commerce et le dur labeur. Alors tout revient à l'esprit en parcourant la cité : l'épopée islandaise des terre-neuvas partant chercher au loin la morue, les belles maisons d'armateurs, les noms de rues résonnant comme des chants de marins, le musée de la Mer et les expositions d'inspiration maritime, l'école de la marine marchande devenue lycée professionnel maritime, etc. Paimpol n'aurait jamais connu une telle vocation si elle ne bénéficiait pas d'un site privilégié, protégé par une île, à l'abri des vents dominants, sentinelle d'une vaste baie, capitale d'un petit pays devenu une grande pépinière de marins. Tout cela, c'est à Paimpol et nulle part ailleurs.

L'abbaye de Beauport

Difficile d'être plus maritime que cette abbaye fondée à la fin du XIIe siècle et tenue pendant six siècles par les moines de l'ordre des Prémontrés qui lui donnèrent le nom de *Bellus Portus*. De ce lieu propice à la méditation, ils sauront faire un domaine prospère qui attisera bien des convoitises. Au temps de sa splendeur, l'abbaye percevait une dîme sur les pêches (et sur bien d'autres marchandises), ce qui leur était contesté au prétexte que les bancs de Terre-Neuve ne faisaient pas partie de son domaine ! Les moines l'entretenaient et le valorisaient : verger, potager, jardin de simples, roseraie, élevage sur les prés-salés de terres poldérisées et protégées par une digue, pêcheries et pisciculture dans un étang lui aussi à leur abri, etc. L'église abbatiale n'était pas en reste avec ses trois nefs, un joyau d'architecture romano-gothique, une grande salle capitulaire de style normand, un cloître, un cellier… tout était à la même échelle. La Révolution mit fin à cette belle réalisation et l'abbaye commença à tomber en ruine. Lorsqu'il la visita en 1835, Prosper Mérimée s'émerveilla tout en constatant le désastre avant de faire classer l'édifice en 1862. L'abbaye, rachetée par le Conservatoire du littoral en 1993 connaît aujourd'hui une seconde vie, plus touristique.

CURIOSITÉ

Le temple mystérieux de Lanleff

Il ne s'agit pas d'un temple, mais bien vraisemblablement d'une église romane presque millénaire, de plan circulaire rappelant la basilique du Saint-Sépulcre à Jérusalem. La rotonde centrale et ses douze arcades en plein cintre, de granit rose à gros grains, n'a cessé d'interroger les bons esprits et de faire couler beaucoup d'encre, d'autant plus que l'ornementation des chapiteaux surprend elle aussi, représentant des animaux et des personnages aux membres disproportionnés. Il s'agit donc, peut-être, des ruines du plus vieil édifice religieux du département.

Les trois ports de Ploubazlanec

Ploubaz, c'est plus simple et c'est ainsi que ses habitants désignent cette commune interposée entre Paimpol et l'île de Bréhat, un point de passage obligé puisque c'est de son port de l'Arcouest que partent les navettes. Ploubaz, c'est aussi le cadre de *Pêcheur d'Islande*, sans doute même davantage et Pierre Loti résida à Pors Even, petit port où il a pu trouver l'inspiration de ses principaux personnages. Que ce soit ici ou à l'Arcouest, les sites remarquables ne manquent pas : le *Mur des disparus* et la *Croix des veuves* rappellent les temps douloureux des *péris en mer*, quelques chapelles, dont celle de Perros-Hamon, la tour de Kerroc'h sont autant de repères d'une aventure humaine qu'un musée *Mémoire d'Islande* présente à son tour. Ploubaz, c'est aussi le petit port plein de charme de Loguivy-de-la-Mer lové dans une anse qu'il faut découvrir. Loguivy pêche les crustacés et la coquille Saint-Jacques, qui est fêtée avec Erquy et Saint-Quay. Le petit port de pêche est aussi désigné comme la capitale du *bleu de Loguivy*, le véritable homard breton, c'est dire si la dégustation s'impose sur place. Et pour compléter le tableau… c'est aussi le port des peintres et le rendez-vous des amoureux d'atmosphère typiquement maritime!

CURIOSITÉ

La petite Sorbonne

C'est dans les années vingt et trente que la pointe de l'Arcouest fut ainsi surnommée la *petite Sorbonne* en désignant les quelques maisons qui surplombent le hameau de Launay en allant vers la pointe. C'est dans un petit périmètre que se retrouvaient, face à Bréhat, nombre d'écrivains, peintres et savants. Le premier occupant des lieux fut Louis Lapicque, savant biologiste de renommée internationale, bientôt rejoint par ses amis, l'historien Charles Seignobos, Jean-Baptiste Perrin, prix Nobel de physique en 1926, Pierre et Marie Curie, prix Nobel de physique en 1903 (à nouveau pour Marie en 1911 et en chimie), le physicien Paul Langevin, etc., tout ce que la France connaissait comme savants de tout premier plan.

Bréhat, l'île aux fleurs

C'est la petite île bretonne par excellence, celle qui peut, et doit, se parcourir à pied. L'île de tous les éloges : paradis ou havre de paix pour les uns, île de beauté ou havre d'artistes – Gauguin, Matisse… – pour d'autres, fascinante pour tous. La présence des fleurs, pratiquement en toute saison – le mimosa s'y plaît bien –, fait partie du paysage et d'une nature heureusement préservée – on y trouve des eucalyptus – comme les rochers de granit rose. Le microclimat ! vous dit-on : un courant marin chaud et proche lui confère un climat digne de celui de la Méditerranée. Ce n'est pas l'académicien Erik Orsenna qui vous dira le contraire, l'île qu'il fréquente depuis longtemps lui a même donné l'idée de son *Portrait du Gulf Stream* ! La vie bréhatine n'a pas été pour autant une belle île tranquille. L'histoire s'est chargée de la doter d'un passé tourmenté, la transformant en enjeu stratégique du temps où la mer était un terrain de jeu plutôt agité. C'est en flânant à pied – les tracteurs sont réservés au travail –, en se laissant guider par sa fantaisie, que l'île dévoile tous ses trésors naturels et les autres, ici un gouffre, un phare ou une chapelle, là des moutons ou des ormeaux, ou bien encore la verrerie…

Du Trieux aux confins du Finistère

Le littoral costarmoricain du Trégor est riche de sites remarquables. De Tréguier à la Côte de Granit rose, il réserve des paysages étonnants et des lieux de caractère.

Au fil du Trieux

Il est possible de descendre le Trieux, et même de le remonter, soit en bateau, soit avec le *Vapeur du Trieux* ce petit train à l'ancienne qui relie Paimpol à Pontrieux. Du côté de la presqu'île de Lézardrieux, c'est dans cette petite ville que se rencontre le premier pont suspendu permettant de franchir le fleuve, ouvert en 1840 après d'âpres débats et transformé en 1925. En direction Pontrieux, le château de La Roche-Jagu impose fièrement la seule forteresse restante parmi les dix bâties sur les rives de l'estuaire du Trieux qu'il surplombe. Édifice remarquable du XVIe siècle, il a été acquis par le conseil général qui propose chaque année une exposition de grande qualité. Sur l'autre rive, le train fait une halte à Plourivo pour découvrir le manoir de Traou-Nez, rendu célèbre par l'affaire Seznec (1923), lieu principal du dénouement au cœur d'un procès qui fait encore débat aujourd'hui et baisser les voix dans les chaumières.

Le sillon de Talbert

Phénomène naturel à la pointe de la presqu'île, cette flèche littorale n'est pas le fruit d'une quelconque légende arthurienne, mais bien une curiosité géologique. Sa formation, il y a quelque cent mille ans, résulte des actions conjuguées des marées, des courants de pleine mer et des forces issues des estuaires du Jaudy et du Trieux. Résultat, un cordon de sable et de galets, long de trois kilomètres, s'enfonçant dans la mer et qui agit comme un brise-lames protégeant Bréhat. Il accueille par surcroît une flore et une faune bien particulières. C'est depuis les hauteurs de la côte de Pleubian, au sémaphore de Creac'h Maout, qu'il est possible de bien se rendre compte de ce paysage inédit. Longtemps ignoré ou négligé, le sillon fait aujourd'hui l'objet de toutes les attentions et réglementations imaginables, sous le contrôle du Conservatoire du littoral. Plus question de prélèvements de galets ou de sable par des entreprises ou des particuliers comme ce fut longtemps le cas – estimés encore en 2006 à une trentaine de tonnes ! Même la collecte de goémons est réglementée, et pratiquée seulement par dix goémoniers agréés selon un protocole de cueillette raisonnée, tandis qu'ils ne sont plus séchés sur place.

Les algues de l'avenir

Dans une région où l'on ramasse le goémon depuis des temps très reculés, il a été décidé en 1982 de créer à Pleubian un centre pour étudier les végétaux marins et les biotechnologies marines, le CEVA, Centre d'étude et de valorisation des algues, un organisme de recherche privé labellisé Institut technique agro-industriel par le ministère de l'Agriculture et de la Pêche. C'était aussi l'époque où l'on commençait à s'inquiéter de la prolifération des algues vertes. Situé dans la première région européenne productrice d'algues, et en bordure d'un important champ d'algues sur un territoire propice à leur culture, le CEVA est le seul centre technique en Europe de ce type. Outre ses moyens de recherche, il dispose d'une plate-forme à terre de culture de macro- et microalgues ainsi que d'une ferme marine. Le centre est très actif auprès des filières de valorisation, que ce soit pour l'alimentation humaine (aliments diététiques, glaces, sauces de plats préparés...) et animale, ou pour diverses industries (cosmétologie, utilisation de propriétés absorbantes dans la perspective de remplacer le plastique...). Sachant que la Bretagne fournit la quasi-totalité de la production française d'algues, il ne fait pas de doute que les Bretons vont aimer y goûter !

Tréguier et la Côte des Ajoncs

Si la ville de Tréguier ne joue plus un rôle aussi important que lorsqu'elle était une cité épiscopale, la capitale historique du Trégor est bien une petite cité de caractère qui garde la trace de son passé prestigieux. Elle a toujours une cathédrale, l'évêché se référant au « diocèse de Saint-Brieuc et Tréguier ». Le littoral de la Côte des Ajoncs alterne les paysages changeants d'un littoral tourmenté et offre des panoramas grandioses.

Tréguier, capitale historique du Trégor

La ville dispose de nombreux atouts pour regarder l'avenir et se défaire de son image parfois évoquée de *belle endormie*. Elle possède en effet de nombreux atouts hérités de son glorieux passé : un port de fond d'estuaire accueillant la plaisance et le trafic commercial, un patrimoine religieux exceptionnel (cathédrale Saint-Tugdual, cloître, calvaire), et aussi urbain (petites ruelles, maisons à pans de bois, demeures et jardins privés).
Le cadre est idéal pour affirmer pleinement une vocation culturelle fort naturelle, ce que confirment les succès des grandes expositions proposées ces dernières années, ainsi que les animations régulières (marché hebdomadaire du mercredi, suivi en saison des *Mercredis en Fête*). Ville commerçante au contact direct d'un fort potentiel touristique, le *Festival du Trégor* ou le *Pardon de saint Yves* confirment sa vitalité. Le patrimoine littéraire, lié à la ville qui fut le berceau de l'imprimerie en Bretagne, est particulièrement intéressant, avec la Maison d'Ernest Renan – musée

Géographie

Le périmètre actuel de la Région Bretagne. (© Deletraz)

Pays d'Île-et-Vilaine

© Gérard Labriet/Photononstop

La mythique forêt de Brocéliande a-t-elle vraiment existé ? La forêt de Paimpont, elle, est bien réelle.

© Christophe Leheraff/Photononstop

Saint-Malo : « Ni Français, ni Breton, Malouin suis, Malouin je reste. »

Pays d'Île-et-Vilaine

© Hervé Gyssels/Photononstop

Dinard, une autre promenade des Anglais.

© Cristophe Leheraff/Photononstop

Le Parlement de Bretagne à Rennes : le bâtiment symbolique par excellence.

Pays de Côtes d'Armor

Dinan, une ville millénaire.

Cap Fréhel, un Grand site naturel de réputation mondiale.

Pays de Côtes d'Armor

© Tony Cardwell/Iconotec/Photononstop

Pléneuf, petit Nice du Val-André.

© Gérard Labriet/Photononstop

Paimpol, la grande aventure de la mer.

Morlaix, maison de la duchesse Anne.

Pays du Finistère

Roscoff, port de plaisance et port de pêche.

Île de Batz, parfois nommée l'« île aux fleurs ».

© Jacques Loic/Photononstop

Belle-Île-en-mer, vue générale de Sauzon.

© Yves Talensac/Photononstop

L'Île aux moines : la plage.

national depuis 1946, où l'on peut voir son cabinet de travail du Collège de France –, l'enfant du pays qui a suscité ici en son temps bien des controverses, et le souvenir d'Anatole Le Braz ou d'Henri Pollès.

Yves de Tréguier

Yves Hélory de Kermartin (vers 1250-1303) est l'enfant du pays, né au manoir de Kermartin à Minihy-Tréguier. Sur son emplacement, l'église Saint-Yves abrite une remarquable toile peinte, où figure son testament, ainsi que plusieurs statues en bois polychrome remontant au XVe siècle, dont le groupe *Saint Yves entre le riche et le pauvre*. Fêté le 19 mai, il est considéré comme le saint patron des Bretons (également des avocats et professions de justice). Le *Pardon de saint Yves* – le pardon des pauvres – est l'un des plus importants de Bretagne, se déroulant de la cathédrale, où se trouve le tombeau du saint, jusqu'à Minihy-Tréguier.

La presqu'île de Plougrescant

Cette côte sauvage se trouve au septentrion de la Bretagne, le point le plus au nord. Son tour constitue un petit résumé de la Côte des Ajoncs et permet d'observer ou de visiter :

- les chapelles Saint-Gonéry (Plougrescant), aux remarquables peintures sur bois recouvrant les lambris de la nef – et dont le clocher penche dangereusement comme un mât sous le vent –, et Notre-Dame (Port-Blanc), à demi enterrée ;
- le gouffre de Plougrescant, un site naturel d'autant plus remarquable que la mer est agitée et auprès duquel le Conservatoire du littoral a aménagé une Maison du Littoral pour sensibiliser le public à l'environnement ; c'est à proximité que se situe la désormais célèbre maison bien calée entre deux énormes rochers ;
- le château de Keralio (Plouguiel) offrant un saisissant contraste entre une grosse tour défensive et un élégant logis Renaissance ;
- l'archipel des petits îlots privés de Port-Blanc, occasionnellement accessibles comme l'île Saint-Gildas le jour du *Pardon des chevaux* ;
- le moulin à marée de Buguélès (Penvénan) ;
- le proche manoir de Rosmapamon (Louannec) où Ernest Renan séjourna l'été, de 1884 à sa mort en 1892.

La Côte de Granit rose

Unique et magique, la Côte de Granit rose offre un site incomparable et donc très renommé. Cela fait bien longtemps que la nature a déposé ici, dans un chaos aussi inextricable que majestueux, ses belles pierres colorées que le vent et la mer se sont chargés de dessiner et de polir. Un grand bonheur d'en admirer les formes et les couleurs au gré des heures et des saisons, pour les peintres et tous les autres. Les superlatifs ne manquent donc pas, les visiteurs sont au rendez-vous et tout le reste suit. De Perros-Guirec à Trébeurden, en passant par Trégastel (Forum de la Mer, aquarium marin), toute la côte vit au rythme de son granit rose.

Perros-Guirec vaut bien une carte postale

C'est la station emblématique avec treize kilomètres de côtes, trois grandes plages de sable fin et panorama sur une kyrielle d'îles. À chaque lieu ses atouts. C'est à la pointe dominant la plage de Trestignel que le peintre Maurice Denis voyait « la plus belle vue du monde et les plus beaux couchers de soleil ». Le tourisme sera lancé à Trestraou, cette autre plage où le talentueux restaurateur Joseph Le Bihan régalera ses premiers visiteurs dans son Grand Hôtel ouvert en 1885, suivant ainsi les conseils d'Ernest Renan. La troisième plage est dédiée à saint Guirec, son point d'arrivée commémoré par un oratoire qui prend son bain à chaque marée. La station balnéaire, très branchée, offre bien sûr toute la gamme d'équipements et d'animations qu'il convient, son palais des congrès offrant le rare bonheur d'une époustouflante vision panoramique, lorsque le rideau se lève après les travaux obligés. En 1948, de passage à Perros pour acheter un équipement photographique avant de s'installer à Cannes, Jean Stoll tombe en arrêt devant la plage de Trestraou : c'est là qu'il décide d'ouvrir un magasin avant de se lancer dans la carte postale, donnant ainsi naissance à *Jack*, une maison d'édition que plusieurs générations ont développée à Louannec.

Le granit de Ploumanac'h

Ils portent de bien jolis noms, ces rochers de granit rose que l'on peut apercevoir, ici ou là en suivant le sentier des douaniers (comme 800 000 personnes chaque année!), un dé, un fantastique bestiaire (tortue, lapin, épagneul, requin, la tête d'un dauphin…), le chapeau de Napoléon, le bidet de la Vierge, les chaises du curé, les empreintes du diable, un sabot, un crâne géant, une bouteille couchée en équilibre, voire une sorcière! C'est à Ploumanac'h, un ancien hameau de pêcheurs de la paroisse de Perros-Guirec, que se trouve le cœur de cet immense chaos rocheux. La vallée des Traouïero en offre la réplique terrestre à proximité. Heureusement que la roche se débite mal, ce qui limite l'exploitation des carrières, qui ont vu le jour à La Clarté. Pour ériger un monument à la gloire de ses armées, Napoléon avait jeté son dévolu sur ce granit, qui lui rappelait celui d'Assouan, mais Waterloo est passé par là… Colombey-les-Deux-Églises aura eu plus de chance pour sa croix de Lorraine géante! Quelques sculpteurs ont aussi laissé de belles traces localement : la roche des Poètes rappelle ainsi le souvenir d'hommes de lettres inspirés par *Ploum*, Anatole Le Braz et Charles Le Goffic notamment.

La réserve des Sept-Îles

L'archipel des Sept-îles, au large de Perros-Guirec constitue la plus importante réserve ornithologique de France. Classée depuis 1912 afin d'y empêcher la chasse au *perroquet de mer*, le macaron-moine. On ne s'en approche aujourd'hui qu'en bateau, le temps d'observer quelques-unes des vingt-sept espèces et des vingt-cinq mille couples qui y nichent paisiblement, dont des petits pingouins. Les plus chanceux peuvent apercevoir également une colonie de phoques gris.

Lannion et le Trégor intérieur

Toute proche de cette Côte de Granit rose, la ville de Lannion, sous-préfecture du département, constitue le poumon économique du Trégor. Bénéficiant de la proximité de ce littoral attractif et d'une heureuse initiative de décentralisation il y a cinquante ans, Lannion anime son pays tout entier.

Lannion, capitale du Trégor et des télécommunications

Petite ville sur le Léguer, son histoire a réellement basculé en 1960 avec l'implantation du Centre national d'étude des télécommunications, le CNET, que suivirent bientôt d'autres entreprises de haute technologie, un pôle de recherche et d'enseignement supérieur (IUT, l'École nationale supérieure des sciences appliquées et de technologie), la technopole Anticipa Lannion-Trégor. La ville, qui ne comptait que 5000 habitants en 1960, a vu sa population quadrupler en quarante ans. Elle bénéficie aujourd'hui d'une renommée nationale, voire internationale, en matière de télécommunications. L'implantation, sur la commune voisine de Pleumeur-Bodou, de la *Cité des Télécoms* avec son célèbre Radôme (devenu monument historique), le plus grand centre européen dédié aux télécommunications est venu conforter cette vocation qui a également essaimé sur toute la région. Un grand nombre d'innovations a vu le jour dans la capitale du Trégor : fibre optique, téléphonie numérique, visioconférence, reconnaissance vocale, ADSL...
Le développement a été enclenché, une liaison aérienne régulière avec Paris ouverte... De nouvelles voies sont à ouvrir pour tenir compte des rapides évolutions technologiques dans ce secteur. L'ancienne capitale du Yaudet a bien évolué, tout en bénéficiant de son patrimoine, apprécié en cheminant

dans ses vieux quartiers, en gravissant les marches de la montée de Brélevenez, ou en flânant place du Marchallac'h…

Pèlerinage insolite

C'est au Vieux-Marché, dans la communauté de communes du Beg-ar-C'hra que se découvre la bien curieuse chapelle des Sept-Saints, bâtie au début du XVIIIe siècle sur une ancienne crypte dans laquelle ont été retrouvées sept statues endommagées. On a longtemps pensé aux sept saints bretons, les sept premiers évêques bretons, et c'est ainsi que le *Pardon des Sept-Saints* est né. Mais, à la suite de récentes recherches dues à l'orientaliste Louis Massignon, professeur au Collège de France, le rapprochement a été fait avec le culte rendu aux Sept Dormants d'Éphèse de la religion musulmane dès 450 avant de tomber dans l'oubli vers le XVIIe siècle. Pour lui, pas de doute, les statues correspondent bien à ces sept-là. Et c'est ainsi qu'en 1954 a été inauguré le premier pèlerinage islamo-chrétien.

CURIOSITÉ

La vallée des Saints

C'est un projet fou qui est en train de se réaliser à Carnoët (plus au sud, près de Callac), initié par Philippe Abjean et une association. Honorer le millier de saints que compte la Bretagne : les saints fondateurs, venus d'Irlande et de l'actuel pays de Galles, aux Ve et VIe siècles, ainsi que tous ceux qui sont ou ont été vénérés dans la région. Le projet est de faire sculpter et ériger des statues monumentales en granit de quatre mètres de haut les représentant. Les treize premières sont déjà en place, chaque sculpture devant être financée par un mécène. L'aventure vient de commencer.

Chapitre 13

Pays du Finistère

Dans ce chapitre :

- Tous les pays du département
- Deux villes importantes se partageant les fonctions majeures, Brest et Quimper
- Le premier département littoral français, avec 1 250 kilomètres de côtes
- L'Argoat et ses monts

Le Finistère ou Penn-ar-Bed porte bien son nom, fin de la terre ou son commencement selon le regard qui lui est porté. Le département est naturellement tourné vers l'océan et les échanges. Son ouverture au monde fait partie de ses gènes maritimes, et ici, Brest se considère comme la porte évidente de l'Europe en même temps que le tremplin vers les Amériques. La prochaine ville, c'est New-York ! Ajoutez le sentiment de bonheur de pouvoir vivre et travailler dans une belle région proche de la mer, sinon la plus belle, et vous comprendrez pourquoi les Finistériens sont fiers de leur territoire qu'ils défendent bec et ongles dès qu'ils ont le sentiment d'être traités injustement par toute capitale, que ce soit celle de l'État ou celle de la Région. Le souffle de l'océan avive les caractères de Bretons qui se doivent encore davantage d'être le plus fermement attachés à leurs racines terrestres. Sans complexes, avec l'assurance que leur confère une histoire partagée et vécue comme un sésame, et un cadre de vie qu'ils n'acceptent parfois de quitter que pour mieux y revenir. Ce fort sentiment d'attachement n'empêche pas de cultiver en interne quelques différences… Entre le nord et le sud, entre le Léon et la Cornouaille, il y a quelquefois des petits monts qui deviennent des montagnes. Mais pour toujours se retrouver dès que des étrangers viennent s'asseoir à la même table. *Degemer mat e Penn-ar-Bed !*

Pays de Morlaix

Le Pays de Morlaix s'est fait une place entre le Trégor et le Léon. Haut Léon plus Trégor finistérien pour faire bonne mesure. Il fallait bien que la sous-préfecture du Nord-Finistère anime son arrondissement qui, dans ce cas, se confond avec le Pays. De la baie de Morlaix et ses prolongements littoraux aux confins des monts d'Arrée, le contraste est grand, permettant au passage d'admirer les célèbres enclos paroissiaux.

La baie de Morlaix

La géographie de cette baie permet de comprendre la position stratégique de l'emplacement choisi pour y développer un port. Le littoral de la baie offre de magnifiques points de vue sur un bassin parsemé d'îlots. Tandis que sur l'eau, les marins doivent se frayer un chemin parmi tous ces écueils, l'arrivée au port se mérite.

Morlaix, point de rencontre de deux mondes

Au fond d'une jolie baie, Morlaix aurait pu se contenter de ses affaires maritimes et de rivaliser avec Saint-Malo. Morlaix a longtemps tenu, elle aussi, sa richesse de la guerre de course. Ses affrontements avec les Anglais sont légendaires, à l'origine de la devise vengeresse de la ville qui remonte au XVIe siècle, « s'ils te mordent, mords-les ! ». Cette devise, fière et *calembourdesque*, est reprise sur les armoiries représentant un bateau entouré d'un lion faisant face à un léopard anglais. Le temps de l'aventure maritime est passé, et la cité a dû se tourner vers l'industrie dont la Manufacture des tabacs fut longtemps l'emblème, créée en 1740 et occupant jusqu'à mille huit cents ouvriers – la Manu ferme en 2005 avant de retrouver de nouvelles fonctions. La compagnie aérienne Brit'Air a été créée à Morlaix et son centre de formation Icare est toujours très réputé. La ville elle-même offre d'intenses contrastes sous son monumental viaduc de pierre (1864) qui semble relier deux mondes. Avec la collégiale Notre-Dame-du-Mur, les *maisons à lanterne* – uniques au monde – articulées autour d'un patio comme la maison de la reine Anne, les venelles serpentant sur les collines, le musée des Jacobins, le port reconverti dans la plaisance… Une belle alliance du patrimoine, de la culture et de l'économie.

CURIOSITÉ

La chapelle de Saint-Tu-pe-tu

Tristan Corbière (1845-1875), le grand écrivain morlaisien, un de ces poètes maudits de Verlaine, connaîtra un succès posthume avec son unique recueil *Les Amours jaunes*, dans lequel il évoque notamment ce Saint-Tupetu de Tu-pe-tu (d'un côté ou de l'autre) auquel les Bretons de la vieille Armorique se rendaient en pèlerinage pour faire tourner la roue à carillons (de la Providence). Un saint qui se retrouvera dans l'*Almanach du père Ubu* et dans le calendrier de Pataphysique comme organisateur de loteries.

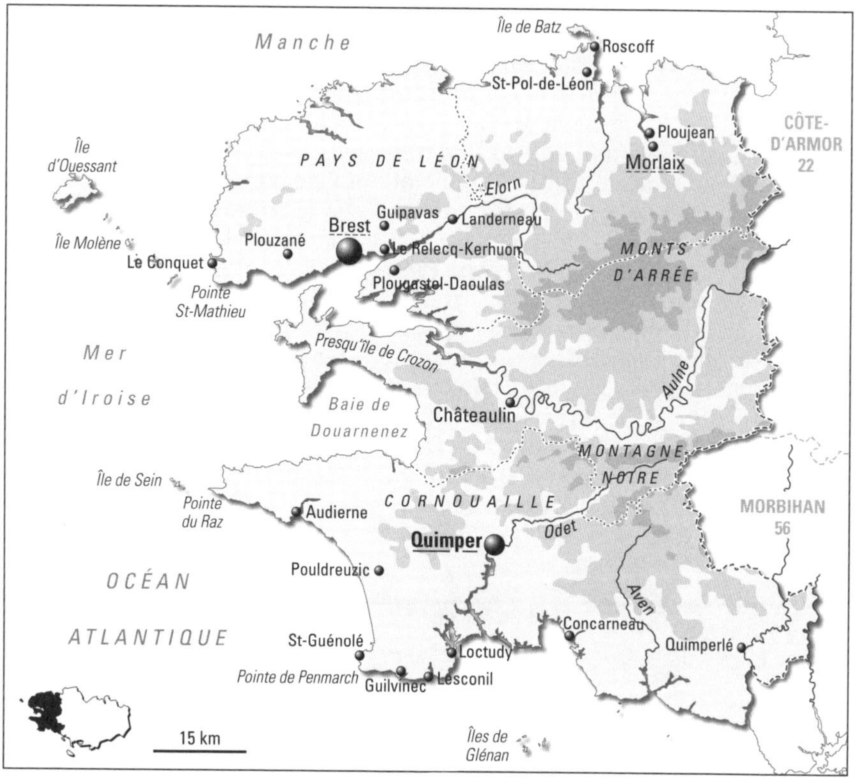

Figure 13-1 : Le Finistère.

LE SAVIEZ-VOUS ?

Le Télégramme, l'exception de la presse quotidienne régionale française

Créé à la Libération sur les cendres brestoises de *La Dépêche de Brest*, *Le Télégramme de Brest et de l'Ouest* basé à Morlaix, où il a décidé de rester, fait son trou éditorial dans le Finistère avant d'étendre sa zone d'influence à toute la Bretagne… bretonnante, avec des rédactions à Morlaix, Brest, Quimper, Lorient, Vannes, Saint-Brieuc et Lannion. Au grand dam de son confrère rennais *Ouest-France*, le premier quotidien national trouvant à l'ouest plus de résistance qu'à l'est où il a pu absorber les quotidiens de Nantes, Angers et Le Mans. Le groupe Télégramme de la famille Coudurier emploie aujourd'hui un millier de personnes, dont trois cents journalistes. Et le tirage de son quotidien *Le Télégramme*, en croissance régulière, atteint 210 000 exemplaires.

Le Parthénon des Bretons

Entre Morlaix et la vallée du Douron, le Trégor finistérien constitue un trait d'union avec la *Côte des Bruyères* (en Côtes-d'Armor) qui s'étend du Yaudet à la Grève de Saint-Michel, un site recherché des pêcheurs de crevettes ou de lançons – et parfois par les algues vertes ! On peut longer la côte en serpentant sur le chemin côtier longeant un véritable rempart vertical tout habillé de bruyère et de fougères. De Dourduff, petit port naturel à Locquirec, port de pêche et station balnéaire lancée dans la seconde moitié du XIXe siècle par l'écrivain Pierre Zaccone, alors l'un des *rois du roman-feuilleton*, et devenu le port d'attache de l'académicien Michel Mohrt. Un petit arrêt s'impose au cairn de Barnenez, le « Parthénon des Bretons » selon le mot d'André Malraux, le plus important tumulus d'Europe et l'un des plus vieux monuments funéraires au monde, qui faillit être recyclé dans une chaussée avant d'être sauvé in extremis en 1954 (voir page 12). De quoi aller se faire pardonner à Saint-Jean-du-Doigt qui conserve religieusement une phalange présumée de saint Jean-Baptiste. Plougasnou est le lieu de naissance de Michel Le Bris, *L'Homme aux semelles de vent* inspiré par son pays.

CURIOSITÉ

L'île Noire de Tintin

L'île Noire de la baie de Morlaix, au pied de ce cairn de Barnenez, pourrait bien être celle de la bande dessinée éponyme d'Hergé, cette fameuse île qui apparaît dans les dernières pages, au dénouement de l'histoire. Même s'il ne s'agit que d'un petit îlot isolé doté d'un phare, le site et surtout le nom auraient pu être mémorisés par Hergé lors d'un séjour à Locquénolé. Pour être tout à fait juste, on connaît d'autres prétendantes, des îles possédant un château…

La presqu'île carantecoise

Sur l'autre versant de la baie de Morlaix, la discrète station familiale de Carantec, la *perle du Nord-Finistère*, n'est pas seulement la plage des Morlaisiens et a su séduire bien d'autres vacanciers. Elle donne l'accès à l'île Callot, une île étroite de trois kilomètres de long que l'on peut rejoindre à pied sec deux fois par jour au rythme des marées : un petit paradis pour les pêcheurs à pied, les habitués de ses dix-sept petites plages… et ses neuf familles résidentes. Face à la pointe de Pen-al-Lann, érigé sur un îlot rocheux, le château du Taureau est un véritable poste frontière montrant bien la volonté de défendre Morlaix contre les ingérences étrangères. Cette forteresse, achevée en 1552 – après avoir abrité une prison, une résidence secondaire et enfin une école de voile –, vient d'être réhabilitée par la chambre de commerce et d'industrie de Morlaix qui propose, depuis 2006, un programme culturel et touristique. Entre la pointe et le château, il est possible de jouer au Robinson dans l'île Louët… et louer l'ancienne demeure du gardien de phare.

Aux confins de l'Arrée

L'arrière-pays de Morlaix vient aborder ces zones encore un peu sauvages du Parc d'Armorique, de ces vallées et landes qui annoncent les rudes contreforts des monts d'Arrée. Cette région abrite également quelques-uns des enclos paroissiaux (Saint-Thégonnec, Plougonven, Plounéour-Ménez…), faisant suite à ceux du Pays de Landivisiau (voir page 331) avec lesquels ils seront présentés. Guerlesquin, « Petite cité de caractère », est aussi très active dans l'industrie agroalimentaire.

Le royaume du poulet

Depuis une cinquantaine d'années, l'entreprise Tilly – aujourd'hui Tilly-Sabco – s'est spécialisée dans l'abattage, le conditionnement et la commercialisation de poulets entiers et saucisses de poulet congelés à l'export. L'histoire de l'entreprise est très liée à celle de Guerlesquin et de son bassin de production. Les crises n'ont pas manqué dans cette filière avicole, ni les aléas des marchés à l'exportation face à la concurrence internationale, notamment brésilienne. Relancée en 2006 par son dirigeant historique, Daniel Sauvaget, d'importants aménagements réalisés sur le site permettent de produire aujourd'hui jusqu'à 1,2 million de poulets par semaine, chaque poulet étant transformé en une heure pour une fraîcheur garantie ! Le groupe est toujours un acteur majeur pour sa clientèle du Moyen-Orient, ayant acquis une grande expérience technique en respectant le rite d'abattage islamique pour des produits *halal*. Comme le dit le slogan maison, *le poulet authentique calibré* !

ÉVÉNEMENT

Les menhirs pleuvent en cette saison !

Il est important de signaler que Guerlesquin organise chaque année un championnat du monde, celui du lancer… de menhir, un prélude à des agapes arrosées de cervoise. Rapporte, Idéfix ! Ils sont fous ces Bretons…

Le Pays du Léon

Le Léon est une composante historique de la Bretagne. Le comté, qui fut aussi un évêché, a connu bien des statuts au fil des siècles et des limites administratives parfois fluctuantes. Dans un Pays de grande tradition religieuse, son patrimoine en atteste, le Léonard est à la fois conservateur et entreprenant. André Siegfried évoquait justement pour le Léon, dans son *Tableau politique de la France de l'Ouest sous la Troisième République*, « l'image d'une démocratie cléricale, égalitaire ». Le Léonard a du caractère, son pays aussi ! Bienvenue dans le Haut-Léon !

Au Pays léonard

La communauté de communes du Pays léonard représente la partie ouest, et historique, de la *ceinture dorée*, un nom donné dès 1880 à l'aire de cultures légumières et florales qui s'étend en Bretagne le long des côtes de la Manche, également autour de Paimpol et, plus récemment, de Saint-Malo. Il s'organise autour des deux pôles de Saint-Pol-de-Léon, la capitale, et de Roscoff, le port.

Saint-Pol-de-Léon, prince de Bretagne

La cité de Saint-Pol-de-Léon vit à l'année (7 400 habitants) de son activité légumière et horticole (30 millions de fleurs coupées par an), sous l'impulsion de la SICA, qui est leader en France dans ces domaines, et de sa marque *Prince de Bretagne*, la plus connue pour ses choux-fleurs (90 % de la production française), artichauts (70 % de la production française, et dont la *bataille* a été contée page 23) et toute une gamme diversifiée (échalotes, tomates, endives, brocolis, pommes de terre primeurs, oignons rosés, etc.). Deux centres d'études bio-végétales accompagnent le développement de ces activités. Autant dire que le tracteur est prioritaire sur les routes des alentours, chacun ici le sait bien. Une telle activité en prise avec le commerce international n'empêche pas la ville de cultiver aussi ses autres atouts, touristiques notamment. Son patrimoine est d'une grande richesse : la cathédrale Saint-Paul-Aurélien héritée de l'ancien évêché (personne ne parle de basilique bien que l'appellation soit réservée à Quimper depuis une bulle papale de 1920) et sa maison prébendale, la chapelle du Kreisker et son magnifique clocher de 78 mètres, etc. Mais la ville a aussi sa façade maritime, des plages très fréquentées en été et un port de plaisance qui arma jadis pour le Brésil.

ÉVÉNEMENT

Un nouveau sport, le cracher de bigorneau

Quelques kilomètres à l'ouest de Saint-Pol-de-Léon et chaque année depuis 2002, la commune de Sibiril organise sur le port de Moguériec le championnat du monde de cracher de bigorneau. Le record du monde est à 10,57 mètres depuis 2008.

Mais que les amis des animaux se rassurent, les petits coquillages sont ramassés le matin même de l'épreuve dans les cailloux du bord de mer et conservés dans du goémon ; ils retrouvent leur milieu naturel à l'issue de la compétition.

Roscoff, vieux nid à corsaires

« Trou de flibustiers, vieux nid à corsaires », c'est ainsi que Tristan Corbière, tombé amoureux de Roscoff et d'une belle Italienne, le qualifiait dans *Les Amours jaunes*, recueil de poèmes inspirés par l'aventure. La ville est totalement inscrite dans une perspective maritime héritée de son glorieux passé lorsqu'elle rivalisait avec Saint-Malo. Le commerce des toiles, dont la fameuse *Rosconne*, se doublait de course et aussi de contrebande. Les marins moscovites réinvestirent leurs gains pour bâtir la ville : de belles maisons flanquées de tourelles, aux lucarnes ornées de gargouilles et autres chimères, aux caves ouvrant d'un côté sur le large et propices aux trafics discrets, comportant côté rue des entrées basses également sculptées, joliment baptisées *fleurs de rues* et sur lesquelles courent bien des légendes ; l'église elle-même, pour s'affranchir de la tutelle de Saint-Pol-de-Léon et sur laquelle sont sculptées de belles caravelles. N'est-il pas significatif que l'artère principale s'appelât autrefois la rue des Perles, aujourd'hui rue Armand-Rousseau ? C'est en 1458 que la jeune Marie Stuart, alors fiancée du dauphin le futur roi de France François II, débarqua précipitamment à Roscoff en raison d'une tempête. Après l'aventure des Johnnies (voir page 232), c'est donc celle de Britanny Ferries qui est à l'origine du nouveau port en eau profonde de Bloscon et d'un intense trafic de productions locales vers l'Angleterre et l'Irlande, doublé d'un flux touristique d'environ 600 000 passagers dans les deux sens. La compagnie maritime a son siège sur place.

L'invention de la thalassothérapie

Roscoff est aussi une station balnéaire prisée, une adepte ancienne du tourisme *quatre saisons* qui fait rêver bien des maires. Le docteur Louis Bagot crée en 1899 l'*Institut marin Rockroum*, l'ancêtre de ce qui deviendra la thalassothérapie alors que l'on venait à l'époque faire une cure à la « station des rhumatismes », rebaptisé aujourd'hui *Thalassothérapie Roscoff*. D'autres établissements suivront l'exemple : le centre Kerléna (créé en 1921) comportant une unité de thalassothérapie aux côtés de celles de rééducation fonctionnelle et de chirurgie, et le Centre de Perharidy pour des soins de suite et réadaptation spécialisés.

Une station biologique est créée en 1872, très vite réputée et attractive, dans laquelle Mathurin Méheut passa deux années à dessiner, et qui est devenue l'un des plus importants instituts scientifiques d'Europe. La fonction touristique s'est aussi enrichie d'un aquarium, d'un jardin exotique, d'un casino et, récemment, d'une *Maison des Johnnies et de l'oignon de Roscoff.* Près de la maison où Alexandre Dumas vint rédiger une partie de son *Grand dictionnaire de cuisine* comportant la recette d'un ragoût d'oignons. Médecin et écrivain, l'académicien Louis Pouliquen a sa résidence à Roscoff. L'une des portes d'entrée de la région propose bien aujourd'hui un véritable *condensé de Bretagne* !

Les fleurs de l'île de Batz

Comme Bréhat, elle est parfois surnommée « l'île aux fleurs », même courant du Gulf Stream et même climat. Située à quelques encablures de Roscoff, il suffit d'un quart d'heure pour s'y rendre. Trois compagnies ayant pignon sur l'île se partagent le service des traversées, départ à Roscoff sur le vieux port ou, à marée basse, sur une estacade spécialement conçue pour cet usage. L'île se parcourt aisément à pied, 320 hectares et 3,5 kilomètres de long. Pêche et agriculture sont les deux principales ressources des quelques centaines d'habitants, le tourisme aussi, mais de façon raisonnée et mesurée. Depuis que l'île s'est intégrée à la « ceinture dorée » il y a une trentaine d'années, consacrant plus de la moitié de sa surface aux cultures maraîchères, les marins rapportent surtout du goémon pour fertiliser les cultures de pommes de terre primeurs. Trois récoltes par an, les premières arrivant un mois plus tôt qu'à terre. La douceur du climat, c'est bien aussi ce qu'avait remarqué Georges Delaselle en 1897. Cet assureur parisien passionné de botanique entreprit de réaliser, contre vents et marées, un *jardin colonial* dans lequel il rassembla quelque 1 200 espèces. Après quelques avatars, abandon et tempêtes, le jardin a été repris par le Conservatoire du littoral et est géré par l'association *Les Amis du Jardin Georges Delaselle.*

LE SAVIEZ-VOUS ?

Parole d'expert

Pour l'écrivain Yves La Prairie, un ancien officier de marine qui a dirigé le Centre national d'exploitation des océans (CNEXO, devenu depuis Ifremer), son île d'élection symbolise « le mystérieux, l'infini et l'éternel [... et même] le mythique et le sacré ».

Le Pays de Landivisiau

Le Pays de Landivisiau se confond en grande partie avec le secteur des Enclos répartis entre la vallée de l'Élorn et les monts d'Arrée. Si Landivisiau reprend les rênes de son histoire, les Enclos constituent toujours un ensemble architectural unique en Europe et même au monde.

Landivisiau, capitale du cheval breton

Landivisiau est surtout connue aujourd'hui pour sa base aéronavale de la Marine nationale. Dans son livre *Par les champs et les grèves* (1886), Gustave Flaubert avait eu cette phrase assassine sur Landivisiau : « Même l'homme le plus prolixe est forcé d'être concis quand la matière manque. » Ce qui ne fait pas vraiment plaisir aux responsables de la cité et aux quelque neuf mille habitants de la douzième ville du Finistère. Ils aiment rappeler l'ancienneté de la cité, attestée vers la fin du Ve siècle, et son affirmation comme l'une des principales villes du Léon, la présence de l'industrie du lin et de la tannerie, l'importance de ses foires et marchés… Pas de patrimoine vraiment marquant, le réaménagement complet de son centre-ville et la reconstruction de l'église au XIXe siècle ayant entraîné de nombreuses destructions, y compris l'enclos paroissial. Son saint patron est heureusement honoré par la très ancienne fontaine Saint-Thivisiau, dont l'existence remonterait à l'âge de fer. Landivisiau peut se targuer d'être la capitale historique du cheval breton, et ses foires attiraient au siècle dernier des acheteurs venus de l'Europe entière. Pour renouer avec cette tradition, une *Maison du cheval* est en cours d'aménagement sur le site de Kerhuella dans le cadre du projet *Équipôle* visant à constituer un pôle d'excellence dédié au cheval.

CURIOSITÉ

Le château de Kerjean

À Saint-Vougay, sa silhouette en impose en arrivant sur le site. Construit à la fin du XVIe siècle dans un contexte de prospérité économique pour la Bretagne et le Léon, le château de Kerjean a pu franchir l'épreuve du temps avec le minimum de dommages, tout en ayant une histoire mouvementée. À la fois château-forteresse et symbole de la Renaissance en Bretagne, l'imposante construction témoigne de la puissance seigneuriale de ses occupants et dévoile sa fonction résidentielle et festive. Son vaste parc d'une dizaine d'hectares vient en compléter l'agrément. Propriété de l'État depuis 1911 et géré par le conseil général du Finistère, le château de Kerjean dévoile aux visiteurs sa splendeur restaurée. Il propose des animations pour les enfants (chasses au trésor), organise des expositions, conférences et autres spectacles. Cette valorisation lui permet d'accueillir ainsi plus de 40000 visiteurs par an.

Les enclos paroissiaux du Léon

Les superlatifs sont au rendez-vous des guides touristiques pour louer l'originalité et la qualité des enclos bretons. Pour qu'un enclos mérite l'appellation, il doit être clos et comporter quelques attributs architecturaux permettant de les distinguer des édifices religieux communs en Bretagne : une porte triomphale, un calvaire, un ossuaire, et bien évidemment une église avec son porche et, à l'intérieur, la statuaire, le mobilier et l'orfèvrerie. Les enclos étaient placés sous le signe d'un échange permanent entre les vivants et les morts, héritage celte bien présent dans l'imaginaire breton. C'est ensuite la qualité architecturale des principaux éléments qui différencie les enclos, l'imagination n'a pas manqué à leurs concepteurs et l'esprit de clocher a induit une créative émulation. Les enclos paroissiaux du Léon présents autour de la vallée de l'Élorn sont parmi les plus remarquables et ils constituent véritablement un ensemble religieux unique au monde. Témoignant aussi de la prospérité économique qu'a connu la région du XVe au XVIe siècle, grâce au commerce des toiles de lin et à l'immense ferveur religieuse des paroissiens. Il existe bien évidemment des circuits des enclos, autour de Landivisiau, mais aussi de Landerneau et de Morlaix.

Les plus beaux enclos

Difficile évidemment de choisir. En se référant aux étoiles, louanges et importance des commentaires présentés dans les ouvrages les plus sérieux, quelques-uns des enclos de ce pays et de la vallée de l'Élorn figurent parmi les plus remarquables : Guimiliau (calvaire du XVIe siècle présentant 37 scènes et 200 personnages), Lampaul-Guimiliau, La Martyre (ossuaire du XVIIe siècle), La Roche-Maurice, Sizun, Commana, Bodilis, Ploudiry, Pencran... Mais celui qui est considéré assez généralement comme le plus célèbre, le plus grand et le plus riche... est celui de Saint-Thégonnec avec une monumentale porte triomphale de 1587, un calvaire à *socle historié*, un ossuaire remarquable, une statue du saint attelant un loup à sa charrette... un ensemble dont la réalisation aura demandé vingt-sept ans. Il y a matière à préparer un circuit exceptionnel, mais en prenant bien le temps de découvrir chaque enclos.

Pays de Brest

Le Pays de Brest a des ambitions. Son fort caractère maritime s'affirme à travers la richesse naturelle de sites comme l'archipel Molène-Ouessant en mer d'Iroise, la presqu'île de Crozon ou encore le paysage sauvage des abers. Il est à l'origine de deux activités majeures, la pêche côtière et le tourisme.

Son bassin de vie comprend 90 communes et 300 000 habitants. Mais la présence de la métropole océane lui confère aussi une forte dimension urbaine, qu'accompagnent de bonnes dessertes par tous les moyens de transport, malgré une position totalement excentrée. Cette région n'a pas bénéficié de la mutation industrielle bretonne au cours des années dites les *Trente Glorieuses*, se contentant pour l'essentiel d'activités navales et de quelques industries agroalimentaires. Sa physionomie est en pleine mutation depuis une vingtaine d'années, sous l'impulsion d'activités de recherche et de services de haut niveau. Le Pays de Brest s'affiche autour d'une seconde métropole régionale. À l'ouest toute !

Brest en sa rade

Au bout de l'Europe, l'une des plus belles baies du pays ne s'appelle pas la baie de Brest, mais la rade de Brest. Rade donc, pour signifier que l'on y trouve un bon mouillage. Toutes les conditions étaient donc réunies, la position géographique avancée et la présence d'un abri naturel de qualité, ce site était bien stratégique pour la Bretagne et pour la France. Depuis très longtemps. La rade de Brest et la ville qui l'accompagne auront donc une vocation militaire qui en marquera durablement son organisation et ses fonctions. On est ici dans le domaine de la Marine nationale, et rarement une baie n'a été aussi bien gardée, naturellement par un goulet offrant ses services de veille et militairement, bien sûr. Mais les choses ont un peu évolué à la fin du dernier millénaire, la rade est en train de redevenir une baie, pour le plus grand bonheur de Brest métropole océane, ses huit communes et ses 210 000 habitants.

Une ville faite par la mer, pour la mer

Construite autour du site exceptionnel et fort stratégique, une rade profonde et son château conçu pour la défendre sur un éperon rocheux déjà fortifié par les Romains, Brest a toujours été une ville à vocation militaire. Elle doit tout à la marine – la Royale dit-on à *Brest mêm'* – : le port et ses navires de guerre, les marins et leurs écoles, l'arsenal et ses chantiers. Très longtemps la ville a vécu au rythme des mouvements de ses quais de la Penfeld, des bars de Recouvrance *la Rouge*, des allées et venues des *bordaches* de l'École navale déambulant rue de Siam – du nom d'ambassadeurs dépêchés à la cour de Louis XIV en 1686 –, l'apéro à *L'Épée* et le dîner aux *Antilles*, ou arpentant le cours Dajot. Même si la marine n'a plus aujourd'hui cette omniprésence, moins de bateaux à quai et d'uniformes dans les rues, elle est toujours bien là, plus discrète et même secrète, conservant ses sous-marins nucléaires sous l'eau, ce qui est bien naturel, ou dans une longue île à l'abri des regards. Brest évolue donc, mais reconnaît devoir à sa marine une fière chandelle : sa raison d'être, une image forte, une fidèle filiation.

LE SAVIEZ-VOUS ?

Tonnerre de Brest !

Brest, après la pluie (voir page 206), le tonnerre ? Le capitaine Haddock, grand amateur de whisky, est aussi un véritable moulin à jurons, pas moins de deux cent vingt expressions différentes ont été recensées par les spécialistes des aventures de *Tintin*. Deux d'entre elles reviennent plus fréquemment : « mille sabords » et « tonnerre de Brest ». Mais que diable vient faire la ville bretonne dans ce florilège ? Non, Hergé ne s'était pas trompé en retenant le port militaire. Car, pendant trois siècles, on a bien fait tonner le canon – chargé à blanc ! – tous les jours à 6 heures et à 19 heures pour rythmer la vie de l'arsenal. Un bruit qui s'entendait à une quinzaine de kilomètres à la ronde par temps calme. C'est par souci d'économie qu'une sirène a remplacé le canon en 1924. Mais c'est bien le capitaine Haddock qui a popularisé l'expression ! Ajoutons que l'académicien Michel Mohrt (né à Morlaix en 1914) se souvient également dans *La Prison maritime* (1961) que, collégien à Brest, il entendait le canon donnant l'alarme lors de l'évasion d'un bagnard.

Au défi des mers

Au fil du temps, le port a changé de visage, apprivoisant d'autres rives de la rade et s'ouvrant à d'autres activités. C'est aujourd'hui un port de commerce, il s'est offert une forme de radoub pour supertankers et accueille paquebots ou ferries. Brest s'affirme aussi dans le domaine nautique (deux ports de plaisance, centre nautique), sportif (centre de voile de très haut niveau, port de départ et d'arrivée des grands exploits maritimes : Trophée Jules-Verne, Tour du monde, Traversée de l'Atlantique), et enfin culturel et festif (Océanopolis, Brest 2008… et bientôt 2012). Ces nouveaux marins perpétuent une longue tradition de défis, d'aventures et de découvertes. C'est de Brest que partit Bougainville en 1766 à la recherche du continent austral ; c'est de Brest qu'appareilla La Pérouse en 1785 pour son expédition autour du monde visant à compléter les découvertes de James Cook dans l'océan Pacifique. De bien prestigieux parrains des mers !

CURIOSITÉ

Le petit Minou

Ni un chat noir, ni quelque petit minet gourmand des fraises de Plougastel… Tout marin de passage à Brest sait bien qu'il vaut mieux reconnaître le petit Minou. C'est « LE » phare qui indique la route à suivre pour entrer dans la rade et en franchir sans encombres l'étroit goulet. Donc bien le prendre dans l'alignement avec le phare du Portzic à la sortie de Brest. Ce phare, situé à la pointe du même nom dans la commune de Plouzané, comporte un feu blanc et rouge à deux éclats en six secondes, le rouge pour signaler le danger du plateau des Fillettes, une roche immergée dans le goulet. Comme disent les marins : « Le Minou rougit quand il couvre les Fillettes. »

Reconstruire la ville

La dernière guerre mondiale a constitué une grande rupture. La marine a payé son tribut, la ville aussi. Presque totalement détruite par les bombardements de 1944 – un peu à l'image de sa voisine Ys l'engloutie –, la ville porte les stigmates d'une reconstruction hâtive, et fort peu de vieilles pierres parlent encore de son passé. Parmi les heureuses rescapées, un petit bout de la rue de Saint-Malo témoigne de la vie du quartier populaire de Recouvrance. Le *Guide bleu* évoquait à ce propos une certaine forme de continuité : « La Royale l'a remise au pas cadencé : rues droites, immeubles alignés, édifices au garde-à-vous. » La ville s'attache aujourd'hui à ne pas être aussi austère qu'il n'y paraît. Après avoir détruit son bagne, elle a ouvert une partie de son port, son château et la tour Tanguy, franchi allègrement la Penfeld avec le pont de Recouvrance (haut de 70 mètres, l'un des plus grands ponts levants d'Europe ouvert en 1954), pour mieux intégrer son quartier populaire… avant de relooker ses grands espaces, la place de la Liberté au centre de la ville et de toutes sortes de manifestations, et ses principales artères commerçantes, la rue Jean-Jaurès et la nouvelle rue de Siam où la célèbre librairie *Dialogues* offre toujours aux livres une atmosphère particulière.

La culture à bord

Tout a commencé dans les années 1990. Le *Quartz* fut le premier à ouvrir ses portes en 1988, l'heureuse reconversion de l'ancien Palais des Arts et de la Culture (incendié en 1980) en un grand théâtre de 1 500 places labellisé *Scène nationale* en 2001 – la première de France pour sa fréquentation –, ouvert à la création artistique et aux festivals, et consacré par le Brestois Robbe-Grillet. En 1990, apparut *Océanopolis* au milieu de la grande euphorie nationale des parcs à thèmes. Il faut croire que le sien était bon, et surtout en phase avec la ville et la Bretagne, un gage de vitalité et de durée. Ce parc de découverte des océans raconte leur histoire vue par des scientifiques – Brest est la capitale européenne de l'océanographie, avec 60 % des chercheurs et ingénieurs français – et expliquée au grand public. Véritable « locomotive du développement touristique de l'Ouest Bretagne », *Océanopolis* a accueilli près de 5 millions de visiteurs depuis son extension en 2000, plus de 8 millions depuis son ouverture. Deux ans plus tard, c'est *Brest 92* qui a ouvert la ville sur son port et généré un enthousiasme au-delà de toutes les espérances : la mise à l'eau de *La Recouvrance*, une goélette à huniers, fit chavirer toute la foule de joie. Faisant suite à un rassemblement de vieux gréements à Douarnenez en 1986 (400 voiliers traditionnels, 10000 spectateurs), Brest s'est associée à ce beau projet en lui donnant de l'ampleur et en accueillant l'essentiel de la manifestation. Renouvelée tous les quatre ans, cette grande fête de la mer et des marins attire à Brest des milliers de bateaux et deux millions de participants. En quatre ans, Brest avait posé les bases d'une nouvelle ville.

CURIOSITÉ

La fille de Recouvrance

Une chanson extrêmement touchante écrite et composée par Daniel Estève, dont voici le refrain :

Marin, ta peau est douce emmène-moi
Je veux revivre mon enfance
Marin, je vais mourir emporte-moi
Je veux revivre à Recouvrance

Changement de cap

Il aura fallu à Brest un peu de patience pour ne pas rester… en rade! Depuis une vingtaine d'années, la ville a beaucoup changé, dans sa forme et dans ses fonctions. L'enseignement supérieur et la recherche, les nouvelles technologies et la culture ont façonné peu à peu le port militaire en lui donnant la carène d'une métropole océane qui s'affiche ambitieuse. Un environnement de qualité, la douceur du climat et l'absence de pollution contribuent à rendre la vie plus agréable ici. Bien dans son temps et ouverte aux jeunes talents, la ville accueille l'Université de Bretagne occidentale et des écoles ou instituts d'enseignement supérieur, 23000 étudiants et 1500 chercheurs, et à l'ouest de l'agglomération, la Technopole Brest-Iroise. Au bout de la terre, Brest est aussi reliée au monde autrement que par voie maritime : aéroport international (900000 passagers), TGV vers Rennes et Paris (15 liaisons quotidiennes), voies rapides sans péage vers Nantes et Rennes.

L'arsenal des lettres

Cette expression, empruntée aux *Promenades littéraires en Finistère* de Nathalie Couilloud, exprime bien le contraste entre une ville, certes gaie de ses matelots en goguette, mais un peu grise dans ses murs, et l'étonnant intérêt que lui valut la compagnie des écrivains. Chateaubriand, qui aspirait à la marine, s'y fit déjà rêveur ; « après ce cap avancé, il n'y avait plus rien qu'un océan sans bornes et des mondes inconnus : mon imagination se jouait de ces espaces » (*Mémoires d'outre-tombe*). Venu en inspection en 1834, Prosper Mérimée trouvait que « excepté le château, tout est moderne à Brest ». Déjà ! En 1926, Pierre Mac Orlan, qui situa plusieurs de ses romans dans la ville, célébrait « une des villes les plus curieuses du monde, par son admirable mélange de vie et de mort ». Et, lorsque le Tour de France partit de Brest en 1974, Antoine Blondin titra ainsi sa chronique dans le journal *L'Équipe* : « Ton air de Brest », estimant que la fête du départ avait « trouvé dans la poésie bretonne de Brest une mélancolie chaleureuse qui lui manquait ».

CURIOSITÉ

Les mots qui fâchent

Gustave Flaubert, qui n'avait décidément pas la plume de bois, jugea ainsi Brest lors de son tro-breizh de 1847 : « Quand vous n'êtes pas ingénieur, constructeur ou forgeron, Brest ne vous amuse pas considérablement. Le port est beau, j'en conviens ; magnifique, c'est possible ; gigantesque, si vous y tenez. Ça impose, comme on dit, et ç*a donne l'idée d'une grande nation.* Mais toutes ces piles de canons, de boulets, d'ancres, le prolongement indéfini de ces quais qui contiennent une mer sans mouvement et sans accident, une mer assujettie qui semble aux galères [...], tout ce mécanisme sombre, impitoyable, forcé, cet entassement de défiances organisées, bien vite vous encombre l'âme d'ennui et lasse la vue. »

Le Léon des abers et de l'Iroise

Les appellations se croisent et se chevauchent dans cette partie littorale au nord du Pays de Brest, où l'on quitte le Haut-Léon pour entrer dans le Bas-Léon, attention à ne pas confondre ! Côte des Légendes, Pays pagan, Pays des abers, Pays d'Iroise… chaque portion du littoral vient rappeler ses spécificités, richesses naturelles, culturelles ou historiques. Les petites villes de l'intérieur sont parfois obligées de s'effacer devant la notoriété de ces côtes où tout s'entremêle, des grands panoramas aux petits sites chaleureux, des rites séculiers aux catastrophes pas vraiment naturelles.

Lesneven et le Pays pagan

Sur cette partie du littoral, des environs de Brignogan jusqu'aux abers et dans les secteurs intérieurs voisins, la Côte des Légendes vient rappeler que celles-ci ont eu beaucoup d'importance à une certaine époque. Près de Lesneven, petite ville qui fut un temps la capitale du Léon – ce qu'un musée évoque –, le grand pardon léonard de Notre-Dame-du-Folgoët rappelle le souvenir de la légende de Salaün, un mendiant solitaire et un peu simple d'esprit, ayant un arbre pour unique toit et répétant inlassablement *Ave Maria*. La forêt alentour prit le nom de Folgoët, le bois du fou. Tandis que sur sa tombe fut bâtie une impressionnante basilique, avec sa flèche de 54 mètres et une statue de la Vierge noire en pierre de Kersanton. Lesneven a aussi vu naître Auguste Montfort, plus connu sous son nom de plume Auguste Le Breton, auteur de romans policiers et inventeur du mot *rififi*, ainsi que le dessinateur René Pétillon, célèbre auteur de *L'Enquête corse* et de *Super Catho*.

ÉVÉNEMENT

Le hameau de Meneham, terrain de *jeu des gardes et des pilleurs*

Il semble qu'au Pays pagan, autour de Kerlouan, certains aient confondu Côte des Légendes et Côte des Lumières. Goûtant aux plaisirs des feux de nuit et usant de très inventifs stratagèmes, ils aimaient provoquer le naufrage des navires passant à proximité. Il est vrai qu'un littoral un peu déchiqueté comportant nombre d'écueils rocheux s'était révélé propice, et que des naufrages naturels leur avaient déjà permis de faire des pêches inattendues. De quoi donner quelques idées. Colbert s'opposera à ce droit de naufrage en 1681, incitant localement à *jouer aux gardes et aux pilleurs*. C'est ainsi que le curieux petit hameau du Meneham, blotti à l'abri des rochers, fut conçu pour abriter un corps de garde, augmenté par la suite de modestes maisons aux ouvertures comptées, aujourd'hui redécouvert et sauvé de l'abandon.

À l'abri des abers

La terre y épouse l'océan, sans qu'une importante rivière ne vienne y creuser une ria, mais apportant le mince filet d'un simple cours d'eau, qu'on devrait pourtant dénommer *petit fleuve côtier* puisque se jetant directement dans l'océan. Les abers constituent des abris sûrs pour les marins, du moins ceux qui savent en trouver l'entrée au milieu d'un chapelet d'îlots et des multiples écueils rocheux. Trois abers, trois ambiances. L'aber Wrac'h tout d'abord, le plus grand des trois, cher aux plaisanciers anglais ; un lieu de contrastes, avec sa baie des Anges et son pont du Diable, qui abrite un charmant petit port de pêche artisanale. Le père Jaouen, capitaine de réinsertion sur le *Bel*

Espoir, qui y a sa base à Landéda, n'hésite pas : « Dieu créa le monde en six jours. Le septième il créa l'aber Wrac'h pour son propre usage ! » Tout proche, de l'autre côté de Lannilis, l'aber Benoît est bien connu pour ses délicieuses huîtres plates et creuses (Prat-ar-Coum et Prat-ar-Vilin), ses moulins et le charme du petit village de Saint-Pabu. Face à l'île d'Ouessant, l'aber Ildut ne manque pas d'activité ; Lanildut et son port multisite se consacrent aujourd'hui au goémon, au sable et à la plaisance, après que des armateurs y aient bâti des *maisons de corsaires* avant d'expédier du granit.

CURIOSITÉ

Le socle de l'obélisque sur la place de la Concorde

Le granit de l'aber Ildut, connu autrefois sous le nom de *granit rose de Laber* et exploité jusqu'en 1969, a généré bien des usages au fil du temps : nombre de menhirs, des phares, des fortifications et des quais, notamment au port de Brest, livré directement par bateaux. Avant d'intéresser également les quais de Cherbourg, de Dunkerque et même ceux de Londres sur les bords de la Tamise. Extrait dans un massif s'étendant sur huit communes, il dut son succès à l'esthétique du contraste des couleurs de la roche, à sa grande résistance, à son aptitude à la taille et à la présence de blocs de grande dimension.

Le titre de gloire du *granit de Laber* reste d'avoir fourni, à Paris en 1835, le socle de l'obélisque de Louqsor sur la place de la Concorde. Il a fallu, pour supporter la colonne de 22 mètres et ses 230 tonnes, fournir 90 éléments pour la plate-forme et le trottoir, et surtout cinq énormes blocs constituant le piédestal proprement dit (plus de 200 tonnes, dont la moitié pour la pièce principale, le *dé*). L'extraction et le façonnage des pièces demandèrent une année de travail acharné, dimanches compris après que le recteur de Porspoder et l'évêque de Quimper en eussent donné l'autorisation, mais en spécifiant toutefois « pour ce qui concerne l'obélisque seulement » et en étant « bien entendu que ces ouvriers ne sont pas dispensés d'assister au moins à la messe matinale le dimanche ». L'ensemble fut transporté jusqu'à Paris sur le *Luxor*, le bateau même qui avait servi au transport de l'obélisque depuis l'Égypte. Chargé à l'aber Ildut le 5 septembre, l'ensemble des blocs parvint à Paris le 15 décembre 1835. C'est finalement le 25 octobre 1836, en présence du roi Louis-Philippe et d'une foule immense, que l'obélisque se dressa fièrement sur son piédestal en *granit de Laber*.

Les derniers goémoniers

Le varech ou goémon – mélange d'algues brunes, rouges ou vertes abandonnées sur l'estran à chaque marée – a toujours été utilisé dans la région comme engrais agricole, aliment pour le bétail ou combustible. Presque totalement abandonné depuis longtemps au *profit* de produits industriels moins naturels, et aux incidences souvent polluantes aggravées par un usage excessif. Il faut dire que la Bretagne possède l'un des plus riches gisements du monde. Sa valorisation est ancienne, et les côtes bretonnes avaient développé une activité traditionnelle en le brûlant dans des sortes de fours à goémons à même la grève, avant que ces *pains de la mer*, dits aussi *pains de soude*, ne prennent le chemin d'usines chimiques. Une tradition de naufrageurs, ces fumées sur la grève, l'odeur en sus ! Si Plouguerneau se souvient de ce pan du patrimoine maritime et ethnologique au *musée des Goémoniers et de l'Algue*, l'activité est toujours bien vivante autour de l'aber Ildut. Lanildut est devenu le premier port goémonier d'Europe avec 35 000 tonnes d'algues déchargées sur ses quais chaque année, soit presque la moitié de la production nationale. De mai à octobre, on peut voir les bateaux décharger leur ruisselante cargaison de laminaires récoltée sur les bancs de… Molène.

Phare, prends garde à…

En Bretagne comme ailleurs, les gardiens ont peu à peu abandonné les phares, les *paradis* situés sur le continent comme les *enfers* de haute mer, ou les *purgatoires* moins isolés en mer, automatisation oblige. Les robots ont remplacé les hommes sur les tours de l'Iroise. C'est *Ar Men* (près de Sein) qui a ouvert le bal en 1990, bientôt suivi par *La Vieille*, *Les Pierres Noires*, *Le Four*, *La Jument*, *Kéréon*, etc. Tous les anciens gardiens disent regretter le dur temps passé, éprouvant un peu de nostalgie et beaucoup de colère face à une évolution qui a oublié ces formidables aventures humaines. Les gardiens ont été remplacés par des contrôleurs, des *terriens* qui font ce qu'ils peuvent. Les phares ne vivent plus avec leurs gardiens, ils s'étiolent, ne prennent plus l'air, se détériorent, bradent parfois leurs meubles… Des appels au secours du patrimoine s'élèvent, certains songent à les faire vivre par le tourisme, un Grenelle des phares doit voir le jour. Phare, il y a péril dans ta demeure.

QUELQUES CHIFFRES

Marées très noires

Qu'il n'y ait plus de gardiens dans les phares automatisés, soit ! Mais qu'il n'y ait plus guère de veilleurs sur la passerelle des gros navires marchands, on peut s'interroger. La *Côte des Légendes* et la mer d'Iroise se seraient bien passées de l'*Olympic Bravery* (1 200 tonnes de pétrole déversées, Ouessant, 24 janvier 1976), du *Boehlen* (7 000 tonnes, Sein, 15 octobre 1976), de l'*Amoco Cadiz* (227 000 tonnes, Portsall, 16 mars 1978), du *Tanio* (19 400 tonnes, île de Batz, 7 mars 1980), de l'*Érika* (19 800 tonnes, Sud Bretagne, 12 décembre 1999), autant de catastrophes pas si naturelles que ça !

Saint-Renan en fête et en musique

Il y a aussi une vie loin des côtes. Un peu en amont sur l'Ildut, Saint-Renan est la *capitale d'Iroise*. La ville se souvient de son passé pour organiser, tous les deux ans, une grande fête médiévale, mêlant banquets, joutes, hommes d'armes, village des gueux… La cité séduit par la richesse de son patrimoine historique, ses maisons classées, un parcours déclinant quelques grands moments « de la légende de Saint-Ronan au souvenir de la sénéchaussée ». Elle a également conservé une fonction commerciale, son marché du samedi est toujours réputé. Saint-Renan est même devenue quelque temps (1960-1975) la capitale européenne de l'étain, trouvé dans les alluvions de la vallée, une réminiscence des temps anciens où Argenton fut peut-être un port sur la route de l'étain, qui existait déjà bien avant les Romains. On a d'ailleurs retrouvé, dans les prises d'un goémonier de Lampaul-Ploudalmézeau, un statère d'or de Cyrène datant du IVe siècle av. J.-C., preuve d'une navigation ancienne. Plus récemment, la ville a aussi inspiré des vocations musicales de tout premier plan à deux de ses enfants. Un homme et une femme, le compositeur et pianiste Didier Squiban, la chanteuse Nolwenn Leroy.

Ouessant la sentinelle

À l'ouest de l'ouest, la plus occidentale des îles du Ponant est aux premières loges des caprices de l'océan. Ouessant vit en marge du continent. L'hiver, la sentinelle avancée se résigne à l'isolement, elle sait faire face à des vents dépassant parfois les 180 km/h. Protégé par de multiples écueils rocheux et soumis aux courants du Fromveur, le monde des Ouessantins reste toujours plus proche de l'univers de l'océan que de celui des hommes. Ses repères sont ceux des marins, le grand phare du Créac'h accueille depuis 1988 le *musée des Phares et Balises* consacré à l'histoire de la signalisation maritime, tandis qu'un amer rocheux à la pointe de Pern indique l'endroit le plus à l'ouest de la France métropolitaine. « Qui voit Ouessant voit son sang ! » prédit le dicton terre-neuvas : le marin meurt rarement dans un lit clos, et on a très longtemps suivi ici le rituel du *proëlla*, les proches d'un disparu en mer se rassemblant autour d'une petite croix de cire bénite. C'est aussi par nécessité qu'Ouessant est devenue l'*île des femmes*, obligées qu'elles étaient de s'occuper des champs et de tout le reste. Pendant longtemps, les filles ont choisi leur mari, « Croche dedans si tu peux, il n'y en aura pas pour toutes », conseillaient les anciennes. Les Ouessantines en ont conservé une certaine forme d'indépendance.

QUELQUES CHIFFRES

Le rail de chemin de mer

Le rail d'Ouessant ne ressemble pas à ceux du continent. Créé à la suite des terribles marées noires, il a pour mission de canaliser l'importante circulation maritime qui passe au large de la Bretagne : le quart du trafic mondial ! Soit en moyenne, 150 gros navires par jour, 60 000 par an, qui viennent embouquer la Manche. Depuis longtemps, le site est balisé et l'archipel d'Ouessant comporte quatre grands phares pour guider les navires. Le phare du Créac'h, monument historique haut de 55 mètres et datant de 1863, l'un des trois phares les plus puissants du monde, marque l'atterrissage sur le continent européen ainsi que l'entrée sud de la Manche. Le rail d'Ouessant est une véritable autoroute de la mer que les navires sont priés de respecter, avec une voie montante et une voie descendante. Déviation obligatoire pour éloigner les gros pétroliers et autres navires dangereux. Attention, contrôle radar !

L'archipel de Molène

Entre Ouessant et la côte, Molène est la seule île habitée de son archipel. Quelque deux cents habitants. Les autres îles – Béniguet, Quéménès, Bannec, Balanec, Litiry-Morgol, Trielen… –, autrefois animées par des goémoniers, n'accueillent plus guère que des lapins, des oiseaux et des phoques gris. À l'exception de Quéménès, où l'on peut jouer les Robinson dans une toute récente chambre d'hôtes créée par les nouveaux gardiens-fermiers du Conservatoire du littoral. Molène est une île sans… voiture, policier, gendarme, boulanger, boucher, coiffeur, médecin, dentiste, banque… le paradis en somme, l'essentiel se trouvant quand même à l'alimentation générale, au bureau de tabac-droguerie et à la poste. L'île, qui sait accueillir, héberger et nourrir ses visiteurs, vit de la pêche aux crustacés et à l'ormeau (labellisé), mais le temps n'est plus où les langoustes s'accrochaient à l'extérieur des casiers bien remplis, faute de pouvoir y rentrer. Dans un petit musée, l'île tout entière garde le souvenir du tragique naufrage en 1896 du *Drummond Castle*. Avant de découvrir le désert de Mauritanie, la Croisicaise Odette du Puigaudeau partagea un temps la vie des marins pêcheurs sur un cotre goémonier et s'émerveilla : « C'est chose belle et émouvante de débarquer dans une île, de découvrir, prisonnier de l'océan, un petit univers né de l'acharnement à vivre, en dépit de toutes les forces adverses, d'un fragment d'humanité amené là par quelque rude et mystérieux hasard. »

Le port du bout du monde

Port historique de la mer d'Iroise, avancé au plus près de l'océan, et porte des îles (Ouessant, Molène), Le Conquet a même armé pour des campagnes de pêche ou des expéditions de commerce et connu une activité plus importante que Brest de la fin du Moyen Âge au XVIIe siècle, son *âge d'or*.

Une position géographique très stratégique, un commerce international actif, il n'en fallait pas moins pour que la cité n'en subisse les conséquences, maintes fois pillée par les Anglais ou les Normands et même rasée en 1558, seules cinq maisons en réchappèrent. Aujourd'hui, la coquette cité est fière de son passé maritime, montrant volontiers aux visiteurs d'étroites ruelles, des placettes presque secrètes et ses hauts murs de pierre, fréquentée volontiers par les peintres. Le petit port de pêche est surtout réputé pour ses tourteaux, ne dédaignant pas de rapporter quelques poissons nobles, des araignées et autres langoustes. Une voix manque cependant, celle de Radio Conquet, la voix chaleureuse, si familière des navigants, s'est tue à jamais le 28 février 2000.

Saint-Mathieu-Fin-de-Terre en son abbaye

Le bout du monde a aussi sa pointe et son site une histoire. Qui se laisse entrevoir en l'approchant, des falaises abruptes, un panorama à couper le souffle du vent et entendre le bruit de la mer, un phare imposant dont il faut gravir les 163 marches, les ruines d'une ancienne abbaye fondée par Tanguy au VIe siècle, Saint-Mathieu-Fin-de-Terre, occupée par les Bénédictins jusqu'à la révolution, quelques menhirs christianisés joliment baptisés *Gibet des Moines*, etc., toute la Bretagne en quelques pas. Le site s'accompagne d'un petit musée, d'un Mémorial aux marins morts pour la France et d'une hostellerie.

Dans son *Histoire de France* (1861), Jules Michelet a confié son émotion devant un tel spectacle : « Rien de sinistre et formidable comme cette côte de Brest ; c'est la limite extrême, la pointe, la proue de l'ancien monde. Là, les deux ennemis sont en face : la terre et la mer, l'homme et la nature. Il faut la voir quand elle s'émeut, la furieuse, quelles monstrueuses vagues elle entasse à la pointe Saint-Mathieu, à cinquante, à soixante, à quatre-vingts pieds ; l'écume vole jusqu'à l'église où les mères et les sœurs sont en prière. Et même dans les moments de trêve, quand l'océan se tait, qui a parcouru cette côte funèbre sans dire ou sentir en soi : *Tristis usque ad mortem* ! »

Heureux Brestois

Les Brestois aiment venir humer ici l'air du très grand large. La promenade au sein de la même commune de Plougonvelin peut comporter une autre halte au fort de Bertheaume, sentinelle qui, du haut de ses 37 mètres, protège la belle plage de Trez-Hir et sa station balnéaire branchée. Les îles, Le Conquet, la pointe, la plage… le tout accessible en moins de temps qu'il ne faut aux Parisiens pour rejoindre leur domicile après le travail. Heureux Brestois qui se sentent parfois isolés des grands centres de décision, le bout du monde a aussi ses avantages !

Au Pays de Landerneau et des rives d'Armorique

Espace de transition. À l'est de Brest, le Pays de Landerneau fait, par-dessus l'Élorn, le lien improbable entre le Léon et la Cornouaille, entre la mer et les monts d'Arrée. Un pays carrefour vers lequel convergeaient déjà cinq voies romaines, qui faillit devenir la préfecture du département et vit aujourd'hui dans l'orbite de Brest, tout en affirmant ses spécificités, quitte à faire du bruit s'il le faut. Le conseil général du Finistère a eu la bonne idée d'acquérir l'abbaye de Daoulas en 1984, pour la réhabiliter et y créer un centre d'expositions de grande réputation internationale.

Ponts et merveilles de Landerneau

Ville attachante, Landerneau qui relie si bien les deux rives de l'Élorn par un lien exceptionnel, le pont de Rohan. Un double symbole : la rencontre de l'Élorn et de l'Atlantique, la marée remontant ici le plus profondément en Bretagne et consacrant ainsi la vocation portuaire de Landerneau. « Quand je suis sur le pont de Landerneau, j'ai un pied en Léon et l'autre en Cornouaille » : ce dicton traduisant l'alliance des deux comtés par le mariage de Jean II de Rohan et Jeanne de Léon. Si le premier franchissement remonte sans doute aux Romains, l'édifice actuel date de 1510 et résulte de la volonté du grand bâtisseur Rohan. L'imposant pont, construit en granit de Kersanton, avait alors six arches et il eut plusieurs fonctions – moulin, pêcherie, prison. Il présente une grande qualité architecturale, avec ses maisons à pans de bois recouvertes d'ardoises et d'autres arborant fièrement le jaune des pierres de Logonna – notamment la maison Gillard avec sa façade de style Renaissance. Le pont est totalement bâti, si bien que l'on peut franchir le fleuve sans s'en apercevoir, comme s'il s'agissait d'une rue ordinaire ! Un pont unique en son genre, ou presque, avec sa dizaine de commerces et trentaine d'habitants. On ne compte en effet qu'un peu moins de cinquante ponts de ce style bâtis en Europe, presque tous en pierre, essentiellement dans des villes et participant à la vie commerciale de leur cité, très peu sont également habités… Landerneau cumule tout, selon Rémy Bourgennec auteur de *Ponts et Merveilles*. Le pont de Rohan a fêté ses 500 ans en 2010, joyeusement et bruyamment !

LE SAVIEZ-VOUS ?

Du bruit dans Landerneau !

Modeste, mais pas en reste, le bruit de Landerneau vaut bien le tonnerre de Brest ! Mais d'où vient ce dicton devenu si populaire ? On vous dira bien en ville que le ton montait parfois dans les chaumières lorsqu'une veuve se remariait. La tradition voulait que l'esprit jaloux du mari défunt s'éloignât en entendant des cris et tout un tintamarre fait avec les ustensiles domestiques venant à tomber sous la main. Certes, mais cette histoire n'aurait jamais franchi les portes de la ville. On évoque également l'amoureux contraint de décrocher la lune pour obtenir la main de sa mie, heureusement que les seigneurs de Rohan remplacèrent le soleil par la lune sur les armoiries de la ville pour ne pas faire de l'ombre à Louis XIV, générant ainsi plein de petites lunes sur les murs ou les enseignes. À tel point que Landerneau fut aussi appelée la *cité de la Lune*.

On doit plus précisément la célèbre formule à la pièce de théâtre *Les Héritiers, ou le Naufrage* (1796), une comédie en un acte de l'académicien rennais Alexandre Duval – ayant la ville pour cadre, son auteur étant sans doute imprégné des historiettes locales – et truffée de quiproquos amenant cette réplique : « Oh ! le bon tour ! je ne dirai rien; mais cela fera du bruit dans Landerneau. » Prononcée avec talent et naïveté, elle est devenue proverbiale, au point d'être reprise pour titre même d'un livre de Patrice Louis (2005), sorte de guide décryptant les tournures, locutions et formules qui font appel à un nom propre. Par extension, l'évocation populaire de la formule « le Landerneau de… » confère une notoriété de lieu ou d'événement fort réputé dans le domaine évoqué, comme par exemple *le Landerneau de l'automobile* (*Le Matin* du 7 mars 2009) à propos, ce jour-là, du Salon de l'auto de… Genève !

La ville a pris véritablement conscience du poids médiatique et positif de l'expression en… 2009. La première *Fête du bruit*, dédiée aux décibels de musiques actuelles, a attiré des artistes internationaux et la foule, 12000 spectateurs en une journée. En 2010, on a doublé le temps et le nombre de spectateurs, « du jamais vu à Landerneau », la ville qui, décidément, aime bien faire du bruit pour qu'on parle d'elle !

Le syndicalisme agricole est né dans cette ville active

Port de fond d'estuaire et centre d'échanges, Landerneau, qui fut la capitale du Léon jusqu'à la Révolution, a toujours eu un rôle économique important. La ville a connu la prospérité avec le commerce et l'industrie des toiles de lin ainsi que du cuir. Puis, l'industrialisation s'est développée au XIXe siècle avec l'usine Frimot (machines à vapeur) et la Société linière, avant que l'agriculture ne prenne un nouvel essor. C'est ici que naît en 1911 le syndicalisme paysan, avec l'Office central des œuvres agricoles du Finistère, qui donnera naissance un demi-siècle plus tard à une puissante coopérative, Coopagri, ainsi qu'à Groupama et au CMB (Crédit Mutuel de Bretagne, né en 1926, son siège ayant été transféré au Relecq-Kerhuon, près de Brest, en 1976). Coopagri devenue aujourd'hui Triskalia depuis sa fusion avec les groupes bretons Unicopa et CAM 56, est l'un des grands groupes agroalimentaires français dont le siège est à Landerneau, qui regroupe 20 000 adhérents et emploie 6 000 personnes. Le travail de la pierre, une autre activité réputée du pays et qui fut intense, les carrières de pierre de Kersanton étant situées à Loperhet et Hôpital-Camfrout, celles de pierre de Logonna à Logonna-Daoulas, tout près de Landerneau et de la rade de Brest. La région leur doit nombre de ses monuments et constructions, les nombreux enclos paroissiaux également.

LE SAVIEZ-VOUS ?

L'épicier de Landerneau

C'est en 1949 qu'Édouard Leclerc, âgé de vingt-trois ans, crée à Landerneau son premier magasin, mettant en pratique ses idées de circuit court, avec quelques biscuits achetés à Pontivy et revendus 30 % moins cher que ses concurrents dans une pièce de seize mètres carrés. Le concept et les prix bas plaisent, ce sera désormais son credo et la création successive de magasins de plus en plus importants, le tout permettant la constitution d'un puissant groupe de la grande distribution. Son principe est celui de la franchise autour d'une Association des centres distributeurs E. Leclerc créée en 1953. S'il a passé les rênes du groupe à son fils Michel-Édouard, le fondateur a tenu à créer dans son premier magasin, qui s'était agrandi au fil du temps en investissant l'ancienne chapelle des Capucins, un petit musée privé, rassemblant quelques-unes de ses collections personnelles, reflet de la sensibilité de son créateur. C'est sur ce site de 8000 mètres carrés que la famille vient de décider, en août 2010, d'y baser une fondation comportant un pôle culturel qui proposera des expositions et des manifestations de grande renommée.

La presqu'île de Crozon

La forme de la presqu'île est vraiment reconnaissable, semblable à une longue croix horizontale de pierre ocre pointant vers l'ouest ses trois pointes, celle de Pen-Hir surplombant les célèbres Tas de Pois qui ont longtemps fait rêver bien des commandants de la Royale, et que viennent compléter la pointe des Espagnols fermant le goulet de Brest au nord, le cap de la Chèvre au sud. Côte déchiquetée et surplombant l'océan, tel un sanctuaire sauvage encore bien sauvegardé, dernier refuge avant l'océan, un autre bout du monde fièrement arc-bouté entre la pointe Saint-Mathieu et celle du Raz. À l'autre extrémité et dominant une base de réserve de la marine devenue un émouvant cimetière de navires désarmés, l'abbaye de Landévennec, fondée par saint Guénolé, joua un grand rôle dans l'histoire de la Bretagne avant de ressusciter à nouveau.

Camaret, titrée par Louis XIV « gardienne du littoral atlantique »

Ce n'est pas pour les beaux yeux de ses filles que l'Unesco a classé en 2008, la Tour dorée de Camaret, dite tour Vauban, sur sa liste du Patrimoine mondial (au titre du réseau national des douze sites majeurs des fortifications de Vauban). Construite de 1693 à 1696 afin d'empêcher l'attaquant de prendre à revers le port de Brest et sa flotte, cette gardienne des côtes de l'Atlantique n'était pas encore achevée lorsqu'elle subit en 1694 son baptême du feu, dont elle porte encore les traces. Camaret est même le seul site qui ait vu la présence de Vauban, au moment d'une bataille ! Cette désignation résonne au cœur des Camarétois comme une reconnaissance du rôle historique de la ville qui a connu bien des registres : port de relâche dans l'attente de franchir le goulet, port de commerce, convoitise des pirates et autres ennemis, essais dans la baie du sous-marin *Nautilus* de Fulton (1801), construction navale, port de pêche à la sardine puis à la langouste (le premier d'Europe en 1961), allant la chercher de plus en plus loin… avant de délaisser de nombreuses coques gisant dans le décor d'un cimetière de bateaux. Le magnifique site de Camaret a attiré de nombreux peintres, dont Eugène Boudin et Charles Cottet, et écrivains, dont Gustave Toudouze et le poète Saint-Pol-Roux, qui fit bâtir en 1904 l'étrange manoir *Coecilian* au triste destin lors de la dernière guerre.

Aux grottes de Morgat

Crozon qui donne son nom à la presqu'île est une vaste commune aux pôles multiples. Le bourg en est l'âme, anime les échanges et son église possède le retable des dix mille martyrs, réalisé à la fin du XVIe siècle : ses 29 tableaux constituent un véritable récit de guerre dessiné, sculpté et peint. Le Fret, petit port de pêche à la coquille Saint-Jacques, s'est reconverti un temps dans la construction de langoustiers puis aujourd'hui dans la plaisance. Mais c'est surtout Morgat qui attire les visiteurs. Alors qu'elle n'était qu'un petit port sardinier, Louis Richard, un voyageur de commerce, y a imaginé en 1883 une station balnéaire, qu'il a ensuite créée et développée en s'associant avec l'industriel Armand Peugeot pour construire des hôtels et des villas, dont le célèbre Grand Hôtel de la Mer. Morgat était déjà bien connue pour ses grottes visitées par la mer depuis 1841. La plus belle et la plus spectaculaire est la grotte de l'Autel, dans laquelle on pénètre par un couloir étroit, surtout à marée haute, avant de se retrouver dans une véritable cathédrale marine profonde de 90 mètres, sous une voûte culminant à une dizaine de mètres. La roche en fait voir de toutes les couleurs, rouge-jaune-vert-rose. Frissons garantis !

CURIOSITÉ

Une bien étrange petite chapelle maritime

L'École navale s'est installée en 1946 au Poulmic, commune de Lanvéoc, à côté d'une base d'aéronautique navale, pour offrir un cadre adapté à la formation des officiers de marine, rejointe ensuite par d'autres écoles de la marine. Le site comporte un bien étrange petit cylindre en béton, situé au bout d'une passerelle de dix-sept mètres de longueur et à l'endroit où se dressait autrefois une grue pour hydravions. Il s'agit en fait d'une étonnante petite chapelle. Depuis 1980, cet étrange bâtiment a fait l'objet de soins attentifs, sous la houlette du *boût*, l'aumônier qui en a pris l'initiative. La chapelle propose dix-neuf places, pas une de plus !

Pays de Cornouaille

Le Pays de Cornouaille, qu'il ne faut pas confondre avec la Cornouailles (au pluriel) du Royaume-Uni, est la région située au sud-ouest de la Bretagne, qui comprend une grande partie du Sud Finistère. Quimper sa capitale anime l'espace central. L'extrême ouest se partage entre deux pays à forte identité, le Pays bigouden et le Pays capiste, tandis que la vallée de l'Aulne et le Porzay assurent la transition avec le Pays de Brest et la presqu'île de Crozon. Plus à l'est se retrouvent plusieurs régions littorales autour de Concarneau, Pont-Aven et Quimperlé.

L'Aulne et le Porzay

La vallée de l'Aulne, dans sa partie maritime jusqu'à Châteaulin, serpente lentement depuis Landévennec entre bois, landes, criques, grèves et petits ports. Un parcours verdoyant au cœur du Parc naturel régional d'Armorique qui dévoile ici quelques-unes de ses facettes. Même la première écluse du canal de Nantes à Brest, à Port-Launay, « perle de l'Aulne dans son écrin de verdure », n'empêchait pas le trafic commercial jusqu'à Châteaulin.
Au passage de ce petit fleuve presque tranquille, on peut quand même remarquer Pont-de-Buis et sa poudrerie, créée en 1688 et convoitée par Cadoudal en 1795, qui a parfois explosé (une quinzaine de fois !), mais pas depuis sa reconversion de fournitures pour les armées dans la poudre de chasse. La rive gauche s'ouvre aux pentes arrondies du Ménez-Hom et au pays historique du Porzay, alternant quant à lui une montagne sacrée, la petite cité de caractère de Locronan, ou encore de vastes étendues de sable fin.

À Châteaulin, il suffit de ne pas passer le pont

La sous-préfecture se met en quatre pour redonner quelques couleurs à une ville qui doit son rôle administratif et commercial à une position stratégique. Les plaisanciers ont remplacé les péniches ; le pardon de Notre-Dame doit son salut aux coureurs cyclistes des Boucles de l'Aulne ; les ardoisières et la pomme de terre ne sont plus les produits phares, mais l'abattoir a bien grandi et Doux y a toujours son siège (Groupe Doux : 1er producteur européen de volaille et de produits élaborés à base de volaille, un leader mondial à l'exportation) ; même si les prises ont baissé, on pêche toujours le saumon dans l'Aulne, et le poisson figure sur les armoiries de la ville ; les éditions de cartes postales et d'art Jos Le Doaré ont accumulé un véritable trésor photographique sur toute la Bretagne ; les passionnés de modèles réduits se retrouvent chaque année au Salon du modélisme… Châteaulin, qui fut la première ville électrifiée de l'Ouest en 1887, veut rester branchée sur les courants de la société. Une ville bien vivante. Pour un mort, il faut cependant veiller à ne pas faire passer deux fois son cercueil sur un pont, au risque de le voir s'écrouler, dit la légende : conséquence, les célébrations d'enterrement ne peuvent pas avoir lieu à l'église paroissiale, mais seulement à la chapelle votive du Vieux-Bourg, située du même côté de l'Aulne que le cimetière.

LE SAVIEZ-VOUS ?

Breton de cœur, Breton du monde

En 1989, près de Châteaulin, Saint-Coulitz est la première commune bretonne à élire comme maire une personne noire. Né au Togo, venu faire des études supérieures à Brest, Kofi Yamgnane a choisi d'y faire carrière. Maire, puis conseiller général et régional, député, il devient ministre des Affaires sociales et de l'Intégration de 1991 à 1993. Le Franco-Togolais avait souhaité postuler à la présidence du Togo en 2010, mais sa candidature a été invalidée, au prétexte d'une question d'identité, différents documents d'état civil mentionnant deux dates de naissance différentes. Kofi Yamgnane a été élu Breton de l'année en 1990 par *Armor magazine*. Breton de cœur, Breton du monde !

Ménez-Hom, la montagne sacrée

Une colline de 330 mètres d'altitude, en Bretagne et près de la mer, c'est une véritable montagne ! Montagne de légende, montagne sacrée, et hélas parfois, montagne de feu. Comme détachée des Montagnes Noires sur les communes de Dineault, Plomodiern, Trégarvan et Saint-Nic. Au sommet, la vue y est exceptionnelle sur toute la région voisine, côté mer et côté terre, d'où ce surnom de Yed, le guet. En 1913, la découverte d'une partie de statue représentant Brigit, la grande déesse celte, semble confirmer la sacralisation celtique du mont. Pas étonnant donc qu'elle soit devenue *La Déesse du Ménez-Hom*, conservée au musée de Bretagne à Rennes. Les légendes qui courent sur le mont sont aussi nombreuses que les mégalithes qui s'accrochent encore à ses flancs. Marc'h, le roi légendaire de Cornouaille affublé d'oreilles de cheval y figure naturellement en bonne place. La chapelle Sainte-Marie du Ménez-Hom a été érigée (1570-1773) pour christianiser un peu le lieu, sans doute sur les vestiges d'un temple païen. Mais, depuis quelque temps, se rencontrent au sommet du mont de nouveaux visiteurs, adeptes du vol libre, Deltaplane ou parapente, et les aéromodélistes testant leurs planeurs sur ce lieu devenu un véritable *spot* à partager. Un comité de pilotage vient d'être créé pour étudier la question des nouvelles cohabitations. Si la déesse ne dit rien, que peuvent bien en penser les mouettes ?

ÉVÉNEMENT

Le précurseur de l'aviation

Né à Concarneau en 1817 et décédé à Douarnenez en 1872, Jean-Marie Le Bris s'engage comme marin et parcourt les mers du Sud, y découvrant de fabuleux oiseaux. Devenu capitaine-armateur, il décide de consacrer ses loisirs à l'accomplissement d'un rêve, construire un engin volant. C'est dans une grange de Tréfeuntec (Plonévez-Porzay) qu'il conçoit et construit patiemment une « barque ailée » baptisée *Albatros*. Le Bris fit plusieurs expériences à Brest et Douarnenez, mais c'est bien sur la plage de Tréfeuntec, et tiré par un cheval face au vent, ou plus vraisemblablement depuis la colline de Sainte-Anne-la-Palud, que l'*Albatros* aurait réalisé son premier vol. Peu importe que ce fût en 1856 ou quelques années plus tard – les recherches de preuves précises se poursuivent –, ce vol a bien précédé celui de Clément Ader (1897) ou des frères Whright (1903), les pionniers officiels. Le fameux rêve d'Icare a bien été réalisé par notre Breton !

Dans *Robur le Conquérant* (1886), Jules Verne cite Le Bris à deux reprises, en le faisant figurer dans une liste d'inventeurs d'engins conçus et réalisés entre 1854 et 1863. N'est-il pas curieux de noter qu'il dénomma lui-même *Albatros* l'extraordinaire aéronef de son roman ! Un collège et lycée de Douarnenez porte le nom de Le Bris, de même que l'aéro-club de Quimper. Une belle stèle de granit a été érigée à Tréfeuntec, en 1968, sur le lieu de l'exploit.

Locronan, la fusion des siècles

Au Ve siècle av. J.-C., les Celtes ont découvert ce territoire inconnu où le soleil se couche, parvenant jusqu'à un rivage qui représentait à leurs yeux le bout du monde. C'est dans ce lieu grandiose, face à l'immensité de l'océan et entre deux montagnes, qu'ils vont créer un *nemeton*, temple sous la voûte du ciel. Locronan a su faire le lien entre cet héritage celte et la tradition chrétienne apportée par saint Ronan, une belle symbiose des cultes autour d'une célébration qui n'a guère changé au fil des siècles et même des millénaires, du *nemeton* à la *troménie* (voir pages 18 et 181), une transmission jusqu'à nos jours unique en Europe. Le *pain des morts* et *l'arbre de mai* poursuivent la même filiation.

De la toile à la toile

La grande aventure économique de la cité aura bien été la fabrication des toiles, du xive au xviiie siècle, les toiles à voile *locronan* étant fort appréciées des armateurs de la région, des marines française et espagnole et de la Compagnie des Indes. Shakespeare leur donnera des lettres de noblesse en citant les toiles *lockram* dans *Coriolan*. De cet âge d'or, la ville a conservé son ambiance à l'ancienne que continue à animer un commerce actif et qui lui confère une très forte attractivité touristique. Les superbes demeures se découvrent sur la place centrale et en cheminant tout autour. Tout est à voir, et impérativement : l'église Saint-Ronan, ses croix et ses bannières, une superbe chaire à prêcher et sa chapelle du Pénity; le musée créé par Charles Daniélou, alors maire de la cité, évoque les toiles de Locronan et fait fonctionner un vieux métier, il présente aussi les peintres inspirés par la cité, comme le surréaliste Yves Tanguy (1900-1955). Dans ce bourg de 800 habitants classé *petite cité de caractère* et *plus beau village de France*, les échoppes sont attirantes. Le kouign amann y est délicieux.

LE SAVIEZ-VOUS ?

Locronan, studio de cinéma

Un tel décor naturel ne pouvait qu'attirer les cinéastes. Difficile de les citer tous :

Vingt ans après (1922), de Henri Diamant-Berger

Dieu a besoin des hommes (1950), de Jean Delannoy, avec Pierre Fresnay

L'Île au trésor (1966), de Jacques Bourdon (série télévisée de 13 épisodes)

D'Artagnan (1969), de Claude Barma, avec Dominique Paturel

Vos gueules les mouettes (1974), de Robert Dhéry, avec Colette Brosset, Pierre Mondy, Pierre Tornade...

L'Ancre de miséricorde (1974), d'après l'œuvre de Pierre Mac Orlan, film de Bernard d'Abrigeon

Tess (1979), de Roman Polanski, avec Nastassja Kinski, un tournage qui ne laissa pas que de bons souvenirs, la place et ses alentours ayant été recouverts d'une couche de boue de vingt centimètres...

Chouans (1988), de Philippe de Broca, le film le plus marquant (plusieurs mois de tournage, décor imposant) et nombreuses vedettes : Philippe Noiret, Sophie Marceau, Lambert Wilson...

Un long dimanche de fiançailles (2004), de Jean-Pierre Jeunet avec Audrey Tautou

ainsi que : *La Dame blanche* (1969), *Gauguin* (1973), *Pêcheur d'Islande* (1997)...

L'Ouest Cornouaille

Tout ce pays est tourné vers la mer, vit de la mer. Alternant de grands espaces naturels, les pointes les plus impressionnantes, les ports de pêche et les stations balnéaires, cette région possède une forte identité. Il faut entrer dans le secret des territoires pour bien percevoir les nuances entre les capistes et les bigoudens.

Douarnenez, la ville aux trois ports

Pêche, plaisance et musée. Trois ports ! Il n'en fallait pas moins, dans cette baie de Douarnenez, « une des plus belles d'Europe », comme le confirmait François Coppée, où la mer est si présente qu'elle vous invite dans ses fonds à y découvrir la mythique ville d'Ys (voir page 169). La pêche est ici plus qu'une institution, elle est l'âme de la ville, et d'ailleurs, même « les poissons connaissent Douarnenez », écrivait Henri Queffélec (*Tempête sur Douarnenez*, 1951). Le port de Rosmeur et le nouveau port de pêche qui le jouxte viennent rappeler le temps d'une véritable épopée débutée au XIXe siècle avec la plus ancienne conserverie du monde (Chancerelle, 1853), vingt-six en 1901 et un millier de chaloupes pour les approvisionner, la grande grève de 1924 et les femmes de la révolte, les *Penn-sardinn*. La sardine est toujours apportée en quantité (5 338 tonnes en 2010) au port spécialisé dans le débarquement de poisson bleu et constituant une base avancée pour les navires hauturiers ; la conserverie de Chancerelle (marque *Connétable*) perpétue l'image de *capitale européenne de la conserve de poisson*, avec la Cobreco et ses conserves de thon (marque *Arok*).

Le Port-Musée

Une autre belle aventure, celle de passionnés du patrimoine maritime des côtes de Bretagne et de vieux gréements. Une revue est créée en 1981 par Bernard Cadoret et quelques mordus, le *Chasse-Marée*, qui fait toujours autorité (aujourd'hui au sein des éditions Glénat) et tient solidement sa barre à l'*Abri du marin*, construit en 1912 à l'initiative du philanthrope Jacques de Thézac, le père de l'*Almanach du marin breton*. Les idées et projets fusent : des livres, une grande fête maritime et culturelle *Douarnenez 86*, qui réunit 1 500 bateaux venus du monde entier, prélude au grand rassemblement *Brest-Douarnenez 92*. Renouvelé tous les quatre ans, et complété par *Temps Fête (2010) sur Douarnenez* tous les deux ans. Cette belle réussite donna des idées à Jean-Michel Le Boulanger, l'association *Treizour* et la ville de Douarnenez pour créer un port-musée en 1992, ce musée à flot faisant suite à un premier musée du bateau (1985). Projet novateur et ambitieux, un peu trop peut-être, trop tôt sans doute. Des coûts de fonctionnement élevés – la volonté était de proposer un site vivant – et une fréquentation insuffisante, loin des pôles fréquentés hors saison, vont sonner le glas en 1995 de la société d'économie mixte créée pour le projet. Revers qui ne fait pas abandonner des Bretons convaincus. Un nouveau port-musée, toujours installé dans l'ancienne conserverie de sardines, est (r) ouvert à Port-Rhu en 2003, consacré aux bateaux et aux hommes de Bretagne et d'ailleurs, en conservant toujours une importante collection de bateaux.

Tréboul pour la plaisance

Si Douarnenez n'exporte plus les toiles de Locronan, son troisième port est dédié à la plaisance. Ancienne commune doublement rattachée à Douarnenez, administrativement en 1945 et physiquement par la passerelle *Jean-Marin* surplombant le Port-Rhu, Tréboul se charge des autres fonctions touristiques : la station balnéaire abrite le port de plaisance et le centre nautique, des plages… à quelques encablures de l'île Tristan, où s'était établie une conserverie depuis le XVIIIe siècle, avant d'être acquise en 1911 par le fils poète de l'académicien Jean Richepin. Une île, dont certains prétendent qu'elle serait la partie émergée de la légendaire ville d'Ys, et un nom, lui aussi de légende, qui renvoie à l'histoire de deux amoureux – Tristan, neveu du roi de Cornouaille, Marc'h, tombé amoureux d'Iseult, la fiancée de ce dernier, et qui dut se cacher toute sa vie pour fuir la colère royale et vivre sa passion avec sa belle. Ville animée, Douarnenez accueille depuis 1978 le Festival international de cinéma des minorités. Une petite douceur pour finir. Touristes et douarnenistes réunis ne peuvent résister à la spécialité, le kouign amann inventé par le boulanger Scordia vers 1860. Comme l'indique la devise de la ville, *Dalc'h mad*, tiens bon !

Au pays des capistes

À la proue de l'Ouest Cornouaille, le cap Sizun est une sorte de *Far West*, ou *Phare Ouest* en version bretonne. Des caps et des pointes à vous couper le souffle. Grandiose ! Le plus célèbre sanctuaire ornithologique d'Europe, c'est là. Précisons-le bien, ici, on est capiste, et fier de l'être. Le Pays bigouden, c'est plus à l'est, à partir de Plozévet : pour comprendre les subtilités, les grandes sensibilités sinon les susceptibilités, le mieux est de relire *Le Cheval d'orgueil* (1975) de Per Jakez Hélias, le Bigouden de Pouldreuzic. On ne s'y marie pas avec n'importe qui. Le cap a sa frontière que rien ne laisse deviner au regard, une ligne imaginaire que des générations se transmettent. Cela n'empêche que la foule se presse pour venir frissonner au vent du large et au regard des abîmes. La « marmite de l'enfer », évoquent ceux que l'aspect sauvage effraye, comme s'ils s'avançaient trop loin dans l'océan ou se retrouvaient bloqués dans le phare de La Vieille. À chacun de prendre le temps pour visiter à son rythme, et de s'imprégner du lieu sur les sentiers proposés. Ce lieu inspira Anatole Le Braz, le porte-plume des humbles : « Rien ne saurait rendre l'impression d'infinie solitude, de veuvage, de néant que donne l'hiver cette baie des âmes. » Le dirait-il encore aujourd'hui ? À un million de regards, on se sent moins seul !

CURIOSITÉ

Opération Grand Site

La pointe du Raz est le site de Bretagne le plus visité, environ 850000 personnes par an, dont 20 % d'étrangers, peut-être un million au temps des folies. Face aux dégradations liées à une fréquentation désordonnée, une opération Grand Site a été conduite sur deux cents hectares comprenant la pointe du Raz, la baie des Trépassés et la pointe du Van. L'ensemble des travaux et aménagements réalisés, pour un coût global de dix millions d'euros, avait pour but de mieux canaliser les flux, d'éliminer les constructions proches du littoral, d'éloigner l'automobile et de reconstituer le couvert végétal. L'accueil des visiteurs a pu ainsi être réorganisé : maison du site, commerces, espaces de stationnement et organisation des cheminements. En 1996, le site avait retrouvé son aspect d'origine. Ou, comme le dit si joliment Henri Queffélec, « son quant-à-soi tellurique ». Le choc a été un peu rude pour ceux qui ont dû abandonner leur raison de vivre. Ainsi, l'emblématique Marie Le Coz s'est résignée à quitter son hôtel de l'Iroise, une maison plantée sur la crête, totalement anachronique. On n'y venait pas pour le confort, zéro étoile annonçait fièrement un écriteau, mais pour y « faire des rêves de bout du monde » et écouter le vent qui ne faiblit que rarement. Marie est partie prendre une retraite bien méritée, sans regarder derrière elle après 47 saisons, emportant le minimum et laissant tout le reste, souvenirs compris ? La poésie a perdu l'un de ses lieux mythiques, l'écologie a repris ses droits.

Sein, l'île courage

Le courage des îliens, ce n'est ni un mythe ni une légende. Le courage des marins, dont la mer est le seul employeur, impitoyable sur les horaires et les conditions de travail ; le courage des résistants partis rejoindre Londres aux premiers jours de la guerre (voir page 109) ; le courage des femmes, qui s'occupent de tout à terre. Une île si plate que l'océan en furie l'a déjà submergée. Sein se laisse aisément visiter à défaut de se faire envahir, le tourisme permet aussi à quelques familles de rester y vivre. Le collège des Îles du Ponant permet aux jeunes d'être scolarisés sur place, ce sont les professeurs qui se déplacent d'île en île, une initiative des conseils généraux bretons. Et en plus, c'est récré les jours de tempête ! L'arrivée sur l'île à bord de l'*Enez-Sun* est toujours chaleureuse, les vélos et charrettes sont à disposition, le village est juste derrière le quai, les cafés aussi. Les rues sont étroites, les maisons groupées autour du port, se blottissant pour mieux se protéger du vent. On fait avec les moyens du bord, les poissons et les crustacés comme matière première, fraîcheur garantie. L'occasion de goûter la grande spécialité sénane, le ragoût de homard avec ses délicieuses patates récoltées sur l'île, créé *Chez Brigitte*, et proposé depuis à *Ar Men* et dans d'autres restaurants. Un délice qui justifie d'affronter l'océan.

Le canot cul-de-poule d'Audierne

Le port est au cœur de la ville, sa position d'attente ou de relâche, avant ou après le franchissement du raz de Sein, lui a valu quelque intérêt par le passé, mais le commerce l'a quitté, la pêche est sélective et de qualité (poissons fins et crustacés). La langouste fit un temps son bonheur, elle n'est plus représentée aujourd'hui que par le *Cap Sizun*, copie d'un sloop langoustier traditionnellement appelé *canot cul-de-poule* en pays capiste. D'autres signes marquent la tradition portuaire : des navires sculptés sur l'église ou les anciennes maisons d'armateurs, l'Abri du Marin, le sémaphore Mât Fenoux, le Musée maritime du cap Sizun, des viviers très actifs depuis plus de cinquante ans… Reste la plaisance et la liaison régulière avec l'île de Sein pour l'animer. Un havre de paix au milieu d'une jolie baie, mais interminable, ajoutent les *voileux* lorsque le vent ne *donne pas*.

La remontée de la ria du Goyen conduit à Pont-Croix, sentinelle terrestre du cap juchée sur un promontoire. La petite cité de caractère a gardé son quartier historique autour de la collégiale Notre-Dame-de-Roscudon, ainsi que ses ruelles pavées dévalant vers la rivière et un pont à moulin. En allant vers la pointe du Raz, le petit bourg de Plogoff s'est rendu célèbre dans tout le pays en 1980 en contestant un projet de centrale nucléaire envisagé à la pointe de Feunteun Aod. *Plogoff, des pierres contre des fusils*, de Nicole Le Garrec, est un film documentaire de ceux qui gardent la mémoire de cette *Affaire de Plogoff* devenue emblématique pour les écologistes.

ÉVÉNEMENT

Plozévet sous le regard des chercheurs

À l'origine, le souhait du musée de l'Homme de mieux connaître une culture rurale *intacte*, ou du moins pas trop perturbée par le temps et les brassages humains. Le Pays bigouden intriguait déjà, on avait relevé le taux particulièrement élevé de luxation congénitale de la hanche dans cette partie du Finistère, et pointé du doigt les causes liées à la consanguinité. Plozévet est retenue comme répondant au contexte défini. C'est ainsi qu'une enquête pluridisciplinaire est menée entre 1961 et 1965 par une équipe d'une centaine de chercheurs, sociologues et ethnologues du musée de l'Homme : quarante rapports et cinq films à l'arrivée. Edgar Morin séjourna un an en 1965, une immersion *in situ*. Il publiera deux livres, *Commune de France, la métamorphose de Plodémet* (l'identification était facile !) en 1967, puis ses carnets de notes, *Le Journal de Plozévet* en 2001. Un travail sérieux et apprécié, qui pointe une population atypique à la réussite scolaire supérieure à la moyenne. En 2005, il sera fait citoyen d'honneur de la commune, qui s'est prise au jeu en organisant un colloque et en accueillant des chercheurs étrangers.

Au pays des hautes coiffes

S'il est un pays breton marquant sa différence, le Pays bigouden est assurément celui-là, et pas seulement avec les voisins capistes. Au chapitre des symboles, il y a évidemment la haute coiffe, popularisée par les photographies, images et autres caricatures. Les surnoms ne lui ont pas manqué : « phare d'Eckmühl » ou « pain de sucre » par exemple. Per Jakez Hélias en expliquait ainsi l'importance sociale : « Les Bigoudènes, il n'y a pas si longtemps, rougissaient d'être vues en cheveux, n'auraient jamais permis qu'on touchât à leur coiffe quand elles l'avaient en tête ni surtout qu'on les vît se séparer d'elle pour la nuit. On faisait d'abord se coucher les enfants et le mari. » Avec la coiffe, c'est le costume tout entier qui constitue la *marque bigoudène*, naturellement accompagné par l'art de la broderie. Lors du legs du manoir de Kerazan (près de Pont-l'Abbé) à l'Institut de France en 1928, on y ouvrit un atelier de broderie, une clause stipulant qu'il devait y être créé une école d'arts appliqués pour les jeunes filles du pays. Aujourd'hui, les Bigoudènes ne se remarquent plus dans la rue, portent le jean, cheveux au vent, mais le patrimoine bigouden est toujours à l'honneur lors de la *Fête des brodeuses* à Pont-l'Abbé, parée du titre de capitale de la broderie. Toutes, sauf une dernière, Marie Lambourg qui coiffe fièrement sa tête – y consacrant une bonne demi-heure chaque matin depuis l'âge de 6 ans –, ses 99 ans et la célébrité !

Pont-l'Abbé

Le Pays bigouden a sa capitale incontestée, depuis le XIe siècle jusqu'à nos jours, Pont-l'Abbé. La ville fait donc l'unanimité au sein de son territoire, parfaitement délimité comme on vient de le voir. Les visiteurs également, leurs impressions sont louangeuses. Guy de Maupassant trouve en Pont-l'Abbé « la petite cité la plus bretonne de toute cette Bretagne bretonnante qui va du Morbihan à la pointe du Raz ». André Suarès a été véritablement subjugué : « Pont-l'Abbé est charmante. Pont-l'Abbé est fantasque. Pont-l'Abbé ne ressemble à rien. [...] Elle est rustique ; elle est gaie jusqu'à la folie ; [...] on a le sentiment exquis de l'immuable et du caprice ; et l'on sourit au paradoxe de les goûter ensemble. » Pont-l'Abbé peut donc continuer à entretenir l'âme de son pays, que présente le Musée bigouden installé dans un vieux donjon. Sa paisible rivière qui n'a pas de véritable nom reste un lieu naturel de promenade et de découverte, avec l'Île-Tudy en point de mire.

LE SAVIEZ-VOUS ?

Cheval d'orgueil, cheval couché

Per Jakez Hélias s'étonnait de n'avoir jamais entendu parler du Pays bigouden dans son enfance, que ce soit à l'école ou à la maison. Son besoin de comprendre et de rendre compte va être à l'origine d'une vocation de conteur et d'écrivain. La véritable prise de conscience d'un oubli, d'un manque totalement inconcevables à ses yeux, un hommage aussi à ses grands-parents et au peuple qu'ils représentaient. Ainsi est né en 1975 *Le Cheval d'orgueil*, une quête des racines devenue la véritable bible de la civilisation bigoudène. Pour ressusciter une histoire passée sous silence, qu'elle ne soit pas oubliée à tout jamais. Le réveil d'un pays. Le livre connaîtra un très gros succès. Il suscite pourtant une réaction virulente d'un jeune écrivain, Xavier Grall, qui publie deux ans après *Le Cheval couché*, dénonçant ce qu'il appelle le « folklorisme fossilisant » de l'essai d'Hélias. Au-delà de la querelle de deux tempéraments si différents, ces deux excellents écrivains auront finalement défendu, chacun à sa manière, la même quête d'identité.

Pouldreuzic superstar

Dans ce Pays bigouden scruté à la loupe par les chercheurs et revisité par ses enfants, la commune de Pouldreuzic représente l'exemple d'un petit bourg à peu près inconnu – hors des terres bigoudènes s'entend – qui a beaucoup donné à la Bretagne, et aussi à la France. Les lettres d'abord. C'est donc le pays de l'écrivain Per-Jakez Hélias. L'économie ensuite. C'est le berceau du pâté Hénaff, une aventure débutée en 1907 transformée en une belle saga industrielle (voir page 465). Pour fêter son centenaire, le pâté s'est offert une Maison, ouverte à la visite et à la dégustation, dans la ferme familiale des origines. Politique enfin, un autre enfant du pays et maire de la commune, Ambroise Guellec, a été ministre de la République, plus précisément secrétaire d'État à la Mer du gouvernement de Jacques Chirac entre 1986 et 1988. Comme le dit la devise de Pont-l'Abbé, qui peut donc être reprise par les Bigoudens : « Hepken » (ou Heb-Ken), ce qui signifie « par nous-mêmes », une belle illustration !

ÉVÉNEMENT

Au vent de la Torche

L'extrémité sud de la baie d'Audierne est marquée par la pointe de Penmarc'h et son phare d'Eckmühl (voir page 469) plus que centenaire, qui offre un panorama exceptionnel, à condition de gravir ses 307 marches. Un monument d'exception. Toute proche est la pointe de la Torche dont la configuration permet une observation à presque 360 degrés. Mais la Torche est devenue plus célèbre pour ses déferlantes. C'est un *spot* très recherché des amateurs de glisse. Les amateurs et fanatiques y viennent en effet des quatre coins du monde pour pratiquer le surf, le windsurf, le wave-sky ou encore le char et la planche à voile. De grandes compétitions y sont organisées.

Du Guilvinec à Loctudy

Les ports de pêche bigoudens sont très actifs. Dans le classement des criées françaises, les ports bigoudens font bonne figure : Le Guilvinec est en troisième position pour les tonnages débarqués (troisième en valeur également), derrière Boulogne et Lorient, Saint-Guénolé-Penmarc'h quatrième (septième en valeur) et Loctudy seizième (onzième en valeur). Joli tir groupé dans un secteur difficile, qui se complète avec Lesconil. Le Guilvinec est le premier port de pêche artisanale français, Saint-Guénolé-Penmarc'h a une flottille très diversifiée, tandis que Loctudy est un port de pêche hauturière, où la langoustine et la baudroie constituent les deux espèces phares. Le Guilvinec a créé Haliotika, le Centre de découverte de la pêche en mer, qui explique le circuit du poisson, de la mer à l'assiette, ainsi que les techniques de pêche et de commercialisation. Les *Demoiselles de Loctudy* animent le port de la langoustine, qui est par ailleurs une station balnéaire très active avec un port de plaisance et de belles plages de sable fin.

En Pays glazik autour de Quimper

La capitale de Cornouaille et préfecture du Finistère, seconde ville du département par son importance, coordonne de nombreux petits pays, mais sa propre communauté a finalement une taille assez modeste. Son rayonnement de la ville va cependant bien au-delà de ce périmètre. Quimper est une ville qui bouge, elle n'a pas que ses faïences et ses crêpes dentelle à proposer.

Quimper sur Odet

L'Odet a joué un très grand rôle dans la construction de la ville en tant que moyen de communication, lui assurant un rôle portuaire. En direction de l'océan, la vallée de l'Odet, verdoyante et accessible, a aussi offert à Quimper des espaces propices à la construction de châteaux et de belles résidences. L'Odet est donc un élément très structurant de la ville qu'elle partage sans diviser, offrant le charme de ses très nombreuses passerelles que les Quimpérois et les visiteurs adorent emprunter. Le fleuve constitue une artère vitale pour la qualité du centre-ville auquel il offre non seulement son cours et ses petits poissons, mais aussi une respiration urbaine. Cette présence de l'eau, la confluence de l'Odet et du Steir, la proximité de la mer... ont sans doute une part de responsabilité dans la tonalité générale de la ville. Le bleu domine sur le bois des façades. Le bleu bien voyant sur le costume traditionnel des hommes. À Quimper, le bleu s'appelle *glazik*. La couleur et le nom ont aussi à voir avec ces stocks de tissus excédentaires des armées napoléoniennes, qui furent récupérés et réutilisés pour la confection de vêtements. Ce qui explique peut-être que le *glazik* fleurit sur de nombreuses enseignes et marques commerciales. Un emblème, le *glazik* est devenu la marque de fabrique de Quimper.

Une cathédrale pour Corentin

Saint-Corentin s'est refait une beauté pour rentrer dans le nouveau millénaire. Les Quimpérois d'aujourd'hui avaient fini par s'habituer aux bâches et aux échafaudages, ceux d'autres temps avaient bien attendu quelques siècles avant qu'elle ne trouve son visage définitif. Une dizaine d'années pour consolider l'édifice lui donnant le lustre qu'il mérite, la cathédrale brille désormais au bout de la rue Kéréon. Un miracle ? Non, mais un sou est un sou. Et c'est bien selon ce sage principe que les flèches de la cathédrale ont pu être achevées entre 1854 et 1856. Les architectes avaient dû en interrompre les travaux au XVe siècle, faute d'argent. Quatre siècles plus tard, l'évêque Graveran a ouvert une souscription publique pour les achever et leur donner la hauteur prévue, 76 mètres. Il avait calculé que si chaque fidèle donnait un sou (un vingtième de franc) chaque année pendant cinq ans, le diocèse pourrait faire face aux 150 000 francs de la dépense. L'opération baptisée « le sou de Saint-Corentin » a bien rempli les troncs de la cathédrale et même son office. Les Quimpérois n'ont que de bonnes raisons pour contempler la statue du roi Gradlon qui trône entre les deux flèches. À l'intérieur, ils peuvent en admirer les vitraux flamboyants et le chœur décalé de quinze degrés par rapport à la nef.

CURIOSITÉ

Les petits pains de Santig Du

La dévotion au saint noir, Santig Du, est toujours bien vivante. Elle honore Jean Discalceat, le *Déchaussé* ou *Jean sans sabots*, un moine franciscain qui se dévoua aux pauvres de la ville avant d'être emporté à son tour par la peste noire en 1349. Six siècles plus tard, le saint homme répand toujours ses bienfaits. Des boulangers et des fidèles viennent déposer en son nom des miches et autres denrées que les plus démunis récupèrent tout aussi discrètement.

Un musée dans un palais

C'est dans l'ancien palais des Évêques de Cornouaille que le Musée départemental breton expose, depuis 1911, ses richesses accumulées par la Société d'archéologie du Finistère, créée en 1846. L'ancien manoir épiscopal, un logis bâti par la famille de Rohan au XVIe siècle, a lui aussi été rénové. C'est l'un des premiers musées de France à avoir pris conscience de l'importance de garder les traces de la vie quotidienne, une belle œuvre d'ethnographie régionale. On peut y admirer les costumes et les coiffes de Bretagne, des collections de statues et de faïences de Quimper, des trésors d'archéologie, le mobilier et le cadre domestique, etc. ainsi que des belles expositions temporaires. Le bâtiment mérite aussi la visite pour ses qualités architecturales, comme ce bel escalier hélicoïdal coiffé d'une charpente en forme de palmier. Les jardins de l'évêché, en accès libre, offrent un bel havre de paix au plein centre de la ville.

CURIOSITÉ

Le piéton de Quimper

Max Jacob est né dans une famille de commerçants. Il est souvent revenu dans la cité, « le nid de mon enfance », qu'il aimait bien, et à laquelle il rendit ce bel hommage : « Quimper est une des villes les plus sympathiques de l'univers. » En bon observateur de la vie et des mœurs de sa ville, il en décrit quelques codes. Deux cafés étaient à la mode sur les quais de l'Odet, l'Épée et le Bretagne. Leurs clientèles se reconnaissaient en fonction d'appartenances sociales et politiques : les libéraux à l'Épée, les royalistes dans l'autre. Entre les deux, on ne se parlait guère, on s'invectivait parfois, surtout à l'approche d'une élection. L'Épée était un grand café, le plus chic sans doute et un peu bourgeois. C'était le préféré de Max Jacob, qui laissera cette réflexion sur le livre d'or : « Ce déjeuner ! Pour la première fois, je me sens gourmand ; Cet agenda ! Pour la première fois, je me crois célèbre ; Cette addition… Pour la première fois, je me crois riche. » C'est dans ce café que Per Jakez Hélias le rencontra, avant décrire l'ouvrage qu'il lui consacra, *Le Piéton de Quimper.*

De l'Odet à l'Aven et la Laïta

La Cornouaille y déploie sa vitrine touristique, ses stations balnéaires les plus fréquentées et les ports de plaisance les plus renommés. Depuis longtemps, de nombreux peintres sont venus y poser leur chevalet, attirant l'attention sur ces lieux qui ont trouvé dans le tourisme la matière de leur activité principale. Tout en conservant ce qui est leur âme, un mélange de traditions et de spécificités qu'elles ont habilement entretenues.

Le Pays fouesnantais

Sa façade maritime donne à ce littoral *chic* de la Cornouaille un petit air de *Riviera bretonne*. L'arrivée par l'Odet en offre les prémices. Bien que située sur l'autre rive, Sainte-Marine s'en est rapprochée depuis l'ouverture du pont de Cornouaille en 1972 : la petite station à la mode du XIXe, style *yacht-club*, feint de cacher son charme discret au fond d'une petite anse. Le Pays fouesnantais est totalement ouvert sur l'océan et affiche tous ses atours et atouts. Son littoral bien évidemment, très *plage* de Bénodet à Fouesnant, plutôt *bateau* à La Forêt-Fouesnant. Vers l'intérieur plus rural, c'est plutôt le cidre qui s'impose. Il a acquis ses lettres de noblesse avec le label *Appellation d'origine contrôlée Cornouaille*, c'est meilleur de Bretagne selon certains, on vient le chercher à la propriété, comme les bons vins. La forêt vient apporter sa touche de couleur et son nom à la *baie de la Forêt* dont le vert-bleu fait un clin d'œil à Concarneau qui borde son autre versant.

Bénodet, la station cinq étoiles

Son avenir était écrit de longue date. Bénodet n'était encore que Perguet, que l'avant-port commercial de Quimper se trouvait bien localisé à la rencontre du fleuve et de l'océan. Le nom a changé en 1878, pour signifier que la *tête de l'Odet*, c'est bien ici, un lieu de vie choisi également par des Quimpérois rêvant de vivre près de la grande bleue. Le site se prêtait bien à de nouvelles fonctions, une anse qui ne demandait qu'à accueillir la belle plaisance, trois corniches et quatre plages, dont celle du Letty s'ouvrant sur la *Mer blanche*, précieuse lagune protégée par un cordon dunaire. Parée de tous ces bienfaits, la nouvelle station à vocation familiale pouvait prendre son essor sous les meilleurs auspices. Côté plaisance, un port bien abrité à l'embouchure du fleuve, et le Yacht-Club de l'Odet qui organise les plaisirs nautiques : en mai, l'*Obelix Trophy*, course rassemblant environ 150 voiliers pendant quatre jours, et en juin, le *Rendez-vous de la Belle Plaisance* ; la remontée de l'Odet ou la croisière découverte vers l'archipel de Glénan. Côté station, tous les équipements et animations correspondant au standing : casino, golf, thalasso, et toutes les structures d'accueil adaptées. Côté culture et terroir, le *musée du Bord de mer* et la biscuiterie François Garrec. Un climat propice pour un succès annoncé.

LE SAVIEZ-VOUS ?

Un poème d'Apollinaire

Blessé au cours de la Grande Guerre, Guillaume Apollinaire vient en 1917 séjourner à l'hôtel des Bains de Mer de Bénodet, un lieu qui lui « fait penser à la Côte d'Azur, car voici son climat, ses figuiers, son ciel pur ». Dans une lettre à son ami Jacques Doucet, il adresse ce poème inspiré par la pietà de l'église :

« J'aime à Bénodet dans l'église,
Notre Dame de Pitié,
Moitié
Bleue et moitié cerise. »

Deux Fouesnant pour une station multisite

Les deux communes se sont séparées au siècle dernier, une histoire de clocher. Si les paroissiens y retrouvent leurs chapelles, les visiteurs vont d'un site à l'autre sans se préoccuper des frontières. Avec le développement du tourisme, les pôles se sont encore multipliés, histoire de compliquer un peu la donne. Les touristes, eux, ont tranché : ils vont à Cap Coz, à Beg Meil, à Musterlin, des lieux qui correspondent à leurs vacances avec des plages de sable blanc. Ce n'est finalement pas bien grave, chacun y reconnaît sa tente. Fouesnant, célèbre pour sa coiffe (Mucha l'a représentée sur un calendrier), est un gros bourg commerçant et animé qui domine la baie du haut de ses soixante mètres – il faut avoir les mollets de Louison Bobet ou de Bernard Hinault pour y faire ses courses à vélo –, les pommiers s'y plaisent bien et le cidre est excellent, ce qui suffit à justifier le déplacement. Et pourquoi pas revenir pour la Fête de la pomme ? Marcel Proust, ayant quitté sa Normandie pour visiter Sarah Bernhardt à Belle-Île, est venu se remettre de ses émotions maritimes à Beg Meil, appréciant ce lieu qui « n'est qu'un clos de pommiers versant vers une baie lente ». Et vers Port-la-Forêt, qui a golf, polo et le regard plutôt tourné vers son (nouveau) port construit après bien des débats, son principal pôle d'attraction.

Voiles à tous vents de l'archipel de Glénan...

Avec l'archipel de Glénan, qui dépend de la commune de Fouesnant, et Portlaf', comme on dit sur les pontons, les deux communes sont ici associées pour combiner l'un des pôles d'entraînement à la voile le plus complet parmi ce qui se fait dans le genre. L'école de voile des Glénans a été fondée en 1947 par Hélène et Philippe Vianney sur l'archipel de Glénan. Elle est aujourd'hui la première école de voile d'Europe, reconnue comme LA référence dans le monde de l'enseignement de la voile, et accueille plus de 15 000 stagiaires et moniteurs par an. Si l'école s'est développée depuis sa création, l'esprit reste le même : celui du bénévolat, de la vie en collectivité, de la solidarité et de l'autonomie. Les Glénans sont une association loi 1901, reconnue d'utilité publique, et agréée par le ministère des Sports. Tandis qu'à…

Portlaf'

… plaisanciers et marins y partagent les pontons avec les pêcheurs et les skippeurs professionnels, ces champions de la course au large qui en ont fait leur port d'attache. Port-la-Forêt est l'un des plus importants ports de plaisance de Bretagne, le port de tous les marins. Ses pontons accueillent 1 130 bateaux de toutes tailles dont les impressionnants voiliers de course, les célèbres 60 pieds. Portlaf' est le berceau du *Pôle Finistère Course au Large*, qui a pour mission l'entraînement et le suivi des athlètes de haut niveau dans le domaine de la course au large. Une véritable pépinière de navigateurs, qui a vu passer presque tous les grands noms de la voile : Samantha Davies, Michel Desjoyeaux, Roland Jourdain, Jean Le Cam, Franck Cammas, etc. Certains anciens conseillent les plus jeunes et continuent à utiliser le port comme base d'entraînement, suivant l'exemple d'Olivier de Kersauzon ou de Loïck Peyron. C'est sur les rives de l'Odet qu'Éric Tabarly avait mis sac à terre dans sa région de prédilection ; Bénodet était le port d'attache du premier *Pen Duick* familial avant la guerre. Le succès de Portlaf' ? Sans doute l'effet Tabarly !

CURIOSITÉ

Petit cours à l'école des Glénans dans les îles de Glénan

Pour y être admis, il faut savoir placer le « s », la marque du centre nautique, ou ne pas en mettre, une subtilité toponymique qui est ainsi, cela ne se discute pas ! L'école d'abord, le point de passage obligé, le sésame, le signe de reconnaissance. Y être passé ou ne pas y être… là est la question de la qualification. École des Glénans, école de voile, école de mer, école de vie, telle est la devise du centre. Par manque de disponibilité, certains pourront préférer l'enseignement à distance. *Le Cours des Glénans* en est à sa 7e édition. Cet ouvrage de plus de mille pages d'illustrations, de théorie et de conseils est le complément indispensable à la formation pratique. Considéré par beaucoup comme la « bible du marin », il est devenu un *best-seller* des ouvrages nautiques.

L'archipel de Glénan comprend quelques îles et une multitude d'îlots et d'écueils. Partir aux îles, toujours un parfum d'aventure, d'aventures ! La plus grande, Saint-Nicolas, où accostent les vedettes, est la seule habitée, elle héberge le Centre international de plongée, deux cafés et un vivier ; Penfret abrite les bâtiments du Centre nautique ; deux îles également utilisées par lui, Drenec et Cigogne avec son fort ; Le Loch et son ancien four à goémon… Une réserve a été créée pour protéger le *Narcisse de Glénan*, une espèce endémique unique au monde découverte par un pharmacien de Quimper en 1803, la seule à se reproduire par graine et non par bulbe comme les autres narcisses.

Concarneau, la ville close

L'abri de Cornouaille, Konk-Kerné, la ville a bien mérité ce nom lorsque ses habitants restaient dans leur îlot sous la protection de ses murailles. Ancienne place forte, elle avait connu bien des assauts jusqu'à ce que Vauban ne vienne y établir son ordre. Ville close parvenue jusqu'au XXIe siècle dans un état remarquable, le joyau de la cité. Elle est redevenue un second cœur de ville, accueillant toute l'année des visiteurs venus se mêler aux foules ou vérifier, en parcourant les 800 mètres de remparts, que le vent n'y fait pas trembler les pierres. L'espace y est compté, dans un périmètre de moins de quatre hectares. Plus d'un million de promeneurs viennent ainsi chaque année battre le pavé de ses rues, s'attabler à la terrasse d'un café ou déguster une crêpe, faire quelques achats de gâteaux, sardines et autres produits bretons. Pour gérer au mieux les flux, la ville propose une navette pour relier la ville close à un parking sur la place Duquesne. En plein été, c'est entre 2000 et 5000 personnes, 8000 les jours de grandes fêtes, qui s'offrent chaque jour une belle balade en rade sur ce *Bac du Passage*. Incontestablement la croisière la plus courte, environ 200 mètres et cinq minutes de navigation, et la moins chère, 80 centimes le billet. Attachez vos ceintures !

LE SAVIEZ-VOUS ?

Rien n'a changé

« La ville est ceinte de murailles dont à marée haute la vague vient battre la base, les mâchicoulis sont encore intacts comme au temps de la reine Anne, et la ligne des pierres dentelées s'allonge sur les remparts, droite et basse, en se découpant dans la brume », notait Gustave Flaubert en 1847 (*Par les champs et par les grèves*).

Concarneau, la ville bleue

Le ton est donné, un signe pour les peintres qui sont toujours venus nombreux poser leur chevalet dans cette authentique ville bretonne. Le bleu de la mer n'est pas sans rapport avec la vocation traditionnelle de Concarneau, le port et ses trafics, la pêche tout particulièrement. Très longtemps l'activité dominante de la cité qui lui doit son rayonnement, la pêche a été le moteur de l'économie, animant toute une filière, de la construction navale à la conserverie et au négoce. La pêche concarnoise a évolué, se partageant entre les ventes sous la halle à marée et le thon des navires océaniques. Deux conserveries perpétuent cette activité présente depuis 1851, Courtin et Gonidec (*Les Mouettes d'Arvor*). La mer et la pêche inspirent également d'autres activités et manifestations. C'était déjà le cas en 1905, lors de la grande crise liée à la désertion des bancs de sardines, un vaste mouvement de solidarité avec le soutien d'artistes fut à l'origine d'une kermesse de bienfaisance. La Fête des filets bleus était née, elle attire environ 80 000 personnes chaque année. La mer est toujours bien présente aujourd'hui dans la ville ; le festival Livre & Mer, le musée de la Pêche, le Marinarium, etc. en attestent.

Des maisons en pierre debout

Il s'agit d'une spécificité architecturale unique en France. Les pierres debout – Mein Zao – correspondent à une technique originale de construction : de grandes plaques de granit d'environ 2,5 mètres de haut (0,5 m de large) sont posées verticalement, les unes contre les autres, pour former de véritables cloisons de maisons. Pour terminer l'édifice, une poutre de bois posée sur les pierres et supportant une charpente recouverte de chaume. Les pierres debout servent également à réaliser des clôtures. Quelques édifices de ce type se rencontrent dans les communes de Névez et de Trégunc, qui viennent de recevoir un label *Paysage de reconquête* pour encourager la préservation et l'entretien de ce patrimoine original. À Névez, les deux villages de Kerascoët et Kercanic, eux, présentent des ensembles de maisons authentiques bien conservées datant du XVIIIe siècle. À cette époque, il s'agissait de demeures modestes. Les blocs de pierre qui encombraient les champs et contrariaient les travaux agricoles étaient récupérés. On savait construire vite, bien et à moindre coût !

Pont-Aven, cité des peintres

Pont-Aven aurait pu se contenter de dévoiler ses charmes au bord de la rivière, et d'être un « vieux pays des meuniers, cité des moulins ». Dans la devise officielle, les moulins sont devenus des artistes, et la cité s'est transformée en paradis. C'est la faute à Gauguin, c'est la faute à Bernard ! nous disent tous les guides. L'histoire est bien connue. Tout commence en juillet 1886. Gauguin, sans le sou, décide de venir à Pont-Aven, « un petit trou pas cher », lui avait dit un ami. Une ville qu'avaient découverte des peintres étrangers, américains notamment, depuis l'arrivée du chemin de fer à Quimperlé (1862) : les *Américains* étaient une centaine en 1885 ! Gauguin s'installe à la pension Gloanec qui accueille déjà des peintres (l'hôtel Julia aussi), les prix y sont raisonnables. Il fait la connaissance d'Émile Bernard, alors tenant du *cloisonnisme*. Gauguin reviendra à Pont-Aven en 1888 et au Pouldu en 1889. Le groupe s'élargit pour devenir une véritable école, l'école de Pont-Aven. Paul Sérusier en précise l'esprit : « Ce ne fut pas une école consistant en un maître entouré d'élèves, c'étaient des indépendants qui apportaient en commun leurs idées personnelles et surtout la haine de l'enseignement officiel. »

CURIOSITÉ

L'école buissonnière

Si ce n'est pas une école, cela y ressemble fortement. Une école parfois buissonnière avec des moments de détente. Il faut savoir qu'il y avait alors 70 cafés dans la petite cité de Pont-Aven. Les artistes mènent joyeuse vie, organisent des bals et des fêtes nautiques... Gauguin s'est bien plu dans cette pension les deux premières années. Il semble avoir parfois cédé à l'exotisme en prenant l'habit : béret, tricot de marin rayé, sabots.

La leçon du bois d'Amour

Si la ville n'offre pas seulement les « 14 moulins, 15 maisons », ses nombreux visiteurs peuvent faire la belle *promenade des moulins*, dont ceux de Rosmadec et du Grand Poulguin, transformés en restaurants, du moulin de Kermentec, ex-David peint par Gauguin... Lieu incontournable, le *bois d'Amour* symbolise le lien avec la nature et inspira les peintres. C'est là que Gauguin donnera sa célèbre leçon au jeune élève Sérusier, avec des conseils du genre : « De quelle couleur voyez-vous ces arbres ? / Ils sont jaunes / Eh bien, mettez donc du jaune / Et cette ombre ? / Plutôt bleue / Ne craignez pas de la peindre aussi bleue que possible. / Et ces feuilles rouges ? / Mettez du vermillon /... Comment voyez-vous cet arbre ? / Il est vert ? / Mettez donc du vert, le plus beau vert de votre palette », le résultat étant le célèbre tableau peint sous la dictée sur le couvercle d'une boîte à cigares, *Le Talisman* (musée d'Orsay). Ce lieu d'école devenu mythique a fait dire à Gauguin : « L'âme serait portée à la tristesse dans ce cadre tranquille, si un rayon de soleil perçant quand même le feuillage le plus épais ne donnait la sensation de la divine espérance. » Après ces belles balades, il faut se précipiter voir les collections du musée des Beaux-Arts, ouvert en 1985 et dont la fréquentation atteint presque celle de son homologue quimpérois. Avant de goûter aux délicieuses et incontournables galettes de Pont-Aven, notamment les *Traou Mad*, ces « bonnes choses » fabriquées depuis 1920.

LE SAVIEZ-VOUS ?

Le Port, de Xavier Grall

Pont-Aven a aussi attiré les écrivains. C'est à Botzulan en Pont-Aven que Xavier Grall (1930-1981) est venu se retirer en rentrant dans sa Bretagne natale. Une *promenade Xavier-Grall* témoigne des lieux où il venait rêver, le long de l'Aven, dans un hameau de la campagne nizonnaise. Et qui lui inspirèrent *Le Port*, poème paru dans *Rires et pleurs de l'Aven* (Las edicions dau chamin de Sent Jaume, 2006) :

« Ria de l'Aven havre sans peine
Port-Paradis
je m'assieds à ton quai que la rose étoile
et je rêve l'amour l'éternité la vie
sur le dit de tes eaux le vélin de tes voiles

Déposes là mon âme trop lourdes pensées
Sur les navires dormants, la mer reposée »

Petits havres tranquilles de Riec-sur-Belon

Entre l'Aven et la Laïta, les marins connaissent bien quelques petits abris de rêve, regrettant seulement qu'ils ne soient pas les seuls dépositaires de ces fabuleux secrets. Belon est l'un d'eux, cette capitale mythique de l'huître de belon, les célèbres plates réputées depuis le début du XIXe siècle, qui sont affinées dans l'estuaire du Belon, le subtil mélange d'eau douce et d'eau de mer leur donnant un fameux goût de noisette. Port Manec'h, au débouché de l'Aven, côté Névez, qui fut un des grands lieux de villégiature à la Belle Époque (le fameux collectionneur Albert Barnes y séjourna plusieurs étés de rang), les belles cabines sur la plage Saint-Nicolas en témoignent encore. Ou encore, sur la rive opposée de l'Aven, la belle plage sous les pins de Kerfany, et, face à l'océan dans la même commune de Moëlan-sur-Mer, les petits ports de Merrien et de Brigneau. C'est la fréquentation de ce port qui fournira à l'écrivain René de La Poix de Fréminville son nom de plume, Jean Merrien.

CURIOSITÉ

Chez Mélanie

Un restaurant devenu mythique par la grâce de Curnonsky, une bien belle histoire, en forme de conte de fées. Il était donc une fois une jeune fille nommée Mélanie, née en 1878 à Riec-sur-Belon, travaillant dans la ferme familiale. Acte 2, elle épouse Louis Rouat en 1904, ouvre une petite épicerie-mercerie dans le bourg, veuve en 1914 avec six enfants à élever. Acte 3, ayant régalé deux acteurs de la Comédie-Française de passage en 1921, ils sont émerveillés par les palourdes farcies, le homard maison et le gâteau breton que Mélanie leur a servis, et l'encouragent à ouvrir un restaurant, un défi qu'elle relève. Acte 4, sa rencontre avec Curnonsky (1872-1956) sera décisive, le *prince des gastronomes* décrète Mélanie *Grand Cordon bleu de France*, lui offrant ainsi la consécration en rendant hommage à une cuisine familiale et à la gastronomie bretonne. Acte 5, le restaurant, que Curnonsky a dénommé le *Palais de la Gastronomie*, et où il a table ouverte (il s'y installera durant la guerre), voit défiler de nombreuses célébrités : Mistinguett, Raimu, Louis Jouvet, Jean Marais, Yves Montand, Jean Cocteau, Fernandel, Georges Simenon, Vincent Auriol, Georges Pompidou, René Coty, Colette, des peintres, etc., des clients réguliers de Mélanie qui deviennent aussi ses amis. Acte 6, Mélanie décède en 1955, sa fille Marie prenant la suite et obtenant même deux étoiles au guide Michelin. Acte 7, racheté par la commune en 1993, le restaurant *Chez Mélanie* est devenu l'*Espace Mélanie*, un lieu dédié à la culture et au patrimoine. Merci Mélanie !

... jusqu'à Doëlan

Enfin, sans doute le plus attachant, le port de Doëlan à Clohars-Carnoët. Niché dans une belle ria, son entrée est marquée par deux phares bien caractéristiques du lieu ; c'est aussi un petit port de pêche artisanale, toujours très animé lors des débarquements de poissons et crustacés sur les quais (vente tous les jours de 15 à 17 heures, sauf tempête !). Doëlan est aussi le port d'attache du couple d'écrivains Paul Guimard (1921-2004) et Benoîte Groult qui ont trouvé à Berg Koudou, leur maison de pierre donnant sur le port, le havre idéal pour écrire, naviguer et pêcher, trois passions partagées. Paul Guimard évoque ce « bras de mer » dans *Le Mauvais Temps* (1976), et Benoîte Groult y a trouvé le lieu de ses rêves, « là où les champs cultivés descendent jusqu'à la mer, où l'on peut attacher son canot à un arbre du rivage comme une chèvre... », écrit-elle dans *La Part des choses* (1974).

Les cinq bonheurs de Clohars-Carnoët

Une grande commune qui vient clore le Finistère face au Morbihan sur les rives de la Laïta. Côté mer, il y a donc Doëlan, mais aussi Le Pouldu, un autre *petit trou* où vint se réfugier Gauguin en 1889, fuyant l'agitation de Pont-Aven, et prenant pension avec ses amis (Meijer de Haan, Paul Sérusier, puis Filiger) chez Marie Henry, la patronne de la buvette de la plage. Les artistes ont décoré murs, plafond, portes et vitres de la salle à manger de l'auberge, l'un des plus célèbres éléments étant *L'Oie* de Paul Gauguin, réalisée à même le plâtre de la salle à manger, aujourd'hui conservée au musée des Beaux-Arts de Quimper. La ville a créé en 2004 un chemin des peintres en douze étapes, qui débute à la Maison-Musée du Pouldu, une reconstitution de la maison où vécurent les peintres. Côté Laïta, il faut admirer le spectacle coloré du petit fleuve et le ballet des oiseaux, ainsi que l'abbaye cistercienne. Sur les ruines du site abbatial de Saint-Maurice, une déambulation depuis l'orangerie permet de découvrir les terrasses, les vergers avant de redescendre vers le fronton de l'église. En face, le logis de l'abbé entièrement restauré accueille l'espace muséographique, comprenant un film consacré à l'histoire des Cisterciens, et un observatoire des chauves-souris. La superbe salle du chapitre a également été restaurée. Enfin, la forêt domaniale de Carnoët est un site naturel exceptionnel qui se visite avec ses légendes. Bienvenue à Kloar !

Quimperlé, la petite Venise du Finistère

Comme son nom l'indique, en breton, c'est bien une ville de la confluence ; Quimperlé, c'est la réunion de l'Isole et de l'Ellé venant y former une ria jusqu'à la mer, la Laïta, soumise à la marée et navigable. Quimperlé fut longtemps un véritable port de mer. On l'aura compris, l'eau vient de toutes parts. Il n'y avait donc qu'un pont à franchir pour évoquer Venise, ce qu'a fait *Bretagne Magazine* en 2009. Aucun rapport avec l'*aqua alta* de la célèbre référence, les inondations de la ville basse doivent ici si peu à la marée : il faut demander à l'auteur du *Barzaz Breiz*, l'enfant du pays Théodore Hersart de La Villemarqué dont la statue, près du pont fleuri, fait office d'échelle de crues. Cette profusion d'eau donne effectivement à la ville un cachet bien plaisant, avec une île pour centre-ville. Quimperlé a bien un peu souffert de la confusion quelque peu homonymique avec sa préfecture, une confusion de confluences ! La ville a un riche passé et s'est construite autour de monastères et de couvents. La parcourir aujourd'hui fait découvrir bien des richesses : l'abbatiale Sainte-Croix contenant une monumentale *Mise au Tombeau* et une très belle crypte ; la Maison des Archers dans la vieille ville, etc. Ville historique, mais aussi ville active, Quimperlé accueille de belles entreprises dans l'agroalimentaire (siège du groupe Bigard), les Papeteries Mauduit, célèbres pour le papier à cigarettes…

CURIOSITÉ

La Quimperloise

C'est une cuiller de pêche tournante, leurre star de la pêche au saumon, utilisée à l'origine par les pêcheurs finistériens de Quimperlé dans la Laïta.

Le Roches du Diable

Il s'agit d'un chaos rocheux qui s'amuse à diriger le cours de l'Ellé dans la commune de Guilligomarc'h, à proximité d'Arzano et de Querrien. Cette rivière sauvage, véritable *Styx armoricain* et également appréciée des saumons, slalome en effet entre un amas de roches aux formes étranges, de table, d'écuelle, et même de chaire à prêcher… De quoi déclencher un affrontement entre le Diable, propriétaire de ces *meubles*, et saint Guénolé, qui finit par terrasser son adversaire contraint de se retirer, nous dit la légende, qui ajoute que le Diable sera encore grugé par un mauvais pari et qu'il sera donc possible de construire un pont. Version contemporaine. Chaque année, les *Roches du Diable* sont le théâtre d'importantes et spectaculaires compétitions de slalom en canoë-kayak pour lesquelles le bassin d'eau vive de Guilligomarc'h, un site familier des adeptes du CKCQ (Canoë-kayak club de Quimperlé), est très adapté. Heureusement que les kayakistes n'ont plus peur du diable !

LE SAVIEZ-VOUS ?

La Marie d'Auguste Brizeux

Auguste Brizeux (1803-1858), le poète originaire de Lorient si cher aux Bretons, a passé sa jeunesse à Arzano, chez son oncle recteur. Il y fait la connaissance d'une jeune paysanne du village de Moustoir, Marie, qu'il chantera plus tard dans *Marie* (1832), une œuvre en vers sentimentale et poétique, saluée par Victor Hugo et Sainte-Beuve, et qui connaîtra un immense succès. Reconnaissante, la commune d'Arzano a élevé en 1908 un monument à la mémoire de Brizeux. Marie Pellan est décédée en 1864, elle repose au cimetière de Guilligomarc'h.

La tradition orale de Kernault

Petit manoir du XVe siècle bâti à Mellac, souvent remanié mais fort bien conservé, Kernault et ses pierres semblent raconter l'histoire d'une seigneurie bretonne qui eut son rôle dans le développement de la région. Est-ce donc pour faire parler les pierres que Louis Le Pensec, le premier ministre de la Mer qui fut maire de Mellac de 1971 à 1997, suggéra au conseil général du Finistère d'acquérir ce petit château ? Ce qui fut fait. Et Kernault abrite aujourd'hui le Centre de recherche et de documentation sur la littérature orale, une antenne du Centre de recherche bretonne et celtique (CRBC) de l'Université de Bretagne occidentale à Brest. Son parc bucolique et rustique de 30 hectares est en accès libre. Un verger conservatoire comportant une quarantaine de variétés anciennes de pommes à cidre y a été planté en 1995, les cuvées sont dégustées sur place lors d'une fête annuelle. Depuis 2006, le manoir de Kernault est membre de « Chemins du patrimoine en Finistère ». Sa programmation culturelle fait écho aux premiers collecteurs de traditions orales, étant précisément au cœur du territoire exploré par Théodore Hersart de La Villemarqué, l'auteur du *Barzaz Breiz*. Un bien joli lieu pour une si utile cause. Qu'on le sache, c'est la tradition, il faut en parler !

Pays du Centre-Ouest Bretagne

Le Pays du Centre-Ouest Bretagne couvre donc des secteurs appartenant aux trois départements du Finistère, du Morbihan et des Côtes-d'Armor (voir les présentations spécifiques pour chacun des deux autres). Située au cœur de l'Argoat, cette partie finistérienne comprend le toit du département avec les monts d'Arrée au nord et les Montagnes Noires au sud. Les petits fleuves, qui en descendent vers la mer, dessinent des vallées animant le paysage, comme celles de l'Aulne, du Scorff ou encore du Blavet. Ces artères marquent un grand contraste avec les vastes étendues de landes et de tourbières, bien présentes dans les espaces intermédiaires. Il n'est pas étonnant qu'on y retrouve les secteurs où les pluies sont les plus abondantes du département, il faut bien alimenter le réseau hydrographique depuis les points les plus élevés ! Le Centre-Ouest Bretagne est aussi le pays le moins densément peuplé de Bretagne. Si l'arrivée de nouvelles personnes a progressé durant la dernière décennie, la baisse et le vieillissement de la population restent endémiques. L'économie du pays est toujours dominée par l'agriculture qui représente plus du tiers des actifs. L'économie agricole, spécialisée dans l'élevage de vaches laitières et volailles, a favorisé le développement d'une industrie agroalimentaire diversifiée. C'est dans ce secteur qu'ont été créés les principaux emplois : abattage et découpe de viande, biscuiterie, industrie laitière. Capitale de ce pays essentiellement rural, Carhaix-Plouguer est un véritable pôle d'échanges et de services. Mais les communes les plus périphériques du pays sont parfois davantage attirées par d'autres villes.

Carhaix au cœur du Poher

Située au cœur de la Bretagne, à moins d'une heure de ses principales villes occidentales et du bord de mer, Carhaix bénéficie d'une situation stratégique et d'un environnement très privilégié, même si les secteurs correspondants ne sont ni les plus peuplés ni les plus dynamiques. Carhaix peut donc continuer à tenir son rôle de ville centre, il ne lui reste plus qu'à redevenir la grande capitale du Poher qu'elle fut, à reconquérir un peu de la prééminence politique et administrative qu'elle a connue. Ses incontestables atouts et réussites, tant au plan économique que culturel, sont les meilleurs ambassadeurs d'un rassemblement de toute sa famille historique et géographique.

Carhaix carrefour

Carrefour de l'intérieur de la Bretagne, la riche histoire de Carhaix et la géographie des communications nous apprennent que la ville a toujours fondé sa prospérité sur sa position centrale et qu'elle a décliné lorsqu'elle s'est retrouvée coupée des grands axes de la péninsule. L'histoire nous apprend aussi que la ville est l'une des plus anciennes cités de l'Ouest, Vorgium, construite il y a plus de deux mille ans par les Romains. Et qu'elle a toujours été un lieu de rencontres, de foires et de marchés. Elle a donc bien une histoire qui compte et qui en impose. Son patrimoine est riche et diversifié. Son bon réseau de communications est essentiellement routier, une 2 x 2 voies la reliant au reste de la péninsule. Depuis quelques années, Carhaix poursuit activement son développement économique, et elle est aujourd'hui reconnue comme un lieu de rendez-vous culturels incontournable en Bretagne. Démontrant ainsi ses capacités à rayonner et à accueillir. Ces atouts devraient donc redonner à Carhaix toutes les clés de la capitale d'un grand Poher, ce *joli pays* breton.

Carhaix Culture

C'est sans doute le plus novateur, et aussi le plus porteur d'avenir. La culture comme vecteur de l'échange, de la fête, de la création, du développement. Carhaix l'a bien compris depuis longtemps. La réussite du *Festival des Vieilles Charrues* a surpris, mais elle est symptomatique de l'état d'esprit qui anime la ville. À l'origine en 1992, un canular plus qu'un pari (pas encore) fou. Puisque sur le littoral, on fait grand cas à Brest d'un rassemblement de *vieux gréements*, on va faire une fête de la musique, ici dans l'Argoat, histoire de « se faire une bonne bouffe, de chanter et de boire un coup », comme aime le rappeler Christian Troadec – devenu depuis maire de Carhaix – et de la dénommer, par boutade, la fête des *vieilles charrues*. Le succès s'ajoutant au contre-pied, les médias ont adoré. La saga ne faisait que commencer. Presque vingt ans plus tard, le *Festival des Vieilles Charrues* est devenu le premier festival français en termes d'entrées payantes (242 000 en 2010). Un événement culte qui a gardé sa spontanéité et sa convivialité tout en offrant une programmation prestigieuse et une organisation professionnelle. Le Festival est, en retour, un acteur du développement de la ville, y compris au plan financier. Une réussite qu'aucun plan marketing n'aurait validée, ni même osé imaginer.

... et revenez si le pays vous plaît

Sans penser à Saint-Malo, le *Dumollet* de l'intérieur revient bien à Carhaix où il se passe toujours quelque chose. Car la ville tout entière s'est muée en ambassadeur de ses talents multiples. Elle se plaît à montrer ses trésors : ici les restes d'un aqueduc romain qui allait chercher l'eau de Glomel à trente kilomètres ; là quelques richesses urbaines, l'église Saint-Trémeur, son ancienne collégiale où les fidèles sont accueillis par le saint tenant sa tête dans ses mains (ce n'est pas une *image*, mais une statue) ; ici et là des chapelles, la maison du sénéchal, etc. Un nouveau quartier s'est créé autour du site de Kerampuilh (lieu du grand festival), avec le centre culturel *Espace Glenmor*, le lycée Diwan, l'animation du château… Toutes les cultures ont rendez-vous dans divers temps forts : le *Festival du livre et Salon des romanciers de Bretagne*, *Bagadañs*, un défilé des cercles celtiques et des bagads, le *Festival du théâtre amateur*… La défense de la langue et de la culture bretonnes est le fait bien vivant de nombreuses structures, tels l'*Office de la langue bretonne*… La mobilisation est générale, par l'écrit, la musique ou l'image, comme *les mots clés du Poher*, un ensemble de fiches destinées à partager ce qui caractérise et fait Carhaix : les temps, événements, aventures humaines, objets, produits, recettes, lieux, etc. Carhaix bouge!

LE SAVIEZ-VOUS ?

La Tour d'Auvergne

Que vient-elle bien faire dans l'une des villes les plus bretonnes et bretonnantes de Bretagne. La réponse est en ville, impossible de ne pas la trouver. Car le nom de ce Carhaisien célèbre est décliné à l'envi : une statue qui a fait de la résistance pendant la dernière guerre, au centre de la place du même nom, inaugurée en 1851 ; un reliquaire et un bronze, à la mairie ; une plaque commémorative sur sa maison natale, en pierre de Kersanton ; une fête qui lui est dédiée, la 169e en 2010 ; une place… Il est temps de présenter ce héros qui fait donc la fierté des Carhaisiens. Théophile Malo Corret de La Tour d'Auvergne (1743-1800) s'est illustré sur les champs de bataille napoléoniens, où il gagna le titre de premier grenadier des armées de la République. Polyglotte, féru d'histoire et de lettres, il s'est aussi beaucoup intéressé aux origines celtiques de la Bretagne, leur consacrant même plusieurs ouvrages (*Les Mots clés du Poher*, n° 15). Un héros comme on les aime à Carhaix, une ville qui garde bien en elle la mémoire des *Bonnets rouges*.

Déjà Flaubert s'était amusé de rencontrer ce nom donné en ville à tout propos, mais il en avait un peu rajouté dans sa relation humoristique : « Après que nous eûmes passé auprès de la statue de La Tour-d'Auvergne, que nous eûmes traversé la place de La Tour-d'Auvergne, la rue de La Tour-d'Auvergne, le boulevard de La Tour-d'Auvergne, le cul-de-sac de La Tour-d'Auvergne, après que nous eûmes regardé la maison où naquit La Tour d'Auvergne et que nous ne fûmes pas entrés à l'auberge de La Tour-d'Auvergne, nous arrivâmes à je ne sais quel hôtel établi en face du cours de La Tour-d'Auvergne. […] La statue de ce monsieur qui fut, dit l'histoire, un archéologue distingué, le premier grenadier de France, et tué d'un coup de lance au combat d'Oberhausen est due au ciseau de Marochetti. […] Tout cela est triste, emphatique, bête. »

Les monts d'Arrée, sommet de la Bretagne

À la frontière de la Cornouaille et du Léon, les monts d'Arrée cumulent. Non seulement parce qu'on y trouve le sommet de la Bretagne, mais aussi parce qu'ils représentent un peu de cette Bretagne éternelle, une terre de légendes qui résiste au temps. Il faut chercher le point culminant du massif sur le chemin des Crêtes, un parcours impressionnant à suivre avec prudence au milieu de ces roches dressées en forme de rêves. Difficile de se risquer à nommer le Roch culminant au plus haut, querelle des cimes vaut celle des clochers. Quatre sommets sont bien en concurrence, *pointant* entre 381 et 385 mètres, mince différence soumise à tant d'éléments d'appréciation. C'est comme les sondages, les résultats sont à apprécier avec la marge d'erreur afférente, non seulement à l'outil de mesure, mais aussi aux fluctuations saisonnières et à l'usure du temps. Pour les uns, c'est le Roc'h Trévézel qui décroche la palme, pour d'autres le Ménez Kador le dépasse d'une vingtaine de centimètres. C'est sans compter avec les géographes qui affichent une hauteur quasiment équivalente pour le Roc'h Trédudon, avec ou sans son relais de télévision, tout dépend du moment, c'est si fragile un pylône aux dires des anciens du FLB ! La légende toujours…

Là-haut sur le mont chauve

Il est temps de parler du quatrième prétendant, la montagne Saint-Michel, qui l'emporte avec le sommet du clocher de sa chapelle auquel personne ne songerait à toucher, même les Normands ne contestent pas aux Bretons ce mont-là. Par contre, la chapelle Saint-Michel-de-Brasparts est située sur la commune de Saint-Rivoal, elle-même voisine de Brasparts dont elle n'est plus une simple trève depuis 1925, clochers et monts brouillent décidément bien les pistes, Cornouaille et Léon toujours. Il reste que son sommet offre un très beau panorama sur les marais et tourbières de Yeun Elez, ainsi que sur le lac de Brennilis, dénommé Saint-Michel lui aussi, là où la tradition bretonne situait la porte de l'enfer. Il fallait bien qu'une chapelle veillât sur de tels lieux ! La magie opère toujours, les écrivains et les poètes s'en émerveillent, d'Anatole Le Braz à Philippe Le Guillou et bien d'autres. Xavier Grall les évoque avec passion dans Les vents m'ont dit (1981) : « J'aimerais vous montrer les monts chauves de l'Arrée, les sentiers blancs qui conduisent à des manoirs poignardés, les chemins qui s'enroulent autour des hameaux bleus. C'est un pays de brumes et de vents en bataille, avec des toponymes aussi fluides que des ondées, aussi sonores que des gongs. »

Le chaos du Huelgoat

Au pied des monts, les roches se sont bien arrondies, polies par on ne sait qui, mais répandues dans un tel chaos que chacun y trouve son Graal. La forêt du Huelgoat est ainsi peuplée d'énigmatiques rochers au chaos apparent, comme celui du Moulin. On convoque tour à tour Gargantua ou la légende arthurienne pour, sinon expliquer, du moins dénommer les lieux les plus magiques. Déjà connus, au début du XIXe siècle, des premiers visiteurs séjournant à l'hôtel d'Angleterre pour chasser et pêcher le saumon. Il faut donc serpenter entre le Trou du Diable (voir page 168) ; la Roche Tremblante (100 tonnes et 7 mètres de long), toujours aussi impressionnante et qui n'a pas encore vacillé ; le Ménage de la Vierge, qui évoque la douceur du foyer ; le Camp et la Grotte d'Artus, qu'on atteint par le chemin des Amoureux ; la Rivière d'Argent et sa légende dorée… Légendes à part, ces formes improbables font même évoquer parfois quelques ressemblances avec le chaos de Fontainebleau. Quelques peintres ont aussi fait le chemin depuis Pont-Aven pour immortaliser de tels paysages insolites, comme Paul Sérusier et Maurice Denis. Quand on pense que le site faillit disparaître au XIXe siècle sous les marteaux de quelques tailleurs de pierre…

Montagnes Noires

Plus au sud, les Montagnes Noires se déploient au cœur de cet Argoat avant qu'il ne s'approche du littoral, s'étirant sur une soixantaine de kilomètres depuis le Morbihan et le secteur de Gourin. Moins connues que les monts d'Arrée, plus étroites et moins hautes, elles ne culminent qu'à 326 mètres au Roc Toullaëron, un titre que personne ne lui conteste, son dauphin ne mesurant que 281 mètres à la Roche du Feu. Il y a bien aussi le Ménez Kamm, la montagne tordue et donc un peu moins haute avec ses 244 mètres. Le noir qui domine n'est pas celui de forêts calcinées, mais celui du schiste noirâtre qui a permis quelques exploitations ardoisières jusque dans les années soixante. Au pied de ces monts, le domaine de Trévarez offre la curieuse architecture d'un château bâti à l'aube du XXe siècle par James de Kerjégu, un rêve de la Belle Époque, appelé aussi le « château rose » en raison des parements en pierre de Kersanton. Repris en 1968 par le conseil général du Finistère, son vaste domaine s'étendant jusqu'à l'Aulne présente un remarquable parc à l'anglaise. Tout au long de l'année, divers événements viennent animer Trévarez : festivals des plantes, expositions artistiques ou thématiques d'envergure. Toujours sur les bords de l'Aulne (canal de Nantes à Brest), le bourg de Châteauneuf-du-Faou peut contempler à la fois les Montagnes Noires et les monts d'Arrée, ce que n'a pas manqué de faire Paul Sérusier, « attiré par la Bretagne, ma vraie patrie puisque je suis né de l'esprit ». Résidant principalement à Châteauneuf à partir de 1893 et jusqu'à la fin de sa vie (1927), il se fait construire une maison en 1906 et prend le temps de décorer l'église de vastes et belles fresques.

CURIOSITÉ

Isabelle

On ne boit pas que du cidre en Bretagne ! Il y a aussi Isabelle, une eau de source naturelle qui a acquis une grande notoriété. Exploitée à Saint-Goazec depuis 1967, il en a été produit 260000 bouteilles par mois en 1970, 140000 par jour en 1996, 35 millions à l'année actuellement. L'entreprise, qui emploie treize personnes, possède une chaîne d'embouteillage très automatisée, et elle veille à la qualité de la zone de captage, un site boisé et protégé. Une eau pure, sans traitement, cela existe en Bretagne !

Le pardon du beurre de Spézet

Spézet offre bien des visages. Désignant « l'endroit où se trouvent des groseilliers », la commune a aussi été surnommée un temps « le Las Vegas breton » en raison de la présence de plusieurs discothèques ! Elle possède fort heureusement d'autres qualités et son histoire est riche. Spézet est un peu la capitale bretonnante des Montagnes Noires, organisant pendant une dizaine d'années la *Fête de la langue bretonne*, l'occasion de faire la fête et d'organiser des combats de *gouren*, la lutte bretonne. Le manoir de Ménez Kamm est même devenu, dans les années soixante-dix, un foyer culturel breton considéré comme « le centre névralgique de la révolution culturelle en marche », selon Gérard Alle. Un lieu sans doute propice à la réflexion que Gustave Geffroy décrivait ainsi en 1905 : « L'habitation est loin de tout regard, au centre de quelque clairière, à l'abri des vents d'hiver qui balayent ces plateaux. Pas un passant, pas un bruit. C'est l'isolement, le silence, le mystère en pleine lumière. » Pas vraiment Las Vegas ou la révolution ! Très éclectique donc, Spézet continue de cultiver l'image d'une cité rebelle. Ses excès lui seront pardonnés, comme indiqué ci-après.

CURIOSITÉ

Le beurre et l'argent du beurre

Autre registre incontournable en Bretagne, le pardon. Spézet a bien évidemment le sien, à la chapelle Notre-Dame-du-Krann. On y perpétue la tradition des trois mottes de beurre, très richement décorées, chacune d'elles représentant les habitants des trois quartiers de Spézet : *Kost an dour*, *Kost ar méné* et *Kost ar gorre*. Le beurre et l'argent du beurre, en hommage à la Vierge symbole de la fécondité, sont (bien) utilisés pour la conservation de l'église.

Chapitre 14

Pays du Morbihan

Dans ce chapitre :

- Les Pays du Morbihan
- La saga Yves Rocher
- Le charme des Montagnes Noires

Des îles, des baies, une côte découpée comme une dentelle patiemment confectionnée par des temps sans mémoire, des terres riches de traces millénaires, de mille manoirs ou châteaux aux mille secrets, et l'allure tranquille d'une campagne joliment variée, où l'on peut encore se perdre dans les chemins creux… Voilà le Morbihan, seul département de Bretagne à porter un nom breton : *mor*, la mer, et *bihan*, petite, le Morbihan, c'est la petite mer. Mais où donc se trouve-t-elle ? Allez à Vannes et vous découvrirez cette petite mer : le golfe aux soixante îles, fermé par les presqu'îles de Rhuys et de Locmariaquer.

Agriculture et pêche en Morbihan

Du sud des Montagnes Noires à l'ouest du département au Pays vannetais à l'ouest, en passant par les landes de Lanvaux au centre et le sud du Porhoët… au nord, le Morbihan compte 9 180 exploitations agricoles – on en comptait 46 500 en 1955 ! – dont les surfaces se répartissent ainsi : moins de 25 hectares : 41 %, de 25 à 50 hectares : 40 %, au-delà de 50 hectares : 19 %. L'agriculture morbihannaise occupe près de 7 % des travailleurs actifs. La production de lait est importante – 6e rang en France avec plus d'un milliard de litres annuels. Circulant à l'intérieur des terres, on découvre de nombreux élevages de dindes, de canards, de poulets ou de porcs. Cette production a développé de façon considérable l'industrie agroalimentaire. Le Morbihan est n° 1 pour la production avicole, n° 1 pour la production des haricots verts, n° 1 pour la production d'épinards, n° 1 des ports de l'Atlantique – second port de pêche après Boulogne –, Lorient emploie directement 4 500 personnes. Plus de 30 % des pêcheurs bretons – 9 % des pêcheurs français – vivent en Morbihan.

Les sept Pays

Le Morbihan se décline en sept Pays, sept réalités économiques, sept physionomies géographiques, sept parties solidaires d'un tout qui offre au visiteur les multiples visages de son passé, et traite lucidement ses avancées vers l'avenir. Qu'on visite le Pays de Lorient ou celui d'Auray, le Pays de Vannes ou de Ploërmel, le Pays de Pontivy, la partie morbihannaise du Pays de Redon et Vilaine ou bien celle du Pays Centre-Ouest Bretagne, on est constamment surpris par la variété des paysages maritimes ou ruraux, par le dynamisme d'activités dont les lignes qui suivent présentent l'essentiel.

Le Pays de Lorient

Le Pays de Lorient au sens large, ce sont 30 communes où vivent 214 000 habitants. Ces 30 communes se répartissent en plusieurs unités plus précises, dont la Communauté d'agglomération du Pays de Lorient. Si vous avez suivi les majuscules de cette unité, vous êtes capable de constituer vous-même le nom de cet ensemble qui comprend 19 des 30 communes du Pays de Lorient : Cap l'Orient. C'est le 16 décembre 1999 qu'est né Cap l'Orient. Aujourd'hui, cette Communauté comprend les communes de Brandérion, Caudan, Cléguer, Gâvres, Gestel, Groix, Guidel, Hennebont, Inzinzac-Lochrist, Lanester, Languidic, Larmor-Plage, Locmiquélic, Lorient, Ploemeur, Pont-Scorff, Port-Louis, Quéven, Riantec.

Au cœur de Cap l'Orient : Lorient

Au cœur de Cap l'Orient, on trouve bien sûr la ville de Lorient, née lorsque Colbert crée en 1666 la Compagnie des Indes. C'est d'abord à Port-Louis que la Compagnie établit ses quartiers, puis, au fond de la rade. Le premier bateau de la Compagnie y est mis en chantier ; il s'agit du *Soleil d'Orient* qui sera doté de 60 canons. Ceux qui travaillent à sa construction appellent le chantier « Le Soleil d'Orient » qui devient, en version courte « L'Orient ». Et enfin, sans apostrophe, Lorient qui prospère avec le commerce des Indes. La Compagnie déclinant au XVIIIe siècle, Louis XV achète le port et le transforme en arsenal royal. Après la Grande Guerre, Lorient devient un important port de pêche. En 1941, les nazis construisent la Base sous-marine, visée en 1943 par les bombardements de l'aviation alliée : Lorient et Lanester sont détruites. En août 1944, les Allemands ne s'avouant pas vaincus, continuent le combat, créant la « poche » de Lorient – 26 000 hommes, de la Laïta à la presqu'île de Quiberon – qui ne cédera que le 10 mai 1945.

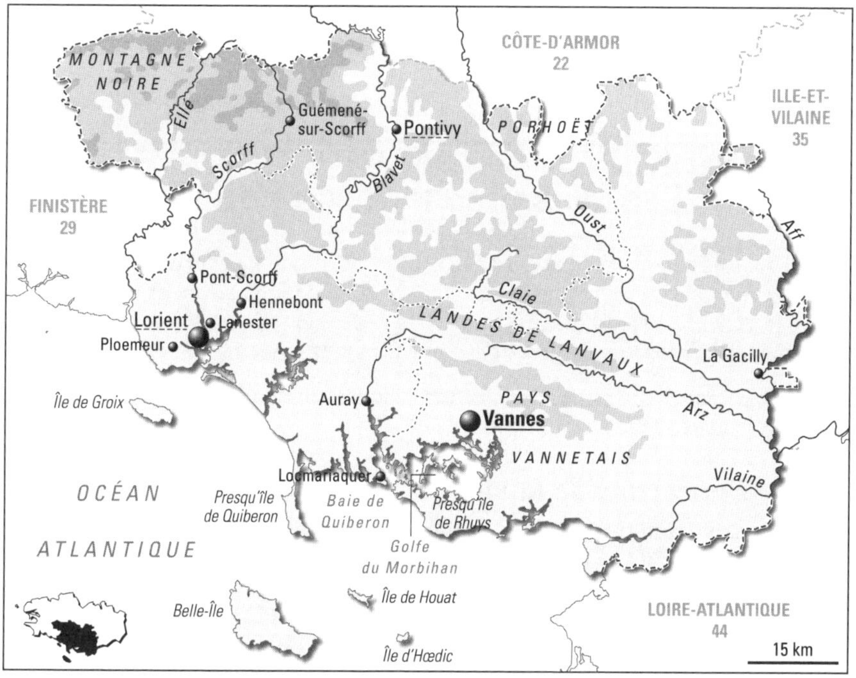

Figure 14-1 : Le Morbihan.

Le SCOT et les vingt ans à venir

Le Pays de Lorient, c'est aussi le SCOT, Schéma de cohérence territoriale qui rassemble les 19 communes de Cap l'Orient, auxquelles s'ajoutent celles de Blavet-Bellevue-Océan que sont Kervignac, Merlevenez, Nostang, Plouhinec et Sainte-Hélène. Le SCOT étudie les grands axes d'orientation dans l'aménagement du territoire pour ce qui concerne le développement économique, les transports, l'habitat et l'environnement, et cela pour les vingt années à venir.

La Base reconvertie

Aujourd'hui, la Base de sous-marins est reconvertie, après avoir été jusqu'en 1997 dédiée aux sous-marins classiques. Trois pôles aujourd'hui correspondent à ce que furent les trois blocs de la construction allemande : le premier dédié à la construction de catamarans, de yachts, de bateaux de course, le deuxième à la Cité de la voile Éric-Tabarly, au Musée sous-marin et au sous-marin *Flore* désarmé en 1989, le troisième est un pôle de course au large, port d'attache de grands navigateurs, une esplanade de 20000 mètres carrés permet l'accueil de manifestations nautiques d'importance.

LE SAVIEZ-VOUS ?

Les trois éléphants de Pont-Scorff

Dans la rade de Lorient, deux cours d'eau poissonneux se rejoignent : le Scorff – le saumon sauvage vient s'y reproduire – et le Blavet. Remontant le premier, on passe à Pont-Scorff où trois éléphants d'Asie – Homaline, Ant Bwe Lay et Gandhi – vivent dans un zoo qui héberge six cents animaux du monde entier en cent vingt espèces.

L'attraction de la mer

La vocation rurale des petites communes composant Cap l'Orient a toujours été mêlée à la présence proche de la mer, à son influence. En 1860, sur la commune d'Inzinzac sont créées les forges d'Hennebont parce que l'industrie de la sardine a besoin de fer-blanc. Le saumon contribue à l'essor de l'industrie de la pêche à Pont-Scorff. Le commerce du bois et l'importation de la houille d'Espagne destinée aux hauts-fourneaux développent le port d'Hennebont. Enfin, les activités touristiques guident Guidel vers la mer…

Le Pays d'Auray

À l'est, le Pays d'Auray est délimité par le golfe du Morbihan et la rivière d'Auray. À l'ouest, c'est la ria d'Étel qui en constitue la limite. Partons maintenant du sud, de la presqu'île de Quiberon, remontons jusqu'aux forêts domaniales de Camors et Floranges… Voici délimité le Pays d'Auray.

Des vallées maritimes

Longez les côtes du Pays d'Auray, enfoncez-vous légèrement dans les terres, c'est toujours le même charme : de profondes vallées maritimes alternent au fil des paysages. Vous longerez le Loc'h, long de 45 kilomètres à partir des landes de Lanvaux, le Sal, long de 25 kilomètres. Le premier traverse un relief fort varié, contrairement au Sal qui paresse mollement dans des zones à faible pente.

Terre de mégalithes

Le site de Carnac est habité depuis des temps immémoriaux. Vous avez déjà lu, dans les chapitres qui précèdent, l'histoire de ces étranges mégalithes qui furent plantés sur les différents sites de la région. Des alignements destinés à célébrer des divinités de l'agriculture, de l'élevage ? On ne peut rien affirmer avec certitude. Vous pouvez effectuer une randonnée « mégalithes » à travers les communes de Belz, Erdeven, Plouharnel, Saint-Pierre-Quiberon, Carnac, La Trinité-sur-Mer, Saint-Philibert et Locmariaquer.

De grands espaces

On poursuit sa route en se laissant charmer par le mariage des couleurs de la côte et la mer changeante sous le ciel bleu ou gris, on observe la flore extrêmement riche qui offre parfums et couleurs à la belle saison.

Le charme des forêts

La forêt de Camors, au nord du Pays d'Auray, vous réserve une surprise : vous découvrez en vous promenant, une chaussure au pied d'un chêne, et cette chaussure est entourée d'un cercle de pierre. Il s'agit du chêne Bé-er-Sant (la tombe du saint) : pendant la Révolution, un officier de l'armée des Bleus, les républicains, vint tenter de parlementer avec les chouans. En signe de paix, il portait un drapeau blanc. Mais les chouans l'abattirent. On en fit un saint auquel on donna la capacité de faire marcher les enfants… On oscille entre l'histoire et la légende, ainsi que le souligne l'écrivain Henri Queffélec : « Le conte et la légende poussent ici comme de la ronce et, pour les respecter, nous dirons que nous sommes entrés dans un pays de couleur de mémoire. »

Des escales insulaires

Belle-Île – l'actrice Sarah Bernhardt (Rosine Bernard, 1844-1923) aima y séjourner à partir de 1894, près de la pointe des Poulains où se trouvait sa propriété. Belle-Île appartint au fortuné puis infortuné Fouquet, l'homme d'affaires de Mazarin, emprisonné par Louis XIV. L'île fortifiée par Vauban en 1690 – visitez le fort du même nom – fut prise par les Anglais en 1761, rendue à la France en 1763. Des Acadiens chassés de leurs terres par les Anglais y trouvèrent refuge en 1765. Partant de Quiberon, vous naviguez une heure avant d'atteindre Le Palais qui vous ouvre les portes d'un paradis de paysages – les aiguilles de Port Coton, par exemple. Non loin de Belle-Île, au large de Quiberon, se trouve le « petit canard », l'île de Hoëdic, 800 mètres de large, 2,5 kilomètres de long, cent habitants l'hiver, trois mille l'été ; au nord-ouest, voici Houat, 3,3 kilomètres de long pour 1,5 kilomètre de large, couverte d'ajoncs, de fougères, avec ses pêcheurs à l'année, et ses touristes l'été.

La ria d'Étel

L'un des plus beaux sites de la côte bretonne, préservé des clichés touristiques, encore intact et hors du temps, a pour nom la ria d'Étel. Cette avancée de la mer dans la partie terminale du fleuve s'effectue d'abord par une embouchure étroite qui s'évase en aval sur 15 kilomètres. De nombreux bras de mer y aboutissent, où se sont installés des chantiers ostréicoles. Demeurez là un moment : les couleurs de la mer et du ciel varient de façon surprenante, c'est un tableau sans cesse renouvelé. Des plages toutes proches vous attendent.

Les pèlerins de Sainte-Anne-d'Auray

Un vélo, des beaux jours, c'est la recette du bonheur qui vous conduit dans le Pays d'Auray, à la découverte des communes de Brec'h, Camors, Landaul, Landévant, Locoal-Mendon, Ploemel, Plumergat, Pluvigner ou Sainte-Anne-d'Auray. Cette dernière est le lieu d'un pèlerinage catholique en l'honneur de sainte Anne. Un jour de 1623, un paysan, Yves Nicolazic, affirme que sainte Anne la mère de la Vierge Marie lui est apparue. Peu de temps après, elle lui demande d'aller dans un lieu où il trouvera une statue oubliée en terre, ce qu'il fait. Et la statue est exhumée. Les pèlerins affluent depuis ce temps à Sainte-Anne-d'Auray. On en compte 800 000 chaque année.

Le Pays de Vannes

Le Pays de Vannes, ce sont 61 communes réparties en 7 structures intercommunales, et qui rassemblent 175 000 habitants. Le Pays de Vannes, c'est l'estuaire de la Vilaine, le golfe du Morbihan, c'est la croissance démographique la plus importante de Bretagne après celle de Rennes. Ce sont des activités économiques multiples orientées vers l'agroalimentaire : l'abattage, le découpage de la volaille, la fabrication de plats préparés, de divers produits culinaires. C'est la conchyliculture (élevage des coquillages en général), c'est l'agriculture, en production porcine et avicole, laitière et maraîchère, l'ensemble complété des pôles fort bien équipés à La Roche-Bernard, Muzillac et Questembert, Sarzeau, Elven ou Grandchamp.

Pauvres Vénètes !

Connaissez-vous Darioritum ? C'est tout simplement Vannes, avant Vannes. En effet, le site du chef-lieu du Morbihan fut d'abord occupé dans le quartier actuel de Saint-Patern, par les Vénètes. Cette tribu est la plus puissante des cinq peuples primitifs en Armorique. Les Vénètes sont battus par César – 56 av. J.-C. –; vous connaissez cette triste histoire pour l'avoir lue dans les chapitres précédents. La population est réduite en esclavage, déportée, les richesses sont pillées.

L'indépendance de la Bretagne

Beaucoup plus tard, Patern y fonde en 465 le premier évêché de Bretagne. En 846, un an après avoir battu le roi des Francs Charles le Chauve à Ballon, près de Redon, Nominoë proclame à Vannes l'indépendance de la Bretagne.

Ville prospère, la plus importante cité du duché, elle agrandit ses remparts, héberge les ducs au château de l'Hermine, construit en 1380 par Jean IV – à l'emplacement de l'actuel bâtiment qui date de 1785. Vannes, en 1532, reçoit la visite de François Ier, roi de France. Il y rencontre les états de Bretagne afin de signer le traité d'Union avec le royaume…

LE SAVIEZ-VOUS ?

Vincent Ferrier et ses 873 miracles

En 1417, le duc Jean V de Bretagne est très inquiet : les Vannetais font preuve d'une telle impiété qu'il n'a d'autre solution que celle de faire appel à un prédicateur qui va les remettre sur le droit chemin. Ce prédicateur s'appelle Vincent Ferrier. Il est né à Valence en 1350. Il a parcouru toute l'Espagne, l'Écosse, l'Italie, la Suisse, prêchant dans toutes les langues avec tant de passion qu'il rassemble des foules immenses. Dans le Pays de Vannes, en 1418, il va porter la bonne parole une année durant, étendant même son action à toute la Bretagne. Il accomplit des miracles partout où il passe. On en dénombre à l'époque 873 ! Mais Vincent s'épuise, tombe malade et vient mourir à Vannes le 5 avril 1419, à soixante-neuf ans. Vincent Ferrier est canonisé en 1455. Son corps repose dans la cathédrale Saint-Vincent, à Vannes.

Le golfe du Morbihan

La voici, la petite mer, la « mor bihan ». Ce golfe né de l'invasion d'un bassin créé par l'érosion d'un fleuve voilà bien longtemps, couvre près de 12 000 hectares. Le goulet qui le rejoint à la mer n'est large que d'un kilomètre, entre Port-Navalo et Locmariaquer. C'est dire la puissance du courant lors des va-et-vient de la marée. La légende affirme que le golfe comporte autant d'îles que de jours dans l'année. On est proche de la vérité car ce sont environ trois cents îles et îlots que l'on dénombre, entre trente et quarante îles sont habitées.

Mimosas et camélias

Deux de ces îles composent une commune : l'île aux Moines et Arz. Faites halte à l'Île-aux-Moines, dans le parfum capiteux des pins et du goémon mêlés. À la douce atmosphère s'ajoute le plaisir des yeux lorsque la saison offre à profusion des mimosas, des camélias, et que se laissent caresser par le vent les palmiers et les orangers, sans oublier les trois oliviers de l'île! Et quels noms pour les bois qui accueillent les pas des rêveurs ou des amoureux : le bois d'Amour, non loin du bois des Regrets… L'île d'Arz est moins vallonnée que sa voisine, moins touristique.

Autour du golfe

Autour du golfe, il faut se laisser aller, entre les marécages, le bord du cours d'eau, les forêts, dans les environs de Le Bono, délicieux petit port que l'on quitte pour Baden, puis Larmor-Baden aux bassins ostréicoles. Voici Arradon et son chemin de côte. C'est la « Riviera » du golfe avec ses grandes propriétés, ses pins, ses figuiers, ses grands parcs, son allure à la fois élégante et sauvage.

Pays de Redon et Vilaine (partie morbihannaise)

La partie morbihannaise du Pays de Redon comprend les communes de Carentoir, Tréal, Quelneuc, La Gacilly, La Chapelle-Gaceline, Saint-Martin-sur-Oust, Les Fougerets, Saint-Gorgon, Peillac, Glénac, Saint-Vincent-sur-Oust, Saint-Jacut-les-Pins, Saint-Perreux, Allaire, Béganne, Rieux, Saint-Jean-la-Poterie, Thehillac.

Un territoire privilégié

Chacune des communes de la partie morbihannaise du Pays de Redon et Vilaine possède un charme bien particulier. On parcourt un paysage changeant où alternent les petits villages, les fermes isolées, les champs cultivés, les prairies, les petites villes, on traverse des bois, des forêts, dans une atmosphère à la fois hors du temps parce que la nature exerce partout ses droits inaliénables, et dans notre époque, dans la modernité, les champs et les voies tournés vers l'avenir. C'est tout l'heureux paradoxe de ce terroir : le privilège d'un environnement préservé des excès de notre siècle, et l'avantage des bénéfices du monde d'aujourd'hui. Un homme a incarné cette gageure réussie, cette union entre le passé et l'avenir dans un présent dynamique, c'est Yves Rocher, dont la marque est connue dans le monde entier, tout en offrant aux visiteurs de La Gacilly les garanties d'une incontestable authenticité.

La Gacilly et la saga Yves Rocher

L'histoire commence par une pommade, un onguent que l'on préfère distribuer discrètement puisqu'il guérit ou apaise les hémorroïdes. Le jeune Yves Rocher à qui une vieille guérisseuse en a donné la recette se met à en fabriquer dans le grenier de la maison familiale. Il passe des annonces dans les journaux où il vante les mérites de sa pommade qu'il expédie aux quatre coins de la France. Sa marque est fondée en 1959. Son idée majeure, dès le début des années soixante est de placer la nature au centre de ses recherches, d'en utiliser l'image dans la vente de ses produits élaborés à partir de plantes. En 1965, il lance le « Livre vert de la beauté ». Son premier magasin parisien est inauguré en 1969. Puis il s'implante en Belgique. Aujourd'hui, la marque Yves Rocher existe dans plus de trente pays et compte 2000 magasins ; son chiffre d'affaires dépasse les deux milliards d'euros. Quinze mille personnes sont employées par le groupe qui satisfait 40 millions de clientes dans le monde. Si vous passez par La Gacilly, faites une halte pour visiter le jardin botanique, le végétarium, entre autres lieux qui vous donnent une envie irrésistible de vous refaire une beauté à l'Eco Hôtel Spa…

Pays de Ploërmel, cœur de Bretagne

Le Pays de Ploërmel, ce sont les communautés de communes du Pays de Guer, de Mauron en Brocéliande, de Porhoët, du Val d'Oust et de Lanvaux, de Ploërmel et du Pays de Josselin.

Le roi Arthur à Comper

Le Pays de Ploërmel, cœur de Bretagne, c'est aussi le cœur de la forêt de Paimpont, souvenir magique de la forêt légendaire de l'immense Brocéliande. On peut aller rêver aux temps anciens, aux légendes du roi Arthur à Comper, dans le château où se trouve le Centre de l'imaginaire arthurien. C'est un lieu idéal pour sortir du temps, croiser les fées Viviane et Morgane, l'enchanteur Merlin – mais vous avez déjà voyagé dans ce temps parallèle dans les chapitres précédents. Extraordinaire halte que celle de Comper, d'où partent mille et un sentiers pour se perdre dans le temps… Et si vous êtes vraiment égaré, vous retrouverez sûrement la « voie verte » qui vous permettra de retrouver les chemins de randonnée classiques au bout desquels se trouve votre automobile…

Le château de Josselin

Passant à Josselin, vous vous laissez happer par l'image du surgissement des tours du château qui se reflète dans les eaux du canal de Nantes à Brest. Quatre tours… Le château en possédait neuf. Mais la folie des hommes, l'affrontement des Malestroit, catholiques et des Rohan, protestants a eu raison de la beauté de l'édifice, édenté désormais, privé des tours qui ont fait dire à Richelieu « J'ai joué aux quilles avec le château de Josselin… ». C'est lui, Richelieu, qui « punit » ceux qui osent dévier du chemin spirituel qu'il a établi pour la France. On découvre aujourd'hui au château de Josselin, le musée de la Poupée. Six cents poupées y sont rassemblées dans une collection commencée par la duchesse Antoinette de Rohan.

Ploërmel, la cité d'Armel

La ville de Ploërmel accueille le visiteur avec ses mille couleurs, ses commerces multiples, remise de ses blessures de 1944 lorsqu'elle fut occupée par les nazis, et bombardée. La cité avait été fondée au VIe siècle par Armel qui venait d'Angleterre. En 1819, Jean-Marie de Lamennais (1780-1860) fonde la congrégation des Frères de l'instruction chrétienne, à Ploërmel. Elle fut dissoute en 1903 ainsi que toutes les congrégations religieuses pratiquant l'enseignement. Aujourd'hui, elle compte près de 1 100 membres répartis dans 25 pays.

Pays de Pontivy

Le Pays de Pontivy comprend les communautés de Baud, de Locminé, de Pontivy et de Saint-Jean-Brévelay, auxquelles s'ajoute une commune isolée : Moréac. Cet ensemble représente 45 communes où vivent 82 000 habitants qui vivent en partie des 4 500 entreprises établies au pays.

Les quatre secteurs

On peut diviser le Pays de Pontivy en quatre secteurs : à l'ouest, les Montagnes Noires et leurs confins ; au centre, le bassin agricole de Pontivy ; au sud-est, les piémonts de Locminé ; au sud, les landes de Lanvaux.

Les Montagnes Noires

Beaucoup d'arbres sur les hauts plateaux des Montagnes Noires et leurs confins. Le relief s'élève jusqu'à 290 mètres, et se bombe au nord-ouest, se terminant par un massif granitique au sud. Un charmant paysage sylvestre s'offre au visiteur qui pousse sa promenade jusqu'au nord des Montagnes Noires : la forêt de Quénécan, 4 000 hectares, en bordure du lac de Guerlédan, qui a justement acquis le surnom de Petite Suisse bretonne. Les massifs granitiques du sud sont creusés de vallons encaissés. Le paysage agricole est composé de prairies et de champs cultivés où poussent céréales et maïs. Sillonnant la campagne, vous découvrirez, construits de schiste et de grès harmonieusement assemblés, des maisons de bourg, des bâtiments de fermes, des moulins, des lavoirs et des puits, des fours à pain et des fontaines.

La Petite Beauce

Le bassin agricole de Pontivy, appelé parfois la Petite Beauce, a changé de visage pendant les Trente Glorieuses (1945-1973). Cette vaste étendue sédimentaire est passée d'un aspect bocager à un paysage de champs ouverts, par l'arrachage des arbres, des haies, l'arasement des talus. On y découvre des cultures de céréales, de maïs, des prairies, des cultures légumières. L'agroalimentaire y occupe une bonne place. Vous vous y promènerez peut-être en bateau sur le canal de Nantes à Brest, vous patienterez aux écluses, regardant passer les vélos ou les chevaux sur le chemin de halage, et, dans le lointain paysage, le tournoiement silencieux des pales d'éoliennes.

LE SAVIEZ-VOUS ?

Napoléonville et les Rohan

Remontons le Blavet qui nous conduit à Pontivy où fut fondé par saint Ivy, au VIIe siècle, un monastère, plus de mille et cent ans avant que Napoléon – qui n'était pas un saint... – décide de faire de la ville le centre militaire de la Bretagne, au temps du blocus continental avec l'Angleterre, en 1806. La ville s'étend alors selon une géométrie rigoureuse où les rues s'entrecroisent à angles droits. Pontivy devient Napoléonville... jusqu'à la fin du Premier Empire, puis du Second Empire.

Le Pays de Pontivy est le pays des Rohan. On trouve le blason de cette famille sur de nombreux monuments et constructions à Pontivy et ses environs. Les Rohan, ce sont des Alain et des Josselin (prénoms traditionnels dans la lignée) qui occupent des rôles importants dans l'armée ou dans l'Église. Ces chefs de guerre et ecclésiastiques en particulier, et tous les Rohan en général ont pour devise : « Roi ne suis, prince ne daigne, Rohan suis. » Elle a guidé trente générations de Rohan en dix siècles d'une histoire qui se poursuit aujourd'hui avec le sénateur Josselin de Rohan, quatorzième duc du nom.

Locminé et ses piémonts

Les piémonts de Locminé alternent vallons et collines dans un paysage de bocages qu'a beaucoup moins atteint la vague d'arrachage des haies des années soixante et soixante-dix. Beaucoup de bâtiments d'élevage parsèment le paysage, notamment avicoles et porcins. L'urbanisation s'effectue peu à peu. Les acquéreurs trouvent dans les piémonts de Locminé, tous les charmes de la nature non loin de la ville. On est séduit en visitant la campagne par de nombreuses constructions hésitant entre le passé et le néant, et qu'il est tentant de rénover. Les entreprises agroalimentaires se sont multipliées, et l'on remarque sans peine, de très loin, ce qui est appelé la « cathédrale agroalimentaire de Saint-Allouestre », unité de production et de stockage de la Cecab, la Centrale coopérative agricole bretonne.

Les landes de Lanvaux

La limite sud du Pays de Pontivy est marquée par l'élévation d'un massif granitique qui constitue une sorte de barrière au rôle de frontière. On peut chercher en vain les « landes » dans ce secteur : depuis 1950, il a été décidé de reboiser le secteur où poussent aujourd'hui des résineux. Ils ont envahi aussi des zones à l'abandon. Faune et flore sont protégées par une sorte de cordon forestier constitué des forêts de Camors, de Floranges et de Lanvaux. Voulez-vous de ces petits ruisseaux qui disent l'intimité végétale et sauvage ? En voici dans les sous-bois, dans les vallées de la Claie, du Tarin, de l'Arz et du Loc'h, en bordure des landes qui n'en sont plus... Voulez-vous des vestiges mégalithiques, des menhirs, des dolmens, des allées couvertes ? Vous en trouverez qui conduiront votre imagination vers les temps les plus reculés, pendant que vous contemplerez, au-delà des prairies, de beaux panoramas entre l'impressionnant et le nonchalant, qui ravissent le promeneur.

Pays Centre-Ouest Bretagne (partie morbihannaise)

Le pays Centre-Ouest Bretagne, le COB, est situé au cœur des Côtes-d'Armor, du Finistère et du Morbihan. Le COB, ce sont 104 000 habitants et 108 communes. La partie morbihannaise est appelée le Pays du roi Morvan. Elle comprend 21 communes qui rassemblent près de 30 000 habitants. Pourquoi le Pays du roi Morvan ? Parce que, sur ce terroir, en 818, le roi Morvan, fier défenseur de la Bretagne, se battit contre les troupes de Louis Ier le Débonnaire, ou le Pieux, fils de Charlemagne ! Et le roi Morvan fut vainqueur. Mais il fut tué quelque temps plus tard, dans son château aujourd'hui disparu.

Le Rock an Ankou

Le riche patrimoine de ce Pays du roi Morvan se décline en abbayes telle celle de Langonnet qui renferme un musée africain, en chapelles nombreuses – Saint-Tronjoly, Sainte-Jeanne, Sainte-Barbe –, en églises – Notre-Dame-de-Lorette, Saint-Jean-Baptiste, Saint-Caradec –, sans oublier les halles du Faouët, le manoir de Kerduel, ceux de Kerfloc'h, de Kermain... On y découvre de nombreux sites naturels : les Montagnes Noires, région culminante du département du Morbihan. C'est là que, selon la légende, au Rock an Ankou, les soirs de pleine lune, ou même n'importe quel autre soir, on entend les roues de la charrette de l'Ankou grincer... L'Ankou, c'est la mort. On raconte que le cheval du roi Arthur fut enchaîné au Rock an Ankou pendant dix-sept ans ! Des vallées pour vous distraire de l'Ankou : celle de l'Aër, celle de l'Ellé, enchanteresses...

De Guémené-sur-Scorff à Priziac

Vous devenez pérégrin, visitant les communes de Guémené-sur-Scorff (ne pas confondre avec Guémené-Penfao, en Loire-Atlantique), Locmalo et sa fontaine Saint-Symphorien, Lignol et sa chapelle Saint-Yves, Kernascléden et son église, Berné et sa chapelle Sainte-Anne-des-Bois, son domaine de Pontcalleck, Le Faouët, Lanvénégen et sa fontaine Saint-Urlo, Meslan, Ploërdut, Plouray et son centre bouddhique, Saint-Tugdual, Le Croisty, Le Saint et son site de Notre-Dame-de-Lourdes, Gourin et le domaine de Tronjoly aux jolis château et parc, Langonnet, Priziac et son lac de Bel-Air…

L'andouille de Guémené, quel Guémené ?

Déjà citée, l'andouille de Guémené, l'authentique, est bien celle de Guémené-sur-Scorff. Si vous passez à Guémené-Penfao, au nord de la Loire-Atlantique, vous pourrez acheter de l'andouille… de Vire ou de Guémené-sur-Scorff, mais de Guémené-Penfao, point : cette petite ville n'en a jamais fait sa spécialité.

Chapitre 15

Et du côté de la Loire-Atlantique…

Dans ce chapitre :

- Tous les Pays de la Loire-Atlantique
- Les villes, le littoral et la campagne qui se déploient autour de la Loire
- En mettant plus particulièrement en avant tous les signes bretons qui résonnent dans ces lieux

Une collection des « Régions de France » doit-elle, au XXIe siècle, présenter le territoire de la Région dans sa configuration actuelle ? ou bien dans son périmètre historique le plus communément admis ? Cette question n'est pas anodine en ce qui concerne la Bretagne, tant elle *colle* avec celles que posent aujourd'hui les partisans de la réunification des cinq départements de la Bretagne historique. Bretagne administrative ou Bretagne historique, là est bien la question. Deux réalités, deux logiques. Fidèles à l'esprit de la collection, nous vous dirons tout. Les chapitres précédents ont permis de parcourir les quatre départements de la Bretagne administrative en routard curieux des singularités de chaque pays, passant volontiers des paysages à l'histoire, des monuments aux personnes, des particularismes locaux aux légendes, du terroir à l'économie, des dates aux chiffres en tout genre, des citations aux anecdotes… une sorte de kaléidoscope donnant à découvrir une vision originale de ces véritables bassins de vie que constituent les Pays, dont le concept a été inventé et promu en Bretagne dès 1970 avec le CELIB.

Au regard de l'histoire, la Loire-Atlantique est bretonne comme les quatre autres départements. Au regard de l'organisation régionale institutionnelle, ce n'est plus le cas. En parcourant la Loire-Atlantique et ses Pays, c'est précisément cet héritage, ce sentiment d'appartenance, cette complicité implicite qui sont ici proposés. La toponymie vient aussi éclairer le débat. Le *Dictionnaire des lieux habités de la Loire-Inférieure* de Léon Maître, paru en 1909, « montre que la bretonnisation fut quasi complète à l'ouest d'une ligne Derval-Donges. Mais elle fut également notable à l'est », rapporte Yann Poupinot dans *Le Sentiment d'appartenance bretonne en Loire-Atlantique* (1972). Dans le Pays guérandais, la Brière et le nord du département, se retrouvent de nombreuses communes dont le nom se termine en –ac, tel qu'il s'en rencontre beaucoup dans tout le pays gallo. De même, autour de la Basse-Loire, plusieurs communes ont choisi clairement leur camp en l'inscrivant dans leur nom : Montoir-de-Bretagne, Sainte-Reine-de-Bretagne, Fay-de-Bretagne, Le Temple-de-Bretagne, Vigneux-de-Bretagne et La Meilleraye-de-Bretagne.

Partons donc pour un petit tour de Loire-Atlantique à la découverte de l'eau qu'elle apporte au moulin breton.

La presqu'île guérandaise

L'eau est bien omniprésente dans le Pays de Guérande, ou Pays guérandais, plus connu sous l'appellation de presqu'île guérandaise, voire de presqu'île de Guérande. Cernée par les eaux ! La ville domine son petit territoire du haut du coteau de Guérande qui, venant de Saint-Nazaire (pointe de Chemoulin), file à l'ouest vers Piriac (pointe du Castelli). Au sud et surplombant l'océan, la côte du Croisic-Batz, une autre faille rocheuse parallèle, met aux avant-postes trois ex-îles, d'est en ouest, Le Pouliguen, Batz-sur-Mer et Le Croisic, sa sentinelle portuaire. Entre les deux, une vaste étendue d'eau que la nature, le temps et l'homme ont apprivoisée et organisée. Les deux isthmes de Pen Bron et La Baule, flèches littorales résultant de la dérive de sables de Loire, en ont limité les accès au goulet du Croisic et à l'étier du Pouliguen. C'est dans la cuvette centrale que l'eau se transforme en sel. L'homme y a patiemment aménagé un étonnant damier de marais salants, laissant un peu de place aux deux Traicts (le Grand et le Petit), un plan d'eau bien abrité où des travailleurs de la mer bichonnent huîtres, moules et coques. Vers le nord, le plateau redescend vers l'océan pour offrir d'autres marais salants dans les boucles du Mès. Le tout se retrouve entouré d'eau également sur ses arrières, avec les marais de Brière, qui s'étalent encore bien davantage lors des périodes hivernales pluvieuses, ainsi que sur ses côtés, avec les embouchures de la Loire et de la Vilaine. Cernée par les eaux…

Ainsi bien délimitée, la presqu'île guérandaise s'offre à la Bretagne bretonnante dont elle constitue la partie la plus méridionale depuis le VIe siècle, lorsque le comte Waroc'h traversa la Vilaine pour s'établir à Piriac puis à Guérande, comme les Vénètes l'avaient déjà fait en prenant position vers la Loire. Elle en a tous les attributs requis, on y parlait le breton, l'histoire et la toponymie le confirment. Les cercles celtiques et les bagadoù y sont nombreux et actifs. Pays singulier qui a très vite pris le virage du tourisme, dès le milieu du XXe siècle, et dont Olivier Guichard se plaisait à dire qu'il était « l'aire de pique-nique » des Nantais.

Guérande en son Pays blanc

Pays blanc, nous suggère Gwenrann la bretonne, pays de l'*or blanc*... Guérande impose sa fière cité médiévale, la *forteresse du sel*, dont la masse sombre contraste avec les salines écloses à ses pieds.

Guérande, la « Carcassonne bretonne »

La ville médiévale de Guérande est parvenue à traverser les siècles, les guerres aussi bien que les envies d'agrandissement, tout en conservant ses plus beaux atours. Ses tours aussi, et les 1 434 mètres de remparts pour en faire le tour. Sans craindre de tomber dans les douves, entrez dans la ville close par l'une de ses quatre portes : à l'est, l'emblématique porte Saint-Michel, qui abrita les gouverneurs de la ville, et les portes Vannetaise au nord, Bizienne à l'ouest et de Saillé au sud. Rassurez-vous, les ponts-levis ne s'abaissent plus avec le couvre-feu ! À moins de souhaiter se faufiler furtivement par la poterne du Tricot pour surprendre quelque belle endormie... Bretonne, Guérande a été associée à la vie du duché et de la province, et notamment à quelques événements exceptionnels : deux traités de paix y ont été signés en 1365 et 1381 ; cinq ans plus tard, le duc Jean IV a épousé Jeanne de Navarre, arrivée par la mer, en l'église Saint-Clair de Saillé. Heures de gloire aussi, lorsque Guérande fut le siège éphémère d'un évêché au temps de Nominoë, puis celui d'une sénéchaussée (justice), d'une amirauté et d'une officialité (tribunal religieux) distincte de Nantes. Âge d'or, au temps du commerce du sel à l'origine d'une florissante activité portuaire, les navires arrivant au pied du coteau... et on y frappa la monnaie du duc. Guérande est alors, avec ses quatre mille habitants, la seconde ville du comté nantais.

De la belle endormie...

Mer capricieuse, envasement des étiers, déjà ! Guérande n'est plus un port et le commerce maritime se tourne vers Le Croisic et Le Pouliguen dès la fin du XVe siècle. Les lumières de la cour ducale toute proche se sont éteintes, la cité médiévale se renferme dans ses souvenirs et se replie derrière ses remparts. C'est ainsi que Balzac trouve en 1830 que la ville « est debout sans vivre, elle n'a point d'autres raisons d'être que de n'avoir pas été démolie », et, insistant pesamment : « Guérande ne mène donc à rien, et personne ne vient à elle. Heureuse d'être ignorée, elle ne se soucie que d'elle-même ». La cause n'est peut-être pas perdue, en pensant aux visiteurs qui éprouvent, comme « à Venise, un désir bientôt oublié d'y finir leurs jours dans la paix, dans le silence, en se promenant par les beaux temps sur le mail qui enveloppe la ville du côté de la mer, d'une porte à l'autre ». C'est du roman ! *Béatrix* (1839), que son séjour avec Laure de Berny inspirera. En 1847, Maxime du Camp, le compagnon de tro-Breizh de Gustave Flaubert, ne vit « qu'une petite ville ornée de jolies filles coiffées de hauts bonnets ». Toujours bien calme en 1913, lorsque Guillaume Apollinaire s'est promené, avec émotion, dans « une ville quiète et pensive, [...] précieuse comme un bijou de famille ».

... à la renaissance de la capitale du pays

Moins rapide que les communes littorales à prendre le train du tourisme – il est vrai que sa gare et la ligne qui la desservait ont été depuis longtemps recyclées ! –, Guérande va se réveiller tardivement et sortir de son splendide isolement à la fin du XXe siècle. La ville s'ouvre au tourisme, labellisée *Ville d'art et d'histoire*, découvrant les vertus du patrimoine et de la culture comme moteur du développement économique. La ville close s'expose et s'anime, la collégiale dévoile ses trésors et ses petits diables cachés au sommet des chapiteaux. Elle revisite son passé en organisant chaque année une grande *Fête médiévale*, et s'offre *Terres blanches*, un festival de musiques *dans le vent*. Guérande retrouve ses fonctions capitales, ouvre deux lycées, crée de vastes zones d'activités et accueille des centres commerciaux ainsi que de multiples équipements de loisirs. Elle franchit les obstacles et les voies rapides qui ne le sont plus, s'étale dans sa vaste campagne, et replante même sa vigne. On se précipite les mercredi et samedi au marché, le vendredi pour lire l'hebdomadaire du pays, *L'Écho de la presqu'île guérandaise et de Saint-Nazaire*, témoin d'un pays en mouvement, attractif et actif toute l'année depuis l'arrivée du TGV au Croisic. Alors seulement, l'on s'aperçoit que Balzac avait ajouté cette autre sentence : « Guérande est toujours Guérande, la ville illustre où se signa le traité fameux dans l'histoire, la clef de la côte. »

LE SAVIEZ-VOUS ?

Tournez, les ailes du Moulin

Gilles Servat s'est inspiré de souvenirs de vacances chez ses grands-parents au Croisic pour cette belle chanson *Le Moulin de Guérande*. Elle fut chantée pour la première fois à Guérande par une chorale d'enfants, où se trouvait son fils, et écrite à la demande de son professeur de musique. En voici le refrain :

« Par-dessus le manteau d'Arlequin
Où les œillets se fendent sous le sol de Saint-Guénolé
Tournez, tournez les ailes du moulin de Guérande
Sur les grains de mes jours envolés
Sur les grains de mes jours envolés. »

Sur la côte du Pays blanc

Cap à l'ouest en passant par Clis, dominant les marais salants et déjà apprécié des Gallo-Romains, puis voici La Turballe, port de pêche actif dont l'essor récent est rythmé par les aléas des bancs ou quotas de sardines et d'anchois… avant de retrouver Mesquer, le village du Mès qui est une autre petite capitale du sel, et à la pointe, Piriac-sur-Mer, un port de pêche artisanale et de plaisance recherché. Pen Kiriak a une histoire, certains affirmant que *Aula Quiriaca* aurait précédé Guérande dans ses fonctions capitales. De nombreuses légendes se sont également emparées du lieu, ici une ville engloutie sur le chemin de l'île Dumet, alors reliée au continent, là le tombeau d'Almanzor rappelant la mort du sire de Lauvergnac, jeté au rivage par une tempête alors qu'il revenait d'une croisade avec Saint Louis. Le petit bourg ancien porte la marque du temps où le port armait à la morue, des ruelles tortueuses, une église sur le port où l'on venait s'asseoir sur le *cutoir*, de belles maisons des XVIIe et XVIIIe siècles. Piriac attira aussi quelques écrivains au XIXe siècle, comme Alphonse Daudet et Émile Zola, venu dans « un trou perdu, au bout du monde », et qui écrivit une délicieuse petite nouvelle, *Les Coquillages de monsieur Chabre* (1884), dans laquelle on découvrira avec plaisir les vertus de la *Grotte à Madame* sur les mangeurs d'arapèdes, berniques pour les Bretons.

CURIOSITÉ

Le nombril du monde

Tout le monde sait, depuis 1912 et la communication du professeur Berger à l'Académie des sciences, que l'île Dumet a le privilège d'être le *pôle continental du globe*, « le centre des terres émergées ». Révélation accompagnée peu après d'une étonnante proposition – non suivie – lors de la *Conférence internationale de l'heure* de Paris : synchroniser toutes les horloges du monde à partir de *l'heure mondiale* donnée par ce point central. Autant vous dire que le petit monde scientifique s'est efforcé de contester cette place enviée, avant même que le réchauffement climatique et les climatosceptiques ne viennent s'emparer peut-être un jour du sujet. Seuls les oiseaux y viennent en nombre, et les mouettes en rient encore !

Cette annonce capitale n'a pas perturbé les propriétaires et occupants successifs : Henri Dresch, le constructeur de motos, l'actrice Colette Renard et son mari le chef d'orchestre Raymond Legrand, Robert et Madeleine Fleury de Valois, les derniers gardiens de l'île (1953-1986) qui ont vécu sur place sans électricité, le Conservatoire du littoral depuis 1990. Fleury de Valois, surnommé *Monsieur le Gouverneur de l'île Dumet*, et par ailleurs sourcier, parlait avec lyrisme de son île en la rejoignant : « elle s'offrait à nos regards admiratifs, elle, et ses hauts rochers de lumière bleue… nous voguions par une mer calme vers cet Eldorado ! ».

La presqu'île du Croisic

Vous vous souvenez de la description géographique. Presqu'île au sein de la presqu'île. Celle-ci résulte de l'amarrage de trois îles, qui ont ensuite accosté le continent : un emplacement privilégié pour observer les entrées et sorties de Loire. Cité ancienne et port actif, Le Croisic a une longue histoire politique, militaire, religieuse, économique, touristique et intellectuelle.

Le Croisic, un port, presque une île

Île jadis, presqu'île évidemment, port jusqu'au bout de ses quais, une « miniature de ville arrêtée comme Venise en pleine mer », disait Balzac dans *Béatrix*. Place fortifiée à partir de 1355, le petit port prend son essor au XVIe siècle, fait commerce du sel et des produits de la mer, échange avec les pays de l'Europe, arme pour pêcher la morue sur les bancs de Terre-Neuve, se lance même dans la course et se dote d'une école d'hydrographie, marquée par Pierre Bouguer, qui partit avec La Condamine mesurer un arc de méridien près de l'équateur. Aux premières loges pour observer la bataille des Cardinaux, Le Croisic fait vaillamment front sur terre. La ville se dessine peu à peu et prend la forme qu'on lui connaît encore aujourd'hui : construction de l'église Notre-Dame-de-Pitié, belles demeures d'armateurs et négociants, création de deux buttes artificielles aux extrémités du port, le mont Lénigo et le mont Esprit, configuration portuaire avec des chambres et des jonchères. Ville plutôt bienveillante, la cité corsaire eut les faveurs ducales et royales. Elle doit ses quais au duc d'Aiguillon qui appréciait la ville et s'y fit construire un très bel hôtel, devenu bien plus tard la mairie pendant un siècle jusqu'en 2009.

Veni, vidi, vici à Corbilo

Mais que vient donc faire le grand Jules César dans cette galère bretonne ? Plutôt une véritable flotte de galères ! Pas simplement pour *jouer* à la bataille navale en alignant ses embarcations musclées, mues aux avirons et conçues spécialement sur les rives de la Loire (entre Angers et Nantes) pour ce combat, face aux navires vénètes, massifs, hauts sur l'eau et bien voilés, du peuple « le plus puissant de toute cette côte maritime », dixit César lui-même dans ses *Commentaires sur la guerre des Gaules*. Le grand César, venu en personne – *veni* – pour superviser son grand projet – *vidi* – de venir à bout de ces irréductibles petits Gaulois de l'Armorique qui osaient lui résister – *vici*. Comme dans *Astérix* ! Les Vénètes ne devaient faire qu'une bouchée d'épaves de ces radeaux flottants. Que croyez-vous qu'il arriva, ce fut César qui gagna. La faute au vent ! Il suffit d'une accalmie, rendant les navires vénètes fort peu manœuvrants, et les galères romaines maîtres du combat rapproché, d'autant plus qu'elles avaient été dotées de faux destinées à couper les haubans de leurs adversaires.

Corbilo ! Pas trouvé sur les cartes de la région, et pourtant... Ce paléoport mythique a bien existé. Il est mentionné par le Grec Strabon, dans une *Géographie* écrite vers 18 apr. J.-C. et qui fait référence pour l'époque : « La Loire a son embouchure entre le pays des Pictons et celui des Namnètes. Sur ce fleuve existait autrefois une place de commerce (emporion) nommée Corbilo. » Ce texte, fondateur d'une véritable légende, révèle ainsi l'existence du port ligérien de Corbilo, l'une des plus grandes places commerciales de la Gaule avec Marseille et Narbonne.

Quel est le lien entre ces deux événements fort anciens, mais bien différents et ne se déroulant pas à la même époque ? Aucun, si ce n'est peut-être le lieu, objet dans l'un et l'autre cas de bien des controverses et de nombreuses supputations. Avançons ici une double hypothèse sur des eaux parfois tumultueuses. Le Corbilo de Strabon, sur la route de l'étain, serait mieux à sa place, d'un accès plus aisé, dans un avant-port de l'estuaire de la Loire plutôt qu'à Nantes. Au secteur du Brivet, préférons celui du Croisic et du Traict. Les universitaires restent sceptiques, attendant une preuve matérielle pour avancer une vérité scientifique, résume Jean-Claude Meuret dans *Corbilo ou l'antique serpent de Loire* dans *Les Cahiers du Pays de Guérande*. Seconde hypothèse pour le lieu de la bataille des Vénètes : le même ! Le lieu précis de cette bataille divise pourtant les érudits, entre le golfe du Morbihan et l'embouchure de la Loire. Redoutables navigateurs, les Vénètes n'hésitaient pas à investir des positions avancées pour contrôler des zones stratégiques, et ils se sont ainsi aventurés au-delà de la Vilaine, dans la presqu'île guérandaise empiétant quelque peu sur le territoire des Namnètes. Il est assez peu vraisemblable que cette flotte de galères romaines se soit transportée à la force du poignet jusque dans le golfe du Morbihan pour y défier ses adversaires. D'où l'hypothèse du combat autour du Traict ou de la baie du Croisic, au pied des coteaux de Guérande, ce qui cadre aussi bien avec les récits de César.

Énigmes de l'histoire. Contentons-nous modestement d'une intime conviction en l'absence de la preuve que personne n'a encore jamais pu produire.

La naissance des bains de mer

Après quelques temps difficiles, Le Croisic devra son réveil au tourisme, devenant l'une des toutes premières stations balnéaires de Bretagne. 1844 : les constructions en bois, élevées dans la baie de Saint-Goustan pour accompagner le chantier de construction de la jetée du Tréhic, font place à un véritable établissement de bains avec casino. L'hydrothérapie à l'eau de mer se développe avec l'appui du corps médical, on vient *prendre les bains de mer* : les hommes se dandinent aux cordes retenues par des poteaux, tandis que les femmes *se font plonger* par un *baigneur*! 1879, l'arrivée du chemin de fer et des *trains de plaisir* fait évoluer les clientèles, les hébergements et les pratiques. Le Croisic s'oriente vers un tourisme familial et médical avec les premières colonies de vacances et un sanatorium héliomarin. L'activité se relance : pêche, conserveries de sardines, conchyliculture, chantiers navals. Durant l'entre-deux-guerres, de nombreux Bigoudens sont arrivés, attirés par l'essor de la pêche à la sardine, pendant que les Bigoudènes, coiffes au vent, proposaient leurs broderies sur le port. La cité corsaire est aujourd'hui animée toute l'année, l'ancienne criée a trouvé une nouvelle vie tandis que l'*Océarium* plonge ses visiteurs dans les mondes marins où évoluent quelque deux mille spécimens, des requins aux manchots…

CURIOSITÉ

Bataille de vers pour une supercherie littéraire

Voltaire en est devenu blême. Tandis que Fréron jubilait de joie. L'ennemi juré du *patriarche de Ferney* a tiré de cette histoire une œuvre majeure *La Métromanie* (1738), comédie ayant pour but de railler la manie qu'avaient alors de nombreux écrivains de versifier à tout propos et hors de propos, et considérée à l'époque comme un des chefs-d'œuvre du théâtre français après Molière. Tout ça pour une banale bataille de vers.

Il était une fois un jeune poète croisicais, fort déçu de ne pas avoir été couronné par l'Académie française, qui eut l'idée de prendre le nom d'une jeune inconnue pour séduire le directeur du *Mercure de France*, passage alors obligé au *royaume des poètes*. Celui-ci publia bientôt les vers de Mademoiselle Malcrais de La Vigne, lui avouant : « Je vous aime, ma chère Bretonne ; pardonnez-moi cet aveu, mais le mot est lâché. » Voltaire ne résista pas davantage : « Toi dont la voix brillante a volé sur nos rives / Toi qui tiens dans Paris nos muses attentives. » Célèbre et flatté, ne manquait plus au poète que la reconnaissance. Les Parisiens eurent alors la surprise de découvrir que la jeune versificatrice si émouvante cachait en fait un homme de trente ans, Paul Desforges-Maillard, avocat et Croisicais. Voltaire, après avoir salué la plaisanterie – « Vous avez celui [le mérite] de plaire, soit en homme, soit en femme » –, ne lui pardonna pas vraiment, ni surtout à Piron, répliquant… quinze ans plus tard, par un sévère quatrain :

« Vous n'êtes point la Desforges-Maillard.
De l'Hélicon ce triste hermaphrodite
Passa pour femme, et ce fut son seul art :
Dès qu'il fut homme, il perdit son mérite. »

Batz, capitale des salines

Le plus breton de la presqu'île, ce *bourg de Batz* – et non l'officiel Batz-sur-Mer –, le bourg qui veille sur les marais salants, et rêve à son rôle prédominant sur la totalité de l'ancienne île de Batz, notamment Le Croisic qui s'en est détaché en 1763 : reste la querelle des clochers, celui du Croisic aurait quelques centimètres de plus, mais la tour de Batz culmine en raison d'une altitude supérieure (184 marches, la vue ça se mérite!). On ne s'étonnera donc pas de savoir que la première histoire de Bretagne ait été écrite à Batz, par Alain Bouchart en 1514, avec les encouragements de la duchesse Anne. Le titre de cet ouvrage, certes influencé par quelques légendes et les histoires de Geoffroy de Monmouth ?, plutôt explicite : « Les grandes chroniques de Bretaigne, parlans de très preux, nobles et très belliqueux roys, ducs, princes, barons et aultres gens nobles, tant de la Grande-Bretaigne, dicte à présent Angleterre, que de nostre Bretaigne, à présent érigée en duché, et aussi depuis la conqueste de Conan-Mériadec, Breton, qui lors estoit appelé le royaulme d'Armorique, jusques au temps et trespas de François, duc de Bretaigne, dernier trespassé ». On peut quand même lire la suite en dégustant sur la plage les délicieuses galettes de la biscuiterie Saint-Guénolé, *avel vol*, au vent de la mer bien sûr !

CURIOSITÉ

Coup de chapeau

Les traditions sont restées longtemps vivaces dans les villages de Batz, comme à Kervalet ou Roffiat. « Les paludiers ne se marient qu'entre eux », disait Émile Souvestre, et « on ne les distingue le plus souvent que par le sobriquet dont les a affublés la malice populaire », ce qui explique l'importance de certains patronymes. Mais on se marie quand même ! Tradition donc que celle des noces, l'occasion de porter les plus beaux costumes paludiers qui émerveillèrent les visiteurs au XIXe siècle. Un énorme succès d'estime qui amusait René Bazin : « tout le monde le sait, c'est le costume paludier [...] Vous le rencontrez partout dans les guides, dans les contes de Féval ou de Souvestre, sur le fond des assiettes de fabrique bretonne, sur le dos des poupées, les pages d'album, et les belles affiches de la gare Saint-Lazare » (*Contes et paysages. Le pays de Batz*, 1925). Le chapeau avait aussi son importance, et il valait mieux savoir reconnaître la façon de porter ce symbolique couvre-chef « [...] dont un côté replié forme une corne qui, selon sa disposition, révèle la situation de son propriétaire dans le monde : la corne cavalièrement posée sur l'oreille indique un jeune homme, la corne par-derrière c'est un homme marié, mise en avant c'est un veuf » (*La Bretagne*, Gustave Geffroy, 1905).

Fleur de sel ou sel gris ?

L'une des plus anciennes activités du littoral, la production de sel, cet *or blanc* que les marais salants offrent au gré des conditions climatiques. L'historien Alain Bouchart se devait de l'évoquer, depuis les fenêtres de son manoir de Kerbouchart : « en aucuns lieux devers l'Occident, on fait le sel par singulière industrie, car à ce faire n'y a que l'eau de la mer et la vertu du soleil ». Ce fut l'un des produits qui compta le plus dans l'économie du duché de Bretagne. Il a traversé deux millénaires pour que ses deux mille hectares produisent toujours ce sel authentique et naturel, que nombre de grands chefs étoilés affichent à leur carte. La fleur de sel, « très blanche aux fins cristaux neigeux, parfumée d'un léger goût de violette », et le sel gris, gorgé de magnésium, plus goûteux et riche en arômes. Le marais, parfois convoité pour d'autres usages, est aujourd'hui bien protégé pour la production de son sel artisanal, ainsi que lieu de vie exceptionnel d'une flore et d'une faune riches et diversifiées. Le marais salant vit et revit, des salines abandonnées sont reprises, de nouvelles générations de paludiers arrivent, formés aux techniques ancestrales et aux enjeux des temps présents, la profession s'est organisée. Le sel de Guérande a retrouvé sa place, la première.

Trois vitrines pour un marais

Le marais se découvre, mais, espace fragile, il se mérite, et mérite le respect. Espace ouvert au vent du large et à l'eau de la mer, il reste un site privé qui demande une médiation. Des guides et trois maisons offrent ainsi leurs savoirs et leurs talents pour présenter les multiples facettes d'une production, d'un métier et d'un site. C'est auprès d'elles qu'il convient de rechercher les clés de compréhension et d'interprétation. Chacune avec son approche et son style, elles sont donc complémentaires.

Le musée des Marais salants à Batz tout d'abord, ancienneté oblige. Il est l'un des plus anciens musées d'Arts et Traditions populaires de Bretagne, ouvert en 1887 par Adèle Pichon, fille de paludiers et religieuse, pour y montrer sa collection d'anciens costumes. Devenu intercommunal en 1977, il s'est alors transformé en une *vitrine des métiers du sel* présentant à la fois l'histoire et la technique du sel de Guérande, ainsi que l'ethnographie des communautés paludières et leurs représentations sociales. À voir, les meubles guérandais d'un rouge caractéristique, parfois qualifié de couleur *sang-de-bœuf*. Musée, mais aussi lieu de mémoire et de recherche sous la direction de Gildas Buron, son conservateur qui sait tout du Pays guérandais et de ses attaches bretonnes. Une importante restructuration-extension est en cours, visant à présenter ses trésors sur 1000 mètres carrés, dans le cadre d'une muséographie modernisée.

Terre de Sel est la vitrine de la coopérative de producteurs *Les Salines de Guérande*. Regroupant environ les deux tiers des marais exploités, son rôle a été et reste décisif dans l'évolution du marais et de son exploitation depuis une quarantaine d'années. Terre de Sel est donc à la fois un lieu d'exposition et d'animation, très didactique pour divers publics et ouvert aux multiples interprétations artistiques. Au cœur du marais, il propose des visites guidées *in situ* pour découvrir le métier des paludiers ou observer les oiseaux qui leur tiennent compagnie. Une boutique offre les produits maison, *Le Guérandais*, ainsi que tout ce qui concerne le sel, à table, en mots ou en images. L'espace professionnel impressionne avec ses salorges prévues pour stocker deux années de production, une réserve bien utile pour faire face aux aléas climatiques et... aux autres.

La Maison des paludiers propose, depuis trente-cinq ans à Saillé, un lieu de dialogue, d'information et de sensibilisation privilégiant l'aspect technique. La muséographie y a été renouvelée, présentant une grande maquette de saline ainsi qu'une projection audiovisuelle sur grand écran. Des visites d'une saline proche sont également proposées.

La Côte d'Amour a la cote

Née sur les dunes de la flèche littorale fermant la presqu'île à l'est, la Côte d'Amour doit son existence à deux événements majeurs. Tout d'abord, l'opiniâtreté des planteurs de pins qu'ils ont eu tant de mal à fixer, rendant à jamais mythique l'arbre de cette côte qui devint d'Amour à la veille de la Grande Guerre. Une appellation due à l'initiative de l'hebdomadaire *La Mouette* avec le concours de ses lecteurs, petit clin d'œil au romantique bois d'Amour proche du bourg d'Escoublac. Ensuite, l'arrivée du chemin de fer en 1879, qui ne s'est pas contenté de faire venir les Parisiens, mais apporte également les lotisseurs dans ses bagages et, parmi eux, les financiers-constructeurs de la ligne. Partie dans la course après les autres communes de la baie, Le Pouliguen et Pornichet, La Baule s'est affirmée peu à peu comme une grande station internationale au cœur de cette Côte d'Amour devenue le phare touristique du Pays de Guérande, une autre Riviera au sud de la Bretagne.

Le Pouliguen, la petite baie blanche

Pas né de la dernière vague touristique, Le Pouliguen affiche fièrement son port, actif dès le XVIe siècle et autour duquel se sont alignées des maisons blanches entrecoupées de ruelles étroites et sinueuses pour rejoindre les halles ou l'église. Et son ancienneté autour du camp protohistorique de Penchâteau, signe d'une occupation stratégique. Le Pouliguen a bien su tirer son épingle du jeu touristique. À peine émancipé de Batz en 1854, il supplée Le Croisic dans son rôle pionnier. Les guides parlent de la baie du Pouliguen (et non de La Baule), *La Roche aux mouettes* de Jules Sandeau (1871) est bien le roman du Pouliguen, même si le petit îlot de Pierre Percée fait face à Pornichet. Tout sourit à la station, avec la promenade du mail et le *petit bois*, les belles maisons de Penchâteau et la grande côte où les korrigans ont leur grotte, le petit cercle littéraire du *royaume d'Esrigny-sur-mer* où séjourne Louis Veuillot, le directeur du journal *L'Univers*… Sont aussi créées une raffinerie de sel et une presse à sardines. C'était déjà la belle époque, avant le retour à une station plus familiale, laissant La Baule briller sous les feux de son remblai.

La Baule, la plus belle plage d'Europe

Au cœur de la baie qui va donc prendre son nom, La Baule se pose en plein midi, « le midi de la Bretagne » ou « la merveille de l'océan » en remontant le temps des slogans touristiques. La Baule, ville du vent et du sable, le premier se chargeant d'accumuler le second avec le secours des courants. La ville a connu ses trois âges d'or, l'or jaune du sable. Le premier autour du bourg d'Escoublac fondé par des moines au Moyen Âge, et qui dut par deux fois déménager pour cause d'ensevelissement, reculant toujours un peu plus haut dans les terres. Le deuxième avec le fabuleux concours de sable, que des gens arrivés par le train organisèrent à grande échelle, modelant les dunes, plantant ces fameux pins, créant des pistes, et construisant des blocs de plus en plus gros. La Baule et La Baule-les-Pins, ainsi ont-ils désigné leur œuvre. Le rêve de sable était réalité, et nombreux sont ceux qui résident dans cette ville sous la pinède, encore plus nombreux d'autres venant en profiter en pointillé. Le troisième âge d'or est donc cette plage de sable fin, 15 kilomètres sur toute la baie dont la moitié pour La Baule, procurant tous les plaisirs balnéaires qu'offrent le sable, l'eau et le vent.

LE SAVIEZ-VOUS ?

Le bon mot

Sacha Guitry, qui n'en était pas avare, fut saisi par la magie de La Baule à qui il fit cette belle déclaration :

« Je ne sais pas quand je mourrai
Si j'aurai très envie d'un saule,
Mais du moins tant que je vivrai,
C'est sous les pins de La Baule
Que j'aimerais passer ma vie. »

Le code baulois

La station a bien son code, à nul autre pareil. La Baule n'est ni Deauville, ni Dinard, ni Royan, ni Biarritz, ses compagnes de plaisirs balnéaires. Et surtout pas les autres de cette Côte d'Azur à laquelle manquent le rythme des marées et le souffle de l'océan. Les incontournables de La Baule ? Le remblai d'abord (quel affreux nom, doit-on s'y habituer ?), ce long balcon sur l'océan que chacun parcourt à son rythme et qui organise la vie à ses pieds, sur la plage : en nageant, à pied lent ou lors du jogging matinal, à dos d'âne (mais c'était il y a bien longtemps), à cheval sur la plage (à l'aube ou à l'aurore), à vélo un peu plus haut, en petit train, en voiture (si l'on ne peut faire autrement), à la voile sur le plan d'eau, ou quelque aile volante dans les airs, etc. Pour compléter la journée, chacun savoure sa petite *madeleine* qui lui guide son temps et ses pas : l'air, la couleur et le bruit, tous changeant selon les heures ; le spectacle du ballet de la plage, à moins que ce ne soit celui des mouettes ; la pêche à pied pour petits et grands, les découvertes sont plus fréquentes qu'on ne croit ; les sports du jour et les plaisirs de la nuit ; aller au marché en fin de matinée, et *faire la de Gaulle* en fin d'après-midi, pour finir avec l'incontournable niniche de chez Manuel... Tout cela, et bien d'autres choses encore, comme de ne rien faire, allongé sur la plage, c'est La Baule !

ÉVÉNEMENT

Le pays des voileux

La baie de La Baule, en associant bien cette fois Le Pouliguen et Pornichet, est un véritable paradis de la voile. On y commence tout petit, sur un *Optimist* ou tout autre objet flottant adapté, avant de franchir les étapes vers le dériveur, la planche à voile, le surf, le kitesurf et tout ce qui apparaît comme nouveauté à chaque saison. Selon ses aptitudes et ses envies. Une telle débauche de bords tirés sur le plan d'eau en tous sens ne peut produire que des graines de champions. Et, à station familiale, ses sportifs de haut niveau en famille. Deux ports, un à chaque extrémité de la baie, deux structures d'apprentissage et de préparation, le CNBPP (Cercle nautique La Baule – Le Pouliguen – Pornichet), et l'APCC Voile Sportive (le club nautique de la Métropole Nantes – Saint-Nazaire), et même quelques-uns au Croisic. Citons, par ordre alphabétique (pardon pour les oublis) : Fred Beauchêne, Pierre-Loïc Berthet, Julien Bontemps, François Boucher, Marc Bouet, Jean-Yves Chauve (médecin des coureurs, à distance), Emmanuel Coindre, Corentin Douguet, Damien Lehl, Raphaëla Le Gouvello, Jacques-Yves Le Toumelin, Nicolas et Yves Loday, Jean Maurel, Stéphane, Loïck et Bruno Peyron, Yves et Marc Pajot, Alain Pichavant, Luc Pillot, Mathieu Richard, Damien Seguin, etc. ; avec les palmarès, la liste serait encore plus impressionnante !

Pornichet, la plage des libraires

Un peu avant La Baule, Pornichet eut aussi son heure de gloire touristique. Jusqu'au milieu du XIXe siècle, ce n'était qu'un petit village, une simple trève de Saint-Nazaire, un petit port niché à l'entrée de la baie, le long d'un étier desservant des marais salants (comblés en 1878). L'intérêt du site finit par attirer quelques curieux. Toubon, libraire angevin, eut le coup de foudre, et de génie, en ouvrant un hôtel donnant directement sur la mer (1875) et en y attirant libraires, éditeurs, écrivains, artistes (notamment des musiciens et chanteurs d'opéra), ainsi que bien d'autres personnalités. Avec un saisissant effet d'entraînement, certains de ses clients ou amis décidant de réaliser des résidences de vacances, des lotissements, des hôtels, un casino, un golf, des courses de chevaux sur la plage… Pornichet prit de l'importance, devenant *Porte océane* ou *Porte de la Côte d'Amour*, s'affranchit de Saint-Nazaire en 1900. Le temps a passé depuis cette belle époque, et Pornichet remodèle peu à peu son image, réhabilitant son patrimoine, comme l'étonnante Ker Souveraine, *villa rose* ou *villa des sirènes*, ou le château des Tourelles, prochainement un complexe de thalassothérapie ; elle s'anime et crée un nouveau pôle autour de son hippodrome rénové. Avec le plaisir de trouver peut-être, comme Camille Flammarion en 1913, que « l'un des plus beaux spectacles de l'Océan à Pornichet est assurément celui de la mer phosphorescente ».

La métropole Nantes – Saint-Nazaire

Comme la région-capitale a son Grand Paris, Nantes a son Grand Nantes qui s'appelle une métropole régionale et comprend le vaste ensemble de la Basse-Loire, de Nantes à Saint-Nazaire. Avec un million d'habitants, elle représente 80 % de la population du département de Loire-Atlantique, soit près du quart de celle d'une Bretagne réunifiée. C'est dire l'importance démographique d'un tel ensemble. Son influence économique est encore bien plus grande. Lorsque la Datar a créé, en 1963, les métropoles d'équilibre, c'était bien dans la perspective de leur voir jouer un rôle suprarégional. En créant, peu après, les ZEAT (zone d'étude et d'aménagement du territoire) et l'Association Ouest Atlantique, c'est l'aire de rayonnement de la métropole qu'elle définissait, constituée ainsi des trois régions : Bretagne, Pays de la Loire et Poitou-Charentes. Les ambitions sont toujours présentes, mais la volonté réformatrice en matière d'aménagement du territoire et de régionalisation s'est fortement affadie. Remplacée, dans la logique dominante du jour, par des appels à projets, mettant, sur un thème, tous les territoires en compétition, ce qui équivaut très souvent à donner une prime à ceux qui sont déjà les mieux pourvus.

Revenons à l'espace métropolitain qui déroule ainsi ses activités et ses pôles intermédiaires tout au long de l'estuaire de la Loire, ou Basse-Loire, partageant les fonctions majeures entre ses deux grands pôles. En simplifiant, l'industrie lourde dans la région nazairienne, l'industrie de pointe et le tertiaire dans la région nantaise. Il est bien évident, heureux et souhaitable, que les développements ne sont pas aussi caricaturaux. Saint-Nazaire accueille du tertiaire et de l'enseignement supérieur, tandis que les grands groupes intègrent des technologies de pointe. L'opposition entre cols blancs et bleus de travail a perdu de sa signification. La métropole se construit donc patiemment, mais sûrement. Les communications sont à la fois plus faciles et plus intenses. La liaison ferroviaire est pratiquement de type « cadencée », tandis que les échanges routiers sont intenses, dans les deux sens, au point de générer de sérieux embouteillages quasi quotidiens aux heures de pointe. Le plus important est, sans doute, que les mentalités ont considérablement évolué, les distances et les échanges ne posent plus de problèmes sur les principes et dans les têtes. De plus, de multiples projets culturels et d'animations jouent la carte de l'estuaire, s'appropriant l'ensemble de l'espace, telle la biennale Estuaire 2007, 2009 et 2012. L'étude récente de l'économiste Laurent Davezies montre que cette métropole présente une cohésion étonnante et très équilibrée (au premier rang des métropoles millionnaires françaises), tandis que les territoires qui la composent sont également gagnants. La métropole Nantes – Saint-Nazaire est bien en marche.

La région nazairienne

C'est sans doute l'espace qui, tant en Loire-Atlantique que dans la Bretagne historique ou même dans la ZEAT du Grand Ouest, a le plus évolué au cours du dernier siècle et demi. Le temps de transformer Saint-Nazaire, d'un petit port de pêche accueillant une station de pilotes en une ville dotée d'une puissante infrastructure portuaire, d'entreprises leader dans leurs spécialités, et pas seulement au plan hexagonal, et maintenant de fonctions supérieures. La complémentarité avec les zones littorales voisines, tant au nord qu'au sud, confirme cette évolution. Le territoire de la région nazairienne conserve également ses différences internes, entre les parties ligériennes et bordant l'océan d'une part, les espaces ruraux d'accompagnement d'autre part.

Saint-Nazaire, la navale au grand complet

C'est le dernier port de France capable de construire et d'accueillir les plus grands navires. La construction navale saute de crise en crise, se positionne sur des types de bateaux de plus en plus sophistiqués pour faire face à la concurrence mondiale, améliore sa productivité, investit dans la recherche et la matière grise, organise la sous-traitance, change d'actionnaire de référence et… est toujours bien là. Sans rien renier d'une solide tradition de luttes ouvrières. Ses paquebots font référence dans le monde entier, tandis que des partenariats spécifiques et des diversifications ciblées visent à maintenir le potentiel de création et de production des chantiers navals. Bateau sur l'eau, bateau qui navigue. La partie nazairienne du grand port maritime, Port Atlantique Nantes Saint-Nazaire, accueille la grande majorité de ses navires dans les terminaux de Montoir et Donges (trafics rouliers et conteneurs, trafics énergétiques de gaz et de pétrole, trafics agroalimentaires et de vracs divers, trafics sabliers…). En y ajoutant la présence de nombreuses entreprises de la filière navale travaillant avec les chantiers, la réparation navale, des filières émergentes dans l'offshore ou l'éolien maritime, ainsi que des petits chantiers navals spécialisés, on aura compris que la mer joue ici un grand rôle. La pêche et la plaisance y ont également leur place.

L'économie nazairienne prend son envol

Pas seulement parce qu'Airbus y fabrique des tronçons entiers d'avions, qu'un gros-porteur Beluga adresse par la voie des airs à Toulouse, profitant de l'aéroport de Gron tout proche de ses usines de Montoir et Saint-Nazaire. L'entreprise participe, avec les chantiers navals STX et DCNS d'Indret, au pôle de compétitivité EMC2, Ensembles métalliques et Composites complexes, pour travailler ensemble sur les matériaux et procédés ainsi que sur les processus et systèmes complexes. Cet exemple montre l'importance des coopérations sectorielles et géographiques. La métropole, c'est aussi cela. Envol également des services et des emplois métropolitains supérieurs, ainsi que du pôle universitaire associant plusieurs filières, différentes écoles et un dispositif de recherche, avec une bonne spécialisation autour de l'identité maritime.

Saint-Nazaire, ville touristique aux vingt plages

C'est évidemment le visage le moins connu d'une ville à l'image industrielle un peu rude. Sauf de ceux qui y vivent. Car la cité portuaire a aussi un autre visage. Du côté ville-port, la réconciliation a eu lieu, après tant d'années d'éloignement que les destructions de la dernière guerre n'avaient pas fait oublier, bien au contraire. Il a fallu une politique volontariste de la ville, portée avec opiniâtreté dans la durée par son maire Joël Batteux, pour que les Nazairiens se réapproprient la base sous-marine de bien triste mémoire, ainsi que le Petit Maroc et les zones voisines. On y trouve aujourd'hui le lieu des grandes festivités, ainsi que plusieurs sites à vocation touristique : Escal'Atlantic, qui prolonge la grande aventure nazairienne du paquebot, le sous-marin *Espadon* et l'Écomusée de Saint-Nazaire, et que vient compléter la visite des chantiers navals, d'Airbus et du port. La ville a aussi un autre visage : bien des stations balnéaires pourraient envier son front de mer et ses vingt plages, que relie un charmant sentier des douaniers. Pour rejoindre Saint-Marc-sur-Mer et la plage de *Monsieur Hulot*, la célèbre création de Jacques Tati tournée dans ces lieux. La ville cache bien ses plages, c'est ce qui en fait aussi son charme.

En Brière, la forêt devenue marais

Voilà dix mille ans, des populations du Néolithique vivaient dans de grandes forêts situées dans les environs de Guérande – aujourd'hui, la Brière –, en Loire-Atlantique. La « branloire pérenne » étant toujours en mouvement, le socle supportant cette forêt s'affaissa et la mer envahit les terres. Tous les arbres se couchèrent, puis disparurent sous les flots ! Plus tard, la mer se retira, laissant un immense marais. De la tourbe, résultant de la décomposition des végétaux, s'est formée depuis. En la récoltant pour en faire un médiocre combustible, on trouve parfois à partir d'un mètre ou deux de profondeur, des troncs de chênes de la forêt néolithique. Ils sont durs et résistants comme de la pierre. On les appelle des mortas. La Brière, devenue un parc naturel régional en 1970, est le deuxième marais de France après la Camargue. Propriété indivise de vingt et une communes, elle s'étend sur plus de quarante mille hectares sillonnés de canaux, à travers les roseaux... C'est en chaland que la Brière lève un peu son coin de brume pour se laisser découvrir.

Le Pays noir

Pays noir, comme la couleur de ce bois de morta dont on fait aujourd'hui de très belles pipes. À quelques pas de son voisin, le Pays blanc des salines, le contraste va bien au-delà des couleurs – très bretonnes –, symboles des modes de vie de populations si proches et si différentes. Longtemps, à l'image des guides touristiques qui se contentaient d'évoquer, au mieux, un espace *curieux* à traverser, « rien de plus nu, de plus désolé que ce pays », avait noté Édouard Richer dans son *Voyage en Loire-Inférieure* (1823). Un pays à forte identité, « Brière, terre de misère » selon un vieux dicton, on disait les Briérons repliés sur eux-mêmes, peu accessibles au monde extérieur, attachés aux droits immémoriaux de leur territoire indivis. D'une suggestion d'Aristide Briand, Alphonse de Châteaubriant, en voisin piriacais déjà auréolé du prix Goncourt pour *Monsieur des Lourdines* en 1911, en fera un roman à succès, *La Brière* : grand prix du roman de l'Académie française 1923 et cent mille exemplaires en dix jours ! Une véritable immersion pour l'auteur, s'imprégnant des lieux en séjournant treize mois chez Julie Troisfiguiers pour en bien saisir l'esprit : « Mais cinq cents ans de jouissance les ont inscrits dans la caboche du Briéron, qui ne connaît que son droit de tourber pour lui, de couper ses roseaux, de pêcher son poisson et de vivre dans ses piardes sans y être troublé par personne. »

LE SAVIEZ-VOUS ?

Entre deux coups de fusil…

Mais attention ! *Briéron maître chez soi* n'est pas seulement le titre d'un livre de Jean Mauclère (1937). Voici ce que le poète René Guy Cadou (1920-1951) écrit à propos de son pays :

« […] Parce que c'est tout à fait extraordinaire
D'être né un jour de carnaval au fond de la Brière
Où rien n'est travesti
Où tout se règle à l'amiable entre deux coups de fusil… »

Nantes, métropole

La ville de Nantes ne cesse de s'ouvrir. Au sein de l'aire métropolitaine déjà évoquée, son agglomération proche se retrouve dans sa communauté urbaine Nantes Métropole, présidée par Jean-Marc Ayrault, et qui regroupe 24 communes représentant un territoire comptant 590 000 habitants. Ville de fond d'estuaire, à la fois fluviale et maritime, Nantes a un héritage qu'elle assume, un avenir qu'elle prépare. Que Nantes soit une ville bretonne, c'est une certitude ! Que Nantes soit une ville ouverte sur le monde, c'est une évidence ! Et le monde commence, ici, également aux portes de la Vendée et des Mauges. Petit survol d'une métropole de l'Ouest, bien en Bretagne.

De la capitale ducale à la métropole de l'Ouest, une longue histoire

Les liens historiques entre Nantes et la Bretagne transparaissent à chaque époque, comme le montre bien la première partie de ce livre. Toute l'histoire de la Bretagne, et celle des territoires qui l'ont composée au fil du temps, est faite d'alliances et d'affrontements avec des voisins querelleurs jusqu'au rattachement à la France, puis son intégration. Mais aussi en interne, entre différents comtés ou autres fractions selon l'humeur du temps. La Bretagne reste une constante forte de l'âme et de la vie nantaises, que la Révolution a gommée sans parvenir à l'effacer, que la République a effacée sans parvenir à la gommer. Paradoxes de l'histoire. En écho au questionnement de Morvan Lebesque de 1970, comment peut-on être breton à Nantes, au XXIe siècle ? Sans doute répondrait-il de la même façon : « On ne le peut pas. Et pourtant nous le sommes. » Mais le brassage des populations s'est accru depuis quarante ans, la reconnaissance d'aujourd'hui passe sans doute, aussi, par de nouveaux chemins. Ceux qui permettront de concilier le régionalisme – l'accord se fait pour affirmer l'identité et les projets des territoires – humaniste qui porte en Bretagne, et économique qui vit déjà d'horizons plus larges. La conciliation est toujours en cours, au pied des remparts du château des Ducs de Bretagne.

Le port de toutes les aventures

Les quais ont beau s'être dépeuplés, les Nantais et la Ville ont toujours une âme de marin. Le trafic de marchandises s'amenuise un peu plus à chaque décennie, disparaissant avec les mutations d'activités, restent encore la place commerciale du bois à Cheviré, le terminal céréalier de Roche-Maurice... Mais les fonctions tertiaires n'ont pas disparu, à l'image du grand port maritime, dont le siège scrute toujours, depuis le quai Ernest-Renaud, son avenir à défaut du trafic local. Les Nantais restent fidèles aux symboles, le *Maillé-Brézé*, un escorteur de la Royale sorti de ses chantiers, est retourné, plein d'usage et de raison, vivre en son Loyre gaulois, le reste de sa vie, petit clin d'œil au voisin de Liré, de l'autre côté de la frontière bretonne. La vie maritime en regorge, de ces clins d'œil, à Jules Verne notamment, l'écrivain nantais qui chanta si bien la mer dans ses romans : la réplique de son propre navire, le *Saint-Michel II*, prend la mer en mai 2011, avant de voisiner avec le *Nantilus*, amarré définitivement à proximité pour participer à la vie de l'île de Nantes. On retraverse la Loire en bateau, les *navibus* étant les nouveaux *roquios*. Les festivités maritimes ne se comptent plus, régulières comme les *Rendez-vous de l'Erdre*, ou occasionnelles sur la Loire. Tout est prétexte à entonner les chants de marins et à sonner les bombardes.

ÉVÉNEMENT

Feu la Venise de l'Ouest

Appellation assez récente et déjà dépassée, pour rappeler que Nantes est une ville de confluence et d'archipel, qui a composé avec un fleuve – la Loire, dernier grand fleuve sauvage d'Europe –, plusieurs rivières – Erdre, Sèvre nantaise… –, et une multitude d'îles. Il a fallu jeter des ponts, bâtir des quais, stabiliser certaines îles… autant dire que l'expression ne fut pas usurpée avant que d'être donnée ! Nantes avait la réputation d'être une « ville de ponts », elle en comptera jusqu'à vingt-huit. Dont une impressionnante enfilade pour franchir la Loire et comprenant pas moins de six ponts successifs, aux multiples arches souvent fortifiées et construites d'habitations, un pont Maudit qui s'écroula en 1913. Quant au fameux pont à transbordeur, inauguré en 1903 et démoli en 1958, il pouvait accueillir 300 personnes pour un trajet de deux minutes, et était fort utilisé par les ouvriers des chantiers navals ; l'association *Les Transbordés* rêve de restituer une version moderne de ce monument emblématique dont Julien Gracq disait dans *La Forme d'une ville* (1985) qu'il « était alors aussi inséparable de l'image du port que l'est la tour Eiffel de la perspective du Champ-de-Mars : il la cadrait parfaitement ». La Venise de l'Ouest connut le même sort. Le comblement de plusieurs bras de la Loire scella son sort dans l'entre-deux-guerres, malgré les appels pour dénoncer un crime contre l'esthétique de la ville de l'industriel Louis Lefèvre-Utile. Les nostalgiques ne pourront que soupirer, fredonnant l'ironique *La Loire carrossable* du compositeur nantais Paul Lamirault. Nantes tourna ainsi le dos à la Loire pour de nombreuses années. En 1976, Paul Guimard écrira : « On l'appelait la Venise de l'Ouest. Je connais peu d'autres exemples où la guerre et la paix se soient aussi résolument donné la main pour saccager une ville corps et âme. »

Ville capitale à échelle humaine

Dans le concert des métropoles régionales, Nantes n'est pas forcément au premier rang dans chaque matière, d'où une illusion parfois ressentie de second plan dans le concert des villes bien en vue. Cette faiblesse apparente est en train de devenir sa force. Une ville bien équilibrée est mieux armée pour franchir les crises. Dans la grande valse des mouvements des entreprises et des emplois, Nantes a fini par imposer peu à peu son image, une nouvelle image. Elle est devenue attractive, et s'installe désormais sur les podiums des classements en tout genre dont les médias sont si friands. Les nouveaux venus découvrent alors une ville à échelle humaine, bien aérée et verte, où les logements sont variés, maisons ou appartements. Elle a su éviter les excès de la hauteur : la seule tour, bien intégrée dans son imaginaire et qui domine aimablement la ville s'appelle… la tour Bretagne, construite sur la place du même nom, tout un symbole !

CURIOSITÉ

Toute en couleurs

Elle en a vu de toutes les couleurs, la ville de Nantes dispose d'une bien jolie palette, un véritable kaléidoscope. Il faut bien rêver un peu, avec quelques poètes ! Première couleur, le gris. Jules Grandjouan trouvait « Nantes la ville grise, au charme mélancolique d'une douceur effacée » (*Nantes la grise*, 1899). Sans doute un jour qui inspira à Barbara la chanson « Il pleut sur Nantes ». Nantes la rouge, de terrible mémoire révolutionnaire, à moins qu'il ne s'agisse des grands mouvements sociaux des années difficiles. En blanc et noir, c'est « sur la misère noire qu'a été édifiée cette grande ville blanche », fait remarquer Jacques Boislève (*Nantes entre ciel et mer*, 1994). La ville aurait aussi pu se parer de couleurs inattendues, si Stendhal avait poursuivi son projet d'écrire sur Nantes *Le Rose et le Vert*, un roman qui devait répondre à celui dédié à Marseille, *Le Rouge et le Noir*. Et toujours Nantes la bleue, pour l'eau qui continue quand même à couler... Décidément, Nantes est bien une ville haute en couleur !

Nantes, ville internationale

Traditionnellement ouverte sur le monde, Nantes s'est bien construite avec le concours de ces apports venus d'ailleurs. Son économie en a bénéficié, sa vocation portuaire en a été le vecteur direct. Mais, dans une compétition mondialisée où tout va très vite, il ne suffit plus de vivre sur des acquis. L'excellence nécessaire est synonyme de mouvements. Ceux des personnes, des biens et des idées, selon l'adage européen. C'est déjà à cette échelle qu'il convient de se positionner avec pertinence. Notamment en matière de transports (TGV, aéroport...), de place financière, de centres d'échanges et de rencontres (Cité des Congrès, World Trade Center Nantes Atlantique...) et de divers services ou organismes à vocation internationale. La composante culturelle et événementielle, que Nantes cultive tout particulièrement, est un formidable relais. Nantes adhère à divers réseaux de territoires, les anime parfois, une bonne occasion de partager les expériences et de concevoir des projets innovants. Le temps également de vérifier la pertinence de son offre dans les divers pôles qui participent à l'attractivité et au rayonnement, les critères en sont identifiés. Les pôles de compétitivité sont une des réponses pertinentes, regroupant des entreprises, des centres de recherche et des organismes de formation, engagés dans une stratégie commune de développement. La métropole est engagée dans quatre :

- le pôle EMC2 (Ensembles métalliques & Composites complexes) autour d'Airbus, de DCNS, de STX Europe (Chantiers de l'Atlantique), d'ACI (Renault) et de Bénéteau ;

- le pôle Atlanpole Biothérapies regroupant une quarantaine d'entreprises ou de laboratoires nantais et angevins ;
- le pôle breton Images et Réseaux spécialisé dans les nouveaux modes de diffusion de l'image (téléphonie, DVD, TNT, vidéo...) ;
- le pôle de compétitivité iDforCAR (automobile haut de gamme) autour de projets innovants.

De la culture au Voyage à Nantes

Deux volets complémentaires pour une grande ambition, celle de se positionner dans les villes qui se remarquent par leur imagination et leur créativité, en mettant en valeur ce qui existe déjà. C'est l'objet de la dernière structure créée début 2011, *Le Voyage à Nantes*, qui regroupe l'office de tourisme Nantes Métropole, Nantes Culture et Patrimoine, gestionnaire des Machines de l'île de Nantes et du château des Ducs de Bretagne, et Estuaire Nantes – Saint-Nazaire. Cette initiative, de Jean Blaise et menée par lui, veut développer les synergies entre les structures associées, mais également avec d'autres partenaires. Nantes s'est en effet inscrite dans ce registre des activités culturelles et événementielles, depuis que les *Allumées* avaient animé la ville et ses habitants entre 1990 et 1995, six jours non-stop pour partager le meilleur des villes invitées (Barcelone, Saint-Pétersbourg, Buenos Aires, Naples, Le Caire, Cuba). Nantes s'est bien réveillée depuis avec *La Folle Journée de Nantes*, devenue une longue semaine rayonnant dans toute la Région sous la baguette magique de René Martin avant de s'exporter dans le monde entier, *Le Lieu Unique*, une scène nationale dans l'ancienne usine LU, les spectacles décapants de *Royal de Luxe* et quelques autres manifestations, auxquels se joignent divers musées très actifs (Beaux-Arts, Dobrée, Muséum d'histoire naturelle, Jules-Verne...). Pour de nouvelles initiatives étonNantes !

Les Pays au nord de la Loire

Proches de la Région Bretagne, ils ont donc une histoire largement partagée. Huit communes font même partie du Pays de Redon et Vilaine, qui concerne trois départements autour de Redon. Quant aux deux pays de Châteaubriant et d'Ancenis, ils se rattachent directement aux Marches de Bretagne dont leurs châteaux respectifs servaient de vigie protectrice, ce qui leur valut de nombreuses visites, pas toujours de courtoisie.

Au Pays de Redon et de Vilaine

L'occasion de saluer notre cher directeur de collection.

Le saviez-vous ?

JJJ, l'enfant du pays

Jean-Joseph Julaud, né à Beslé-sur-Vilaine, résidant à Conquereuil et enseignant à Guémené-Penfao. C'était avant ! Le goût et le plaisir de l'écriture ont toujours accompagné sa passion d'enseigner et de transmettre. Autrement, en ajoutant un zeste de vie et beaucoup d'humour... C'était donc avant que la folie des *Nuls* ne l'emporte vers Paris, du côté de chez *First*, la maison d'édition dont il est devenu l'auteur fétiche. JJJ a donc choisi d'élargir son auditoire, passant de quelques centaines d'élèves attentifs à quelques millions de lecteurs fidèles. Près de cinquante titres à ce jour, dans tous les genres... revenant parfois à la poésie de ses débuts ou à la fiction, et à Conquereuil, rêvant et écrivant sous le regard paisible de son jardin. Il n'a pas encore sa statue sur la place du bourg, mais cela ne saurait tarder ! Ce livre dédié à la Bretagne se devait de rappeler ses origines, n'ayant pu présenter son portrait dans le dernier chapitre de cet ouvrage, *la partie des Dix*, et pour cause ! L'ami Julaud a accepté d'y prêter sa plume pour en écrire les mots. Trop fort pour les Nuls !

Pays de la Mée, au grand nord

Le nord de la Loire-Atlantique est « comme les racines de la Bretagne méridionale », disait le géographe Paul Vidal de La Blache de cette extension du territoire nantais sur les plateaux au nord. Un pays secret qui demande du temps pour se laisser apprivoiser. Un peu à l'écart des grands axes, il ne figure guère dans les circuits de visite. Que penser alors de la relation faite par un journaliste nantais en 1827, signée Leroy dans le journal *Le Breton* : « L'arrondissement de Châteaubriant que j'ai entendu désigner à Nantes, sous le nom de *Sibérie* du département, ne me semble pas mériter un pareil titre. Les vastes forêts dont il est couvert, les landes immenses qui le traversent, lui ont fait infliger à tort le même nom qu'à ces tristes lieux d'exil. » La mauvaise blague d'un Sudiste, sans doute. Terre de contrastes, le Pays de Châteaubriant, désigné plutôt ici comme Pays de la Mée, est authentique, forgé par l'histoire, la géographie et la vie économique ou sociale, avec ses contes et légendes, son parler gallo. Il a aussi son poète devenu nantais, Yves Cosson, qui lui voue une profonde admiration et ressent toujours, pour son pays d'origine, « une secrète connivence [... avec] ces lieux enchanteurs, pour ne pas dire enchantés ».

Il y a Châteaubriant & Chateaubriand

La ville doit son nom au château construit pour défendre les frontières de la Bretagne. Dans les premières pages de ses *Mémoires d'outre-tombe* (1848), François-René de Chateaubriand évoque ses origines : « Les *Brien* vers le commencement du onzième siècle communiquèrent leur nom à un château considérable de Bretagne, et ce château devint le chef-lieu de la baronnie de

Chateaubriand. » Par suite du voyage de multiples graphies – Brien, Briant, Briand –, ce sera finalement un « d » à la fin du nom de *l'enchanteur*, mais un « t » pour celle du berceau des origines familiales. Dans ce pays rural, la production de viande se développe sous le signe de la qualité. Et la ville de Châteaubriant est devenue la capitale mondiale du… *châteaubriant*, délicieuse pièce de filet de bœuf (400 g) poêlée, accompagnée de pommes de terre. Une belle réappropriation quasi familiale, quand on sait que l'invention culinaire du très célèbre *chateaubriand* est attribuée à Montmirel, le cuisinier de l'écrivain alors ambassadeur à Londres (baptisée alors *grillade de bœuf à la Chateaubriand*), une évolution que le vicomte aurait certainement admise et qu'a prononcée l'académie du Châteaubriant, une confrérie gastronomique qui promeut de la bonne viande du pays. Si vous êtes lecteur de *Tintin*, vous comprendrez bien ce genre de subtilité !

Ancenis, la porte ligérienne de la Bretagne

Le Pays d'Ancenis offre une grande lisibilité, ayant harmonisé son territoire aux différents cadres administratifs ; arrondissement, pays, communauté de communes… rassemblent les cinq cantons d'Ancenis, de Ligné, de Riaillé, de Saint-Mars-la-Jaille et de Varades. Adossé à la Loire, c'est bien au fleuve que ce pays très rural doit son identité, ainsi qu'à la ville principale qui l'anime. Faisant partie des *Marches de Bretagne* face à l'Anjou, elle eut l'occasion de voir passer pas mal d'armées et autres envahisseurs venant batailler, dans un sens ou dans l'autre, laissant parfois sur leur passage quelques ruines dont le château d'Ancenis garde la mémoire. Il fallait, jusqu'à la Révolution, *franchir la douane* à Varades. C'est dire que la province avait encore sa frontière ! De son passé, Ancenis n'a guère gardé que la carcasse de son château, se plaisait à dire Léon Séché (1848-1914), un écrivain qui anima culturellement sa ville en y organisant une sorte de *Bayreuth littéraire*. En fait, il ne décolérait pas contre les démolisseurs encore à l'œuvre : « Mais le château ! c'est impardonnable et les Vandales n'auraient pas fait pis » : les douves comblées, le portail d'entrée enterré sur plus de la moitié de sa hauteur pour la réalisation d'une rue venant du pont… Le lieu fait toujours débat aujourd'hui !

Les Pays au sud de la Loire

La Loire a très longtemps été une frontière, les Namnètes au nord, les Pictons au sud. Ceux du nord ont bien fini par franchir ce seuil qui est resté toujours une barrière culturelle et comportementale, presque ethnique. On est du nord ou du sud. Dans l'agglomération nantaise, les personnes résidant au nord préfèrent les plages de la presqu'île guérandaise ou du Morbihan, pour celles résidant au sud, il ne peut être question que du Pays de Retz ou de la Vendée. Au nord les maisons sont à étages et recouvertes d'ardoises, au sud elles sont basses et leurs toits recouverts de tuiles. On l'aura compris, il est toujours difficile de passer les ponts, les embouteillages ont parfois bon dos. Deux Pays se partagent ces territoires du sud, séparés par le lac de Grandlieu : d'une part le Pays du Vignoble, autour de Clisson, la ville historique, et de Vallet, la capitale du muscadet ; d'autre part le Pays de Retz, de la Loire à Machecoul, en passant par Pornic et la Côte de Jade.

Clisson, la perle de la Sèvre

Clisson a souffert, comme Ancenis de sa position sur les *Marches de la Bretagne*, et également, comme tout le Pays du Vignoble, des guerres civiles de Vendée ayant succédé à la Révolution. « Petite ville et grand renom », dit la sentence locale, Clisson a connu ses heures de gloire au temps d'Olivier de Clisson et des fastes de cette grande famille, mais aussi quelques revers, avant de se retrouver, à la fin du XVIIIe siècle, ruinée, dévastée et un temps totalement déserte. Clisson doit sa renaissance à l'arrivée des deux frères Cacault d'origine nantaise, et à la venue du sculpteur François-Frédéric Lemot et de Jacques-Charles Valentin. Ils furent les artisans de la reconstruction d'une ville sur le modèle italien, et on leur doit la Garenne Lemot et son parc. Quant au château, le conseil général de Loire-Atlantique, propriétaire depuis 1962, poursuit la restauration de ce bel ensemble médiéval qui dresse ses ruines romantiques sur un éperon rocheux, dominant ainsi toute la ville et la vallée de la Sèvre. Gustave Flaubert l'avait admiré en 1847, estimant que « avec sa triple enceinte, ses donjons, ses cours intérieures, ses mâchicoulis, ses souterrains, ses remparts mis les uns sur les autres, comme écorce sur écorce et cuirasse sur cuirasse, le vieux château des Clisson se peut reconstruire encore et réapparaître ».

Muscadet et gros-plant

Il existe encore des vins bretons : en 2006, le Comité interprofessionnel des vins de Nantes a fait une campagne sur le thème « le muscadet, le plus breton des vins ». Le débat fait rage aujourd'hui entre cette présentation, proche du terroir viticole, et une autre visant à ne communiquer que globalement sur les célèbres « vins de Loire ». De son côté, la confrérie des Chevaliers Bretvins a pour objet de célébrer « les produits nantais et la culture de Haute-Bretagne ». À Saint-Fiacre-sur-Maine, on produit toujours un délicieux vin blanc : le muscadet – Saint-Fiacre-sur-Maine qui détient le record de France pour l'importance en surface de la vigne plantée par rapport à sa surface totale ! Tout près de Saint-Fiacre, Vallet, la capitale du muscadet, Le Pallet et son musée du Vignoble, La Haie-Fouassière et sa Maison des vins, Le Loroux-Bottereau et son gros-plant... Bref, près de 3000 professionnels du vin vous concoctent là-bas des nards dignes de celui des dieux de l'Olympe – à consommer avec modération !

CURIOSITÉ

Sophie et les raisins

Voyez cette petite fille, fort jolie, un peu frêle, qui foule de ses deux pieds charmants le raisin que son grand-père a récolté... Nous sommes en 1783. Elle est orpheline de mère depuis trois ans. Son père a disparu dans l'océan Indien en 1782. Elle a pour prénom Sophie. Pour nom Trébuchet. Dans vingt ans à peine, elle va donner naissance à... Victor Hugo ! Cette scène se passe à Saint-Fiacre-sur-Maine, au sud de Nantes, en plein cœur d'un vignoble exploité aujourd'hui encore avec toute la passion qui l'a conduit jusqu'à notre époque.

Le Pallet, « mea patria » d'Abélard

Le philosophe Pierre Abélard, originaire du Pallet, était un dialecticien redoutable pour ses adversaires, et un maître admiré de ses élèves. Il influença tant la pensée du XIIe siècle qu'on murmura un temps que cet intellectuel progressiste ferait un bon pape, ce qui n'était pas sans susciter bien des jalousies. « Quant à moi, je suis originaire d'une place forte construite à l'entrée de la Bretagne [...]. Son nom précis est Palatium. S'il est vrai que je dois naturellement à ma terre natale comme à mes ancêtres d'avoir fait preuve d'un caractère vif, je leur dois aussi d'avoir montré une intelligence capable d'aller vers les disciplines littéraires avec beaucoup de facilité », écrit-il aux premières lignes de ses mémoires. « Une vocation irrésistible le propulsa vers les belles-lettres » et vers... l'une de ses élèves, Héloïse, devenant l'un des couples les plus célèbres de la littérature française de tous les temps. L'universalité des *Lettres d'Abélard et d'Héloïse* (vers 1130) défie le cours des siècles. Alexandre Dumas trouva même « les exhortations d'Abélard fort morales, et les lamentations d'Héloïse fort religieuses ». C'est au Pallet qu'ils consacrèrent leur union en 1118 : « Je retournai aussitôt dans ma patrie d'où j'en ramenai mon amante pour en faire ma femme », après qu'Héloïse fut venue accoucher en secret de leur enfant Astrolabe, ensuite élevé sur place.

Machecoul, capitale historique du Pays de Retz

Le château de Machecoul, propriété selon les époques des familles de Rais et de Gondi, a été le théâtre de plusieurs événements historiques importants. Qui ne se souvient de Gilles de Rais, un homme de légende qui aurait été à la fois le maréchal de France, fidèle compagnon de Jeanne d'Arc, et l'horrible Barbe-Bleue qui fit disparaître tant d'enfants. Condamné pour sorcellerie, il est mort en 1440 à Nantes. Henri de Grandmaison, l'enfant du pays, journaliste et écrivain, observe que Gilles de Rais est toujours vivant dans la mémoire du pays, précisant même que « le souvenir du fastueux maréchal n'est donc pas mort à Machecoul, et par un étonnant retournement, la figure de Gilles, le prince déchu, est devenue, avec l'aide de la légende, une référence de repentir exemplaire ». Le même château a recueilli Jean-François Paul de Gondi, le cardinal de Retz après son évasion rocambolesque du château de Nantes. Le donjon solitaire continue de faire jaser !

Les Bretons d'outre-Loire du Pays de Retz

De l'autre côté de la Loire par rapport à Saint-Nazaire et à la presqu'île guérandaise, le Pays de Retz serait plutôt une contrée de Marche, formant comme une épaisse frontière sensible, selon les lieux et les époques, à la double influence, bretonne et poitevine, « mélangeant les caractères des deux provinces tutélaires : du Poitou le bocage et la tuile romaine, de la Bretagne la côte rocheuse et la musique des mots », selon Dominique Pierrelée (*Pays de Retz, ciel d'eaux et terres marines*, 1996). Un sentiment qu'avait déjà exprimé Arthur de La Borderie en 1867 dans la *Revue de Bretagne et de Vendée* en indiquant que le pays « ne dépare pas la Bretagne ; que Nominoë a eu bon goût de l'adjoindre jadis à son royaume ; et que les barons de Retz, au temps où la pairie bretonne était libre, avaient bien le droit de placer leur écusson – d'or *à la croix de sable* – au quatrième rang parmi les armes des neuf anciens barons de Bretagne ». Une subtile harmonie qui se retrouve dans le Marais breton, qui commence aux Moutiers-en-Retz (sud du Pays de Retz) et se prolonge en Vendée jusqu'à Saint-Gilles-Croix-de-Vie, bordé à l'est par une ligne Machecoul-Challans. Une appellation assez récente, ayant malgré tout assez peu de rapport avec la présence bretonne !

Pornic, reine de la Côte de Jade

Petite ville singulière, qui est aujourd'hui la véritable capitale de Pays de Retz. Longtemps un port actif sur laquelle une minoterie s'est développée, Pornic a pris très tôt la voie du tourisme. Son cadre naturel, la proximité de Nantes et la présence d'une source se sont rencontrés vers 1830 pour attirer les visiteurs aux tout débuts du mouvement en France, la première en Loire-Inférieure, un peu avant Le Croisic. C'est un médecin, le Pornicais Auguste Guilmin, qui aura la bonne idée de parier sur la vogue des bains de mer. Ainsi débuta une belle aventure qui séduisit nombre de familles nantaises, puis des artistes ainsi qu'un grand nombre d'écrivains. La ville a su maintenir son cadre bâti et naturel, et conserver le charme de ses débuts, même si la capacité d'accueil s'est fortement accrue. Au Clion, la *Fontaine aux Bretons* est une ancienne ferme construite au début du XIXe par le juvenat Saint-Joseph. Ce sont les moines de Redon qui ont fondé ce lieu près d'une source, qui servit de halte aux pèlerins bretons sur le chemin de Saint-Jacques-de-Compostelle. Une très agréable auberge l'occupe aujourd'hui, proposant des produits du terroir, et possédant un délicieux potager rustique ainsi qu'un jardin d'herbes aromatiques oubliées.

LE SAVIEZ-VOUS ?

La mer qu'on voit filer…

Jules Michelet, s'il revenait aujourd'hui, pourrait peut-être signer à nouveau ces belles lignes dédiées à Pornic dans *La Mer* (1861) : « J'ai vu, revu avec plaisir, l'aimable et sérieux abri de Pornic, ses bons marins, ses jolies filles, charmantes sous leurs bonnets pointus. [... la] mer est à peine entrée qu'elle s'humanise ; elle file, de sa vague ridée, du lin, ce semble, ou de la moire. Dans ce bassin de quelques lieues, elle s'en est creusé de petits, des anses étroites à pentes douces pour les femmes ou des baignoires pour les enfants. Ces jolies plages sablées, que de respectables rochers séparent et cachent aux indiscrets, amusent de leurs petits mystères. [...] De moins en moins cette mer tire le grand flot de l'Océan. Elle met la sourdine à ses bruits. On ne les entend qu'affaiblis. Demi-silence d'un grand charme. Nulle part ailleurs je n'ai trouvé avec une plus grande douceur la liberté de rêverie, la grâce des mers mourantes. »

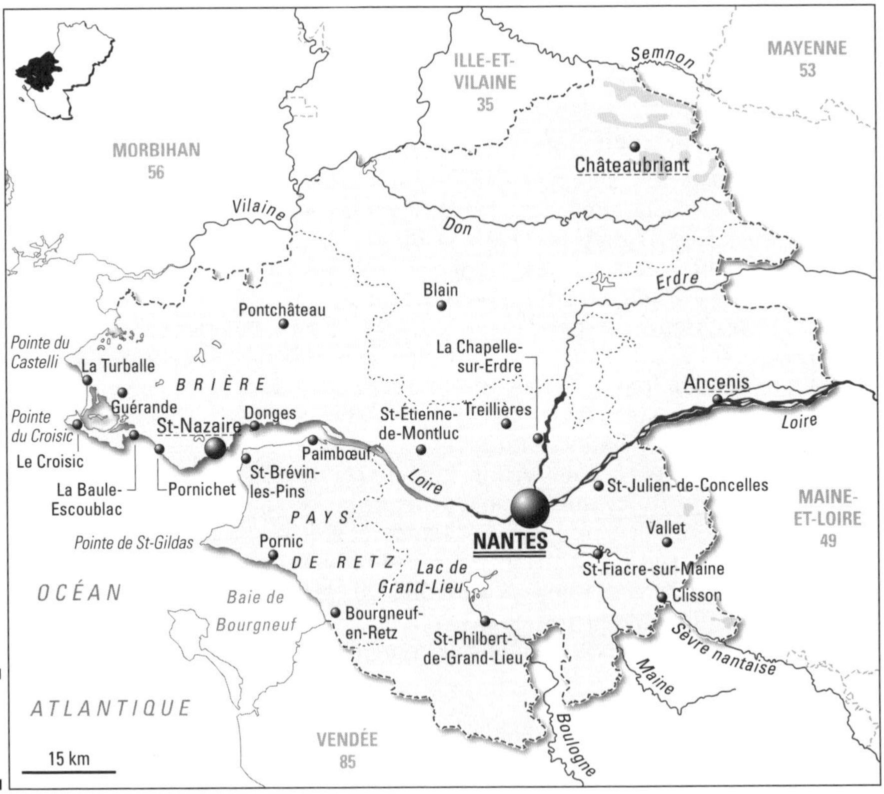

Figure 15-1 : La Loire-Atlantique.

Cinquième partie

La partie des Dix

La partie des Dix – mis à part les recettes, signées par Héloïse Martel, bretonne de souche – a été écrite par Jean-Joseph Julaud.

Dans cette partie…

Zoom sur la Bretagne que vous venez d'apprendre à mieux connaître, à mieux aimer, au fil des chapitres qui précèdent. L'imaginiez-vous si riche, si variée, si inventive, si généreuse ? Vous qui êtes un habitué de cette collection, pouvez-vous expliquer à ceux qui la découvrent qu'ils vont bénéficier dans la partie des Dix d'une succession de gros plans, de plans rapprochés sur des sujets qui vont répondre à leur légitime curiosité et enrichir leur culture à la fois ? Est-ce fait ? Bien ! Annoncez-leur maintenant qu'ils partent à la rencontre de dix people bretons, parmi lesquels le célèbre, le mythique Alan Stivell, le non moins célèbre François Pinault, Yves Coppens le passionné, et sept autres à découvrir. Dites-leur qu'ils vont devenir les familiers de dix écrivains bretons, les Chateaubriand, Renan, Guilloux, Cadou et consorts. Parlez-leur ensuite des symboles bretons au quotidien : le kabig et le biniou, le sabot et le phare… Et demandez-leur enfin s'ils connaissent Jean-Efflam Bavouzet… Non ? Vous non plus ? Eh bien, ça va faire du bruit dans Landerneau, certes, mais surtout du bruit dans Lannion… Lisez et vous saurez pourquoi. Bonne fin de voyage dans la plus merveilleuse des régions de l'Ouest !

Chapitre 16

Dix Bretons people

Dans ce chapitre :

- Les piliers de la musique celtique
- Les hommes d'affaires et d'écran
- L'aristo de la mer et le blaireau
- Le chercheur de mémoire

Vous connaissez leur nom, vous les avez lus dans la presse, vus à la télévision, vous les avez entendus à la radio… Si, pour vous, ils réunissent ces trois conditions : être partout lus, vus, entendus, ce sont des « people », autrement dit des célébrités, des personnalités connues, de celles que l'on aime voir et revoir parce qu'elles nous apportent du bonheur en chanson, du rêve en mer ou à vélo, l'image de la réussite ou les images du loisir, la passion de la recherche… Partons à la rencontre des dix invités de cette partie, dix people, dix existences de passion…

Alan Stivell, source qui jaillit

« Koz stivelou », c'est dans la langue bretonne la « vieille source qui jaillit ». Érodée par le temps, comme les rocs le sont par le vent porteur de pluies, « koz stivelou » est devenu « Cochevelou ».

Toutes les renaissances

Et ce mot qui contient toutes les renaissances possibles a désigné, au fil des âges, les membres d'une famille où est né en 1944, un petit Alan, à Riom en Auvergne, dans le département du Puy-de-Dôme. Riom, pour les Cochevelou, n'est qu'une étape avant Paris où va grandir Alan.

La Bretagne au cœur

Les voyages en Bretagne se succèdent et se multiplient, car le berceau breton de Georges Cochevelou, père d'Alan, se situe à Gourin, dans le Morbihan. Traducteur d'anglais auprès du ministère des Finances, Georges Cochevelou se passionne pour la harpe celtique au point de la faire renaître sous la forme d'un instrument qui emprunte sa forme à la harpe irlandaise du XVe siècle. Fasciné par le travail de son père, Alan passe du piano auquel il s'est initié avant l'âge de six ans, à la harpe celtique dont il devient rapidement un virtuose.

Premier concert

En 1953, à neuf ans, il donne son premier concert à la Maison de la Bretagne à Paris. Alan et son instrument tout neuf des temps anciens acquièrent une célébrité qui ne cesse de croître. Line Renaud fait appel à lui pour assurer la première partie de son spectacle à l'Olympia en 1957. Ses premiers enregistrements au cours des années soixante préparent l'explosion de sa notoriété au début des années soixante-dix. Le 28 février 1972, il passe cette fois en vedette à l'Olympia, accompagné entre autres par Dan Ar Braz. Ce concert de légende fait acquérir à la musique celtique une dimension planétaire et crée de la Bretagne une image nouvelle, à la fois riche de son passé, et dynamique, disponible pour un avenir à inventer.

Des tournées mondiales

Les tournées triomphales se succèdent : l'Amérique du Nord, l'Australie… Comme une apothéose, le 3 août 1980, lors du Festival interceltique de Lorient, trois cents musiciens interprètent la *Symphonie celtique* qu'il a commencé à écrire en 1958, et enregistrée en 1979. Cette *Symphonie celtique* crée un genre nouveau où se mêlent et s'hybrident musiques celte et symphonique qui investissent le rock, la musique pop, et par ricochet, de nombreux autres genres ou musiques ethniques.

Au-delà des mots

Les années quatre-vingt-dix confirment l'image qu'Alan s'est forgée en quatre décennies : celle d'un créateur infatigable, d'un interprète passionné au service d'une musique qui unit le passé et l'avenir. Il participe à l'aventure de « L'Héritage des Celtes », celle de la tradition musicale celtique, en 1993, au Festival de Cornouaille, expérience qu'il renouvelle en d'autres lieux avec de nouveaux participants jusqu'en 1999. En 2003, sa tournée pour le cinquantième anniversaire de la harpe celtique s'intitule « Au-delà des mots », et le conduit dans les grandes villes d'Europe.

L'harmonie universelle

Depuis un demi-siècle, Alan Stivell est entré dans la légende de la musique bretonne, dans celle des magies celtiques, et dans le grand chant du monde. Ses tournées, ses enregistrements offrent toujours à ses fidèles le même ravissement, les mêmes horizons où se dessine l'entente entre les peuples, comme un prélude à l'harmonie universelle que l'on appelle, aussi, la paix.

Tri Yann, l'agenda du cœur

Un beau jour de l'année 1972, au collège de Savenay en Loire-Atlantique, un jeune professeur d'histoire vient de terminer son cours lorsqu'on vient le prévenir que le directeur de l'Olympia, la prestigieuse et mythique salle de concerts parisienne, le demande au téléphone. Le jeune professeur range lentement livres et cahiers, craies et stylos. Il sait que ce cours est l'un des derniers qu'il donne, et qu'il va quitter définitivement l'enseignement pour une autre aventure, celle de la musique.

Trois Jean et quelques autres

Le jeune professeur s'appelle Jean-Louis Jossic. Passionné de musique traditionnelle, il a déjà appartenu à deux cercles celtiques, « Tréteaux et Terroir » et « Jacques Cassard » (du nom du célèbre corsaire nantais du XVIIIe siècle). Après sa rencontre avec deux membres d'un autre groupe « Les Classic's », Jean-Paul Corbineau et Jean Chocun, Jean-Louis Jossic, le prof d'histoire-géo à Savenay, sympathise avec son collègue prof d'anglais Bernard Baudriller qui, outre la langue de Shakespeare, maîtrise le chant, la guitare basse, la contrebasse, le violon, le violoncelle et la flûte traversière ! C'est plus qu'il n'en faut pour compléter le groupe qui naît en 1971 et prend le nom de « Tri Yann an Naoned », les trois Jean de Nantes.

Aire celte

Qui a vécu cette époque se rappelle cette musique traditionnelle qui soudain se trouvait enrichie d'instruments variés, sortis des limbes où ils étaient tombés, d'harmonies habilement rehaussées de modernité sans que l'oreille cessât d'identifier l'héritage des terroirs bretons, de l'aire celte. Toute une jeunesse en mal d'image pour ses paysages proches et pour son histoire, toute une population attirée par la celtie et en mal d'identité, de reconnaissance, écoute avec curiosité d'abord, puis avec passion et même ferveur ces nouveaux accents traditionnels mâtinés de guitares basses et d'amplis à repousser les murs…

Les joyeusetés nantaises

Tri Yann an Naoned charme, enchante, fait danser les foules, fédère les pensées, inscrit dans ses mesures parfois, sans démesure, des colorations politiques, raconte et se souvient, dit ce qui fut, la douleur des opprimés d'antan, mais aussi les joyeusetés nantaises ou lorientaises, les envolées festives d'une Bretagne qui retrouve son souffle entre veuze et biniou, cornemuse et bombarde, mandoline et dulcimer, cromorne, chalémie, psaltérion, mandoloncelle et percussions, tin whistle et guitare, chœurs, violons, claviers, batterie, harpe, flûte, sans compter la voix dominante de Jossic, celle des autres, en tierce parfois, en quarte ou à l'octave, ou bien ensemble, et s'y ajoute une batterie d'enfer raisonnable, et tout cela mis en branle face aux foules fait un sabbat plutôt bien élevé, séduit à vie, emporte puissamment vers l'acmé d'une rêverie où bat le cœur celte, éternel.

Albums, concerts et gloire

C'est Gilles Servat qui leur offre la possibilité d'enregistrer leur premier disque dans sa maison d'édition toute neuve Kelenn – mot breton désignant un lieu planté de houx, cet arbuste dont les feuilles ne meurent jamais, suivez mon regard vers la culture celtique…

La France, l'Europe…

Le premier tirage de ce disque « Tri Yann an Naoned » est épuisé en trois semaines ! Un label national s'empare du groupe prometteur que les médias commencent à se disputer. Le deuxième album « Dix ans, dix filles » paraît en 1973. La même année, lors d'un concert à l'Olympia, le passage des Tri Yann provoque la montée sur scène de spectateurs emportés par le tourbillon de la danse… Cette apparition roborative sur la scène parisienne est suivie d'une tournée triomphale en Bretagne. En 1974, le troisième disque « Suite gallèse » obtient lui aussi un considérable succès dont les échos deviennent nationaux. Les Tri Yann sillonnent bientôt la France, le succès ne cesse de croître au fil des disques d'or. L'Europe ouvre sa porte et ses oreilles à la musique des Trois Jean de Nantes. En 1980, le groupe donne un concert en URSS à l'occasion du jumelage de la Cité des Ducs (pour ceux qui l'ignoreraient, la Cité des Ducs – des ducs de Bretagne –, c'est Nantes) avec Tbilissi.

Le vaisseau de pierre

Au cours des années quatre-vingt, le groupe intègre Christian Vignoles pour quatre ans, Bruno Sabathe, Louis-Marie Seveno, dit Loumi, Jean-Luc Chevalier, pendant que Bernard Baudriller, après quinze années de bons et loyaux violons, plie bagage. En 1988, la tournée « Le Vaisseau de pierre », d'après l'album BD d'Enki Bilal et Christin – un village de marins menacé par des promoteurs –, obtient un réel succès mais doit s'interrompre pour raisons financières. Au cours de la décennie qui suit, les Tri Yann ne cessent de donner un peu partout en France et dans le monde des concerts où ils exploitent le répertoire qui les a classés dans les groupes mythiques du renouveau celte, en même temps qu'ils offrent au public leurs créations associées parfois à l'un des plus grands doutes judiciaires du siècle, l'affaire Seznec, ou bien à l'image classique de l'orchestre symphonique des Pays de la Loire.

Arrière-grands-parents...

En 1998-1999, les Trois Jean sont huit ! L'un part : Loumi, un autre arrive : Christophe Peloil. Une voix féminine, celle de Bleunwenn Mével se joint à eux pour un an, remplaçant Jean-Paul Corbineau absent pour quelques mois. Bleunwenn participe depuis à des concerts en tant qu'invitée.
La décennie 2000, c'est l'album « Le Pélégrin », puis le superbe « Marines » en 2003 – 17e album –, « Abysses » en 2007, sans compter les concerts auxquels assistent maintenant les enfants, leurs parents, grands-parents, voire arrière-grands-parents !

Diguilingue dong dong...

Tri Yann an Naoned... Diguilingue dong dong ce sont les filles des Forges, des Forges de Paimpont... La vierge à la fontaine, Tri martelod yaouank, Dans les prisons de Nantes / y'avait un prisonnier / personne ne le vint vouére que la fille du geôlier... La caliboudaine de Breca... C'était hier tout cela, et chaque album des Tri Yann nous offre des hier nouveaux qui remisent à portée de main, à portée de rêve, les meilleurs souvenirs des quarante années passées en leurs harmonies. Tri Yann, comme un agenda du cœur.

Gilles Servat, « La Blanche Hermine »

« La voilà, la blanche hermine, vive la mouette et l'ajonc / la voilà la blanche hermine, vive Fougères et Clisson. » Peut-être avez-vous entendu sur les ondes cette chanson qui fit les beaux jours de la bretonnitude des années soixante-dix.

Né à Tarbes, mais...

Le compositeur et interprète de *La Blanche Hermine*, Gilles Servat est né en 1945, à Tarbes, capitale de la Bigorre et chef-lieu du département des Hautes-Pyrénées. Quel rapport avec la Bretagne ? La famille du chanteur est d'origine nantaise. Et le lieu de naissance en Bigorre n'altère en rien pour Gilles Servat l'héritage breton. Les rocs déchiquetés, battus par les vagues et les vents, le mystère des brumes où se dissolvent les terres paysannes, les îles secrètes que l'océan protège des tristesses de l'exil, tout cela attire Servat, l'aimante. Mais son chemin passe d'abord par une adolescence à Cholet, un séjour studieux à Angers où il s'est inscrit à l'école des beaux-arts – il veut devenir sculpteur – et une entrée dans la vie professionnelle, à Paris, sous la bannière PTT, rayon fonctionnaire.

Sa bretonnitude

Les rocs, les vagues, les vents, les brumes et les îles, tout cela se presse dans l'imaginaire de Servat qui sent croître en lui ce qu'il nomme sa « bretonnitude », identifiée de façon irréversible, à la faveur d'un lumineux été sur l'île de Groix. 1970 : c'est l'époque où la vague de 1968 dépose sur les rivages du rêve toutes sortes de créateurs qui chantent leur monde.

Graver dans les mémoires

Servat se défait de ses habits de fonctionnaire et interprète le sien. Il s'était rêvé sculpteur, il va graver dans les mémoires la beauté et l'histoire de sa terre bretonne. Car les chansons qu'il écrit et interprète trouvent leur source tantôt dans un lyrisme où s'épousent le sommeil des landes et les tempêtes océanes, tantôt dans les sursauts d'une mémoire collective marquée à jamais par les blessures de l'Histoire. Ainsi, *La Blanche Hermine* éclate soudain comme un hymne de la revendication bretonne des années soixante-dix, et cet accent demeure intact aujourd'hui.

Les éditions Kelenn

L'exemple de Glenmor (né en 1931 à Maël-Carhaix, mort à Quimperlé en 1996), chantre de l'identité bretonne, et d'Alan Stivell détermine Servat à poursuivre une carrière dans la chanson. La maison d'édition musicale Kelenn produit ses premiers enregistrements. De 1970 à 2010, il publie trente disques ou albums où son public peut retrouver les accents lyriques de sa voix grave et sincère, et cette énergie qui fédère autour de lui les désirs de ceux qui voudraient voir naître ou renaître une autre Bretagne.

Les « Chroniques d'Arcatus »

En 1993, il participe avec Dan Ar Braz (Daniel Le Bras né en 1949) à « L'Héritage des Celtes », aventure musicale qui réunit des musiciens de tous pays qui s'inscrivent dans la tradition celtique.

Gilles Servat est aussi l'auteur d'une œuvre littéraire, notamment des *Chroniques d'Arcatus*, rêverie magique sur laquelle plane le souvenir de mondes anciens auxquels il invente un destin qui reconstruit la pensée et la sagesse celtes.

Dan Ar Braz, de l'électricité dans l'air…

Des airs bretons, celtiques, nés sous la flamme vacillante des bougies de résine dans les temps reculés, et repris en pleine lumière dans nos temps modernes imprégnés d'électricité au point d'éteindre la clarté des étoiles… Voilà l'itinéraire de Dan Ar Braz : la mise sous tension actuelle des airs anciens, mais c'est bien autre chose aussi…

Un génie de la guitare

Quatorze ans, le collège, la classe de quatrième, et des émotions toutes neuves, en arpèges qui s'envolent de la première guitare… On imagine le collégien Daniel Le Bras, séduit par les *mi, si, sol, ré, la, mi* de l'instrument aux formes souples qu'il sent vibrer contre son cœur, et dont l'acier tendu se dilue dans l'air qu'il joue…

Daniel le Grand

Daniel va poursuivre l'exploration des ressources de la guitare en solo, s'améliorant au fil des trouvailles qu'il met au point, et s'enrichissant des acrobaties graves et ouatées des Shadows britanniques (qui n'a éprouvé la furieuse envie de se joindre aux loopings sonores d'*Apache*, numéro un mondial en 1960 ?). Jimi Hendrix, Bob Dylan et les Rolling Stones l'inspirent aussi. Son génie fera le reste. Cela débute par la fondation d'un groupe éphémère : Mor. Puis, après les petits bals du samedi soir où s'aiguisent ses savoir-faire, vient la rencontre majeure, décisive, avec Alan Stivell en 1967. Le « barde breton » baptise Daniel Le Bras : Dan Ar Braz, traduction littérale, pensez-vous, de Daniel le Bras… Point du tout : *braz*, en breton, signifie « grand ». Dan Ar Braz, c'est le « grand », sans doute en raison de sa haute taille, mais plus sûrement pour ce que Stivell identifie chez lui : une sorte de génie de la guitare, un explorateur hardi de l'inouï en six ou douze cordes.

Bien vu !

Bien vu, Stivell : le magazine anglais *Melody Maker* voit en Dan Ar Braz l'un des meilleurs guitaristes du monde. Mais Dan Ar Braz, Daniel Le Grand, né à Quimper en 1949, ne se contente pas de l'instrument qu'il a commencé à apprivoiser à quatorze ans, il cherche à faire renaître à travers les nombreux instrumentistes, musiciens et choristes qui l'entourent la grande symphonie celte. Est-ce un hasard ? Rory Gallagher, Van Morisson ou Donovan, qui l'ont imprégné de leurs créations dans ses années de formation, sont tous liés par leurs origines à la celtie.

90 000 passionnés au Stade de France

La Bretagne, l'Europe, l'Amérique, l'Australie accueillent Dan Ar Braz – et Alan Stivell – au cours de nombreuses tournées et concerts triomphaux, démontrant ainsi que la musique celtique est comprise, admise et praticable comme langue universelle sur les cinq continents. L'aventure de « L'Héritage des Celtes », concerts de musiciens vivant et vibrant d'un même accord sur la celtie, dans les années quatre-vingt-dix, remporte un immense succès qui se confirme les 15 et 16 mars 2002 au Stade de France où six cents musiciens enchantent plus de quatre-vingt-dix mille spectateurs, lors de la Saint-Patrick, saint patron de l'Irlande. On peut y entendre Denez Prigent, Didier Squiban, Carlos Núñez, Gilles Servat… Nuit mythique, la « Nuit celtique » devient le titre de l'enregistrement de ces deux soirées qui demeurent dans la mémoire de ceux qui les ont vécues, l'acmé d'une vague musicale irrésistible née au milieu du XXe siècle et qui poursuit aujourd'hui son aventure.

Yann Tiersen et son fabuleux destin

Les Rennais le connaissent bien, les Brestois aussi, bref, tous les Bretons l'aiment et se sentent proches de lui, de sa façon discrète de mener où il l'entend ses passions, celle de la musique entre autres, celle de l'harmonie surtout, qui nous charme et nous émeut.

La vie rêvée ?

Il existe des films à la fois coup de cœur et coup de poing, des films qui laissent dans la mémoire une sorte de cicatrice sans blessure, l'expérience d'une douleur sans la tragédie qui l'ouvre et la conclut. Et ce genre de voyage dans l'imaginaire des autres vient à nous porté par l'évidence de l'image, du texte, du jeu des acteurs. Mais il est un registre auquel on pense moins dans cette transmission d'un vécu fictif, c'est la musique sur laquelle voguent ou s'envolent les images que nous recevons dans la salle obscure. Et cette musique installe de tels réflexes dans notre être sensible que nous sommes capables de retrouver comme si nous les avions vécues les sensations inscrites en nous au fil de la projection.

Du Tiersen…

Maintenant, cherchez dans vos archives musicales un petit extrait des compositions de Yann Tiersen. Allons, ne faites pas semblant, allez-y. Ne craignez rien, on vous attend… Alors, de retour ? N'est-ce pas que vous avez revu cette scène finale, bouleversante, de *La vie rêvée des anges*, et que c'est la gorge serrée que vous avez entendu le silence qui la suit – c'est aussi du Tiersen.

Amélie Poulain

N'est-ce pas que vous vous retrouvez ensuite à côté d'Amélie Poulain au sommet de la colline de Montmartre, près du Sacré-Cœur, lorsqu'elle regarde Paris et qu'elle se pose cette question naïve, singulière, que vous vous rappelez précisément et qui vous fait sourire ? Tout cela, ce pouvoir évocateur sans l'image, ce prodigieux réflexe de la mémoire qui retrouve votre place dans la fiction traversée, tout cela c'est le génie d'un compositeur qui vous l'offre, Yann Tiersen par exemple…

Le Breton universel

Yann Tiersen est né à Brest en 1970. Son fabuleux destin commence par la prise en grippe de l'école qui ne l'inspire guère. Il lui préfère la musique qu'il tire des instruments auxquels il s'initie, le violon, le piano. Sa formation classique, ses essais en direction d'orchestre ne l'empêchent pas de flirter avec le rock, puis de s'y afficher en participant à des groupes rennais dans les années quatre-vingt.

« Rue des Cascades »

Rennes, l'unique objet de sa renommée ! Pendant des années, celles où il publie notamment son premier album en 1995, celui qui rassemble ses compositions pour des courts-métrages et pour le théâtre, Yann Tiersen est célèbre dans tous les cercles de rock rennais, beaucoup moins au-delà. Un deuxième album sort en 1996 : « Rue des Cascades », où l'on trouve *Pas si simple*, *La Fenêtre*, *La Vie quotidienne*, mais aussi et surtout *Rue des Cascades*, avec la voix de Claire Pichet, rappelez-vous… « In the cascade In the cascade / You washed me… ». « Rue des Cascades », c'est *La vie rêvée des anges*… cela vous revient, n'est-ce pas, vous revoyez ce film avec Élodie Bouchez et Natacha Régnier qui deviendra pendant plusieurs années la compagne de Yann Tiersen.

Avec Dominique A

En 1998, Dominique A écrit pour Yann Tiersen les bras de mer qui figurent sur le troisième album qu'il publie, « Le Phare ». On commence à chuchoter puis à dire et à clamer qu'il y a du génie chez Tiersen. Cela se sait, il multiplie les concerts, enregistre en 2001 *L'Absente*, où passe la nostalgie douce d'une sensibilité chahutée par les rencontres qui se font, se défont… Et puis voici qu'en 2001 sort le film : *Le Fabuleux Destin d'Amélie Poulain* ! La musique de Yann Tiersen y fait merveille et contribue à porter dans le cœur charmé des spectateurs le sentiment durable qu'existe bien quelque part en soi un

monde simple et doux, bon et naïf auquel on accède en utilisant les clés de *sol* et de *fa* du Rennais universel…
Depuis, la légende Tiersen se poursuit. En août 2010, après deux années d'une tournée mondiale couronnée de succès, il sort l'album « Dust Lane », huit titres qui ravissent ses fidèles et tous ceux qui continuent de découvrir ce nomade du cœur. Yann l'enchanteur.

François Pinault, toujours plus haut

Il a grandi près de la mer, près de la Manche aux brumes romantiques, aux tempêtes coléreuses, il atteint à l'automne de sa vie les rivages de l'Adriatique, à Venise, où il pose son sac, ses sacs, remplis de la plus fabuleuse collection d'art contemporain qu'on ait jamais contemplée… Voici le parcours du discret et fort connu François Pinault.

Des Champs-Géraux à Venise, un aller simple ?

Les Champs-Géraux, son église plutôt chapelle, ses façades de granit et grès rose, ses maisons à la géométrie simple, modeste, plantées comme d'utiles certitudes dans une campagne où le végétal distille ses cycles courts au fil des saisons qui n'en sont plus… Les Champs-Géraux, son petit panneau indicateur collé au café du carrefour : « Dinan, 10 km » ; le vent de noroît qui donne à la pensée le goût de l'aventure océane, celui de toutes les conquêtes…

Venise de marbre et d'eau, Venise mythique, le Palazzo Grassi en plein cœur de la ville. Il contient la plus incroyable, la plus riche collection d'art contemporain au monde, et ce palais Grassi s'est augmenté en 2007 des 5 000 mètres carrés de la Douane de Venise après une lutte sans merci contre une famille d'industriels américains qui aurait aussi désiré l'acquérir…

Les clés de la réussite

Entre le petit bourg des Côtes-d'Armor et le palais Grassi de Venise, un homme : François Pinault. Quel parcours, pour ce fils de marchand de bois ! Sa réussite confine à la légende, elle relève du conte de fées, mis à part que la fée des temps modernes ne possède pas de baguette magique, mais des capacités de travail hors du commun et une confiance absolue dans la survenue de bons hasards qui résoudront tout ou presque… Et cette fée de notre temps s'est sans doute penchée sur le berceau du petit François né en 1936 aux Champs-Géraux, lui confiant discrètement les clés de la réussite, un trousseau magique inusable puisqu'il permet encore d'ouvrir aisément toutes les issues heureuses dans les affaires compliquées.

Les Établissements Pinault

Le petit François des Champs-Géraux connaît d'abord l'univers des marchands de bois ; son père, issu d'une lignée paysanne, exerce ce négoce et possède une scierie. François grandit, boude les études au point de quitter le système scolaire à seize ans. Il fait son service militaire en Algérie, se marie avec la fille du marchand de bois qui fournit la scierie de son père. Une dizaine d'années passent, et les Établissements Pinault, portés par les banques sur les fonts baptismaux des affaires, se développent à une telle vitesse qu'en 1970, ils reprennent une grande partie des entreprises du même secteur.

Le groupe PPR

Quelques spéculations audacieuses plus tard, des ventes et reventes, des rachats et des bénéfices, l'entrée en Bourse, les amitiés en politique, l'émulation avec un autre grand des affaires : Bernard Arnault, tout cela nous conduit aux années quatre-vingt-dix où le groupe devenu PPR (Pinault-Printemps-La Redoute) rachète la Fnac en 1994, le magazine *Le Point* en 1997, une maison de ventes aux enchères, un magazine financier… ; puis, en 1998, le Stade rennais football club.

Septième fortune française

Au début des années 2000, la capitalisation boursière de PPR atteint les 17 milliards d'euros, et François Pinault possède la septième fortune française (et la première des Champs-Géraux…). Et l'acquisition du palais Grassi démontre que la fée des temps modernes veille toujours avec la même attention sur François Pinault qui a pu ainsi réaliser son rêve : rassembler en un seul lieu sa fabuleuse collection d'art contemporain. C'est aujourd'hui son fils, François-Henri Pinault qui a pris les rênes du groupe, toujours prospère, toujours habile en affaires…

Rien de plus facile…

Cette réussite époustouflante vous tente, n'est-ce pas ? Et vous aimeriez vous aussi racheter La Redoute, des palais, la Fnac et compagnie ? Rien de plus facile : partez de ce pas vers les Champs-Géraux, demandez où se trouvait la scierie Pinault, tentez de séduire la fée au trousseau, et suivez en tout point la voie choisie par François : toujours plus loin, toujours plus haut !

Olivier de Kersauson, l'aristo de la mer

Dans le *Dictionnaire de la vraie noblesse* (si, si, cela existe, et vous trouvez aussi pour le même prix, dans le même livre, la partie concernant la fausse noblesse, avec de belles surprises, par exemple, saviez-vous que… et puis non, allez voir vous-même!) donc, dans ce dico, on trouve Kersau, à la lettre K, forcément, et voici ce qu'on peut lire : Noblesse de Bretagne (1400), maintenue en 1669, sires de Kersauson, seigneurs de Penhoët, de Coëtmeret, de Rozernou, de Mesprenez… et on entend là, avec un peu d'imagination sonore, la voix éraillée d'un Kersauson point dupe de cette titraille : « Oh là, oh ! On arrête ? » Oui, on arrête, parce qu'il y en a encore cinq lignes : de Guenart, de Guenez, de Kervellec… Stop !

Un vrai noble

Donc, Olivier de Kersauson est un vrai noble, un vrai « de », un vicomte même ! L'un de ses ancêtres s'est illustré aux côtés de Louis IX, dit Saint Louis, lorsqu'il entreprit d'établir des voies de conquête et de commerce vers le Moyen-Orient – c'est ce qu'on appelle les croisades.

La hantise de la guerre

Septième enfant d'une fratrie de huit, Olivier de Kersauson naît dans la Sarthe, à Bonnétable, en 1944. Très marqué par l'idée que les guerres peuvent se déclencher à tout moment et reproduire les horreurs de la Shoah, ou de Verdun – les quatre enfants, quatre fils, des métayers voisins de ses parents y sont morts ; plusieurs membres de sa famille y ont été tués ; son père et sa mère sont orphelins de guerre –, il rêve déjà de voyage, de Polynésie, d'aventure en mer afin de sortir du cauchemar latent des conflits possibles. « À vingt ans, écrit-il dans *Ocean's Songs*, publié au Cherche Midi en 2008, j'ai la perception lumineuse qu'on ne va pas me voler ce qu'on a volé à tant de gens. On ne va pas me prendre ma vie, on ne va pas m'envoyer faire une guerre que je ne veux pas faire. »

« Pen Duick III »

La mer, il l'apprivoise au large de Morlaix, la maîtrise au cours de son service militaire dans la marine alors qu'il devient, en 1964, pour Éric Tabarly sur la goélette *Pen Duick III*, un équipier hors pair qui se révèle indispensable au « maître » ensuite. Ils écument les mers du globe et remportent un nombre impressionnant de victoires dans toutes sortes de compétitions.

« Kriter II »

Jusqu'à trente ans, il navigue dans le sillage de Tabarly, puis s'en sépare et prépare le fameux *Kriter II* sur lequel il se lance avec plus d'une douzaine d'équipiers dans un tour du monde en deux étapes : Londres-Sydney, et Sydney-Londres. Ce sont plus de trente milles à parcourir au milieu de toutes sortes de menaces, des colères du ciel et de la mer, le passage de caps réputés dangereux… Kersauson et sa troupe gagnent la première étape ! Mais dans la seconde étape, le gouvernail, hélas, casse. Qu'importe, un solide marin vient de s'installer dans le cœur des terriens qui rêvent d'aventures maritimes, de conquêtes de l'impossible.

Un rêve héroïque et brutal

Désormais, le vicomte est pisté avec soin par tous les médias dans ses entreprises. Il faut dire que, dans le jargon journalistique, c'est ce qu'on appelle un « bon client », son numéro de bougon au grand cœur, de cynique, de désenchanté, capable tout à coup d'émouvoir, de pousser au fou rire, de feindre des colères ou d'en conduire de réelles jusqu'à leur acmé retentissante, séduit les nostalgiques des grandes figures de la conquête maritime, ceux qui, selon le poète José Maria de Heredia (1842-1905), « partaient, ivres d'un rêve héroïque et brutal ».

Les multicoques

Les entreprises, les aventures de Kersauson passent par la construction des multicoques dans les années quatre-vingt. Kersauson voit grand, toujours plus grand : en 1986, son trimaran le *Poulain* fait 23 mètres ; en 1992, le *Charal*, devenu ensuite *Lyonnaise des Eaux-Dumez*, mesure 27 mètres. Puis, en 2001, voici *Geronimo*, un géant de 33,80 mètres, 21,10 mètres de large, avec un mât de 39 mètres ! Le 29 avril 2004, avec ce *Geronimo* en grande forme, il remporte, en soixante-trois jours, treize heures et cinquante-neuf minutes, le trophée Jules Verne, tour du monde à la voile, en équipage, sans escale et sans assistance !

Bon client à terre

À terre, Kersauson ne demeure pas inactif. Le « bon client » médiatique est souvent invité dans l'émission mythique de Philippe Bouvard « Les Grosses Têtes ». Auprès du maître malicieux, habile, matois et débonnaire à la fois, il fait merveille. L'intelligence, l'immense culture de celui que Philippe Bouvard surnomme l'« Amiral » conquiert les auditeurs qui le suivent aussi lorsqu'il quitte la rue Bayard pour la rue François-Ier où l'attend le tout aussi malicieux Laurent Ruquier pour son émission « On va s'gêner ».

L'écrivain

Kersauson, c'est aussi l'écrivain, best-seller récent avec *Ocean's Songs*. Page 95, on y lit ces belles lignes où il parle de ses besoins et de ses plaisirs : « Je n'ai aucun besoin. J'arrive, je passe une journée à terre. Je suis "indésirable" à terre. Mais j'ai des plaisirs, ça oui. J'ai du plaisir à passer des journées en Bretagne… » Et la Bretagne le lui rend bien, elle qui s'honore de posséder un tel marin, un capitaine hardi, un vicomte qui l'ennoblit.

Bernard Hinault, le blaireau

Avez-vous jamais croisé sur votre route ou dans vos promenades un blaireau ? Non ? Eh bien, en voici une description sommaire : le blaireau est trapu, court sur pattes, et il ne lâche jamais sa proie. Est-ce pour cette raison que le coureur Michel Ledenmat, né à Plérin dans les Côtes-d'Armor en 1950, 43e de la Grande Boucle en 1977, a surnommé « le Blaireau » son compagnon du Tour de France Bernard Hinault, né à Yffiniac en 1954 ?

La rage de vaincre

Trapu, court sur pattes, Hinault ? Peut-être… Mais quelle puissance, quelle ténacité ! Une ténacité de blaireau lorsqu'il tient sa proie, une proie qu'il ne lâche pas, et cette proie pour Hinault s'appelle la route, celle qui le conduit en 1971 à sa première victoire cycliste sous les yeux ravis des habitants du bourg voisin du sien : Planguenoual. L'année suivante, il est champion de Bretagne juniors, puis champion de France, après avoir attaqué à 80 kilomètres de l'arrivée. Avec une telle rage de vaincre, on ne s'étonne pas de le voir faire son service militaire, en 1973, dans une unité de chars de combat ! On peut se demander ce qui lui résistera désormais dans sa carrière sportive.

Le nez dans le guidon

Rien ! Rien ne lui résiste ! Le Blaireau fonce, tête baissée, le nez dans le guidon, il pédale, pédale, creuse sur son front les rides caractéristiques de l'effort pendant que sa lèvre supérieure découvre ses dents rageuses à la façon du mustélidé en chasse. Et les victoires se succèdent : Circuit de la Sarthe en 1975, puis champion de France de poursuite. C'est l'époque où il est dirigé par Jean Stablinski – champion du monde sur route en 1962 – bientôt remplacé par Cyrille Guimard, champion cycliste titulaire de 94 victoires professionnelles. Le tandem Hinault-Guimard va s'illustrer brillamment de 1978 à 1983.

Le Tour de France

Pendant ces cinq années, Bernard Hinault remporte quatre fois le Tour de France (1978, 1979, 1981, 1982), deux fois le Tour d'Italie (1980, 1982), deux fois le Tour d'Espagne (1978, 1983), sans compter les victoires d'étapes, les épreuves classiques majeures tels le Paris-Roubaix en 1981, la Flèche wallonne en 1979 et 1983, etc.

Bernard le généreux

Après 1983, avec son nouvel entraîneur Bernard Tapie, Bernard Hinault remporte son 5e Tour de France en 1985, et, la même année, son 3e Tour d'Italie. Meilleur grimpeur du Tour en 1986, prix de la combativité du même Tour à plusieurs reprises, Bernard Hinault, sans perdre les pédales, lève le pied, puisque, tout en se reconvertissant à la fin des années quatre-vingt dans une carrière d'éleveur dans le petit bourg de Calorguen dans les Côtes-d'Armor, il a créé une association cyclosportive à but humanitaire : La Bernard-Hinault qui propose régulièrement des épreuves cyclistes encadrées par des bénévoles. Et souvent, Bernard met la main au guidon, le Blaireau fonce toujours et encore, tête baissée, non plus vers les podiums (encore que…), mais vers cette idée que la cause humanitaire vaut bien les mille et mille tours de pédales qu'il ajoute à ceux qu'il a déjà donnés. Hinault l'immense champion, Bernard le généreux.

Patrick Le Lay, l'homme de la Une

Patrick Le Lay naît en plein dans la tourmente de la Seconde Guerre mondiale. Son père va vivre une incroyable aventure, périlleuse, étonnante, avec un sang-froid passé dans la légende. Patrick Le Lay est devenu patron de TF1, pendant que sur d'autres chaînes, Michel Drucker accroît régulièrement les audiences. Rivaux ? Non, leurs histoires sont liées…

Plaire à l'occupant

Le 18 avril 1942, Pierre Laval devient chef du gouvernement de Vichy. Il donne une nouvelle impulsion à la collaboration avec l'ennemi, décidée dès le 24 octobre 1940 par Pétain lors de l'entrevue avec Hitler à Montoire. Le nouveau chef du gouvernement – Laval – affirme que le rapprochement de la France et de l'Allemagne est la condition nécessaire et indispensable à la paix en Europe. Pour faciliter cette entente, il faut plaire à l'occupant qui traque les Juifs, efficacement secondé par le CGQJ. Partout en France, les plumes de corbeaux se mettent à l'encre…

Lola en danger

C'est ainsi qu'est dénoncé puis arrêté Abraham Drucker, médecin juif naturalisé français en 1937, installé à Vire. On recherche bientôt le reste de sa famille. Sa femme Lola, enceinte de Michel, doit se rendre à Plémet, dans les Côtes-d'Armor pour y trouver refuge. À la gare de Rennes quelqu'un l'attend pour l'y conduire. Mais à peine a-t-elle posé le pied sur le quai, tenant par la main son fils Jean, qu'un Allemand lui demande ses papiers. À ce moment, celui qui attend Lola et le petit Jean surgit, et dit au soldat menaçant : « C'est ma femme. »

Un courage inouï

Si la supercherie est découverte, Lola et Jean seront arrêtés, déportés, ainsi que toute la famille du jeune homme qui se retrouve devant un officier allemand pour s'expliquer. Et il s'explique dans un allemand parfait, ce qui met en confiance l'officier et sauve la petite troupe qui peut se rendre à Plémet après avoir frôlé le pire. Qui est ce jeune homme au courage inouï ? C'est Pierre Le Lay qui, passé par l'École normale supérieure, est devenu professeur de mathématiques. Pierre Le Lay est le père de Patrick Le Lay.

De Saint-Brieuc à TF1

Patrick est né le 7 juin 1942 – Michel Drucker le 12 septembre – à Saint-Brieuc. D'abord élève au lycée Saint-Vincent à Rennes, Patrick Le Lay se spécialise dans les travaux publics à l'ESTP (École spéciale des travaux publics, du bâtiment et de l'industrie), devient ingénieur dans cette spécialité. Le groupe Bouygues (construction, immobilier) l'accueille en 1981. Patrick Le Lay va y œuvrer, entre autres, pour la privatisation de TF1 dont il devient PDG en 1988 après la validation par le CSA du rachat de la chaîne par le groupe Bouygues. TF1, héritière de la première chaîne historique de la télévision française, va renforcer alors son style et son contenu grand public, et devenir le maillon majeur des télévisions européennes. En 2007, Nonce Paolini remplace Patrick Le Lay à la direction de la chaîne. Depuis le 7 mai 2010, Patrick Le Lay est président du Stade rennais football club, racheté en 1998 par François Pinault.

Yves Coppens, vers les amonts de l'homme

D'où venons-nous ? Qui sommes-nous ? Où allons-nous ? À ces trois questions, l'humoriste Pierre Dac répondait : « En ce qui me concerne personnellement, je suis moi, je viens de chez moi et j'y retourne ! » Yves Coppens s'est lui aussi posé ces trois questions. Et il y a lui aussi répondu à sa façon…

Lucy détrônée par Toumaï

Le 24 novembre 1974 en Éthiopie, un groupe d'anthropologues composé de Donald Johanson, Maurice Taïeb et Yves Coppens découvrent un squelette vieux de trois millions d'années, celui d'une femme. Comment la nommer ? Les Beatles interprètent en ces temps post-soixantuitards une chanson « psychédélique » qui obtient un succès planétaire : *Lucy in the Sky With Diamonds*. L'inspiration initiale du texte vient du fils de John Lennon, Julian, qui, rentrant de l'école montre à son père un dessin qu'il a fait dans la journée : « C'est, lui dit-il, ma petite amie Lucie dans le ciel avec des diamants. » Évidemment, des esprits entre le perspicace et le pernicieux voient immédiatement dans le titre de cette chanson une allusion au LSD. Nos chercheurs anthropologues ne voient pas si loin, et, tout joyeux, chantonnant bouche en cœur la bluette, nomment leur petit bout de femme éthiopienne « Lucy ». Depuis, Lucy a été détrônée par Toumaï, un mètre et trente-cinq kilos, vieux de sept millions d'années environ, découvert au Tchad en 2001.

Vous voilà informé sur Toumaï, sur Lucy, sur la chanson des Beatles. Reste Yves Coppens…

La passion des fouilles

Yves Coppens est né en 1934, à Vannes. Au collège, il se passionne pour la recherche des traces du passé le plus lointain et parcourt les chantiers de fouilles et de prospection en Bretagne. Cette passion ne le quittera plus.

Le Cénozoïque

Elle le conduit au CNRS en 1956, à vingt-deux ans ! Le Tchad, l'Éthiopie, l'Algérie, la Tunisie, la Mauritanie, plus loin encore : l'Indonésie, les Philippines… Yves Coppens conduit dans ces pays des expéditions qui permettent d'effectuer de riches moissons de renseignements sur les époques qu'il a choisi d'explorer : l'ère tertiaire et l'ère quaternaire, depuis refondues par les scientifiques dernière génération en « Cénozoïque » – qui englobe tertiaire et quaternaire. Il n'a cessé de reculer les limites de l'apparition de nos cousins, nos oncles et nos tantes australopithèques dont cette Lucy dont l'étude du squelette révèle qu'elle mesurait 1,20 mètre, pesait 25 kilos, et qu'elle est morte à vingt ans, probablement de maladie.

La faille…

Pour Yves Coppens qui développe cette théorie en 1981, les grands singes et l'homme ont un ancêtre commun qui s'est prolongé en deux branches à partir d'une faille géologique qui a séparé le continent africain en deux zones. L'une devenue savane a obligé les grands singes humanoïdes à la bipédie qui a marché tranquillement jusqu'à ce que nous sommes ; l'autre demeurée forêt a continué d'héberger les grands singes qui ne se sont souciés de rien, laissant à leurs collègues de savane l'exclusivité du déplacement sur les deux pattes arrière. Ce schématisme un peu hâtif est réfuté par de nombreux scientifiques, et finalement par Yves Coppens lui-même en 2003.

Un vulgarisateur efficace

Toujours à la poursuite des amonts de l'homme, Yves Coppens sait raconter ses entreprises, ses expéditions, et faire connaître le résultat de ses recherches avec une simplicité de langage qui n'en exclut en rien la densité. Il a permis une vulgarisation efficace et positive d'un thème dont beaucoup de chercheurs échouent à transmettre le contenu au grand public. Ses thèses sur l'inné et l'acquis, qu'on les approuve ou non, permettent – celui-ci aurait pris le pas sur celui-là – de mieux comprendre l'évolution, ses bonds et ses stagnations. Yves Coppens est l'auteur de nombreux livres passionnants, tels *La Plus Belle Histoire du monde* (1996), *L'Odyssée de l'espèce* (2003), *Le Sacre de l'Homme* (2007), *Le Présent du passé* (2009). En 2010, il est nommé président du conseil scientifique de la sauvegarde de la grotte de Lascaux.

Chapitre 17

Dix écrivains et leur Bretagne

Dans ce chapitre :

- Des écrivains bretons et aventuriers
- Des poètes et des rêveurs de mondes
- Un Breton d'adoption
- Un Briochin, Rennais et un peu fou

Voici dix auteurs et leur Bretagne. Celle de Chateaubriand, mâtinée d'envolées lyriques, romantique à souhait ; celle de Renan, photographie d'un temps que les moins de cent ans ne peuvent pas connaître… ; celle de Verne qui part de Nantes et s'en va au bout du monde ; celle de Corbière qui passe par toutes les misères ; celle de Loti l'adopté d'Armorique qui fit l'École navale de Brest et offrit un roman à Paimpol ; celle de Jarry le déjanté ; celle de Jacob l'enchanté ; celle de Segalen, le bon docteur ; celle de Guilloux, à la vie dure ; celle de Cadou, l'infiniment doux…

François-René de Chateaubriand de Saint-Malo

Beaucoup l'appellent familièrement le Vicomte. Ils ont lu les *Mémoires d'outre-tombe* qui les ont enchantés, alors, évidemment, ils se sont fait un ami de François-René – qui ne les eût peut-être guère considérés de son vivant.

L'écrivain !

François-René de Chateaubriand ! Le romantique, le distant, le tourmenté, l'aventurier, le menteur, le politique, l'amoureux, le ronchon, le bougon – pas un sourire dans les mémoires… –, le poète à travers les pages inoubliables des *Mémoires*, l'écrivain ! Il est né à Saint-Malo, le 4 septembre 1768 – un an avant Napoléon qui ne l'appréciait guère –, a vécu au château de Combourg qu'il évoque longuement dans son œuvre, est devenu grand voyageur – Amérique, Jérusalem… –, puis homme politique avant de se retirer des affaires pour donner à la littérature française ce que beaucoup jugent comme ses plus belles pages.

« Je vais partout bâillant… »

« Tout me lasse : je remorque avec peine mon ennui et mes jours, et je vais partout bâillant ma vie »… Cet ennui dont François-René de Chateaubriand se dit imprégné a-t-il contaminé ses écrits ? La réponse ne peut être donnée qu'après les avoir lus, si l'on parvient à mener cette tâche à son terme. Car Chateaubriand a beaucoup écrit. La meilleure façon d'entrer dans ce monument de la littérature française est de visiter ses *Mémoires d'outre-tombe*, commencés en 1809, terminés en 1841, extraordinaire évocation de sa vie entière qui comporte des pages inoubliables sur la Bretagne.

Les « Mémoires d'outre-tombe »

Cette œuvre au style admiré est initialement divisée en quatre parties – auxquelles est substituée en 1846 une division en quarante-deux livres.

« Ma mère m'infligea la vie »

Dans la première partie, on suit l'auteur de sa naissance dans un milieu aristocrate fortuné à Saint-Malo – « Ma mère m'infligea la vie »… – à son exil de pauvre à Londres, en passant par sa présence à Paris au début de la Révolution, sa découverte de l'Amérique, son passage à Trèves en Allemagne dans l'armée des émigrés, sa blessure au siège de Thionville…

« Atala », et le « Génie »

Chateaubriand se penche ensuite, dans la deuxième partie, sur sa carrière littéraire. Après l'*Essai historique sur les révolutions* (1797), il publie en 1801 un roman inspiré des paysages d'Amérique qu'il a traversés ; l'héroïne éponyme, Atala, préfère se donner la mort plutôt que de trahir son serment de virginité. L'année suivante paraît le Génie du christianisme qui lui attire les bonnes grâces de Bonaparte, sans les honneurs espérés. Chateaubriand voyage en Grèce, en Espagne, puis revient en France, opposant au régime impérial.

« M'asseoir au bord de la fosse… »

Dans la troisième partie des *Mémoires*, on découvre la carrière politique de Chateaubriand : ministre de l'Intérieur pendant les Cent-Jours, ambassadeur à Berlin en 1821, ministre des Affaires étrangères entre 1822 et 1824, diplomate à Rome en 1828, opposant à Louis-Philippe en 1830. « Quatrième et dernière carrière » ; cette partie où l'auteur multiplie bilans et considérations sur sa vie et celle du monde après lui se termine ainsi, entre le grandiose et le grandiloquent – on peut à son gré, selon le jugement que l'on porte sur l'œuvre, associer Chateaubriand et son style à celui-ci ou celui-là : « Il ne me reste qu'à m'asseoir au bord de ma fosse : après quoi je descendrai hardiment, le crucifix à la main, dans l'éternité. » Chose faite le 4 juillet 1848. Sa tombe se trouve sur le rocher du Grand Bé, face à Saint-Malo.

Paroles de Chateaubriand

« On transmet son sang, on ne transmet pas son génie. »

« Le salaire n'est que l'esclavage prolongé. » *Mémoires d'outre-tombe*

« L'amitié ? Elle disparaît quand celui qui est aimé tombe dans le malheur, ou quand celui qui aime devient puissant. » *La Vie de Rancé*

Ernest Renan et les Bretons

Le XXe siècle sera poétique, moral et scientifique, ou il ne sera pas ! C'est ainsi que l'on peut – à peu près – résumer les convictions d'Ernest Renan, né à Tréguier, en Bretagne, en 1823, et mort à Paris en 1892. À partir de 1845, sans perdre la foi, il désire étudier les fondements historiques du christianisme. Il étudie les langues sémitiques, dirige des fouilles en Syrie, et publie, en 1863, la *Vie de Jésus*, premier volume de l'*Histoire des origines du christianisme*. Son succès est immense, en France et dans l'Europe entière. Renan y présente un Christ bien réel dans son quotidien vécu, un être de chair qui prend le pas sur une essence divine pourtant conservée. Thuriféraires (admirateurs) et contempteurs (adversaires) ne manquent pas de se faire connaître à un Renan sûr de sa ligne de conduite. Son style s'investit avec bonheur dans son livre le plus attachant : *Souvenirs d'enfance et de jeunesse* (1883). De ce livre est extraite la vision des Bretons que voici, et que l'on peut partager totalement, en partie, ou pas du tout…

« On obtient tout d'elle par l'honneur »

« Le trait caractéristique de la race bretonne, à tous ses degrés, est l'idéalisme, la poursuite d'une fin morale ou intellectuelle, souvent erronée, toujours désintéressée. Jamais race ne fut plus impropre à l'industrie, au commerce. On obtient tout d'elle par le sentiment de l'honneur ; ce qui est lucre lui paraît peu digne du galant homme : l'occupation noble est à ses yeux celle par laquelle on ne gagne rien, par exemple celle du soldat, celle du marin, celle du prêtre, celle du vrai gentilhomme qui ne tire de sa terre que le fruit convenu par l'usage sans chercher à l'augmenter, celle du magistrat, celle de l'homme voué au travail de la pensée. Au fond de la plupart de ses raisonnements, il y a cette opinion, fausse sans doute, que la fortune ne s'acquiert qu'en exploitant les autres et en pressurant les pauvres. »

« Le roi fait cas des Bretons »

« La conséquence d'une telle manière de voir, c'est que le riche n'est pas très considéré ; on estime beaucoup plus l'homme qui se consacre au bien public ou qui représente l'esprit du pays. Ces braves gens s'indignent contre la prétention qu'ont ceux qui font leur fortune de rendre par surcroît un service social. Quand on leur avait dit autrefois : "Le roi fait cas des Bretons", cela leur suffisait. Le roi jouissait pour eux, était riche pour eux. Persuadés que ce que l'on gagne est pris sur un autre, ils tenaient l'avidité pour chose basse. Une telle conception d'économie politique est devenue très arriérée ; mais le cercle des opinions humaines y ramènera peut-être un jour. Grâce, au moins, pour les petits groupes de survivants d'un autre monde, où cette inoffensive erreur a entretenu la tradition du sacrifice ! »

« Il veut vivre, il veut vivre ! »

« Cette disposition, que j'appellerais volontiers romantisme moral, je l'eus au plus haut degré, par une sorte d'atavisme. J'avais reçu, avant de naître, le coup de quelque fée. Gode, la vieille sorcière, me le disait souvent. Je naquis avant terme et si faible que, pendant deux mois, on crut que je ne vivrais pas. Gode vint dire à mère qu'elle avait un moyen sûr pour savoir mon sort. Elle prit une de mes petites chemises, alla un matin à l'étang sacré ; elle revint la face resplendissante. "Il veut vivre, il veut vivre !, criait-elle, à peine jetée sur l'eau, la petite chemise s'est soulevée." Plus tard, chaque fois que je la rencontrais, ses yeux étincelaient : "Oh ! si vous aviez vu, disait-elle, comme les deux bras s'élancèrent !" Dès lors, j'étais aimé des fées, et je les aimais. »

Jules Verne, le rêveur de mondes

Un bal à Paris dans les années 1850. Quadrilles, scottish et valses se succèdent. Les crinolines tanguent, les cœurs chavirent. Un jeune homme de belle allure s'approche d'une jeune fille réservée, dont le corsage serré en pointe vers le bas trahit un corset sévèrement ficelé. Le jeune homme, hardi et amusé, tente alors une approche : « J'irais bien, dit-il à la beauté contrainte, pêcher la baleine sur vos côtes… » On rapporte au père de la corsetée le propos du pêcheur : indignation, fureur… L'idée d'un possible bonheur capote encore une fois. Ce jeune homme de belle humeur, c'est Jules Verne.

Né à Nantes le 8 février 1828, il y a commencé ses études au petit séminaire, les a continuées au Collège royal – aujourd'hui lycée Clemenceau.

« Cinq semaines en ballon »

Dès l'école primaire, il affirme : « Ma matière préférée est la géographie. » Nantes à cette époque, ce sont « des quais encombrés de cargaisons sous l'ombrage de grands ormes », « des navires à quai sur deux ou trois rangs » (*Souvenirs d'enfance et de jeunesse*, 1890). Installé à Paris en 1848 pour y terminer sa licence de droit, il préfère écrire des poèmes, des chansons et des pièces de théâtre. Marié à une jeune et riche veuve en 1857, il devient agent de change tout en écrivant dès cinq heures du matin des récits, des pièces, jusqu'en 1863 où il apporte à l'éditeur Hetzel le manuscrit de *Cinq semaines en ballon*. Hetzel enthousiasmé le publie immédiatement. Le succès est immense. La légende Verne vient de commencer.

« J'étais fait pour être marin »

Les dizaines de romans d'aventures et de science-fiction – que l'on appelle alors romans d'anticipation – qu'il écrit passionnent les lecteurs de tous âges qui y trouvent, mises en scène, la rêverie et les avancées scientifiques de leur époque, et des récits qui se sont révélés visionnaires pour la nôtre. Universelle et encyclopédique, l'œuvre de Jules Verne peint la terre entière par le roman – et même sans le roman puisque paraît en 1867 et 1868 la Géographie de la France et de ses colonies, suivie quelques années plus tard d'une *Histoire des grands voyages et des grands voyageurs*. « Je pense que j'étais fait pour être marin, écrit Jules Verne, et si cette carrière n'a pas été la mienne depuis mon enfance, je le regrette chaque jour ! » Les sommes confortables qu'il gagne lui permettent d'atténuer ce regret en effectuant de nombreux voyages à bord de ses trois yachts successifs.

Le plus traduit dans le monde

Le 24 mars 1905, à Amiens, pays de sa femme, où il s'était fixé dès 1871, Jules Verne meurt de paralysie et de diabète. Plus de cent ans après sa mort, Jules Verne est l'écrivain français le plus traduit dans le monde. Au palmarès du nombre de traductions planétaires entre 1979 et 2002, établi par l'Unesco, on trouve à la première place les productions Walt Disney, à la deuxième Agatha Christie, à la troisième la Bible, et en quatrième position… Jules Verne, devant Lénine (5e), Shakespeare (8e), Dumas (14e)… Voici ses œuvres majeures : *Cinq semaines en ballon* (1863), *Voyage au centre de la Terre* (1864), *De la Terre à la Lune* (1865), *Vingt mille lieues sous les mers* (1869), *Le Tour du monde en quatre-vingts jours* (1873), *L'Île mystérieuse* (1874), *Michel Strogoff* (1876), *Le Rayon vert* (1882).

Tristan Corbière et « Les Amours jaunes »

Il écrit une poésie découpée, échancrée comme les côtes de rocs et d'écume près desquelles il est né. Curieux personnage, Tristan Corbière, attachant, étonnant, unique dans le paysage poétique, libre avant tout, élégant dans son désespoir résigné, souriant même, à l'image de ses poèmes.

« Les Amours jaunes »

Édouard Joachim Corbière, est né le 18 juillet 1845, au manoir de Coat-Congar en Ploujean, près de Morlaix. De santé fragile, mené à la dure par sa famille, tôt atteint de rhumatismes, puis de tuberculose, il vit misérablement ses jours et ses amours entre Cannes, Roscoff, l'Italie, et Paris. Il publie en 1873, aux frais de son père, auteur lui-même, son recueil de poèmes : *Les Amours jaunes*, à cinq cents exemplaires. Personne n'en remarque alors l'originalité, les audaces de ponctuation, l'ironie, le cynisme, le ton neuf, unique.

Triste en corps...

Tristan (prénom qu'il avait choisi par fantaisie afin qu'on entendît aussi : Triste en corps bière...) meurt le 1er mars 1875, serrant sur sa poitrine un bouquet de bruyère en fleur. En 1883, Verlaine le découvre et lui consacre la première partie de son étude intitulée « Poètes maudits », dont font aussi partie Rimbaud et Mallarmé. On continue de découvrir encore aujourd'hui Corbière, prince de l'étrange. Ainsi, vous qui allez lire, pour commencer, le début de son poème majeur, flamboyant cantique des éclopés mystiques : *La Rapsode foraine* !

« La Rapsode foraine »

« Bénite est l'infertile plage
Où, comme la mer, tout est nud.
Sainte est la chapelle sauvage
De Sainte-Anne-de-la-Palud... [...]

Des paroisses environnantes :
De Plougastel et Loc-Tudy,
Ils viennent tous planter leurs tentes,
Trois nuits, trois jours – jusqu'au lundi. [...]

En aboyant, un rachitique
Secoue un moignon désossé,
Coudoyant un épileptique
Qui travaille dans un fossé.

Là, ce tronc d'homme où croît l'ulcère,
Contre un tronc d'arbre où croît le gui ;
Ici, c'est la fille et la mère
Dansant la danse de Saint-Guy.

Cet autre pare le cautère
De son petit enfant malsain :
— L'enfant se doit à son vieux père…
— Et le chancre est un gagne-pain !

Là, c'est l'idiot de naissance,
Un visité par Gabriel,
Dans l'extase de l'innocence…
— L'innocent est près du ciel ! – […]

Mais une note pantelante,
Écho grelottant dans le vent
Vient battre la rumeur bêlante
De ce purgatoire ambulant.

Une forme humaine qui beugle
Contre le calvaire se tient ;
C'est comme une moitié d'aveugle :
Elle est borgne, et n'a pas de chien…

C'est une rapsode foraine
Qui donne aux gens pour un liard
L'Istoyre de la Magdalayne,
Du Juif-Errant ou d'Abaylar.

Elle hâle comme une plainte,
Comme une plainte de la faim,
Et, longue comme un jour sans pain,
Lamentablement, sa complainte…

— Ça chante comme ça respire,
Triste oiseau sans plume et sans nid
Vaguant où son instinct l'attire :
Autour des Bon-Dieu de granit…

Ça peut parler aussi, sans doute.
Ça peut penser comme ça voit :
Toujours devant soi la grand'route…
— Et, quand ç'a deux sous… ça les boit.

— Femme : on dirait hélas – sa nippe
Lui pend, ficelée en jupon ;
Sa dent noire serre une pipe
Éteinte… – Oh, la vie a du bon ! –

Son nom… ça se nomme Misère.
Ça s'est trouvé né par hasard.
Ça sera trouvé mort par terre…
La même chose – quelque part.

— Si tu la rencontres, Poète,
Avec son vieux sac de soldat :
C'est notre sœur… donne – c'est fête
Pour sa pipe, un peu de tabac!…

Tu verras dans sa face creuse
Se creuser, comme dans du bois,
Un sourire; et sa main galeuse
Te faire un vrai signe de croix. »

Tristan Corbière – *Les Amours jaunes*, 1873

Pierre Loti et ses pêcheurs d'Islande

« Ce fut mon frère Yves qui commença à m'initier au charme mélancolique de la Bretagne. Et ensuite l'influence qu'une jeune fille du pays de Tréguier exerça sur mon imagination très tard, vers mes vingt-sept ans, décida tout à fait de mon amour pour cette patrie adoptée… » Ainsi parle Pierre Loti, né Julien Viaud, dans son livre *Mon frère Yves*. Julien Viaud, né à Rochefort, le 14 janvier 1850, devient Pierre Loti à Tahiti, en 1872. Loti, en tahitien, signifie rose. Ainsi le baptise une suivante de la reine Pomaré, femme de Pomaré V, le dernier roi de Tahiti. *Le Roman d'un spahi*, publié en 1881, est le premier signé Pierre Loti.

En mer avec Loti

Un personnage étonnant, ce Julien Viaud, dit Pierre Loti. Grand voyageur, fantasque, excessif, ambigu, bizarre. Il faut dire que, dans la famille, on donne parfois dans l'exceptionnel : Jean Viaud, l'oncle de Julien, était le mousse de la *Méduse* qui s'échoua au large du Sénégal, et à partir de laquelle on construisit le fameux radeau, peint par Géricault. Le petit mousse Jean Viaud, mourut à quatorze ans, de fièvres, au Cap-Vert.

Une longue liste d'œuvres

En 1891, Émile Zola se présente pour la vingtième fois à l'Académie française. Il n'obtient aucune voix! Toutes se sont portées comme une volée de moineaux sur le candidat Julien Viaud, plus connu sous le nom de Pierre Loti. Loti, à quarante et un ans devient le benjamin de l'illustre assemblée! Loti!

Quarante-deux ans de service dans la marine, dont vingt ans en mer ! Vingt années qu'il aurait pu passer à contempler la mer, le déroulement infini de sa lame, mais Loti n'a qu'une passion : écrire.

Gaud est riche et Yann a plu

La liste de ses œuvres est impressionnante. Mais, quand on la parcourt, on se rend compte que n'apparaissent qu'un titre ou deux lorsque son nom est cité : *Aziyadé*, son premier roman, publié en 1879, et *Pêcheur d'Islande*, paru en 1886, et dont voici l'essentiel : Du port de Paimpol, les pêcheurs appelés les Islandais partent chaque saison vers le nord afin de ramener la morue. Gaud, la fille d'un riche commerçant, a vécu à la ville et rentre dans le petit port afin d'aider son père, un riche commerçant. Un pêcheur pauvre mais fort courageux, Yann lui plaît infiniment. Elle en tombe amoureuse. Il semble ne rien voir de la passion muette que lui porte la jeune fille dont le père meurt. Les deux jeunes gens se rencontrent dans la lande, et finissent par s'avouer leur amour. Leur bonheur ne dure qu'une semaine : Yann part pour la pêche et ne reviendra pas. Telle est la triste histoire de *Pêcheur d'Islande* !

Le goût de l'exotisme

Le succès de Loti en son temps est étroitement lié à la mode de l'exotisme qui saisit les lecteurs de la fin du XIXe siècle – leur regard s'est tourné vers ces pays lointains que Jules Ferry a fortement conseillé de coloniser afin de placer des capitaux, et de soulager le pays des déclassés et des marginaux… Les titres de Loti disent assez combien il répond à l'imagination voyageuse des acheteurs d'aventures : *Les Trois Dames de la Kasbah* (1884), *Fantôme d'Orient* (1892), *Matelot* (1893), *Les Derniers Jours de Pékin* (1902), *L'Inde sans les Anglais* (1903), *Un pèlerin d'Angkor* (1912), *Turquie agonisante* (1913), etc.

La caverne d'Ali Baba

L'homme Loti est singulier. Il adore se travestir, ses meubles sont remplis de toutes sortes de vêtements exotiques. Il organise de grandes fêtes à thème. Le 12 avril 1888 est par exemple consacré à Louis XI, Loti s'est vêtu d'un surcot violet à revers d'hermine. Il a fait construire et installer un dais magnifique sous lequel il siège, royal – et ressemblant : de Louis XI, il possède la petite taille et la minceur ! Cette fête se déroule dans sa maison de Rochefort, une sorte de caverne d'Ali Baba ou de palais des mille et une nuits, tant les objets et la décoration évoquent un Orient dont il est le familier. Il a même installé, dans l'un de ses salons, une sorte de mosquée ! Les repas qu'il fait servir à ses amis sont pantagruéliques, spécialement préparés par des maîtres queux venus de Paris… Bref, Loti aime se donner en spectacle, se divertir d'une idée qui l'obsède : celle de la mort qui le saisira le 10 juin 1923, à Hendaye.

Alfred Jarry : « Ubu Roi »

Le 16 juillet 1863, à Hédé, en Ille-et-Vilaine, Anselme Jarry prend pour épouse Caroline Quernest, née à Saint-Brieuc en 1842. Dix ans plus tard, naît à Laval leur petit Alfred, devenu depuis le grand Alfred Jarry auquel sont associés, entre autres, les mots Ubu, pompe à phynances, ou bien encore un certain mot commençant par m… L'ombre d'un Rabelais déclencheur du meilleur et du pire des rires plane dans cette pièce que certains appellent une pochade, que d'autres trouvent géniale : *Ubu Roi*.

Une chronique de Charles Morin

C'est une étrange histoire que celle d'*Ubu Roi*. Son auteur, d'abord, n'est pas son auteur, tout en l'étant. En effet, lorsque Alfred Jarry arrive au lycée de Rennes en 1888, il voit pour la première fois Monsieur Hébert, professeur de physique, la légende de l'établissement tant il se fait chahuter. Cette légende a déjà plusieurs années, rédigée par les élèves dans une chronique où le Père Hébert – tantôt Père Ébé, Père Ébance, Père Ébouille… – est ridiculisé. La plus réussie des chroniques est rédigée par Charles Morin, en 1885. Intitulée *Les Polonais*, elle transforme Hébert en roi de Pologne, grotesque et dérisoire. Henri Morin, frère de Charles, donne à Jarry cette version. Celui-ci en transforme un peu la trame, change certains noms, en ajoute d'autres, et voici née la plus grosse farce moderne du théâtre contemporain : *Ubu Roi* – Jarry a un peu plus de quinze ans, Jarry devient Ubu.

Cent fois le mot m…

Lorsque la pièce *Ubu Roi* est jouée pour la première fois le 10 décembre 1896 au Théâtre de l'Œuvre, le Merdre inaugural et qui revient cent fois dans la bouche d'Ubu, déclenche un fameux chahut dans la salle de spectacle – vengeance d'Hébert ?… La pièce est jouée devant un public ébahi, devant des journalistes boudeurs qui rendent compte de leur mauvaise humeur dans les journaux du lendemain. De ce jour, Jarry commence à se fondre à son personnage. Il adopte une diction saccadée, ne répond plus qu'à travers un personnage qu'il se compose, proche d'un certain Ubu, distant, agressif et bizarre. Il continue d'écrire pièces et romans qui ne connaissent pas le succès. L'inventeur de la pataphysique, du décervelage et des paralipomènes meurt à trente-quatre ans, d'excès d'alcool et de dépit, le 1er novembre 1907.

Le langage en son royaume

On se croirait dans du Rabelais : les mots enflent, explosent, le maître de la pompe à phynances se frotte la giborne, cornegidouille! Ubu, ancien roi d'Aragon, est l'officier de confiance du roi Venceslas. Sa femme, peu satisfaite de cette situation, le pousse à prendre le pouvoir, mais, stupide et poltron, il échoue et avoue au roi la conspiration qu'il a conduite. Le roi, cependant, meurt dans un attentat, ainsi que toute sa famille. Ubu devient roi de Pologne! Il supprime les nobles en les faisant passer par la trappe à nobles, s'empare de leurs biens, supprime aussi les financiers, les magistrats, crée un impôt sur les mariages, un autre sur les décès… Ensuite, mille aventures de guerre surviennent, qui se terminent dans une grotte. Rien n'est dit cependant. L'aventure véritable est celle du langage qui subvertit ses codes, bâtit son propre royaume, celui de la démesure, d'une liberté qui peut séduire, qui peut faire peur.

Max Jacob de Quimper

Max Jacob est l'auteur des Œuvres burlesques et mystiques de frère Matorel (1911), du *Cornet à dés* (1917), du *Laboratoire central* (1921), de *Filibuth ou la Montre en or* (1922), des *Poèmes de Morven le Gaélique* parus en 1953, et de tant d'autres œuvres variées, attachantes, étonnantes.

Une drôle d'apparition

Max Jacob est né à Quimper, le 12 juillet 1876. Féru d'astrologie, ayant constaté que ce jour lui était maléfique, il affirmait qu'il était né le 11 juillet, jour plus favorable à son destin! Il fait de brillantes études dans sa ville natale avant de partir vivre à Paris. Il entre à l'École coloniale qu'il abandonne quelques semaines plus tard. Professeur de piano, astrologue, magasinier, peintre (artiste peintre…), critique d'art sous le nom de Léon David, clerc d'avoué… Poète avant tout. Max fait la rencontre de Picasso en 1901. Il partage avec lui une chambre boulevard Voltaire. Apollinaire, Braque deviennent leurs familiers. Installé au 7 de la rue Ravignan, en 1907, Max Jacob y reçoit, deux ans plus tard, une visite, celle du Christ. Ni plus ni moins. Il se convertit au catholicisme – il est baptisé le 18 février 1915, Picasso est son parrain. Il se retire à Saint-Benoît-sur-Loire de 1921 à 1927, puis de 1936 à 1944.

L'étoile jaune

24 février 1944, sombre jeudi à Saint-Benoît-sur-Loire : la Gestapo arrête à la sortie de l'église l'homme qui vient de servir la messe – il la sert depuis 1936, l'année de son installation définitive dans le village. En 1942, il a été obligé de porter l'étoile jaune. Cet homme, c'est Max Jacob. La Gestapo l'emmène. En 1942, son beau-frère Lucien Lévy est mort au camp de Compiègne, ainsi que sa sœur Julie-Delphine. Son frère Gaston a été déporté à Auschwitz en 1943. Il y est mort. Janvier 1944 : sa sœur Myrté-Léa et son mari meurent aussi en déportation. Max est jeté en prison, transféré au camp de Drancy. Gravement malade, il pourrait être soigné, sauvé, mais les conditions de sa détention ne lui laissent aucune chance. Il meurt le 5 mars au matin. Il est inhumé, conformément à sa volonté, dans le cimetière de Saint-Benoît-sur-Loire.

Le jeu avec les mots

La poésie de Max est celle du jeu avec les mots. Il excelle dans l'art de trouver dans les sonorités des signes qu'il utilise comme passerelle vers d'autres mots, créant ainsi des images étranges, inattendues et pittoresques. Qu'elle soit en vers ou en prose – il est devenu, avec *Le Cornet à dés*, le maître incontesté du poème en prose –, son écriture surprend toujours parce qu'elle devient, dès les premiers mots, l'invitation à prendre d'utiles distances avec le sens ordinaire, rationnel, convenu. C'est ailleurs que demeure sa vérité.

Les « Stèles » de Segalen

Le rare en poésie, l'intense, le dense, l'au-delà du sens, l'arrivée dans quelque contrée de la sensibilité encore vierge – étonnement de ne l'avoir point identifiée encore –, c'est Segalen. Lisez *Stèles*…

Leger, Claudel, Segalen

Octobre 1914. À Bordeaux, trois hommes déjeunent non loin du port. Trois hommes à la table desquels on aurait aimé s'asseoir, passant de cette année 1914 douloureuse déjà, trois hommes qui savourent le plaisir d'une rencontre restaurante avant de partir vers leurs mondes respectifs. Trois hommes issus pourtant d'un même univers, celui de la poésie. Ils sont attablés et se parlent. On ne sait rien de leurs phrases perdues, mais on devine, dans leur regard, l'espace, l'espace sans fin. L'un d'eux, c'est le Guadeloupéen, Alexis Leger, pas encore Saint-John Perse ; l'autre, c'est celui qui stationna au niveau du second pilier, près du chœur, dans la cathédrale Notre-Dame, le 25 février

1886, tout à coup empli de bonne foi! Et le troisième? Ah, le troisième, c'est peut-être le premier, sûrement, le plus élevé vers le mystère que tous les trois chassent avec leurs armes à répétition : les mots. Ce troisième, ce premier, c'est Victor Segalen.

« Les Immémoriaux »

Segalen est né à Brest, le 14 janvier 1878. Médecin de marine – sa thèse porte sur les névroses d'écrivains –, il part pour Tahiti en 1903. Gauguin vient d'y mourir. Segalen est frappé par la débâcle du sacré dans la civilisation maorie, au profit d'une mystique d'emprunt, inadaptée, sans relief et sans joie : celle des colonisateurs. C'est le thème de son premier roman : *Les Immémoriaux*, publié en 1907, sous le pseudonyme de Max Anély. Segalen découvre ensuite la Chine, l'immensité qui le descelle de toutes ses limites d'Occidental habitué aux frontières géographiques, aux limites intérieures.

Lire « Stèles »

La Chine! Aux confins de soi. Segalen s'y découvre à la fois identifié et perdu par les extrêmes : le présent, le passé, l'ici et l'ailleurs, la transparence et l'opaque, bref, tout ce qui ravit son être inquiet, livré depuis toujours au mystère. Ainsi naît le recueil *Stèles*. Segalen a trouvé sa voix, et son chemin. D'autres œuvres suivent : *Peintures*, en 1916, où sont décrites et recréées par les mots, des illustrations taoïstes. Un roman posthume, *René Leys* (1922). Le 21 mai 1919, Victor Segalen, revenu en France, est trouvé mort au pied d'un arbre, dans la forêt du Huelgoat, Hamlet à la main. Ce n'est probablement pas un suicide, mais un appel. Y répondre, c'est lire *Stèles*.

Louis Guilloux et la maison de son père

L'écriture de Louis Guilloux, toujours dense, intense, roule les noirs nuages du destin de personnages étonnants, excessifs, généreux, sincères ou non, vaincus souvent. C'est la Bretagne du début du siècle, c'est le monde des luttes sociales, c'est la cruauté des groupes humains qui prennent leur temps pour tuer leur souffre-douleur. Guilloux, ce sont des mots forts en révolution contre les mots faibles, et tout cela se lit avec émotion, compassion.

L'histoire d'un petit cordonnier

Le XXe siècle vient d'ouvrir ses décennies. Louis, un petit garçon, nous raconte sa vie, la vie des siens, et surtout celle de son père François Quéré.

François est un petit cordonnier qui répare les talons, retape les semelles et prend un plaisir mesuré à redonner leur lustre aux chaussures des trop bien nés. Dans la petite ville où il exerce son métier, les rues bruissent de rumeurs et d'idées neuves : la pratique d'une certaine doctrine politique permettrait d'améliorer réellement le sort des pauvres, des démunis, de ceux qui n'ont pas même une paire de chaussures valide… Et cette doctrine porte le nom de socialisme. Et c'est un médecin, le docteur Rébal, qui la fait connaître, la promeut, et se promet qu'elle vaincra un jour toutes les réticences et les résistances du monde de l'argent.

L'ambition du docteur

Les ouvriers, les artisans adhèrent en masse au Parti socialiste tout neuf. François Quéré au grand cœur en premier. Mais… les bourgeoises et les bourgeois aux belles chaussures voient d'un mauvais œil ce petit cordonnier qui est en train de leur installer des peaux de bananes sous les semelles. Et, presque du jour au lendemain, la petite échoppe du père Quéré se vide. De plus, la section socialiste entre en effervescence à l'approche des élections. Sept socialistes sont élus, mais le docteur se sépare des ouvriers : il n'a agi que par ambition personnelle. Le père de Louis entreprend malgré tout la construction de *La Maison du peuple*, mais la guerre survient…

« Critique de la raison pure », Cripure…

Histoire ? Non, fiction. Mais c'est une fiction tirée de l'histoire vraie de Louis Guilloux né à Saint-Brieuc en 1899. Il est fils de cordonnier et ce qu'il raconte dans *La Maison du peuple*, il l'a vécu de près. Publié en 1927, ce livre émeut un autre fils de cordonnier, grand universitaire, normalien et écrivain : Jean Guéhenno (1890-1978), né à Fougères. Les deux hommes se lient d'une amitié indéfectible. Autre ami sûr de Guilloux : André Malraux. Le chef-d'œuvre de Louis Guilloux, *Le Sang noir*, paraît en 1935 ; il rate de peu le Goncourt, ce qui ne l'empêche pas d'obtenir un succès international. On y découvre un personnage étonnant : le professeur de philosophie Cripure – qui tire son surnom de la déformation de *La Critique de la raison pure* en Cripure de la raison tique… Cet être rejeté de tous sert de révélateur à l'abjection du monde. Ses aventures sont conduites par la plume généreuse, tendue et magnifique d'un Louis Guilloux toujours bouleversé par les déshérités. En 1949, il obtient le prix Renaudot avec son roman *Le Jeu de patience*.

René Guy Cadou, du bonheur pour des années

René Guy Cadou est né en Brière en 1920. Instituteur itinérant fixé à Louisfert, il y a écrit la majeure partie de son œuvre avant de mourir à trente et un ans, le 21 mars 1951. Cet homme de l'Ouest est désormais par la magie de ses vers un citoyen du monde.

Du bonheur pour des années

« Sainte Reine de Bretagne / En Brière où je suis né / À se souvenir on gagne / Du bonheur pour des années »… Du bonheur, René Guy Cadou en a répandu tout au long de sa courte existence qui se termine à Louisfert, près de Châteaubriant en Loire-Atlantique. Bonheur par l'écriture : à seize ans, il publie son premier recueil de poèmes, *Brancardiers de l'aube*, un tirage confidentiel, mais des lecteurs surpris, étonnés, ravis de tant de maturité, tant d'aisance à faire naître l'image unique, l'atmosphère inexplicable des matins « de gel et de lumière ».

« Amis pleins de rumeurs »

Les recueils se succèdent, deux ou trois par an, offrant au lecteur une poésie toujours plus dense, toujours plus capiteuse, imprégnée de l'odeur des pluies, toujours traversée de chemins du « pays natal », ou bousculée par la « bouleversante tabagie des grands vents d'ouest ». Bonheur de retrouver les amis de haut bord, « amis pleins de rumeurs », les Roger Toulouse, Michel Manoll (Michel Laumonier originaire de Plessé, 1911-1984), Jean Jégoudez… autour d'une table garnie d'un civet fumant, dans les volutes d'une nuit avancée où chacun lit ses vers, Cadou impressionnant de puissance d'écriture, désarmant de tendresse.

L'installation à Louisfert

Bonheur d'une rencontre simple et belle, celle d'Hélène, sa femme, poète elle-même, son soutien, sa première lectrice, le témoin privilégié de la naissance des poèmes, chaque soir à cinq heures, après la classe. Cadou l'instituteur monte dans la chambre de création dont la fenêtre s'ouvre sur la « ruée des terres ». C'est là que s'opère l'alchimie entre le vocabulaire épars dans la pensée et la magie d'un monde qui ne se livre qu'aux élus, aux fils d'Orphée, à ceux que la beauté a choisis pour médiums.

« L'odeur de pain frais »

Hélène sait que chaque soir le vers est frappé comme une pièce d'orfèvrerie, et lorsque le poème s'achève « à la tombée du soir contre un angle verni », elle est la première à l'entendre délivrer ses « mille peuples d'abeilles et l'odeur de pain frais des cerisiers fleuris ». Cadou pérégrine dans le département de la Loire-Atlantique, exerçant en itinérant son métier d'instituteur jusqu'à ce qu'il trouve un poste fixe à Louisfert, en 1945, avec Hélène où il s'installe, où il va vivre jusqu'au printemps 1951.

« Le meilleur de vous »

Cadou a pour père un instituteur ancien de la Grande Guerre, une mère institutrice. Tous deux enseignent à l'école publique de Sainte-Reine-de-Bretagne, en Brière. Puis ils sont mutés à Nantes en 1930. Deux ans plus tard, Mme Cadou meurt. René Guy a douze ans. À ses études, il préfère l'écriture, passe son bac difficilement, mais publie sans que l'institution scolaire s'en émeuve ou s'en occupe, une œuvre qui le situe déjà parmi les meilleurs poètes français. Il devient l'ami de Max Jacob qui a su reconnaître un de ses pairs et lui écrit : « Mon Dieu ayez pitié de René Guy Cadou, qui ne sait pas que ses vers sont le meilleur de Vous. »

Les fusillés de Châteaubriant

La guerre survient. Son père meurt en 1940. Mobilisé puis réformé, René Guy échappe par miracle au bombardement de Nantes en 1943. Deux ans plus tôt, du côté de Saint-Aubin-des-Châteaux, il a vu passer le camion transportant les cadavres des otages exécutés par les nazis à la carrière de la Sablière près de Châteaubriant, en représailles de l'attentat contre le lieutenant-colonel Holtz. Il écrit alors ce poème que l'on entend toujours dans la carrière du souvenir : « Les fusillés de Châteaubriant : Ils sont appuyés contre le ciel / Ils sont une trentaine appuyés contre le ciel, / Avec toute la vie derrière eux. »

Le pays de la pierre bleue

À Louisfert, le pays de la pierre bleue, il grave dans le temps ses compositions qui portent la signature des prairies de printemps, de « tous ces blés en feu dans les cristaux du soir », des « petites gares ombragées sur le réseau de la souffrance »... La maladie, vigilante, incurable, veille. Le jour du printemps 1951, elle l'emporte dans l'invisible. Mais lui, Cadou, Cadou René Guy, demeure, présent, vivant. Il suffit d'ouvrir *Poésie la vie entière*, et voici des merveilles qui commencent par exemple ainsi : « À cette heure dans le monde, / Il y a peut-être une petite fille qui cueille des fleurs / Sur le bord de la voie dans un pays meilleur... » Cadou écrit encore : « Le temps qui m'est donné, que l'amour le prolonge. » Bonheur de le connaître et bonheur de l'aimer.

Chapitre 18

Dix symboles bretons au quotidien

Dans ce chapitre :

- Quatre pièces du vêtement breton
- À boire breton et à manger breton
- L'art et le phare bretons
- Un peu de lecture bretonne

Voulez-vous avoir l'air d'un vrai Breton ? Enfilez votre tricot marin, votre kabig. Chaussez vos sabots à maillettes. Fixez sur votre chevelure une coiffe (mesdames seulement). Avant de sortir, dégustez une boîte de pâté Hénaff dans une assiette de faïence de Quimper, en lisant *L'Almanach du marin*. Puis buvez une bolée de cidre. Enfin, prenez sous votre bras votre biniou, tirez-en les sons les plus bretons que vous puissiez jouer, et dirigez-vous vers le premier phare venu. Voilà, vous constatez à quel point il est facile de se montrer breton ! Quant à l'être vraiment, c'est une autre histoire…

Le kabig de Sein

En 1950, on se presse dans les salles de cinéma pour voir le dernier film de Jean Delannoy : *Dieu a besoin des hommes*. Le film est inspiré d'*Un recteur de l'île de Sein*, roman écrit en 1944 par Henri Queffélec (1910-1992), père de Yann Queffélec né en 1949 et prix Goncourt 1985 avec *Les Noces barbares*. Dans son roman – l'un des quatre-vingts livres qu'il a écrits –, Henri Queffélec met en scène un sacristain que les îliens ont poussé à remplacer le prêtre reparti sur le continent parce qu'il ne supporte plus que ses paroissiens continuent à piller les épaves.

« Dieu a besoin des hommes »

Les spectateurs du film *Dieu a besoin des hommes* suivent l'histoire de ce sacristain à l'étonnant destin au fil de plans rapprochés ou de plans d'ensemble où l'on voit des goémoniers vêtus d'une sorte de manteau à capuche, dont l'étoffe est de laine de mouton non dégraissée, tissée serré, foulée, de sorte qu'elle devient imperméable. Ce manteau est assorti d'une poche ventrale en manchon où l'on peut enfourner ses mains en cas de rafales glacées.

Le vêtement des goémoniers

L'histoire du sacristain étonne, émeut, bouleverse. Que se passe-t-il alors dans l'inconscient des spectateurs de Bretagne, de France, de Navarre et d'ailleurs ? On ne le sait trop, mais la conséquence devient visible : le vêtement des goémoniers du film est de plus en plus demandé dans les commerces, on le porte avec bonheur, comme si on se vêtait de la probité candide du sacristain de Sein… La mode du kabig breton s'amplifie, et c'est comme si, en ces temps de grisaille des années cinquante, on s'habillait des ciels de l'Ouest, comme si on tentait de s'approprier une nouvelle identité, l'adhésion au mythe breton.

Les tisserands du Pays pagan

Mais qui donc a inventé ce vêtement initialement porté par les marins et travailleurs du Pays pagan dans le Nord Finistère ? Les tisserands et tailleurs du Pays pagan, tout simplement. Des noms ? Non, sinon certains vous diront c'est Untel, et d'autres affirmeront le contraire. Certains diront Marc Le Berre, et d'autres Pierre Labous – inventeurs du kabig cités dans certains ouvrages. Signons la paix et déclarons que participèrent à la naissance du kabig tous les tailleurs, tisserands, éleveurs de moutons, fileurs et fileuses du Pays pagan, généreusement anonymes…

Le pull marin ? Non, le tricot…

Le pull marin… Pull ou chandail ? Ni l'un ni l'autre ! Le chandail ne concerne que par extension de sens le pull marin. En effet, le mot chandail apparaît en 1894 et désigne le tricot que portent aux Halles de Paris les marchands de légumes en général, les marchands d'ail en particulier, exposés aux rafales de vent. Marchand d'ail ? N'entend-on point dans ce nom de métier le mot désignant le vêtement de laine épaisse qui les protège ? Bravo ! vous venez de faire vos premiers pas dans l'étymologie de l'étonnant : le « chandail » est la contraction de « marchand d'ail », raccourci qui déshabille le marchand en ne laissant visible de lui que son tricot de laine protecteur.

Un tire-par-dessus ?

Et le mot pull ? Ce terme si courant est apparu en France en 1925 sous la forme : pull-over. Un *pull-over* en anglais littéralement traduit désigne donc un tire-par-dessus ! Curieux bricolage d'une unité verbale associée à un adverbe… On le supporte parce qu'il est anglais et qu'on n'y comprend pas grand-chose, on le trouverait ridicule s'il voulait s'installer dans sa forme traduite en français ; viendrait-il à l'idée de qui que ce soit de demander : « Sais-tu où j'ai rangé mon tire-par-dessus ? » Et sous sa forme abrégée en français : « Tiens, je vais prendre mon tire-bleu aujourd'hui… »

Que nous tricotassions…

On peut donc, avec prudence, utiliser plutôt le mot tricot, qui vient du verbe tricoter : je tricote, tu tricotes, nous tricotons, que je tricotasse, que nous tricotassions…, et désigne sans ambiguïté un tressage à l'aiguille de laines de toutes sortes. Cela dit, quand donc est apparu le tricot marin ? Eh bien, on peut préciser qu'en 1858, un décret du gouvernement impose aux marins le port d'un tricot rayé bleu et blanc. À l'époque, ce tricot est un vêtement long qui protège tout ce qui se trouve entre le cou et les genoux. Il est fait de laine de mouton non lavée (on n'oublie pas de mettre le « e » à lavée, sinon le mouton passe pour un cochon). Les marins sont tout heureux d'enfiler ce vêtement bleu et blanc, ils savent que s'ils tombent à la mer, on pourra les repérer aisément, et les repêcher.

Signe de bravoure

Au fil du temps, le tricot marin étend ses zones de protection contre vents et marées à toutes les couches de la population : celles qui veulent se tenir bien au chaud sous l'averse, celles qui aiment les rayures bleu et blanc, parfois blanc et rouge ou vert, celles qui embarquent l'été ou l'automne sur un voilier de luxe, un yacht, et revêtent alors ledit tricot, signe de bravoure face à l'océan, adhésion lyrico-fortunée au mythe du loup de mer, emprunt aisé d'une expérience et d'un passé qui se passe alors des rudes coups de tabac vécus par d'autres au labeur au large de Terre-Neuve ou autres enfers maritimes, celles qui apprécient le boutonnage sur l'épaule, qui permet de passer tous les types de boîtes crâniennes, les petites têtes et les grosses têtes, quel que soit leur contenu… Bref, tout le monde aime le tricot marin, et le tricot marin s'en porte bien !

Le cidre, comme une sève…

On le trouvait jadis et même naguère, dans les caves orientées au nord afin de conserver en toute saison une fraîcheur idéale, des caves omniprésentes dans les campagnes, dans les fermes isolées, les villages, les bourgs… Aujourd'hui, on l'achète au supermarché. Mais son goût délicieux, ses saveurs demeurent, à consommer toujours avec modération : le cidre.

Le cidre ? De l'hébreu…

Si vous lisez l'hébreu dans le texte, ce qui est fort possible quoique peu courant, vous avez sans doute rencontré dans l'Ancien Testament le verbe « sakar » qui signifie boire à l'excès, jusqu'au malaise. Et puis, dérivé de ce « sakar », vous avez lu ce mot : *sekar*, traduit, en français par « liqueur forte, ou liqueur empoisonnée ». Vous êtes doué en hébreu ? Vous l'êtes peut-être aussi en grec : lisant Platon ou Xénophon, vous avez découvert le mot « sikera », et vous vous êtes dit : Tiens, ce doit être dérivé de l'hébreu « sekar », et vous avez raison : *sikera* se traduit par « boisson fermentée ».

Une culture, un délice

L'hébreu, le grec, et, parce que vous le méritez bien, le latin : *sicera*, que cela signifie-ce (oui, et alors, c'est une façon personnelle d'écrire « qu'est-ce que cela signifie ») ? Cela vient, vous l'avez deviné, du grec *sikera*, et cela s'en va tout doucement, en passant par le XIIe siècle en Basse-Normandie, vers les contrées de l'Ouest où le mot « cidre » apparaît, désignant la boisson fermentée obtenue après broyage des pommes. Vous savez tout, ou presque, car le cidre, en Bretagne, c'est une tradition, une culture et un délice. Une tradition depuis les temps difficiles à fixer où le pommier s'est implanté en terre bretonne, produisant au fil des siècles de magnifiques vergers, et de blancs printemps parfumés.

L'eau, vecteur de maladies

Aujourd'hui, il suffit de tourner un robinet pour boire une eau saine, surveillée, rendue potable par des traitements qui ne nuisent pas à la santé, une eau comme on en connaissait peu à l'époque point encore si lointaine où seul le puits fournissait l'eau de consommation pour bêtes et gens. Et si ce puits par hasard subissait, par fortes pluies, les infiltrations de déchets divers ou de cadavres, ou bien si un animal s'y noyait, l'eau devenait vecteur des maladies les plus violentes. Le jus de pomme fermenté, lentement, prenant son temps pour tuer avec l'alcool les microbes divers, permettait de disposer d'une boisson sûre en toute saison.

Le savoir-faire du cidrier

Une boisson exempte de risques, mais de qualité fort inégale selon les terroirs à pommiers, selon les vergers, et selon le savoir-faire du cidrier… L'un, connaisseur, savait laver ses fûts de bois, avec cendre et eau afin de supprimer les redoutables mères faiseuses de vinaigre, il les rinçait plusieurs fois avant de les remplir, il dosait avec précision ses mélanges de pommes : pommes douces et pommes acides ; il savait soutirer au moment où il le fallait le jus qui se chargeait alors d'arômes rustiques, râpeux et doux à la fois, comme une sève. L'autre brûlait les étapes, broyant des pommes sans dosage, remplissant des tonneaux gluants de mères et, forcément, obtenait un vinaigre auprès duquel le vrai devenait doux à boire…

Une production industrielle

Les temps ont changé. Le printemps nous est annoncé à la télé. Les vergers demeurent pour ceux qui les ont connus de merveilleux souvenirs avec des bourdons velus qui bombinent autour des fleurs blanches, parfois roses, dans les rayons de midi. La production de cidre est devenue industrielle. Mais le savoir-faire breton est intact, et produit un excellent cidre, apprécié dans le monde entier. Le souci d'en conserver le caractère unique a conduit les cidriers finistériens à en faire une AOC.

Le cidre de Cornouaille

Désormais, dans le Finistère Sud, on produit le « cidre de Cornouaille », AOC depuis 1996, et qui répond à un cahier des charges précis : les vergers sont identifiés, surveillés, choyés… Les rendements sont limités afin de favoriser la qualité, les pommes sont ramassées à l'ancienne, c'est-à-dire à la main, et tous les lots de pommes sont soumis à un contrôle rigoureux avant le broyage. Enfin, l'effervescence si agréable lors de la dégustation est obtenue uniquement par des moyens naturels. Des cidres d'excellente qualité sont aussi produits en Loire-Atlantique – cidres Kérisac, à Guenrouët – et dans d'autres unités de production de dimensions diverses, dans d'autres départements bretons, avec le même souci de plaire à tous les palais.

Une bolée ?

Alors, maintenant, il ne vous reste plus qu'à commander dans une crêperie où vous ne manquerez pas d'aller vous restaurer bientôt, un verre ou une bolée de cidre – contenu du bol de cave traditionnel –, en relisant tout ce qui vient de défiler sous vos yeux. Ou non. L'essentiel, n'est-ce pas, c'est de se laisser conquérir ou reconquérir par cette délicieuse boisson, à consommer toujours avec modération !

Biniou : l'ancien et le grand

Pour qui connaît la langue bretonne, parler du biniou illustre une erreur, une hérésie grammaticale identique à celle que l'on fait lorsqu'on dit un chevaux ou un journaux. Car le mot biniou est un pluriel, c'est le pluriel de béni qui désigne une musette, un instrument de musique qui est de la famille des cornemuses. Cela dit, utilisons tout de même ce mot, le biniou, pour désigner cet instrument singulier, à anche et poche d'air, qui réjouit le cœur et les oreilles (pas trop près cependant) lorsqu'un *bagad ar sonerion*, un groupe de sonneurs, plus couramment appelé bagad, se met en branle par les rues pour un défilé où l'on entend aussi les bombardes et les percussions.

Le vieux biniou

Êtes-vous plutôt biniou kozh ou plutôt biniou bras ? Si vous avez lu la partie people, rubrique Dan Ar Braz, vous devez vous rappeler que le mot bras ou braz signifie grand, et vous en déduisez que le biniou bras est le grand biniou. Bravo, c'est exact ! Qu'est donc alors le biniou kozh ? C'est le vieux biniou, le biniou breton traditionnel, celui dont l'utilisation est attestée depuis des siècles, mais plutôt sous la forme de ce que l'on appelle la veuze, poche d'air complétée par une sorte de longue flûte, le levriad, et un bourdon, tuyau produisant un son grave d'accompagnement permanent. La différence entre la veuze et le biniou kozh se situe essentiellement dans la dimension du levriad, plus court pour le biniou kozh, cette diminution étant intervenue au cours du XIXe siècle.

Le grand biniou

Le biniou bras (ou braz), c'est la grande cornemuse écossaise. Son arrivée en Bretagne date de 1895. Elle est y importée par Charles Le Goffic (1863-1932) à Belle-Isle-en-Terre, près de Guingamp. Le biniou bras comporte pour sa poche d'air trois bourdons, deux bourdons ténor et un bourdon basse qui possèdent une anche simple, le chanter – la petite flûte reliée à la poche d'air – est à anche double en roseau. L'extension du biniou bras en Bretagne date de la fin de la Seconde Guerre mondiale, au moment où les bagadou se multiplient. La vogue bretonne des années soixante, soixante-dix, incite les sonneurs à améliorer leur technique de jeu, et les bagadou effectuent dans les défilés des prestations ovationnées.

L'almanach de Thézac

En 1898, un jeune aristocrate, Jacques de Thézac, originaire de Saintes, s'installe à Sainte-Marine avec sa jeune épouse bretonne. Fortuné, il décide de venir en aide aux marins dont il constate les conditions de vie désastreuses : leur maison n'est qu'une masure où s'entasse leur famille nombreuse, et l'alcoolisme fait des ravages dans leurs rangs.

Les miscellanées du marin

Quel moyen choisit-il ? Le plus simple et le plus astucieux qui soit : il crée une publication, un almanach destiné au plus grand nombre, où figurent toutes sortes de renseignements destinés aux marins. L'ensemble qui pourrait paraître ennuyeux est agrémenté de chansons, de renseignements divers, de dessins humoristiques. Est-ce tout ? Point : il parsème ces miscellanées maritimes (miscellanées vient d'un mot latin signifiant mélange) de « saines notions en termes modérés et en style populaire, pour combattre et saper le prestige de l'alcool », tout cela « laissant à coup sûr des traces positives dans l'esprit des lecteurs ».

Le premier almanach

Ce procédé fonctionne à merveille, et le premier *Almanach du marin breton*, paru en 1899, obtient un succès considérable. Thézac tente ensuite de substituer aux cafés de perdition des lieux propres et bien chauffés, des salles agréables où se trouve rassemblée à la disposition des marins une documentation variée en rapport avec les métiers de la mer, avec d'autres aspects de leur vie, de leurs projets ou aspirations. Et cette formule est couronnée de succès. Le philanthrope Jacques de Thézac remporte son pari : l'alcoolisme recule. Marin lui-même, grand voyageur, yachtman, Jacques de Thézac nourrit aussi une passion pour la photographie. Pendant la Grande Guerre, il multiplie les portraits de famille, destinés à soutenir le moral des soldats qui croupissent dans les tranchées.

L'œuvre du marin

L'Almanach du marin breton n'a cessé de paraître depuis le numéro de 1899. Il est publié chaque année et comporte tous les renseignements nécessaires à la navigation professionnelle ou à la navigation de plaisance. Toutes les réponses aux questions que se posent les gens de mer sont contenues dans cet ouvrage aussi indispensable sur un bateau qu'une bouée de sauvetage. Et les bénéfices de la vente de l'ouvrage ont permis de créer « L'Œuvre du marin breton » qui vient en aide financière aux familles dans le besoin.

La faïence de Quimper

Pour faire de la faïence, il faut de l'argile, beaucoup d'argile d'excellente qualité, il faut du bois pour la cuire, et si possible, il faut un cours d'eau pour la transporter – faute de route et d'autoroute dans les siècles passés. Quimper possède tout cela. Et déjà, dans les temps les plus reculés, au sud de Quimper, près de la route de Bénodet, dans l'anse de Toulven, les Gallo-Romains avaient bâti un village dont l'occupation principale était la production de faïence.

Bousquet de Moustiers

Bien sûr, le mot n'existait pas dans les temps gallo-romains. Il est né en 1532, lorsqu'on a parlé de la terre de Fayence, terme issu de Faenza, petite ville située près de Ravenne en Italie ; on y fabriquait des poteries émaillées connues dans toute l'Europe. L'orthographe actuelle faïence, date de la fin du XVIIe siècle. C'est précisément à cette époque qu'arrive de Moustiers-Sainte-Marie dans le Sud de la France (aujourd'hui dans les Alpes-de-Haute-Provence) Jean-Baptiste Bousquet, un maître faïencier qui s'installe au pays de la belle argile et des bois nécessaires : Quimper. Bousquet a appris son art dans sa ville d'origine, devenue productrice de la fameuse faïence à motifs bleu pâle depuis qu'un moine venu de Faenza avait appris à un potier du cru la façon d'obtenir un beau blanc laiteux dans le produit fini.

La Hubaudière-Bousquet

La famille Bousquet se transmet l'affaire de père en fils. Vers 1750, elle engage un ouvrier venu de Rouen, Pierre Caussy, qui pratique la décoration en couleurs – polychrome – que les classes fortunées du XVIIIe siècle apprécient au plus haut point. En 1771, la fille de cet ouvrier épouse un jeune aristocrate, Antoine de La Hubaudière. Celui-ci crée la marque La Hubaudière-Bousquet (HB) dont on retrouve les initiales aujourd'hui encore dans le logo des faïences de Quimper, avec cette précision chiffrée : depuis 1690, c'est-à-dire depuis l'arrivée de Bousquet. Le gâteau d'argile va bientôt devoir être partagé : la concurrence s'installe dans le pays de Quimper sous la forme de deux autres faïenciers : Dumaine – devenu depuis Henriot et Eloury – et le faïencier Porquier. Comment survivre ? Chaque faïencerie possède sa production propre et étend son commerce à la vente de petits objets tels les bols à cidre, les salières, les pipes.

Le petit Breton glazik

À partir de 1872, la veuve du faïencier Porquier engage Alfred Beau qui reproduit sur la faïence des tableaux de peinture classique, et invente l'image du petit Breton glazik (du pays de Quimper) en bragou braz (pantalon large et court), accompagné de sa jolie Bretonne à coiffe, toujours en vogue aujourd'hui. Le faïencier Henriot rachète Porquier en 1906. Face à lui, toujours, les HB… La concurrence est rude, féroce, et féconde dans la première moitié du siècle, elle permet à de nombreux artistes de varier décorations et formes dans les faïences signées Mathurin Méheut, Jim Sevellec, Géo Fourrier ou bien encore Micheau-Vernez.

Quel avenir ?

Après la Seconde Guerre mondiale, les deux entreprises se modernisent mais les difficultés commencent à apparaître sur le marché, et HB fusionne avec Henriot en 1968. La crise économique se poursuit, le dépôt de bilan est inévitable en 1983. Reprise en 1984 par l'Américain Paul Janssens qui se spécialise dans la production haut de gamme, la société est rachetée en 2003 par un Breton : Pierre Chiron. Aujourd'hui, cinquante personnes travaillent à l'entreprise HB, que la crise économique n'épargne pas. Depuis 321 ans, de superbes pièces ont été produites, entrées dans de prestigieuses collections, et qui se négocient souvent à des prix élevés lors de ventes publiques. Vous l'ignoriez ? Courez fouiller dans vos placards, on ne sait jamais, peut-être qu'une faïence HB, modèle unique, y séjourne depuis trois siècles…

La coiffe et son histoire

On possède peu de documents sur la coiffe bretonne avant la Révolution, ou du moins ceux qui sont consultables ne témoignent que de l'aisance d'une classe supérieure, peu nombreuse, où les femmes peuvent à loisir assembler dentelles et tissus fins, les plier et les amidonner à leur fantaisie au fil des saisons.

La révolution de la coiffe

La coiffe, dans les classes modestes demeure simple et pauvre, c'est souvent un simple voile arrangé assez habilement pour qu'avec ce minimum, l'effet soit remarqué. La Révolution française de 1789 fait sauter les cloisons qui séparent les classes sociales. Les femmes élégantes et riches s'en passent alors, pendant que la population féminine rurale se rue sur les dentelles et tout ce qui peut servir à confectionner une coiffe, rivalisant d'imagination pour singulariser le lieu où la coiffe est portée.

Une carte d'identité

Chaque bourg, chaque village ou presque possède sa coiffe spécifique. C'est une sorte de carte d'identité qui se porte sur la tête. On sait que dans le Léon, elle a la forme d'une poche plate ou d'une queue de homard, on reconnaît celle de Landerneau qui évoque une marmotte. À Landivisiau, on porte la coiffe des juloded, nobles locaux, qui se caractérise par deux ailes formant une grande boucle. À Châteauneuf-du-Faou, la coiffe dardoupezenn est prête à s'envoler avec ses deux ailes en brides aériennes. Près de Morlaix, on l'appelle la sparl, ou sparlen, mais aussi le numéro 8 en raison de sa forme. À Quimper les coiffes ont le bord large, on les appelle borleden, nom qui est donné aux femmes elles-mêmes… Dans la région de Baud, la coiffe est en queue de raie, la locht-raïenn ; on porte aussi la kornek lors des cérémonies, ses côtés retombent à la façon d'ailes. À Douarnenez, voici la penn sardin, bonnet de tulle recouvrant trois bonnets noirs en coton…

La bigoudène

On n'en finirait pas de décrire la coiffe bretonne, ses avatars, ses débordements, ses réussites, ses aspects insolites qui peuvent laisser sceptique. Ainsi cette coiffe bigoudène qui souvent caricature la Bretagne folklorique vue d'autres villes, la capitale par exemple. Eh bien, cette coiffe n'est apparue dans sa phase montante qu'à la fin du XIXe siècle. Auparavant, elle était raisonnable, mais le désir de revaloriser la production de dentelle et le travail de tissus fins a poussé les imaginations vers la création débordante. Et la coiffe a dépassé les quinze centimètres, puis les vingt, elle s'est arrêtée à trente centimètres de hauteur, davantage même parfois avec les bandes de dentelle qui prennent leurs aises au pinacle et retombent largement sur les épaules. Bizarre construction ou réussite esthétique selon l'observateur sceptique devant tant d'habileté à faire tenir droit une telle composition sur la chevelure, même par grand vent !

Victime du siècle

La coiffe bretonne, infiniment variée – il en a été recensé plus de 1 200 de formes différentes –, a vécu jusqu'au milieu du XXe siècle. Son déclin a été brutal, à la mesure d'un exode rural galopant qui a vidé les campagnes et transplanté en ville une jeunesse n'ayant qu'un souci, celui de suivre les modes urbaines. Évidemment, la coiffe bigoudène a elle aussi été victime de ces nouvelles façons de vivre : il eût été difficile pour les jeunes filles de la conserver dans le métro, le bus, ou même de passer sous les portiques d'aéroport… Cependant, les coiffes les plus connues, les plus jolies demeurent visibles, magnifiquement portées lors des grandes fêtes bretonnes.

Le pâté Hénaff

On le trouve en Bretagne, partout en France et en Europe, on peut s'en sustenter (en manger, si vous préférez) en Afrique, en Russie, au Brésil, en Australie, en Asie… Bref, le pâté Hénaff, en un siècle, est devenu planétaire…

La petite boîte bleue

Une petite faim un soir de disette et de solitude, alors que la dernière épicerie du quartier vient de fermer ? Une envie de renouer avec les plaisirs simples de la vie, au petit matin, après avoir pratiqué les plaisirs compliqués de soirées où les chefs en cuisine et les sommeliers vous ont gavé de paroles, de gigot au jus et de jus de la treille ? Vous vous dirigez alors, presque au radar, vers le placard où vous attend la petite boîte bleu métallisé du réconfort, le petit cylindre qui, après de grandes virées au large de vous-même, vous reconduit au port et au porc à la fois : la petite boîte de pâté Hénaff !

Les morceaux nobles du porc

D'où vient-elle cette concentration de saveurs qui vous saute au nez, multiplie votre appétit, et ravit votre olfaction lorsque vous avez ouvert sans effort la portion charcutière qu'attend votre pain blanc ? Remontons pour tout vous révéler de ce merveilleux pâté, au début du XXe siècle : en 1907, Jean Hénaff, élu local et paysan, crée une conserverie de petits pois dans sa commune, Pouldreuzic, afin d'éviter aux producteurs le long trajet qui les sépare de Pont-Labbé où ils livrent leur récolte. L'activité des conserves de petits pois démarre dans la difficulté, les associés de Jean Hénaff quittent un à un l'affaire. C'est alors qu'il imagine une recette de pâté où se mélangent les morceaux nobles du porc et un ensemble d'épices dont la liste et le dosage sont tenus secrets encore aujourd'hui. En 1914, quatre porcs seulement sont mis en boîte. Dix ans plus tard, Jean Hénaff atteint le millier de cochons hachés menu.

De nouveaux produits

Jean Hénaff meurt en 1943. Son affaire cesse ses activités à cette époque, la kommandantur s'étant installée dans sa maison familiale ! Depuis, la petite boîte bleue s'est remise à rouler sur les tables de la fringale soudaine, accompagnée de mille et un produits nouveaux sous emballage, signés des descendants du paysan Hénaff : des produits frais, des salades, des saucisses, des hachés dont certains ont pris la forme de la tête de Mickey – bien vu pour les parents qui peinent à faire manger de la viande aux enfants ! Dans le même temps, à partir de 1992, vogue sur les mers le voilier *Hénaff*, dans les courses sur circuit.

Vous l'ouvrez...

Aujourd'hui, la société Hénaff est dirigée par Jean-Jacques Hénaff, né en 1938, petit-fils de Jean, le fondateur. Première marque de pâté en conserve en France, Hénaff emploie plus de deux cents personnes à Pouldreuzic. Quatre porcs traités en 1914, quarante mille par an aujourd'hui ! Tout cela ne vous aurait-il pas donné une petite faim ? Si ? Ah, vous n'êtes déjà plus là, vous voilà cherchant partout dans vos placards la petite boîte bleue mise de côté pour faire n'importe quand à vos papilles des papouilles avec pain frais... Miracle, la voilà, vous l'avez retrouvée, la petite boîte... Vous l'ouvrez... Silence, vous dégustez ! Silence, nous la fermons...

Le sabot à maillettes

C'était Anne de Bretagne, duchesse en sabots,
Revenant de ses domaines, en sabots mirlitontaine
Ah ah ah ! Vivent les sabots de bois !
Revenant de ses domaines, duchesse en sabots,
Entourée de châtelaines, en sabots mirlitontaine
Ah ah ah ! Vivent les sabots de bois !

On voit ensuite la duchesse Anne qui arrive à Rennes où elle voit trois beaux capitaines qui lui offrent un pied de verveine (admirons la rime) ; ils lui disent « S'il fleurit tu seras reine, en sabots mirlitontaine ». Elle a fleuri la verveine...

La duchesse en sabots ?

Eh bien non, la duchesse Anne (1477-1514) ne portait point de sabots, on ne lui en a mis aux pieds qu'à partir du XIXe siècle alors que les Bretons cherchaient dans leur passé une figure historique qui portât dans son vêtement, de la tête aux pieds des signes distinctifs de son appartenance à son fier duché. Du moins c'est ce que nous disent les historiens d'aujourd'hui qui savent pourtant bien que les dames de tous les temps adorent les chaussures, en possèdent des paires en général innombrables, et l'on peut imaginer qu'Anne de Bretagne, soucieuse de varier sa mise, a pu ajouter quelque jour à sa collection de chaussures de cuir à patins de bois, de bons sabots taillés dans les restes de la forêt de Brocéliande...

Abattage, bûchage...

La fabrication des sabots remonte à des temps immémoriaux car, dans les forêts où vivaient les sabotiers, rien ne s'est inscrit dans le paysage qui attestât qu'en un siècle précis, une année donnée, un bûcheron imagina de creuser un tronçon de tronc afin d'y loger ses pieds. Ce dont on est sûr, c'est qu'à l'origine, le sabotier vit dans la forêt. Son bois de prédilection : le hêtre au grain fin, facile à travailler. Il choisit donc son arbre, l'abat, le découpe au harpon en rouelles ou billes qu'il fend ensuite en quartiers. Chaque quartier subit l'opération du bûchage, un travail à la hache qui donne la toute première forme du sabot. Le sabotier prend ensuite une vrille, puis des instruments dont la tige de fer est terminée par une sorte de cuillère aux bords tranchants, afin d'évider la partie où logera le pied.

Petit clou à tête dure

Le sabot n'est pas une spécialité seulement bretonne, on le trouve partout où les hêtres poussent et où le pied devait se protéger du froid, des épines et des pierres. Les Gilles de Binche par exemple, groupe de joyeux Belges qui, dans leur ville francophone, défilent richement parés chaque année en lançant à la foule des oranges, portent aux pieds des sabots décorés, taillés dans du peuplier. Mais le sabot breton se distingue de ses cousins par des singularités qui vont du dessin spécifique à la ville de fabrication, gravé sur le dessus, à la maillette de Locminé, plantée sous la semelle. La maillette est un clou court à tête épaisse fabriqué au temps des mines de fer de Locminé, elle permettait d'éviter l'usure prématurée des semelles de sabots ou de souliers. Une chanson est née de ce petit clou sympathique et disparu, la voici :

Les gars de Locminé

Mon père et ma mère de Locminé ils sont
Ils ont fait promesse qu'ils me marieront

Refrain : *Sont sont sont les gars de Locminé*
Qui ont de la maillette
Sens dessus dessous
Sont sont sont les gars de Locminé
Qui ont de la maillette
Dessous leurs souliers

Refrain
Mais s'ils me marient s'en repentiront

Refrain
Je vendrai leur terre sillon par sillon

Refrain
Au dernier bout d'terre bâtirai maison

Refrain
Et si le roi passe nous l'inviterons

Refrain
Et s'il veut des crêpes nous lui en ferons

Le phare : la lumière et la vie

Magie des phares dans la nuit. À qui connaît leur langage, il sauve la vie. À qui s'y fiait trop, il en coûtait un bateau s'échouant contre la dentelle de rochers où les naufrageurs faisaient leur marché…

Briller au-dessus de la mer…

Le poète Louis Aragon évoque ces figures d'un autre temps, hommes pauvres qui allumaient des feux par mauvais temps près des côtes afin d'attirer les navires en perdition, de les conduire au naufrage, puis de les piller : « Il advint qu'un beau soir l'univers se brisa / Sur des récifs que les naufrageurs enflammèrent / Moi je voyais briller au-dessus de la mer / les yeux d'Elsa, les yeux d'Elsa, les yeux d'Elsa. » Il est bien loin, le temps des naufrageurs. Les phares d'aujourd'hui sont sûrs et leur implantation permet d'éviter quel que soit le temps les nombreux pièges rocheux. Si l'on ajoute à cela tous les moyens de guidage modernes, relayés par une armée de satellites et antennes en tout genre, échouer un bateau sur les côtes se révèle difficile…

Ar Men le titan

Les phares sont nombreux sur la frontière marine de la Bretagne. Certains d'entre eux sont devenus doublement phares car leur implantation ou leur rôle les rend mythiques et invincibles. Le phare d'Ar Men, par exemple, est un défi à l'océan. Trente-quatre années ont été nécessaires pour le construire dans des conditions dantesques sur la petite île de 105 mètres carrés (Ar Men) située à l'extrémité de la chaussée de Sein. Sa hauteur au-dessus de la mer est de 33,50 mètres et sa portée de 43,5 kilomètres. Tout dans son histoire porte la marque des colères de l'océan, sans que jamais pourtant, pendant sa construction, un homme y perdît la vie.

La Vieille, La Jument

Ce commerce entre les éléments souvent déchaînés près de Sein, et l'homme hardi, conquérant de l'impossible, a laissé dans les mémoires la trace d'une épopée que l'on se raconte encore, ébahi que l'impossible soit devenu réalité ! Autre phare mythique, celui de La Vieille qui sécurise le raz de Sein, construit sur le rocher de la Gorlebella ; celui de La Jument, situé en mer d'Iroise, à Ouessant… Ils sont plus de soixante, et chacun émet ses propres signes de sorte que le marin chevronné les identifie immédiatement. Ainsi, le phare de La Jument émet trois éclats rouges toutes les quinze secondes ; celui de La Vieille est à secteurs blanc, rouge, vert, il émet deux éclats longs et un éclat court toutes les douze secondes ; celui d'Ar Men se reconnaît à ses trois éclats blancs toutes les vingt secondes.

Le phare d'Eckmühl

L'un des phares de l'Atlantique porte un nom plutôt bavarois… Pourquoi ? Laissons-nous éclairer à la fois par son éclat blanc toutes les cinq secondes, et par l'explication que voici : à la suite de la bataille livrée contre les Autrichiens le 22 avril 1809 à 100 kilomètres au nord-est de Munich, 30 kilomètres au sud-est de Ratisbonne, le maréchal Davout (1770-1823) est fait prince d'Eckmühl par Napoléon. Beaucoup plus tard, en 1892, la fille de Davout lègue à sa mort une somme importante afin que soit construit un phare en Bretagne, à la pointe de Penmarch. Quel nom lui donner ? Sans hésiter, on le baptise : le phare d'Eckmühl !

Chapitre 19

Dix prénoms bretons

Dans ce chapitre :

- Des prénoms légendaires
- Des prénoms historiques
- Des racines bretonnes et celtiques

Vous connaissez certainement Armel, Brendan, Corentin, Efflam, Erwan, Gwenaël, Maël, Morgan, Nolwenn et Ronan ? Non ? Eh bien, partons à leur rencontre…

Armel

Dans le prénom Armel, on trouve, en cherchant bien, la racine « arzh » qui signifie, en breton : ours. L'ours, de nos jours, n'est plus ce qu'il était au temps où le prénom Armel s'est forgé. S'il apparaît aujourd'hui synonyme de stupide et gourd (on n'en dirait pas autant si on se trouvait en face de lui…), il était dans les siècles anciens, dominés par l'animisme (la croyance en une force de vie qui anime êtres et choses de la nature), le symbole de la fertilité de la renaissance et de la résurrection.

La deuxième partie du prénom, « …mel », vient du celtique *maglos* qui signifie « grand, fort, puissant », tout ce qui définit un prince.

Armel, en breton Arzhel, c'est donc « le prince de la renaissance », ou « le puissant de la résurrection », ou bien tous les équivalents que vous pouvez lui trouver en utilisant les racines proposées.

Au VIe siècle, dans le pays de Galles, vit un Armel qui émigre en Bretagne. Il possède des pouvoirs magiques, guérit les hommes et les animaux. Après sa mort, Armel devient saint Armel et laisse son nom à plusieurs petites villes bretonnes.

On le fête le 6 juin et le 16 août.

Brendan

Que signifie le prénom Brendan ? Est-ce le corbeau ? Est-ce une déclinaison d'un prénom irlandais ressemblant : Brenainn ? Est-ce l'avatar du mot « épée », *brandr* en scandinave ? On ne sait trop. Ce dont on est – à peu près – sûr, c'est que Brendan est né en Irlande vers 484. Il devient moine, parcourt le monde. Il serait même allé jusqu'aux Antilles qu'il a décrites comme un paradis terrestre. Il sillonne aussi les îles Britanniques, puis parcourt la Bretagne pendant vingt-cinq ans. Il fonde un couvent à côté de Saint-Malo après avoir rédigé des règles monastiques qui lui sont transmises en direct par les anges eux-mêmes. Évidemment, Brendan, après sa mort en 578, devient saint Brendan.

On le fête le 16 mai.

Corentin

Le Phaéton d'une voiture à foin
Vit son char embourbé. Le pauvre homme était loin
De tout humain secours : c'était à la campagne
Près d'un certain canton de la basse Bretagne,
Appelé Quimper-Corentin.

Ces vers sont signés, vous l'avez deviné : Jean de La Fontaine. Ils sont extraits de la fable XVIII du livre VI, paru en 1688. La Fontaine connaissait-il la Bretagne ? Fort peu, mais peut-être en entendait-il parler par Madame de Sévigné qui possédait une résidence bretonne au château des Rochers, près de Vitré en Ille-et-Vilaine.

Le prénom Corentin vient probablement du breton *korventenn* signifiant tourbillon, tempête, voire ouragan ! À moins qu'il ne soit issu du celte *caranto* : ami, parent. À Paris, une station de métro affiche ce prénom, ligne 7 : Corentin-Cariou. Il s'agit d'un conseiller municipal du 19e arrondissement de Paris exécuté par les Allemands le 7 mars 1942, comme otage après un attentat.

On fête les Corentin le 12 décembre.

Efflam

Prénom rare, pensez-vous en lisant, cet Efflam dont nous allons conter l'histoire ? Point du tout : ne connaissez-vous pas le pianiste Jean-Efflam Bavouzet, né à Lannion en 1962 ? Jean-Efflam Bavouzet a remporté le premier prix du concours international Beethoven à Cologne en 1986, le prix de musique de chambre Steven de Groote au Texas en 1989. Artiste de renommée mondiale, il est particulièrement apprécié au Japon, en Chine, aux États-Unis, et bien sûr en France, par vous-même qui allez vous empresser de faire l'emplette de l'un de ses nombreux enregistrements.

Contons maintenant l'histoire d'Efflam. Fils d'un roi d'Irlande, Efflam est né en 448. Très jeune, il est marié à la belle Enora, fort jeune elle aussi. Ils décident de ne point consommer leur mariage et de s'enfuir en Bretagne. Un ange prend en charge tout le voyage, et les risques marins qu'il comporte, sans compter les dangers de la tentation à laquelle résistent Efflam et Enora. Près de Morlaix, ils vont créer un ermitage, vivre pour Dieu et mourir dans un irréprochable état de sainteté. On raconte qu'Efflam aurait même aidé le roi Arthur à se débarrasser d'un dragon en priant à l'entrée de la grotte de celui-ci qui, effrayé, alla se jeter dans la mer. Cela dit, on ne possède aucun document attestant de façon irréfutable la date et le lieu de cet événement…

On fête les Efflam, qui signifie brillant en breton, le 6 novembre – et les Enora le 25 juin.

Erwan

Au Xe siècle, dans le Léon, vivait un évêque du nom d'Eudon. Le nom Eudon – Eudwy en gallois – est devenu Ezwen, puis Erwan. On dit aussi qu'Erwan est la déformation du breton *aerouant* qui signifie dragon. Eudon a été rapproché d'un autre prénom : Even. Even, c'est, en français, Yves – Yves serait issu du germanique Ivo désignant l'if.

Eudon, le prénom, possède une nombreuse descendance : outre Erwan, on trouve Iwan, Youen, Youennig, Yeun, Yvelin…

On fête les Erwan le 19 mai. Erwan et Yves sont les patrons de la Bretagne.

Gwenaël

« Gwen », racine celte, signifie pur, blanc, dépourvu de tout ce qui peut assombrir le caractère ou la pensée, donc heureux !

« Aël », reste de « Maël », c'est le prince. Associez les deux racines et vous obtenez un prince heureux, un gendre idéal, un compagnon hors pair, un mari sans égal, un vis-à-vis qui sourit, bref, un homme de rêve.

On le fête le 3 novembre.

Maël

Connaissez-vous Conan Mériadec ? Non ? Voici ce que l'on sait de lui : il serait né vers 370 en Grande-Bretagne. Il aurait mis le pied sur le sol breton vers l'an 390, l'aurait parcouru, s'y faisant connaître au point qu'on aurait décidé de l'élire duc d'Armorique. C'est sous l'autorité des Romains qu'il aurait gouverné pendant vingt-six ans son duché. Mais, fatigués des Romains, les Armoricains se seraient soulevés, demandant à Conan Mériadec de devenir leur seul chef. Il aurait accepté et créé la lignée des ducs de Bretagne. Lisant cela, certains diront : Point du tout ! Conan Mériadec n'a jamais existé ! C'est un roi légendaire qui fut bien pratique pour trouver à la Bretagne des racines de légitimité remontant au IVe siècle. Et les autres répondront : Mais si, Conan Mériadec a bien existé, et si vous ne voulez pas le croire, vous allez voir ! Et voilà encore la guerre déclarée entre partisans et adversaires de la thèse Conan ! Mais que vient donc faire ce Conan dans la présentation du prénom Maël ? Eh bien, c'est tout simple : Maël, qui signifie « prince », était son fils, c'était aussi le neveu de saint Patrick. Il mourut hélas lors d'une chute de cheval, mais saint Gwenolé qui passait par là, le ressuscita !

On fête les Maël, les Maëla, les Maëlenn, Maëwenn, le 13 mai.

Morgan

Féminin ou masculin, ce prénom commence par « mor », et la racine celtique « mor » signifie « mer ». Morgan signifie « né(e) de la mer ».

On ne peut citer Morgan sans évoquer la fée… la fée magnifique, demi-sœur du roi Arthur, douce et belle, intelligente et tendre, malicieuse et mutine, joyeuse, rieuse, qui ensoleille tout, énigmatique… Elle est grande, gracieuse, porte de longs cheveux luisants ; elle séduit tous ceux qui l'approchent, et s'ils en souffrent, elle peut les tuer mais les guérit. Elle est mère, elle est femme, amante, elle est fille. Geoffroy de Monmouth (1100-1155), évêque historien et écrivain en langue latine, la présente dans *La Vie de Merlin* (1150) sous la forme d'une magicienne qui accueille le roi Arthur dans l'île mythique d'Avalon, après son dernier combat : il a laissé la vie sur le champ de bataille, tué par Mordret, son fils caché. Morgane prend soin de lui, le guérit, et promet qu'il reviendra un jour parmi les vivants. On l'attend…

On fête les Morgan(e) le 18 octobre.

Nolwenn

Si vous passez par Noyal-Pontivy, dans le département du Morbihan, entrez dans la chapelle Sainte-Nolwenn. Là, vous serez ému aux larmes (ou alors vous avez vraiment un cœur de pierre!) par son histoire retracée juste au-dessus de votre tête, au plafond du lieu saint : Nolwenn était une jeune princesse anglaise, peut-être irlandaise on ne sait trop, que son père voulait marier à un homme très riche et très vieux. Mais Nolwenn aimait passionnément un jeune et bel écuyer. L'histoire ne précise pas si cet amour était réciproque. Ce que l'on sait en revanche, c'est que l'écuyer ne l'enlève pas sur son magnifique destrier blanc qui se fond dans la nuit noire, non, Nolwenn s'exile en Bretagne, seule, et console son chagrin en vivant en ermite près d'une forêt.

Mais le tyran de Nizon (qui vit dans la région de Noyal-Pontivy) a remarqué sa beauté, et, comme tout tyran, veut profiter de sa position de force pour… en profiter. Mais Nolwenn le repousse. Il se venge en lui faisant trancher la tête. Qu'à cela ne tienne : Nolwenn prend sa tête sous son bras et poursuit sa route. Elle s'arrête précisément là où vous êtes, à l'emplacement de la chapelle construite depuis à Noyal-Pontivy. Peu de temps après sa mort, elle accomplit de nombreux miracles, et peut-être encore de nos jours…

On fête les Nolwenn le 6 juillet.

Ronan

La vie de Ronan se situe entre le conte merveilleux, le récit fantastique, le roman picaresque et même certains aspects du western… Ronan naît en Irlande, et comme de nombreux Irlandais, vient s'installer en Armorique, dans le Léon. Mais un ange lui conseille d'aller s'installer près de Locronan. C'est ainsi que Ronan arrive en Cornouaille. Un jour, Ronan voit un loup qui emporte dans sa gueule de loup un mouton palpitant, poursuivi par un homme en sanglots. Ronan demande à Dieu de délivrer le mouton, l'homme le récupère et se fait bientôt convertir par Ronan. Mais la femme de l'homme converti, Keben, accuse Ronan d'avoir jeté un sort à sa famille. Elle l'accuse aussi de se transformer en loup et d'avoir tué sa fille.

Le roi Gradlon prévenu ordonne qu'on attache Ronan à un tronc d'arbre dans la forêt et qu'on lance sur lui des chiens affamés et féroces. Ronan amadoue les chiens qui se couchent à ses pieds. Le roi impressionné s'excuse. Ronan demande que Keben ne soit pas punie pour son mensonge : elle avait simplement enfermé sa fille dans un coffre. Tout le monde court vers ce coffre : la petite fille a hélas succombé à un étouffement. Ronan la ressuscite! À la mort de Ronan, on met sur un char à bœufs son cercueil et on laisse aller les bœufs : où ils s'arrêteront, Ronan sera enterré. Mais en chemin, Keben se moque de l'attelage et du cercueil. Immédiatement, elle est avalée par la terre qui crache ensuite un énorme nuage de fumée. Ce lieu porte aujourd'hui encore le nom de « tombe de Keben ».

Chaque année, une procession se déroule à Locronan, en souvenir de Ronan : la petite Troménie qui couvre environ 6 kilomètres. Tous les six ans a lieu la grande Troménie sur 12 kilomètres. On raconte que Ronan faisait chaque jour la petite Troménie, et le dimanche il parcourait la grande Troménie.

On fête les Ronan le 1er juin.

Chapitre 20

10 recettes de Bretagne

Dans ce chapitre :

- Cabillaud à l'andouille et à l'artichaut
- Cotriade du Morbihan
- Filet de porc et chou-fleur au beurre
- Galettes complètes au sarrasin
- Lotte à l'armoricaine
- Morue à la malouine
- Haricots cocos à la paimpolaise
- Pommes de terre au lard
- Far breton
- Sablés au beurre demi-sel

Salée ou sucrée, la gastronomie bretonne régale tous les gourmands. Le poisson est roi, mais le porc et les légumes ne sont pas en reste, sans oublier les gâteaux, petits ou grands.

Voici 10 recettes simples pour toutes les occasions : dîner familial, repas entre amis, goûter des enfants. À vos marmites, vous allez bientôt respirer le vent du large !

Cabillaud à l'andouille et à l'artichaut

Ustensiles : 1 sauteuse – 1 plat à four – 1 casserole

Préparation : 30 min **Cuisson :** 30 min **Quantité :** 4 personnes

Ingrédients :

- 4 pavés de cabillaud de 150 g chacun
- 8 tranches fines d'andouille de Guéméné
- 4 pommes de terre
- 2 courgettes
- 4 fonds d'artichauts cuits
- 30 g de beurre
- sel, poivre

Sauce :

- 2 échalotes
- 30 cl de vin blanc sec (muscadet)
- 100 g de beurre demi-sel

Préparation :

- Pelez les pommes de terre, lavez-les, détaillez-les en dés. Lavez les courgettes, coupez-les en dés de même taille, ainsi que les fonds d'artichauts. Faites fondre 30 g de beurre dans une sauteuse, faites rissoler les dés de pommes de terre en mélangeant souvent pendant 10 minutes, puis ajoutez les artichauts et les courgettes, salez, poivrez et prolongez la cuisson pendant 10 minutes.
- Préchauffez le four à 180 °C (th. 6). Beurrez un plat à four, déposez les pavés de cabillaud, salez-les, poivrez-les et disposez sur chacun deux tranches d'andouille. Enfournez et laissez cuire pendant 10 minutes. Ajoutez les légumes dans le plat autour du poisson et prolongez la cuisson pendant 5 minutes.
- Pendant ce temps, épluchez et hachez les échalotes, mettez-les dans une casserole, recouvrez-les de vin blanc, portez à ébullition et laissez réduire des trois quarts à feu vif. Ajoutez alors le beurre coupé en petits morceaux en fouettant. Poivrez, salez si nécessaire.
- Sortez le plat du four, nappez de sauce et servez immédiatement.

Cotriade du Morbihan

Ustensiles : 1 faitout – 1 cocotte

Préparation : 30 min **Cuisson :** 60 min **Quantité :** 4 personnes

Ingrédients :

- 800 g de poissons (merlu, grondin, maquereau…)
- 1 tête de congre ou de tout autre gros poisson
- 500 g de pommes de terre
- 3 oignons
- 2 gousses d'ail
- 25 cl de vin blanc sec
- 50 g de beurre demi-sel
- 1 bouquet garni
- 4 tranches de pain de campagne (rassis si possible)
- sel, poivre

Préparation :

- Placez la tête du poisson dans un faitout, ajoutez du sel, du poivre, couvrez d'eau, portez à ébullition et laissez cuire pendant 30 minutes pour obtenir un fumet.
- Pendant ce temps, pelez et émincez les oignons, épluchez et lavez les pommes de terre, coupez-les en rondelles.
- Faites fondre 50 g de beurre dans une cocotte, faites fondre les oignons pendant 10 minutes en mélangeant souvent.
- Ajoutez les rondelles de pommes de terre, mélangez, arrosez de vin blanc.
- Passez le fumet de poisson, versez-le dans la cocotte. Salez, poivrez, couvrez et laissez cuire pendant 20 minutes à feu doux.
- Plongez les morceaux de poisson dans la cocotte, poursuivez la cuisson pendant 10 minutes.
- Pelez les gousses d'ail, frottez-en les tranches de pain, disposez-les dans des assiettes creuses. Apportez la cocotte à table. Chacun se servira de poisson et de légumes.

Filet de porc et chou-fleur au beurre

Ustensiles : 1 plat à four – 3 casseroles

Préparation : 15 min **Cuisson :** 45 min **Quantité :** 4 personnes

Ingrédients :

- 1 rôti de porc dans le filet de 800 g
- 1 chou-fleur
- 250 g de beurre demi-sel
- 4 jaunes d'œufs
- ½ citron
- sel, poivre

Préparation :

- Préchauffez le four à 180 °C (th. 6). Tartinez le rôti de beurre, salez-le, poivrez-le et placez-le dans un plat à four. Laissez cuire pendant 1 heure en arrosant de temps en temps le rôti pour qu'il ne dessèche pas.
- Pendant ce temps, retirez les feuilles vertes du chou-fleur, séparez-le en petits bouquets, lavez-les. Faites cuire le chou-fleur à l'eau bouillante salée pendant 20 minutes, égouttez-le et disposez-le dans un plat au chaud.
- Préparez la sauce : faites fondre le beurre dans une casserole, clarifiez-le (retirez le petit-lait qui se forme sur le dessus avec une petite cuillère). Mettez les jaunes d'œufs dans une casserole, ajoutez deux cuillerées à soupe d'eau chaude, fouettez énergiquement au bain-marie pour que le mélange mousse, puis incorporez le beurre fondu en filet sans cesser de fouetter. Ajoutez un peu de jus de citron, poivrez. Réservez au chaud.
- Découpez le rôti en tranches fines, disposez-les sur un plat, entourez de bouquets de chou-fleur, servez avec la sauce en saucière.

Galettes complètes au sarrasin

Ustensiles : 1 saladier – 1 grande poêle

Préparation : 5 min **Repos :** 1 h **Cuisson :** 5 min par crêpe

Quantité : 12 crêpes (gardez les crêpes non utilisées au réfrigérateur ou congelez-les) – 4 galettes

Ingrédients :

Pâte :

- 330 g de farine de blé noir
- 1 œuf
- 20 g de beurre
- sel

Garniture :

- 4 tranches de jambon
- 4 œufs
- 100 g de gruyère râpé
- 20 g de beurre demi-sel

Préparation :

- Versez la farine de blé noir dans un saladier, ajoutez une bonne pincée de sel, l'œuf entier, mélangez et versez peu à peu 75 cl d'eau froide sans cesser de mélanger. Placez au frais et laissez reposer pendant 1 heure.
- Mettez une noisette de beurre dans une grande poêle, versez une louche de pâte, tournez-la afin que la pâte se répartisse uniformément dans le fond. Laissez cuire à feu moyen jusqu'à ce que la pâte forme des petites bulles, puis retournez-la. Faites cuire sur l'autre face. Lorsque la crêpe est dorée, faites-la glisser sur une assiette. Faites cuire les autres crêpes de la même façon.
- Faites fondre un peu de beurre dans la poêle, déposez une crêpe, mettez dessus une tranche de jambon, cassez un œuf en étalant le blanc, saupoudrez de fromage râpé et laissez cuire jusqu'à ce que l'œuf soit pris et le fromage fondu. Repliez les bords de la crêpe sur l'œuf et faites glisser sur une assiette de service. Préparez les autres crêpes de la même façon.

Lotte à l'armoricaine

Ustensiles : 1 sauteuse – 1 plat de service

Préparation : 20 min **Cuisson :** 40 min **Quantité :** 4 personnes

Ingrédients :

- 1 kg de queue de lotte désossée
- 2 cuil. à soupe de concentré de tomates
- 1 oignon
- 1 gousse d'ail
- 30 cl de vin blanc sec
- 30 g de beurre
- 2 cuil. à soupe d'huile
- 2 cuil. à soupe de farine
- 4 cl de cognac
- sel, poivre de Cayenne

Préparation :

- Coupez la lotte en morceaux, épluchez l'ail et l'oignon, émincez-les.
- Faites chauffer 20 g de beurre dans une sauteuse, et mettez le poisson à revenir pendant 5 minutes. Retirez-le, jetez l'eau rendue.
- Versez l'huile dans la sauteuse, ajoutez l'ail et l'oignon, faites-les dorer, puis remettez le poisson, versez le cognac, flambez. Arrosez de vin blanc, ajoutez le concentré de tomates et le poivre de Cayenne, salez. Laissez cuire à très petit feu pendant 30 minutes.
- Retirez la lotte et disposez-la sur le plat de cuisson tenu au chaud. Mélangez le reste du beurre avec la farine et ajoutez-le à la sauce par parcelles en fouettant. Versez la sauce sur le poisson. Servez avec un riz créole.

Morue à la malouine

Ustensiles : 1 grand saladier – 2 casseroles – 1 plat à four

Préparation : 30 min **Dessalage :** 12 h **Cuisson :** 45 min

Quantité : 4 personnes

Ingrédients :

- 600 g de morue salée
- 500 g de pommes de terre
- 150 g d'oignons
- 50 g de beurre demi-sel
- 25 cl de crème fraîche
- poivre

Préparation :

- Placez la morue dans un récipient, recouvrez-la d'eau froide et laissez-la dessaler pendant au moins 12 heures en changeant l'eau deux ou trois fois. Rincez-la soigneusement.
- Pelez les pommes de terre, lavez-les et faites-les cuire à la vapeur pendant 20 minutes. Réservez-les.
- Placez la morue dans une grande casserole, recouvrez-la d'eau froide, portez à ébullition et laissez pocher pendant 10 minutes. Égouttez-la puis effeuillez-la en prenant soin de retirer les arêtes si nécessaire.
- Épluchez les oignons, émincez-les et faites-les suer dans 20 g de beurre dans une casserole.
- Préchauffez le four à 180 °C (th. 6).
- Coupez les pommes de terre en rondelles, disposez-en une couche dans un plat à four, recouvrez de morue effeuillée, puis continuez par couches successives jusqu'à épuisement des ingrédients. Terminez par les oignons émincés, poivrez généreusement et nappez de crème.
- Enfournez et laissez cuire pendant 20 minutes. Servez bien chaud.

Haricots cocos à la paimpolaise

Ustensiles : 1 cocotte

Préparation : 15 min **Cuisson :** 55 min **Quantité :** 4 personnes

Ingrédients :

- 400 g de haricots cocos écossés
- 2 gros oignons
- 4 gousses d'ail
- 2 échalotes
- 3 tomates
- 30 g de beurre
- 25 cl de bouillon de bœuf
- sel, poivre

Préparation :

- Épluchez les oignons, les échalotes, les gousses d'ail, émincez-les finement.
- Faites fondre le beurre dans une cocotte, faites revenir le mélange d'ail, d'échalote et d'oignon à feu doux en mélangeant souvent pendant 5 minutes, puis arrosez de bouillon.
- Pelez les tomates après les avoir plongées dans de l'eau bouillante pendant 20 secondes, retirez les graines et coupez la chair en petits dés, mettez-les dans la cocotte, et enfin ajoutez les haricots cocos. Salez, poivrez, assurez-vous que les légumes soient recouverts de bouillon, ajoutez-en un peu si nécessaire, et couvrez et laissez cuire pendant 50 minutes. Servez dans la cocotte.

Pommes de terre au lard

Ustensiles : 1 cocotte

Préparation : 15 min **Cuisson :** 45 min **Quantité :** 4 personnes

Ingrédients :

- 800 g de pommes de terre
- 400 g de poitrine demi-sel
- 3 oignons
- 20 g de beurre
- 50 dl de bouillon de volaille
- poivre

Préparation :

- Coupez la poitrine en lardons. Pelez et émincez les oignons.
- Faites fondre le beurre dans une cocotte, faites dorer les lardons pendant 5 minutes en les retournant souvent, puis retirez-les.
- Mettez les oignons dans la cocotte, laissez-les dorer pendant 5 minutes.
- Épluchez les pommes de terre, lavez-les, coupez-les en deux ou quatre selon leur grosseur. Mettez-les dans la cocotte avec les oignons, ajoutez les lardons et couvrez de bouillon, poivrez. Mélangez, couvrez et laissez cuire à feu doux pendant 45 minutes. Servez dans la cocotte.

Far breton

Ustensiles : 1 casserole – 1 saladier – 1 plat à four

Préparation : 15 min **Cuisson :** 45 min **Quantité :** 4 à 6 personnes

Ingrédients :

- 250 g de farine tamisée
- 170 g de sucre en poudre
- 50 g de beurre
- 4 œufs
- 1 litre de lait entier
- 300 g de pruneaux dénoyautés
- 1 sachet de thé
- 1 cuil. à soupe de rhum
- sel

Préparation :

- Préparez un thé fort dans un grand bol, mettez les pruneaux, laissez-les se réhydrater pendant la préparation du far.
- Faites chauffer le lait dans une casserole, réservez.
- Versez la farine dans un saladier, faites un puits au centre, cassez les œufs, ajoutez une pincée de sel, mélangez au fouet, puis ajoutez le rhum, le sucre et le lait chaud.
- Préchauffez le four à 180 °C (th. 6).
- Égouttez les pruneaux. Beurrez un plat à four, déposez les pruneaux au fond du plat.
- Versez la pâte sur les pruneaux, enfournez et laissez cuire 45 minutes en surveillant la couleur. Servez tiède ou froid.

Sablés au beurre demi-sel

Ustensiles : 1 saladier – 1 plaque à four

Préparation : 10 min **Repos :** 1 h **Cuisson :** 10 min

Quantité : 30 sablés

Ingrédients :

- 200 g de farine
- 125 g de sucre
- 125 g de beurre demi-sel
- 1 œuf entier + 1 jaune
- 1 sachet de sucre vanillé
- ½ sachet de levure chimique

Préparation :

- Versez la farine dans un saladier, ajoutez le sucre, le sucre vanillé et la levure. Mélangez bien puis incorporez le beurre coupé en petits morceaux en pétrissant du bout des doigts pour obtenir une pâte sableuse.
- Ajoutez l'œuf entier en continuant à pétrir. Roulez la pâte en boule, entourez-la d'un film alimentaire et laissez-la reposer au frais pendant 1 heure.
- Préchauffez le four à 210 °C (th. 7).
- Farinez un plan de travail, étalez la pâte sur une épaisseur de 5 mm et découpez des sablés avec un emporte-pièce ou un petit verre retourné. Dessinez un quadrillage sur les sablés à l'aide des dents d'une fourchette. Déposez-les sur la plaque du four recouverte de papier sulfurisé.
- Battez le jaune d'œuf à la fourchette avec une cuillerée à soupe d'eau. Badigeonnez-en les sablés.
- Enfournez et laissez cuire pendant 10 minutes en surveillant la couleur. Si les sablés brunissent trop vite, baissez le thermostat. Laissez refroidir avant de déguster.

Annexes

Index

Index

A

B

C

H

I

J

K

L

M

N

O

P

Q

R

S

T

U

V

W

Y

Z

Disponibles dans la collection « Pour les Nuls »

Culture générale

Histoire

Titre	*Auteur*	*Prix*	*ISBN*
Versailles	Mathieu da Vinha, Raphaël Masson	22,90 €	978-2-7540-1552-3
La Seconde Guerre mondiale	Robert Belot, Klaus-Peter Sick	22,90 €	978-2-7540-0818-1
L'Histoire du monde	Philippe Moreau Defarges	22,90 €	978-2-7540-1265-2
L'Histoire de la Belgique	Fred Stevens, Axel Tixhon	22,90 €	978-2-7540-1482-3
La Préhistoire	Gilles Gaucher	22,90 €	978-2-7540-2185-2
La Rome antique	Guy de la Bédoyère, Catherine Salles	22,90 €	978-2-7540-1822-7
La Grèce antique	Stephen Batchelor, Marie-Dominique et Marc Porée	22,90 €	978-2-7540-1602-5
Le Gaullisme	Chantal Morelle	22,90 €	978-2-7540-0821-1
La Chine	Angélina Boulesteix	22,90 €	978-2-7540-1145-7
La Culture générale, 2e édition	Florence Braunstein, Jean-François Pépin	22,90 €	978-2-7540-1628-5
La Culture générale illustrée, 2e édition	Florence Braunstein, Jean-François Pépin	29,90 €	978-2-7540-1275-1
La Révolution française	Alain-Jacques Czouz-Tornare	22,90 €	978-2-7540-0811-2
Les Années 60	Stéphane Benhamou	22,90 €	978-2-7540-0610-1
La Mythologie illustrée	Collectif	29,90 €	978-2-7540-0989-8
Les Grandes Civilisations	Florence Braunstein, Jean-François Pépin	22,90 €	978-2-7540-0605-7
La Première Guerre mondiale	Jean-Yves Le Naour	22,90 €	978-2-7540-0616-3
La Ve République	Nicolas Charbonneau, Laurent Guimier	24,90 €	978-2-7540-0620-0
Le Moyen Âge	Pierre Langevin	22,90 €	978-2-7540-0563-0
Paris	Danielle Chadych, Dominique Leborgne	22,90 €	978-2-7540-0168-7
L'Égypte ancienne	Florence Maruéjol	22,90 €	978-2-7540-0256-1
La Mythologie	Christopher W. Blackwell, Amy Hackney Blackwell	22,90 €	978-2-7540-0257-8
L'Histoire de France illustrée	Jean-Joseph Julaud	29,90 €	978-2-7540-0110-6
L'Histoire de France	Jean-Joseph Julaud	22,90 €	978-2-8769-1941-9

Religions et spiritualité

Titre	*Auteur*	*Prix*	*ISBN*
Le Coran	Malek Chebel, Sohaib Sultan	22,90 €	978-2-7540-0982-9
La Torah	Arthur Kurzweil, Victor Malka	22,90 €	978-2-7540-0978-2
Le Christianisme	Richard Wagner, Père Denis Metzinger	22,90 €	978-2-7540-0991-1
L'Islam	Malcolm Clark, Malek Chebel	22,90 €	978-2-7540-0531-9
Le Judaïsme	Josy Eisenberg	22,90 €	978-2-7540-0596-8
La Bible illustrée	Éric Denimal	29,90 €	978-2-7540-0274-5
Le Catholicisme	John Trigilio, Père Pierre Lartigue	22,90 €	978-2-7540-0182-3
Le Bouddhisme	Jonathan Landaw, Stephan Bodian	22,90 €	978-2-7540-0062-8
La Bible	Éric Denimal	21,90 €	978-2-8769-1800-9
Zen ! La Méditation, 2e édition	Stephan Bodian	22,90 €	978-2-7540-0322-3
Sagesse et Spiritualité	Sharon Janis	21,90 €	978-2-8769-1769-9

Ésotérisme

Titre	*Auteur*	*Prix*	*ISBN*
Le Tarot divinatoire	Didier Colin	24,90 €	978-2-7540-1826-5
La Franc-Maçonnerie	Christopher Hodapp, Philippe Benhamou	22,90 €	978-2-7540-0150-2

Société

Titre	*Auteur*	*Prix*	*ISBN*
L'ONU	Yves Berthelot, Jean-Michel Jakobowicz	22,90 €	978-2-7540-1411-3
La Mondialisation	Francis Fontaine, Sylvie Goulard, Brune de Bodman	22,90 €	978-2-7540-0778-8
L'Instruction civique	Guillaume Bernard, Frédéric Monera	22,90 €	978-2-7540-0979-9
L'Europe, 2e édition	Sylvie Goulard	22,90 €	978-2-7540-1213-3
L'Écologie	Franck Courchamp	22,90 €	978-2-7540-0554-8
La Géopolitique	Philippe Moreau Defarges	22,90 €	978-2-7540-0623-1
La Justice	Emmanuel Pierrat	22,90 €	978-2-7540-0553-1
La Philosophie, 2e édition	Christian Godin	22,90 €	978-2-7540-0460-2
L'Économie	Michel Musolino	22,90 €	978-2-7540-0351-3
La Politique	Philippe Reinhard	22,90 €	978-2-7540-0335-3
La Géographie française	Jean-Joseph Julaud	22,90 €	978-2-7540-0245-5

Sciences et techniques

Titre	*Auteur*	*Prix*	*ISBN*
L'Histoire de l'aviation	Philippe Benhamou	22,90 €	978-2-7540-1146-4
L'Histoire des sciences	Vincent Jullien	22,90 €	978-2-7540-0977-5
La Physique	Dominique Meier (sous la dir. de)	22,90 €	978-2-7540-0915-7
La Conquête spatiale	Michel Polacco	22,90 €	978-2-7540-1143-3
Les Maths	Jean-Louis Boursin	22,90 €	978-2-7540-0093-2
L'Astronomie	Stephen Maran, Pascal Bordé	21,90 €	978-2-8769-1634-0

Beaux-arts

Titre	*Auteur*	*Prix*	*ISBN*
L'Humour	Gordon Zola	22,90 €	978-2-7540-1956-9
Le Louvre	Daniel Soulié	22,90 € €	978-2-7540-1404-5
La Télévision	Marie Lherault, François Tron	22,90 € €	978-2-7540-0976-8
Les Séries télé	Marjolaine Boutet	22,90 €	978-2-7540-0912-6
Le Rock	Nicolas Dupuy	22,90 €	978-2-7540-0819-8
L'Histoire de la peinture	Jean-Jacques Breton, Dominique Williatte	22,90 €	978-2-7540-0812-9
La Danse classique	Evelyne Cisneros, Scott Speck, Florence Balique	22,90 €	978-2-7540-1045-0
L'Histoire du cinéma	Vincent Mirabel	22,90 €	978-2-7540-0609-5
Le Jazz	Dirk Sutro, Stéphane Koechlin	22,90 €	978-2-7540-0779-5
L'Histoire de l'art illustrée	Jean-Jacques Breton, Philippe Cachau, Dominique Williatte	29,90 €	978-2-7540-0493-0
L'Histoire de l'art	Jean-Jacques Breton, Philippe Cachau, Dominique Williatte	22,90 €	978-2-7540-0229-5
L'Opéra	David Pogue, Claire Delamarche	22,90 €	978-2-7540-0244-8
La Musique classique	David Pogue, Claire Delamarche	22,90 €	978-2-7540-0151-9

Langue française

Titre	*Auteur*	*Prix*	*ISBN*
La Dictée	Jean-Joseph Julaud	14,90 €	978-2-7540-2415-0
La Poésie française	Jean-Joseph Julaud	22,90 €	978-2-7540-1700-8
La Littérature française	Jean-Joseph Julaud	22,90 €	978-2-7540-0061-1
Le Français correct	Jean-Joseph Julaud	21,90 €	978-2-8769-1640-1

Régions

Titre	*Auteur*	*Prix*	*ISBN*
L'Alsace	Pierre Kretz, Astrid Ruff	22,90 €	978-2-7540-1994-1
La Corse	Thierry Ottaviani	22,90 €	978-2-7540-1546-2

… en Poche

Titre	*Auteur*	*Prix*	*ISBN*
La Musique classique	David Pogue, Claire Delamarche	14,90 €	978-2-7540-2417-4
L'Histoire de la Suisse – tome 1 Des origines à 1815	Georges Andrey	11,90 €	978-2-7540-2262-0
L'Histoire de la Suisse – tome 2 De 1815 à nos jours	Georges Andrey	11,90 €	978-2-7540-2263-7
Zen ! La Méditation	Stephan Bodian	11,90 €	978-2-7540-0000-0
Sagesse et Spiritualité	Sharon Janis	11,90 €	978-2-7540-1758-9
L'Égypte ancienne	Florence Maruéjol	11,90 €	978-2-7540-1739-8
L'Histoire de France – tome 1 Des origines à 1789	Jean-Joseph Julaud	11,90 €	978-2-7540-0180-9
L'Histoire de France – tome 2 De 1789 à nos jours	Jean-Joseph Julaud	11,90 €	978-2-7540-0181-6
Paris Rive droite	Danielle Chadych, Dominique Leborgne	11,90 €	978-2-7540-0694-1
Paris Rive gauche	Danielle Chadych, Dominique Leborgne	11,90 €	978-2-7540-0695-8
La Culture générale – tome 1 Histoire, géographie, art et littérature	Florence Braunstein, Jean-François Pépin	11,90 €	978-2-7540-0798-6
La Culture générale – tome 2 Sciences, sports, loisirs et spiritualité	Florence Braunstein, Jean-François Pépin	11,90 €	978-2-7540-0799-3
La Franc-Maçonnerie	Philippe Benhamou	11,90 €	978-2-7540-0696-5
Le Bouddhisme	Jonathan Landraw, Stephan Bodian	11,90 €	978-2-7540-03148
La Philosophie – tome 1 Antiquité, Moyen Âge et Renaissance	Christian Godin	11,90 €	978-2-7540-0796-2
La Philosophie – tome 2 Du XVIIe siècle à nos jours	Christian Godin	11,90 €	978-2-7540-0797-9
L'Astrologie	Rae Orion	11,90 €	978-2-8769-1999-0
La Littérature française – tome 1 Du Moyen Âge au XVIIIe siècle	Jean-Joseph Julaud	11,90 €	978-2-7540-0611-8

Titre	*Auteur*	*Prix*	*ISBN*
La Littérature française – tome 2 Du XVIIIe siècle à nos jours	Jean-Joseph Julaud	11,90 €	978-2-7540-0612-5
Le Français correct	Jean-Joseph Julaud	11,90 €	978-2-8769-1924-2

Vie pratique

Cuisine

Titre	*Auteur*	*Prix*	*ISBN*
Coffret Cuisine	Collectif	19,90 €	978-2-7540-2055-8
La Cuisine, 2e édition	Bryan Miller, Hélène Darroze	22,90 €	978-2-7540-1989-7
Le Vin, 5e édition	Ed McCarthy, Mary Ewing-Mulligan, Éric Beaumard	22,90 €	978-2-7540-1547-9
Les Cuisines du monde	Philippe Chavanne	22,90 €	978-2-7540-0103-8

Santé

Titre	*Auteur*	*Prix*	*ISBN*
Maigrir avec la méthode Montignac + livret	Michel Montignac	22,90 €	978-2-7540-2435-8
Maigrir avec la méthode Montignac	Michel Montignac	22,90 €	978-2-7540-1586-8
Le Cancer	Pr Jean-François Morere, Dr Thierry Bouillet, Pr Laurent Zelek, Pr Michel Crépin	22,90 €	978-2-7540-2131-9
Contrôler son cholestérol	Carol Ann Rinzler, Pr Éric Bruckert	22,90 €	978-2-7540-1751-0
Le Cerveau	Dr Frédéric Sedel, Pr Olivier Lyon-Caen	22,90 €	978-2-7540-2072-5
L'Homéopathie	Dr Daniel Scimeca	22,90 €	978-2-7540-1761-9
Les Maladies cardiovasculaires	Dr Philippe Abastado	22,90 €	978-2-7540-1591-2
Le Sexe, 2e édition	Dr Ruth K. Westheimer, Dr Marianne Pauti	22,90 €	978-2-7540-1497-7
Le Corps humain	Dr Patrick Gepner	22,90 €	978-2-7540-1121-1
La Maladie d'Alzheimer	Christian Derouesne, Jacques Selmes	22,90 €	978-2-7540-1058-0
Améliorer sa mémoire	John B. Arden	22,90 €	978-2-7540-0323-0
Maigrir	Jane Kirby, Dr Jocelyne Raison	22,90 €	978-2-7540-0005-5
Bien s'alimenter	Carol Ann Rinzler	21,90 €	978-2-8769-1897-9

Bien-être

Titre	*Auteur*	*Prix*	*ISBN*
Coffret Massages	Collectif	24,90 €	978-2-7540-2064-0
Les Huiles essentielles	Elske Miles	22,90 €	978-2-7540-1596-7
Shiatsu et Réflexologie	Synthia Andrews, Bobbi Dempsey, Michel Odoul	22,90 €	978-2-7540-0981-2
Le Tai-Chi	Therèse Iknoian	22,90 €	978-2-7540-0137-3
Les Massages	Steve Capellini, Michel Van Welden	22,90 €	978-2-7540-0060-4
La Méthode Pilates	Ellie Herman	21,90 €	978-2-8769-1767-5
Le Yoga	Georg Feuerstein	21,90 €	978-2-8769-1752-1
Le Feng Shui	David Kennedy	21,90 €	978-2-8769-1687-6

Psychologie

Titre	*Auteur*	*Prix*	*ISBN*
Le Développement personnel	Collectif	29,90 €	978-2-7540-0865-5
L'Interprétation des rêves	Didier Colin	22,90 €	978-2-7540-2318-4
L'EFT (Technique de libération émotionnelle)	Helena Fone, Jean-Michel Gurret	22,90 €	978-2-7540-2067-1
La Pensée positive	Averil Leimon, Gladeana McMahon, Béatrice Millêtre	22,90 €	978-2-7540-1821-0
L'Adolescence	Michel Fize	22,90 €	978-2-7540-1412-0
Exercices de programmation neuro-linguistique	Romilla Ready, Kate Burton, Béatrice Millêtre	19,90 €	978-2-7540-1593-6
Exercices de thérapies comportementales et cognitives	Rhena Branch, Rob Willson, Béatrice Millêtre	19,90 €	978-2-7540-1592-9
Les Relations amoureuses	Florence Escaravage, Kate M. Wachs	22,90 €	978-2-7540-1499-1
Apprendre mieux	Marie Joseph Chalvin	22,90 €	978-2-7540-1261-4
Le Langage des gestes	Joseph Messinger	22,90 €	978-2-7540-0597-5
La Confiance en soi	Kate Burton	22,90 €	978-2-7540-0647-7
Le Coaching	Jeni Mumford	22,90 €	978-2-7540-0353-7
La PNL	Romilla Ready, Kate Burton	22,90 €	978-2-7540-0169-4
L'Hypnothérapie	Mike Bryant, Peter Mabbutt	22,90 €	978-2-7540-0504-3
Les Thérapies comportementales et cognitives	Rob Willson, Rhena Branch	22,90 €	978-2-7540-0246-2
La Psychologie	Dr Adam Cash	21,90 €	978-2-8769-1802-3

Puériculture

Titre	*Auteur*	*Prix*	*ISBN*
Choisir un prénom	Héloïse Martel	22,90 €	978-2-7540-1463-2
La 1re année de Bébé	James Gaylord, Michelle Hagen, Dr Éric Saban	22,90 €	978-2-7540-1511-0
La Grossesse, 2e édition	Dr Eddleman, Dr J. Stone, Dr Joëlle Bensimhon	22,90 €	978-2-7540-1429-8

Droit pratique

Titre	*Auteur*	*Prix*	*ISBN*
Le Droit du travail	Me Julien Boutiron, Jean-Philippe Élie	22,90 €	978-2-7540-1422-9
Organiser son mariage	Peggy Mignot-Paillet, Peggy Frey	22,90 €	978-2-7540-1676-6
L'Assurance	Laurence de Percin	22,90 €	978-2-7540-1073-3
Le Divorce	Me Martine Valot-Forest	22,90 €	978-2-7540-1479-3
L'Immobilier, 2e édition	Laurence Boccara, Catherine Sabbah	22,90 €	978-2-7540-0530-2

Finances personnelles

Titre	*Auteur*	*Prix*	*ISBN*
Payer moins d'impôts, 4e édition	Robert Matthieu	22,90 €	978-2-7540-2397-9
La Bourse	Gérard Horny	22,90 €	978-2-7540-0637-8
Les Finances personnelles	Pascale Micoleau-Marcel (sous la dir. de)	22,90 €	978-2-7540-0630-9

Maison

Titre	*Auteur*	*Prix*	*ISBN*
La Décoration	Kareen Perrin Debock, Frank Lecor	24,90 €	978-2-7540-2264-4
Un potager	Charlie Nardozzi, Philippe Collignon	22,90 €	978-2-7540-1675-9
Le Bricolage, 2e édition	G. et K. Hamilton, Frank Lecor	24,90 €	978-2-7540-1426-7
Vivre écolo	Liz Barclay, Michael Grosvenor, Franck Laval	22,90 €	978-2-7540-0707-8

… En Poche

Titre	*Auteur*	*Prix*	*ISBN*
Le Code de la route, édition 2011	Permisecole	14,90 €	978-2-7540-2387-0

Titre	Auteur	Prix	ISBN
La Table des calories	Jean-Paul Blanc, Catherine Poggi	11,90 €	978-2-7540-2087-9
Améliorer sa mémoire	John B. Arden	11,90 €	978-2-7540-2388-7
La Cuisine pas chère	Héloïse Martel, André Le Letty	11,90 €	978-2-7540-1772-5
L'Armagnac	Chantal Armagnac	11,90 €	978-2-7540-1613-1
Le Diabète	Dr Alan Rubin, Dr Marc Levy	11,90 €	978-2-7540-1436-6
Les Massages	Steve Capellini, Jocelyne Rolland, Michel Van Welden	11,90 €	978-2-7540-1330-7
S'arrêter de fumer	Pr B. Dautzenberg, Dr D. Brizer	11,90 €	978-2-7540-1293-5
Les Tests du Code de la route	DFC Production	14,90 €	978-2-7540-0751-1
Le Vin	Laure Liger, Yvan-Paul Cassetari	11,90 €	978-2-7540-0087-1
La Cuisine	Brian Miller, Alain Le Courtois	11,90 €	978-2-8769-1872-6
Le Sexe	Dr Ruth K. Westheimer	11,90 €	978-2-8769-1956-3
Maigrir	Jane Kirby	11,90 €	978-2-8769-1870-2
Le Feng Shui	David D. Kennedy	11,90 €	978-2-8769-1871-9
Un bureau feng shui	Holly Ziegler, Jennifer Lawler	11,90 €	978-2-8769-1949-5
La Méthode Pilates	Ellie Herman	11,90 €	978-2-7540-0223-3
Le Yoga	Georg Feuerstein, Larry Pane	11,90 €	978-2-7540-0063-5
Guérir l'anxiété	Dr Martine André, Dr Charles Eliott, Dr Laura Smith	11,90 €	978-2-7540-1195-2
Les Thérapies comportementales et cognitives	Rob Willson, Rhena Branch	11,90 €	978-2-7540-1074-0
La PNL	Romilla Ready, Kate Burton	11,90 €	978-2-7540-0879-2
La Psychologie	Dr Adam Cash	11,90 €	978-2-8769-1957-0
Le Bricolage	Gene Hamilton, Katie Hamilton	11,90 €	978-2-7540-0373-5

Business

Titre	Auteur	Prix	ISBN
Communiquer efficacement	Marty Brounstein, Florence Balique	22,90 €	978-2-7540-2229-3
Les Ressources humaines	Sabine Wojtas	22,90 €	978-2-7540-1627-8
Les Marques	Bill Chiaravalle, Barbara Findlay Schenck, Benoît Heilbrunn	22,90 €	978-2-7540-2127-2

Titre	*Auteur*	*Prix*	*ISBN*
Le Marketing opérationnel	Alexander Hiam, Benoît Heilbrunn	22,90 €	978-2-7540-1981-1
Le Service client	Keith Bailey, Karen Leland, Ralph Hababou	22,90 €	978-2-7540-1827-2
Trouver un job	Joyce Lain Kennedy, Nicolas Barrier	22,90 €	978-2-7540-1092-4
Le Marketing, 2e édition	Alexander Hiam	22,90 €	978-2-7540-0688-0
La Comptabilité	Laurence Thibault-Le Gallo	22,90 €	978-2-7540-0617-0
Créer sa boîte	Laurence de Percin	22,90 €	978-2-7540-0492-3
Le Management	Bob Nelson	21,90 €	978-2-8769-1952-5
Business Plans	Paul Tifany, Steven D. Peterson	21,90 €	978-2-8769-1712-5
La Vente	Tom Hopkins	21,90 €	978-2-8769-1670-8

… en Poche

Titre	*Auteur*	*Prix*	*ISBN*
L'Auto-entrepreneur	Grégoire Leclercq, Marie Gouilly-Frossard	11,90 €	978-2-7540-2025-1
Le Marketing	Alexander Hiam	11,90 €	978-2-7540-1598-1
Le Management	Bob Nelson	11,90 €	978-2-7540-0454-1
Business Plans	Paul Tiffany, Steven D. Peterson	11,90 €	978-2-7540-0094-9
La Vente	Tom Hopkins	11,90 €	978-2-8769-1950-1

Loisirs

Sports

Titre	*Auteur*	*Prix*	*ISBN*
Le Tennis	Patrick McEnroe, Peter Bodo, Guy Tambon	22,90 €	978-2-7540-1757-2
Les Arts martiaux	Jennifer Lawler, Nicolas Dupuy, Éric Le Cam	22,90 €	978-2-7540-1052-8
Courir	Tere Stouffer Drenth, Philippe Maquat	22,90 €	978-2-7540-1044-3
Gym et Musculation	Cyndi Targosz, Jean-Pierre Clémenceau	22,90 €	978-2-7540-1059-7
L'Équitation	Audrey Pavia, Marie Martin	22,90 €	978-2-7540-0732-0
Le Golf	Gary McCord	22,90 €	978-2-7540-0078-9
La Voile	J.-J. Isler, Peter Isler	22,90 €	978-2-7540-0059-8

Musique

Titre	*Auteur*	*Prix*	*ISBN*
Improviser à la guitare	Antoine Polin	14,90 €	978-2-7540-2019-0
Accords de guitare	Antoine Polin	11,90 €	978-2-7540-1009-2
Exercices de piano	David Pearl, Marc Rozenbaum	19,90 €	978-2-7540-1337-6
Exercices de guitare	John Chappell, Mark Phillips, Antoine Polin	19,90 €	978-2-7540-1336-9
L'Harmonica	Winslow Yerxa, Jean-Jacques Milteau	22,90 €	978-2-7540-1210-2
DJ	John Steventon, Nicolas Dambre	22,90 €	978-2-7540-1198-3
La Batterie	Jeff Strong, Laurent Bataille	22,90 €	978-2-7540-0352-0
Le Chant	Pamela S. Phillips, Mariette Jost	22,90 €	978-2-7540-0462-6
Le Solfège	Michael Pilhofer, Jean-Clément Jollet	22,90 €	978-2-7540-0586-9
La Guitare basse	Patrick Pfeiffer	22,90 €	978-2-7540-0288-2
Claviers et Synthétiseurs	Christophe Martin de Montagu	22,90 €	978-2-7540-0118-2
La Guitare, 2e édition	Mark Phillips, Jon Chappel	22,90 €	978-2-7540-0124-3
Le Piano	Blake Neely, Marc Rozenbaum	22,90 €	978-2-7540-0102-1
La Guitare électrique	John Chappell	22,90 €	978-2-8769-1983-9

Loisirs créatifs

Titre	*Auteur*	*Prix*	*ISBN*
Coffret Dessin	Collectif	19,90 €	978-2-7540-2056-5
Créer une BD	Gérald Gorridge	22,90 €	978-2-7540-1883-8
Dessiner des personnages	Kensuke Okabayashi	22,90 €	978-2-7540-1322-2
L'Aquarelle	Colette Pitcher	24,90 €	978-2-7540-0934-8
La Peinture à l'huile	Anita Giddings, Cherry Stone Clifton	24,90 €	978-2-7540-0935-5
Dessiner des mangas	Kensuke Okabayashi, Nobuyuki Anzai	22,90 €	978-2-7540-0494-7
La Couture	Janice Saunders Maresh	22,90 €	978-2-7540-0193-9
Le Dessin	Brenda Hoddinott	22,90 €	978-2-7540-0185-4
Le Tricot	Pam Allen	21,90 €	978-2-8769-1705-7

Nature

Titre	*Auteur*	*Prix*	*ISBN*
Un aquarium	Maddy Hargrove, Mic Hargrove	22,90 €	978-2-7540-0917-1
Le Cheval	Audrey Pavia, Marie Martin	22,90 €	978-2-7540-0367-4

Titre	*Auteur*	*Prix*	*ISBN*
Éduquer son chiot	Sarah Hodgson	22,90 €	978-2-7540-0372-8
Éduquer son chien	Jack Volahrd, Wendy Volahrd	22,90 €	978-2-7540-0152-6

Jeux

Titre	*Auteur*	*Prix*	*ISBN*
Pack Gym cérébrale	Stéphanie Boyron, Nicolas Conti	19,90 €	978-2-7540-2073-2
Le Scrabble	Eugénie Michel	22,90 €	978-2-7540-1698-8
Les Échecs, 2e édition	James Eade, Vincent Moret	22,90 €	978-2-7540-1870-8
Dungeons & Dragons®	Richard Baker, Bill Slavicsek	22,90 €	978-2-7540-1390-1
Le Casino	Kevin Blackwood, François Montmirel	22,90 €	978-2-7540-0447-3
Le Poker Texas Hold'em	Mark Harlan, François Montmirel	22,90 €	978-2-7540-0448-0
La Magie	David Pogue, Bernard Bilis	22,90 €	978-2-7540-0453-4
Le Bridge, 2e édition	Eddie Kantar, Jacques Delorme	22,90 €	978-2-7540-0276-9
Le Poker	Richard D. Harroch, Lou Krieger, François Montmirel	22,90 €	978-2-7540-0123-6

… en Poche

Titre	*Auteur*	*Prix*	*ISBN*
Dessiner des mangas	Kensuke Okabayashi	11,90 €	978-2-7540-1601-8
Le Poker en ligne	Mark Harlan, Chris Derossi, François Montmirel	11,90 €	978-2-7540-1871-5
Le Chant	Mariette Jost, Pamelia S. Philips	14,90 €	978-2-7540-1597-4
Le Poker	François Montmirel	11,90 €	978-2-7540-1548-6
La Couture	Janice Saunders Maresh	11,90 €	978-2-7540-1600-1
Un chien	Gina Spadafori, Catherine Collignon	11,90 €	978-2-7540-1320-8
Un chat	Gina Spadafori, Monique Bourdin	11,90 €	978-2-7540-1321-5
Le Tricot	Pam Allen	11,90 €	978-2-7540-0135-9
Le Dessin	Brenda Hoddinott	11,90 €	978-2-7540-0889-1
La Généalogie	Francis Christian	11,90 €	978-2-7540-0565-4

ici, la Bretagne
se dévoile
france
bleu
vu d'ici
Photo: ©Jean-Patrick Gratien-CRTB
VALCOM.fr